刘毅力作最新增订版

英文字根字典

A DICTIONARY OF ENGLISH WORD ROOTS

最完整、最科学的背单词专用字典

A BOOK TO HELP YOU MEMORIZE WORDS EASILY.

刘毅 ◎ 主编

外文出版社
FOREIGN LANGUAGES PRESS

图书在版编目（CIP）数据

英文字根字典：增订版 / 刘毅主编
北京：外文出版社，2007（2008 年重印）
ISBN 978－7－119－04807－9
Ⅰ．英…　Ⅱ．刘…　Ⅲ．英语-字典　Ⅳ．H316
中国版本图书馆 CIP 数据核字（2007）第 040107 号

著作权合同登记图字：01－98－2361

台湾学习出版有限公司授权外文出版社
在中国大陆地区独家出版发行英汉简体字版

英文字根字典（增订版）

主　　编　刘　毅

责任编辑　曾惠杰　曹　芸
封面设计　Z2 工作室
印刷监制　冯　浩

ⓒ外文出版社
出版发行　外文出版社
地　　址　中国北京西城区百万庄大街 24 号　邮政编码　100037
网　　址　http://www.flp.com.cn
电　　话　（010）68996177/68996057（编辑部）
　　　　　（010）68995844/68995852（发行部）
　　　　　（010）68995852/68996188（邮购部）
　　　　　（010）68327750/68996164（版权部）
电子信箱　info@flp.com.cn / sales@flp.com.cn
印　　刷　佳信达艺术印刷有限公司
经　　销　新华书店 / 外文书店
开　　本　大 32 开
印　　张　23.25
字　　数　567 千字
装　　别　平
版　　次　2009 年第 1 版第 4 次印刷
书　　号　ISBN 978－7－119－04807－9
定　　价　32.00 元

外文社图书　版权所有　侵权必究
外文社图书　有印装问题可随时调换

查字根才能知道单词的真正含意

背单词是学英语的基石。单词不够，写作、阅读都会成问题。**背单词一定要会念**，不会念去硬背，很快就会忘记。例如 27091904，如改成 2-709-1904，就容易记了。所以长的单词一定要分音节来背。很多人不懂 KK 音标，其实只要用已会的单词，谁都能学会 KK 音标。例如，你会念 I，你就自然会念出［aɪ］的发音，其他分不清楚的音，只要问懂得音标的老师就行了。本书每个单词都有音标，就是要让你会念。《字根字典》的单词，就是按照音节分析，按音节背，这是背单词的起点。我们在最后一页特别说明**"KK 音标发音秘诀"**。

这次改版，我们增加了 180 页。我们将所有难的单词加进去，尽量让你想查什么词，都查得到。许多英文单词有很多个意思，经过分析以后，才知道它真正的意思，例如 respect 这个词，re 表示"再次"（ = *again* ），spect 是"看"（ = *look* ）的意思，一而再、再而三地看，就是"重 chóng 视"，也就是"重 zhòng 视"，正面的就表示对某人重视，就是"尊敬"，反面的重复看，就是"顾虑"。在中文里面，"重视"、"尊敬"和"顾虑"是三个单词，英文一个 respect 就可以表达这三个意思。如果你不会查《字根字典》，你就只知道 respect 是"尊敬"之意，而不知道它真正的含意是由一而再、再而三地看引申出的三个意思。美国人思想中的 respect 是"重复地看"，而不是我们平常所知道的"尊敬"。你看，查《字根字典》有多么重要！

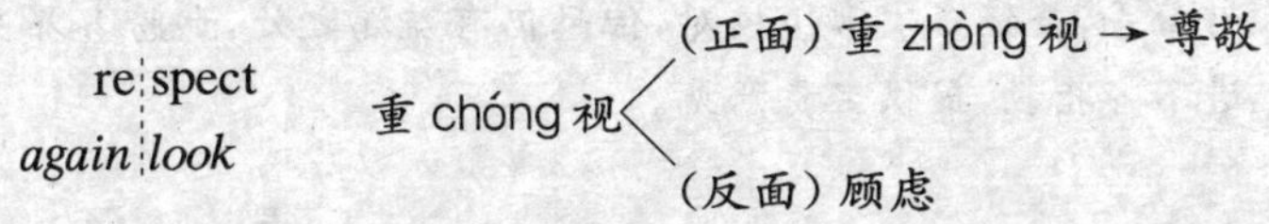

　　背不下来的单词，利用《字根字典》，不仅知道它真正的意思，而且可以举一反三，让你的单词量快速增加，并且成为长期记忆。例如：

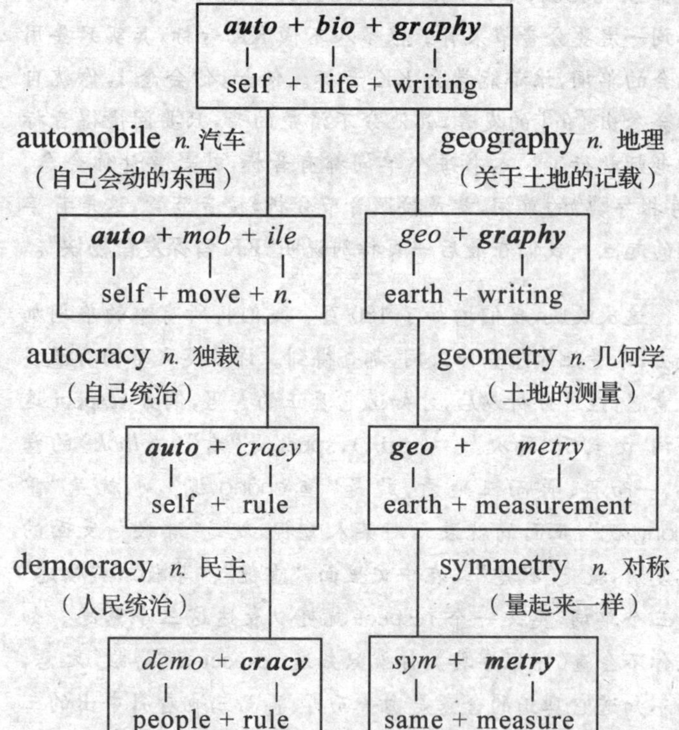

　　通过全体编辑不停地努力，务必使这本书成为背单词的好帮手，虽经多次审慎校对，但恐仍有疏漏之处，诚盼各界先进不吝指教，提供宝贵意见。

刘　毅

如何使用这本字典

《字根字典》的用法非常简单,在此以 important(重要的)举例说明如下:

Step 1 先翻到书末的索引,索引是按照字母序排列的,查索引可以发现 important 出现在《字根字典》的第 525 页。

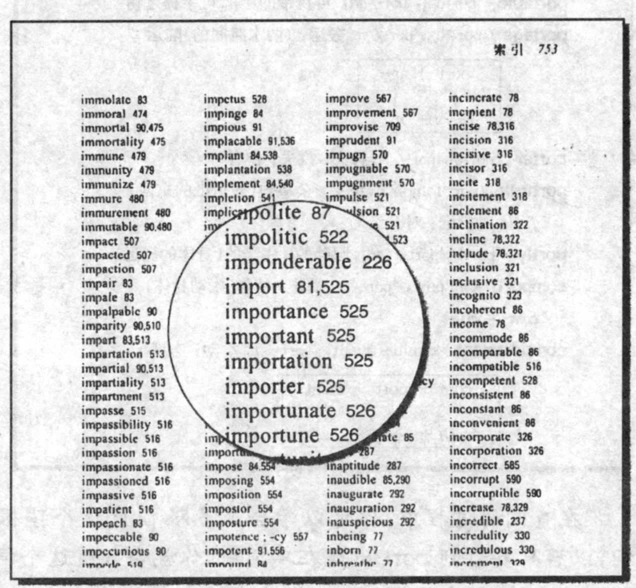

Step 2 翻到第 525 页,找到 important,内容如下:

important /ɪm'pɔːtnt/ *adj.* 重要的(含有意义的)

$$
\begin{array}{ccc}
\text{im} & + \text{ port} & + \text{ ant} \\
| & | & | \\
\textit{in} & + \textit{ carry} & + \textit{ adj.}
\end{array}
$$

Step 3 发挥想象力,从字根分析中,我们可以知道 im 表"在里面"(= in),port 表"携带"(= carry),而 ant 则是形容词词尾,意思是"把东西带到屋内"。我们可以想象一下,以前的人房子小,所以只把重要的东西放在屋子里,因此这个词就引申作"重要的"解。

Step 4 举一反三,了解 important 这个字之后,往前查看它是属于哪一个字根分类,结果如下:

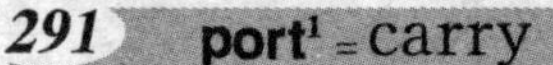

291 **port¹** = carry

*拉丁文 **portare**(= carry 运送)。

port /port, pɔrt/ n.举止;态度;姿势(表现在身体上的动作)

portable /ˈportəbl̩, ˈpɔr-/ adj.可携带的　n.可手提之物

portage /ˈportɪdʒ, ˈpɔr-/ n.搬运;(两水路间的)陆运

```
port  +  age
 |        |
carry  +  n.
```

porter /ˈportɚ, ˈpɔr-/ n.脚夫;挑夫;侍者

portfolio /portˈfoliˌo/ n.纸夹;公事包(搬运纸的东西)

《**folio** 对折纸;对开纸》

portly /ˈportlɪ, ˈpɔrt-/ adj.肥胖的;庄严的(身体的搬运)

comport /kəmˈport, -ˈpɔrt/ v.举止;相称(搬动身体)

《**com-** = **with**》

comportment /kəmˈportmənt, -ˈpɔrt-/ n.举动;态度

```
com  +  port  +  ment
 |        |       |
with  +  carry  +  n.
```

在查阅的过程中,你可以学会很多跟 port 这个字根有关的词,以后只要看到 port 出现在单词中,你就会知道这个词可能跟"携带"有关,长久积累下去,你的字根分析能力会愈来愈强,以后你不需要查字典,也能猜出生词的意义,这就是《字根字典》的妙用!

如何利用字尾背单词

当你看到一个单词,像 relative,字尾是 ive,通常是形容词,怎么变成名词呢? 此时,你查《字根字典》p. 196,你就可以找出 ive 当作名词,表"人"的词,加以归纳。

> fugit｜ive *n*.逃亡者【fug = flee(逃走)】
> flee｜人
>
> relat｜ive *n*.亲戚【相关的人,就是"亲戚"】
> 和～相关｜人
>
> nat｜ive *n*.本地人;土人【nat 源自 nature
> 自然｜人　　 (自然),土人是自然出现的】
>
> detect｜ive *n*.侦探【detect 是侦测,侦测的
> 侦测｜人　　 人,就是"侦探"】

如此,你就可以举一反三,把这些单词清清楚楚地背下来。再如 beggar 这个词,你觉得 ar 很奇怪,你查《字根字典》p. 187,你就知道,ar 可以当"人"。

> begg｜ar *n*.乞丐【beg = 乞求,重复 g 是为了配
> 乞求｜人　　 合发音】
>
> burgl｜ar *n*.夜贼【burgle = 盗窃】
> 行窃｜人
>
> li｜ar *n*.说谎者【li 源自 lie = 说谎】
> 说谎｜人
>
> schol｜ar *n*.学者【schol 源自 school(学校),
> 学校｜人　　 在学校的人,通常是"学者"】

这四个词,有一个共同特点,可以想象成都是"坏人"。你充分运用你的想象力,scholar(学者)如果坏起来,那更可怕。

很多人背不下来 stewardess 这个词，如果你知道 stew 是"炖煮"的意思，ard 代表"人"，ess 是阴性字尾，一分析你就知道，stewardess 是"女厨子"，在飞机上帮旅客煮饭的，就是"空中小姐"。其他 ard 表"人"的例子有：

cow ard *n*. 儒夫【胆小的人看到母牛就跑，因为 母牛 人　　母牛照顾小牛时很凶】		
drunk ard *n*. 醉汉【drunk 是"喝醉的"】 喝醉的 人		
Spani ard *n*. 西班牙人【Span 源自 Spain（西班 西班牙 人　　牙），多加一个 i 是为了配合发音】		
wiz ard *n*. 巫师【wiz 源自 wise，古时候聪明 聪明的 人　　的人才当巫师】		

在英文报纸上常看到 bailiff 这个词，查了《字根字典》就知道，iff 代表"人"，这样背起来才轻松，一般人看到 iff 就头痛，其实如果懂得 iff 这个字尾表"人"，就简单多了。

bail iff *n*. 法警【交了保释金后，法院的警察就 保释金 人　　把犯人带出来了】		
sher iff *n*. 警长【sher 源自 shire 是指英国的 郡 人　　"郡"，Sheriff 原是"郡长"】		
plaint iff *n*. 原告【plain 源自 complain（抱怨）， 抱怨 人　　抱怨的人，即是"原告"，t 是为了发音 而增加的】		

有了《字根字典》的帮助，背起单词来就轻松多了。硬背，只是短暂记忆，分析后，有理化，就能成为长期记忆。

PART ONE　字首(Prefix)

　　字首的功能,主要是限定字根的意思,或确定字根的方向,和词的意思有很重要的关联。

1　a- = in; on

　　*表示"在～之中"或"在～之上"。

aback /ə'bæk/ *adv*.向后地(= *backwards*)

abaft /ə'bæft/ *adv*.在船尾

abed /ə'bɛd/ *adv*.在床上

ablaze /ə'blez/ *adv*.,*adj*.着火的;发光的

```
┌─────────────────┐
│   a  +  blaze   │
│   |     |       │
│  on  +  fire    │
└─────────────────┘
```

aboard /ə'bord,ə'bɔrd/ *adv*.在船上;在飞机上;在汽车上

　(= *on board*)

abreast /ə'brɛst/ *adv*.并肩

abroad /ə'brɔd/ *adv*.在国外;远;广

across /ə'krɔs/ *adv*.,*prep*.横过

afar /ə'fɑr/ *adv*.遥远地

afloat /ə'flot/ *adj*.,*adv*.(在水上或空中)漂浮的(地);

　流传甚广的(地);(在经济上)应付自如的(地)

afoot /ə'fut/ *adj*.,*adv*.徒步的(地)

aground /ə'graund/ *adv*.,*adj*.(船)搁浅

ahead /ə'hɛd/ *adv*.在前地;在～之先

　《*a-*(on) + *head*(head)》

```
┌─────────────────┐
│   a  +  head    │
│   |     |       │
│  on  +  head    │
└─────────────────┘
```

alive /ə'laɪv/ *adj*.活的;活动的;活泼的;有效的

aloof /əˈluf/ *adv*.远离；躲开《*loof* = *luff*（让船逆风而行）》
amid /əˈmɪd/ *prep*.在其中《*a-*(on) + *mid*(middle)》

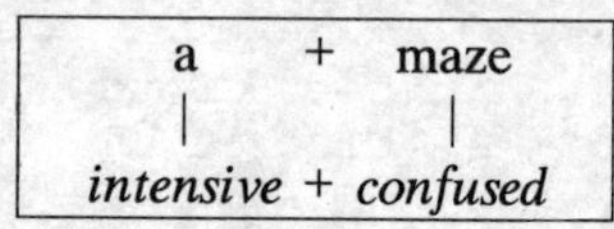

among /əˈmʌŋ/ *prep*.在～之中
around /əˈraʊnd/ *adv*., *prep*.环绕
asleep /əˈslip/ *adj*., *adv*.睡着的（地）
astir /əˈstɝ/ *adj*.动起来；轰动的
astride /əˈstraɪd/ *prep*.跨骑；在两旁
away /əˈwe/ *adv*.在远方；离去

2　a- = intensive

　　* 作为加强语气用，表示动作的开始或结束。

abide /əˈbaɪd/ *v*.居留；遵守；等待
alike /əˈlaɪk/ *adj*., *adv*.相似的（地）；同样的（地）
aloud /əˈlaʊd/ *adv*.大声地
amaze /əˈmez/ *v*.使吃惊；使惊愕
　　《*a-*(intensive) + *maze*(confused)》

```
    a      +   maze
    |          |
intensive  + confused
```

arise /əˈraɪz/ *v*.起来；上升
arouse /əˈraʊz/ *v*.唤起；激起
ashamed /əˈʃemd/ *adj*.羞耻的；惭愧的
athirst /əˈθɝst/ *adj*.渴望的《*a-*(intensive) + *thirst* (dry)》

```
    a      + thirst
    |         |
intensive  + dry
```

await /əˈwet/ *v*.等候；期待
awake /əˈwek/ *v*.叫醒；醒来；使觉醒；唤起　*adj*.醒着的；
　　警觉的　*cf*. awaken(叫醒；使觉醒；唤起)

3 a- = ad- = at；for；to

abandon /ə'bændən/ = at one's disposal *v*.放弃；舍弃

　《*a*-(to) + *bandon*(order)》 *cf*. **ban**(禁止)

abase /ə'bes/ *v*.贬抑；降低(职位、阶级等)(走向更低的位置)

　《*a*-(to) + *base*(lower)》

```
a  +  base
|      |
to +  lower
```

abate /ə'bet/ *v*.减少；减轻；降低《*a*-(to) + *bate*(beat 打)》

abeyance /ə'beəns/ *n*.终止；暂缓

　《*a*-(at) + *bey*(wait 等待) + -*ance*(名词字尾)》

```
a  +  bey  + ance
|      |      |
to +  wait +  n.
```

abridge /ə'brɪdʒ/ *v*.缩短；删节(文字或语言)

　《*a*-(to) + *bridge*(short)》

abut /ə'bʌt/ *v*.邻接；接近；接触；紧靠《*a*-(to) + *but*(end)》

achieve /ə'tʃiv/ *v*.完成；实现《*a*-(to) + *chieve*(chief)》

amass /ə'mæs/ *v*.积聚《*a*-(to) + *mass*(mass 一团)》

ameliorate /ə'miljəˌret/ *v*.改善；修正

　《*a*-(to) + *melior*(better) + -*ate*(动词字尾)》

```
a  + melior + ate
|      |       |
to +  better + v.
```

amenable /ə'minəbḷ, -'mɛn-/ *adj*.顺从的；有顺从义务的

　《*a*-(to) + *men*(lead) + -*able*(形容词字尾)》

amount /ə'maunt/ *v*.总计；共达 *n*.总数；总额

　《*a*-(to) + *mount*(mountain 登山)》

avenge /ə'vɛndʒ/ *v*.为～报仇《*a*-(to) + *venge*(revenge 复仇)》

```
a  +  venge
|      |
to +  revenge
```

avenue /ˈævəˌnju/ *n*. 大街；林荫大道《*a-*(to) + *venue*(come)》

avow /əˈvau/ *v*. 公开承认；坦白承认

《*a-*(to) + *vow*(call 发出声音)》

cf. avouch(承认)，advocate(提倡；主张)

```
a  +  vow
|      |
to  +  call
```

4　a- = ab- = from；away

avert /əˈvɝt/ *v*. 避开；转移《*a-*(away) + *vert*(turn)》

avocation /ˌævəˈkeʃən/ *n*. 副业；嗜好

《*a-*(away from) + *vocation*(工作)》

5　a- = ex- = out；extremely

abash /əˈbæʃ/ *v*. 使羞愧；使脸红（极度惊讶）

《*a-*(extremely) + *bash*(express astonishment)》

alight /əˈlaɪt/ *v*. 由车上或马上下来《*a-*(out) + *light*(dismount)》

amend /əˈmɛnd/ *v*. 修正；改善（表露出缺点）

《*a-*(out) + *mend*(fault)》

avoid /əˈvɔɪd/ *v*. 避免；宣布无效

《*a-*(out) + *void*(empty 空的)》

6　a- = negative(否定) = not；without

＊母音之前为 an-（参照第一篇 13）。

abasia /əˈbeʒə/ *n*. 不能步行症《*a-*(not) + *basia*(step)》

abiosis /ˌæbɪˈosɪs/ *n*. 无生命状态

《*a-*(without) + *biosis*(way of living)》

abyss /əˈbɪs/ *n*. 深渊；深坑；地狱（无底的）

《*a-*(without) + *byss*(bottom)》

achromatic /ˌækrəˈmætɪk/ = colorless　*adj*. 无色的

《*a-*(without) + *chromat*(color) + *-ic*(形容词字尾)》

cf. chromatic(颜色的；色彩的)

a	+ chromat +	ic
without +	*color* +	*adj*.

adamant /'ædəˌmənt/ *adj*.坚硬的；固执的

《*a-*(not) + *damant*(conquer)》

Amazon /'æməˌzṇ/ *n*.希腊神话中的女战士；(the ～)亚马逊河

《*a-*(without) + *mazon*(breast 乳房)》

【解说】希腊的传说中，有一个使希腊军队大感头疼的女性兵团，她们把妨碍自己拉弓的右乳房切除，希腊人依照这个传说造了这个词。1541 年，西班牙的探险家 Orellana 对住在当时称为 Rio Santa Maria dela 河流域部族中女性的勇猛善战感到印象深刻，因此将此河川命名为 the Amazon。

amnesty /'æmˌnɛstɪ/ *n*.大赦；特赦(尤指政治犯)

(没有记忆→忘了罪恶)《*a-*(not) + *mnesty*(remember)》

cf. **amnesia**(健忘症；记忆丧失)

a	+	mnesty
not +		*remember*

amoral /e'mɔrəl, -'mɑr-/ *adj*.非道德的；与道德无关的

《*a-*(without) + *moral*(道德的)》

apathy /'æpəθɪ/ = want of feeling *n*.冷淡；漠不关心

《*a-*(without) + *pathy*(feeling)》

aphasia /ə'feʒə/ *n*.失语症；无语言能力

《*a-*(without) + *phas*(speak) + *-ia*(表示病名的字尾)》

asocial /e'soʃəl/ *adj*.不善社交的；利己的；不合群的

《*a-*(not) + *social*(社会的)》

asylum /ə'saɪləm/ *n*.避难所；庇护所；救济院(没有逮捕权力的地方)《*a-*(without) + *syl*(right of seizure) + *-um*(表示地点的字尾)》

a	+	syl	+	um
without +		*right of seizure* +		*place*

asymmetric /ˌesɪˈmɛtrɪk/ *adj*.不对称的

　《*a-*(not) + *sym-*(together) + *metric*(measure)》

asymmetry /əˈsɪmɪtrɪ/ *n*.不对称；不均匀

　《*a-*(not) + *sym-*(together) + *metry*(measuring)》

atheism /ˈeθɪˌɪzəm/ *n*.无神论

　《*a-*(without) + *the*(god) + *-ism*(表主义、学说的字尾)》

```
        a    + the + ism
        |       |     |
    without + god + n.
```

atom /ˈætəm/ *n*.原子；极少量的东西(不能再分割的东西)

　《*a-*(not) + *tom*(cut；divide)》

atypical /eˈtɪpɪkḷ/ *adj*.非典型的；反常的；不规则的

　《*a-*(not) + *typical*(典型的)》

7　　**ab-** = from；away from；off

〔变化型〕a-(参照第一篇 4)，abs-(c 和 t 之前)，adv-，av-。

abaxial /æbˈæksɪəl/ *adj*.离开轴的；不在轴上的

　《*ab-*(away) + *ax*(axis 轴) + *-ial*(形容词字尾)》

abdicate /ˈæbdəˌket/ *v*.放弃权利；让位；辞职(宣布离开)

　《*ab-*(from) + *dicate*(proclaim 发表宣言)》

abduce /æbˈdjus/ *v*.使外旋；外展《*ab-*(away) + *duce*(lead)》

abduct /æbˈdʌkt，əb-/ *v*.绑架；诱拐

　《*ab-*(away) + *duct*(lead)》

abject /æbˈdʒɛkt，ˈæbʒɛkt/ *adj*.卑鄙的；可怜的(扔掉；抛弃)

　《*ab-*(away) + *ject*(throw)》

```
        a    + ject
        |       |
     away + throw
```

abnormal /æbˈnɔrmḷ/ *adj*.变态的；不正常的(离开标准)

　《*ab-*(away from) + *norm*(rule) + *-al*(形容词字尾)》

abominate /əˈbɑməˌnet/ *v*.痛恨；厌恶(有前兆而离开)

　《*ab-*(away) + *omin*(omen 前兆) + *-ate*(动词字尾)》

```
ab  + omin + ate
|      |      |
away + omen +  v.
```

abortion /əˈbɔrʃən/ *n*.流产；堕胎（不再发育）

《*ab-*(away from) + *or*(arise；grow) + *-tion*(名词字尾)》

```
ab  +  or  + tion
|      |      |
away + grow +  n.
```

【解说】美国自 1973 年开始让"堕胎、人工流产"合法化，但争议性仍很大，赞
成"选择权"(pro-choice)的人士，主张妇女对自己的身体有自主权；赞
成"生命权"(pro-life)的人士，主张未出生的婴儿有活着的权利。然
而，英国早在 1967 年就已经通过堕胎合法化了。

abrade /əˈbred/ *v*.摩擦；擦伤；折磨

《*ab-*(away) + *rade*(scrape)》

abrupt /əˈbrʌpt/ *adj*.突然的；唐突的（突然破碎）

《*ab-*(off) + *rupt*(break)》

abscess /ˈæbɪsɛs/ *n*.脓疮；溃疡（离身体而去）

《*abs-*(away) + *cess*(go)》

abscond /æbˈskɑnd/ *v*.潜逃；逃亡（隐藏起来）

《*ab-*(away) + *scond*(conceal)》

```
ab  + scond
|      |
away + conceal
```

absolve /æbˈsɑlv/ *v*.免（罪）；赦免（释放）

《*ab-*(away) + *solve*(loosen 解开)》

absorb /əbˈsɔrb/ *v*.吸收；并吞；使全神贯注

《*ab-*(off) + *sorb*(suck up)》

abstain /əbˈsten/ *v*.戒绝（从～抽身）《*abs-*(from) + *tain* (hold)》

abstract /*v*. æbˈstrækt *n*. ,*adj*. ˈæbstrækt/ *v*.抽出；抽去；提炼；摘要

　adj.抽象的　　*n*.抽象（拔出）

《*abs-*(from) + *tract*(draw)》

abstruse /æbˈstrus/ *adj*.难解的

《*abs-*(away) + *truse* (thrust 插入)》

abundant /əˈbʌndənt/ *adj*.丰富的；充足的

《*ab-*(away) + *und*(wave) + *-ant*(形容词字尾)》

ab	+	und	+	ant
|		|		|
away	+	*wave*	+	*adj.*

abuse /ə'bjuz/ *v.*滥用；妄用(不正确用法)

《*ab-*(from) + *use*(use)》

advance /əd'væns/ *v.*，*n.*前进《*adv-* = *ab-*(from) + *ance*(before)》

advantage /əd'væntɪdʒ/ *n.*利益；优势；优点　*v.*有利于；

有助于《*ad-* = *ab-*(from) + *vant*(before) + *-age*(名词字尾)》

avaunt /ə'vɔnt，ə'vɑnt/ *interj.*走开

《*av-* = *ab-*(from) + *aunt*(before)》

8　acro- = topmost；high(最高的；高的)

acrobat /'ækrəˌbæt/ *n.*特技表演者

acronym /'ækrənɪm/ *n.*头字语《*acro-*(topmost) + *nym*(name)》

acropolis /ə'krɑpəlɪs/ *n.*古希腊城市用以据守的城堡

《*acro-*(high) + *polis*(city)》

9　ad- = at；for；to

* 表示"方向、变化、完成、增加、开始"，或只表"加强"的重要字首。

〔变化型〕借着后面字首的同化作用，而有以下的变化：a-(参照第一篇 3)，ab-，ac-，af-，ag-，al-，an-，ap-，ar-，as-，at-。

abbreviate /ə'brivɪˌet/ *v.*缩短；缩写

《*ab-* = *ad-*(to) + *brevi*(brief，short) + *-ate*(动词字尾)》

accede /æk'sid/ *v.*允诺；同意；就职

《*ac-* = *ad-*(to) + *cede*(go；come)》

accelerate /æk'sɛləˌret/ *v.*加速；促进

《*ac-* = *ad-*(to) + *celer*(quick) + *-ate*(动词字尾)》

ac	+	celer	+	ate
|		|		|
to	+	*quick*	+	*v.*

accept /ək'sɛpt/ *v.*领受；接受《*ac-* = *ad-*(to) + *cept*(take)》

acclimate /ə'klaɪmɪt/ v.使服水土；使适应新环境
 《ac- = ad-(to) + climate(气候)》

accomplice /ə'kɑmplɪs/ n.从犯；同谋者
 《ac- = ad-(to) + com-(together) + plice(fold)》

<pre>
ac + com   + plice
| | |
to + together + fold
</pre>

accost /ə'kɔst/ v.向人打招呼；搭讪（朝着肋骨→接近人）
 《ac- = ad-(to) + cost(rib 肋骨)》

accumulate /ə'kjumjəˌlet/ v.堆积；积聚
 《ac- = ad-(to) + cumulate(heap up)》

accuse /ə'kjuz/ v.控告《ac- = ad-(to) + cuse(lawsuit, reason)》

accustom /ə'kʌstəm/ v.使习惯《ac- = ad-(to) + custom(习惯)》

acknowledge /ək'nɑlɪdʒ/ v.承认；答谢
 《ac- = ad-(to) + know(know) + -ledge(名词字尾)》

<pre>
ac + know + ledge
| | |
to + know + n.
</pre>

acquaint /ə'kwent/ v.告知；使熟识《ac- = ad-(to) + quaint(know)》

acquire /ə'kwaɪr/ v.获得《ac- = ad-(to) + quire(seek)》
 cf. inquire(探问；询问), require(需求；要求)

adapt /ə'dæpt/ v.使适合；使适应(使恰当)《ad-(to) + apt(fit)》

addict /ə'dɪkt/ v.使沉溺；使热衷(如～所言)《ad-(to) + dict(say)》

address /ə'drɛs/ n.讲演；住址 v.发表演说
 《ad-(to) + dress(direct)》

adduce /ə'djus, ə'dus/ v.引证；举出例证《ad-(to) + duce(lead)》

adept /ə'dɛpt/ adj.熟练的《ad-(to) + ept(grasp)》

adhere /əd'hɪr/ v.粘着；附着《ad-(to) + here(stick 粘贴)》

<pre>
ad + here
| |
to + stick
</pre>

adjudge /ə'dʒʌdʒ/ v.判决；认为《ad-(to) + judge(判定)》

admire /əd'maɪr/ v.赞赏《ad-(at) + mire(wonder)》

adorn /əˈdɔrn/ *v.* 装饰《*ad-*(to) + *orn*(decorate 装饰)》

advent /ˈædvɛnt/ *n.* 到来；来临；(A-)耶稣降临

《*ad-*(to) + *vent*(come)》

adverse /ədˈvɝs, ˈædvɝs/ *adj.* 逆的；反对的；不利的(转过身来)

《*ad-*(to) + *verse*(turn)》

advocate /*v.* ˈædvəˌket *n.* ˈædvəkɪt/ *v.* 拥护；主张；倡导

　　n. 提倡者；倡导者；拥护者；替人辩护者

　　《*ad-*(to) + *voc*(call) + *-ate*(动词字尾)》

```
ad  +  voc  +  ate
 |      |      |
to  +  call  +  v.
```

affiliate /əˈfɪlɪˌet/ *v.* 联合；使有密切关系；收为养子(使成为儿子)

　　《*af-* = *ad-*(to) + *fili*(son) + *-ate*(动词字尾)》

affirm /əˈfɝm/ *v.* 确认；断言(使坚固)

　　《*af-* = *ad-*(to) + *firm*(坚固的)》

afflict /əˈflɪkt/ *v.* 使痛苦(打倒)《*af-* = *ad-*(to) + *flict*(strike)》

　　cf. **conflict**(争斗；战斗)

affront /əˈfrʌnt/ *v.* 侮辱；冒犯　　*n.* 侮辱(指着额头)

　　《*af-* = *ad-*(to) + *front*(forehead)》

```
af  +   front
 |       |
to  +  forehead
```

aggress /əˈgrɛs/ *v.* 侵略；进攻(走向～)

　　《*ag-* = *ad-*(to) + *gress*(walk)》　　*cf.* **progress**(进步；进展)

aggrieve /əˈgriv/ *v.* 使苦恼(重压)

　　《*ag-* = *ad-*(to) + *grieve*(weight down)》

align /əˈlaɪn/ *v.* 排成直线；使合作(成行)

　　《*a-* = *ad-*(to) + *lign*(line)》

allay /əˈle/ *v.* 使镇静；缓和(痛苦、恐惧等)(使躺下来)

　　《*al-* = *ad-*(to) + *lay*(cause to lie)》

allocate /ˈæləˌket/ *v.* 定位置；部署(订定地点)

　　《*al-* = *ad-*(to) + *locate*(place)》

allot /əˈlɑt/ *v.* 分配；指派；分配～作某种用途

《*al-* = *ad-*(to) + *lot*(share)》

```
al  +  lot
|      |
to  +  share
```

allow /ə'laʊ/ *v*.允许《*al-* = *ad-*(to) + *low*(praise)》

alloy /*v*. ə'lɔɪ *n*. 'ælɔɪ,ə'lɔɪ/ *v*.使成合金；贬低；损害

　n.合金；杂质(绑在一起→混合)

　《*al-* = *ad-*(to) + *loy* = *lig*(bind)》

```
al  +  loy
|      |
to  +  bind
```

allude /ə'lud/ *v*.提及(表露想法)

　《*al-* = *ad-*(to) + *lude*(play)》

allure /ə'lʊr,ə'lɪʊr/ *v*.引诱；诱惑　　*n*.诱惑(力)

　《*al-* = *ad-*(to) + *lure*(诱惑)》

annex /ə'nɛks/ *v*.附加；合并(结合)

　《*an-* = *ad-*(to) + *nex*(bind)》

annihilate /ə'naɪəˌlet/ *v*.消灭(使无)

　《*an-* = *ad-*(to) + *nihil*(nothing) + *-ate*(动词字尾)》

　cf. **nihil**(虚无)，**nihilism**(虚无主义)

```
an  +  nihil  +  ate
|      |        |
to  +  nothing + v.
```

appall /ə'pɔl/ *v*.使惊骇《*ap-* = *ad-*(to) + *pall*(grow pale)》

appease /ə'piz/ *v*.抚慰(人)；平息(愤怒)；缓和(情绪)

　(使平静)《*ap-* = *ad-*(to) + *pease*(peace)》

append /ə'pɛnd/ *v*.附加；增补(佩带～；悬挂～)

　《*ap-* = *ad-*(to) + *pend*(hang)》

appertain /ˌæpɚ'ten/ *v*.属于；关联(完全掌握)

　《*ap-* = *ad-*(to) + *per-*(thoroughly) + *tain*(hold)》

```
ap  +  per     + tain
|      |         |
to  +  thoroughly + hold
```

apply /ə'plaɪ/ v.应用；申请；敷涂（重合）
《*ap-* = *ad-*(to) + *ply*(fold)》

appraise /ə'prez/ v.评价；估量；鉴定（朝向～确定价值）
《*ap-* = *ad-*(to) + *praise*(price)》

apprise /ə'praɪz/ v.通知；告知（取消息给～）
《*ap-* = *ad-*(to) + *prise*(seize)》

approbate /'æprəˌbet/ v.批准；许可；认可（向～证明）
《*ap-* = *ad-*(to) + *prob*(prove) + *-ate*(动词字尾)》

```
ap + prob + ate
|      |      |
to + prove + v.
```

arrange /ə'rendʒ/ v.安排；整理；商定；准备（向～排列）
《*ar-* = *ad-*(to) + *range*(rank)》

arrest /ə'rɛst/ v., n.逮捕；阻止；妨碍（使站住）
《*ar-* = *ad-*(to) + *re-*(back) + *st*(stand)》

arrogant /'ærəgent/ adj.傲慢的；自大的（厚着脸皮要求时的样子）
《*ar-* = *ad-*(to) + *rog*(ask) + *-ant*(形容词字尾)》

```
ar + rog + ant
|     |     |
to + ask + adj.
```

ascertain /ˌæsəˈten/ v.探知；确定
《*as-* = *ad-*(to) + *certain*(sure)》

asset /'æsɛt/ n.有价值的东西《*as-* = *ad-*(to) + *set*(enough)》

assert /ə'sɝt/ v.主张；断言（结合自己的权利）
《*as-* = *ad-*(to) + *sert*(join or bind together)》 cf. **series**(连续)

assuage /ə'swedʒ/ v.缓和；减轻；平息（使舒服）
《*as-* = *ad-*(to) + *suage*(agreeable)》

assume /ə'sjum/ v.假定；担任；承担；采用；假装；霸占；
继承（他人的债务）《*as-* = *ad-*(to) + *sume*(take)》

```
as + sume
|     |
to + take
```

attach /əˈtætʃ/ v.附上；(使)附属；使迷恋

《*at-* = *ad-*(to) + *tach*(stake 拴)》

attain /əˈten/ v.达到；成就；完成

《*at-* = *ad-*(to) + *tain*(touch)》

attest /əˈtɛst/ v.证明；表明；使宣誓；为～作证

《*at-* = *ad-*(to) + *test*(witness 证人)》

attire /əˈtaɪr/ v.穿衣；盛装《*at-* = *ad-*(to) + *tire*(dress)》

```
at + tire
|     |
to + dress
```

attract /əˈtrækt/ v.吸引；引诱

《*at-* = *ad-*(to) + *tract*(draw)》

attrition /əˈtrɪʃən/ n.磨损

《*at-* = *ad-*(to) + *trit*(rub) + *-ion*(名词字尾)》

```
at + trit + ion
|     |     |
to + rub + n.
```

attune /əˈtun, əˈtjun/ v.调音；使调和；使适应(使音调和谐)

《*at-* = *ad-*(to) + *tune*(tone 音调)》

10　al- = all

almighty /ɔlˈmaɪtɪ/ = all-powerful　*adj.*万能的
almost /ˈɔlˌmost/ = nearly　*adv.*差不多；几乎
alone /əˈlon/ = quite by oneself　*adj.*, *adv.*单独的；单独地
always /ˈɔlwez/ = all the way　*adv.*永远；总是

11　ambi- = about；around；on both sides

＊拉丁文 *ambo*，表示"二者"、"周围"。〔变化型〕amb-。

ambidextrous /ˌæmbəˈdɛkstrəs/ *adj.*两手都很灵巧的(双手都像右手一样) *cf.* **dexter**(右侧的)，**dexterity**(灵敏)，**dexterous**(灵敏的)

《*ambi-*(both) + *dext(e)r*(the right hand) + *-ous*(形容词字尾)》

ambience /ˈæmbɪəns/ = environment *n*.周围；环境

```
ambi  +  ence
 |        |
around  +  n.
```

ambient /ˈæmbɪənt/ *adj*.周围的(绕行)

《*amb-* = *ambi-*(around) + *ient*(go)》

ambiguity /æmbɪˈgjuətɪ/ *n*.两种或两种以上的意义；暧昧

```
ambi  +   igu   + ity
 |         |       |
both  + to drive +  n.
```

ambiguous /æmˈbɪgjʊəs/ = driving about *adj*.含糊的；
不明确的(踌躇)

《*amb-* = *ambi-*(about) + *igu-*(drive) + *-ous*(形容词字尾)》

```
amb  +  igu  + ous
 |       |      |
about + drive + adj.
```

ambition /æmˈbɪʃən/ *n*.野心；雄心(走来走去)

《*amb-* = *ambi-*(about) + *it*(go) + *-(t)ion*(名词字尾)》

```
amb  +  it + ion
 |       |    |
about + go +  n.
```

【解说】以前这个词只用于政客。想求取官位的人,总是穿着白衣到处奔走演
　　　 说,以求得选票。因此"到处走动"(ambire)就代表"渴望权势"的意思,
　　　 后来也渐渐用于英文的一般情况中。此外"候选人"(candidate)是"白
　　　 的"(candid)"人"(ate)的意思。

ambivalent /æmˈbɪvələnt/ *adj*.含有矛盾心情的；犹豫不决的
(两种冲突的情绪)《*ambi-*(both) + *val*(strong) + *-ent*(形容词字尾)》

12 amphi- = around; on both sides

希腊文 *amphi*,和 ambi-具有相同的意义。

amphibian /æmˈfɪbɪən/ *adj*.水陆两栖的　 *n*.两栖类(生活在水

中和陆上）《*amphi-*(on both sides) + *bi*(life) + *-an*(形容词字尾)》

amphibiology /æmˌfɪbɪˈɑlədʒɪ/ *n.*两栖生物学（研究两栖生物的

学问）《*amphi-*(on both sides) + *bio*(life) + *logy*(study)》

amphitheater /ˈæmfəˌθiətɚ/ = round theater *n.*圆形剧场

---

13 an- = negative（否定）= not；without

〔变化型〕a-（参照第一篇 6），am-。

an(a)emia /əˈnimɪə/ = want of blood *n.*贫血症

《*an-*(without) + *aem*(blood) + *-ia*(表示病名的字尾)》

an(a)esthetic /ˌænəsˈθɛtɪk/ *n.*麻醉剂 *adj.*麻醉的（无知觉的）

《*an-*(not) + *aesthetic*(perceptive)》 *cf.* **aesthetic**(审美的)

anarchy /ˈænɚkɪ/ *n.*无政府（状态）

《*an-*(without) + *arch*(ruler) + *-y*(名词字尾)》 *cf.* **monarch**(君主)

```
an    + arch + y
 |        |      |
without + ruler + n.
```

anecdote /ˈænɪkˌdot/ = not given out = a story in private life

*n.*轶事（未被发表的事）

《*an-*(not) + *ec-* = *ex-*(out) + *dote*(given)》

```
an + ec + dote
 |     |     |
not + out + given
```

ambrosia /æmˈbroʒɪə/ *n.*神的食物；味美的食物（非人间的）

《*am-* = *an-*(not) + *brosia*(mortal)》

anodyne /ˈænəˌdaɪn/ *adj.*止痛的 *n.*止痛药

《*an-*(without) + *odyne*(pain)》

```
an    + odyne
 |        |
without + pain
```

anomie /ˈænəmɪ/ *n.*社会之紊乱《*a-* = *an-*(without) + *nomie*(law)》

14 ana- = on；up；upon

〔变化型〕an-。

anabaptist /ˌænəˈbæptɪst/ = one who baptizes again
n.再洗礼派教徒（再洗礼）

anachronism /əˈnækrəˌnɪzəm/ *n*.时代错误（时代变迁）
《*ana-*(sometimes used in the sense of "against") + *chron*(time) + *-ism*(名词字尾)》

analogy /əˈnælədʒɪ/ *n*.相似；类似（言词相关者）
《*ana-*(upon) + *logy*(statement)》

```
      ana    +    logy
       |           |
     upon   +   statement
```

anatomy /əˈnætəmɪ/ *n*.解剖学《*ana-*(up) + *tomy*(cut)》

15 ante- = before（与 post-相反）

* 拉丁文 *ante*，表示时间或空间上的"在前"。
〔变化型〕anti-，ant-，anci-，an-。

ante /ˈæntɪ/ *n*.(看过手中的牌而未发新牌前所下的)赌注

antecedent /ˌæntəˈsidn̩t/ *adj*.在先的　*n*.先行词
《*ante-*(before) + *ced*(go) + *-ent*(形容词字尾)》

antechamber /ˈæntɪˌtʃembɚ/ = anteroom　*n*.来宾接待室

antedate /ˌæntɪˈdet/ = date before　*n*.提前的日期
v.较～先发生或存在

antediluvian /ˌæntɪdɪˈluvɪən/ *adj*.洪水时代以前的；太古的
《*ante-*(before) + *diluvia*(flood) + *-n*(形容词字尾)》

```
    ante  + diluvia +   n
      |        |        |
   before +  flood  +  adj.
```

antemeridian /ˌæntɪməˈrɪdɪən/ = before noon　*adj*.上午的；
午前的《*ante-*(before) + *meri*(middle) + *dian*(day)》
cf. **postmeridian**(下午的；午后的)

```
ante  +  meri  +  dian
  |        |        |
before + middle +  day
```

antenuptial /ˌæntɪˈnʌpʃəl/ *adj.*婚前的

《*ante-*(before) + *nuptial*(wedding)》

anterior /ænˈtɪrɪɚ/ ante 的比较级 = more in front *adj.*前面的

cf. **posterior**(后面的)

anteroom /ˈæntɪˌrum/ *n.*(通入正室之)前厅；接待室

```
ante  +  room
  |        |
before +  room
```

anticipate /ænˈtɪsəˌpet/ *v.*预期；预想；希望(先拿)

《*anti-*(beforehand) + *cipate*(take)》

ancient /ˈenʃənt/ *adj.*古代的 *n.*老人；古人

ancestor /ˈænsɛstɚ/ = forefather *n.*祖先(走在前面的人)

《*an-* = *ante-*(before) + *ces*(go) + *-tor*(名词字尾)》

cf. **posterity**(后代)

16 anti- = against; opposite to（与 pro-相反）

* 希腊文 *anti*，表示"相反"、"抵抗"的意思。〔变化型〕ant-。

antibiotic /ˌæntɪbaɪˈɑtɪk/ *n.*抗生素 *adj.*抗生的；抗菌的

```
anti  + bio +   tic
  |       |       |
against + life + adj., n.
```

anticancer /ˌæntɪˈkænsɚ/ *adj.*抗癌的《*cancer* 癌症》

anticorrosive /ˌæntɪkəˈrosɪv/ *adj.*防腐的《*corrosive* 腐烂的》

antinuclear /ˌæntɪˈnjuklɪɚ/ *adj.*反核能的《*nuclear* 核子的》

antipathy /ænˈtɪpəθɪ/ *n.*反感(对立的感情)

《*anti-*(against) + *pathy*(feeling)》*cf.* **sympathy**(同情)

antiphonal /ænˈtɪfənl̩/ *adj.*交互轮唱的 *n.*轮唱诗歌集

```
anti  + phon  +   al
  |       |        |
against + sound + adj., n.
```

antipodes /æn'tɪpəˌdiz/ *n*.*pl*.相对极（地球上正反相对的两个地点）

```
anti  +  podes
 |        |
opposite + foot
```

antiseptic /ˌæntə'sɛptɪk/ *adj*.防腐的　*n*.防腐剂（防止腐烂）
《*anti-*(against) + *sept*(putrid 腐烂的) + *-ic*(形容词兼名词字尾)》

```
anti  +  sept  +   ic
 |        |         |
against + putrid + adj.,n.
```

antisocial /ˌæntɪ'soʃəl/ *adj*.不善社交的；违反社会制度的

antithesis /æn'tɪθəsɪs/ *n*.对照；对比；正相反（设于对面的东西）
《*anti-*(against) + *thesis*(setting, placing)》

antiwar /ˌæntɪ'wɔr/ *adj*.反战的《*war* 战争》

antagonist /æn'tægənɪst/ *n*.敌手；反对者（对立争斗的人）
《*ant-* = *anti-*(against) + *agon*(*y*)(struggle) + *-ist*(表示人的字尾)》
cf.agony(苦闷)

```
ant  +  agon  +  ist
 |       |        |
against + struggle + person
```

antarctic /ænt'ɑrktɪk/ *adj*.南极的　*n*.南极地区（北极的相反）
《*ant-* = *anti-*(opposite to) + *arctic*(北极)》

Antarctica /ænt'ɑrktɪkə/ *n*.南极洲

```
Ant  +  arctica
 |        |
opposite + arctic
```

antonym /'æntəˌnɪm/ *n*.反义词（对立的名称）
《*ant-* = *anti-*(opposite) + *onym*(name)》*cf*. synonym(同义词)

17　**arch-** = chief

* 希腊文 *archos*，表示"统治者"，所以这个字首就用来表示"主要的"之意。〔变化型〕
archi-, arche-。

archangel /'ɑrk'endʒəl/ = chief angel　*n*.天使长；大天使
archbishop /'ɑrtʃ'bɪʃəp/ *n*.总主教《*bishop* 主教》

archenemy /ˈɑrtʃˈɛnəmɪ/ = Satan   *n*.主要敌人；魔王；撒旦

architect /ˈɑrkəˌtɛkt/ = chief carpenter   *n*.建筑师（木匠的工头）

《*archi-*(chief) + *tect*(builder)》 *cf*. **technical**(工业的)，**texture**(构造)

18　**arch-** = ancient; first (first in time)（古代；最先）

archaeology /ˌɑrkɪˈɑlədʒɪ/ *n*.考古学

archaic /ɑrˈkeɪk/ *adj*.古代的；古文的

```
arch  +  aic
  |        |
ancient + adj.
```

archetype /ˈɑrkəˌtaɪp/ = the original type   *n*.原型

archives /ˈɑrkaɪvz/ *n*. *pl*.档案室；档案

19　**auto-** = self

＊希腊文 *autos*，表示"自己"。〔变化型〕auth-。

autobiography /ˌɔtəbaɪˈɑgrəfɪ/ *n*.自传（描写自己生活的文字）

《*auto-*(self) + *bio*(life) + *graphy*(writing)》

autocracy /ɔˈtɑkrəsɪ/ *n*.专制政治《*auto-*(self) + *cracy*(rule)》

　　cf. **democracy**(民主政治)

autocrat /ˈɔtəˌkræt/ *n*.独裁者；专制君主

```
auto +  crat
  |        |
self  +  to rule
```

autocratic /ˌɔtəˈkrætɪk/ *adj*.独裁的；专制的

《*auto-*(self) + *crat-*(to rule) + *ic*(形容词字尾)》

autogamy /ɔˈtɑgəmɪ/ *n*.（植物）自花授粉；（动物）自体生殖

《*auto-*(self) + *gamy*(marriage)》

autogenous /ɔˈtɑdʒənəs/ *adj*.自生的；单性生殖的（自己出生的）

《*auto-*(self) + *gen*(born) + *-ous*(形容词字尾)》

```
auto + gen + ous
  |      |     |
self + born + adj.
```

autoinfection /ˌɔtoɪnˈfɛkʃən/ *n*.自体感染（在自己体内起作用）
《*auto-*(self) + *in-*(in) + *fect*(act) + *-ion*(名词字尾)》

<table>
<tr><td align="center">auto + in + fect + ion</td></tr>
<tr><td align="center">| | | |</td></tr>
<tr><td align="center">*self* + *in* + *act* + *n*.</td></tr>
</table>

automate /ˈɔtəˌmet/ *v*.使自动化《*auto-*(self) + *mate*(think)》

automatic /ˌɔtəˈmætɪk/ *adj*.自动的

<table>
<tr><td align="center">auto + mat + ic</td></tr>
<tr><td align="center">| | |</td></tr>
<tr><td align="center">*self* + *thinking* + *adj*.</td></tr>
</table>

automation /ˌɔtəˈmeʃən/ *n*.自动控制；自动操作
《*auto-*(self) + *mat-*(thinking) + *ion*(名词字尾)》

automaton /ɔˈtɑməˌtɑn/ *n*.自动机械装置

<table>
<tr><td align="center">auto + mat + on</td></tr>
<tr><td align="center">| | |</td></tr>
<tr><td align="center">*self* + *thinking* + *n*.</td></tr>
</table>

autonomy /ɔˈtɑnəmɪ/ = self-government   *n*.自治权；自治区

autonym /ˈɔtənɪm/ *n*.真名   *adj*.本名的（自己的名字）
《*auto-*(self) + *onym*(name)》
cf. antonym(反义词),synonym(同义词)

autopsy /ˈɔtɑpsɪ/ *n*.验尸；分析；实地观察   *v*.解剖
《*aut(o)-*(self) + *opsy*(sight)》

<table>
<tr><td align="center">auto + psy</td></tr>
<tr><td align="center">| |</td></tr>
<tr><td align="center">*self* + *sight*</td></tr>
</table>

autotomy /ɔˈtɑtəmɪ/ *n*.自割（动物在遭受攻击时会自行切除身体
的一部分）《*auto-*(self) + *tom*(cut) + *-y*(名词字尾)》

authentic /ɔˈθɛntɪk/ = one who does things with his own hands
adj.可信的；可靠的；真正的（是自己亲手做的）
《*aut-* = *auto-*(self) + *hent*(doer) + *-ic*(形容词字尾)》

20　be- = to make

＊把形容词、名词给动词化。

becalm /bɪˈkɑm/ *v*.使不动《*be-* + *calm*(安静的)》

befool /bɪˈful/ v.愚弄《*be-* + *fool*(傻人)》

befoul /bɪˈfaul/ v.污染《*be-* + *foul*(dirty)》

```
be  +  foul
 |       |
make  +  dirty
```

befriend /bɪˈfrɛnd/ v.对待～如朋友；照顾；协助
《*be-* + *friend*(朋友)》

beguile /bɪˈgaɪl/ v.欺骗(筹划奸计)《*be-* + *guile*(wile 奸计)》

```
be  +  guile
 |       |
make  +  wile
```

belittle /bɪˈlɪtl̩/ v.贬低；轻视《*be-* + *little*(卑微的)》

benumb /bɪˈnʌm/ v.使麻木《*be-* + *numb*(无感觉的)》

betroth /bɪˈtrɔθ/ v.许配(宣布真相)《*be-* + *troth*(truth 真实)》

21　be- = to cover with

＊表示"覆盖"，多加在名词之前，构成及物动词。

becloud /bɪˈklaud/ v.蒙蔽；使变得黑暗《*be-* + *cloud*(云)》

bedew /bɪˈdju/ v.沾湿《*be-* + *dew*(露)》

befog /bɪˈfɑg/ v.被雾笼罩；使模糊；迷惑《*be-* + *fog*(雾)》

bestar /bɪˈstɑr/ v.布满星星《*be-* + *star*(星)》

22　be- = upon

＊表示"在～之上"。

become /bɪˈkʌm/ = come upon　v.变为；成为

befall /bɪˈfɔl/ = fall upon　v.降临；遭遇

behold /bɪˈhold/ = hold upon　v.看见《*be-* + *hold*(hold)》

```
be  +  hold
 |       |
upon  +  hold
```

bemoan /bɪˈmon/ = moan upon　v.悲悼；恸哭

bemuse /bɪˈmjuz/ = muse upon　*v*.使沉思；使困惑

beset /bɪˈsɛt/ = set upon　*v*.包围；围困

bespeak /bɪˈspik/ = speak upon　*v*.预定；预先要求

bestow /bɪˈsto/ *v*.把～给予《*be-* + *stow*(put)》

```
┌─────────────────┐
│   be  + stow    │
│   |      |      │
│  upon +  put    │
└─────────────────┘
```

betide /bɪˈtaɪd/ *v*.降临；发生《*be-* + *tide*(happen)》

betray /bɪˈtre/ *v*.背叛《*be-* + *tray*(hand over)》

23　be- = by

＊表示"在～旁边"。

because /bɪˈkɔz/ *conj*.因为《*be-* + *cause*(理由)》

before /bɪˈfɔr/ *prep*., *adv*.在前；以前《*be-* + *fore*(在前的)》

behalf /bɪˈhæf/ *n*.方面；支持；赞成

　《*be-* + *half*(side)》

```
┌─────────────┐
│  be + half  │
│  |     |    │
│  by + side  │
└─────────────┘
```

behind /bɪˈhaɪnd/ *prep*.在～后面；落后《*be-* + *hind*(在后的)》

below /bəˈlo/ *prep*., *adv*.在～下面《*be-* + *low*(下面的)》

beneath /bɪˈniθ/ *prep*.在～下面《*be-* + *neath*(down)》

bequeath /bɪˈkwið/ *v*.遗赠；遗留(根据遗言)

　《*be-* + *queath*(saying)》

```
┌────────────────┐
│  be + queath   │
│  |     |       │
│  by + saying   │
└────────────────┘
```

beside /bɪˈsaɪd/ *prep*.在旁；在～边《*be-* + *side*(边)》

between /bɪˈtwin/ *prep*., *adv*.在～中间《*be-* + *tween*(two)》

beyond /bɪˈjɑnd/ *prep*.越过；超过

　《*be-* + *yond*(yonder, across)》

24　be- = intensive（加强语气）

bedeck /bɪˈdɛk/ v.装饰；使美丽《be- + deck（装饰）》

bedrench /bɪˈdrɛntʃ/ v.使湿透

befit /bɪˈfɪt/ v.适当；合适《be- + fit（适合）》

befuddle /bɪˈfʌdl̩/ v.使酒醉昏迷；使迷惑
　《be- + fuddle（灌醉）》

begird /bɪˈgɝd/ v.围绕；包围《be- + gird（围绕）》

beloved /bɪˈlʌvd/ adj.所爱的　　n.所爱的人

bereave /bəˈriv/ v.夺去；使丧失《be- + reave（rob）》

```
be    + reave
 |        |
intensive + rob
```

besiege /bɪˈsidʒ/ v.包围；围攻；涌至《be- + siege（包围）》

besmear /bɪˈsmɪr/ v.抹遍；涂遍《be- + smear（涂）》

bethink /bɪˈθɪŋk/ v.思考；考虑；想起《be- + think（思考）》

bewail /bɪˈwel/ v.哀悼；悲伤《be- + wail（woe 悲痛）》

```
be    + wail
 |        |
intensive + woe
```

25　bene- = well；good（与 male-相反）

　＊表示"很好"。〔同义词〕bon- = bonus = good。

benediction /ˌbɛnəˈdɪkʃən/ n.祈祷；祝福；（饭前的）感恩祷告
　《bene-（well）+ dic(say) + -tion（名词字尾）》

benefaction /ˌbɛnəˈfækʃən/ n.恩惠；施惠；捐助（行善）
　《bene-（well）+ fac(do) + -tion（名词字尾）》

```
bene + fac + tion
 |      |      |
well +  do  +  n.
```

benefactor /ˌbɛnəˈfæktɚ/ n.施主；恩人；捐助人（行善者）
　《bene-（well）+ factor(doer)》

beneficence /bɪˈnɛfəsn̩s/ *n*.恩惠；施与
《*bene-*(good) + *fic*(do) + *-ence*(名词字尾)》

beneficial /ˌbɛnəˈfɪʃəl/ *adj*.有益的
《*bene-*(well) + *fic*(do) + *-ial*(形容词字尾)》

```
bene  +  fic  +  ial
 |        |       |
well  +  do   +  adj.
```

beneficiary /ˌbɛnəˈfɪʃərɪ/ *n*.受益人；受惠者
《*bene-*(well) + *fic*(do) + *-iary*(表示人的字尾)》

```
bene  +  fic  +   iary
 |        |        |
well  +  do   +  person
```

benefit /ˈbɛnəfɪt/ *n*.利益　*v*.有益于

benevolent /bəˈnɛvələnt/ *adj*.慈善的
《*bene-*(good) + *vol*(wish) + *-ent*(形容词字尾)》
cf. **voluntary**(自愿的)

```
bene  +  vol   +  ent
 |        |        |
good  +  wish  +  adj.
```

benign /bɪˈnaɪn/ *adj*.(人)和蔼可亲的；(气候等)温和的；
(病等)良性的《*beni-*(well) + *gn* = *gen*(produce)》

benignant /bɪˈnɪgnənt/ *adj*.亲切的；温和的；良性的
《*beni-*(well) + *gn* = *gen*(produce) + *-ant*(形容词字尾)》

bonus /ˈbonəs/ *n*.奖金；红利(给予之物)

【解说】**Bonus** 这个字是来自拉丁文，是"好"的意思。奖金、红利是大家都觉得好的东西。在台湾的百货公司，每逢周年庆时，常常会有买两千送两百的活动，那两百元的部分，就是购物的 **bonus**。

boon /bun/ *n*.恩惠；恩赐；恩惠物

bounteous /ˈbaʊntɪəs/ = bountiful

bountiful /ˈbaʊntəfəl/ *adj*.慷慨的；大方的；丰富的

bounty /ˈbaʊntɪ/ *n*.慷慨；奖励金

26 **bi-** = double; two

* 〔变化型〕bin-。

bicameral /baɪˈkæmərəl/ *adj*.（议会）两院制的
   《*bi-*(two) + *camer*(chamber) + *-al*(形容词字尾)》

bicentennial /ˌbaɪsɛnˈtɛnɪəl/ *n*.两百周年纪念日

bi	+	cent	+	enn	+	ial
two	+	hundred	+	year	+	n.

bicolored /ˈbaɪˌkʌlərd/ *adj*.两色的

bicuspid /baɪˈkʌspɪd/ *n*.前臼齿

bi	+	cuspid
two	+	point

biennial /baɪˈɛnɪəl/ *adj*.两年一次的
   《*bi-*(two) + *enn*(year) + *-ial*(形容词字尾)》

bifurcated /ˈbaɪfərˌketɪd, baɪˈfɜˈketɪd/ *adj*.分叉的
   《*bi-*(two) + *furcat*(fork 分叉) + *-ed*(形容词字尾)》

bi	+	furcat	+	ed
two	+	fork	+	adj.

bigamy /ˈbɪgəmɪ/ *n*.重婚《*bi-*(double) + *gamy*(marriage)》
   cf. **monogamy**(一夫一妻制)

bilingual /baɪˈlɪŋgwəl/ *adj*.两种语言的；双语的
   《*bi-*(two) + *lingua*(language) + *-(a)l*(形容词字尾)》

bi	+	lingua	+	(a)l
two	+	language	+	adj.

bimonthly /baɪˈmʌnθlɪ/ *adj*.两个月一次的；一个月两次的

binocular /baɪˈnɑkjələr/ *adj*.双眼并用的　*n*.双目望远镜或
   显微镜《*bin-*(two) + *ocul*(eye) + *-ar*(形容词字尾)》
   cf. **ocular**(眼睛的),**oculist**(眼科医生)

bipartisan /baɪˈpɑrtəzn̩/ *adj*.两党的

```
bi  +  parti  +  san
 |       |        |
two  +  party  +  man
```

bipod /ˈbaɪˌpɑd/ *n*.两脚架《*bi-*(two) + *pod*(foot)》

bipolar /baɪˈpolɚ/ *adj*.有两极的

bisexual /baɪˈsɛkʃʊəl/ *adj*.两性的

biweekly /baɪˈwiklɪ/ *adv*., *adj*.隔周的(地);一周两次的(地)

27　**bibl-** = book（书）

Bible /ˈbaɪbl̩/ *n*.圣经

bibliography /ˌbɪblɪˈɑgrəfɪ/ *n*.参考书目;参考文献;书目

bibliomania /ˌbɪbliəˈmeɪniə/ *n*.藏书狂

```
biblio + mania
  |        |
book   +  craze
```

bibliophile /ˈbɪbliəˌfaɪl/ *n*.珍藏书籍者

28　**cata-** = down; downwards; fully

＊希腊文 *kata*,表示"向下"、"完全"。〔变化型〕cat-。

cataclysm /ˈkætəˈklɪzəm/ *n*.洪水;(政治上等的)大变动
　(冲刷而下)《*cata-*(down) + *clysm*(wash)》

catacomb /ˈkætəˌkom/ *n*.地下墓穴
　《*cata-*(down) + *comb*(hollow)》

catadromous /kəˈtædrəməs/ *adj*.(鱼)为产卵而顺流入海的
　(顺流而下)《*cata-*(down) + *drom*(run) + *-ous*(形容词字尾)》

```
cata + drom + ous
 |      |      |
down + run  + adj.
```

catalog(ue) /ˈkætl̩ˌɔg/ *n*.目录　*v*.编列目录(描写得很详细)
　《*cata-*(fully) + *logue*(say, tell)》

```
┌─────────────────────┐
│  cata  +  logue     │
│   |       |         │
│  down  +  say       │
└─────────────────────┘
```

catalyst /ˈkætl̩ɪst/ *n*.催化剂；触媒(使释放出来)
《*cata-*(down) + *lyst*(free)》

catapult /ˈkætəˌpʌlt/ *n*.弹弓　*v*.弹出(高飞后落下)
《*cata-*(down) + *pult*(brandish 挥；舞动)》

cataract /ˈkætəˌrækt/ = rushing down　*n*.大瀑布；洪流
(破碎轰然落下)《*cata-*(down) + *ract*(break)》

catastasis /kəˈtæstəsɪs/ *n*.戏剧之高潮
《*cata-*(down) + *sta*(stand) + *-sis*(condition)》

catastrophe /kəˈtæstrəfɪ/ = turning down　*n*.异常的灾祸；
大灾难(面临恶运)《*cata-*(down) + *strophe*(turning)》

```
┌─────────────────────┐
│  cata  +  strophe   │
│   |        |        │
│  down  +  turning   │
└─────────────────────┘
```

catatonia /ˌkætəˈtonɪə/ *n*.紧张症
《*cata-*(down) + *tonia*(tension)》

category /ˈkætəˌgorɪ/ *n*.类；种；部门(当作一集体→看成一个
集体)《*cat-*(down) + *egory*(assembly 会议)》

29　circum- = around; round about

* 拉丁文 *circum*,表示"环绕"、"在～周围"。
〔变化型〕circu-。

circumambulate /ˌsɚkəmˈæmbjəˌlet/ *v*.巡行；绕行
《*circum-*(around) + *ambulate*(walk)》

circumcise /ˈsɚkəmˌsaɪz/ *v*.行割礼；割除包皮(割掉周围)
《*circum-*(around) + *cise*(cut)》

circumference /sɚˈkʌmfərəns/ *n*.圆周；周围
《*circum-*(around) + *fer*(carry) + *-ence*(名词字尾)》

```
┌──────────────────────────────┐
│  circum  +  fer  + ence       │
│    |         |       |        │
│  around  +  carry +  n.       │
└──────────────────────────────┘
```

circumfuse /ˌsɝkəmˈfjuz/ *v*.周围灌溉(液体);散布
　《*circum-*(around) + *fuse*(pour)》

circumjacent /ˌsɝkəmˈdʒæsn̩t/ *adj*.周围的
　《*circum-*(around) + *jac*(throw) + *-ent*(形容词字尾)》

circumlocution /ˌsɝkəmloˈkjuʃən/ *n*.迂回累赘的陈述
　《*circum-*(around) + *locu*(speak) + *-tion*(名词字尾)》

```
circum  +  locu  + tion
  |          |        |
around  +  speak  +   n.
```

circumlunar /ˌsɝkəmˈlunɚ/ *adj*.环绕月球的
　《*circum-*(around) + *lun*(moon) + *-ar*(形容词字尾)》

```
circum  +  lun  +  ar
  |         |       |
around  +  moon +  adj.
```

circumnavigate /ˌsɝkəmˈnævəˌget/ *v*.环游(世界)
　《*circum-*(around) + *navigate*(sail)》

circumpolar /ˌsɝkəmˈpolɚ/ *adj*.围绕极地的;极地附近的
　《*circum-*(around) + *pol*(axis of a sphere 球体的轴) + *-ar*(形容词字尾)》

circumspect /ˈsɝkəmˌspɛkt/ *adj*.慎重的(仔细地看看周围)
　《*circum-*(around) + *spect*(look)》

circumstance /ˈsɝkəmˌstæns/ *n*.环境;情况(周围的东西)
　《*circum-*(around) + *stan*(stand) + *-ce*(名词字尾)》

circuit /ˈsɝkɪt/ *n*.一圈;一周;周围;电路;回路(绕行)
　《*circu-* = *circum-*(around) + *it*(go)》

circulate /ˈsɝkjəˌlet/ *v*.流通;巡回;循环(使成圆状)
　《*circul-* = *circle-*(圆) + *-ate*(动词字尾)》

30　**com-** = together; with; wholly

　* 拉丁文 *cum*(= *with*),表示"与"、"合"、"共"、"全"之意。

　〔变化型〕co-, col-, comb-, con-, cor-, coun-。

combat /ˈkɑmbæt/ *v*. , *n*.战斗;争斗(互相对打)

《*com-*(together) + *bat*(beat)》

combine /kəmˈbaɪn/ *v*.联合；结合（把两件事结合起来）

《*com-*(together) + *bine*(two)》

```
com   + bine
 |       |
together + two
```

comfort /ˈkʌmfəٰt/ *v*.安慰   *n*.安慰；慰藉

《*com-*(together) + *fort*(strong)》

commemorate /kəˈmɛməˌret/ *v*.纪念；庆祝

《*com-*(together) + *memorate*(remind)》

commence /kəˈmɛns/ *v*.开始

《*com-*(together) + *mence*(initiate)》

commend /kəˈmɛnd/ *v*.称赞（把～交到某人手上）

《*com-*(together) + *mend*(put into the hands of)》

commensal /kəˈmɛnsəl/ *adj*.同餐的；共生的   *n*.共生动植物

（同餐桌的）《*com-*(together) + *mens*(table) + *-al*(形容词字尾)》

cf. **parasite**(寄生物)

```
com   + mens +  al
 |       |      |
together + table + adj.
```

commensurate /kəˈmɛnʃərɪt,-ˈmɛnsə-/ *adj*.同量的；相称的；

平衡的《*com-*(together) + *mensur*(measure) + *-ate*(形容词字尾)》

commingle /kəˈmɪŋgḷ/ *v*.混合；混杂

《*com-*(together) + *mingle*(混合)》

commiserate /kəˈmɪzəˌret/ *v*.同情；怜悯（一起受难）

《*com-*(together) + *miser*(misery) + *-ate*(动词字尾)》

common /ˈkɑmən/ *adj*.共有的；共同的

《*com-*(together) + *mon*(duties)》

commotion /kəˈmoʃən/ *n*.骚动；暴动（一起行动）

《*com-*(together) + *mo*(move) + *-tion*(名词字尾)》

```
com   + mo + toin
 |      |     |
together + move + n.
```

commute /kəˈmjut/ *v*.通勤；变换；减刑

　《*com-*(together) + *mute*(change)》

compatriot /kəmˈpetrɪət/ *n*.同胞(同爱祖国的人)

　《*com-*(together) + *patri*(father) + *-ot*(表示人的名词字尾)》

```
com   + patri +   ot
 |        |        |
together + father + person
```

compile /kəmˈpaɪl/ *v*.编辑；聚集(财富等)(汇集在一起)

　《*com-*(together) + *pile*(heap 堆)》

compose /kəmˈpoz/ *v*.组成；构成(放在一起)

　《*com-*(together) + *pose*(place)》

coadjutor /ˌkoəˈdʒutɚ/ *n*.助手；伙伴

　《*co-*(together) + *adjut*(help) + *-or*(表示人的名词字尾)》

coadunate /koˈædʒunɪt/ *adj*.连生的；联合的；统一的

　《*co-*(together) + *ad-*(to) + *unate*(unite)》

```
co    + ad + unate
 |       |     |
together + to + unite
```

coalesce /ˌkoəˈlɛs/ *v*.合并；联合；愈合(一起成长)

　《*co-* = *com-*(together) + *alesce*(grow up)》

coalition /ˌkoəˈlɪʃən/ *n*.联合；联盟

　《*co-* = *com-*(together) + *alition* = *alesce*(grow up)》

coeducation /ˈkoɛdʒəˈkeʃən/ *n*.男女合校的教育

　《*co-* = *com-*(together) + *education*(教育)》

coequal /koˈikwəl/ *adj*.相等的　*n*.相等的人或物

　《*co-*(together) + *equal*(平等的)》

coerce /koˈɝs/ *v*.强迫；压迫(一起约束)

　《*co-* = *com-*(together) + *erce*(restrain 限制)》

coeval /koˈivl̩/ *adj*.同时代的　*n*.同时代的人或物

　《*co-* = *com-*(together) + *ev*(age) + *-al*(形容词字尾)》

```
co    + ev + al
 |       |    |
together + age + adj.
```

coexist /ˌkoɪgˈzɪst/ v.同时存在；共存（共同存在）

《**co-** = **com-**(together) + **ex**(out) + **-(s)ist**(stand)》

cognomen /kɑgˈnomən/ n.名字《**cog-**(together) + **nomen**(name)》

cohabitation /koˌhæbəˈteʃən/ n.同居；共同生活（共同居住）

《**co-** = **com-**(together) + **habit**(have) + **-ation**(名词字尾)》

```
co    + habit + ation
|         |        |
together + have +  n.
```

cohere /koˈhɪr/ v.粘着；凝聚；一致；协调；连贯（粘在一起）

《**co-** = **com-**(together) + **here**(stick 粘贴)》

coincide /ˌkoɪnˈsaɪd/ v.与～一致；符合（一起掉下来）

《**co-** = **com-**(together) + **incide**(fall upon)》

collaborate /kəˈlæbəˌret/ v.合作

《**col-** = **com-**(together) + **labor**(work) + **-ate**(动词字尾)》

```
col    + labor + ate
|         |        |
together + work +  v.
```

collapse /kəˈlæps/ n.倒塌　v.使倒塌（一起滑落）

《**col-** = **com-**(together) + **lapse**(glide down)》

colleague /ˈkɑlig/ n.同事；同僚（共同选出的人）

《**col-** = **com-**(together) + **league**(choose)》

collide /kəˈlaɪd/ v.碰撞；互撞（一起打）

《**col-** = **com-**(together) + **lide**(strike；dash)》

collimate /ˈkɑləˌmet/ v.对准；调节

《**col-** = **com-**(together) + **limate**(make straight)》

collinear /kəˈlɪnɪɚ/ adj.在同一直线上的

《**col-** = **com-**(together) + **line**(line) + **-ar**(形容词字尾)》

```
col    + line +  ar
|         |       |
together + line + adj.
```

collusion /kəˈluʒən/ n.共谋；串通；勾结（一起扮演）

《**col-** = **com-**(together) + **lus**(play) + **-ion**(名词字尾)》

```
col  +  lus  +  ion
 |       |       |
together + play + n.
```

combustion /kəm'bʌstʃən/ *n*.燃烧（完全燃烧）

　《*com-*（wholly）+ *bust*（burn）+ *-tion*（名词字尾）》

concave /*adj*. kan'kev *n*. 'kankev/ *adj*.凹面的；凹陷的

　n.凹透镜《*con-* = *com-*（together）+ *cave*（hollow 中空的）》

　cf. **convex**（凸面的；凸透镜）

conceit /kən'sit/ *n*.自负；自大；奇思幻想（一手全包）

　《*con-* = *com-*（together）+ *ceit* = *ceive* （take）》

concentrate /'kansn̩ˌtret,-sɛn-/ *v*.集中；专心（一起到中心）

　《*con-* = *com-*（together）+ *centr*（center）+ *-ate*（动词字尾）》

```
con  +  centr  +  ate
 |        |        |
together + center + v.
```

conclave /'kanklev/ *n*.秘密会议

　《*con-* = *com-*（with）+ *clave*（key）》

conclude /kən'klud/ *v*.结束；使完毕；下结论（一起关闭）

　《*con-* = *com-*（together）+ *clude*（shut）》

　cf.　**exclude**（除去；除外），**include**（包含在内）

concoct /kan'kakt/ *v*.调制；编造；策划

　《*con-* = *com-*（together）+ *coct*（cook）》

concord /'kankərd,'kaŋ-/ *n*.和谐；一致；同意（同心）

　《*con-* = *com-*（together）+ *cord*（heart）》　*cf*. **cordial**（热诚的）

concourse /'kankors,'kaŋ-/ *n*.汇合；合流；集合（一起流走）

　《*con-* = *com-*（together）+ *course*（run）》

　cf. **concur**（意见一致），**current**（水流或气流）

```
con  +  course
 |        |
together +  run
```

condemn /kən'dɛm/ *v*.反对；责难

　《*con-* = *com-*（together）+ *demn*（harm）》

condense /kən'dɛns/ *v*.浓缩；使简洁（使浓）

《*con-* = *com-*(together) + *dense*(make thick)》

condescend /ˌkɑndɪˈsɛnd/ *v.*屈尊；俯就；降低身份
　《*con-* = *com-*(together) + *descend*(下降)》

condole /kənˈdol/ *v.*安慰；同情；哀悼(分担悲伤)
　《*con-* = *com-*(together) + *dole*(grief)》

confederate /*adj.*,*n.* kənˈfɛdərɪt *v.* kənˈfɛdəˌret/ *adj.*同盟的；
　共谋的　*n.*同盟者；共谋者　*v.*同盟；共谋
　《*con-* = *com-*(together) + *feder*(league 联盟) + *-ate*(形容词兼名词、
　动词字尾)》

```
con   + feder +     ate
 |        |          |
together + league + adj.,n.,v.
```

confer /kənˈfɝ/ *v.*赐予；颁给(一起带来)
　《*con-* = *com-*(together) + *fer*(bear；carry)》

configuration /kənˌfɪgjəˈreʃən/ *n.*外型；轮廓；地势(整个形状)
　《*con-* = *com-*(wholly) + *figur*(form) + *-ation*(名词字尾)》

```
con   + figur + ation
 |        |       |
wholly + form  +  n.
```

confiscate /ˈkɑnfɪsˌket/ *v.*没收；充公(全部收入国库)
　《*con-* = *com-*(wholly) + *fisc*(treasury) + *-ate*(动词字尾)》

confront /kənˈfrʌnt/ *v.*面临；使面对；对照(面对面)
　《*con-* = *com-*(with) + *front*(forehead)》

confute /kənˈfjut/ *v.*驳倒；证明错误
　《*con-* = *com-*(together) + *fute*(beat)》

congeal /kənˈdʒil/ *v.*(使)冻僵；凝结(冻结)
　《*con-* = *com-*(together) + *geal*(freeze)》

congenial /kənˈdʒinjəl/ *adj.*气质相似的；意气投合的(共同
　的气质)《*con-* = *com* = together》

```
con   +   geni        +  al
 |          |            |
together + inborn nature + adj.
```

conglomerate /kənˈglɑməˌret/ *v.*聚结成块(线团纠结在一起)

《*con-* = *com-*(together) + *glomer*(ball of yarn 线团) + *-ate*(动词字尾)》

conjugate /*v.* ˈkɑndʒəˌget *adj.* ,*n.* ˈkɑndʒuˌget/ *v.*结合
　*adj.*结合的　*n.*同源词
　《*con-* = *com-*(together) + *jug*(join) + *-ate*(动词字尾)》

conjunction /kənˈdʒʌŋkʃən/ *n.*结合；连接；连接词(连接起来)
　《*con-* = *com-*(together) + *junc*(join) + *-tion*(名词字尾)》

<pre>
con   + junc + tion
 | | |
together + join + n.
</pre>

consent /kənˈsɛnt/ *v.* , *n.*准许；同意(共同的感情)
　《*con-* = *com-*(together) + *sent*(feel)》
　cf. sense(感觉), sentiment(感情)

constipate /ˈkɑnstəˌpet/ *v.*使便秘；使呆滞；约束；限制
　《*con-* = *com-*(together) + *stip*(cram 塞满) + *-ate*(动词字尾)》

<pre>
con   + stip + ate
 | | |
together + cram + v.
</pre>

consume /kənˈsum,-ˈsjum/ *v.*消耗；消费；耗尽(完全拿走)
　《*con-* = *com-*(wholly) + *sume*(take)》

contaminate /kənˈtæməˌnet/ *v.*弄脏；污染(一起接触)
　《*con-* = *com-*(together) + *tamin*(touch) + *-ate*(动词字尾)》

contemplate /ˈkɑntəmˌplet/ *v.*默想；考虑
　《*con-* = *com-*(wholly) + *template*(temple)》

cooperate /koˈɑpəˌret/ *v.*合作(一起工作)
　《*co-* = *com-*(together) + *operate*(work)》

correct /kəˈrɛkt/ *v.*修正　*adj.*正确的(使完全正确)
　《*cor-* = *com-*(thoroughly) + *rect*(right)》

correlate /ˈkɔrəˌlet/ *v.*相关连；使互相关连(一起带回)
　《*cor-* = *com-*(together) + *re*(back) + *late*(bring)》

corroborate /kəˈrɑbəˌret/ *v.*确认；证实(完全巩固)
　《*cor-* = *com-*(wholly) + *robor*(robust 强壮的) + *-ate*(动词字尾)》

<pre>
cor   + robor + ate
 | | |
wholly + robust + v.
</pre>

corrugate /ˈkɔrəˌget/ *v.*（使）起皱；（使）成波状（产生皱纹）

　　《*cor-* = *com-*-(together) + *rug*(wrinkle) + *-ate*(动词字尾)》

corrupt /kəˈrʌpt/ *adj.*腐败的；贪污的　　*v.*使腐败；使堕落

　　（一起弄坏）《*cor-* = *com-*-(together) + *rupt*(break)》

council /ˈkaunsḷ/ *n.*会议（共同召集）

　　《*coun-* = *com-*-(together) + *cil*(call)》

counsel /ˈkaunsḷ/ *n.*商议；商量；忠告（共同提出）

　　《*coun-* = *com-*-(together) + *sel*(take)》

31　**contra-** = against（反对；逆）

　　〔变化型〕contro-，counter-。

contraband /ˈkantrəˌbænd/ *n.*走私（品）

contradict /ˈkantrəˈdɪkt/ *v.*否认；反驳（说相对立的话）

　　《*contra-*-(against) + *dict*(speak)》

contradistinction /ˌkantrədɪˈstɪŋkʃən/ *n.*对比

contraindicate /ˈkantrəˈɪndəˌket/ *v.*（病征）显示（某种治疗

　　方法或处理）不当

contrary /ˈkantrɛrɪ/ *adj.*相反的；不利的　　*n.*相反（的事物）

　　*adv.*相反地《 *contra-*-(against) + *-(a)ry*(形容词字尾)》

> contra + (a)ry
> |　　　　|
> against + adj.

contrast /*n.* ˈkantræst *v.* kənˈtræst/ *n.*对照　　*v.*对比

　　《*contra-*-(against) + *st*(stand)》

contravene /ˌkantrəˈvin/ *v.*违反；抵触（对立）

　　《*contra-*-(against) + *vene*(come)》

controversy /ˈkantrəˌvɝsɪ/ *n.*争论

> contro + vers + y
> |　　　|　　　|
> against + adj. + n.

controvert /ˈkantrəˌvɝt, ˌkantrəˈvɝt/ *v.*辩驳；否认（反对而

　　转过身去）《*contro-* = *contra-*-(against) + *vert*(turn)》

counter /ˈkaʊntɚ/ *adj*.相反的　*adv*.相反地　*v*.反对；对抗
《*counter-* = *contra-*(against)》

counteract /ˌkaʊntɚˈækt/ *v*.抵消；消除(相对的作用)
《*counter-* = *contra-*(against) + *act*(act)》

counterattack /*v*. ˌkaʊntərəˈtæk *n*. ˈkaʊntərəˌtæk/ *v*.，*n*.反攻；
反击《*counter-* = *contra-*(against) + *at-*(to) + *tack*(stake 拴)》

```
counter + at + tack
   |       |     |
against + to + stake
```

counterbalance /*n*. ˈkaʊntɚˌbæləns *v*. ˌkaʊntɚˈbæləns/ *n*.
平衡力；对抗力　*v*.使平衡；抵消《*balance* 平衡；抵消》

counterfeit /ˈkaʊntɚfɪt/ *n*.伪造品　*adv*.假冒的　*v*.伪造(违法
去做)《*counter-* = *contra-*(against) + *feit*(make)》

```
counter + feit
   |       |
against + make
```

countermand /ˌkaʊntɚˈmænd/ *v*.撤回；取消
《*counter-*(against) + *mand*(command)》

countermeasure /ˈkaʊntɚˌmɛʒɚ/ *n*.对策《*measure* 手段》

counterpart /ˈkaʊntɚˌpɑrt/ *n*.相对的人或物；极相似的人或物
《*counter-*(matching 相对的) + *part*(part)》

counterpoint /ˈkaʊntɚˌpɔɪnt/ *n*.对应物；(音乐)对位法

countersign /ˈkaʊntɚˌsaɪn/ *n*.口令；答令

counterspy /ˈkaʊntɚˌspaɪ/ *n*.反间谍

counterstroke /ˈkaʊntɚˌstrok/ *n*.还击

32　crypt- = hidden（隐藏的）

crypt /krɪpt/ *n*.地窖

cryptic /ˈkrɪptɪk/ *adj*.隐藏的；神秘的

```
cypt + ic
  |     |
hidden + adj.
```

cryptogram /ˈkrɪptəˌgræm/ *n*. 密码暗号
cryptographer /krɪpˈtɑgrəfɚ/ *n*. 解码专家；解码员
cryptography /krɪpˈtɑgrəfɪ/ *n*. 密码法

```
crypto + graphy
   |        |
hidden + writing
```

33   de- = down；downward

＊由"往下"之意衍生为"分离、否定、加强"，是很重要的字首。

debase /dɪˈbes/ *v*. 贬低；降格；贬值（往低处降）
　《*de*-(down) + *base*(low)》

debate /dɪˈbet/ *v*., *n*. 讨论；辩论（打倒）
　《*de*-(down) + *bate*(beat)》

debris /ˈdebri/ *n*. 残骸；垃圾；碎片；岩屑
　《*de*-(down) + *bris*(break)》

decadence /dɪˈkedn̩s, ˈdɛkədəns/ *n*. 衰落；堕落；颓废（落下）
　《*de*-(down) + *cadence*(falling)》

decapitate /dɪˈkæpəˌtet/ *v*. 斩首；砍头（头和身体分开）
　《*de*-(down, off) + *capit*(head) + *-ate*(动词字尾)》

```
de      + capit + ate
 |          |      |
down, off + head + v.
```

decay /dɪˈke/ *v*., *n*. 衰落；衰退；腐烂（落下）
　《*de*-(down) + *cay*(fall)》

decease /dɪˈsis/ *v*., *n*. 死亡（走了）《*de*-(from, away) + *cease*(go)》

deceive /dɪˈsiv/ *v*. 欺骗（拿走）
　《*de*-(from, away) + *ceive*(take)》

decide /dɪˈsaɪd/ *v*. 决定；决心；决意（割开）
　《*de*-(off) + *cide*(cut)》　*cf*. **suicide**（自杀）

```
de + cide
 |     |
off + cut
```

decipher /dɪˈsaɪfɚ/ v.译(密码)成普通文字　n.解码

　《de-(off) + cipher(暗号)》

declaim /dɪˈklem/ v.辩解；高声朗读(高喊)

　《de-(fully) + claim(cry out)》

declare /dɪˈklɛr/ v.宣告；断言(十分清楚)

　《de-(fully) + clare(clear)》

decrepit /dɪˈkrɛpɪt/ adj.衰老的；老朽的；破旧的(破裂倒塌)

　《de-(down) + crepit(crack)》

```
      de   + crepit
      |        |
     down  +  crack
```

decry /dɪˈkraɪ/ v.责难；贬低

deduce /dɪˈdjus, -ˈdus/ v.演绎；推论(带领往下走)

　《de-(down) + duce(lead)》

defect /dɪˈfɛkt, ˈdifɛkt/ n.过失；缺点(没有做好)

　《de-(down, from) + fect(do, make)》

defer /dɪˈfɝ/ v.服从；顺从(把自己往下带)

　《de-(down) + fer(carry)》

deflate /dɪˈflet/ v.排出空气；通货紧缩(放气)

　《de-(down) + flate(blow)》　cf. **inflate**(使膨胀；使通货膨胀)

deflower /dɪˈflaʊɚ/ v.摧毁～之花；夺去(妇女)之贞节(夺花)

　《de-(from, away) + flower(flower)》

deform /dɪˈfɔrm/ v.使残废；使丑(夺走了美丽)

　《de-(away) + form(beauty, form)》

```
      de   + form
      |       |
     away  +  form
```

deliberate / v. dɪˈlɪbəˌret adj. dɪˈlɪbərɪt/ v.考虑；熟思；研讨

　adj.深思熟虑的(彻底地测量重量)

　《de-(thoroughly) + liberate(weigh)》

delinquency /dɪˈlɪŋkwənsɪ/ n.玩忽职守；犯罪；过失(离开本务)

　《de-(away, from) + linqu(leave) + -ency(名词字尾)》

```
de      + linqu + ency
 |          |        |
away, from + leave  + n.
```

deluge /ˈdɛljudʒ/ *n*.大洪水；豪雨；泛滥　*v*.使泛滥；（洪水般）
涌到（将财物冲走）《*de-*(away) + *luge*(wash)》

demarcation /dimarˈkeʃən/ *n*.界限；划分；区分（下标记）
《*de-*(down) + *marc* = *mark*（mark） + *-ation*(名词字尾)》

```
de      + marc + ation
 |         |       |
down   + mark  +  n.
```

demerit /diˈmɛrɪt/ *n*.过失；短处（优点的相反）
《*de-*(negative 否定) + *merit*(优点)》

demolish /dɪˈmɑlɪʃ/ *v*.拆除；毁坏；推翻
《拉丁文 *demoliri* = pull down》

demonstrate /ˈdɛmənˌstret/ *v*.证明；（用标本或实验）示范
（表示得很清楚）《*de-*(fully) + *monstrate*(show)》

denigrate /ˈdɛnəˌgret/ *v*.涂黑；诋毁
《*de-*(intensive) + *nigr*(black) + *-ate*(动词字尾)》

depict /dɪˈpɪkt/ *v*.描画；描写（描绘得很充分）
《*de-*(down，fully) + *pict*(paint)》　*cf*. **picture**(绘画)

depurate /dɪˈpjuret/ *v*.使净化；精炼
《*de-*(intensive) + *pur*(pure) + *-ate*(动词字尾)》

```
de      + pur + ate
 |         |      |
intensive + pure + v.
```

deprave /dɪˈprev/ *v*.使堕落；使腐败
《*de-*(down) + *prave*(crooked)》

derelict /ˈdɛrəˌlɪkt/ *adj*.被抛弃的；不负责的；玩忽职守的
n.遗弃物；社会弃儿；无家可归的穷人；疏忽职守者
《*de-*(down) + *relict*(relinquish 放弃)》

derive /dəˈraɪv/ *v*.获得；起源（从河里引水）
《*de-*(away) + *rive*(stream)》

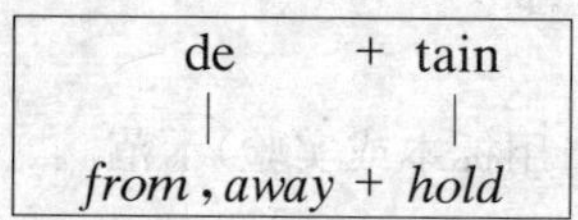

desiccate /'dɛsəˌket/ v. 使干燥；使脱水；使（感情或智力）枯竭
《*de-*(intensive) + *sicc*(dry) + *-ate*(动词字尾)》

despise /dɪ'spaɪz/ v. 轻视；蔑视（往下看）
《*de-*(down) + *spise*(look)》

despoil /dɪ'spɔɪl/ v. 夺取；掠夺（夺走）
《*de-*(away) + *spoil*(strip 剥夺)》

detail / v. dɪ'tel n. 'ditel/ v. 详述　　n. 细节（切得很细）
《*de-*(fully) + *tail*(cut)》　*cf*. **tailor**(缝制；裁缝)

detain /dɪ'ten/ v. 拘留；扣押；使延迟（保持隔离）
《*de-*(from，away) + *tain*(hold)》

de + tain
from , away + hold

dethrone /dɪ'θron/ v. 废黜（王）；推翻（退位）
《*de-*(down) + *throne*(王位)》

detonate /'dɛtəˌnet/ v. (使)爆裂；(使)爆炸（如打雷般）
《*de-*(down) + *ton*(thunder) + *-ate*(动词字尾)》

devastate /'dɛvəsˌtet/ v. 使荒废；毁灭（变成完全的荒地）
《*de-*(fully) + *vast*(waste) + *-ate*(动词字尾)》

devour /dɪ'vaʊr/ v. 吞食；毁灭；贪婪地看（尽量吃）
《*de-*(fully) + *vour*(eat)》

34　**de-** = apart；away；from

* 表示"分离、除去"的意思。为字首 dis- 的变化型。

debark /dɪ'bɑrk/ v. 登陆（离开船）《*de-* = *dis-*(apart) + *bark*(ship)》
cf. **bark**(帆船)，**barque**(船)，**barge**(平底载货船)

debauch /dɪ'bɔtʃ/ v. 使误入歧途
《*de-* = *dis-*(away) + *bauch*(beam)》

debouch /dɪ'buʃ/ v. 出发；流出；出现

《*de-* = *dis-*(away) + *bouch*(move)》

decamp /dɪˈkæmp/ *v*.秘密而匆忙地移居；逃亡；撤营
（离开战场）《*de-* = *dis-*(apart) + *camp*(field)》

decode /diˈkod/ *v*.译解
《*de-* = *dis-*(apart) + *code*(密码)》*cf.encode*(译为密码)

decorticate /diˈkɔrtəˌket/ *v*.除去外皮
《*de-* = *dis-*(from) + *cortic*(bark 树皮) + *-ate*(动词字尾)》

```
de  + cortic + ate
|       |       |
from + bark  + v.
```

deface /dɪˈfes/ *v*.损坏（外表或美观）；涂掉；注销
《*de-* = *dis-*(apart) + *face*(face)》

defalcate /dɪˈfælket/ *v*.盗用公款
《*de-* = *dis-*(apart) + *falc*(a sickle 镰刀) + *-ate*(动词字尾)》

```
de  + falc  + ate
|      |       |
apart + sickle + v.
```

defer /dɪˈfɚ/ *v*.延缓；延期
《*de-* = *dis-*(apart) + *fer*(carry)》

deficit /ˈdɛfəsɪt/ *n*.不足额；赤字
《*de-* = *dis-*(apart) + *fic*(do) + *-it*(名词字尾)》

defraud /dɪˈfrɔd/ *v*.诈取《*de-* = *dis-*(from) + *fraud*(cheat)》

defrost /diˈfrɔst/ *v*.去冰或霜（分开霜）
《*de-* = *dis-*(apart) + *frost*(霜)》

defy /dɪˈfaɪ/ *v*.不服从；公然反抗（远离信赖）
《*de-* = *dis-*(apart) + *fy*(trust)》

dehydrate /diˈhaɪdretː/ *v*.脱水
《*de-* = *dis-*(apart) + *hydr*(*o*) (water) + *-ate*(动词字尾)》
cf. **hydrogen**(氢)

```
de  + hydr  + ate
|      |       |
apart + water + v.
```

demur /dɪˈmɚ/ *v*.踌躇；犹豫《*de-* = *dis-*(from) + *mur*(delay)》

denude /dɪ'njud,-'nud/ *v*.使裸露；剥夺（使裸露）

　《*de-* = *dis-*（apart）+ *nude*（uncovered）》

derange /dɪ'rendʒ/ *v*.使错乱；扰乱

　《*de-* = *dis-*（apart）+ *range*（order）》

descant /dɛs'kænt/ *v*.详述　*n*.详述；伴唱（唱出来）

　《*des-* = *dis-*（apart）+ *cant*（sing）》

```
des  + cant
 |      |
apart + sing
```

detach /dɪ'tætʃ/ *v*.解开；分离；派遣（拴的相反）

　《*de-* = *dis-*（opposite 否定）+ *tach*（stake 拴）》

detour /'ditur,dɪ'tur/ *n*.改道；绕道

　v.绕道而行（分离；回转）《*de-* = *dis-*（apart）+ *tour*（turn）》

detrimental /ˌdɛtrə'mɛntl̩/ *adj*.有害的；不利的（磨损）

　《*de-* = *dis-*（apart）+ *trim*（rub）+ *-(m)ent*（名词字尾）+ *-al*（形容词字尾）》

```
de  + trim + (m)ent +  al
 |      |       |       |
apart + rub  +   n.   + adj.
```

devoid /dɪ'vɔɪd/ *adj*.缺乏的；没有的；空的；无的

　《*de-* = *dis-*（from）+ *void*（empty）》

devote /dɪ'vot/ *v*.专心从事；献身于；致力于；奉献

　《*de-* = *dis-*（from）+ *vote*（vow）》

35　deca- = ten

　* 希腊文 *deka*，表示"十"。而 deci- 是表示"十分之一"的意思。

decade /'dɛked,dɛk'ed/ = a company of ten

　n.十年；由十所构成的一组

decagon /'dɛkəˌgɑn,-gən/ *n*.十角型；十边形

　《*deca-*（ten）+ *gon*（angle）》

decalogue /'dɛkəˌlɔg,-ˌlɑg/ = the Ten Commandments

　n.十诫《*deca-*（ten）+ *logue*（speech）》

```
┌─────────────────────┐
│  deca  +  logue     │
│   |        |        │
│  ten   +  speech    │
└─────────────────────┘
```

decameron /dɪˈkæmərən/ *n*.十日谈（意大利 Boccaccio 所著，包括一百个故事）《*deca*-(ten) + *meron*(day)》

decapod /ˈdɛkəˌpɑd/ *n*.十脚类动物（如龙虾等）《*deca*-(ten) + *pod*(foot)》

```
┌─────────────────────┐
│  deca  +  pod       │
│   |        |        │
│  ten   +  foot      │
└─────────────────────┘
```

decigram /ˈdɛsəˌgræm/ *n*.分克（十分之一克）《*deci*-(tenth) + *gram*(克)》

deciliter；-tre /ˈdɛsəˌlitə/ *n*.分升（十分之一升）《*deci*-(tenth) + *liter*；*-tre*(升)》

decimal /ˈdɛsəml̩/ *n*.，*adj*.十进制(的)；小数(的)《*decim*-(tithe 十分之一) + *-al*(形容词字尾)》
cf. **decimal point**(小数点)

decimeter /ˈdɛsəˌmitə/ ＝ 1/10 meter ＝ 10 cm *n*.分米（十分之一米）

36   demi- ＝ half

＊在古法文中 *demi* 就代表"一半"的意思。

demigod /ˈdɛməˌgɑd/ *n*.半神半人（神和人所生的后代）

37   di- ＝ double；twice

＊希腊文 *dis*，表示"双"、"二倍"。

dilemma /dəˈlɛmə, daɪ-/ *n*.左右为难的情况（在两项假设之间）《*di*-(double) + *lemma*(assumption)》

diphthong /ˈdɪfθɔŋ/ *n*.双母音（如 AU 等）《*di*-(double) + phthong(sound)》

diploma /dɪˈplomə/ ＝ paper folded double *n*.文凭；毕业证书；奖状（对折的纸）《*di*-(double) + *ploma*(folded)》

【解说】高中以下的毕业学位，不能叫做 **degree**，要用 **diploma** 这个词。

38　dia- = across；between；through

＊希腊文 *dia*，和 di- 有密切关系，表示"穿越"、"在两者之间"的意思。

diacritical /ˌdaɪəˈkrɪtɪkl̩/ *adj*.区别的（分隔两者的）
　《*dia*-(between) + *crit*(separate) + *-ical*(形容词字尾)》

diagnosis /ˌdaɪəgˈnosɪs/ *n*.诊断（知道两者的不同）
　《*dia*-(between) + *gnosis*(knowledge)》　*cf*.**ignorant**(无知的)

diagonal /daiˈæɡn̩l̩/ *adj*.斜的　　*n*.对角线
　《*dia*-(through，across) + *gon*(angle) + *-al*(形容词字尾)》

dia	+ gon	+ al
through，*across*	+ *angle*	+ *adj*.

diagram /ˈdaɪəˌɡræm/ *n*.图样；图表
　《*dia*-(through) + *gram*(write)》

dialect /ˈdaɪəlɛkt/ *n*.方言；同语系的语言（特别选用的言词）
　《*dia*-(between) + *lect*(choose)》

dialog(ue) /ˈdaɪəˌlɔɡ/ *n*.对话（两人之间的话）
　《*dia*-(between) + *logue*(speech)》*cf*.**monolog**(ue)(独白)

diameter /daɪˈæmətɚ/ *n*.直径（直接测量）
　《*dia*-(through) + *meter*(measure)》

diaphanous /daɪˈæfənəs/ *adj*.透明的

dia	+ phan	+ ous
through	+ *to show*	+ *adj*.

diatribe /ˈdaɪəˌtraɪb/ *n*.痛责；猛烈的抨击；谴责（摩擦使产生冲突）
　《*dia*-(between) + *tribe*(rub)》

39　dis- = apart；away；not（离开；否定）

＊ dis- 是由拉丁文 *duo* = *two* 的变化形 *duis* 衍生而来的，原本是"一分为二"的意思，乃是由"分离"引申为"除去"、"剥夺"、"反对"、"否定"，尤其是加强语气的重要字首。〔变化型〕de-，des-，di-，dif-，s-。

disable /dɪsˈebl̩/ *v*.使无能力；使残废（剥夺能力）
　《*dis*-(deprive of 剥夺) + *able*(capability)》

```
          dis    +    able
           |           |
        deprive of + capability
```

disadvantage /ˌdɪsəd'væntɪdʒ/ *n*.不利；缺点；损失
　《*dis-*(negative 否定) + *advantage*(利益；优点)》

disagree /ˌdɪsə'gri/ *v*.意见不合；不一致；不符合
　《*dis-*(not) + *agree*(同意；符合)》

disallow /ˌdɪsə'lau/ *v*.不允许；拒绝

disannul /ˌdɪsə'nʌl/ *v*.取消；废弃(使无)
　《*dis-*(intensive) + *an-* = *ad-*(to) + *-nul*(nothing)》

```
        dis   + an +   nul
         |       |      |
     intensive + to + nothing
```

disappear /ˌdɪsə'pɪr/ *v*.不见；消失
　《*dis-*(not) + *ap-* = *ad-*(to) + *pear*(come forth)》

disapprove /ˌdɪsə'pruv/ *v*.不赞成；反对(不愿向～证明)
　《*dis-*(not) + *ap-* = *ad-*(to) + *prove*(prove)》

```
        dis   + ap + prove
         |       |      |
     intensive + to + prove
```

disarray /ˌdɪsə're/ *v*., *n*.紊乱；无秩序
　《*dis-*(not) + *array*(排列)》

disaster /dɪz'æstɚ/ *n*.灾祸；不幸

```
        dis + aster
         |      |
        not +  star
```

disavow /ˌdɪsə'vau/ *v*.不承认；否认；拒绝接受
　《*dis-*(not) + *a-* = *ad-*(to) + *vow*(call)》

disband /dɪs'bænd/ *v*.解散(军队)(把团体分散)
　《*dis-*(apart) + *band*(band together)》

disbelieve /ˌdɪsbə'liv/ *v*.不相信《*dis-*(negative) + *believe*》

discard /*v*. dɪs'kɑrd, *n*. 'dɪskɑrd/ *v*.抛弃；丢奥掉　*n*.被弃的人
　或物(掷出无用的纸牌)《*dis-*(apart) + *card*(paper)》

discern /dɪˈzɝn, -ˈsɝn/ v.辨别；认出（一个一个分开）
　《*dis-*(apart) + *cern*(separate)》

discolor /dɪsˈkʌlɚ/ v.使变色
　《*dis-*(away) + *color*(为～着色)》

disconsolate /dɪsˈkɑnslɪt/ adj.哀伤的；忧郁的（不能安慰的）
　《*dis-*(not) + *consol*(console 安慰) + *-ate*(形容词字尾)》

```
dis  +  consol  +  ate
 |        |         |
not  +  console  +  adj.
```

discontent /ˌdɪskənˈtɛnt/ adj.不满意的
　《*dis-*(not) + *con-*(together) + *tent*(hold)》

discontinue /ˌdɪskənˈtɪnjʊ/ v.中止；停止（不持续）
　《*dis-*(not) + *con-* = *com-*(wholly) + *tinue*(hold)》

```
dis  +  con  +  tinue
 |       |       |
not + wholly + hold
```

discord /v. dɪsˈkɔrd, n. ˈdɪskɔrd/ v.不一致；不合　n.不一致；
　意见不合(心离开了)《*dis-*(apart) + *cord*(heart)》
　cf. **concord**(和谐)

discourage /dɪsˈkɝɪdʒ/ v.使气馁；使沮丧；使打消念头(剥夺
　勇气)《*dis-*(deprive of) + *courage*(勇气)》

discourse /dɪˈskors/ = run about　n.谈话；论述；演讲
　v.谈论；演讲(在话题间流连)《*dis-*(apart) + *course*(run)》

```
dis  +  course
 |        |
apart +  run
```

discredit /dɪsˈkrɛdɪt/ v.怀疑

```
dis  +  credit
 |       |
not + to believe
```

discreet /dɪˈskrit/ adj.言行谨慎的；小心的（一个个分开）
　《*dis-*(apart) + *creet*(separate)》

discrepancy /dɪˈskrɛpənsɪ/ n.矛盾；不一致；不符(意见分歧)

《*dis-*(apart) + *crep*(crack) + *-ancy*(名词字尾)》

discrete /dɪˈskrit/ *adj*.个别的；不连续的(个别分开)

《*dis-*(apart) + *crete*(separate)》

discriminate /dɪˈskrɪməˌnet/ *v*.歧视；区别待遇(在～之间造成空间)《*dis-*(apart) + *crimin*(space) + *-ate*(动词字尾)》

```
dis  + crimin + ate
 |        |       |
apart +  space  +  v.
```

disease /dɪˈziz/ *n*.疾病(离开安乐)《*dis-*(apart) + *ease*》

disembark /ˌdɪsɪmˈbɑrk/ *v*.卸货；登陆；下船(不在船上)

《*dis-*(not) + *em-* = *in-*(in) + *bark*(ship)》

disembogue /ˌdɪsɛmˈbog/ *v*.注入；流入

《*dis-*(apart) + *em-*(in) + *bogue*(mouth)》

```
dis  +  em  + bogue
 |       |      |
apart +  in  + mouth
```

disenchant /ˌdɪsɪnˈtʃænt/ *v*.使醒悟；使不再着迷

《*dis-*(apart) + *enchant*(bewitch)》

disfavor /dɪsˈfevɚ/ *n*.不赞成；讨厌；失宠《*dis-*(not) + *favor*》

disfigure /dɪsˈfɪgjɚ/ = deform *v*.破坏(美观、形状、价值等)

《*dis-*(apart，away) + *figure*(form)》

disfranchise /dɪsˈfræntʃaɪz/ *v*.剥夺公民权

《*dis-*(deprive of) + *franchise*(公民权)》

cf.**enfranchise**(给与公民权)

disgorge /dɪsˈgɔrdʒ/ *v*.吐出；流出；(河川把水)注入

(从喉咙中喷出)《*dis-*(apart) + *gorge*(throat)》

```
dis  + gorge
 |      |
apart + throat
```

disguise /dɪsˈgaɪz/ *v*.，*n*.改装；假扮；伪装(改变做法)

《*dis-*(apart) + *guise*(manner，fashion)》

disgust /dɪsˈgʌst/ *n*.，*v*.厌恶；使反感(不能品味)

《*dis-*(apart) + *gust*(taste)》*cf*. **gust**(味；风味)

dishearten /dɪsˈhɑrtn̩/ *v*.使沮丧；使气馁(心碎)
　《*dis-*(apart) + *heart*(heart) + *-en*(动词字尾)》

dishevel /dɪˈʃɛvl̩/ *v*.使(发等)散乱《*di(s)-*(apart) + *shevel*(hair)》

dishonest /dɪsˈɑnɪst/ *adj*.不诚实的《*dis-*(not) + *honest*(honor)》

disillusion /ˌdɪsɪˈluʒən/ *v*.使幻想破灭
　《*dis-*(apart) + *illusion*(幻想)》

disincline /ˌdɪsɪnˈklaɪn/ *v*.使厌恶；使不感兴趣(不向～方向弯曲)
　《*dis-*(not) + *in-*(towards) + *cline*(bend)》

disintegrate /dɪsˈɪntəˌgret/ *v*.(使)崩溃；(使)分解；(使)
　瓦解(使不完整)
　《*dis-*(not) + *integr*(whole) + *-ate*(动词字尾)》

<pre>
┌─────────────────────────┐
│ dis + integr + ate │
│ | | | │
│ not + whole +   v.   │
└─────────────────────────┘
</pre>

dislodge /dɪsˈlɑdʒ/ *v*.驱逐；逐出《*dis-*(apart) + *lodge*(暂住)》

dismay /dɪsˈme/ *n*.惊慌；绝望　　*v*.使惊慌；使绝望；使气馁
　《*dis-*(intensive) + *may*(frighten)》

dismember /dɪsˈmɛmbɚ/ *v*.割断四肢；使四分五裂(把四肢个
　别分开)《*dis-*(apart) + *member*(limb 四肢)》

dismiss /dɪsˈmɪs/ = send away　*v*.解散；使告退；开除
　《*dis-*(away) + *miss*(send)》
　cf. **missile**(投射出的武器,如飞弹、火箭等)

disparate /ˈdɪspərɪt/ *adj*.不同的

<pre>
┌────────────────────────┐
│ dis +   par   + ate │
│ | | | │
│ not + equal + adj. │
└────────────────────────┘
</pre>

dispersion /dɪˈspɚʃən, -ʒən/ *n*.散布；分散；离散
　《*dis-*(apart) + *(s)pers*(scatter) + *-ion*(名词字尾)》

<pre>
┌─────────────────────────┐
│ dis + (s)pers + ion │
│ | | | │
│ apart + scatter + n. │
└─────────────────────────┘
</pre>

displace /dɪsˈples/ *v*.取代；移动；免职；撤换(使丧失位置)
　《*dis-*(deprive of) + *place*(place)》

display /dɪ'sple/ *v*., *n*. 展示；展览；陈列（将重叠的东西伸展开来使能看到）《*dis-*(apart) + *play*(fold)》

dispose /dɪ'spoz/ *v*. 排列；陈列；处置（个别放置）
《*dis-*(apart) + *pose*(place)》

disregard /ˌdɪsrɪ'gɑrd/ *v*., *n*. 忽视；不理（不再看一眼）
《*dis-*(not) + *re-*(again) + *gard* = **guard**(watch)》

```
dis  +  re  +  gard
 |       |      |
not + again + watch
```

disrupt /dɪs'rʌpt/ *v*. 使分裂；使中断（破裂分离）
《*dis-*(apart) + *rupt*(break；brust)》

dissect /dɪ'sɛkt/ *v*. 解剖；分析

```
dis  +  sect
 |       |
away  + to cut
```

dissent /dɪ'sɛnt/ *v*. 不同意《*dis-*(away) + *sent*(think)》

dissipate /'dɪsəˌpet/ *v*. 驱散；挥霍（丢奥开来）
《*dis-*(apart) + *sip*(throw) + *-ate*(动词字尾)》

```
dis  +  sip  + ate
 |       |      |
apart + throw + v.
```

dissolve /dɪ'zɑlv/ *v*. 溶解；解散；解除（放松成为个体）
《*dis-*(apart) + *solve*(loosen)》

distract /dɪ'strækt/ *v*. 分心；转移（意向）；困扰（拉开）
《*dis-*(apart) + *tract*(draw)》

distribute /dɪ'strɪbjut/ *v*. 分配；分发；散布（个别给予）
《*dis-*(apart) + *tribute*(give)》

despatch /dɪ'spætʃ/ *v*., *n*. 派遣；速办（= *dispatch*)（急忙搬运事物）《*des-* = *dis-*(intensive) + *patch*(hasten)》

dessert /dɪ'zɝt/ *n*. 餐后的甜点（最后的食物）
《*des-* = *dis-*(apart，away) + *sert*(serve)》

digest /*v*. də'dʒɛst, dar- *n*. 'daɪdʒɛst/ *v*. 消化；了解；领悟
n. 摘要；分类（整齐地分开、运送）《*di-* = *dis-*(apart) + *gest*(carry)》

dilapidate /dəˈlæpəˌdet/ v.(使)荒废；(使)破损(石头四散)

《*di-* = *dis-*（apart）+ *lapid*（stone）+ *-ate*（动词字尾）》

```
   di   + lapid + ate
   |       |      |
 apart + stone + v.
```

dilute /dɪˈlut, daɪ-/ v.冲淡；稀释　adj.淡的；稀薄的(冲淡)

《*di-* = *dis-*（apart）+ *lute*（wash）》

dimension /dəˈmɛnʃən/ n.尺寸(长、宽、高)；规模；次元

《*di-* = *dis-*（apart）+ *mension*（measure）》

diminish /dəˈmɪnɪʃ/ v.减少；缩小(使变小)

《*di-* = *dis-*（intensive）+ *mini*（small）+ *-sh*（动词字尾）》

differ /ˈdɪfɚ/ v.相异；不同；意见不合(个别搬运)

《*dif-* = *dis-*（apart）+ *fer*（carry）》

difficult /ˈdɪfəkl̩t/ adj.困难的(不容易)

《*dif-* = *dis-*（apart）+ *ficult*（easy）》

cf. **facile**(轻而易举的)，**facilitate**(使容易)

diffident /ˈdɪfədənt/ adj.羞怯的；缺乏自信的；谦虚的(对自己不信赖)《*dif-* = *dis-*（apart）+ *fid*（trust）+ *-ent*（形容词字尾）》

```
  dif   + fid  + ent
   |       |      |
 apart + trust + adj.
```

diffuse /dɪˈfjuz/ v.流布；传播；散布(注入各处)

《*dif-* = *dis-*（apart）+ *fuse*（pour）》

diverge /dəˈvɝdʒ, daɪ-/ v.分歧；差异(倾斜分开)

《*di-* = *dis-*（apart）+ *verge*（bend）》

diverse /dəˈvɝs/ adj.多种的；不同的

```
   di   + verse
   |       |
 away  + turn
```

divert /dəˈvɝt/ v.转移；娱乐

spend /spɛnd/ v.花费；耗费(一点点分开放在秤上量)

《*s-*（dis- 的简型）+ *pend*（weigh）》

stain /sten/ *v*.污染　*n*.污点（脱离了本来的颜色）

　《*s-*（dis- 的简型）+ *tain*（dye 染色）》

40　**duo-** = double; two

　〔变化型〕do-, dou-, du-。

duodecimal /ˌdjuəˈdɛsəmḷ,ˌduə-/ *adj*.十二进位法的

　n.十二进位法《*duo-*(two) + *decimal*(十进位)》

duologue /ˈdjuəˌlɔg/ *n*.对话；（限于两人之间）对话剧

　《*duo-*(two) + *logue*(speech)》

dodecagon /doˈdɛkəˌgɑn,-gən/ *n*.十二角形；十二边形

　《*do-* = *duo-*(two) + *deca-*(ten) + *gon*（angle）》

$$
\begin{array}{ccc}
\text{do} & + \text{deca} & + \text{gon} \\
| & | & | \\
two & + ten & + angle
\end{array}
$$

dozen /ˈdʌzṇ/ *n*.一打；十二个

　《*do-* = *duo-*(two) + *zen*(ten)》

double /ˈdʌbḷ/ *adj*.双重的　*adv*.加倍地　*n*.两倍　*v*.使加倍

　《*dou-* = *duo-*(two) + *ble*(fold)》

doubt /daut/ *v*.怀疑；不信　*n*.怀疑（有两种想法）

dual /ˈdjuəl,ˈduəl/ *adj*.二重的；两层的

　《*du-* = *duo-*(two) + *-al*（形容词字尾）》

dubious /ˈdjubɪəs,ˈdu-/ = moving in two directions

　adj.怀疑的；可疑的；暧昧不明的（向两个方向行动）

duel /ˈdjuəl/ = a combat between two　*n*.,*v*.决斗

duet(t) /djuˈɛt,du-/ = a piece of music for two

　n.二部合唱；二重奏

duplex /ˈdjuplɛks,ˈdu-/ *adj*.双重的；二倍的

　《*du-* = *duo-*(two) + *plex*(fold)》

$$
\begin{array}{c}
\text{du} + \text{plex} \\
| \quad | \\
two + fold
\end{array}
$$

duplicate /ˈdjupləkɪt/ *adj*.完全相同的；复制的（双重）

《*du-* = *duo-*(two) + *plic*(fold) + *-ate*(形容词字尾)》

$$\begin{array}{ccc} \text{du} + & \text{plic} + & \text{ate} \\ | & | & | \\ \textit{two} + & \textit{fold} + & \textit{adj}. \end{array}$$

duplicity /dju'plɪsətɪ/ *n*.口是心非；不诚实；欺骗

《*du-* = *duo-*(two) + *plic*(fold) + *-ity*(名词字尾)》

41 e- =

* 这个字首没有特别的意义,只是为了声音的考量,而加在 s 音之前。

escalade /ˌɛskə'led/ *v*.用梯攀登(城墙)　*n*.云梯攻城法

《*scale* = ladder》

escort /*n*.'ɛskɔrt *v*.ɪ'skɔrt/ *n*.护送者；护卫队　*v*.护送；护航

《*scort* = guide》

especial /ə'spɛʃəl/ *adj*.特别的；特殊的

espouse /ɪ'spauz/ *v*.嫁；娶；采取；赞助《*a spouse* = a wife》

espy /ə'spaɪ/ *v*.看出；探出

Esquire /ə'skwaɪr/ = a gentleman　*n*.先生(放在男人姓名后的尊称)

establish /ə'stæblɪʃ/ *v*.建立；设立；证实

《*e-* + *stabli*(firm) + *-sh*(动词字尾)》

estrange /ə'strendʒ/ *v*.使疏远；远离《*e-* + *strange*(foreign)》

evaporate /ɪ'væpəˌret/ *v*.蒸发；消失；使脱水

《*e-* + *vapor*(steam) + *-ate*(动词字尾)》

42 en- = at; in; into; near; on

* 从"在中间"之意演变成"进入某种状态,使成为～"等,把表示 make 之意的名词、形容词变为及物动词。〔变化型〕el-, em-。

enact /ɪn'ækt/ *v*.制定为法律(做法律)《*act* 法令》

enamo(u)r /ɪn'æmɚ/ *v*.使喜爱；迷住

《*en-*(in) + *amour*(love)》

encase /ɪn'kes, ɛn'kes/ = put into a case　*v*.装于箱；包围

enchase /ɛn'tʃes/ v.镶嵌《**en-**(in) + **chase**(frame)》

```
en + chase
 |      |
in + frame
```

enclose /ɪn'kloz/ = close in   v.围绕；附寄；包含

encompass /ɪn'kʌmpəs/ v.围绕；包围；包含(完全进入)

《**en-**(in) + **com-**(wholly) + **pass**(pass)》

```
en +  com  + pass
 |     |      |
in + wholly + pass
```

encounter /ɪn'kaʊntɚ/ v.，n.对抗；遭遇(进入冲突状态)

《**en-**(in) + **counter-** = **contra-**(against)》

encourage /ɪn'kɜˑɪdʒ/ = give courage to

v.鼓励；促进；助长

encroach /ɪn'krotʃ/ v.侵占；侵略；侵蚀

《**en-** (in) + **croach**(hook)》

encumber /ɪn'kʌmbɚ,ɛn-/ v.妨害；阻碍(加入障碍物)

《**en-**(in) + **cumber**(obstacle)》   cf. **cumber**(阻碍)

endeavo(u)r /ɪn'dɛvɚ/ v.，n.努力；竭力(在本分中)

《**en-**(in) + **deavour**(duty)》

endorse /ɪn'dɔrs,ɛn-/ v.签名于(票据等)的背面；背书

(写在背面)《**en-** (in) + **dorse**(back)》

energy /'ɛnɚdʒɪ/ n.精力；活力；能力；能量(让人能够工作)

《**en-**(into) + **erg**(work) + **-y**(名词字尾)》

```
en + erg + y
 |    |    |
into + work + n.
```

enfold /ɪn'fold/ = enclose ; embrace   v.包裹；拥抱

engage /ɪn'gedʒ/ v.雇用；从事；订婚；答应(保证会去做)

《**en-**(in) + **gage**(pledge 保证)》

engorge /ɛn'gɔrdʒ/ v.狼吞虎咽《**en-**(in) + **gorge**(throat)》

engrave /ɪn'grev/ v.雕刻；铭记心上(刻在内部)

《**en-**(in) + **grave**(cut)》

```
┌─────────────────────┐
│   en +  grave       │
│   |       |         │
│   in  +  cut        │
└─────────────────────┘
```

engross /ɪn'gros/ *v*.使全神贯注《***en-***(in) + ***gross***(large)》

enhance /ɪn'hæns/ *v*.增加；提高《***en-***(in) + ***hance***(high)》

enjoin /ɪn'dʒɔɪn/ *v*.吩咐；命令；要求(使加入→使听命)
《***en-***(in) + ***join***》

enlarge /ɪn'lɑrdʒ/ = make large *v*.扩大；增加；扩充

enlighten /ɪn'laɪtṇ/ = give light to *v*.启迪；开导；教化

enlist /ɪn'lɪst/ = list in *v*.(使)入伍；协助；支持(列入名单)

enliven /ɪn'laɪvən/ = make active *v*.使活泼；使有生气

enrage /ɪn'redʒ, ɛn-/ *v*.激怒；使暴怒(进入生气之中)
《***rage*** 盛怒》

enrapture /ɪn'ræptʃɚ/ *v*.使狂喜；使着迷
《***en-***(in) + ***rapt***(seize) + ***-ure***(动词字尾)》

```
┌─────────────────────────┐
│  en +  rapt  +  ure     │
│  |       |       |      │
│  in  + seize  +  v.     │
└─────────────────────────┘
```

enrich /ɪn'rɪtʃ/ = make rich *v*.使富裕；使肥沃；充实

enrol(l) /ɪn'rol/ *v*.登记；参加(名册中)《***roll*** 名册》

ensemble /ɑn'sɑmbḷ/ *n*.全体
《***en-***(at) + ***semble***(at the same time)》

enshrine /ɪn'ʃraɪn/ = put into a shrine *v*.奉祀；珍藏；铭记

enshroud /ɛn'ʃraʊd/ *v*.掩盖；遮蔽(放在衣服中)
《***en-***(in) + ***shroud***(garment)》

```
┌─────────────────────┐
│  en +  shroud       │
│  |        |         │
│  in  + garment      │
└─────────────────────┘
```

enslave /ɪn'slev, ɛn-/ = make a slave to *v*.奴役

ensnare /ɛn'snɛr/ = put into a snare *v*.诱惑；陷害

entangle /ɪn'tæŋgḷ/ *v*.使纠缠；牵连；使陷入
《***en-***(intensive) + ***tangle***(使纠缠)》

enthrall /ɪn'θrɔl/ *v*.迷惑；迷住；奴役(使～成为奴隶)

《***en-***(intensive) + ***thrall***(slave)》

```
┌─────────────────────────────┐
│    en    +  thrall          │
│    │         │              │
│ intensive +  slave          │
└─────────────────────────────┘
```

entitle /ɪn'taɪtl̩/ = give a title to

　　*v.*定(著作或人的)名称；使有资格

entomb /ɪn'tum/ = place in a tomb　　*v.*埋葬；安放墓中

entrench /ɪn'trɛntʃ/ = put into a trench

　　*v.*以壕沟围绕；坚持(主张等)；确立(惯例等)

entrust /ɪn'trʌst/ = give trust to　　*v.*委托；托付(信任)

envelop /ɪn'vɛləp/ = wrap in　　*v.*包装；围绕

　《***en-***(in) + ***velop***(wrap)》

envelope /'ɛnvəˌlop, ɪn'vɛləp/ *n.*信封；封套；封袋

environment /ɪn'vaɪrənmənt/ *n.*环境；周围情况(环绕在周围)

　《***en-***(in) + ***viron***(circuit 周围) + ***-ment***(名词字尾)》

```
┌─────────────────────────────────┐
│   en  +  viron  +  ment         │
│   │        │        │           │
│   in  + circuit  +  n.          │
└─────────────────────────────────┘
```

ellipsis /ɪ'lɪpsɪs/ *n.*省略法；省略符号

　《***el-*** = ***en-***(in) + ***lipsis***(leave)》

embank /ɪm'bæŋk/ *v.*筑堤；筑(铁路)的路基

embark /ɪm'bɑrk/ *v.*乘船；搭载《***em-*** = ***en-***(in) + ***bark***(ship)》

```
┌─────────────────────┐
│   em  +  bark        │
│   │       │          │
│   in  +  ship        │
└─────────────────────┘
```

embarrass /ɪm'bærəs/ *v.*使困窘(干涉)《***bar*** 阻塞》

embattle /ɛm'bætl̩/ *v.*备战；设防

　《***em-*** = ***en-***(in) + ***battle***(beat)》

embed /ɪm'bɛd/ = put in a bed　*v.*埋入；深留(于内心)

embellish /ɪm'bɛlɪʃ/ *v.*装饰；布置(使成美好状态)

　《***em-*** = ***en-***(in) + ***bel***(beautiful) + ***-lish***(动词字尾)》

```
┌──────────────────────────────────┐
│   em  +   bel   +  lish           │
│   │         │        │            │
│   in  + beautiful +  v.           │
└──────────────────────────────────┘
```

embezzle /ɪmˈbɛzl̩/ *v*.盗用《*em-* = *en-*（in）+ *bezzle*（destroy）》

emblem /ˈɛmbləm/ *n*.象征；标记；徽章

  《*em-* = *en-*（in）+ *blem*（throw）》

```
em  +  blem
|       |
in  +  throw
```

embody /ɪmˈbɑdɪ/ = make into a body *v*.使具体化

embrace /ɪmˈbrez/ *v*., *n*.拥抱（在双臂之中）

  《*em-* = *en-*（in）+ *brace*（two arms）》

  cf.**brace**（紧缚或支撑的东西），**bracelet**（手镯）

embroider /ɪmˈbrɔɪdɚ/ *v*.刺绣；修饰

  《*em-* = *en-*（in）+ *broider*（刺绣）》

emplace /ɛmˈples/ = put in position *v*.放置

empower /ɪmˈpaʊɚ/ = give power to *v*.授权给；使能

43　epi- = among；besides；to；upon

  ＊表示"在～之上"或"在～之中"。〔变化型〕ep-。

epic /ˈɛpɪk/ *n*., *adj*.叙事诗（的）《*epi-*（upon）+ *c* = *cus*（narrative）》

epicene /ˈɛpəˌsin/ *adj*.兼具两性特征的；通性的

  《*epi-*（upon）+ *cene*（common）》

epicenter /ˈɛpɪˌsɛntɚ/ *n*.震源

epidemic /ˌɛpəˈdɛmɪk/ *adj*.传染性的　*n*.流行性传染病

  《*epi-*（among）+ *dem*（people）+ *-ic*（形容词字尾）》

```
epi  +  dem  +  ic
|        |      |
among + people + adj.
```

epigram /ˈɛpəˌgræm/ *n*.隽语；警句；讽刺短诗（加写上去的东西）

  《*epi-*（upon）+ *gram*（write）》

epigraph /ˈɛpəˌgræf, -ˌgraf/ *n*.碑文；题铭；题词（碑上写的东西）

  《*epi-*（upon）+ *graph*（write）》

epilog（**ue**） /ˈɛpəˌlɔg, -ˌlag/ *n*.（文学作品的）结语；（戏剧中的）

  收场白《*epi-*（upon）+ *logue*（speech）》 *cf*.**prolog**（**ue**）（开场白）

```
┌─────────────────────────┐
│   epi  +  logue          │
│    |       |             │
│  upon  +  speech         │
└─────────────────────────┘
```

Epiphany /ɪˈpɪfənɪ/ *n*.主显节《*epi-*(upon) + *phany*(show)》
（基督教纪念耶稣基督向世人显现的日子,时间为每年的一月六日。）

episode /ˈɛpəˌsod, -ˌzod/ *n*.（人生、小说或诗歌中的）插曲
（从旁边插入的东西）《*epi-*(besides) + *sode*(coming in)》

epistle /ɪˈpɪsl̩/ *n*.书信（尤指正式冗长而带有教训意味的信）
（被通知～的东西）《*epi-*(to) + *stle*(send)》

```
┌─────────────────────────┐
│   epi  +  stle           │
│    |       |             │
│   to  +  send            │
└─────────────────────────┘
```

epitaph /ˈɛpəˌtæf/ *n*.墓志铭《*epi-*(upon) + *taph*(tomb)》

epithet /ˈɛpəˌθɛt/ *n*.表示特性的修饰语；绰号；别称
（加在某人身上的东西）《*epi-*(upon) + *thet*(put)》

epitome /ɪˈpɪtəmɪ/ *n*.梗概；摘要；缩影；典型（切割修剪而成）
《*epi-*(upon) + *tome*(cut)》

ephemeral /əˈfɛmərəl/ *adj*.短暂的；朝生暮死的（只有一天
的寿命）《*ep-* = *epi-*(upon) + *hemer*(day) + *-al*(形容词字尾)》

```
┌─────────────────────────────┐
│   ep  +  hemer  +  al        │
│    |       |        |        │
│  upon  +  day  +  adj.       │
└─────────────────────────────┘
```

epoch /ˈɛpək/ *n*.纪元；划时代的事；（地质）期；纪
《*ep-* = *epi-*(upon) + *och*(hold)》

eponym /ˈɛpəˌnɪm/ *n*.人名名称《*ep-* = *epi-*(upon) + *onym*(name)》
（指某时代、理论、药品等的名称是根据代表性人物或其发明者的名字
而命名。）

44 eu- = well

＊希腊文 *eu-*,表示"良好"。〔变化型〕ev-。

eugenics /juˈdʒɛnɪks/ *n*.优生学
《*eu-*(well) + *gen*(bear) + *-ics*(表示学问的字尾)》

eulogy /ˈjulədʒɪ/ *n*.颂辞；颂德文

　《*eu-*(well) + *logy*(speak)》

eupepsia /juˈpɛpʃə,-ʃɪə/ *n*.消化良好

　《*eu-*(well) + *peps*(digest 消化) + *-ia*(condition)》

　cf. **dyspepsia**(消化不良)

eu +	peps +	ia
well +	digest +	condition

euphemism /ˈjufəˌmɪzəm/ *n*.委婉的说法（使好听）

　《*eu-*(well) + *phem*(speak) + *-ism*(名词字尾)》

euphony /ˈjufənɪ/ = a pleasing sound *n*.谐音；悦耳之音

　《*eu-*(well) + *phony*(sound)》

euphoria /ˈjuforɪə/ *n*.心情愉快

　《*eu-*(well) + *phor*(bear) + *-ia*(condition)》

euthanasia /ˌjuθəˈneʒə,-ʒɪə/ = easy death　*n*.安乐死

　《*eu-*(well) + *thanas*(die) + *-ia*(有关医学的字尾)》

(**euthenics** /juˈθɛnɪks/ *n*.环境改善学（研究通过改善环境来改良人种

　的学科）《*eu-*(well) + *then*(swell) + *-ics*(science)》

Eutopia /juˈtopɪə/ *n*.乌托邦

　《*eu-*(well) + *top*(place) + *-ia*(condition)》

eu +	top +	ia
well +	place +	condition

eutrophic /juˈtrɑfɪk/ *adj*.营养正常的；（湖泊等）富含养分的

　《*eu-*(well) + *troph*(food) + *-ic*(形容词字尾)》

evangel /ɪˈvændʒəl/ = good news　*n*.福音；佳音；指导原则

　《*ev-* = *eu-*(well) + *angel*(tidings 消息)》

45　ex- = fully; out of

　　*表示"出自"或"超出"、"完全"。

　　　〔变化型〕a-, e-, ec-, ef-, es-, iss-, s- 。

exacerbate /ɪgˈzæsəˌbet,ɪkˈsæs-/ *v*.使恶化；加剧；激怒

（使不高兴）《*ex-*(out) + *acerb*(sour) + *-ate*(动词字尾)》

```
ex + acerb + ate
 |     |      |
out + sour + v.
```

exact /ɪgˈzækt/ *v.*需要；强求　*adj.*正确的；精确的（跑出去）

《*ex-*(out) + *act*(drive)》

exaggerate /ɪgˈzædʒəˌret/ *v.*夸大；夸张（向外扩张）

《*ex-*(out) + *ag-* = *ad-*(to) + *gerate*(carry)》

```
ex + ag + gerate
 |    |     |
out + to + carry
```

example /ɪgˈzæmpl̩/ *n.*例证；实例《*ex-*(out) + *ample*(take)》

exasperate /ɪgˈzæspəˌret, ɛg-/ *v.*激怒；激起（使非常粗暴）

《*ex-*(fully) + *asper*(rough) + *-ate*(动词字尾)》

exceed /ɪkˈsid/ *v.*超过；越过（越过后走向外面）

《*ex-*(out) + *ceed*(go)》

excel /ɪkˈsɛl/ *v.*优于；胜过；擅长（脱颖而出）

《*ex-*(out) + *cel*(rise)》

except /ɪkˈsɛpt/ *v.*把～除外　*prep.*, *conj.*除～之外（拿往别处）

《*ex-*(out) + *cept*(take)》

excerpt /ˈɛksɝpt/ *n.*摘录；选粹　*v.*摘录（挑选出来）

《*ex-*(out) + *cerpt*(pick)》

```
ex + cerpt
 |    |
out + pick
```

exchange /ɪksˈtʃendʒ/ *v.*交换；交易；互换（完全变换）

《*ex-*(fully) + *change*》

exclude /ɪkˈsklud/ *v.*拒绝；除去；除外（关在门外）

《*ex-*(out) + *clude*(shut)》　*cf.* **include**(包括)

excoriate /ɪkˈskɔrɪˌet/ *v.*脱皮

《*ex-*(out) + *cori*(skin) + *-ate*(动词字尾)》

```
ex + cori + ate
 |    |      |
out + skin + v.
```

excruciate /ɪkˈskruʃɪˌet/ v.折磨；拷打；使痛苦（背负十字架）
《**ex-**(out) + **cruci**(cross) + **-ate**(动词字尾)》

excuse /v. ɪkˈskjuz, n. ɪkˈskjus/ v.原谅　n.借口
《**ex-**(out) + **cuse**(cause)》

execute /ˈɛksɪˌkjut/ v.实现；执行（继续向外走）
《**ex-**(out) + **ecute**(follow)》

```
ex  +  ecute
|        |
out  +  follow
```

exempt /ɪgˈzɛmpt, ɛg-/ v.免除　n.被免除义务者
adj.被免除的（除去）《**ex-**(out) + **empt**(take)》

exercise /ˈɛksəˌsaɪz/ n., v.运动；练习
《**ex-**(out) + **ercise**(enclose)》

exert /ɪgˈzɝt/ v.运用；施行（拿出所有的力量）
《**ex-**(out) + **ert**(put together)》

exhale /ɛksˈhel, ɪgˈzel/ v.呼出；呼(气)；发出(气、烟、味等)（吐气）
《**ex-**(out) + **hale**(breathe)》　cf. **inhale**(吸入)

exhaust /ɪgˈzɔst, ɛg-/ v.用尽；耗尽　n.废弃（牵出）
《**ex-**(out) + **haust**(draw)》

exhibit /ɪgˈzɪbɪt/ v.显示；陈列　n.展览品；陈列品（用手捧出来）
《**ex-**(out) + **hibit**(have)》　cf. **habit**(习惯)

exhilarate /ɪgˈzɪləˌret/ v.使兴高采烈；使快活（使高兴）
《**ex-**(out) + **hilar**(glad) + **-ate**(动词字尾)》

```
ex  +  hilar  +  ate
|        |        |
out  +  glad  +  v.
```

exhort /ɪgˈzɔrt/ v.劝告；力劝《**ex-**(out) + **hort**(urge)》

exhume /ɪgˈzjum, ɪkˈsjum/ v.掘出(尸体)；掘(墓)
（挖出地面）
《**ex-**(out) + **hume**(ground)》　cf. **inhume**(埋葬)，**humble**(卑下的)

exit /ˈɛgzɪt, ˈɛksɪt/ n.出口；退路（走到外面）《**ex-**(out) + **it**(go)》

exonerate /ɪgˈzɑnəˌret/ v.免罪；免除(义务等)（免去负担）
《**ex-**(out) + **oner**(burden) + **-ate**(动词字尾)》

```
ex  +  oner  + ate
 |       |       |
out + burden +  v.
```

exorbitant /ɪgˈzɔrbətənt/ *adj.*过分的

　《*ex*-(out) + *orbit*(track) + *-ant*(形容词字尾)》

exorcise /ˈɛksɔrˌsaɪz/ *v.*驱逐(妖魔等)；驱邪；拔除(立誓驱除)

　《*ex*-(out) + *orc*(oath) + *-ise*(动词字尾)》

```
ex  +  orc  + ise
 |       |      |
out + oath +  v.
```

exotic /ɪgˈzɑtɪk/ = outward, foreign　*adj.*外国产的

　*n.*舶来品

expand /ɪkˈspænd/ *v.*扩张；扩大；膨胀(向外扩展)

　《*ex*-(out) + *pand*(spread)》

expect /ɪkˈspɛkt/ *v.*预期；期待(等得不耐烦而向外张望)

　《*ex*-(out) + *pect*(look)》

expel /ɪkˈspɛl/ *v.*驱逐；逐出；开除(赶到外面)

　《*ex*-(out) + *pel*(drive)》

expiate /ˈɛkspɪˌet/ *v.*补偿；为～而受罚；避免；躲开

　《*ex*-(fully) + *pi*(appease 抚慰) + *-ate*(动词字尾)》

```
ex  +  pi  + ate
 |      |      |
fully + appease + v.
```

expire /ɪkˈspaɪr/ *v.*期满；熄灭；死亡(吐气)

　《*ex*-(out) + *pire*(breathe)》　*cf.* **inspire**(鼓舞)

explain /ɪkˈsplen/ *v.*解释；说明

　《*ex*-(fully) + *plain*(flatten)》

explicit /ɪkˈsplɪsɪt/ *adj.*明确的(向外折叠→表现在外)

　《*ex*-(out) + *plicit*(folded)》　*cf.* **implicit**(暗含的)

expose /ɪkˈspoz/ *v.*暴露；展览；陈列(放在外面)

　《*ex*-(out) + *pose*(place)》

expound /ɪkˈspaʊnd/ *v.*解释；说明(置于外面)

　《*ex*-(out) + *pound*(put)》　*cf.* **exponent**(说明者)

$$\begin{array}{ccc} ex & + & pound \\ | & & | \\ out & + & put \end{array}$$

exquisite /ˈɛkskwɪzɪt,ɪkˈs-/ *adj*.精美的；极度的（被要求）

《*ex-*(out) + *quisite*(sought)》 *cf*. **query**(质问),**quest**(探求)

exsiccate /ˈɛksɪˌket/ *v*.弄干

《*ex-*(out) + *sicc*(dry) + *-ate*(动词字尾)》

$$\begin{array}{ccc} ex & + & sicc & + & ate \\ | & & | & & | \\ out & + & dry & + & v. \end{array}$$

exterior /ɪkˈstɪrɪə/ *adj*.外面的；外部的　*n*.外面；外表

《*exter-*(out) + *-ior*(表比较级的字尾)》

exterminate /ɪkˈstɜməˌnet/ *v*.消灭；消除（向界限以外）

《*ex-*(out，beyond) + *termin*(boundary) + *-ate*(动词字尾)》

cf. **term**(术语；期限；条件)

external /ɪkˈstɜnl/ *adj*.外部的；外面的

《*extern-*(out) + *-al*(形容词字尾)》

extinguish /ɪkˈstɪŋgwɪʃ/ *v*.熄灭；扑灭；灭绝（戳刺而消失）

《*ex-*(out) + *tinguish*(prick)》

extirpate /ˈɛkstəˌpet,ɪkˈstəpet/ *v*.根除；根绝（连根拔除）

《*ex-*(out) + *tirp* = *strip*(root) + *-ate*(动词字尾)》

$$\begin{array}{ccc} ex & + & tirp & + & ate \\ | & & | & & | \\ out & + & root & + & v. \end{array}$$

extol /ɪkˈstɑl,-ˈstol/ *v*.赞扬；赞赏（高举）

《*ex-*(fully) + *tol*(raise)》

extort /ɪkˈstɔrt,ɛk-/ *v*.勒索；敲诈；强求（扭出）

《*ex-*(out) + *tort*(twist)》

cf. **torsion**(扭转)，**torture**(拷问)

extradite /ˈɛkstrəˌdaɪt/ *v*.引渡（逃犯或囚犯等）

《*ex-*(out) + *tradite*(surrender 引渡)》

$$\begin{array}{ccc} ex & + & tradite \\ | & & | \\ out & + & surrender \end{array}$$

extricate /'ɛkstrɪˌket/ *v*.救出；使解脱（冲出障碍）
  《*ex*-(out) + *tric*(obstacle) + *-ate*(动词字尾)》
extrinsic /ɛk'strɪnsɪk/ = outward　*adj*.非固有的；外在的
extrude /ɪk'strud,ɛk-/ *v*.逼出；挤出；逐出（挤出）
  《*ex*-(out) + *trude*(thrust)》　*cf*. **intrude**(闯入；侵扰)
exuberant /ɪg'zjubərənt/ *adj*.丰富的；繁茂的；充满活力的
  《*ex*-(out) + *uber*(fruitful) + *-ant*(形容词字尾)》

```
ex  +  uber  +  ant
 |        |        |
out + fruitful + adj.
```

exude /ɪg'zjud, -'zud/ *v*.(使)渗出；(使)发散（流汗）
  《*ex*-(out) + *ude* = *sude* (sweat)》
ebullient /ɪ'bʌljənt/ *adj*.沸腾的；热情奔放的；活力充沛的
  (沸腾)《*e*- = *ex*-(out) + *bul*(boil) + *-lient*(形容词字尾)》
edit /'ɛdɪt/ = give out = publish　*v*.编辑
  《*e*- = *ex*-(out) + *dit*(give)》
educate /'ɛdʒəˌket,-dʒʊ-/ *v*.教育（导出才能）
  《*e*- = *ex*-(out) + *ducate*(lead)》
effeminate /*adj*. ə'fɛmənɪt *v*. ə'fɛmənet/ *adj*.柔弱的　*v*.使柔弱
  《*ef*- = *ex*-(out) + *feminate*(a woman)》
egress /*n*. 'igrɛs *v*. i'grɛs/ *n*.出去；出现；出口
  v.出现；出去（走出来）《*e*- = *ex*-(out) + *gress*(go ; walk)》
  cf. **progress**(进步)

```
e  +  gress
 |       |
out  +  go
```

eject /ɪ'dʒɛkt,i-/ *v*.喷出；投出（投出）
  《*e*- = *ex*-(out) + *ject*(throw)》
elaborate /*adj*. ɪ'læbərɪt *v*. ɪ'læbəˌret/ *adj*.精巧的；复杂的
  v.用心地做；苦心经营（被给予许多工作）
  《*e*- = *ex*-(fully) + *labor*(work) + *-ate*(动词字尾)》

```
e  +  labor  +  ate
 |       |        |
fully + work  +  v.
```

elapse /ɪ'læps/ v.(时间)溜走(滑行)

　《*e-* = *ex-*(away) + *lapse*(glide)》　*cf*. **collapse**(倒塌)

elect /ɪ'lɛkt, ə-/ v.选举　*adj*.选出的(选出)

　《*e-* = *ex-*(out) + *lect*(choose)》　*cf*. **collect**(收集)

elicit /ɪ'lɪsɪt/ v.诱出;引出《*e-* = *ex-*(out) + *licit*(entice)》

elide /ɪ'laɪd/ v.省略;删除(除去)

　《*e-* = *ex-*(out) + *lide*(strike)》

eliminate /ɪ'lɪmə,net/ v.除去;淘汰(排出界限以外)

　《*e-* = *ex-*(out) + *limin*(threshold 门槛;界限) + *-ate*(动词字尾)》

　cf. **limit**(界限)

```
e   +  limin  +  ate
|        |        |
out + threshold + v.
```

elite /ɪ'lit, e'lit/ n.优秀分子;精英(挑选出来者)

　《*elite* = *elect*(choose out)》

elocution /,ɛlə'kjuʃən/ n.辩论术;演说术(说话的方法)

　《*e-* = *ex-*(out) + *locu*(speak) + *-tion*(名词字尾)》

　cf. **eloquent**(雄辩的)

```
e  +  locu  +  tion
|       |       |
out + speak  +  n.
```

elope /ɪ'lop, ə-/ v.私奔;逃亡(逃跑)

　《*e-* = *ex-*(out) + *lope*(run)》

emaciate /ɪ'meʃɪ,et/ v.使消瘦;使憔悴(使变瘦)

　《*e-* = *ex-*(out) + *maci*(lean 瘦的) + *-ate*(动词字尾)》

emanate /'ɛmə,net/ v.(光、热、香气等)发出;发散(流出来)

　《*e-* = *ex-*(out) + *man*(flow) + *-ate*(动词字尾)》

emancipate /ɪ'mænsə,pet/ v.解放;解除(束缚)(把手中的东

　西拿出来)《*e-* = *ex-*(out) + *man* = *manus*(hand) + *cipate*(take)》

```
e  +  man  +  cipate
|       |        |
out + hand  +  take
```

erudite /'ɛru,daɪt/ *adj*.博学的;有学识的(上天赐予学问)

《e- = ex-(out) + rud(crude 天然的) + -ite(形容词字尾)》

eruption /ɪˈrʌpʃən/ n.（火山）爆发；喷出（破裂而出）

《e- = ex-(out) + rupt(break) + -ion(名词字尾)》

cf. **rupture**（破裂）

$$
\begin{array}{ccc}
e & + \ rupt & + \ ion \\
| & | & | \\
out & + \ break & + \ n.
\end{array}
$$

event /ɪˈvɛnt/ n.事件；结果（发生的事）

《e- = ex-(out) + vent(come)》

evident /ˈɛvədənt/ adj.明显的（可由外看见的）

《e- = ex-(out) + vid(see) + -ent(形容词字尾)》 cf. **vision**（视力）

evince /ɪˈvɪns/ v.表明（大胜→毫无疑问的）

《e- = ex-(fully) + vince(conquer)》 cf. **convince**（说服）

evoke /ɪˈvok/ v.唤起；引起

《e- = ex-(out) + voke(call)》 cf. **vocation**（职业）

eccentric /ɪkˈsɛntrɪk,ɛk-/ adj.古怪的；怪癖的

n.古怪的人（脱离中心的）

《ec- = ex-(out) + centr(center) + -ic(形容词字尾)》

$$
\begin{array}{ccc}
ec & + \ centr & + \ ic \\
| & | & | \\
out & + \ center & + \ adj.
\end{array}
$$

eclipse /ɪˈklɪps/ n.（日、月）蚀；（名声等）丧失；衰落

v.蚀；遮掩；使晦暗《ec- = ex-(out) + lipse(leave)》

ecstasy /ˈɛkstəsɪ/ n.狂喜；恍惚；出神（在应立足的地方
之外→忘我）《e- = ex-(out) + stasy(standing)》

efface /ɪˈfes,ɛ-/ v.涂抹；消除；冲淡（在表面以外）

《ef- = ex-(out) + face(表面)》

effete /ɛˈfit,ɪ-/ adj.精疲力竭的；衰弱的；无生产力的（没有
生产力）《ef- = ex-(out) + fete(productive)》

effort /ˈɛfɚt/ n.努力（的结果）（力量外放）

《ef- = ex-(out) + fort(force)》

$$
\begin{array}{cc}
ef & + \ fort \\
| & | \\
out & + \ force
\end{array}
$$

effuse /ɛ'fjuz,ɪ-/ v.流出；泻出；散布(流出)

《*ef-* = *ex-*(out) + *fuse*(pour)》

cf. confuse(使混乱), diffuse(传播), refuse(拒绝)

escape /ə'skep,ɪ-/ = out of one's cape　v., n.逃脱；逃走
(迅速脱掉外套)《*cape* 无袖的短外套》

sample /'sæmpl̩/ n.样品；样本　v.取样品(拿出)

《*s-* = *ex-*(out) + *ample*(take)》

46　extra- = beyond

　　* 拉丁文 *exter*，一般多加在形容词之前，表示"在～之外"、"超出"之意。

extra /'ɛkstrə/ = beyond what is necessary　*adj*.额外的；
特别的　*n*.额外的事物或人员

extracurricular /'ɛkstrəkə'rɪkjələ/ *adj*.课外的(课程以外的)

《*extra-*(beyond) + *curri*(run) + *-cular*(形容词字尾)》

extrajudicial /ˌɛkstrədʒu'dɪʃəl/ *adj*.法庭外的；与诉讼无关的
(司法之外的)

《*extra-*(beyond) + *judic*(judge) + *-ial*(形容词字尾)》

extramural /ˌɛkstrə'mjurəl/ *adj*.校外的；城墙外的(墙外的)

《*extra-*(beyond) + *mur*(wall) + *-al*(形容词字尾)》

```
extra  +  mur  +   al
  |         |        |
beyond  +  wall  +  adj.
```

extraordinary /ɪk'strɔrdn̩ˌɛrɪ/ = beyond ordinary
adj.非常的；特别的；惊人的；临时的

extrasensory /ˌɛkstrə'sɛnsərɪ/ *adj*.知觉外的；超感觉的(感觉
之外的)《*extra-*(beyond) + *sens*(feel) + *-ory*(形容词字尾)》

```
extra  +  sens  +  ory
  |         |        |
beyond  +  feel  +  adj.
```

extravagant /ɪk'strævəgənt/ *adj*.奢侈的；过度的(悠游于界限
之外)《*extra-*(beyond) + *vagant*(wander)》*cf*. vagabond(流浪者),
vagary(妄想)

extravasate /ɛkˈstrævəˌset/ v.使流出

　　《*extra-*(beyond) + *vas*(vessel) + *-ate*(动词字尾)》

extreme /ɪkˈstrim/ adj.极端的；过度的；非常的

　　《*extr-* = *extra-*(beyond) + *eme*(形容词字尾)》

extremity /ɪkˈstrɛmətɪ/ n.极端；困境；极端手段

47　for- = away from

＊由"分离"之意引申为"禁止"、"除外"等的否定意思，或为"破坏"及"强迫"的意思。

forbear /fɔrˈbɛr/ = refrain from　v.自制；避免

forbid /fɚˈbɪd/ = bid away from　v.禁止；不许（从～分离）

foreclose /fɔrˈkloz/ = exclude　v.排除；妨碍

forget /fɚˈɡɛt/ = get away from　v.忘记；忽略（已远离～）

forgive /fɚˈɡɪv/ = give away　v.原谅（就此作罢）

forgo /fɔrˈɡo/ = pass over　v.弃绝；抛弃；放弃（经过）

forsake /fɚˈsek/ v.遗弃；革除（努力脱离）

　　《*for-*(away from) + *sake*(strive)》

```
         for    +  sake
          |          |
    away from  +  strive
```

forswear /fɔrˈswɛr/ = deny an oath　v.誓绝；戒绝；放弃

48　fore- = before

＊表示"在～之前"。〔变化型〕for-。

forearm /ˈforˌɑrm, ˈfɔr-/ n.前臂（肘至腕的部分）

forebear /ˈforˌbɛr, ˈfɔr-/ = ancestor　n.祖先

forebode /forˌbod/ v.预示；预兆

foredoom /forˈdum, fɔr-/ v.预先注定《*doom* 命运》

forefather /ˈforˌfaðɚ, ˈfɔr-/ n.祖先；祖宗

forefinger /ˈforˌfɪŋɡɚ, ˈfɔr-/ n.食指

forefront /ˈforˌfrʌnt, ˈfɔr-/ n.最前面；最前线

foregoing /forˈɡoɪŋ, fɔr-/ adj.前面的；前述的

foregone /forˈɡɒn, fɔr-/ adj.先前的；既往的

foreground /ˈforˌgraund, ˈfɔr-/ *n*.前景

forehead /ˈfɔrɪd, ˈfɔrˌhɛd/ *n*.前额；前部

foreknowledge /ˈforˌnɑlɪdʒ/ *n*.预知；先知

```
fore + know + ledge
  |      |       |
before + know +  n.
```

foreman /ˈformən, ˈfɔr-/ *n*.工头；领班(站在前面的男子)

foremost /ˈforˌmost, ˈfɔr-/ *adj*.最先的；首要的　　*adv*.首先

forerun /forˈrʌn, fɔr-/ *v*.为～之先驱；超越

foresee /forˈsi, fɔr-/ *v*.先见；预知

foreshadow /forˈʃædo, fɔr-/ *v*.预示；预兆

foresight /ˈforˌsaɪt, ˈfɔr-/ *n*.先见之明；远见；深谋远虑

forestall /forˈstɔl, fɔr-/ *v*.先发制人；垄断(先占一步)

```
fore + stall
  |      |
before + place
```

foretaste /ˈforˌtest, ˈfɔr-/ *n*.预示；先试

foretell /forˈtɛl, fɔr-/ *v*.预言；预测

forethought /ˈforˌθɔt, ˈfɔr-/ *n*.事先的考虑；先见

foretime /ˈforˌtaɪm, ˈfɔr-/ *n*.往昔

forewarn /forˈwɔrn, fɔr-/ *v*.预先警告

foreword /ˈforˌwɚd, ˈfɔr-/ *n*.前言；引言；序

forward /ˈfɔrwɚd/ *adj*.向前的；前部的　　*adv*.前面地；向前面
　　n.前锋　　*v*.转递；转寄

49　forth- = towards

＊表示"向前"。

forthcoming /ˈforθˈkʌmɪŋ, ˈfɔrθ-/ *adj*.即将出现的；
　　需要时即有的

forthright /ˈforθˌraɪt, ˈfɔrθˌraɪt/ *adj*.坦白的；直率的
　　adv.一往直前地　　*n*.直路

forthwith /forθˈwɪθ, -ˈwɪð/ *adv*.立刻；不犹豫地

50　hecto- = hundred

＊希腊文 *hekaton*，表示"百"。

hectogram /ˈhɛktəˌɡræm/ *n*. 公两（百克）
hectograph /ˈhɛktəˌɡræf/ *n*. 胶版印刷
hectoliter；**-tre** /ˈhɛktəˌlitɚ/ *n*. 公石（百升）
hectometer；**-tre** /ˈhɛktəˌmitɚ/ *n*. 百米

51　hemi- = half

＊希腊文 *hemi*，表示"一半"。

hemicrania /ˌhɛmɪˈkrenɪə/ *n*. 偏头痛
　《*hemi-*（half）＋ *crania*（头盖骨）》
hemicycle /ˈhɛməˌsaɪkl̩/ *n*. 半圆（形）
hemisphere /ˈhɛməsˌfɪr/ *n*. 半球
　《*hemi-*（half）＋ *sphere*（ball）》

52　hetero = other; different

＊源自于希腊文 *heteros*，表示"另一的"、"不同的"。

heteroclite /ˈhɛtərəˌklaɪt/ *n*. 不规则词类　*adj*. 不规则变化的
　《*hetero-*（other）＋ *clite*（declension 语尾变化）》
heterocyclic /ˌhɛtərəˈsaɪklɪk/ *adj*. 杂环的
　《*hetero-*（other）＋ *cycl*（circle）＋ *-ic*（形容词字尾）》

```
hetero  +  cycl  +  ic
  |         |       |
other   +  circle  +  adj.
```

heterodont /ˌhɛtərəˈdɒnt/ *adj*. 异形齿的
　《*heter(o)-*（other）＋ *odont*（tooth）》
heterodox /ˈhɛtərəˌdɑks，ˈhɛtrə-/ = of strange opinion
　adj. 异端的《*hetero-*（other）＋ *dox*（opinion）》
　cf. orthodox（正统的）
heterogeneous /ˌhɛtərəˈdʒinɪəs，-njəs/ *adj*. 不同的；异类的；
　庞杂的（其他种类的）《*hetero-*（other）＋ *gene*（kind 种类）＋ *-ous*

（形容词字尾）》

```
hetero + gene + ous
   |        |      |
 other  + kind + adj.
```

heteronym /ˈhɛtərəˌnɪm/ n. 同拼法异音异义字（拼法相同而名
 称不同的东西）《*hetero*-(other) + (*o*)*nym*(name)》

heterosexual /ˌhɛtərəˈsɛkʃuəl/ *adj*., *n*. 异性恋的（人）
 cf. **homosexual**（同性恋的人）

53　hexa- = six

 ＊希腊文 *hex*，表示"六"。

hexad /ˈhɛksæd/ n. 六之数；六个一组

hexagon /ˈhɛksəˌɡɑn/ n. 六角形
 《*hexa*-(six) + *gon*(angle)》

hexagram /ˈhɛksəˌɡræm/ n. 六角星形；六线形

hexameter /hɛksˈæmətɚ/ n. 六音步（的诗）（以六来测量）
 《*hexa*-(six) + *meter*(measure)》

hexangular /hɛksˈæŋɡjələ/ *adj*.（有）六角的

hexapod /ˈhɛksəˌpɑd/ *adj*.（有）六足的　　n. 六足类；昆虫类
 《*hexa*-(six) + *pod*(foot)》

54　homo- = same（与 hetero-相反）

 ＊希腊文 *homos*，表示"相同"。

homocentric /ˌhoməˈsɛntrɪk/ *adj*. 同心的；共心的（相同中心的）
 《*homo*-(same) + *centr*(center) + -*ic*(形容词字尾)》

homodont /ˌhoməˈdɑnt/ *adj*. 同形齿的
 《*hom*(*o*)-(same) + *odont*(tooth)》

homogeneous /ˌhoməˈdʒɪnɪəs/ *adj*. 同类的；
 相似的（相同种类的）
 《*homo*-(same) + *gene*(kind，kin) + -*ous*(形容词字尾)》
 cf. **heterogeneous**（异类的）

```
homo + gene + ous
  |      |      |
same  + kind + adj.
```

homogenize /hoˈmɑdʒəˌnaɪz/ *v*.使均质

```
homo + gen(e) + ize
  |      |       |
same  + kind  + v.
```

homograph /ˈhɑməˌgræf/ *n*.同形异义字(同形)

《*homo-*(same) + *graph*(write)》

homologate /həˈmɑləˌget/ *v*.赞同；确认

《*homo-*(same) + *logate*(speak)》

homologous /hoˈmɑləgəs/ = saying the same *adj*.相同的；
对应的《*homo-*(same) + *log*(saying) + *-ous*(形容词字尾)》

```
homo +  log  + ous
  |      |      |
same + saying + adj.
```

homonym /ˈhɑməˌnɪm/ *n*.同音异义字(同名)

《*homo-*(same) + *(o)nym*(name)》

cf. **synonym**(同义字), **heteronym**(同拼法异音异义字)

homophile /ˈhoməˌfaɪl/ = homosexual

n.同性恋者(喜爱同性)《*homo-*(same) + *phile*(love)》

homophone /ˈhɑməˌfon/ *n*.同音异形异义字(同音)

《*homo-*(same) + *phone*(sound)》

homosexual /ˌhoməˈsɛkʃʊəl/ *adj*., *n*.同性恋的(人)

55 homo- = human(人类)

homage /ˈhɑmɪdʒ/ *n*.尊敬

homicide /ˈhɑməˌsaɪd/ *n*.杀人

```
homi + cide
  |     |
human + kill
```

Homo sapiens /ˈhomoˈsepiˌɛnz/ *n*.人类

<pre>
┌─────────────────────────────┐
│   Homo + sapiens   │
│   │   │   │
│ human +   wise   │
└─────────────────────────────┘
</pre>

56　hyper- = above；beyond

　＊源自于希腊文 *huper*，表示"超出"、"高于"、"过度"。

hyperacidity /ˌhaɪpərəˈsɪdətɪ/ *n*.胃酸过多症《*acid* 酸》

hyperactive /ˌhaɪpɚˈæktɪv/ *adj*.极度活跃的；过分积极的
　《*active* 活动的；积极的》

hyperbaton /haɪˈpɚbətɑn/ *n*.倒置法
　《*hyper-*(beyond) + *baton*(step)》

hyperbole /haɪˈpɚbəˌli,-lɪ/ *n*.夸张法（掷向远处）
　《*hyper-*(beyond) + *bole*(throw)》

hyperborean /ˌhaɪpɚˈborɪən,-ˈbɔr-/ *adj*.，*n*.极北的（住民）
　（甚至超越北风的）
　《*hyper-*(beyond) + *bore*(*as*)(north wind) + *-an*(形容词字尾)》

<pre>
┌──────────────────────────────────────┐
│   hyper + bore(as) +   an   │
│   │   │   │   │
│ beyond + north wind + adj.   │
└──────────────────────────────────────┘
</pre>

hypercritical /ˌhaɪpɚˈkrɪtɪkl̩/ *adj*.吹毛求疵的

hypercriticism /ˌhaɪpɚˈkrɪtəˌsɪzm̩/ *n*.苛刻的批评；吹毛求疵
　《*criticism* 批评》

hyperinflation /ˈhaɪpɚˌɪnˌfleʃən/ *n*.超级通货膨胀（过度膨胀）
　《*hyper-*(beyond) + *in-*(into) + *flat*(blow) + *-ion*(名词字尾)》

hypermilitant /ˌhaɪpɚˈmɪlətənt/ *adj*.极端好战的
　《*militant* 好战的》

hyperopia /ˌhaɪpɚˈopɪə/ = far sight　*n*.远视
　《*hyper-*(beyond) + *op*(eyesight) + *-ia*(condition)》

cf. **myopia**（近视）

<pre>
┌──┐
│   hyper +   op   +   ia   │
│   │   │   │   │
│ beyond + eyesight + condition   │
└──┘
</pre>

hyperpiesia /ˌhaɪpəˈpaɪˈiʒə/ *n*.原发性高血压

　　《*hyper-*(beyond) + *pies*(pressure) + *-ia*(condition)》

hypersensitive /ˌhaɪpəˈsɛnsətɪv/ *adj*.过度敏感的

　　《*sensitive* 敏感的》

hypersonic /ˌhaɪpəˈsɑnɪk/ *adj*.超音速的(超越声音的)

　　《*hyper-*(beyond) + *son*(sound) + *-ic*(形容词字尾)》

hypertension /ˈhaɪpəˈtɛnʃən/ *n*.高血压《*tension* 压力》

hypertrophy /haɪˈpətrəfɪ/ *n*.肥胖；异常发达(过度营养)

　　《*hyper-*(beyond) + *troph*(nourish 滋养) + *-y*(名词字尾)》

57　hypo- = under（与 hyper-相反）

　　* 希腊文 *hupo*，表示"在～之下"、"低于"，与 *hyper-* 相反。

hypocrisy /hɪˈpɑkrəsɪ/ = the playing of a part on the stage

　　n.伪善；矫饰(在舞台上演戏→装模作样)

hypogastric /ˌhaɪpəˈgæstrɪk/ *adj*.下腹部的(胃下面的)

　　《*hypo-*(under) + *gastr*(stomach) + *-ic*(形容词字尾)》

hypostasis /haɪˈpɑstəsɪs, hɪ-/ *n*.基础；本质(在表象之下的)

　　《*hypo-*(under) + *stasis*(placing, standing)》

hypotension /ˌhaɪpəˈtɛnʃən/ *n*.低血压《*tension* 压力》

hypothecate /haɪˈpɑθəˌket/ *v*.抵押；担保(压在箱子下)

　　《*hypo-*(under) + *thec*(case) + *-ate*(动词字尾)》

```
hypo  +  thec  +  ate
 |        |        |
under  +  case  +  v.
```

hypothermia /ˌhaɪpəˈθəmɪə/ *n*.低体温(低温)

　　《*hypo-*(under) + *therm*(heat) + *-ia*(condition)》

```
hypo  +  therm  +    ia
 |        |          |
under  +  heat  +  condition
```

hypothesis /haɪˈpɑθəsɪs/ *n*.假说；假设(作为基础)

　　《*hypo-*(under) + *thesis*(placed)》

hypothetical /ˌhaɪpəˈθɛtɪkl̩/ *adj*.不确定的；假设的

58 in- = in; into; on

*〔变化型〕il-, im-, ir-。

inbeing /'ɪnˌbiɪŋ/ *n*.内在；本质；本性

inborn /'ɪnˌbɔrn/ *adj*.天生的；天赋的

inbreathe /ɪn'bri ð/ = inhale *v*.吸入；吸进

　《*in-*(into) + *breathe*(呼吸)》

incarcerate /ɪn'kɑrsəˌret/ *v*.拘留；监禁（关进牢房）

　《*in-*(into) + *carcer*(cell) + *-ate*(动词字尾)》

incarnate /*v*. ɪn'kɑrnet *adj*. ɪn'kɑrnɪt/ *v*.赋以形体；使具体化

　adj.具有肉体的；化身的（进入肉体的）《*in-*(in) + *carn*(flesh 肉体)

　+ *-ate*(动词字尾)》*cf*. **carnival**(嘉年华会)

```
in  +  carn  +  ate
 |      |       |
in  +  flesh +  v.
```

incense /ɪn'sɛns/ = cause to burn *v*.使大发雷霆；激怒

　（使燃烧起来）

incentive /ɪn'sɛntɪv/ *adj*.刺激的 *n*.刺激；诱因；动机

　《*in-*(in) + *cent* = *cant*(sing) + *-ive*(形容词兼名词字尾)》

inceptive /ɪn'sɛptɪv/ *adj*.开始的；起初的（开始；着手）

　《*in-*(on) + *cept*(take) + *-ive*(形容词字尾)》

```
in  +  cept  +  ive
 |      |       |
on  +  take +  adj.
```

incident /'ɪnsədənt/ *adj*.易于发生的；附带的 *n*.事件；附带事件

　（由上面飘落）《*in-*(on) + *cid*(fall) + *-ent*(形容词字尾)》

incinerate /ɪn'sɪnəˌret/ *v*.烧成灰；焚化；火葬

　《*in-*(in) + *ciner*(ashes) + *-ate*(动词字尾)》

incipient /ɪn'sɪpɪənt/ = inceptive *adj*.刚开始的；初期的

　《*in-*(on) + *cipi*(take) + *-ent*(形容词字尾)》

```
in  +  cipi  +  ent
 |      |       |
on  +  take +  adj.
```

incise /ɪnˈsaɪz/ *v*.切；割《*in-*(in) + *cise*(cut)》

incline /ɪnˈklaɪn/ *v*.爱好；倾向（向～靠过去）
　《*in-*(towards) + *cline*(lean)》
　cf. **decline**(使倾斜)，**recline**(斜倚；横卧)

include /ɪnˈklud/ *v*.包含在内（关在里面）
　《*in-*(in) + *clude*(shut)》　*cf*. **exclude**(除外)

income /ˈɪnˌkʌm/ *n*.收入；所得（进来的东西）

increase /*v*. ɪnˈkris *n*. ˈɪnkris/ *v*.，*n*.增加；增多
　《*in-*(in) + *crease*(grow)》　*cf*. **decrease**(减少)

incriminate /ɪnˈkrɪməˌnet/ *v*.使有罪；控告（使入罪）
　《*in-*(into) + *crimin*(crime) + *-ate*(动词字尾)》

```
in  + crimin + ate
|      |       |
into + crime + v.
```

incubate /ˈɪnkjəˌbet/ *v*.孵（蛋）；孵化；筹策（计划）（躺在
　上面）《*in-*(on) + *cub*(lie) + *-ate*(动词字尾)》

```
in + cub + ate
|    |     |
on + lie + v.
```

incur /ɪnˈkɝ/ *v*.遭遇；陷于（流向～）
　《*in-*(upon) + *cur*(run)》　*cf*. **current**(水流)

incurve /*n*. ˈɪnˌkɝv *v*. ɪnˈkɝv/ *n*.弯曲；（棒球）内曲球
　v.使内曲（往内弯）

individual /ˌɪndəˈvɪdʒuəl/ *n*.个人；个体　*adj*.个别的；单独的
　《*in-*(in) + *dividu*(divide) + *-al*(名词字尾)》

```
in + dividu + al
|    |        |
in + divide + n.
```

indoor /ˈɪnˌdor/ *adj*.室内的　*cf*. **outdoor**(户外的)

induce /ɪnˈdjus/ *v*.引诱；说服；招致（导向～）
　《*in-*(towards) + *duce*(lead)》

indulge /ɪnˈdʌldʒ/ *v*.放任；纵容；耽于；热衷（对～很顺从）
　《*in-*(towards) + *dulge*(kind 温和的)》

infatuate /ɪnˈfætʃuˌet/ v.使迷恋；使糊涂（使变成傻瓜）
《*in-*(in) + *fatu*(foolish) + *-ate*(动词字尾)》

infect /ɪnˈfɛkt/ ＝put in　v.传染（进入病菌）
《*in-*(in) + *fect*(make；put)》

infiltrate /ɪnˈfɪltret/ v.(使)渗透；(使)潜入
《*in-*(in) + *filtrate*(过滤；渗透)》

inflame /ɪnˈflem/ v.激动；激起；使红肿；使发炎
《*in-*(in) + *flame*(火焰)》

inflate /ɪnˈflet/ v.使膨胀；使得意；使物价上涨（吹进去→使膨胀）
《*in-*(in) + *flate*(blow)》

influence /ˈɪnfluəns/ n.影响；感化(力)；权力；有势力者
v.影响《*in-*(in) + *flu*(flow) + *-ence*(名词字尾)》cf. **fluid**(流体)

```
in  +  flu  + ence
 |      |      |
in  +  flow  +  n.
```

infringe /ɪnˈfrɪndʒ/ ＝break in　v.违反；触犯；侵害
《*in-*(in) + *fringe*(break)》

infuriate /ɪnˈfjurɪˌet/ v.激怒（使生气）
《*in-*(in) + *furi*(fury) + *-ate*(动词字尾)》

```
in  +  furi  +  ate
 |       |       |
in  +  fury  +  v.
```

infuse /ɪnˈfjuz/ v.注入；灌输
《*in-*(into) + *fuse*(pour)》　cf. **effuse**(流出；散布)

ingrained /ɪnˈgrend/ adj.根深蒂固的；彻底的（天性中的）
《*in-*(in) + *grain*(天性) + *-ed*(形容词字尾)》

```
in  +  grain  +  ed
 |       |        |
in  +  nature  +  adj.
```

inhale /ɪnˈhel/ v.吸入《*in-*(in) + *hale*(breathe)》
cf. **exhale**(呼出)

inherit /ɪnˈhɛrɪt/ v.继承《*in-*(in) + *herit*(继承)》
cf. **hereditary**(遗传的)，**heritage**(遗产)，**heir**(继承人)

inhibit /ɪnˈhɪbɪt/ *v*.抑制（执着→压制）
　《*in-*(in) + *hibit*(have)》　*cf*. **habit**(习惯)

inject /ɪnˈdʒɛkt/ *v*.注射；投入；加入《*in-*(into) + *ject*(throw)》

injunction /ɪnˈdʒʌŋkʃən/ *n*.命令；指示；强制令（把人结合
　起来的东西）《*in-*(in) + *junc*(join) + *-tion*(名词字尾)》

```
in + junc + tion
 |     |     |
in + join +  n.
```

inland /ˈɪnlənd/ *adj*.内陆的；国内的　　*n*.内地；腹地
　adv.在内地

inlet /ˈɪnˌlɛt/ *n*.港湾；入口（海水进入之处）

innate /ɪˈnet, ɪnˈnet/ ＝ inborn　*adj*.天生的；天赋的
　《*in-*(in) + *nate*(be born)》　*cf*. **native**(自然的；生来的)

innovate /ˈɪnəˌvet/ *v*.改革；革新
　《*in-*(in) + *nov*(new) + *-ate*(动词字尾)》　*cf*. **novel**(新奇的；小说)

```
in + nov + ate
 |    |     |
in + new +  v.
```

inquire /ɪnˈkwaɪr/ *v*.调查；询问（探求）
　《*in-*(into) + *quire*(search)》

inroad /ˈɪnˌrod/ *n*.侵略；侵害；损害（进入敌人的道路）

inrush /ˈɪnˌrʌʃ/ ＝ rushing in　*n*.涌入；流入

inscribe /ɪnˈskraɪb/ *v*.题记；刻铭《*in-*(upon) + *scribe*(write)》

```
in  + scribe
 |      |
upon + write
```

insect /ˈɪnsɛkt/ *n*.昆虫（被切入→昆虫身上的缝隙）
　《*in-*(into) + *sect*(cut)》　*cf*. **section**(切断；部分)

insert /ɪnˈsɝt/ *v*.插入；嵌入　*n*.插入的东西（加在里面）
　《*in-*(into) + *sert*(join)》

inshore /*adj*. ˈɪnˌʃor *adv*. ˈɪnˈʃor/ *adj*.近海岸的
　adj.向海岸地《*in-*(towards) + *shore*(海岸)》

insight /ˈɪnˌsaɪt/ ＝ the power of seeing into　*n*.洞察力；见识

inspect /ɪnˈspɛkt/ *v*. 检查；检阅（看到内部）
《***in-***（in）+ ***spect***（look）》

inspirit /ɪnˈspɪrɪt/ = give spirit to *v*. 激励；鼓舞（使有精神）

instead /ɪnˈstɛd/ *adv*. 代替；更换《***in-***（in）+ ***stead***（place）》

intake /ˈɪnˌtek/ *n*. 入口；摄取（量）（拿进去的地方）

intoxicate /ɪnˈtɑksəˌket/ *v*. 使醉；使陶醉；使中毒（中毒）
《***in-***（into）+ ***toxic***（poison 毒）+ ***-ate***（动词字尾）》

in + toxic + ate
| | |
into + *poison* + *v*.

intricate /ˈɪntrəkɪt/ *adj*. 错综复杂的；难以理解的（遭遇阻碍之物）
《***in-***（in）+ ***tric***（obstacle 妨碍）+ ***-ate***（形容词字尾）》

intrigue /ɪnˈtrig/ *n*. 阴谋 *v*. 阴谋对付；引起～的兴趣（使遭遇阻碍）《***in-***（in）+ ***trigue*** = ***tric***（obstacle）》

intuition /ˌɪntjʊˈɪʃən/ *n*. 直觉；直觉力（有洞察力）
《***in-***（in）+ ***tui***（watch）+ ***-tion***（名词字尾）》

in + tui + tion
| | |
in + *watch* + *n*.

inundation /ˌɪnʌnˈdeʃən/ *n*. 泛滥；洪水；如洪水般涌到（大水涌入）《***in-***（in）+ ***und***（wave）+ ***-ation***（名词字尾）》

in + und + ation
| | |
in + *wave* + *n*.

inure /ɪnˈjʊr/ *v*. 使习惯于（经常练习）
《***in-***（in）+ ***ure***（practice）》

invade /ɪnˈved/ *v*. 侵犯；侵略
《***in-***（into）+ ***vade***（go）》 *cf*. **wade**（跋涉）

inveigle /ɪnˈvigl̩,-ˈvegl̩/ *v*. 诱骗；诱惑（使人眼盲）
《***in-***（in）+ ***veigle***（blind）》

invest /ɪnˈvɛst/ *v*. 笼罩；投资；花费（进入衣服内）
《***in-***（in）+ ***vest***（clothe）》

investigate /ɪnˈvɛstəˌget/ *v*. 调查；研究（追踪进入）

《*in-*(in) + *vestigate*(trace 追踪)》

involve /ɪnˈvɑlv/ *v.* 包括；影响；牵涉(卷入其中)

《*in-*(in) + *volve*(roll)》

illation /ɪˈleʃən/ = inference　*n.* 推论；结论(带入内部)

《*il-* = *in-*(in) + *lat*(bring) + *-ion*(名词字尾)》

$$
\begin{array}{ccc}
\text{il} & + \text{lat} & + \text{ion} \\
| & | & | \\
\textit{in} & + \textit{bring} & + \textit{n.}
\end{array}
$$

illuminate /ɪˈluməˌnet, ɪˈlju-/ = enlighten ; light up

v. 照亮；阐释；说明(光线照在～上)

《*il-* = *in-*(on，upon) + *lumin*(light) + *-ate*(动词字尾)》

cf. **luminary**(发光体)

$$
\begin{array}{ccc}
\text{il} & + \text{lumin} & + \text{ate} \\
| & | & | \\
\textit{on, upon} & + \textit{light} & + \textit{v.}
\end{array}
$$

illusion /ɪˈljuʒən/ *n.* 幻影；幻想；错觉(沉溺于玩乐中)

《*il-* = *in-*(in) + *lus*(play, jest) + *-ion*(名词字尾)》

illustrate /ˈɪləstret, ɪˈlʌstret/ = throw light upon

v. 举例说明；作图解(光线照在～上)

《*il-* = *in-*(upon) + *lustr*(light) + *-ate*(动词字尾)》　*cf.* **luster**(光泽)

imbibe /ɪmˈbaɪb/ *v.* 喝；吸收；摄取(喝进去)

《*im-* = *in-*(in) + *bibe*(drink)》

immanent /ˈɪmənənt/ *adj.* 内在的；内在性的(在里面的)

《*im-* = *in-*(in) + *man*(remain) + *-ent*(形容词字尾)》

$$
\begin{array}{ccc}
\text{im} & + \text{man} & + \text{ent} \\
| & | & | \\
\textit{in} & + \textit{remain} & + \textit{adj.}
\end{array}
$$

immerge /ɪˈmɝdʒ/ *v.* 浸；沉入(沉入其中)

《*im-* = *in-*(into) + *merge*(sink)》　*cf.* **emerge**(出现)

immigrate /ˈɪməˌgret/ *v.* (使)(自外国)移民(信步而入)

《*im-* = *in-*(into) + *migrate*(wander)》　*cf.* **emigrate** 迁居(他国)

immolate /ˈɪməˌlet/ *v.* 牺牲；宰杀作祭品

《*im-* = *in-*(on) + *molate*(sacrificial meal)》

impair /ɪmˈpɛr/ v.损害；伤害(使更糟)
　《**im-** = **in-**(make) + **pair**(worse)》

impale /ɪmˈpel/ v.刺住；刺穿；处以刺刑(用竹竿穿过)
　《**im-** = **in-**(into) + **pale**(pole)》

impart /ɪmˈpɑrt/ = give a part of　v.传授；告知
　《**im-** = **in-**(on，upon) + **part**(share 分配)》

impeach /ɪmˈpitʃ/ v.告发；弹劾；责难；怀疑(使上脚镣)
　《**im-** = **in-**(on，upon) + **peach** = **pedic** (fetter 脚镣)》

<pre>
im   + peach
| |
on，upon + fetter
</pre>

impediment /ɪmˈpɛdəmənt/ n.妨碍；阻碍(踏入)
　《**im-** = **in-**(in) + **pedi**(foot) + **-ment**(名词字尾)》

<pre>
im + pedi + ment
| | |
in + foot +   n.
</pre>

impenetrate /ɪmˈpɛnɪˌtret/ v.透入；穿入
　《**im-** = **in-**(into) + **penetrate** (pierce 穿透)》

impersonate /ɪmˈpɜsnˌet/ v.扮演；模拟
　《**im-** = **in-**(in) + **person** + **-ate**(动词字尾)》

impinge /ɪmˈpɪndʒ/ v.撞击；侵犯(击打)
　《**im-** = **in-**(in) + **pinge**(strike)》

implant /ɪmˈplænt/ = plant in　v.灌输；移植(器官等)
　(种入脑海中)

implement /ˈɪmpləmənt/ n.工具；器具(充满其中)
　《**im-** = **in-**(in) + **ple**(fill) + **-ment**(名词字尾)》

<pre>
im + ple + ment
| | |
in + fill +   n.
</pre>

implicate /ˈɪmplɪˌket/ v.牵连；暗示；使纠结(辗转而入)
　《**im-** = **in-**(in) + **plicate**(fold)》　cf. **explicate**(说明；解说)

imply /ɪmˈplaɪ/ v.包含；暗示(折叠于其中)
　《**im-** = **in-**(in) + **ply**(fold)》

import /*v*. ɪm'pɔrt *n*. 'ɪmpɔrt/ *v*.输入；含～的意思

　　n.输入；意义；重要性（搬入）

　　《*im-* = *in-*(in) + *port*(carry)》*cf*. **export**(输出)

impose /ɪm'poz/ *v*.课(税)；强加(置于其上)

　　《*im-* = *in-*(on，upon) + *pose*(place)》

impound /ɪm'paund/ *v*.关在栏中；监禁；贮(水)(围在某地)

　　《*im-* = *in-*(in) + *pound*(place)》

impoverish /ɪm'pɑvərɪʃ/ = make poor　*v*.使贫乏；使变虚弱

　　《*im-* = *in-*(in) + *pover*(poor) + *-ish*(动词字尾)》

```
im + pover + ish
|     |      |
in + poor +  v.
```

imprecate /'ɪmprɪˌket/ *v*.祈求降祸；诅咒(祈祷降祸给某人)

　　《*im-* = *in-*(on，upon) + *prec*(pray) + *-ate*(动词字尾)》

```
im + prec + ate
|     |     |
on + pray + v.
```

impregnate /ɪm'prɛgnet/ = make pregnant

　　v.使怀孕；灌输(使成为产前状态)

　　《*im-* = *in-*(in) + *pregn*(to be before a birth) + *-ate*(动词字尾)》

imprint /ɪm'prɪnt/ = print on　*v*.加戳记；使留下印象；使铭记

imprison /ɪm'prɪzn̩/ = put in prison　*v*.下狱；监禁

irradiate /ɪ'redɪˌet/ = throw rays of light upon

　　v.照射；用放射线处理

　　《*ir-* = *in-*(on) + *radi*(ray 光线) + *-ate*(动词字尾)》

```
ir + radi + ate
|     |     |
on + ray +  v.
```

irrigate /'ɪrəˌget/ *v*.灌溉；灌注(使～湿润)

　　《*ir-* = *in-*(upon) + *rigate*(wet)》

irruption /ɪ'rʌpʃən/ *n*.侵入；闯入(破～而入)

　　《*ir-* = *in-*(in) + *rupt*(burst) + *-ion*(名词字尾)》

59 in- = negative（否定）；not

* 〔变化型〕en-, i-, il-, im-, ir-。

inaccessible /ˌɪnəkˈsɛsəbḷ/ *adj*.不能亲近的；不能得到的

《*in-*(not) + *accessible*(可接近的)》

inaccurate /ɪnˈækjərɪt/ *adj*.不准确的

《*in-*(not) + *accurate*(准确的)》

inadequate /ɪnˈædəkwɪt/ *adj*.不适当的；不充分的

《*in-*(not) + *adequate*(适当的)》

$$
\begin{array}{ccccccc}
\text{in} & + & \text{ad} & + & \text{equ} & + & \text{ate} \\
| & & | & & | & & | \\
\textit{not} & + & \textit{to} & + & \textit{equal} & + & \textit{adj}.
\end{array}
$$

inappropriate /ˌɪnəˈproprɪɪt/ *adj*.不合宜的

《*in-*(not) + *appropriate*(合宜的)》

inaudible /ɪnˈɔdəbḷ/ *adj*.听不见的《*in-*(not) + *audible*(听得见的)》

incapable /ɪnˈkepəbḷ/ *adj*.不能的《*in-*(not) + *capable*(有能力的)》

incautious /ɪnˈkɔʃəs/ *adj*.不注意的；轻率的

《*in-*(not) + *cautious*(谨慎的)》

incest /ˈɪnsɛst/ *n*.乱伦《*in-*(not) + *cest*(chaste 贞洁的)》

$$
\begin{array}{ccc}
\text{in} & + & \text{cest} \\
| & & | \\
\textit{not} & + & \textit{chaste}
\end{array}
$$

inclement /ɪnˈklɛmənt/ *adj*.严寒的；残酷的

$$
\begin{array}{ccc}
\text{in} & + & \text{clement} \\
| & & | \\
\textit{not} & + & \textit{mild}
\end{array}
$$

incoherent /ˌɪnkoˈhɪrənt/ *adj*.无条理的；不协调的

《*in-*(not) + *coherent*(调和的)》

incommode /ˌɪnkəˈmod/ *v*.使不舒服；扰乱；阻碍

《*in-*(not) + *commode*(方便的)》

incomparable /ɪnˈkɑmpərəbḷ/ *adj*.不能比较的；举世无双的

《*in-*(not) + *comparable*(可比较的)》

```
┌─────────────────────────────────────────┐
│   in  +  com  +  par  +  able           │
│   |       |       |       |             │
│  not + together + equal + adj.          │
└─────────────────────────────────────────┘
```

inconsistent /ˌɪnkən'sɪstənt/ *adj*.矛盾的；不合的
　《*in-*(not) + *consistent*(一致的)》

inconstant /ɪn'kɑnstənt/ *adj*.无常的；多变的
　《*in-*(not) + *constant*(不变的)》

inconvenient /ˌɪnkən'vinjənt/ *adj*.不方便的；打扰的
　《*in-*(not) + *convenient*(方便的)》

indecisive /ˌɪndɪ'saɪsɪv/ *adj*.缺乏决心的；优柔寡断的
　《*in-*(not) + *decisive*(决定的)》

indigestion /ˌɪndaɪ'dʒɛstʃən/ *n*.消化不良
　《*in-*(not) + *digestion*(消化)》

```
┌─────────────────────────────────────────┐
│   in  +  di  +  gest  +  ion            │
│   |      |      |        |              │
│  not + apart + carry  +  n.             │
└─────────────────────────────────────────┘
```

indiscreet /ˌɪndɪ'skrit/ *adj*.不稳重的；轻率的
　《*in-*(not) + *discreet*(谨慎的)》

indispensable /ˌɪndɪs'pɛnsəbḷ/ *adj*.不可缺少的
　《*in-*(not) + *dispensable*(不重要的)》

indolent /'ɪndələnt/ *adj*.懒惰的；怠惰的
　《*in-*(not) + *dolent*(feel pain)》

ineffective /ˌɪnə'fɛktɪv/ *adj*.没有效果的；不能起作用的
　《*in-*(not) + *effective*(有效果的)》

inefficient /ˌɪnə'fɪʃənt/ *adj*.无效率的；不称职的
　《*in-*(not) + *efficient*(有效率的)》

```
┌─────────────────────────────────────────┐
│   in  +  ef  +  fici  +  ent            │
│   |      |      |        |              │
│  not + out  +  do   +  adj.             │
└─────────────────────────────────────────┘
```

inequality /ˌɪnɪ'kwɑlətɪ/ *n*.不平等
　《*in-*(not) + *equality*(平等)》

infallible /ɪn'fæləbḷ/ *adj*.绝对无误的；绝对可靠的；肯定有效的
　《*in-*(not) + *fallible*(可能犯错的)》

infamous /ˈɪnfəməs/ = notorious　*adj*.恶名昭著的；声名狼藉的
　《*in-*(not) + *famous*(有名的)》

inflexible /ɪnˈflɛksəbl̩/ *adj*.不能弯曲的；欠缺弹性的

```
in  +  flex  +  ible
|       |       |
not +  bend  +  adj.
```

infrequent /ɪnˈfrikwənt/ *adj*.稀少的；罕见的
　《*in-*(not) + *frequent*(频繁的)》

innutrition /ˌɪnjuˈtrɪʃən/ *n*.营养不良
　《*in-*(not) + *nutrition*(营养)》

insane /ɪnˈsen/ *adj*.疯狂的《*in-*(not) + *sane*(神智清楚的)》

insecure /ˌɪnsɪˈkjʊr/ *adj*.不安全的；有危险的
　《*in-*(not) + *secure*(安全的)》

insensitive /ɪnˈsɛnsətɪv/ *adj*.感觉迟钝的

insignificant /ˌɪnsɪɡˈnɪfəkənt/ *adj*.不重要的；无意义的；
　微小的《*in-*(not) + *significant*(有意义的；重要的)》

```
in  +  sign  +  ific  +  ant
|       |        |        |
not +  mark  +  make  +  adj.
```

insufficient /ˌɪnsəˈfɪʃənt/ *adj*.不充足的；能力不足的
　《*in-*(not) + *sufficient*(足够的)》

insuperable /ɪnˈsupərəbl̩/ *adj*.不能克服的

```
in  +  super  +  able
|       |        |
not +  over   +  adj.
```

intangible /ɪnˈtændʒəbl̩/ *adj*.无形的；无法捉摸的

```
in  +  tang  +  ible
|       |       |
not +  touch +  adj.
```

invaluable /ɪnˈvæljəbl̩/ *adj*.无价的；非常珍贵的(无法评价的)
　《*in-*(not) + *valuable*(有价值的)》　*cf*. **valueless**(没有价值的)

invisible /ɪnˈvɪzəbl̩/ *adj*.看不见的

invulnerable /ɪnˈvʌlnərəbl̩/ *adj*.不会受伤害的；无懈可击的

《*in*-(not) + *vulnerable*(易受伤害的)》

enemy /'ɛnəmɪ/ *n*.敌人(不是朋友)

　《*en*- = *in*-(not) + *emy*(friend)》　*cf*. **amicable**(友善的)

```
en  +  emy
|       |
not +  friend
```

ignoble /ɪg'nobḷ/ *adj*.卑贱的；下流的

　《*i*- = *in*-(not) + *gnoble*(noble)》

ignominy /'ɪgnəˌmɪnɪ/ *n*.不名誉(不名誉的)

　《*i*- = *in*-(not) + *gnominy*(something by which one is known 名声)》

ignorant /'ɪgnərənt/ *adj*.无知的；愚昧的；不知道的

　《*i*- = *in*-(not) + *gnor*(know) + -*ant*(形容词字尾)》

```
i  +  gnor  +  ant
|       |        |
not +  know  +  adj.
```

illegal /ɪ'ligḷ/ *adj*.非法的《*il*- = *in*-(not) + *legal*(合法的)》

illegible /ɪ'lɛdʒəbḷ/ *adj*.难读的；难辨认的

illegitimate /ˌɪlɪ'dʒɪtəmɪt/ *adj*.违法的；私生的

　《*il*- = *in*-(not) + *legitimate*(合法的)》

illiberal /ɪ'lɪbərəl/ *adj*.心胸狭窄的；吝啬的

　《*il*- = *in*-(not) + *liberal*(大方的；宽大的)》

illicit /ɪ'lɪsɪt/ *adj*.违法的；不合法的

　《*il*- = *in*-(not) + *licit*(合法的)》

illiterate /ɪ'lɪtərɪt/ *adj*., *n*.未受教育的(人)；不会读写的(人)

　《*il*- = *in*-(not) + *literate*(能读能写的)》

illogical /ɪ'lɑdʒɪkḷ/ *adj*.不合常理的；不合逻辑

　《*il*- = *in*-(not) + *logical*(合理的)》

imbecile /ɪm'bɛsḷ/ *n*.弱智者；极愚蠢的人　*adj*.低能的；愚蠢的

　(没有幕僚支持)《*im*- = *in*-(without) + *becile*(staff 幕僚)》

immaculate /ɪ'mækjəlɪt/ = spotless　*adj*.洁净的；无瑕的

　(没有斑点的)《*im*- = *in*-(not) + *maculate*(be spotted)》

```
im  +  maculate
|        |
not +  be spotted
```

immaterial /ˌɪməˈtɪrɪəl/ *adj*.非物质的；不重要的
　《*im-* = *in-*（not）+ *material*（物质的）》

immature /ˌɪməˈtjʊr/ *adj*.未成熟的
　《*im-* = *in-*（not）+ *mature*（成熟的）》

immeasurable /ɪˈmɛʒərəbl̩/ *adj*.不能测量的
　《*im-* = *in-*（not）+ *measurable*（可测得的）》

immediate /ɪˈmidɪɪt/ *adj*.直接的；即刻的（没有间隔的）
　《*im-* = *in-*（not）+ *mediate*（middle）》　*cf*. **medium**（媒体）

immense /ɪˈmɛns/ *adj*.无边的（无法测知的）
　《*im-* = *in-*（not）+ *mense*（measure）》　*cf*. **mete**（分配）

```
┌─────────────────────┐
│   im  +  mense      │
│   |       |         │
│  not  +  measure    │
└─────────────────────┘
```

immobile /ɪmˈmobɪl/ *adj*.不动的；固定的；静止的
　《*im-* = *in-*（not）+ *mobile*（move）》

immodest /ɪˈmɑdɪst/ *adj*.无礼的；放肆的；不端庄的
　《*im-* = *in-*（not）+ *modest*（有礼的）》

immortal /ɪˈmɔrtl̩/ *adj*.，*n*.不朽的；永世的　*n*.不朽人物；神
　《*im-* = *in-*（not）+ *mortal*（必死的）》

immutable /ɪˈmjutəbl̩/ *adj*.不变的；永恒的
　《*im-* = *in-*（not）+ *mutable*（changeable）》

impalpable /ɪmˈpælpəbl̩/ *adj*.触摸不到的；感觉不到的；
　难理解的《*im-* = *in-*（not）+ *palpable*（可触知的）》

```
┌─────────────────────────┐
│   im  +  palp  +  able   │
│   |       |       |      │
│  not  +  touch  +  adj.  │
└─────────────────────────┘
```

imparity /ɪmˈpærətɪ/ *n*.不等；不平衡
　《*im-* = *in-*（not）+ *parity*（平等）》　*cf*. **par**（同等）

impartial /ɪmˈpɑrʃəl/ *adj*.公平的；不偏不倚的
　《*im-* = *in-*（not）+ *partial*（不公平的）》

impeccable /ɪmˈpɛkəbl̩/ *adj*.完美的；纯洁的
　《*im-* = *in-*（not）+ *pecc*（sin 犯罪）+ *-able*（形容词字尾）》

impecunious /ˌɪmpɪˈkjunɪəs/ *adj*.没有钱的；贫穷的

《*im-* = *in-*(without) + *pecun*(money) + *-ious*(形容词字尾)》

```
im   + pecun + ious
|        |        |
without + money + adj.
```

impenetrable /ɪm'pɛnətrəbḷ/ *adj*.不能穿过的；不可理解的

《*im-* = *in-*(not) + *penetrable*(可贯穿的)》

impenitent /ɪm'pɛnətənt/ *adj*., *n*.不悔悟的(人)

《*im-* = *in-*(not) + *penitent*(悔悟的)》

impertinent /ɪm'pɝtṇənt/ *adj*.不相干的；鲁莽的；不适宜的

《*im-* = *in-*(not) + *pertinent*(适切的)》

```
im  +   per   + tin  + ent
|        |        |      |
not + thoroughly + hold + adj.
```

impious /'ɪmpɪəs/ *adj*.不敬的；不虔诚的

《*im-* = *in-*(not) + *pious*(虔诚的)》

implacable /ɪm'plekəbḷ/ *adj*.难和解的；难平息的

《*im-* = *in-*(not) + *placable*(温和的)》

impolite /ˌɪmpə'laɪt/ *adj*.不客气的；无礼的

《*im-* = *in-*(not) + *polite*(礼貌的)》

impotent /'ɪmpətənt/ *adj*.无力的；无助的

《*im-* = *in-*(not) + *potent*(强有力的)》

impractical /ɪm'præktɪkḷ/ *adj*.不切实际的；空想的

《*im-* = *in-*(not) + *practical*(实际的)》

imprecise /ˌɪmprɪ'saɪz/ *adj*.不准确的；不明确的；模糊不清的

《*im-* = *in-*(not) + *precise*(正确的)》

```
in  +  pre  + cise
|       |       |
not + before + cut
```

imprudent /ɪm'prudṇt/ *adj*.不谨慎的；不加思虑的

《*im-* = *in-*(not) + *prudent*(谨慎的)》

impunity /ɪm'pjunətɪ/ *n*.免除(惩罚、损失、伤害等)

```
im  +  pun  + ity
|       |       |
not + punish + n.
```

irrational /ɪˈræʃənḷ/ *adj*.不合理的　*n*.无理数

《*ir-* = *in-*(not) + *rational*(理性的)》

$$\begin{array}{c} \text{ir} + \text{rat} + \text{ion} + \text{al} \\ | \qquad | \qquad | \qquad | \\ \textit{not} + \textit{reason} + \textit{n}. + \textit{adj}. \end{array}$$

irredeemable /ˌɪrɪˈdiməbḷ/ *adj*.不能挽救的；不能恢复的

《*ir-* = *in-*(not) + *redeemable*(可买回的)》

irregular /ɪˈrɛgjələ/ *adj*.不规则的；不整齐的；不一致的

《*ir-* = *in-*(not) + *regular*(规则的)》

irrelative /ɪˈrɛlətɪv/ *adj*.无关系的；不相干的

《*ir-* = *in-*(not) + *relative*(相关的)》

$$\begin{array}{c} \text{ir} + \text{re} + \text{lat} + \text{ive} \\ | \qquad | \qquad | \qquad | \\ \textit{not} + \textit{back} + \textit{bring} + \textit{adj}. \end{array}$$

irrelevant /ɪˈrɛləvənt/ *adj*.不适合的；离题的

《*ir-* = *in-*(not) + *relevant*(切题的)》

irreligious /ˌɪrɪˈlɪdʒəs/ *adj*.不虔诚的；无信仰的

《*ir-* = *in-*(not) + *religious*(虔诚的；宗教的)》

irresistible /ˌɪrɪˈzɪstəbḷ/ *adj*.不能抵抗的；无法抗拒的

《*ir-* = *in-*(not) + *resistible*(可抗拒的)》

irresolute /ɪˈrɛzəˌlut,-ˈrɛzḷˌjut/ *adj*.不果断的；犹豫不决的

《*ir-* = *in-*(not) + *resolute*(果断的；坚决的)》

irresponsible /ˌɪrɪˈspɑnsəbḷ/ *adj*.不需负责任的

《*ir-* = *in-*(not) + *responsible*(应负责任的)》

60　**inter-** = between；among

〔变化型〕enter-，intel-。

intercede /ˌɪntəˈsid/ *v*.求情；调停

$$\begin{array}{c} \text{inter} + \text{cede} \\ | \qquad | \\ \textit{between} + \textit{to go} \end{array}$$

intercept /ˌɪntəˈsɛpt/ *v*.中途拦截；截获；阻止(在中间抓到)

《*inter-*(between) + *cept*(catch)》

interchange /ˌɪntɚˈtʃendʒ/ *v*.交换；轮替

　　《*inter-*(between) + *change*》

intercollegiate /ˌɪntɚkəˈlidʒɪɪt/ *adj*.大学间的；学院间的

interfere /ˌɪntɚˈfɪr/ *v*.抵触；干涉（彼此对打）

　　《*inter-*(between) + *fere*(strike)》

```
inter  +  fere
  |        |
between + strike
```

interfuse /ˌɪntɚˈfjuz/ *v*.使混合；弥漫（注入两者之间）

　　《*inter-*(between) + *fuse*(pour)》

interim /ˈɪntərɪm/ *n*.中间时期　　*adj*.中间的；暂时的；临时的

interior /ɪnˈtɪrɪɚ/ *adj*.内部的；内陆的；国内的

　　n.内部；内陆；室内《*inter-*(among) + *-ior*(表比较级的字尾)》

interjacent /ˌɪntɚˈdʒesənt/ = lying between　　*adj*.在中间的；

　　居间的《*inter-*(between) + *jac*(lie) + *-ent*(形容词字尾)》

```
inter  + jac + ent
  |       |     |
between + lie + adj.
```

interject /ˌɪntɚˈdʒɛkt/ *v*.突然插入（言词等）

interlace /ˌɪntɚˈles/ *v*.（使）交织；（使）组合（把两者编织起来）

　　《*inter-*(between) + *lace*(编织)》

interlude /ˈɪntɚˌlud/ *v*.间奏（曲）；中间

　　《*inter-*(between) + *lude*(play)》　　*cf*. **prelude**(前奏曲)

intermediary /ˌɪntɚˈmidɪˌɛrɪ/ *n*.介绍人；讲解人

intermingle /ˌɪntɚˈmɪŋgl/ *v*.混合；搀杂

　　《*inter-*(between) + *mingle*(混合)》

intermission /ˌɪntɚˈmɪʃən/ *n*.中断；中场休息

intermit /ˌɪntɚˈmɪt/ *v*.暂停；中止；间歇（进入间隙）

　　《*inter-*(between) + *mit*(send)》

intermittent /ˌɪntɚˈmɪtn̩t/ *adj*.间歇性的；断续的

```
inter  + mitt + ent
  |        |     |
between + send + adj.
```

intermix /ˌɪntɚˈmɪks/ *v*.混合；混杂《*inter-*(between) + *mix*(mix)》

international /ˌɪntɚˈnæʃənl̩/ *adj*.国际的；国际性的（国与国之间）
《*inter-*(between) + *national*(国家的)》

internecine /ˌɪntɚˈnisɪn/ *adj*.残杀的；血腥的；两败俱伤的
《*inter-*(between) + *necine*(kill)》

interpellate /ɪnˈtɝpɪˌlet/ *v*.质询（议会中）
《*inter-*(between) + *pell*(urge) + *-ate*(动词字尾)》

$$
\begin{array}{ccc}
\text{inter} & + \text{pell} & + \text{ate} \\
| & | & | \\
\textit{between} & + \textit{urge} & + \textit{v.}
\end{array}
$$

interplay /ˈɪntɚˌple/ *n*.相互作用（在彼此间作用）
《*inter-*(between) + *play*(play)》

interpolate /ɪnˈtɝpəˌlet/ *v*.加添字句；窜改（在其中润饰）
《*inter-*(between) + *pol*(polish) + *-ate*(动词字尾)》

$$
\begin{array}{ccc}
\text{inter} & + \text{pol} & + \text{ate} \\
| & | & | \\
\textit{between} & + \textit{polish} & + \textit{v.}
\end{array}
$$

interpose /ˌɪntɚˈpoz/ *v*.使介入；置于～之间；调停
《*inter-*(between) + *pose*(put)》

interpret /ɪnˈtɝprɪt/ *v*.解释；阐明；口译（在两者间确定价值）
《*inter-*(between) + *pret* = *prec*(price)》

$$
\begin{array}{cc}
\text{inter} & + \text{pret} \\
| & | \\
\textit{between} & + \textit{price}
\end{array}
$$

interrelate /ˌɪntɚrɪˈlet/ *v*.使相互联系
《*inter-*(between) + *re-*(back) + *late*(bring)》

interrupt /ˌɪntəˈrʌpt/ *v*.中断；妨碍（决裂）
《*inter-*(between) + *rupt*(break)》

intersect /ˌɪntɚˈsɛkt/ *v*.贯穿；相交（从中切过）
《*inter-*(between) + *sect*(cut)》

intersperse /ˌɪntɚˈspɝs/ *v*.散置；点缀
《*inter-*(between) + *sperse*(scatter)》

interstate /ˌɪntɚˈstet, ˈɪntɚˌstet/ *adj*.州际的

interstellar /ˌɪntɚˈstɛlɚ/ *adj*. 星际的
  《*inter-*(between) + *stellar*(star)》

interstice /ɪnˈtɝstɪs/ *n*. 空隙；裂缝（站在两者之间）
  《*inter-*(between) + *stice* = *sist*(stand)》

> | inter | + | stice |
> |---|---|---|
> | between | + | stand |

interval /ˈɪntɚvl̩/ *n*. 间隔；距离；差异（在墙与墙之间）
  《*inter-*(between) + *val*(wall)》

intervene /ˌɪntɚˈvin/ *v*. 介于其间；介入；干涉；调停
  《*inter-*(between) + *vene*(come)》

intertwine /ˌɪntɚˈtwaɪn/ *v*. 纠缠；缠绕；交织
  《*inter-*(between) + *twine*(缠绕)》

interurban /ˌɪntɚˈɝbənt/ *adj*. 城市间的

interweave /ˌɪntɚˈwiv/ *v*. 交织；混合
  《*inter-*(between) + *weave*(编织)》

enterprise /ˈɛntɚˌpraɪz/ *n*. 事业；企业；进取心（在许多东西之中拿到）《*enter-* = *inter-*(among) + *prise*(take in hand)》 *cf*. **prize**(奖品；战利品)

> | enter | + | prise |
> |---|---|---|
> | among | + | take in hand |

entertain /ˌɛntɚˈten/ *v*. 款待；使娱乐（保持关系）
  《*enter-* = *inter-*(among) + *tain*(hold)》

intellect /ˈɪntl̩ˌɛkt/ *n*. 知性；智力；理解力；知识分子（从中选取的能力）《*intel-*(between) + *lect*(choose)》

intelligence /ɪnˈtɛlədʒəns/ *n*. 智力；理解力；情报
  《*intel-* = *inter-*(between) + *ligence*(choose)》

61　**intra-** = inward；within（与 extra- 相反）

  *〔变化型〕intro-。

intramural /ˌɪntrəˈmjurəl/ *adj*. 校内的

```
┌─────────────────────────────────┐
│    intra  +  mur  +  al         │
│      │        │      │          │
│   within  +  wall  +  adj.      │
└─────────────────────────────────┘
```

intraoffice /ˌɪntrəˈɔfɪs/ *adj.* 公司内的；公司各部门之间的

intraparty /ˌɪntrəˈpɑrtɪ/ *adj.* 党内的

intrapersonal /ˌɪntrəˈpɝsən̩/ *adj.* 个人头脑中的；内心的
　　cf. **interpersonal**（个人间的；人际关系的）

intra-school /ˈɪntrəˈskul/ *adj.* 校内的

intravenous /ˌɪntrəˈvinəs/ *adj.* 静脉内的；静脉注射的
　　《*intra-*（within）+ *ven*（vein 静脉）+ *-ous*（形容词字尾）》

```
┌─────────────────────────────────┐
│    intra  +  ven  +  ous        │
│      │        │      │          │
│   within  +  vein  +  adj.      │
└─────────────────────────────────┘
```

introduce /ˌɪntrəˈdjus/ *v.* 推荐；介绍；引导
　　《*intro-*（inward）+ *duce*（lead）》

intromit /ˌɪntrəˈmɪt/ *v.* 进入；干涉
　　《*intro-*（within）+ *mit*（send）》

introspect /ˌɪntrəˈspɛkt/ *v.* 内省（看内部）
　　《*intro-*（within）+ *spect*（look）》

introspective /ˌɪntrəˈspɛktɪv/ *adj.* 内省的（看内部）

```
┌─────────────────────────────────┐
│    intro  +  spect  +  ive      │
│      │        │        │        │
│   within  +  look  +  adj.      │
└─────────────────────────────────┘
```

introvert /*v.* ˌɪntrəˈvɝt, *n.* ˈɪntrəˌvɝt/ *v.* 使内向；使内省
　　n. 内向的人《*intro-*（within）+ *vert*（turn）》

62　iso- = equal（相等的）

　　* 希腊文 *isos*。

isobar /ˈaɪsəˌbɑr/ *n.* 等压线《*iso-*（equal）+ *bar*（pressure）》

isochronal /aɪˈsɑkrən̩/ *adj.* 同一时间的；等时（性）的
　　《*iso-*（equal）+ *chron*（time）+ *-al*（形容词字尾）》

```
iso  + chron +  al
 |        |       |
equal +  time +  adj.
```

isogloss /ˈaɪsəˌglɑs/ *n*.等语线（同一语言特征之地区境界线）

《*iso-*(equal) + *gloss*(language)》

isogonic /ˌaɪsəˈgɑnɪk/ *adj*.等偏角的

《*iso-*(equal) + *gon*(angle) + *-ic*(形容词字尾)》

isomer /ˈaɪsəməˌ/ *n*.（同质）异构体《*iso-*(equal) + *mer*(part)》

isometric；-rical /ˌaɪsəˈmɛtrɪk(ḷ)/ *adj*.等大（等积、等容量、等角）的

《*iso-*(equal) + *metr* = *meter*(measure) + *-ic*(*al*)(形容词字尾)》

```
iso  +  metr  + ic(al)
 |        |        |
equal + measure + adj.
```

isosceles /aɪˈsɑslˌiz/ *adj*.等腰的《*iso-*(equal) + *sceles*(leg)》

isotherm /ˈaisəˌθɚm/ *n*.等温线《*iso-*(equal) + *therm*(heat)》

isotope /ˈaɪsəˌtop/ *n*.同位素《*iso-*(equal) + *tope*(place)》

63 kilo- = thousand

* 希腊文 *khilioi*，表示"千"。

kilobyte /ˈkɪləˌbaɪt/ *n*.（电脑）千字节《*byte* 电脑字节》

kilocalorie /ˈkɪləˌkælərɪ/ *n*.大卡（一千卡）

《*calorie* 热量单位，卡路里》

kilocycle /ˈkɪləˌsaɪkḷ/ *n*.千周（频率单位）

kilogram /ˈkɪləˌgræm/ *n*.公斤（一千克）

kilohertz /ˈkɪləˌhɚts/ *n*.千赫《*hertz* 赫，周波数单位》

```
kilo    + hertz
 |         |
thousand + unit
```

kiloliter；-tre /ˈkɪləˌlitɚ/ *n*.千升

kilometer；-tre /ˈkɪləˌmitɚ/ *n*.公里（一千公尺）

kiloton /ˈkɪləˌtʌn/ *n*.千吨

kilovolt /ˈkɪləˌvolt/ *n.* 千伏特

kilowatt /ˈkɪləˌwɑt/ *n.* 千瓦（功率单位）

64　macro- = large（大的）；long（长的）

> ＊希腊文 *makros*。

macroanalysis /ˌmækroəˈnæləsɪs/ *n.* 巨量分析（应用于经济理论）
《*analysis* 分析》　*cf. microanalysis*（微量分析）

macrobiotics /ˌmækrobaɪˈɑtɪks/ *n.* 延年益寿的饮食法
（研究长寿的学问）《*macro-*(long) + *bio*(life) + *-tics*(study)》

macrocosm /ˈmækrəˌkɑzəm/ *n.* 大宇宙；总体
《*macro-*(large) + *cosm*(universe)》　*cf. microcosm*（小宇宙；缩图）

```
macro  +   cosm
  |           |
large  +  universe
```

macroeconomics /ˈmækrəˌikəˈnɑmɪks/ *n.* 总体经济学；宏观
经济学《*economics* 经济学》
cf. microeconomics（个体经济学；微观经济学）

macro-engineering /ˈmækroˌɛndʒəˈnɪrɪŋ/ *n.* 大规模工程计划
的研究《*engineering* 工程学》

macrometeorology /ˌmækroˌmitɪəˈrɑlədʒɪ/ *n.* 大气象学
（研究广大区域内气候之科学）《*meteorology* 气象学》

macromolecule /ˌmækroˈmɑləˌkjul/ *n.* 巨大分子；高分子
《*molecule* 分子》

macroscopic;-ical /ˌmækrəˈskɑpɪk(l̩)/ *adj.* 肉眼可见的；宏观的
《*macro-*(large) + *scop*(look) + *-ic* (*al*)（形容词字尾）》

65　mal(e)- = badly；ill（与 bene-相反）

> ＊拉丁文 *male*，表示"不舒服"。

maladjustment /ˌmæləˈdʒʌstmənt/ *n.* 调节不良；适应不良
《*mal-*(badly) + *adjustment*(调节)》

maladministration /ˌmælədˌmɪnəˈstreʃən/ *n*.经营不善；恶政

《*mal-*(badly) + *administration*(管理)》

maladroit /ˌmæləˈdrɔɪt/ *adj*.愚钝的

《*mal-*(badly) + *adroit*(巧妙的)》

```
mal  +  a  +  droit
 |      |      |
badly  + to  + right
```

malady /ˈmælədɪ/ = be kept badly   *n*.疾病；缺点(不好的状态)

《*mal-*(badly) + *ady*(held，kept)》

malaise /mæˈlez/ *n*.不适；小病；微恙(不舒服)

《*mal-*(ill) + *aise*(comfort)》

malapropism /ˈmæləprɑpˌɪzəm/ *n*.文字之滑稽或怪诞的误用；

被误用的字

```
mal  +    aprop    + sim
 |         |          |
badly + to the purpose + n.
```

malaria /məˈlɛrɪə/ *n*.疟疾；瘴气

```
mal  + aria
 |      |
badly + air
```

malcontent /ˈmælkənˌtɛnt/ *n*.不满者；不满分子   *adj*.不满的

《*mal-*(badly) + *content*(满足；满足的)》

malediction /ˌmæləˈdɪkʃən/ *n*.诅咒；诽谤(说坏话)

《*mal(e)-*(badly) + *dict*(speak) + *-ion*(名词字尾)》

```
male + dict + ion
 |      |      |
badly + speak + n.
```

malefactor /ˈmæləˌfæktɚ/ = an evil-doer   *n*.犯罪者；恶徒

(做坏事的人)《*male-*(badly) + *factor*(doer)》

cf. *benefactor*(恩人)

maleficent /məˈlɛfəsn̩t/ *adj*.有害的；邪恶的；恶行的

《*male-*(badly) + *fic*(do) + *-ent*(形容词字尾)》

malevolent /məˈlɛvələnt/ *adj*.恶意的（怀有恶意的）
　《*male-*(badly) + *vol*(wish) + *-ent*(形容词字尾)》
　cf. **benevolent**(慈善的), **voluntary**(自愿的)

malfeasance /ˌmælˈfizn̩s/ *n*.（公务员的）不法行为；渎职
　《*mal-*(badly) + *feas*(do) + *-ance*(名词字尾)》

```
┌─────────────────────────────┐
│   mal  +  feas  +  ance      │
│    │        │        │       │
│  badly  +   do   +   n.      │
└─────────────────────────────┘
```

malformation /ˌmælfɔrˈmeʃən/ *n*.奇形怪状；畸形（形状不好）
　《*mal-*(badly) + *form*(form) + *-ation*(名词字尾)》

malfunction /mælˈfʌŋkʃən/ *n*.机能不全；故障　*v*.故障（功能
　失常）《*mal-*(badly) + *function*(功能)》

```
┌──────────────────────────────┐
│   mal  +   funct   + ion      │
│    │         │        │       │
│  badly  +  perform  +  n.     │
└──────────────────────────────┘
```

malice /ˈmælɪs/ = badness；ill will　*n*.恶意；预谋

malicious /məˈlɪʃəs/ *adj*.怀恶意的；心毒的

```
┌──────────────────────────┐
│   mal  +  ici  +  ous     │
│    │       │       │      │
│  badly  +  n.  +  adj.    │
└──────────────────────────┘
```

malign /məˈlaɪn/ *adj*.有害的；恶性的；恶意的　*v*.诽谤；中伤
　（产生恶意）《*mali-*(badly) + *gn = gen*(produce)》

malignant /məˈlɪgnənt/ *adj*.恶性的；恶意的；有害的（做出坏
　东西的）《*mali-*(badly) + *gn = gen*(produce) + *-ant*(形容词字尾)》
　cf. **benignant**(仁慈的；有利的)

malinger /məˈlɪŋgɚ/ *v*.装病（将瘦夸大为病）
　《*mal-*(badly) + *(l)inger*(thin)》

malnourished /ˌmælˈnɚɪʃt/ *adj*.营养失调的；营养不良的
　（营养不好的）《*mal-*(badly) + *nourished*(营养的)》

malnutrition /ˌmælnjuˈtrɪʃən/ *n*.营养失调；营养不良
　《*mal-*(badly) + *nutrition*(营养)》

maltreat /mælˈtrit/ *v*.虐待

66　mega- = large；million

* 希腊文 *megas*，表示"巨大的"、"百万"。

megabyte /ˈmɛɡəˌbaɪt/ *n*.（电脑）百万字节；兆字节
《*mega-*(million) + *byte*(电脑字节)》

megahertz /ˈmɛɡəˌhɝ·ts/ *n*.兆赫

megalith /ˈmɛɡəˌlɪθ/ *n*.（史前时期的）巨石
《*mega-*(large) + *lith*(stone)》

```
┌─────────────────┐
│  mega  +  lith   │
│   |        |      │
│  large  +  stone │
└─────────────────┘
```

megalomania /ˌmɛɡələˈmenɪə/ *n*.妄想自大狂（幻想夸大的疾病）
《*megalo-*(large) + *mania*(insanity 精神错乱)》

megalopolitan /ˌmɛɡələˈpɑlətən/ *adj*.大都市的
《*megalo-*(large) + *polit*(city) + *-an*(形容词字尾)》

```
┌─────────────────────────┐
│  megalo  +  polit  +  an │
│    |          |       |  │
│  large  +  city  +  adj. │
└─────────────────────────┘
```

megaphone /ˈmɛɡəˌfon/ *n*.扩音器；传声筒（使声音扩大）
《*mega-*(large) + *phone*(sound)》

megaron /ˈmɛɡərɑn/ *n*.中央大厅《*mega-*(large) + *ron*(place)》

```
┌─────────────────┐
│  mega  +  ron    │
│   |        |      │
│  large  +  place │
└─────────────────┘
```

megaton /ˈmɛɡəˌtʌn/ *n*.百万吨《*mega-*(million) + *ton*(吨)》

megavolt /ˈmɛɡəˌvolt/ *n*.百万伏特；兆伏《*mega-*(million) + *volt*(伏特)》

megawatt /ˈmɛɡəˌwat/ *n*.百万瓦特；兆瓦《*mega-*(million) + *watt*(瓦特)》

67　meta- = after；among；with

* 希腊文 *meta*，一般表"变化"之意，主要用在科学用语。

metabolism /məˈtæbl̩ɪzəm/ *n*.新陈代谢（在～之后投入）
《*meta-*(after) + *bol*(throw) + *-ism*(名词字尾)》

metagenesis /ˌmɛtə'dʒɛnəsɪs/ *n*.世代交替
《*meta-*(change) + *genesis*(创世)》

metamorphosis /ˌmɛtə'mɔrfəsɪs/ = transformation *n*.蜕变；
变形；(昆虫等之)变态《*meta-*(change) + *morphosis*(formation)》

$$
\begin{array}{ccc}
\text{meta} & + & \text{morphosis} \\
| & & | \\
change & + & formation
\end{array}
$$

metaphor /'mɛtəfɚ/ *n*.隐喻《*meta-*(change) + *phor*(carry)》

metaphysical /ˌmɛtə'fɪzɪkl̩/ *adj*.形而上(学)的；非物质的；
极抽象的《*meta-*(change) + *physic*(*s*)(物理学) + -*al*(形容词字尾)》

$$
\begin{array}{ccccccc}
\text{meta} & + & \text{phys} & + & \text{ic(s)} & + & \text{al} \\
| & & | & & | & & | \\
change & + & nature & + & science & + & adj.
\end{array}
$$

metastasis /mə'tæstəsɪs/ *n*.变形；转移；新陈代谢；(话题之)
急转《*meta-*(change) + *stasis*(position)》

metathesis /mə'tæθəsɪs/ *n*.音位转变
《*meta-*(change) + *thesis*(place)》

$$
\begin{array}{ccc}
\text{meta} & + & \text{thesis} \\
| & & | \\
change & + & place
\end{array}
$$

meteor /'mitɪɚ/ *n*.大气现象；流星；陨石
《*met-* = *meta-*(among) + *eor*(anything suspended 空中的悬浮物)》

metonymy /mə'tɑnəmɪ/ *n*.换喻
《*met-* = *meta-*(change) + *onym*(name) + -*y*(名词字尾)》
cf. **antonym**(反义字), **synonym**(同义字)

method /'mɛθəd/ *n*.方法；体系；秩序(跟随其后而去)
《*meth-* = *meta-*(after) + *od*(way)》

68　micro- = small
　　* 希腊文 *mikros*，表示"小的"。

microanalysis /ˌmaɪkroə'næləsɪs/ *n*.微量分析《*analysis* 分析》

microbe /'maɪkrob/ = a small living thing *n*.微生物；细菌

《*micro-*(small) + *be*(life)》

microbiology /ˌmaɪkrobaɪˈaləʤɪ/ *n*.微生物学

　《*biology* 生物学》

```
┌─────────────────────────────┐
│  macro +  bio  +   logy     │
│    |       |        |       │
│  small +  life + studying   │
└─────────────────────────────┘
```

microcosm /ˈmaɪkrəˌkazəm/ *n*.小宇宙；缩图

　《*micro-*(small) + *cosm*(universe)》

microeconomics /ˌmaɪkrəˌɛkəˈnamɪks/ *n*.个体经济学；

　微观经济学《*economics* 经济学》

　cf. *macroeconomics*(总体经济学；宏观经济学)

microfiche /ˈmaɪkrəˌfiʃ/ *n*.缩微胶片

```
┌─────────────────────────────┐
│   micro  +    fiche         │
│     |           |           │
│  small +   index card       │
└─────────────────────────────┘
```

micrometeorology /ˌmaɪkroˌmitɪəˈraləʤɪ/ *n*.微气象学

　《*meteorology* 气象学》

```
┌───────────────────────────────────────┐
│  micro  +   meteor    +   ology        │
│    |          |             |          │
│  small +  things in the air + studying │
└───────────────────────────────────────┘
```

micrometer /maɪˈkramətɚ/ *n*.(显微镜、望远镜用的)测微计

```
┌─────────────────────────────┐
│  micro +   meter            │
│    |         |              │
│  small +  measure           │
└─────────────────────────────┘
```

microphone /ˈmaɪkrəˌfon/ *n*.扩音器；麦克风(使声音由小变大)

　《*micro-*(small) + *phone*(sound)》

microscope /ˈmaɪkrəˌskop/ *n*.显微镜(观察小东西之物)

　《*micro-*(small) + *scope*(look)》

microwave /ˈmaɪkrəˌwev/ *n*.微波《*wave* 波》

69　**milli-** = thousand；thousandth

millibar /ˈmɪlɪˌbar/ *n*.毫巴(压强单位,巴的千分之一)

《*milli*-(thousandth) + *bar*(pressure)》

milligram /ˈmɪləˌgræm/ *n*.毫克(千分之一克)

milliliter;-tre /ˈmɪləˌlitɚ/ *n*.毫升(千分之一升)

millimeter;-tre /ˈmɪləˌmitɚ/ *n*.毫米(千分之一米)

millennial /məˈlɛnɪəl/ *adj*.千年的；千年期间的
　《*mill*(*e*)-(thousand) + *enn*(year) + *-ial*(形容词字尾)》

mill(e)	+	enn	+	ial
thousand	+	*year*	+	*adj.*

millepede /ˈmɪləˌpid/ = millipede　*n*.马陆；千足虫
　《*mille*-(thousand) + *pede*(foot)》

millepore /ˈmɪlɪˌpor,-ˌpɔr/ *n*.千孔虫(一种有许多小孔的珊瑚)
　《*mille*-(thousand) + *pore*(opening)》

70　mis- = bad(ly)；ill；wrong(ly)

*＊一般是以带有"贬抑"的语气表示"错误"，但也可单表"否定"。

misaddress /ˌmɪsəˈdrɛs/ *v*.用错称呼；寄错(信件)

misadjustment /ˌmɪsəˈdʒʌstmənt/ *n*.调整不妥；失调

misadvise /ˌmɪsədˈvaɪz/ *v*.给予错误的劝告

mis	+	ad	+	vise
wrong	+	*to*	+	*see*

misapply /ˌmɪsəˈplaɪ/ *v*.误用

misapprehend /ˌmɪsæprɪˈhɛnd/ *v*.误解；想错
　《*apprehend* 了解》

misarrange /ˌmɪsəˈrendʒ/ *v*.排列错误；安排不妥当

misbegotten /ˌmɪsbɪˈgɑtn̩/ *adj*.私生的
　《*mis*-(wrongly) + *be*(intensive) + *gotten*(get)》

mis	+	be	+	gotten
wrongly	+	*intensive*	+	*get*

misbehave /ˌmɪsbɪˈhev/ *v*.行为不检《*behave* 行为；举止》

misbelief /ˌmɪsbəˈlif/ *n*.错误的想法；异教的信仰

mischance /mɪsˈtʃæns/ *n*.不幸；坏运

mischief /ˈmɪstʃɪf/ = an ill result *n*.灾害

misconceive /ˌmɪskənˈsiv/ *v*.误解；误认

```
mis  +  con  +  ceive
 |        |        |
wrong  +  with  +  take
```

misconduct /*n*. mɪsˈkandʌkt *v*. ˌmɪskənˈdʌkt/ *n*.，*v*.行为不检
《*conduct* 行为》

miscreant /ˈmɪskrɪənt/ *adj*.道德败坏的；邪恶的
《*mis-*(bad) + *creant*(believe)》

```
mis  +  creant
 |        |
bad  +  believe
```

misdate /mɪsˈdet/ *v*.填错日期；误记日期 *n*.错误的日期

misdeed /mɪsˈdid/ *n*.恶行；罪行

misdirect /ˌmɪsdəˈrɛkt/ *v*.指错方向；错用；指示错误

misfortune /mɪsˈfɔrtʃən/ *n*.不幸；灾难

misgive /mɪsˈgɪv/ *v*.使怀疑；使焦虑

mislead /mɪsˈlid/ *v*.误导；使误解；使迷离

misogynist /mɪˈsadʒənɪst/ = woman hater *n*.厌恶女人的男人
《*miso-*(wrong) + *gyn*(woman) + *-ist*(表人的名词字尾)》

```
miso  +  gyn  +  ist
  |       |      |
wrong  +  woman  +  person
```

misplace /mɪsˈples/ *v*.错置；误放

mispronounce /ˌmɪsprəˈnaʊns/ *v*.发错音《*pronounce* 发音》

misspend /mɪsˈspɛnd/ *v*.滥用；乱花；浪费

mistake /məˈstek/ *n*.错误《*mis-*(wrongly) + *take*(get)》

misstate /mɪsˈstet/ *v*.错误陈述

misstep /mɪsˈstɛp/ *n*.失足；过失；失策

mistrust /mɪsˈtrʌst/ *n*.，*v*.不信任；怀疑

misunderstand /ˈmɪsʌndəˈstænd/ *v*.误解

71 mono- = alone; single; sole

* 表示"单一"。〔变化型〕mon-。

monochrome /ˈmɑnəˌkrom/ *n*.单色画　*adj*.单色的
《*mono-*(single) + *chrome*(color)》　*cf*. **achromatic**(无色的)

monocracy /moˈnɑkrəsɪ/ *n*.独裁政治(= *autocracy*)
《*mono-*(alone) + *cracy*(rule)》

monocycle /ˈmɑnəˌsaɪkḷ/ *n*.单轮车
《*mono-*(single) + *cycle*(circle)》

monogamy /məˈnɑgəmɪ/ *n*.一夫一妻制；一夫一妻
《*mono-*(alone) + *gamy*(marriage)》　*cf*. **polygamy**(一夫多妻)

mono + gamy
alone + marriage

monoglot /ˈmɑnəˌglɑt/ *adj*., *n*.只通一种语言的(人)
(= *monolingual*)(单一语言)
《*mono-*(single) + *glot*(language)》

monogram /ˈmɑnəˌgræm/ *n*.组合文字；花押字(将姓名的首字
母组成图案)(以第一个字母写成的)《*mono-*(single) + *gram*(write)》

monolatry /məˈnɑlətrɪ/ *n*.一神崇拜
《*mono-*(single) + *latry*(worship)》

monolingual /ˌmɑnəˈlɪŋgwəl/ *adj*., *n*.只用一种语言的(人)
(单一语言)《*mono-*(single) + *lingu*(language) + *-al*(形容词字尾)》

mono + lingu + al
single + language + adj.

monolog(ue) /ˈmɑnḷˌɔg/ *n*.独白；独角戏(= *soliloquy*)
《*mono-*(alone) + *logue*(spoke)》

monopoly /məˈnɑpḷɪ/ *n*.独占；专卖权《*mono-*(sole) + *poly*(sell)》

monopolize /məˈnɑpḷˌaɪz/ *v*.独占；垄断(独家贩卖)
《*mono-*(single) + *pol*(sell) + *-ize*(动词字尾)》

monosyllable /ˈmɑnəˌsɪləbḷ/ *n*.单音节；单音节字
《*mono-*(single) + *syllable*(音节)》

monotheism /ˈmɑnəθiˌɪzəm/ *n*.一神教；一神论

《*mono-*(single) + *the*(god) + *-ism*(表主义的名词字尾)》

cf. **polytheism**(多神教；多神论)

monotonous /məˈnɑtṇəs/ *adj*.单调的；无变化的

《*mono-*(single) + *ton*(tone) + *-ous*(形容词字尾)》

mono	+	ton	+	ous
single	+	tone	+	adj.

monotony /məˈnɑtṇɪ/ *n*.单调；无变化；乏味

《*mono-*(single) + *ton*(tone) + *-y*(名词字尾)》

monarch /ˈmɑnɚk/ *n*.帝王；统治者

《*mon-* = *mono-*(alone) + *arch*(ruler)》

monk /mʌŋk/ = solitary　*n*.修道士；僧人　*cf*. **nun**(修女)

72　mult(i)- = many；much

* 拉丁文 *multus*，表示"多的"。

multichannel /ˌmʌltɪˈtʃænl̩/ *adj*.多频道的；多通道的

《*multi-*(many) + *channel*(电路；波段)》

multicolor /ˌmʌltɪˈkʌlɚ/ *n*.多种颜色

《*multi-*(many) + *color*(color)》

multicultural /ˌmʌltɪˈkʌltʃərəl/ *adj*.多种文化的

multifarious /ˌmʌltəˈfɛrɪəs/ *adj*.各式各样的；五花八门的

(说得很多)《*multi-*(much) + *fari*(speak) + *-ous*(形容词字尾)》

multi	+	fari	+	ous
much	+	sepeak	+	adj.

multiform /ˈmʌltəˌfɔrm/ *adj*.各种形式的；多种的

《*multi-*(many) + *form*(form)》

multilingual /ˌmʌltɪˈlɪŋgwəl/ *adj*.使用多种语言的

《*multi-*(many) + *lingu*(language) + *-al*(形容词字尾)》

multimedia /ˌmʌltɪˈmidɪə/ *adj*.多媒体的

multiparous /mʌlˈtɪpərəs/ *adj*.一产多胎的；多产的(一胎生

很多的)《*multi-*(many) + *par*(bear) + *-ous*(形容词字尾)》

<pre>
multi + par + ous
  | | |
many + bear + adj.
</pre>

multiply /'mʌltəˌplaɪ/ *v*.增加；繁殖；乘(许多东西重叠在一起)
《*multi-*(much) + *ply*(fold)》

multipurpose /ˌmʌltɪ'pɝpəs/ *adj*.多目标的；用途广的(许多置于前端的醒目物品)《*multi-*(many) + *pur-* = *pro-*(before) + *pose*(put)》

multitude /'mʌltəˌtjud/ *n*.多数；群众；民众
《*mult-*(many，much) + *-itude*(名词字尾)》

multivalence /ˌmʌltə'veləns,mʌl'tɪvə-/ *n*.多原子价(许多价值)
《*multi-*(many，much) + *val*(worth) + *-ence*(名词字尾)》

<pre>
multi   + val + ence
  | | |
many，much + worth + n.
</pre>

multivocal /mʌl'tɪvəkl̩/ *adj*.表多种意义的(拥有许多声音)
《*multi-*(many) + *voc*(voice) + *-al*(形容词字尾)》

multocular /mʌl'tɑkjələ/ *adj*.多眼的
《*mult-*(many) + *ocul*(eye) + *-ar*(形容词字尾)》
cf. **ocular**(眼睛的)；**oculist**(眼科医生)

73 ne- = negative（否定）；not

* 表示"非"、"不"。〔变化型〕na-, n-, neg-.

nefarious /nɪ'fɛrɪəs/ *adj*.不正的；极恶的(违背神的言词)
《*ne-*(not) + *fari*(speak) + *-ous*(形容词字尾)》 *cf*. **fate**(命运)

nescience /'nɛʃəns/ *n*.无知；不知；不可知论(= *ignorance*)
《*ne-*(not) + *science*(knowing)》*cf*. **science**(科学)

<pre>
ne + science
 | |
not + knowing
</pre>

neuter /'njutɚ/ *adj*.中性的；中立的；无性的(非二者之一)
《*ne-*(not) + *uter*(whether of the two 二者中任一)》

naught /nɔt/ = nothing　*n*.零；无《*na-*(not) + *ught*(thing)》

```
na  +  ught
|        |
not  +  thing
```

nay /ne/ = no　*adv*.否；不　*n*.否定；拒绝；禁止

neither /ˈniðɚ/ *adv*., *conj*., *adj*., *pron*. 既非；皆不；两者都不
《*n-*(not) + *either*》

never /ˈnɛvɚ/ *adv*.决不《*n-*(not) + *ever*》

none /nʌn/ *pron*., *adv*., *adj*.毫无；无人；无物；毫不
《*n-*(not) + *one*》

null /nʌl/ = not any　*adj*.无效的；无意义的《*n-*(not) + *ull*(any)》

```
n  +  ull
|       |
not  +  any
```

negotiate /nɪˈgoʃɪet/ *v*.交涉；协定；商议（没有闲暇）
《*neg-* = *ne-*(not) + *oti*(leisure) + *-ate*(动词字尾)》
cf. **otiose**(懒惰的)；**otiosity**(怠惰)

74　neo- = new

* 希腊文 *neos*，表示"新"。

neoclassicism /ˌnioˈklæsəˌsɪzm̩/ *n*.新古典主义
《*classicism* 古典主义》

neocolonialism /ˌniokəˈlonɪəˌlɪzəm/ *n*.新殖民地主义
《*colonialism* 殖民主义》

```
neo  +  colon  +  ial  +  ism
|          |         |       |
new  +  till   +  adj.  +  n.
```

neofascism /ˌnioˈfæʃɪzm̩/ *n*.新法西斯主义《*fascism* 法西斯主义》

neoglacial /ˌnioˈgleʃəl/ *n*.新冰河时期《*neo-*(new) + *glacial*(ice)》

neoimpressionism /ˌnioɪmˈprɛʃənˌɪzm̩/ *n*.新印象主义
《*impressionism* 印象主义》

neolithic /ˌniəˈlɪθɪk/ *adj*.新石器时代的

《*neo-*(new) + *lith*(stone) + *-ic*(形容词字尾)》

```
neo  +  lith  +  ic
 |       |      |
new  +  stone  +  adj.
```

neologism /niˈɑləˌdʒɪzəm/ *n*.新字；新字义；使用新字(使用新言词)《*neo-*(new) + *log*(speak) + *-ism*(表理论的名词字尾)》

neon /ˈniɑn/ *n*.氖

neonatal /ˌnioˈnetl̩/ = newly-born *adj*.初生的《*neo-*(new) + *nat*(born) + *-al*(形容词字尾)》

```
neo  +  nat  +  al
 |      |      |
new  + born +  adj.
```

neophyte /ˈniəˌfaɪt/ *n*.新入教者；新手；初学者(= *beginner*)《*neo-*(new) + *phyte*(plant)》

neorealism /ˌnioˈriəlˌɪzəm/ *n*.新写实主义《*realism* 写实主义》

neoromanticism /ˌnioroˈmæntəˌsɪzəm/ *n*.新浪漫主义《*romanticism* 浪漫主义》

75　non- = not

* 表示"非"、"无"。通常用在名词、形容词、副词之前。

nonaggression /ˌnɑnəˈgrɛʃən/ *n*.不侵略；不侵犯(不向～走去)《*non-*(not) + *ag-* = *ad-*(to) + *gress*(walk) + *-ion*(名词字尾)》

nonaligned /ˌnɑnəˈlaɪnd/ *adj*.不结盟的；中立的(不成行的)《*non-*(not) + *a-* = *ad-*(to) + *lign*(line) + *-ed*(形容词字尾)》

```
non  +  a  +  lign  +  ed
 |      |     |       |
not  +  to  + line  + adj.
```

nonallergic /ˌnɑnəˈlɝˌdʒɪk/ *adj*.非过敏性的《*non-*(not) + *all*(other) + *erg*(action) + *-ic*(形容词字尾)》

nonchalant /ˈnɑnʃələnt/ *adj*.冷漠的；无动于衷的《*non-*(not) + *chal*(care for) + *-ant*(形容词字尾)》

noncombatant /nɑn'kɑmbətənt/ *n*.，*adj*.非战斗人员（的）
（不一起对打）《*non-*(not) + *com-*(together) + *bat*(beat) + *-ant*
（名词兼形容词字尾）》

```
non  +  com  +  bat  +  ant
 |       |       |       |
not + together + beat + n.,adj.
```

noncombustible /ˌnɑnkəm'bʌstəbl̩/ *adj*.非易燃的；不燃性的
《*non-*(not) + *comb-* = *com-*(together) + *ust*(burn) + *-ible*(形容
词字尾)》

noncommittal /ˌnɑnkə'mɪtl̩/ *adj*.不明确的；含糊的(传递不清楚)
《*non-*(not) + *com-*(with) + *mitt*(send) + *-al*(形容词字尾)》

```
non  +  com  +  mitt  +  al
 |       |       |       |
not + with + send + adj.
```

nonconductor /ˌnɑnkən'dʌktɚ/ *n*.绝缘体
《*non-*(not) + *con-*(together) + *duct*(lead) + *-or*(名词字尾)》

nonconformity /ˌnɑnkən'fɔrmətɪ/ *n*.不顺从；不一致；
非国教主义(形状不同)《*non-*(not) + *con-*(together) + *form*(form)
+ *-ity*(名词字尾)》

noncooperation /ˌnɑnkoˌɑpə'reʃən/ *n*.不合作(不一起工作)
《*non-*(not) + *co-* = *com-*(together) + *operat*(work) + *-ion*(名词字尾)》

nondurable /nɑn'djʊrəbl̩/ *adj*.不耐久的；不经用的(不持久的)
《*non-*(not) + *dur*(lasting) + *-able*(形容词字尾)》

```
non  +  dur  +  able
 |       |       |
not + lasting + adj.
```

nonentity /nɑn'entətɪ/ *n*.不存在；不存在之物；不足取的人
或物(不存在)《*non-*(not) + *entity*(being)》

nonessential /ˌnɑnə'sɛnʃəl/ *adj*.，*n*.非本质的(事物)；不重要的
(事物或人)《*non-*(not) + *essent*(本质) + *-ial*(形容词兼名词字尾)》

nonmember /nɑn'mɛmbɚ/ *n*.非会员；非党员
《*non-*(not) + *member*(会员)》

nonpareil /ˌnɑnpə'rɛl/ *adj*.无比的；无双的

《*non-*(not) + *pareil*(equal)》

nonpartisan /nɑnˈpɑrtəzn/ *adj.*无党派的；客观的；无偏袒的
（不偏向一边的）《*non-*(not) + *part*(part) + *is*(same) + *-an*(形容词字尾)》

<table>
<tr><td>non</td><td>+</td><td>part</td><td>+</td><td>is</td><td>+</td><td>an</td></tr>
<tr><td>|</td><td></td><td>|</td><td></td><td>|</td><td></td><td>|</td></tr>
<tr><td>not</td><td>+</td><td>part</td><td>+</td><td>same</td><td>+</td><td>adj.</td></tr>
</table>

nonproductive /ˌnɑnprəˈdʌktɪv/ *adj.*不生产的；无生产力的；
非生产性的《*non-*(not) + *pro-*(forward) + *duct*(lead) + *-ive*(形容词字尾)》

nonsectarian /ˌnɑnsɛkˈtɛrɪən/ *adj.*无宗派的；不属于任何宗
派的（不分派的）《*non-*(not) + *sect*(cut) + *-arian*(形容词字尾)》

<table>
<tr><td>non</td><td>+</td><td>sect</td><td>+</td><td>arian</td></tr>
<tr><td>|</td><td></td><td>|</td><td></td><td>|</td></tr>
<tr><td>not</td><td>+</td><td>cut</td><td>+</td><td>adj.</td></tr>
</table>

nonstop /ˈnɑnˈstɑp/ *adj.*不停的；直达的
《*non-*(not) + *stop*(停止)》

nonverbal /ˌnɑnˈvɝbl̩/ *adj.*不使用文字的；非语文的
《*non-*(not) + *verb*(word) + *-al*(形容词字尾)》

76　ob- = at; against; before; near; over; towards

〔变化型〕o-, oc-, of-, op-, os-。

obdurate /ˈɑbdjərɪt, -də-/ *adj.*顽固的；执拗的；冷酷的（顽固
地反对）《*ob-*(against) + *dur*(hard) + *-ate*(形容词字尾)》

<table>
<tr><td>ob</td><td>+</td><td>dur</td><td>+</td><td>ate</td></tr>
<tr><td>|</td><td></td><td>|</td><td></td><td>|</td></tr>
<tr><td>against</td><td>+</td><td>hard</td><td>+</td><td>adj.</td></tr>
</table>

obedient /əˈbidɪənt/ *adj.*服从的（倾听他人所言）
《*ob-*(在此处无意义) + *edi*(hear) + *-ent*(形容词字尾)》
cf. **audience**(听众)

obese /oˈbis/ *adj.*过度肥胖的《*ob-*(over) + *ese*(eat)》

obfuscate /ɑbˈfʌsket, ˈɑbfəsˌket/ *v.*使暗淡；使困惑（使整面

黑暗）《*ob-*(over) + *fuscate*(darken)》

obituary /əˈbɪtʃuˌɛrɪ,-ɚ-/ *n*.讣闻　*adj*.死亡的（近于死亡）
《*ob-*(near) + *it*(go) + *-uary*(名词字尾)》

object /*v*. əbˈdʒɛkt *n*. ˈɑbdʒɪkt/ *v*.反对；拒绝　*n*.物体；目的；
对象（对～投掷东西）《*ob-*(towards, against) + *ject*(throw)》

objurgate /ˈɑbdʒɚˌget,əbˈdʒɝˌget/ *v*.责骂；谴责（咒骂）
《*ob-*(against) + *jur*(swear) + *-gate*(动词字尾)》

```
ob    +   jur  + gate
|         |      |
against + swear +  v.
```

oblige /əˈblaɪdʒ/ *v*.强制；施于；加于（绑住）《*ob-*(to) + *lige*(bind)》

oblique /əˈblik/ *adj*.斜的；歪的；不正的　*v*.歪斜；倾斜（向～
弯曲）《*ob-*(towards) + *lique*(bent)》

oblivion /əˈblɪvɪən/ *n*.淹没；遗忘；赦免
《*ob-*(over) + *liv*(smooth) + *-ion*(名词字尾)》

```
ob  +  liv  + ion
|       |      |
over + smooth + n.
```

oblong /ˈɑblɔŋ/ *n*. , *adj*.长方形（的）《*ob-*(across, over) + *long*》

obscene /əbˈsin/ *adj*.猥亵的；淫乱的；令人不悦的（向着污秽）
《*ob-*(towards) + *scene*(filth 污秽)》

obscure /əbˈskjur/ *adj*.不清楚的；隐藏的；不著名的
v.使暗；使不分明（覆盖住全部）《*ob-*(over) + *scure*(covered)》

obstacle /ˈɑbstəkl̩/ *n*.障碍物（立在路上的东西）
《*ob-*(over against) + *sta*(stand) + *-cle*(表示事物的名词字尾)》

```
ob      +   sta  + cle
|           |       |
over against + stand + n.
```

obstinate /ˈɑbstənɪt/ *adj*.固执的；难医治的（难以忍受的）
《*ob-*(over against) + *stinate*(cause to stand)》

obstruct /əbˈstrʌkt/ *v*.阻隔；遮蔽；妨害（为反对而筑）
《*ob-*(over against) + *struct*(build)》　*cf*. **structure**(构造)

obtain /əbˈten/ *v*.获得；流行（在身边的）

《*ob-*(near，close to)＋*tain*(hold)》　*cf*. **tenable**(守得住的)

obtund /ɑbˈtʌnd/ *v*.使(机能)变钝；使(痛苦)缓和

　　《*ob-*(against)＋*tund*(strike)》

obvious /ˈɑbvɪəs/ *adj*.明白的；一目了然的(横放在路上的→醒

　　目的)《*ob-*(near)＋*vi* ＝ *via*(way)＋ *-ous*(形容词字尾)》

omit /oˈmɪt/ ＝ let go　*v*.略去；遗漏；疏忽(使去)

　　《*o-* ＝ *ob-*(在此处无意义)＋*mit*(send)》　*cf*. **mission**(派遣；使节团)

occasion /əˈkeʒən/ *n*.机会；场合；原因；事件　*v*.引起(落在

　　眼前)《*oc-* ＝ *ob-*(before)＋*cas*(fall)＋ *-ion*(名词字尾)》

oc	＋ cas ＋	ion
before ＋	*fall* ＋	*n*.

occult /əˈkʌlt/ *adj*.神秘的；难以理解的；超自然的(覆盖起来)

　　《*oc-* ＝ *ob-*(over)＋*cult*(cover)》

occupy /ˈɑkjəˌpaɪ/ *v*.占有；占领；使忙碌；占据(捕捉～)

　　《*oc-* ＝ *ob-*(at)＋*cupy*(seize)》　*cf*. **captive**(俘虏)

occur /əˈkɝ/ *v*.被想起；发生；存在(流向～)

　　《*oc-* ＝ *ob-*(towards)＋*cur*(run)》　*cf*. **current**(水流)

offend /əˈfɛnd/ *v*.冒犯；使不悦(打击～)

　　《*of-* ＝ *ob-*(against)＋*fend*(strike)》

offer /ˈɔfɚ/ *v*.呈赠；奉献；提出；表示　*n*.提供；提议；企图

　　(拿到前面)《*of-* ＝ *ob-*(near)＋*fer*(carry)》

opponent /əˈponənt/ *adj*.相对的；敌对的　*n*.敌对者(因反对

　　而设置)《*op-* ＝ *ob-*(against)＋*pon*(place)＋ *-ent*(形容词字尾)》

　　cf. **oppose**(反对)

op	＋ pon ＋	ent
against ＋	*place* ＋	*adj*.

oppress /əˈprɛs/ ＝ press against　*v*.镇压；压迫(压制)

　　《*op-* ＝ *ob-*(against)＋*press*》

ostentation /ˌɑstənˈteʃən/ *n*.夸张(在前面展示)

　　《*os-* ＝ *ob-*(before)＋*tent*(stretch)＋ *-ation*(名词字尾)》

77　octa- = eight；eighth

＊希腊文 *okto*。〔变化型〕octo-。

octagon /ˈɑktəˌɡɑn/ *n*.八角形
　《*octa-*(eight) + *gon*(angle，corner 角)》

octahedron /ˌɑktəˈhidrən/ *n*.八面体
　《*octa-*(eight) + *hedr*(side) + *-on*(名词字尾)》

```
octa + hedr + on
 |      |     |
eight + side + n.
```

octave /ˈɑktev/ *n*.(音乐)第八音；一个音阶；(宗教)从节日
　起第八天；十四行诗中的起首八行；八个一组

octavo /ɑkˈtevo/ *n*.八开本；八开本的书　*adj*.八开的

October /ɑkˈtobə/ *n*.十月

【解说】凯撒之前的罗马历是以三月(March)为始,共有十个月。当时的八月
　　　称为 October。后来虽加上一月(January)、二月(February)而成十二个
　　　月,但其余各月的名称并没有改变,只是往后顺延二个月,乃称十月为
　　　October,其余以此类推:September(七月→九月)。

octodecimo /ˌɑktoˈdɛsəˌmo/ *n*.十八开本
　《*octo-*(eight) + *decimo*(ten)》

```
octo + decimo
 |       |
eight +  ten
```

octopus /ˈɑktəpəs/ *n*.章鱼；强有力且能为害的组织(八只脚)
　《*octo-*(eight) + *pus*(foot)》

```
octo + pus
 |      |
eight + foot
```

octosyllable /ˈɑktəˌsɪləbl̩/ *n*.八音节字；八音节的诗句
　《*octo-*(eight) + *syllable*(音节)》

octuple /ˈɑktupl̩/ *adj*.八倍的　*n*.八倍
　v.变成八倍(重复八次的)《*octu-* = *octo-*(eight) + *ple-*(fold)》

78 omni- = all *希腊文 *omnis*，表示"全部"。

omnibus /ˈɑmnəˌbʌs/ *n*.公共汽车；精选集　*adj*.综合的

omnicompetent /ˌɑmnɪˈkɑmpɪtənt/ *adj*.有全权的
　《*omni-*(all) + *competent*(能干的)》

omnifarious /ˌɑmnəˈfɛrɪəs/ *adj*.种种的；各色各样的(谈论所
　有的事)《*omni-*(all) + *fari*(speak) + *-ous*(形容词字尾)》

```
omni +  fari  +  ous
 |        |        |
all   +  speak +  adj.
```

omnipotent /ɑmˈnɪpətənt/ *adj*.全能的　　*n*.全能者
　《*omni-*(all) + *potent*(powerful)》

omnipresent /ˌɑmnɪˈprɛznt/ *adj*.无处不存在的；普遍的

omniscient /ɑmˈnɪʃənt/ = all-knowing　*cf*. 无所不知的
　《*omni-*(all) + *scient*(knowing)》　*cf*. science(科学)

omnivorous /ɑmˈnɪvərəs/ *adj*.杂食的
　《*omni-*(all) + *vor*(eat) + *-ous*(形容词字尾)》
　cf. voracious(饮食过量的)

79 out- = beyond；out
*由"向外"引申而为"超越"、"胜过"的意思。

outargue /autˈɑrgju/ *v*.在辩论中胜过～

outbreak /ˈautˌbrek/ break out(爆发)的名词　*n*.爆发；暴动

【解说】将动词短语～out 的顺序倒过来构成一个单词，而成为原短语的名词
　　　型的例子很多，以下举出一些：
　　　　cast out(赶出去)→outcast(流浪者)
　　　　come out(出现)→outcome(结果)
　　　　cry out(高声呼叫)→outcry(叫喊；抗议)
　　　　fit out(装备)→outfit(装备；用具)
　　　　flow out(流出)→outflow(流出；流出量)
　　　　go out(外出)→outgo(外出；支出)
　　　　lay out(用钱)→outlay(支出；花费)
　　　　let out(放出)→outlet(出口；放出)
　　　　look out(小心；警戒)→outlook(展望；见解；了望)

> pour out(流出)→outpour(流出；流出物)
> put out(出产)→output(出产；产品；产量)
> set out(出发；开始)→outset(着手；最初)

outdo /aut'du/ *v*.凌驾；胜过(胜过)

outdoor /'aut‚dor/ *adj*.户外的

outface /aut'fes/ *v*.勇敢地面对；吓倒；轻视

outgrow /aut'gro/ *v*.长得大过；比～长得更大；因长大而脱离
(成长超越)

outlandish /aut'lændɪʃ/ *adj*.异国风味的；异样的(外面的土地的)

outlaw /'aut‚lɔ/ *n*.被放逐者；罪犯；恶徒　*v*.使成为非法(在法
律之外)

outlay /'aut‚le/ *n*.花费；开销；支出(在外面花的钱)
《*out-*(out) + *lay*(spend)》

```
out  +  lay
 |       |
out  +  spend
```

outline /'aut‚lain/ *n*.外型；轮廓；概要　*v*.描述要点；画～的
轮廓(外面的线)

outlive /aut'lɪv/ *v*.生存得比～更久(= *survive*)(存活下去)

outmatch /aut'mætʃ/ *v*.胜过；击败；超过

outnumber /aut'nʌmbɚ/ *v*.数目胜过～

outpace /aut'pes/ *v*.追过；比～跑得快；胜过(速度超过)

outrage /'aut‚redʒ/ *n*.暴行　*v*.凌辱(逾矩的)
《*outr-* = *ultra-*(beyond) + *age*(名词字尾)》

```
outr  +  age
 |        |
beyond +  n.
```

outrival /aut'raɪvl̩/ *v*.胜过

outrun /aut'rʌn/ *v*.跑得较快；追过

outshine /aut'ʃaɪn/ *v*.比～更亮；胜过；使～失色(比～更亮)

outside /'aut'saɪd/ *n*.外面　*adj*.在外的　*adv*.外面地

outspoken /'aut'spokən/ *adj*.坦白的；直言不讳的

outstanding /'aut'stændɪŋ/ *adj*.著名的；显著的；突出的

outweigh /aʊtˈwe/ v.比～更重；优于；胜过

outwit /aʊtˈwɪt/ v.以机智胜过（在才智上取胜）

80　over- = above；across；beyond

＊从"覆盖"、"超越"、"胜过"引申为"过度"、"太过"之意。

overact /ˈovɚˈækt/ v.动作过度

overbear /ˌovɚˈbɛr/ v.压倒；克服；镇压

overblow /ˌovɚˈblo/ v.吹散；吹过

overboard /ˈovɚˌbord/ adv.在船外

《*over-*(beyond) + *board*(side of ship)》

over	+	board
beyond	+	*side of ship*

overbridge /ˈovɚˌbrɪdʒ/ n.〔英〕天桥；陆桥（=〔美〕*overpass*）

overburden /ˈovɚˈbɝdn̩/ v.使负担过重

overcast /ˈovɚˌkæst/ adj.（天空）阴暗的；阴沉的　v.使阴暗

overcloud /ˌovɚˈklaʊd/ v.以云遮蔽；使忧郁

overcoat /ˈovɚˌkot/ n.大衣；外套

overcome /ˌovɚˈkʌm/ v.击败；压倒

overcredulous /ˈovɚˈkrɛdʒuləs/ adj.过度轻信的

over	+	cred	+	ulous
too much	+	*believe*	+	*adj.*

overcrowd /ˌovɚˈkraʊd/ v.过度拥挤

overcrust /ˌovɚˈkrʌst/ v.以外皮或外壳包覆

overdo /ˈovɚˈdu/ v.过分；过度烹煮

overdraw /ˈovɚˌdrɔ/ v.透支；夸张

overdrink /ˌovɚˈdrɪŋk/ v.饮酒过量

overdue /ˈovɚˈdju/ adj.过期的；迟到的

《*over-*(beyond) + *due*(adequate)》

over	+	due
beyond	+	*adequate*

overeat /ˈovɚˈit/ v.吃得过多

overestimate /ˈovɚˈɛstəˌmet/ v.对～估计过高；高估

```
  over  + estim + ate
   |       |       |
beyond + value +  v.
```

overflow /v. ˌovɚˈflo n. ˈovɚˌflo/ v.溢出；泛滥；充满
　n.泛滥；过剩

overhang /ˌovɚˈhæŋ/ v.悬垂；突出；迫近（悬于～之上）

overhaul /v. ˌovɚˈhɔl n. ˈovɚˌhɔl/ v., n.彻底分解；分解检查
　　　　　　　　　　　　　　　　（把零件拖出来检查）

```
over + haul
 |      |
beyond + draw
```

overhear /ˌovɚˈhɪr/ v.偶然听到；偷听；窃听（越过～听到）

overlap /v. ˌovɚˈlæp n. ˈovɚˌlæp/ v., n.部分重叠（互搭在～之上）

overlay /v. ˌovɚˈle n. ˈovɚˌle/ v.覆盖；涂上；压倒　n.覆盖物

overload /v. ˌovɚˈlod n. ˈovɚˌlod/ v., n.超载；过度负荷

overlook /ˌovɚˈluk/ v.俯视；监视；看漏（越过～往下看）

overnight /ˈovɚˈnɪt/ adv.整夜；通宵；一夜之间
　adj.夜里的；一夜的

overpay /ˈovɚˈpe/ v.报酬过多

overpeopled /ˌovɚˈpipḷd/ adj.人口过剩的

```
over  + people + (e)d
 |        |       |
too much + people + adj.
```

overpower /ˌovɚˈpauɚ/ v.打败；克服；压倒（力量超越）

overrate /ˈovɚˈret/ v.估计过高

overrule /ˌovɚˈrul/ v.否决；驳回；宣布～无效

overseas /adj. ˈovɚˈsiz adv. ˌovɚˈsiz/ adv., adj.海外的（地）

oversee /ˌovɚˈsi/ v.监督；管理；指导

oversight /ˈovɚˌsaɪt/ n.疏忽；看漏；监督；看管

oversleep /ˈovɚˈslip/ v.睡过头；睡眠过久

overtake /ˌovɚˈtek/ v.追及；赶上；使突然遭遇

overthrow /ˌovɚˈθro/ v.推翻；打倒；使瓦解

overtime /n.,adj.,adv.ˈovɚˌtaɪm v.ˌovɚˈtaɪm/ n.加班；加班时间
　　adj.,adv.加班的（地）；超时的（地）　v.使超过时间

overturn /v.ˌovɚˈtɝn n.ˈovɚˌtɝn/ v.,n.推翻；倾覆；颠覆

overwhelm /ˌovɚˈhwɛlm/ v.使不安；压倒；倾覆

81　pan(to)- = all

panacea /ˌpænəˈsiə/ = all-healing　n.万灵药
　　《*pan-*(all) + *acea*(cure，remedy 治疗)》

panchromatic /ˌpænkroˈmætɪk/ adj.全色的；易于感受各色之
　　光的《*pan-*(all) + *chromat*(color) + *-ic*(形容词字尾)》
　　cf. **chromatic**(色彩的)

```
pan  +  chromat  +   ic
 |         |          |
all  +   color   +  adj.
```

pandemonium /ˌpændɪˈmonɪəm/ n.地狱的首都；群鬼的宫殿；
　　骚乱《*pan-*(all) + *demon*(恶魔) + *-ium*(表示场所的名词字尾)》

panoply /ˈpænəplɪ/ n.全副甲胄；全副装备；华丽的衣饰
　　《*pan-*(all) + *opl*(weapon) + *-y*(名词字尾)》

```
pan  +   opl   +  y
 |        |        |
all  +  weapon +  n.
```

panorama /ˌpænəˈræmə/ n.全景；全图；范围(整体的外观)
　　《*pan-*(all) + *orama*(view)》

pantheism /ˈpænθiˌɪzəm/ n.泛神论
　　《*pan-*(all) + *the*(god) + *-ism*(表示主义的字尾)》　*cf*. **atheism**(无神论)

pantheon /ˈpænθiˌɑn/ n.万神殿；伟人祠；(一国人民所信
　　仰的)诸神《*pan-*(all) + *the*(god) + *-on*(希腊字尾)》

pantomime /ˈpæntəˌmaɪm/ n.默剧　v.打手势(完全模仿他人的人)
　　《*panto-*(all) + *mime*(imitator 模仿者)》　*cf*. **mimic**(模拟的)

82　para- = against；beside；beyond；contrary

〔变化型〕par-, pa-。

parable /ˈpærəbl̩/ *n*.比喻；寓言（抛向旁边）

《*para-*(beside) + *ble*(throw)》

parachute /ˈpærəˌʃut/ *n*.降落伞（防止掉落的东西）

《*para-*(against) + *chute*(fall)》

```
para  +  chute
 |        |
against  +  fall
```

paraclete /ˈpærəˌklit/ *n*.辩护者；安慰者（站在旁边呼唤）

《*para-*(beside) + *clete*(call)》

paradigm /ˈpærəˌdaɪm/ *n*.范例；典型；词类变化表（在旁边的
例子）《*para-*(beside) + *digm*(example)》

```
para  +  digm
 |        |
beside  +  example
```

paradox /ˈpærəˌdɑks/ *n*.矛盾

```
para  +  dox
 |        |
beside  +  opinion
```

paragon /ˈpærəˌgɑn/ *n*.杰出典范；完人

《*par-* = *para-* (beyond) + *agon*(sharpen 使敏锐)》

paragraph /ˈpærəˌgræf/ *n*.（文章等）段、节；新闻的一节；
短评　*v*.把（文章）分段；写短评（为了表示意义的一致，在字
里行间加上的符号）《*para-*(beside) + *graph*(write)》

```
para  +  graph
 |        |
beside  +  write
```

parallel /ˈpærəˌlɛl/ = side by side　*adj*.平行的；相似的
　n.平行线；并列；类似；比较　*v*.比较（在彼此的旁边）
《*par-* = *para-*(beside) + *allel*(one another)》

parallelogram /ˌpærəˈlɛləˌgræm/ *n*.平行四边形（画成平行）

《*parallel*(平行的) + *ogram*(write)》

paralogism /pəˈrælədʒɪzm̩/ *n*.谬误推理(违反理论的)

《*para-*(contrary to) + *logism*(理论)》

paralyze /ˈpærəˌlaɪz/ *v*.使麻痹；使不活动(松弛而脱离)

《*para-*(beside) + *lyze*(loosen)》

paramount /ˈpærəˌmaunt/ *adj*.最高的；至上的；主要的；

卓越的(超越山峰)《*para-*(beyond) + *mount*(mountain)》

```
┌─────────────────────────────┐
│    para   +   mount         │
│     │          │            │
│  beyond  +  mountain        │
└─────────────────────────────┘
```

paranoid /ˈpærənɔɪd/ *n*.偏执狂患者

adj.偏执狂的(心智不正常)《*para-*(beside) + *noid*(mind)》

paraphrase /ˈpærəˌfrez/ *n*.意译　*v*.意译；释义(用别的说法)

《*para-*(beside) + *phrase*(speak)》

paraplegia /ˌpærəˈplidʒɪə/ *n*.半身不遂(近乎麻痹)

《*para-*(beside) + *pleg*(paralysis 麻痹) + *-ia*(condition)》

```
┌──────────────────────────────────────┐
│    para   +   pleg   +   ia           │
│     │          │         │            │
│  beside  +  paralysis + condition     │
└──────────────────────────────────────┘
```

parasite /ˈpærəˌsaɪt/ *n*.寄生虫；依人为生者(靠近食物旁边)

《*para-*(beside) + *site*(food)》

parasol /ˈpærəˌsɔl/ *n*.阳伞(防止太阳的热)

《*para-*(against) + *sol*(sun)》　*cf*. **solar**(太阳的)

paratyphoid /ˌpærəˈtaɪfɔɪd/ *n*.,*adj*.副伤寒(的)(近乎伤寒)

《*para-*(beside) + *typhoid*(伤寒)》

parenthesis /pəˈrɛnθəsɪs/ *n*.插入句；圆括号(放入其中)

《*par-* = *para-*(beside) + *en-*(in) + *thesis*(put)》

```
┌─────────────────────────────┐
│    par   +  en + thesis      │
│     │        │     │         │
│  beside  +  in  +  put       │
└─────────────────────────────┘
```

parody /ˈpærədɪ/ *n*.讽刺诗文　*v*.拙劣地模仿(别的唱法)

《*par-* = *para-*(beside) + *ody*(ode 诗歌)》

palsy /ˈpɔlzɪ/ *n*.中风　*v*.使麻痹(松弛而脱离)

《*pa-* = *para-*(beside) + *lsy*(loosen)》

83　pen- = almost

＊拉丁文 *paene*，表示"几乎"、"近于"。

peninsula /pə'nɪnsələ/ *n*.半岛（几乎是岛）

　《*pen-*(almost) + *insula*(island)》

```
      pen  + insula
       |        |
    almost + island
```

penultimate /pɪ'nʌltəmɪt/ *adj*.倒数第二的（几近于最后）

　《*pen-*(almost) + *ultimate*(last)》

penumbra /pɪ'nʌmbrə/ *n*.（日蚀、月蚀的）半影部；（太阳黑

　点周围的）半影（几乎是影子）《*pen-*(almost) + *umbra*(shadow)》

　cf. umbrella(伞)

84　penta- = five

＊希腊文 *pente*，表示"五"。

pentachord /'pɛntəˌkɔrd/ *n*.五弦琴《*penta-*(five) + *chord*(string)》

pentagon /'pɛntəˌgɑn/ *n*.五角形《*penta-*(five) + *gon*(angle)》

　cf. the Pentagon(美国国防部五角大楼,位于维吉尼亚州的阿灵顿)

pentagram /'pɛntəˌgræm/ *n*.星形《*penta-*(five) + *gram*(write)》

pentahedron /ˌpɛntə'hidrən/ *n*.五面体

　《*penta-*(five) + *hedr*(side) + *-on*(名词字尾)》

```
    penta + hedr + on
      |       |     |
    five  + side + n.
```

pentamerous /pɛn'tæmərəs/ *adj*.五个（相等的）部分组成的

　《*penta-*(five) + *mer*(part) + *-ous*(形容词字尾)》

pentameter /pɛn'tæmətə/ *adj*., *n*.五音步的（诗行）

　《*penta-*(five) + *meter*(measure)》

pentarchy /'pɛntɑrkɪ/ *n*.五头政治；五国联盟

　《*pent-* = *penta-*(five) + *archy*(rule)》　*cf*. monarchy(君主政治)

```
pent + archy
 |       |
five  +  rule
```

85 per- = away; thoroughly; through

* 表示"完全、彻底、远离"。

〔变化型〕par-，pel-，pil-。

perambulate /pɚˈæmbjəˌlet/ v.巡行；巡回；漫步（步行穿过）

《**per-**(through) + **ambul**(walk) + **-ate**(动词字尾)》

perceive /pɚˈsiv/ v.感觉；知觉（完全接受→用心抓住）

《**per-**(thoroughly) + **ceive**(take)》

percolate /ˈpɚkəˌlet/ v.（使）过滤；（使）渗透

《**per-**(through) + **col**(filter 过滤) + **-ate**(动词字尾)》

```
per   + col  + ate
 |       |      |
through + filter + v.
```

perception /pɚˈsɛpʃən/ n.知觉；感受

percussion /pəˈkʌʃən/ n.冲击；敲打（彻底地敲打）

《**per-**(thoroughly) + **cuss**(strike) + **-ion**(名词字尾)》

perdition /pɚˈdɪʃən/ n.浩劫；恶报；毁灭；地狱

《**per-**(away) + **dit**(give) + **-ion**(名词字尾)》

peremptory /pəˈrɛmptərɪ/ adj.断然的；强制的；绝对的；

专横的（完全持有的）《**per-**(thoroughly) + **empt**(take) + **-ory**(形容词字尾)》

```
per      + empt + ory
 |          |      |
thoroughly + take + adj.
```

perennial /pəˈrɛnɪəl/ adj.永久的；终年无间断的（终年的）

《**per-**(through) + **enn**(year) + **-ial**(形容词字尾)》

perfect /ˈpɚfɪkt/ adj.无缺的；完美的（做得很好）

《**per-**(thoroughly) + **fect**(make)》

```
┌─────────────────────────┐
│     per    +   fect     │
│      |          |       │
│  thoroughly + make      │
└─────────────────────────┘
```

perfidy /ˈpɝˌfədɪ/ *n*.背信；不诚实（远离别人的信赖）
《*per-*(away from) + *fidy*(faith)》

perforate /ˈpɝˌfəˌret/ *v*.穿孔；打洞；贯穿（穿孔）
《*per-*(through) + *for*(opening) + *-ate*(动词字尾)》

perform /pəˈfɔrm/ *v*.实行；履行（完全供给）
《*per-*(thoroughly) + *form*(provide, furnish)》

perfume /*n*. ˈpɝfjum *v*. pəˈfjum/ *n*.芳香；香料；香水　*v*.使香；
洒香水于（像烟一样地飘）《*per-*(through) + *fume*(smoke)》

perfunctory /pəˈfʌŋktərl/ *adj*.敷衍的；表面的；草率的（草率
地做）《*per-*(away) + *funct*(perform) + *-ory*(形容词字尾)》

perish /ˈpɛrɪʃ/ *v*.死；毁灭（完全离去）
《*per-*(thoroughly) + *ish*(go)》

permanent /ˈpɝmənənt/ *adj*.永久的；不变的；耐久的；常设的
（一直存在的）《*per-*(through) + *man*(remain) + *-ent*(形容词字尾)》

```
┌─────────────────────────────┐
│    per   +  man   +  ent    │
│     |        |        |     │
│ through + remain + adj.      │
└─────────────────────────────┘
```

permeate /ˈpɝmɪˌet/ *v*.渗透；充满；普及；普遍（滑行穿过）
《*per-*(through) + *me*(glide) + *-ate*(动词字尾)》

permit /pəˈmɪt/ *v*.许可（通行无阻）《*per-*(through) + *mit*(send)》
cf. **mission**(任务)

pernicious /pəˈnɪʃəs/ *adj*.有害的；有毒的；致命的；恶性的
（完全杀害的）《*per-*(thoroughly) + *nic*(kill) + *-ious*(形容词字尾)》

```
┌─────────────────────────────┐
│    per    + nic + ious      │
│     |        |      |       │
│ thoroughly + kill + adj.     │
└─────────────────────────────┘
```

perpendicular /ˌpɝpənˈdɪkjələ/ *adj*.垂直的；直立的
n.垂直面；直立（直直垂下）
《*per-*(through) + *pendicu*(weigh) + *-lar*(形容词字尾)》
cf. **pendant**(垂饰)

perpetual /pɚˈpɛtʃʊəl/ *adj*.永远的；永久的；终身的（一直寻求
下去）《*per-*(throughout) + *pet*(seek) + *-ual*(形容词字尾)》
cf. **petition**(祈祷)

```
     per      + pet +  ual
      |          |       |
 throughout + seek +   adj.
```

perplex /pɚˈplɛks/ *v*.使困扰；使迷惑（完全编入）
《*per-*(thoroughly) + *plex*(plait 编成辫)》

persecute /ˈpɝsɪˌkjut/ *v*.迫害；困惑；烦扰（穷追不舍）
《*per-*(continually) + *secute*(follow)》 *cf*. **sequence**(顺序)

persevere /ˌpɝsəˈvɪr/ *v*.坚忍（彻底地严格）
《*per-*(thoroughly) + *severe*(strict)》

```
     per      + severe
      |           |
 thoroughly +  strict
```

persist /pɚˈsɪst/ *v*.固执；持久（一直站着）
《*per-*(through) + *sist*(cause to stand still 坚定地站着)》

perspective /pɚˈspɛktɪv/ *adj*.透视的   *n*.透视法；透视画；远景；
前途（一直看到远处）《*per-*(through) + *spect*(see) + *-ive*(形容词字尾)》

perspicuity /ˌpɝspɪˈkjuətɪ/ *n*.清楚；明晰

```
     per      + spicu + ity
      |           |       |
 through  +   look  +   n.
```

perspiration /ˌpɝspəˈreʃən/ *n*.流汗；汗（透过皮肤呼吸）
《*per-*(through) + *spira*(breathe) + *-tion*(名词字尾)》
cf. **spirit**(精神)

```
     per      + spira  + tion
      |           |        |
 through  +  breathe  +   n.
```

perspire /pɚˈspaɪr/ *v*.流汗

```
     per      +  spire
      |            |
 through  +   breathe
```

persuade /pɚˈswed/ *v*. 说服；使相信（彻底地忠告）

《*per-*(thoroughly) + *suade*(advise)》　*cf*. **suasion**(劝说)

pertinent /ˈpɚtnənt/ *adj*. 切题的；中肯的；有关系的（牢牢地握住）

《*per-*(thoroughly) + *tin*(hold) + *-ent*(形容词字尾)》

cf. **tenable**(可守的)

per	+ tin + ent
thoroughly	+ hold + adj.

peruse /pəˈruz/ *v*. 精读；细读（完全地使用）

《*per-*(thoroughly) + *use*》

pervade /pɚˈved/ *v*. 遍及；弥漫；走遍（一直走过去）

《*per-*(through) + *vade*(go)》　*cf*. **wade**(跋涉)

pervasive /pɚˈvesɪv/ *adj*. 遍布的；弥漫的

pervert /*v*. pɚˈvɚt *n*. ˈpɚvɚt/ *v*. 引入邪路；误用；曲解

n. 入邪道的人；性变态者（完全转移方向）

《*per-*(thoroughly) + *vert*(turn)》

parboil /ˈpɑrˌbɔɪl/ *v*. 使热度过高；煮成半熟

《*par-* = *per-*(thoroughly) + *boil*》

【解说】本来应是"完全煮熟"的意思，但是后来字型演变成《part + boil》，因此
成为"煮了一部分→半熟"之意。

pardon /ˈpɑrdn̩/ *v*., *n*. 原谅（完全给与）

《*par-* = *per-*(thoroughly) + *don*(give)》　*cf*. **donation**(赠与)

par	+ don
thoroughly	+ give

pellucid /pəˈlusɪd/ *adj*. 透明的；明了的（透过～而发亮）

《*pel-* = *per-*(through) + *lucid*(shine)》　*cf*. **lucid**(透明的)

pilgrim /ˈpɪlgrɪm/ = passing a (foreign) country

n. 朝圣者；香客；旅人《*pil-* = *per-*(through) + *grim*(land, country)》

86　peri- = around；round about

＊表示"周围"、"环绕"。

pericardium /ˌperɪˈkɑrdɪəm/ *n*. 心包；心囊（心脏周围的东西）

《*peri-*(around) + *card*(heart) + *-ium*(名词字尾)》

peri ＋ card ＋ ium
｜　　　｜　　　｜
around ＋ *heart* ＋ *n*.

pericarp /ˈpɛrɪˌkɑrp/ *n*.果皮(水果周围)

《*peri-*(around) + *carp*(fruit)》

pericope /pəˈrɪkəˌpi/ *n*.摘录；选段

《*peri-*(around) + *cope*(cut)》

periderm /ˈpɛrɪdɝm/ *n*.外皮(周围的皮)

《*peri-*(around) + *derm*(skin)》

perigee /ˈpɛrəˌdʒi/ *n*.近地点(月球或人造卫星在轨道上最接近地
球之点)《*peri-*(around) + *gee*(earth)》　*cf*. **apogee**(远地点)

perihelion /ˌpɛrɪˈhiliən/ *n*.近日点(太阳系的天体最接近太阳的
位置)《*peri-*(around) + *heli*(sun) + *-on*(名词字尾)》

cf. **aphelion**(远日点)

peri ＋ heli ＋ on
｜　　　｜　　　｜
around ＋ *sun* ＋ *n*.

perilune /ˈpɛrəˌlun/ *n*.近月点(月亮周围)

《*peri-*(around) + *lune*(moon)》

perimeter /pəˈrɪmətɚ/ *n*.周围；周长；周边(测量周围)

《*peri-*(around) + *meter*(measure)》

period /ˈpɪrɪəd/ *n*.周期；期间；时代；完结；句点(绕
一周的时间)《*peri-*(round) + *od*(way)》　*cf*. **Exodus**(出埃及记)

peripatetic /ˌpɛrəpəˈtɛtɪk/ *adj*.到处漫游的；四处走走的

《*peri-*(around) + *patet*(walk) + *-ic*(形容词字尾)》

periphery /pəˈrɪfərɪ/ *n*.周围；外围；表面；(神经的)末梢
(传到周围)《*peri-*(around) + *pher*(carry) + *-y*(名词字尾)》

peri ＋ pher ＋ y
｜　　　｜　　　｜
around ＋ *carry* ＋ *n*.

periphrase /ˈpɛrɪˌfrez/ *v*.拐弯抹角地说(绕着弯说话)

《*peri-*(round) + *phrase*(speak)》

periscope /ˈpɛrəˌskop/ *n*.潜望镜（环视四周）
《*peri-*(around) + *scope*(look)》

87　poly- = many

* 希腊文 *polus*，表示“众多”。

polyandry /ˌpɑlɪˈændrɪ/ *n*.一妻多夫制《*poly-*(many) +
andry(a man)》

polycentric /ˌpɑlɪˈsɛntrɪk/ *adj*.多中心的；多元论的
《*poly-*(many) + *centr*(center) + *-ic*(形容词字尾)》

polychrome /ˈpɑlɪˌkrom/ *n*., *adj*.多色(的)；多色印刷(的)
《*poly-*(many) + *chrome*(color)》

polydomous /pəˈlɪdəməs/ *adj*.多巢的
《*poly-*(many) + *dom*(house) + *-ous*(形容词字尾)》

```
poly  +  dom  +  ous
 |        |        |
many  +  house  + adj.
```

polygamy /pəˈlɪgəmɪ/ *n*.一夫多妻
《*poly-*(many) + *gamy*(marriage)》 *cf*. **monogamy**(一夫一妻制)

polyglot /ˈpɑlɪˌglɑt/ *adj*., *n*.通晓数种语言的(人)
《*poly-*(many) + *glot*(language；tongue)》 *cf*. **glottis**(喉门)

polygon /ˈpɑlɪˌgɑn/ *n*.多角形；多边形《*poly-*(many) + *gon*(angle)》

polygraph /ˈpɑlɪˌgræf/ *n*.多产作家；测谎器；复写仪
《*poly-*(many) + *graph*(write)》

polyhedron /ˌpɑlɪˈhidrən/ *n*.多面体
《*poly-*(many) + *hedr*(side) + *-on*(名词字尾)》

```
poly  +  hedr  +  on
 |        |        |
many  +  side  +  n.
```

polymath /ˈpɑlɪˌmæθ/ *n*.博学者　*adj*.博学的
《*poly-*(many) + *math*(learn)》

polymorphous /ˌpɑlɪˈmɔrfəs/ *adj*.多形的；多形态的
《*poly-*(many) + *morph*(form) + *-ous*(形容词字尾)》

$$
\begin{array}{ccc}
poly & + \ morph & + \ ous \\
| & | & | \\
many & + \ form & + \ adj.
\end{array}
$$

polyphonic /ˌpɑlɪˈfɑnɪk/ *adj*.多音的；多声合成的；复调的
《*poly-*(many) + *phon*(sound) + *-ic*(形容词字尾)》

polyphony /pəˈlɪfənɪ/ *n*.多音；多声曲
《*poly-*(many) + *phony*(sound)》

polysyllable /ˈpɑləˌsɪləbḷ/ *n*.(三个音节以上的)多音节字
《*poly-*(many) + *syllable*(音节)》

polytechnic /ˌpɑləˈtɛknɪk/ *n*.工艺学校　*adj*.各种工艺的

polytheism /ˈpɑləθiˌɪzəm/ *n*.多神论；多神教
《*poly-*(many) + *the*(god) + *-ism*(表示主义的名词字尾)》

88　post- = after；behind（与 ante- 相反）

* 表示"在后"。

postbellum /postˈbɛləm/ *adj*.战后的；【美】南北战争后的
《*post-*(after) + *bell*(war) + *-um*(形容词字尾)》
cf. antebellum(战前的)

$$
\begin{array}{ccc}
post & + \ bell & + \ um \\
| & | & | \\
after & + \ war & + \ adj.
\end{array}
$$

postdate /ˌpostˈdet/ *v*.把日期填迟

postdoctoral /postˈdɑktərəl/ *adj*.取得博士学位后的(研究的)
《*post-*(after) + *doctor*(博士) + *-al*(形容词字尾)》

posterior /pɑsˈtɪrɪɚ/ *adj*.后部的；位于后面的

posterity /pɑsˈtɛrətɪ/ *n*.子孙；后裔(后继者)

postern /ˈpostɚn/ *n*.后门；侧门　*adj*.后面的；在后的
《*post-*(after) + *ern*(形容词兼名词字尾)》

postface /ˈpɑstˌfes/ *n*.跋；后记《*post-*(after) + *face*(speak)》

postgraduate /postˈgrædʒuɪt/ *adj*.大学毕业后的；研究所的
n.研究生(毕业后继续研究)《*post-*(after) + *graduate*(毕业)》

posthumous /ˈpɑstʃuməs/ *adj*.死后出版的；遗腹的；死后的

（人死埋入土中之后的）《*post-*(after) + *humous*(ground)》

```
post  +  humous
 |          |
after  +  ground
```

posthumously /ˈpɑstʃuməslɪ/ *adv*.死后地

《*post-*(after) + *hum*(ground) + *ous*(形容词字尾) + *ly*(副词字尾)》

```
post  +  humous  +   ly
 |          |          |
after  +  ground  +  adv.
```

postlude /ˈpostˌlud,-ˌljud/ *n*.后奏（曲）（在戏剧的后面）

《*post-*(after) + *lude*(play)》 *cf*. **prelude**(前奏曲)

postmeridian /ˌpostməˈrɪdɪən/ *adj*.午后的

《*post-*(after) + *meri*(middle) + *dian*(day)》

```
post  +  meri  +  dian
 |         |         |
after  +  middle  +  day
```

postmortem /ˌpostˈmɔrtəm/ *adj*.死后的　　*n*.验尸

《*post-*(after) + *mortem*(death)》 *cf*. **mortal**(不免一死的)

postnatal /postˈnetl̩/ *adj*.出生后的；产后的

《*post-*(after) + *nat*(born) + *-al*(形容词字尾)》

```
post  +  nat  +  al
 |        |        |
after  +  born  +  adj.
```

postnuptial /postˈnʌpʃəl/ *adj*.婚后的

《*post-*(after) + *nuptial*(wedding)》

postpone /postˈpon/ *v*.延期（置于其后）

《*post-*(after) + *pone*(put)》 *cf*. **component**(成分)

postpose /postˈpoz/ *v*.（形容词等）后置《*post-*(after) + *pose*(put)》

postscript /ˈpostˌskrɪpt/ *n*.（信件中的）附笔；（本文的）后记

（略作 p.s.）《*post-*(after) + *script*(write)》*cf*. **script**(手迹)

89　pre- = before

preadolescent /ˌpriædəˈlɛsn̩t/ *adj*.青春前期的

《*pre-*(before) + *ad-*(to) + *olesc*(grow up) + *-ent*(形容词字尾)》

preamble /ˈpriæmbl̩,prɪˈæmbl̩/ *n*.(条约、宪法等之)前文；导言《*pre-*(before) + *amble*(walk)》

precaution /prɪˈkɔʃən/ *n*.，*v*.预防(事前的准备) *cf*. **caution**(小心)

```
pre  +  caut  + ion
 |        |       |
before + beware +  n.
```

precede /priˈsid,prɪ-/ *v*.在前；在先；高于(走向前头)
《*pre-*(before) + *cede*(go)》

precept /ˈprisɛpt/ *n*.命令；教训；箴言；令状(事先取得)
《*pre-*(before) + *cept*(take)》 *cf*. **capture**(捕获)

precinct /ˈprisɪŋkt/ *n*.周围；范围；附近；警察管区
(事先限定的地方)《*pre-*(before) + *cinct*(surruond)》

```
pre  +  cinct
 |        |
before + surround
```

precipice /ˈprɛsəpɪs/ *n*.悬崖；生死关头(以头在先→倒栽)
《*pre-*(before) + *cipice* = *caput*(head)》 *cf*. **capital**(首都)

preclude /prɪˈklud/ *v*.阻止；排除；妨碍(在眼前关闭)
《*pre-*(in front) + *clude*(shut)》*cf*. **exclude**(排除)，**include**(包含)

precocious /prɪˈkoʃəs/ *adj*.过早的；早熟的(在时机到来之前成熟)
《*pre-*(before) + *coci*(cook；ripen) + *-ous*(形容词字尾)》

```
pre  + coci + ous
 |      |      |
before + cook + adj.
```

predecessor /ˈprɛdɪˌsɛsɚ/ *n*.前任；祖先(先前离去的人)
《*pre-*(before) + *be-*(away) + *cess*(go) + *-or*(表示人的名词字尾)》
cf. **successor**(后继者)

predict /prɪˈdɪkt/ *v*.预言；预知(事先说)
《*pre-*(before) + *dict*(say)》

predilection /ˌpridl̩ˈɛkʃən/ *n*.偏爱；偏好(事先选好)
《*pre-*(before) + *dilection*(choose out from others)》

preexist /ˌpriɪgˈzɪst/ *v*.先存在(之前就存在)

prefabricate /priˈfæbrəˌket/ v.预先建造；预先制造（先做）
《*pre-*(before) + *fabricate*(construct)》 *cf*. **fabric**(构造；织物)

```
pre   +  fabric  + ate
 |         |        |
before + construct + v.
```

preface /ˈprɛfɪs/ n.序文；前言；开场白　v.作序；写前言；开始
（事先说的话）《*pre-*(before) + *face*(speak)》

prefer /prɪˈfɝ/ v.较喜欢；提出；偏爱（搬到前面）
《*pre-*(before) + *fer*(carry)》

pregnant /ˈprɛgnənt/ adj.怀孕的；含蓄的；重要的（产前状态）
《*pre-*(before) + *gnant*(bear 生产)》

```
pre   + gnant
 |        |
before +  bear
```

prehistoric /ˌpriːsˈtɔrɪk/ adj.史前的

prejudice /ˈprɛdʒədɪs/ n.偏见　v.含有成见（事先的判断）
《*pre-*(before) + *judice*(judgement)》　*cf*. **judicial**(司法的；公正的)

prelect /prɪˈlɛkt/ v.演讲；讲课《*pre-*(before) + *lect*(read)》

prelife /prɪˈlaɪf/ n.前世

preliminary /prɪˈlɪməˌnɛrɪ/ adj.准备的；初步的
n.初步；开端（放在门槛之前的→开始之前的）
《*pre-*(before) + *limin*(threshold 门槛) + *-ary*(形容词字尾)》
cf. **limit**(界限)

```
pre   +  limin  + ary
 |         |       |
before + threshold + adj.
```

prelude /ˈprɛljud/ n.前奏曲　v.为~之前奏（戏剧前面的部分）
《*pre-*(before) + *lude*(play)》
cf. **interlude**(间奏曲), **postlude**(后奏曲)

premature /ˌprimaˈtjʊr/ adj.未成熟的；过早的（成熟之前的）

premium /ˈprimɪəm/ n.额外费用；奖金；佣金；保险费
（事先收取的费用）《*pre-*(before) + *mium*(take)》

preoccupy /priˈɑkjəˌpaɪ/ v.使凝神于；盘踞（心头）；

预占（事先占有）

prepare /prɪˈpɛr/ *v*. 准备；调制（事先准备）
《*pre-*(before) + *pare*(get ready)》

preponderate /prɪˈpɑndəˌret/ *v*. 重量胜过；数目超过；
力量大过；占优势（事先衡量）
《*pre-*(before) + *ponder*(weigh) + *-ate*(动词字尾)》

$$
\begin{array}{ccc}
\text{pre} & + \text{ponder} & + \text{ate} \\
| & | & | \\
\textit{before} & + \textit{weigh} & + \textit{v.}
\end{array}
$$

preposterous /prɪˈpɑstərəs/ *adj*. 荒谬的；可笑的；不合理的（前前
后后反反复复）《*pre-*(before) + *poster*(after) + *-ous*(形容词字尾)》

prerequisite /priˈrɛkwəzɪt/ *adj*. 必须预先具备的
n. 首要的事物

presage /*n*. ˈprɛsɪdʒ *v*. prɪˈsedʒ/ *n*. 前兆；预感　*v*. 预示；
预知；预言（事先感受到）《*pre-*(before) + *sage*(perceive)》

$$
\begin{array}{cc}
\text{pre} & + \text{sage} \\
| & | \\
\textit{before} & + \textit{perceive}
\end{array}
$$

prescribe /prɪˈskraɪb/ *v*. 规定；开药方（事先写）
《*pre-*(before) + *scribe*(write)》

present /ˈprɛznt/ *n*., *adj*. 现在（的）（在眼前）
《*pre-*(in front) + *sent*(being 存在)》　*cf*. **absent**(不在的)

preserve /prɪˈzɝv/ *v*. 保存（事先保有）《*pre-*(before) + *serve*(keep)》

$$
\begin{array}{cc}
\text{pre} & + \text{serve} \\
| & | \\
\textit{before} & + \textit{keep}
\end{array}
$$

preside /prɪˈzaɪd/ *v*. 管理；开会时担任主席（坐在前面）
《*pre-*(before) + *side*(sit)》

prestige /ˈprɛstɪdʒ/ *n*. 声望；影响力《*pre-*(before) + *stige*(bind)》

presume /prɪˈzum/ *v*. 假定；推测；敢于；占便宜（先拿）
《*pre-*(before) + *sume*(take)》

pretend /prɪˈtɛnd/ *v*. 佯装；主张；声称；尝试（展开在面前看）
《*pre-*(before) + *tend*(stretch; spread)》

pretext /n. 'pritɛkst v. pri'tɛkst/ n.借口；托词　v.以～为借口
　《*pre-*(before) + *text*(weave)》

<table><tr><td>pre ＋ text
｜　　｜
before ＋ *weave*</td></tr></table>

prevail /prɪ'vel/ v.盛行；流行；占优势；战胜；有效（向前伸展势力）《*pre-*(before) + *vail*(be strong)》　*cf.* **valiant**(刚勇的)

prevent /prɪ'vɛnt/ v.妨碍；防止（来到面前）
　《*pre-*(before) + *vent*(come)》*cf.* **advent**(来临)

<table><tr><td>pre ＋ vent
｜　　｜
before ＋ *come*</td></tr></table>

preview /'priˌvju/ v., n.试映；试演；预展；预告（片）（事先看）
　《*pre-*(before) + *view*(see)》

previous /'priviəs/ adj.以前的；先前的（前面的路的）
　《*pre-*(before) + *vi* = *via*(way) + *-ous*(形容词字尾)》

90　pro- = before; for; forth; forward

＊原本是相当于英语 for 的拉丁文字首，可以用 for 的意思推想。由"为了～"而产生"代替～"、"赞成～的"、"偏爱"等意思；或由"向～"演变为"向前"、"事先"、"公开地"、"因应～"之意。

〔变化型〕pur-，pr-(pro 的简型)，拉丁文的 *pro* 在古代法文中是 *pur*(现代法文 **pour** = 英文 **for**)。

pro-American /ˌproəˈmɛrɪkən/ adj.亲美的
　《*pro-*(for) + *American*(American)》

problem /'prɑbləm/ n.问题（向前投掷）
　《*pro-*(forward) + *blem*(casting)》

proceed /prəˈsid/ v.继续进行；开始（往前）
　《*pro-*(before) + *ceed*(go)》　*cf.* **precede**(先行)

proclaim /proˈklem/ v.宣言；公布；声明（在众人之前喊叫）
　《*pro-*(before) + *claim*(cry aloud)》　*cf.* **clamour**(喧闹)

procure /proˈkjʊr/ v.取得；获得；说服（为了～而负起照顾之责）
　《*pro-*(for, in behalf of) + *cure*(take care of)》

prodigal /ˈprɑdɪgl/ *adj.*浪费的；不吝惜的　*n.*浪费者
（向前追赶→不断付出）《*prod-*(forth)＋*igal*(drive)》
cf. **agent**(代理人；动作者；原动力)

produce /*v.* prəˈdjus *n.* ˈprɑdjus/ *v.*制造；出产　*n.*出产品
（向前引出）《*pro-*(forward)＋*duce*(lead)》

$$\begin{array}{c|c} \text{pro} & +\quad\text{duce} \\ \hline \text{forward} & +\quad\text{lead} \end{array}$$

profane /prəˈfen/ ＝outside of the temple　*adj.*非神圣的；
不敬的；凡俗的；异教的　*v.*玷污（神殿之外）
《*pro-*(before)＋*fane*(temple 寺院；神殿)》　*cf.* **fane**(神殿)

profess /prəˈfɛs/ *v.*声称；明言；执业；教授；信奉（公开承认）
《*pro-*(before all, publicly)＋*fess*(acknowledge 承认)》
cf. **confess**(告白)

proficient /prəˈfɪʃənt/ *adj.*精通的　*n.*专家（往前做→进步）
《*pro-*(forward)＋*fici*(make)＋*-ent*(形容词字尾)》

$$\begin{array}{c|c|c} \text{pro} & +\quad\text{fici} & +\quad\text{ent} \\ \hline \text{forward} & +\quad\text{make} & +\quad\text{adj.} \end{array}$$

profit /ˈprɑfɪt/ *n.*利益　*v.*有利（前进；进步）
《*pro-*(before)＋*fit*(make)》　*cf.* **fact**(事实)

profligate /ˈprɑfləgɪt/ *adj.*放荡的；挥霍的　*n.*放荡者；浪子
（不顾一切往前冲）《*pro-*(forward)＋*flig*(drive)＋*-ate*(形容词字尾)》

$$\begin{array}{c|c|c} \text{pro} & +\quad\text{flig} & +\quad\text{ate} \\ \hline \text{forward} & +\quad\text{drive} & +\quad\text{adj.} \end{array}$$

profound /prəˈfaʊnd/ *adj.*深远的；深奥的；低的（地下深处）
《*pro-*(forward→downward)＋*found*(ground, bottom)》
cf. **found**(创立)，**fund**(基金)

profuse /prəˈfjus/ *adj.*浪费的；丰富的；很多的（倒出）
《*pro-*(forth)＋*fuse*(pour)》

progeria /proˈdʒɪrɪə/ *n.*早衰；（儿童）早衰症
《*pro-*(forward)＋*geria*(old age)》

```
pro    +   geria
 |          |
forward + old age
```

prognosis /prɑg'nosɪs/ *n*.预后（根据症状对疾病结果的预测）；
预测《*pro-*(before) + *gnosis*(know)》

program(me) /'progræm/ = a public notice in writing
n.节目单；节目；计划；程式　*v*.排～之节目单；拟～之计划
（公开写的通告）《*pro-*(before) + *gram*(writing)》

progress /*n*. 'progrɛs *v*. prə'grɛs/ *n*.进行；进步；发达
v.进步；前进（向前进）《*pro-*(forward) + *gress*(walk)》
cf. **retrogress**(退化)

```
pro    +   gress
 |          |
forward + walk
```

prohibit /pro'hɪbɪt/ *v*.禁止；阻止（保持在～之前→阻碍去路）
《*pro-*(before) + *hibit*(have，hold)》　*cf*. **habit**(习惯)

project /*v*. prə'dʒɛkt *n*. 'prɑdʒɛkt/ *v*.发射；突出；投影；计划；
表达　*n*.计划；提案；事业（向前投掷）
《*pro-*(forward) + *ject*(throw)》

```
pro    +   ject
 |          |
forward + throw
```

prolix /'prolɪks/ *adj*.冗长的《*pro-*(forward) + *lix*(flow)》

prolog(ue) /'prolɔg,-lɑg/ *n*.序言；开场白　*v*.为～之序言或
序幕（前面的话）《*pro-*(before) + *logue*(speech)》

prolong /prə'lɔŋ,-'lɑŋ/ *v*.延长（向前一直延伸）
《*pro-*(forward，onward) + *long*》

promenade /ˌprɑmə'ned/ *n*.散步；游行　*v*.散步（往前进）
《*pro-*(forward) + *menade*(drive on)》　*cf*. **menace**(威胁)

prominent /'prɑmənənt/ *adj*.突出的；显著的（向前突出）
《*pro-*(forth) + *min*(jut 突出) + *-ent*(形容词字尾)》
cf. **eminent**(卓越的)

```
pro  + min +  ent
 |       |      |
forth +  jut + adj.
```

promiscuous /prə'mɪskjuəs/ *adj*.混杂的；杂交的；不加选择的
（先混合）《*pro-*(before)＋*misc*(mix)＋*-uous*(形容词字尾)》

promise /'prɑmɪs/ *n*.诺言；约定　*v*.答应（置于前方）
《*pro-*(forth)＋*mise*(send)》　*cf*. **mission**(派遣；任务)

promote /prə'mot/ *v*.升迁；支援；提倡；促进；创办（向前移动）
《*pro-*(toward)＋*mote*(move)》
cf. **move**(移动)，**motion**(动作)

promulgate /prə'mʌlget/ *v*.公布；颁布；传播；散播（在大众
前公告）《*pro-*(before)＋*mulg*＝*vulg*(people)＋*-ate*(动词字尾)》

```
pro   +  mulg  + ate
 |        |       |
before + people + v.
```

pronoun /'pronaun/ *n*.代名词（代替名词）
《*pro-*(instead of)＋*noun*》

pronounce /prə'nauns/ *v*.宣告；断言；宣称；发音（向前告知）
《*pro-*(forth)＋*nounce*(tell)》　*cf*. **announce**(宣布)

propel /prə'pɛl/ *v*.推进；促进；鼓励（向前驰去）
《*pro-*(forward)＋*pel*(drive)》　*cf*. **pulse**(脉搏)

```
pro    +  pel
 |         |
forward + drive
```

prophecy /'prɑfəsɪ/ *n*.预言（事先说）
《*pro-*(before)＋*phe*＝*phemi*(speak)＋*-cy*(名词字尾)》
cf. **euphemism**(婉言)

propitious /prə'pɪʃəs/ *adj*.有利的；吉兆的；慈悲的；亲切的
（向前寻求）《*pro-*(forward)＋*pit*＝*pet*(seek)＋*-ious*(形容词字尾)》

proportion /prə'porʃən/ *n*.均衡；相称；比率；关系；调和；
比例　*v*.使均衡；使相称（与部分有关）
《*pro-*(in relation to 相关)＋*portion*(部分)》

propose /prə'poz/ *v*.提议；推荐（置于前方）

《*pro-*(before) + *pose*(put)》

```
pro  + pose
 |       |
before + put
```

propound /prəˈpaund/ *v*.提出；提议(放到前面)

《*pro-*(before) + *pound*(place)》

prorogue /proˈrog/ *v*.休会；闭会(公开请求)

《*pro-*(publicly) + *rogue*(ask)》 *cf*. **arrogant**(自大的)

prosecute /ˈprɑsɪˌkjut/ *v*.实行；进行；告发；起诉(跟随～往前进)

《*pro-*(before) + *secute*(follow)》 *cf*. **sequence**(继续)

```
pro  + secute
 |       |
before + follow
```

prospect /ˈprɑspɛkt/ *n*.眺望处；景色；期望 *v*.探勘(眺望前方)

《*pro-*(before) + *spect*(look)》

prospectus /prəˈspɛktəs, prɑ-/ *n*.(即将出版之新作品等的)内

容说明书；(创办学校医院、企业等之)计划书；发起书

《*pro-*(forward) + *spect-*(look) + *us*(名词字尾)》

prostitute /ˈprɑstəˌtjut/ *n*.娼妓；为赚钱而做坏事的人

v.卖身；滥用(像物品般公诸于众人之前)

《*pro-*(forth) + *stitute*(place)》

```
pro  + stitute
 |       |
forth + place
```

prostrate /ˈprɑstret/ *adj*.俯伏的；降伏的；筋疲力尽的

v.使平卧；使筋疲力尽(摊在前面)《*pro-*(before) + *strate*(spread)》

protect /prəˈtɛkt/ *v*.防护；保护(在前面遮蔽)

《*pro-*(before) + *tect*(cover)》

protest/*v*. prəˈtɛst *n*. ˈprotɛst/ *v*.抗议；反对；断言 *n*.抗议

(公开作证)《*pro-*(publicly) + *test*(bear witness 作证)》

cf. **testify**(证明)

protrude /proˈtrud/ *v*.突出；伸出；凸出(向前突出)

《*pro-*(forth) + *trude*(thrust 伸)》 *cf*. **intrude**(侵入)

```
┌─────────────────────────┐
│    pro  +  trude        │
│     |        |          │
│   forth  +  thrust      │
└─────────────────────────┘
```

provenance /ˈprɑvənəns/ *n*.起源；出处；由来

　《*pro-*(forth) + *ven*(come) + *-ance*(名词字尾)》

provide /prəˈvaɪd/ *v*.供应；规定；预备(先看见)

　《*pro-*(before) + *vide*(see)》　*cf*. **vision**(幻像)

provoke /prəˈvok/ *v*.激怒；引起；刺激(向前大声呼喊)

　《*pro-*(forth) + *voke*(call)》　*cf*. **vocation**(职业)

```
┌─────────────────────────┐
│    pro  +  voke         │
│     |        |          │
│   forth  +  call        │
└─────────────────────────┘
```

purchase /ˈpɝtʃəs/ *v*.获得；购买　*n*.购买；购得之物；

　收益(追求~)《*pur-* = *pro-*(for) + *chase*(追)》　*cf*. **pursue**(追求)

purport /*n*. ˈpɝport *v*. pɝˈport/ *n*.主旨；要旨；目的

　v.声称；意指；意谓(根据搬运的东西)

　《*pur-* = *pro-*(according to) + *port*(carry)》

```
┌─────────────────────────┐
│    pur    +  port       │
│     |         |         │
│  according to + carry   │
└─────────────────────────┘
```

purpose /ˈpɝpəs/ *n*.目的；意向；宗旨；决心　*v*.计划；意欲

　(置于前方)《*pur-* = *pro-*(before) + *pose*(put)》

pursue /pɝˈsu/ *v*.追捕；追击；继续；追求；纠缠；实行(跟随

　前进)《*pur-* = *pro-*(forth) + *sue*(follow)》

　cf. **prosecute**(实行)，**sue**(求婚；控告)

purvey /pɝˈve/ *v*.供应；供给(事先看到)

　《*pur-* = *pro-*(before) + *vey*(see)》　*cf*. **survey**(测量)

proffer /ˈprɑfɚ/ *v*., *n*.提供(向前提出)《*pr-* = *pro-*(before) + *offer*》

prudent /ˈprudn̩t/ *adj*.谨慎的；慎重的(看见前端)

91　prot(o)- = first

　　* pro- 的最高级。由"最~的"引申为"最初的"、"原始的"、"原型的"等意思。

protagonist /proˈtægənɪst/ *n*.主角；首脑人物

《*prot-* = *proto-*(first) + *agonist*(actor)》

protocol /ˈprotəˌkɑl/ *n*.草约；条约草案；议定书　*v*.拟定草案

（最先粘上的）《*proto-*(first) + *col*(glue 胶水)》

proto　+　col
｜　　　｜
first + *glue*

protomartyr /ˌprotoˈmɑrtɚ/ *n*.最初的殉道者

《*proto-*(first) + *martyr*(殉道者)》

protoplasm /ˈprotəˌplæzəm/ *n*.原生质

《*proto-*(first) + *plasm*(something formed 形成的东西)》

protoplast /ˈprotəˌplæst/ *n*.原人；初成物；原物；原生质体

《*proto-*(first) + *plast*(something formed 形成的东西)》

prototype /ˈprotəˌtaɪp/ = the original type　*n*.原型；模范

protozoa /ˌprotəˈzoə/ *n*.*pl*.原生动物《*proto-*(first) + *zoa*(animal)》

protozoan /ˌprotəˈzoən/ *n*.,*adj*.原生动物(的)

《*proto-*(first) + *zo*(animal) + *-an*(形容词兼名词字尾)》

proto + zo + an
｜　　｜　　｜
first + *animal* + *adj*.,*n*.

protozoology /ˌprotəzoˈɑlədʒɪ/ *n*.原生动物学(研究原始动物的

学问)《*proto-*(first) + *zo*(animal) + *ology*(study)》

92　pseudo- = false

**希腊文 *pseudes*,表示"假的"。

pseudo /ˈsjudo/ = false　*adj*.假的；伪的

pseudocarp /ˈsjudəkɑrp/ *n*.假果；附果

《*pseudo-*(false) + *carp*(fruit)》

pseudoclassic /ˌsjudəˈklæsɪk,ˌsu-/ *adj*.拟古的

pseudoclassicism /ˌsjudəˈklæsəsɪzm̩/ *n*.拟古典主义；伪古典

主义《*classicism* 古典主义》

pseudology /sjuˈdɑlədʒɪ/ *n*.说谎；捏造；虚构

《*pseudo-*(fake) + *logy*(word)》

pseudomorph /ˈsjudəmɔrf/ *n*.假象
《*pseudo-*(false) + *morph*(form)》

> pseudo + morph
> |　　　　|
> *false* + *form*

pseudomyopia /ˌsudəmaɪˈopɪə/ *n*.假性近视《*myopia* 近视》

pseudonym /ˈsjudn̩ˌɪm/ *n*.假名；笔名
《*pseud*(*o*)-(false) + *onym*(name)》

pseudopod /ˈsjudəˌpad/ *n*.(变形虫等的)假足；伪足
(= *pseudopodium*)《*pseudo-*(false) + *pod*(foot)》

pseudoscience /ˌsjudoˈsaɪəns/ *n*.拟似科学；假科学

93　quadr(i)- = four

* 拉丁文 *quattuor*,表示"四"。

quadrennial /kwadˈrɛnɪəl/ *adj*.每四年一次的；四年间的
《*quadr-*(four) + *enn*(year) + *-ial*(形容词字尾)》

> quadr + enn + ial
> |　　　|　　　|
> *four* + *year* + *adj*.

quadricentennial /ˌkwadrɪsɛnˈtɛnɪəl/ *n*.,*adj*.四百周年纪念(的)
《*quadri-*(four) + *cent*(hundred) + *enn*(year) + *-ial*(形容词字尾)》

quadrilingual /ˌkwadrɪˈlɪŋgwəl/ *adj*.(用)四国语言的
《*quadri-*(four) + *lingu*(language) + *-al*(形容词字尾)》

> quadri + lingu + al
> |　　　　|　　　|
> *four* + *language* + *adj*.

quadripartite /ˌkwadrɪˈpartaɪt/ *adj*.分成四组的；由四部分所
组成的《*quadri-*(four) + *part*(part) + *-ite*(形容词字尾)》

quadriplegia /ˌkwadrəˈplidʒɪə/ *n*.四肢麻痹
《*quadri-*(four) + *pleg*(paralysis 麻痹) + *-ia*(condition)》

quadrisyllable /ˌkwadrəˈsɪləbl̩/ *n*.四音节字
《*quadri-*(four) + *syllable*(音节)》

quadruped /'kwɑdrəˌpɛd/ *n*.四足兽　*adj*.有四足的
　《*quadru-*(fourfold) + *ped*(foot)》
quadruple /'kwɑdrupl̩, kwɑd'rupl̩/ *adj*.四倍的　*n*.四倍
　v.使成四倍；变成四倍《*quadru-*(four times) + *ple*(fold)》

94　quasi- = partly

　　＊拉丁文 *quamsi*，表示"部分的"、"类似的"。

quasi-cholera /'kwɑsɪ'kɑlərə/ *n*.疑似霍乱
quasi-contract /'kwɑsɪ'kɑntrækt/ *n*.准契约
quasi-judicial /'kwɑsɪdʒu'dɪʃəl/ *adj*.准司法的
quasi-official /'kwɑsɪə'fɪʃəl/ *adj*.半官方的
quasi-war /'kwɑsɪ'wɔr/ *n*.准战争

95　re- = again; back

　　＊表示"再次"、"反复"。〔变化型〕red-, ren-。

rebate /*n*. 'ribet *v*. rɪ'bet, 'ribet/ *n*.折扣；退款　*v*.予以折扣；
　予以回扣(价格再往下降)《*re-*(again) + *bate*(beat)》
rebel /*v*. rɪ'bɛl *adj*., *n*. 'rɛbl̩/ *v*.谋反；反叛　*adj*.谋反的；反叛的
　n.叛徒(又引起战争)《*re-*(again) + *bel*(war)》
　cf. **belligerent**(交战中的)

```
┌─────────────────┐
│   re  +  bel    │
│   |      |      │
│ again +  war    │
└─────────────────┘
```

rebirth /ri'bɝθ/ *n*.重生；再生；新生
rebound /*v*. rɪ'baund *n*. 'riˌbaund/ *v*., *n*.弹回；跳回；回响(跳回)
　《*re-*(back) + *bound*(jump)》
rebuke /rɪ'bjuk/ *v*., *n*.叱责；非难(再打)
　《*re-*(again) + *buke*(beat)》
rebut /rɪ'bʌt/ *v*.反驳；举出反证(反推回来)
　《*re-*(back) + *but*(push)》
recalcitrant /rɪ'kælsɪtrənt/ *adj*., *n*.顽强的(人)；不服从的(人)；

固执的(人)(反踢回去)
《*re-*(back) + *calcitr*(kick) + *-ant*(形容词字尾)》

```
re  + calcitr + ant
│       │       │
back +  kick  + adj.
```

recall /*v*. rɪˈkɔl *n*. ˈriˌkɔl/ *v*.记起；召回；取消；撤回
　n.回忆；撤回；罢免(唤回)《*re-*(back) + *call*》

recant /rɪˈkænt/ *v*.取消主张；撤回声明(唱歌反对)
　《*re-*(back) + *cant*(sing)》

recapitulate /ˌrikəˈpɪtʃəˌlet/ *v*.重复要点；摘要而言；概述
　(再提要点)《*re-*(again) + *capit*(head) + *-ulate*(动词字尾)》

```
re  + capit + ulate
│      │       │
again + head +  v.
```

recede /rɪˈsid/ *v*.后退；撤回；降低(往后退)
　《*re-*(back) + *cede*(go)》

receive /rɪˈsiv/ *v*.接受；收留；收到；欢迎；容纳(拿到自己的
　地方)《*re-*(back) + *ceive*(take)》

reciprocate /rɪˈsɪprəˌket/ *v*.交换；回报；报答(有来有往)

recite /rɪˈsaɪt/ *v*.背诵；详述(再次诵读)
　《*re-*(again) + *cite*(呼叫)》

reclaim /rɪˈklem/ *v*.纠正(某人的)错误；教化；开拓；驯服；
　取回　*n*.矫正；教化(反复叫喊)
　《*re-*(back，again) + *claim*(cry out)》　*cf*. **clamour**(喧闹)

```
re  +  claim
│        │
again + cry out
```

recline /rɪˈklaɪn/ *v*.斜倚；横卧；凭依(往后靠)
　《*re-*(back) + *cline*(lean)》

recognize /ˈrɛkəgˌnaɪz/ *v*.承认；认识(再确认原来已知者)
　《*re-*(again) + *cognize*(know)》　*cf*. **cognizance**(认知)

recoil /rɪˈkɔɪl/ *v*.退却；弹回；起反应　*n*.跳回；反作用；
　后座力(向后退下)《*re-*(back) + *coil*(hinder part 后部)》

reconcile /ˈrɛkənˌsaɪl/ *v*.和解；复交；调停；使一致（使得再度和谐）《*re-*(again) + *concile*(使和谐)》 *cf*. **conciliate**(和好)

recondite /ˈrɛkənˌdaɪt, rɪˈkɑndaɪt/ *adj*.深奥的；难解的；隐藏的；秘密的（隐藏起来的）《*re-*(back) + *cond*(hide) + *-ite*(形容词字尾)》

```
re  + cond + ite
|      |      |
back + hide + adj.
```

reconnaissance /rɪˈkɑnəsəns/ *n*.侦察；调查；勘察（再度探知）《*re-*(again) + *connaiss*(know) + *-ance*(名词字尾)》

record /*v*. rɪˈkɔrd *n*. ˈrɛkɚd/ *v*.记录 *n*.记录；唱片；前科（再度在心上）《*re-*(again) + *cord*(heart)》 *cf*. **cordial**(热心的)

recoup /rɪˈkup/ *v*.弥补；偿还；扣留《*re-*(back) + *coup*(cut)》

recreation /ˌrɛkrɪˈeʃən/ *n*.娱乐；消遣；休养（为了再产生活力）《*re-*(again) + *creat(e)*(produce) + *-ion*(名词字尾)》

```
re  + creat(e) + ion
|        |        |
again + produce + n.
```

recruit /rɪˈkrut/ *v*.招募（新兵等）；补充；恢复 *n*.新兵；新加入者；初学者（再次成长）《*re-*(again) + *cruit*(grow)》

recuperate /rɪˈkjupəˌret/ *v*.恢复；修养《*re-*(back) + *cuper*(gain) + *-ate*(动词字尾)》

```
re  + cuper + ate
|      |      |
back + gain + v.
```

recur /rɪˈkɚ/ *v*.重现；再回到；再发生（流回源头）《*re-*(back) + *cur*(run)》 *cf*. **current**(水流)

recycle /riˈsaɪkl̩/ *v*.回收；再利用《*re-*(again) + *cycle*(循环)》

redress /rɪˈdrɛs/ *v*., *n*.修正；改正；平反；补救《*re-*(back) + *dress*(set up)》

reduce /rɪˈdjus/ *v*.减少；降低；打折扣；减弱；恢复；使变形；使简化；节食（引导回归）《*re-*(back) + *duce*(lead)》

redundant /rɪˈdʌndənt/ *adj*.多余的；冗赘的；丰富的（不断起

伏波动）《*re-*(again) + (*d*)*und*(wave) + *-ant*(形容词字尾)》

$$\begin{array}{ccc} re & + \ dund & + \ ant \\ | & | & | \\ again & + \ wave & + \ adj. \end{array}$$

reduplicate /*v*.rɪ'djuplə͵ket *adj*.rɪ'djupləkɪt/ *v*.加倍；重复
adj.加倍的；重复的
《*re-*(again) + *duplic*(double) + *-ate*(动词兼形容词字尾)》

refer /rɪ'fɝ/ *v*.归因；指示；言及；参考(运回)
《*re-*(back) + *fer*(bear, carry)》

reflect /rɪ'flɛkt/ *v*.反射；表达；反映；考虑(曲折而回)
《*re-*(back) + *flect*(bend)》 *cf*. **flexible**(易弯曲的)

$$\begin{array}{cc} re & + \ flect \\ | & | \\ back & + \ bend \end{array}$$

reform /rɪ'fɔrm/ *v*.改正；改革；矫正 *n*.改正；思想之改进
(重新造型)《*re-*(again) + *form*》

refraction /rɪ'frækʃən/ *n*.折射；折射作用(折回)
《*re-*(back) + *fract*(break) + *-ion*(名词字尾)》

$$\begin{array}{ccc} re & + \ fract & + \ ion \\ | & | & | \\ back & + \ break & + \ n. \end{array}$$

refresh /rɪ'frɛʃ/ *v*.使爽快；使恢复精神；恢复(记忆)
(使再度凉爽)《*re-*(again) + *fresh*》

refrigerator /rɪ'frɪdʒə͵retɚ/ *n*.冰箱；冷藏库(使再冷却)
《*re-*(again) + *frigerat*(*e*)(cool) + *-or*(表示物品的名词字尾)》
cf. **frigid**(寒冷的)

refuge /'rɛfjudʒ/ *n*.避难(所)；保护；隐蔽所；救护所(逃回)
《*re-*(back) + *fuge*(flee 逃脱)》 *cf*. **fugitive**(逃亡者；短暂的)

refund /*v*.rɪ'fʌnd *n*.'riː͵fʌnd/ *n*., *v*.偿还；退钱
《*re-*(back) + *fund*(pour)》

refurbish /ri'fɝbɪʃ/ *v*.整修；刷新(使光亮如新)
《*re-*(again) + *furbish*(make bright)》

refuse /rɪ'fjuz/ *v*.拒绝(流回→不被容的)《*re-*(back) + *fuse*(pour)》

regard /rɪˈgɑrd/ v.看待；认为；考虑
　《*re-*(back) + *gard*(watch over)》

register /ˈrɛdʒɪstɚ/ n.名单；登记；注册《*re-*(again) + *gister*(bear)》

```
re   + gister
 |        |
again +  bear
```

regress /v. rɪˈgrɛs n. ˈrigrɛs/ v.退回；后退；复旧
　n.后退；回归；退步（向后行走）《*re-*(back) + *gress*(walk)》
　cf. **progress**(进步)

regurgitate /riˈgɚdʒɪˌtet/ v.（使）回流；反胃
　《*re-*(back) + *gurgit*(flood) + *-ate*(动词字尾)》

```
re   + grugit + ate
 |       |       |
back +  flood +  v.
```

rehabilitate /ˌrihəˈbɪləˌtet/ v.恢复；修复
　《*re-*(back) + *habilit*(make suitable) + *-ate*(动词字尾)》

rehearse /rɪˈhɚs/ v.预演；排演；细说；详述
　（反复耙平土壤→公演前反复练习）《*re-*(again) + *hearse*(harrow 耙)》

reimburse /ˌrimˈbɚs/ v.偿还；付还；退款；赔偿（重新放入钱包）
　《*re-*(again) + *im-* = *in-*(in) + *burse*(bag)》

```
re   + im + burse
 |      |      |
again + in +  bag
```

reinforce /ˌrimˈfors, -ˈfɔrs/ v.增强；加强；增援；增兵
　（使更强壮有力）《*re-*(again) + *in-*(in) + *force*(strong)》

reiterate /riˈɪtəˌret/ v.反复地说或做；重述；重申（一再重复）
　《*re-*(again) + *iterate*(repeat)》

reject /rɪˈdʒɛkt/ v.拒绝；丢弃；驳斥（掷回）
　《*re-*(back) + *ject*(throw)》

rejuvenate /rɪˈdʒuvəˌnet/ v.（使）返老还童；（使）恢复活力
　（使再度年轻）《*re-*(again) + *juven*(young) + *-ate*(动词字尾)》

```
re   + juven + ate
 |       |      |
again + young + v.
```

relax /rɪˈlæks/ *v*.放松；松弛；松懈(松弛成原来的状态)
《*re-*(back) + *lax*(loosen)》

relevant /ˈrɛləvənt/ *adj*.有关的；切题的；中肯的(再举起→有力量去做)
《*re-*(again) + *lev*(raise) + *-ant*(形容词字尾)》 *cf*. **levitate**(减轻)

$$
\begin{array}{ccc}
\text{re} & \text{lev} & \text{ant} \\
| & | & | \\
again & raise & adj.
\end{array}
$$

relic /ˈrɛlɪk/ *n*.遗物；遗迹；遗风；纪念物(留下来的东西)
《*re-*(back) + *lic*(leave)》

relieve /rɪˈliv/ *v*.减轻；免除；解救(使再站起来)
《*re-*(again) + *lieve*(raise)》 *cf*. **lever**(杠杆)

relinquish /rɪˈlɪŋkwɪʃ/ *v*.放弃；让与；松手；放手(留下)
《*re-*(back) + *linquish*(leave)》

reluctant /rɪˈlʌktənt/ *adj*.不愿的；勉强的；难处理的；顽抗的
(不愿努力)《*re-*(back, against) + *luct*(struggle) + *-ant*(形容词字尾)》

$$
\begin{array}{ccc}
\text{re} & \text{luct} & \text{ant} \\
| & | & | \\
back & struggle & adj.
\end{array}
$$

remain /rɪˈmen/ *v*.逗留；依然；保持不变(一再地待在原地)
《*re-*(again) + *main*(stay)》

remedy /ˈrɛmədɪ/ *n*.治疗法；药物；补救方法
v.治愈；修理；纠正《*re-*(again) + *medy*(heal 治愈)》
cf. **medical**(医学的)

reminiscence /ˌrɛməˈnɪsṇs/ *n*.回想；追忆；引人回忆的事物
(*pl*.)回忆录(再次想起)《*re-*(again) + *minisc*(remember) + *-ence*
(名词字尾)》

$$
\begin{array}{ccc}
\text{re} & \text{minisc} & \text{ence} \\
| & | & | \\
again & remember & n.
\end{array}
$$

remit /rɪˈmɪt/ *v*.缓和；减轻；赦免；延期；重审；汇款(原样送回)
《*re-*(back) + *mit*(send)》

remonstrate /rɪˈmɑnstret/ *v*.忠告；规劝；抗议(表示相反的意见)
《*re-*(against) + *monstrate*(show)》 *cf*. **monster**(怪物)

remorse /rɪˈmɔrs/ *n*.悔恨；懊悔（再咬）
《*re-*(again) + *morse*(bite)》

remunerate /rɪˈmjunəˌret/ *v*.报答；报酬（回赠对方）
《*re-*(back) + *muner*(give) + *-ate*(动词字尾)》

```
        re  + muner + ate
        |       |       |
      back +  give  +  v.
```

Renaissance /rɪˈnesn̩s/ *n*.文艺复兴（欧洲在 14 世纪至 17 世纪
的艺术文学之复兴运动）；文艺复兴时期的艺术、建筑等之形式
文艺复兴的（再生）　*cf*. **nascent**(初期的)

```
        re  +  naiss  + ance
        |        |        |
     again + be born +   n.
```

renew /rɪˈnju/ *v*.更新；换新；恢复；重订（再成为新的）

renounce /rɪˈnauns/ *v*.放弃；否认（收回消息）
《*re-*(back) + *nounce*(bring a message)》

repast /rɪˈpæst/ *n*.食物；菜肴；餐（再次喂食）
《*re-*(again) + *past*(feed)》

repeat /rɪˈpit/ *v*.重复；跟着说　*n*.重复；重播（再次请求）
《*re-*(again) + *peat*(seek)》　*cf*. **petition**(祈愿；恳求)

repel /rɪˈpɛl/ *v*.逐退；拒绝；排斥（追回）
《*re-*(back) + *pel*(drive)》　*cf*. **pulse**(脉搏)

repent /rɪˈpɛnt/ *v*.后悔（再次后悔）
《*re-*(again) + *pent*(make sorry)》　*cf*. **penitent**(后悔的)

```
        re  +   pent
        |         |
     again + make sorry
```

replace /rɪˈples/ *v*.代替；取代；放回《*re-*(back) + *place*(put)》

reply /rɪˈplaɪ/ *v*.答复；反应　*n*.回答（叠回）
《*re-*(back) + *ply*(fold)》

report /rɪˈport/ *v*.报告；报导；通知　*n*.报导；报告；纪录
（拿回）《*re-*(back) + *port*(carry)》

reprisal /rɪˈpraɪzl̩/ n.报复；复仇(取回)

《**re-**(back) + **pris**(take) + **-al**(名词字尾)》

```
re  +  pris  +  al
|       |      |
back +  take +  n.
```

reproach /rɪˈprotʃ/ v.谴责；污辱　n.非难；谴责；不名誉；

耻辱(再向前进)《**re-**(again) + **proach**(nearer)》

cf. **propinquity**(近处)

repudiate /rɪˈpjudɪˌet/ v.拒绝；否认；驳斥

《**re-**(back) + **pudi**(be ashamed) + **-ate**(动词字尾)》

repugnant /rɪˈpʌgnənt/ adj.讨厌的；矛盾的；不一致的；敌对的

(敌对的)《**re-**(back) + **pugn**(fight) + **-ant**(形容词字尾)》

```
re  +  pugn  +  ant
|       |      |
back +  fight +  adj.
```

repute /rɪˈpjut/ v.被认为　n.名声(重新考虑)

《**re-**(again) + **pute**(think)》　cf. **compute**(计算)

require /rɪˈkwaɪr/ v.要求；需要(再次请求)

《**re-**(again) + **quire**(seek)》　cf. **quest**(探求)

requite /rɪˈkwaɪt/ v.回报；报答；报复(免除了又回来)

《**re-**(back) + **quite**(release)》

rescind /rɪˈsɪnd/ v.废止；使无效；取消(再剪)

《**re-**(again) + **scind**(cut)》

rescue /ˈrɛskju/ v.解救；援助(将某人拉出危险地,回到安全地方)

《**re-**(back) + **scue**(pull away)》

research /rɪˈsɝtʃ, ˈrisɝtʃ/ v., n.研究；调查(一再探求)

《**re-**(again) + **search**(go round)》

```
re  +  search
|       |
again +  go round
```

resemble /rɪˈzɛmbl̩/ v.相似(再次看到相同的东西)

《**re-**(again) + **semble**(imitate 模仿)》　cf. **similar**(类似的)

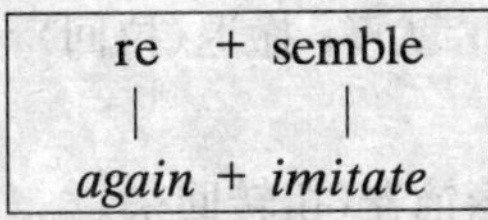

resist /rɪ'zɪst/ v.抵抗；防止；忍住　n.防锈剂；防腐剂

（站在～对面）《*re-*(back，against) + *sist*(stand)》

respect /rɪ'spɛkt/ v.尊敬；顾虑；重视；关于

n.尊重；关心；方面；顾虑（反复张望）

《*re-*(back) + *spect*(look)》

resplendent /rɪ'splɛndənt/ adj.绚烂的；华丽的；闪耀的

（更加闪亮的）《*re-*(again) + *splend*(shine) + *-ent*(形容词字尾)》

restore /rɪ'stor/ v.恢复；重建；修补；使复原（再次建立）

《*re-*(again) + *store*(establish)》

restrain /rɪ'stren/ v.抑制；限制（再次拉紧）

《*re-*(again) + *strain*(draw tight)》　cf. **stringent**(严格的)

resume /rɪ'zum,-'zjum/ v.重新开始；继续；重获；再取（再拿

起）《*re-*(again) + *sume*(take)》　cf. **assume**(假定；担任)

resurrection /ˌrɛzə'rɛkʃən/ n.复活；恢复；(the R-)耶稣复

活（再站起来）《*re-*(again) + *surrect = surgere*(rise) + *-ion*(名词

字尾)》cf. **resurgence**(复活)

retaliate /rɪ'tælɪˌet/ v.报复；复仇

《*re-*(back) + *tali*(talion 报复) + *-ate*(动词字尾)》

retard /rɪ'tɑrd/ v.，n.阻碍；妨碍；迟滞《*re-*(back) + *tard*(slow)》

reticent /'rɛtəsn̩d/ adj.沉默寡言的；保守的；谨慎的

（一再沉默的）《*re-*(again) + *tic*(silent) + *-ent*(形容词字尾)》

retire /rɪˈtaɪr/ v.退职；退休；隐退；告退；就寝；撤退（拉回）
　　《*re-*(back) + *tire*(draw)》

retort /rɪˈtɔrt/ v.反击；反驳　n.反驳；蒸馏器（扭转回来）
　　《*re-*(back) + *tort*(twist)》　*cf*. **torsion**(扭转)

retract /rɪˈtrækt/ v.缩回；收回；撤回（拉回）
　　《*re-*(back) + *tract*(draw)》

retrench /rɪˈtrentʃ/ v.节约；缩减（开支等）；删除；省略（削减）
　　《*re-*(back) + *trench*(cut)》

```
re  + trench
|        |
back +  cut
```

retrieve /rɪˈtriv/ v.取回；恢复；更正；补偿；挽回（再次发现）
　　《*re-*(again) + *trieve*(find)》

return /rɪˈtɜn/ v., n.归；回；回报；恢复；回答（转回）
　　《*re-*(back) + *turn*(turn)》

reunion /riˈjunjən/ n.重聚；团圆；再结合（再成为一体）
　　《*re-*(again) + *un-*(one) + *-ion*(名词字尾)》

reveal /rɪˈvil/ v.泄露；显示；显出（取下面纱）
　　《*re-*(back) + *veal*(veil)》

revenue /ˈrɛvəˌnju/ n.收入总额；岁入（回到金库的东西）
　　《*re-*(back) + *venue*(come)》

reverberate /rɪˈvɜbəˌret/ v.起回声；回响；反射（使再振动）
　　《*re-*(again) + *verber*(beat) + *-ate*(动词字尾)》

```
re  + verber + ate
|        |       |
again +  beat  + v.
```

revere /rɪˈvɪr/ v.尊敬；崇敬（敬畏）《*re-*(back) + *vere*(fear)》

revise /rɪˈvaɪz/ v.校订；改订　n.校订；改订（版）（再看一次）
　　《*re-*(again) + *vise*(see)》　*cf*. **vision**(幻像)

revive /rɪˈvaɪv/ v.苏醒；复活；重振；振兴（再活）
　　《*re-*(again) + *vive*(live)》　*cf*. **vivid**(生动的)

$$\boxed{\begin{array}{ccc} \text{re} & + & \text{vive} \\ | & & | \\ \textit{again} & + & \textit{live} \end{array}}$$

revoke /rɪˈvok/ v.取消；废止；宣告无效（叫回）

《*re*-(back) + *voke*(call)》 *cf*. **voice**(声音)

revolt /rɪˈvolt/ v.叛乱；嫌恶　n.叛乱；变节（反转）

《*re*-(back) + *volt*(roll)》

reward /rɪˈwrɔd/ n., n.报答；报酬《*re*-(back) + *ward*(care for)》

redeem /rɪˈdim/ v.买回；收回；赎回；履行；补偿（买回）

《*red*-(back) + 拉丁文 *emere*(buy)》

$$\boxed{\begin{array}{ccc} \text{red} & + & \text{eem} \\ | & & | \\ \textit{again} & + & \textit{buy} \end{array}}$$

redintegrate /rɪˈdɪntəˌgret/ v.使再完整；重建；更新（使再完全）

《*red*-(again) + *integr*(whole) + -*ate*(动词字尾)》*cf*. **integral**(整体)

render /ˈrɛndɚ/ v.报答；致使；翻译；给与；放弃（回赠）

《*ren*-(back) + *der*(give)》

96　retro- = backward

* 拉丁文 *retro*，表示"向后"。

retroact /ˌrɛtroˈækt/ v.反动；反作用；溯及既往（作用回来）

《*retro*-(backward) + *act*(act)》

retroflex /ˈrɛtrəˌflɛks/ *adj*.反曲的；翻转的；卷舌的（往后弯）

《*retro*-(backward) + *flex*(bend)》

$$\boxed{\begin{array}{ccc} \text{retro} & + & \text{flex} \\ | & & | \\ \textit{backward} & + & \textit{bend} \end{array}}$$

retrograde /ˈrɛtrəˌgred/ v.后退；倒退；退化；退步

adj.后退的；退化的（向后走）

《*retro*-(backward) + *grade*(go)》 *cf*. **grade**(等级；年级)

retrospect /ˈrɛtrəˌspɛkt/ v., n.回顾（回头看）

《*retro*-(backward) + *spect*(look)》

97 se- = apart；away

* 拉丁文 *sed*，表示"分离"。

secede /sɪ'sid/ *v*.脱离；退出（离去）

《*se-*(apart) + *cede*(go)》

seclude /sɪ'klud/ *v*.隔离；使隐居（分开关闭）

《*se-*(apart) + *clude*(shut)》

secret /'sikrɪt/ *adj*.秘密的　*n*.秘密；秘诀（和其他东西分开）

《*se-*(apart) + *cret*(separate)》

```
         se   +   cret
         |         |
       apart  +  separate
```

secrete /sɪ'krit/ *v*.分泌（分离）

《*se-*(apart) + *crete*(separate)》

secure /sɪ'kjur/ *adj*.安全的；确定的；无虑的　*v*.使安全；担保

（没有顾虑）《*se-*(free from) + *cure*(care)》

seduce /sɪ'djus/ *v*.引诱；使入歧途；勾引（带到另一处）

《*se-*(apart) + *duce*(lead)》

segregate /'sɛgrɪˌget/ *v*.分离；隔离（离群）

《*se-*(apart) + *greg*(flock 群) + *-ate*(动词字尾)》

cf. **gregarious**（群居的）

```
        se   +  greg  +  ate
        |        |        |
      apart  + flock  +  v.
```

select /sə'lɛkt/ *adj*.精选的；挑剔的　*v*.选择；挑选（选择划分）

《*se-*(apart) + *lect*(choose)》　*cf*. **elect**（选举）

separate /*v*. 'sɛpəˌret *adj*. 'sɛpərɪt/ *v*.分离；分居；隔开

adj.分离的；个别的；单独的（另外准备）

《*se-*(apart) + *par*(prepare) + *-ate*(动词字尾)》

```
        se   +  par   +  ate
        |        |        |
      apart  + prepare +  v.
```

sequester /sɪ'kwɛstɚ/ *v*.使退隐；暂时扣押；没收（寻求分开）

《*se-*(apart) + *quest*(seek) + *-er*(动词字尾)》

sever /ˈsɛvɚ/ *v*.切断；断绝；终止；区别

  cf. **several**(个别的)

98   **semi-** = half

semiannual /ˌsɛmɪˈænjʊəl/ *adj*.半年的；每半年的

  《*semi-*(half) + *annu*(year) + *-al*(形容词字尾)》

```
semi + annu +  al
 |      |       |
half + year + adj.
```

semicircle /ˈsɛməˌsɚkl̩/ *n*.半圆形

semicolon /ˈsɛməˌkolən/ *n*.分号(；)《*semi-*(half) + *colon*(冒号)》

semiconductor /ˌsɛməkənˈdʌktɚ/ *n*.半导体

  《*semi-*(half) + *conductor*(导体)》

semiconscious /ˌsɛməˈkɑnʃəs/ *adj*.半意识的

  《*semi-*(half) + *conscious*(aware)》

```
semi + conscious
 |        |
half +  aware
```

semidiameter /ˌsɛmɪdaɪˈæmətɚ/ *n*.半径

  《*semi-*(half) + *diameter*(直径)》

semifinal /ˌsɛməˈfaɪnl̩/ *n*., *adj*.准决赛(的)

  《*semi-*(half) + *final*(最终的；决定的)》

semimonthly /ˌsɛməˈmʌnθlɪ/ *adv*., *adj*. 每半月的(地)；每月两次的(地) *n*.半月刊 *cf*. **bimonthly**(两个月一次的(地)；双月刊)

semiofficial /ˌsɛmɪəˈfɪʃəl/ *adj*.半官方的；半正式的

semiprofessional /ˌsɛməprəˈfɛʃənl̩/ *adj*., *n*.半职业性的(人)

  《*semi-*(half) + *professional*(专业的；从事专门职业的人)》

semitropical /ˌsɛməˈtrɑpɪkl̩/ *adj*.亚热带的

99   **sept-** = seven

    *拉丁文 septem,表示"七"。〔变化型〕septi-。

septangle /ˈsɛpˌtæŋgl̩/ *n*.七角形《*sept-*(seven) + *angle*(角)》

September /sɛp'tɛmbɚ/ *n*.九月　☞见 p.111 October 解说

septempartite /ˌsɛptɛm'pɑrtaɪt/ *adj*.分成七部分的
《*septem-*（seven）+ *part*（part）+ *-ite*（形容词字尾）》

```
septem +  part  +  ite
   |        |        |
 seven  +  part  +  adj.
```

septenary /'sɛptəˌnɛrɪ/ *adj*.七的；七年一次的　　*n*.七个一组；
七年间

septennial /sɛp'tɛnɪəl/ *adj*.连续七年的；七年一次的
《*sept-*（seven）+ *enn*（year）+ *-ial*（形容词字尾）》

septilateral /ˌsɛptɪ'lætərəl/ *adj*.七边的
《*septi-*（seven）+ *later*（side）+ *-al*（形容词字尾）》

septisyllable /ˌsɛptə'sɪləbl̩/ *n*.七音节字
《*septi-*（seven）+ *syllable*（音节）》

100　sex- = six

sexcentenary /sɛks'sɛntɪˌnɛrɪ/ *n*., *adj*.六百（的）
六百周年纪念（的）《*sex-*（six）+ *cent*（hundred）+ *en*（year）+ *-ary*
（形容词兼名词字尾）》

```
sex +   cent  +  en  +   ary
 |        |       |        |
six + hundred + year + adj., n.
```

sexennial /sɛks'ɛnɪəl/ *adj*.连续六年的；六年一次的
《*sex-*（six）+ *enn*（year）+ *-ial*（形容词字尾）》

sexpartite /sɛks'pɑrtaɪt/ *adj*.分成六部分的
《*sex-*（six）+ *part*（part）+ *-ite*（形容词字尾）》

```
sex + part +  ite
 |      |       |
six + part +  adj.
```

sextuple /'sɛkstjupl̩/ *adj*.六重的；六倍的　　*n*.六倍
v.使成六倍

101 step- = orphaned

* 表示"成为孤儿的",之后引申为"同父异母的"、"继的"。

stepbrother /ˈstɛpˌbrʌðɚ/ *n*.异父(异母)兄弟
　cf. **half brother**(同父异母或同母异父兄弟)

stepchild /ˈstɛpˌtʃaɪld/ *n*.夫或妻前次婚姻所生之子女

stepdaughter /ˈstɛpˌdɔtɚ/ *n*.夫或妻前次婚姻所生之女;继女

stepfather /ˈstɛpˌfaðɚ/ *n*.继父;后父

stepmother /ˈstɛpˌmʌðɚ/ *n*.继母;后母

stepparent /ˈstɛpˌpɛrənt/ *n*.继父或继母

stepsister /ˈstɛpˌsɪstɚ/ *n*.异父(异母)姊妹
　cf. **half sister**(同父异母或同母异父姊妹)

stepson /ˈstɛpˌsʌn/ *n*.夫或妻前次婚姻所生之子

102 sub- = under

* sub-是由 sup-演变而来的,其比较级为 super,最高级是 supreme。sub-原为"高"的
　意思,如 super,supreme 是指"以上;极度;超越"之意。依照 sub-本来的意思"高"
　演变而来的字有 sublime(崇高的;使崇高)。
　〔变化型〕suc-, suf-, sug-, sum-, sup-, sur-, sus-。

subaudition /ˌsʌbɔˈdɪʃən/ *n*.心领神会;言外之意
　《*sub-*(under)+ *audit*(hear)+ *ion*(名词字尾)》

subcelestial /ˌsʌbsəˈlɛstʃəl/ *adj*.天底下的;世俗的
　《*sub-*(under)+ *celest*(heaven)+ *ial*(形容词字尾)》

sub	+	celest	+	ial
under	+	heaven	+	adj.

subconscious /sʌbˈkɑnʃəs/ *adj*.潜意识的　　*n*.潜意识
　《*sub-*(under)+ *conscious*(aware)》

subculture /ˈsʌbˌkʌltʃɚ/ *n*.次文化

subcutaneous /ˌsʌbkjuˈtenɪəs/ *adj*.皮下的;存在于皮下的
　《*sub-*(under)+ *cut*(skin)+ *-aneous*(形容词字尾)》

sub	+	cut	+	aneous
under	+	skin	+	adj.

subdivide /ˌsʌbdə'vaɪd/ *v*.再分；细分
　《*sub-*（under）+ *divide*（divide）》
subdue /səb'dju/ *v*.压制；减弱；征服（置于其下）
　《*sub-*（under）+ *due*（put）》

```
sub  +  due
 |       |
under +  put
```

subhead /'sʌbˌhɛd/ *n*.副标题
subjacent /sʌb'dʒesn̩t/ *adj*.在下的；位于下面的；成为基础的
　（投掷在下面）《*sub-*（under）+ *jac*（throw）+ *-ent*（形容词字尾）》
subject /*v*. səb'dʒɛkt *adj*.,*n*. 'sʌbdʒɪkt/ *v*.使服从；使蒙受；
　提出　*adj*.受制于；服从的；易受；听从；依照　*n*.臣民；主题；
　学科；主词（往下投掷）《*sub-*（under）+ *ject*（throw）》
subjugate /'səbdʒəˌget/ *v*.征服；使服从；使隶属（使加入～之下）
　《*sub-*（under）+ *jug*（join）+ *-ate*（动词字尾）》
subjunctive /sʌb'dʒʌŋktɪv/ *adj*.假设语气的；假设法的
　《*sub-*（under）+ *junct*（join）+ *-ive*（形容词字尾）》

```
sub  +  junct  +  ive
 |        |        |
under +  join  +  adj.
```

sublet /sʌb'lɛt/ *v*.转租；转包《*sub-*（under）+ *let*（rent）》
sublime /sə'blaɪm/ *adj*.庄严的；崇高的；雄伟的；壮丽的；
　卓越的（在门楣下）《*sub-*（under）+ *lime*（lintel 门楣）》
subliminal /sʌb'lɪmənl̩/ *adj*.潜意识的；弱得无法感觉到的
　《*sub-*（under）+ *limin*（threshold 门槛）+ *-al*（形容词字尾）》
submarine /*adj*. ˌsʌbmə'rin *n*. 'sʌbməˌrin/ *adj*.海面下的
　n.潜水艇《*sub-*（under）+ *marine*（sea）》　*cf*. *mariner*（水手）
submerge /səb'mɝdʒ/ *v*.置于水中；淹没；遮覆；埋没（浸泡其下）
　《*sub-*（under）+ *merge*（dip）》　*cf*. **emerge**（浮出）

```
sub  +  merge
 |        |
under +  dip
```

submit /səb'mɪt/ *v*.屈服于；提出；主张《*sub-*（under）+ *mit*（send）》

suborn /sə'bɔrn/ v.教唆；买通；收买

《*sub-*（under）+ *orn*（furnish）》

subpoena /sə'pinə/ n.传票　v.传唤

《*sub-*（under）+ *poena*（penalty）》

```
┌─────────────────────┐
│   sub  +  poena     │
│    |        |       │
│  under + penalty    │
└─────────────────────┘
```

sub rosa /ˌsʌb'rozə/ adv.秘密地；机密地

《*sub-*（under）+ *rosa*（rose）》

subscribe /səb'skraɪb/ v.签名；签署；捐助；同意；订购

（写于下方）《*sub-*（under）+ *scribe*（write）》　*cf*. **scribe**（抄写员）

subside /səb'saɪd/ v.降落；下沉；（热病、愤怒、暴风等）平息；

坐下（掉入下方）《*sub-*（under）+ *side*（settle）》

subsist /səb'sɪst/ v.存在；维持生活；居住；位于（立于下方）

《*sub-*（under）+ *sist*（stand）》

substance /'sʌbstəns/ n.实体；实质；本质；物质（立于表相之

下方的东西）《*sub-*（under）+ *stan*（stand）+ *-ce*（名词字尾）》

substitute /'sʌbstəˌtjut/ v.代替；取代；替换　n.代理者；

代用品　*adj*.代替的；代理的（代替～而设置）

《*sub-*（under，in place of 取代）+ *stitute*（place）》

cf. **constitute**（构成）

subsume /səb'sum/ v.包含；包括（纳入～下）

《*sub-*（under）+ *sume*（take）》

```
┌─────────────────────┐
│   sub  +  sume      │
│    |        |       │
│  under + take       │
└─────────────────────┘
```

subterfuge /'sʌbtəˌfjudʒ/ n.托辞；借口；诡计（借～来逃避）

《*subter-*（under）+ *fuge*（flee）》

subtitle /'sʌbˌtaɪtl̩/ n.副标题；翻译字幕；说明字幕（在下面的

标题）《*sub-*（under）+ *title*（标题）》

suburb /'sʌbɚb/ n.市郊；郊区（接近都市）

《*sub-*（under，near）+ *urb*（town，city）》　*cf*. **urban**（都市的）

```
    sub  +  urb
     |       |
   under +  city
```

【解说】在大都市的近郊,通常会有一些住宅区,住在那里的人多半是白天在城里上班的中产阶级,因为他们的经济能力不错,所以郊区的房子通常比较漂亮,比较安全。

subway /ˈsʌbˌwe/ *n*.〔美〕地下铁;〔英〕地下道
（=〔美〕*underpass*）（在地下的道路）《**sub-**（under）+ **way**》

【解说】美国的地下铁叫做 **subway**,英国则是叫做 **underground** 或 **tube**。台湾没有地下铁,但是有大众捷运系统（**MRT**）,捷运的路线有些是在地下,有些是在地面上,而在地下的部分其实就跟地下铁很类似。

succeed /səkˈsid/ *v*.继续;继承;成功(跟随～去)
《**suc-** = **sub-**（under）+ **ceed**（go）》

succinct /səkˈsɪŋkt/ *adj*.简洁的;简明的(绑起来置于其下)
《**suc-** = **sub-**（under）+ **cinct**（bind）》

```
    suc  +  cinct
     |       |
   under +  bind
```

suffer /ˈsʌfɚ/ *v*.受苦;忍受《**suf-** = **sub-**（under）+ **fer**（bear）》

suffice /səˈfaɪs/ *v*.足够;使满足;合格(做了置于其下→补充)
《**suf-** = **sub-**（under）+ **fice**（make）》

suffocate /ˈsʌfəˌket/ *v*.使窒息;闷死(置于喉咙之下)
《**suf-** = **sub-**（under）+ **foc** = **fauc**（gullet 咽喉）+ **-ate**（动词字尾）》
cf. **faucet**（水龙头）

```
    suf  +  foc   +  ate
     |       |        |
   under + gullet  +  v.
```

suffuse /səˈfjuz/ *v*.充满;布满(流往下方)
《**suf-** = **sub-**（under）+ **fuse**（pour）》

suggest /səˈdʒɛst, səgˈdʒɛst/ *v*.使想到;促成;提出;建议;使联想;暗示(搬到下方)《**sug-** = **sub-**（under）+ **gest**（carry）》

summon /ˈsʌmən/ *v*.(证人的)传唤;传召;召集;鼓起(勇气)
(叫出来暗中劝告)《**sum-** = **sub-**（under）+ **mon**（advise）》
cf. **monition**（警告）

support /səˈport/ *v*.支持；支撑；帮助；维持；支援　*n*.援助；
赞成；支持；后援者；支持物（搬到下面→支持）
《*sup-* = *sub-*（under）+ *port*（carry）》

suppress /səˈprɛs/ *v*.镇压；扣留（往下压）
《*sup-* = *sub-*（under）+ *press*（压）》

suppurate /ˈsʌpjəˌret/ *v*.化脓；生脓；出脓（底下发臭）
《*sup-* = *sub-*（under）+ *pur*（foul matter）+ *-ate*（动词字尾）》

```
sup    +    pur    + ate
 |           |        |
under + foul matter + v.
```

surrogate /ˈsɝəgɪt/ *n*.代理；代理人；代用品（要求代替）
《*sur-* = *sub-*（under）+ *rog*（ask）+ *-ate*（名词字尾）》

susceptible /səˈsɛptəbl̩/ *adj*.易受影响的；易被感染的（在下面
接受）《*sus-* = *sub-*（under）+ *cept*（take）+ *-ible*（形容词字尾）》

suspect /*v*. səˈspɛkt *adj*.,*n*. ˈsʌspɛkt/ *v*.猜疑；怀疑
adj.令人怀疑的　*n*.嫌疑犯；被怀疑之人（看下面）
《*sus-* = *sub-*（under）+ (*s*)*pect*（look）》

sustain /səˈsten/ *v*.供应；维持；抵挡；遭受；忍耐（在下面拥有）
《*sus-* = *sub-*（under）+ *tain*（hold）》　*cf*. **tenable**（可守的）

103　super- = above; over

* 表示"在～之上"、"过分"。〔变化型〕sop-, sove-, sur-。

superabundant /ˌsupərəˈbʌndənt/ *adj*.过多的；过剩的；有余的
（过度充足的）《*super-*（above）+ *abundant*（充足的）》

superb /suˈpɝb/ *adj*.豪华的；上等的；壮丽的（比其他好）

supercharge /ˌsupɚˈtʃɑrdʒ, ˌsju-/ *v*.以增压器增加（引擎等的）
马力；过度苛责（增加负荷）《*super-*（above）+ *charge*（load）》

supercilious /ˌsupɚˈsɪlɪəs/ *adj*.自大的；傲慢的；目空一切的
（高于眼皮的）
《*super-*（above）+ *cili*（eyelid 眼皮）+ *-ous*（形容词字尾）》

```
super  +  cili  + ous
  |        |       |
above + eyelid + adj.
```

superconscious /ˌsupɚˈkɑnʃəs/ *adj*.超意识的
《*super-*（over）+ *conscious*（aware）》

superficial /ˌsupɚˈfɪʃəl/ *adj*.表面的；表皮的；肤浅的
（脸上的）《*super-*（above）+ *fici*（face）+ *-al*（形容词字尾）》

```
super + fici +  al
  |      |      |
above + face + adj.
```

superfluous /suˈpɚfluəs/ *adj*.多余的（越过～而流）
《*super-*（over）+ *flu*（flow）+ *-ous*（形容词字尾）》
cf. **fluent**（流畅的）

superimpose /ˌsupɚɪmˈpoz/ *v*.置于～之上；重叠；添加
（置于～之上）《*super-*（over）+ *im-*（in）+ *pose*（put）》

```
super + im + pose
  |      |     |
over  + in + put
```

superintend /ˌsuprɪnˈtɛnd/ *v*.监督；管理（在～之上警戒）
《*super-*（over，above）+ *intend*（attend to）》

superior /səˈpɪrɪɚ/ *adj*.较好的；优秀的；占优势的　*n*.上司；
长辈；优秀的人（较上面的）《*super-*（above）+ *-ior*（表比较级的字尾）》

supermarket /ˈsupɚˌmɑrkɪt/ *n*.超级市场

supernal /suˈpɚnl̩/ *adj*.天上的；神圣的；在上的；高的
（在上的）《*supern-*（above）+ *-al*（形容词字尾）》

supernatural /ˌsupɚˈnætʃrəl/ *adj*.，*n*.超自然的（事物）；不可
思议的（事物）（超越自然）

supernumerary /ˌsupɚˈnjuməˌrɛrɪ/ *adj*.额外的；多余的
n.冗员；临时演员（超过原定数量）
《*super-*（over）+ *numer*（number）+ *-ary*（形容词字尾）》

```
super + number + ary
  |       |       |
over  + number + adj.
```

superscribe /ˌsupɚˈskraɪb/ *v*.书写姓名、住址于（信件、包裹）
之外面（写在上面）《*super-*（above）+ *scribe*（write）》

supersonic /ˌsupɚˈsɑnɪk/ *adj*.超音速的（超过音速）

《*super-*（over）+ *son*（sound）+ *-ic*（形容词字尾）》

superstition /ˌsupəˈstɪʃən/ *n*.迷信（呆立～于之上）

　《*super-*（above）+ *stit*（stand）+ *-ion*（名词字尾）》

```
super  +  stit  + ion
  |         |       |
above  +  stand  +  n.
```

superstructure /ˈsupəˌstrʌktʃə/ *n*.上部构造；上层结构；上位

　概念（地基上的）建筑物（在上面的结构）

　《*super-*（above）+ *struct*（build）+ *-ure*（名词字尾）》

supervene /ˌsupəˈvin/ *v*.附带发生；接着来；并发（到～之上）

　《*super-*（over，upon，near）+ *vene*（come）》　*cf*. **venture**（冒险）

supervise /ˌsupəˈvaɪz/ *v*.监督（ = *superintend*）

　《*super-*（above）+ *vise*（see）》

```
super + vise
  |      |
above +  see
```

supreme /səˈprim/ *adj*.最高的；至尊的；无上的；最重要的；

　最后的（在最上面的）《*sup(e)r-*（above）+ *eme*（表最高级的字尾）》

supremacy /səˈprɛməsɪ/ *n*.最高；至尊；主权；优越

　《*suprem (e)*（highest）+ *-acy*（名词字尾）》

soprano /səˈpræno/ *n*.女高音；女高音歌手

sovereign /ˈsɑvrɪn/ = supreme, chief, principal

　n.君主；最高统治者　*adj*.至高的；有主权的

surcharge /*n*. ˈsɜtʃɑrdʒ *v*. sɜˈtʃɑrdʒ/ *n*.，*v*.超载；索取额外费用；

　充电过度（超过负荷）《*sur-* = *super-*（over）+ *charge*（load）》

```
sur + charge
 |      |
over + load
```

surface /ˈsɜfɪs/ *n*.表面；外面　*adj*.表面的　*v*.铺（路面）；

　浮出水面（脸上）《*sur-* = *super-*（above）+ *face*》

surfeit /ˈsɜfɪt/ *n*.过食；过饮；过多；过剩　*v*.过食；过饮（做

　太多）《*sur-* = *super-*（over）+ *feit*（do）》

surmise /*n*. ˈsɜmaɪz *v*. səˈmaɪz/ *n*.猜测；推测；揣测　*v*.推测；

揣测（置于上方）《*sur-* = *super-*（upon，above）+ *mise*（send）》

surmount /səˈmaunt/ *v*.战胜；克服；爬越；置于上面（升到～之上）《*sur-* = *super-*（over）+ *mount*（ascend）》

```
sur  +  mount
 |        |
over  +  ascend
```

surname /ˈsɝˌnem/ *n*.姓；别号；绰号（加到名字上的称号）《*sur-* = *super-*（over）+ *name*》

surpass /sɚˈpæs/ = pass over *v*.凌驾；超越；胜过；非～所能胜任（越过～）

surplus /ˈsɝplʌs/ *n*.，*adj*.过剩（的）；剩余（的）（多于需要的）《*sur-* = *super-*（above）+ *plus*（more）》

```
sur  +  plus
 |        |
above  +  more
```

surrender /səˈrɛndɚ/ *v*.耽于；纵于；屈服于　*n*.投降；降服；放弃（传到～的手上）《*sur-* = *super-*（upon）+ *render*（给与）》

surround /səˈraund/ *v*.包围；环绕；围绕（围在～上）《*sur-* = *super-*（over）+ *round*（round）》

surveillance /sɚˈveləns/ = watch over *n*.监视；看守；监督《*sur-* = *super-*（over）+ *veill*（watch）+ *-ance*（名词字尾）》

```
sur  +  veill  +  ance
 |        |        |
over  +  watch  +   n.
```

survey /*v*. sɚˈve *n*. ˈsɝve/ *v*.考察；测量；眺望；概述　*n*.视察；调查；眺望（看上方）《*sur-* = *super-*（over）+ *vey*（see）》

survive /sɚˈvaɪv/ *v*.生命较～为长；残存（胜过～而生存）《*sur-* = *super-*（above）+ *vive*（live）》　*cf*. **victuals**（食品）

104　syn- = with；together

* 表示"在～之上"或"在～之中"。相当于拉丁文 *co-* 的字首，表示"一起"、"同时"、"相似"之意。〔变化型〕sy-，syl-，sym-。

synchronism /ˈsɪŋkrəˌnɪzəm/ *n*.同时发生；同时性；并发；

对照历史年表(同时做的事)

《*syn-*（together）+ *chron*（time）+ *-ism*（名词字尾）》

```
syn    + chron + ism
 |         |       |
together + time  + n.
```

syndicate /*n.* ˈsɪndɪkɪt *v.* ˈsɪndɪˌket/ *n.* 企业组合；集团

v. 组织成集团（根据法律共同组成）

《*syn-*（together）+ *dicate*（justice）》

syndrome /ˈsɪndrəˌmi/ *n.* 症候群；综合症状；习惯；习性

（一起出现的病症）《*syn-*（together）+ *drome*（run）》

```
syn    + drome
 |         |
together +  run
```

synergistic /ˌsɪnəˈdʒɪstɪk/ *adj.* 协力合作的；产生增强剂作用的

```
syn    + erg  + istic
 |        |       |
together + work + adj.
```

synergy /ˈsɪnədʒɪ/ *n.* 协同作用；增效作用；协力

《*syn-*（together）+ *ergy*（work）》

synonym /ˈsɪnəˌnɪm/ *n.* 同义字（意思相同的名字）

《*syn-*（together）+ *onym*（name）》 *cf.* *antonym*（反义字）

synopsis /sɪˈnɑpsɪs/ *n.* 大意；要略；纲领（全部一起看）

《*syn-*（together）+ *opsis*（seeing，sight）》 *cf.* *optics*（光学）

syntax /ˈsɪntæks/ *n.* 句子构造；造句法（共同排定顺序）

《*syn-*（together）+ *tax*（order）》 *cf.* *tactics*（战术；策略）

synthesis /ˈsɪnθəsɪs/ *n.* 综合；合成（放置在一起）

《*syn-*（together）+ *thesis*（putting）》

system /ˈsɪstəm/ *n.* 组织；系统；体系；秩序；制度；方法

（站在一起的事物）

《*sy-* = *syn-*（together）+ *ste*（stand）+ *-m*（名词字尾 = ment）》

```
sy    + ste  + m
 |       |      |
together + stand + n.
```

syllable /'sɪləbl̩/ *n*. 音节　*v*. 分成音节（一起念的音）
《*syl-* ＝*syn-*（together）＋*lable*（hold）》

syllepsis /sɪ'lɛpsɪs/ *n*.【文法】兼用法；【修饰】双叙法（一起
使用）《*syl-* ＝*syn-*（together）＋*lep*（take）＋ *-sis*（名词字尾）》

$$\boxed{\begin{array}{ccccc} syl & + & lep & + & sis \\ | & & | & & | \\ together & + & take & + & n. \end{array}}$$

syllogism /'sɪləˌdʒɪzəm/ *n*. 三段论法；演绎法（一起推论）
《*syl-* ＝*syn-*（together）＋*logism*（reasoning 推论）》
cf. **logic**（理则学；逻辑学）

symbiosis /ˌsɪmbaɪ'osɪs/ *n*. 共生；共栖；共存（一起生活）
《*sym-* ＝*syn-*（together）＋*bio*（life）＋ *-sis*（名词字尾）》

$$\boxed{\begin{array}{ccccc} sym & + & bio & + & sis \\ | & & | & & | \\ together & + & life & + & n. \end{array}}$$

symbol /'sɪmbl̩/ *n*. 象征；符号；记号（共同投掷→总是和～在一起）
《*sym-* ＝*syn-*（together）＋*bol*（throw）》

symmetry /'sɪmɪtrɪ/ *n*. 匀称；对称；调和；相称（共有的法度
→同样的法度）《*sym-* ＝*syn-*（together）＋*metry*（measure）》

sympathy /'sɪmpəθɪ/ *n*. 同感；共鸣；同情；怜悯；赞同
（共有的感情）《*sym-* ＝*syn-*（together）＋*pathy*（feeling）》
cf. **antipathy**（反感），**pathos**（哀愁）

symphony /'sɪmfənɪ/ *n*. 声音的协调；谐音；色彩的协调；交响
乐《*sym-* ＝*syn-*（together）＋*phony*（sound）》　*cf*. **phonetic**（语音的）

symposium /sɪm'pozɪəm/ *n*. 古希腊宴会后的余兴；座谈会；
论文集《*sym-* ＝*syn-*（together）＋*posium* ＝*po*（drink）》
cf. **potable**（适于饮用的）

【解说】古代的希腊人流行在喝饭后酒的时候，同时进行知识方面的讨论。哲
人柏拉图曾在对话篇 the Symposium 中提到这种场合中的探讨。现
在，symposium 仍然具有就一个问题交换各种意见，并加以记录的意
思。

symptom /'sɪmptəm/ *n*. 征候；症状；征兆（和病一起降临身体的
东西→有病才出现的东西）《*sym-* ＝*syn-*（together）＋*ptom*（fall）》

105　tele- = far off

*希腊文 *tele*，表示"远距离"。

telecommunication /ˌtɛləkəˌmjunəˈkeʃən/ *n*.远距离通信；电信学（从远处交流）

《*tele-*（far off）+ *com-*（together）+ *municat*（make public）+ *-ion*（名词字尾）》

```
tele   +   com   +   municat   + ion
 |          |          |          |
far off + together + make public + n.
```

telegram /ˈtɛləˌgræm/ *n*.电报（从远方写来）

《*tele-*（far off）+ *gram*（writing）》

telegraph /ˈtɛləˌgræf/ *n*.电报机；电报　*v*.打电报；以电报传达（从远处写来）《*tele-*（far off）+ *graph*（writing）》

telemetry /təˈlɛmətrɪ/ *n*.遥感勘测

《*tele-*（far off）+ *metry*（measure）》

telepathy /təˈlɛpəθɪ/ *n*.心心相传；心电感应（从远处传来的感觉）《*tele-*（far off）+ *pathy*（feeling）》

```
tele  + pathy
 |        |
far off + feeling
```

telephone /ˈtɛləˌfon/ *n*.电话　*v*.打电话（从远处传来的声音）

《*tele-*（far off）+ *phone*（sound）》

telescope /ˈtɛləˌskop/ *n*.望远镜（看远处的东西）

《*tele-*（far off）+ *scope*（look）》

teletypewriter /ˌtɛləˈtaɪpˌraɪtɚ/ *n*.打字电报机

《*tele-*（far off）+ *typewriter*（typewriter）》

teleview /ˈtɛləˌvju/ *v*.看电视；用电视机收看（看远处传来的映像）

《*tele-*（far off）+ *view*（see）》

television /ˈtɛləˌvɪʒən/ *n*.电视（机）（远处物体的映像）

《*tele-*（far off）+ *vision*（映像）》

Telstar /ˈtɛlˌstɑr/ *n*.通信卫星《*tele-*（far off）+ *star*（star）》

106　tetra- = four

*希腊文 *tettares*，表示"四"。

tetrachord /ˈtɛtrəˌkɔrd/ *n*.四音音阶；一种古代的四弦琴
《*tetra-*（four）+ *chord*（string）》

tetragon /ˈtɛtrəˌɡɑn/ *n*.四角形；方形建筑
《*tetra-*（four）+ *gon*（angle）》

tetrahedron /ˌtɛtrəˈhidrən/ *n*.四面体
《*tetra-*（four）+ *hedr*（side）+ *-on*（名词字尾）》

```
tetra  +  hedr  +  on
  |        |       |
four   +  side  +  n.
```

tetralogy /tɛˈtrælədʒɪ/ *n*.四联剧；四部曲
《*tetra-*（four）+ *logy*（word）》

tetrarch /ˈtitrɑrk/ = a governor of a fourth part of a province
n.（古罗马帝国）一州的四分之一的领主《*tetra-*（four）+ *arch*（rule）》

tetrastich /ˈtɛtrəˌstɪk/ *n*.四行诗《*tetra-*（four）+ *stich*（line）》

tetrasyllable /ˌtɛtrəˈsɪləbḷ/ *n*.四音节字
《*tetra-*（four）+ *syllable*（音节）》

107　therm- = heat（热）

thermal /ˈθɝ·mḷ/ *adj*.热的；温泉的
thermos /ˈθɝ·məs/ *n*.热水瓶
thermostat /ˈθɝ·məˌstæt/ *n*.自动调温器；恒温器

108　trans- = beyond; across; over

*拉丁文 *trans*，表示"超越"、"通过"。〔变化型〕tra-, tran-, tres-。

transaction /trænsˈækʃən/ *n*.办理；处理；交易；执行；事项
（不断推进事物）《*trans-*（across）+ *act*（drive）+ *-ion*（名词字尾）》
cf. **agent**（动作者），**agile**（敏捷的）

```
trans  +  act   +  ion
  |        |        |
across +  drive +  n.
```

transcalent /træns'kelənt/ *adj*.传热的

《*trans-*（across）+ *cal*（be hot）+ *-ent*（形容词字尾）》

transduce /træns'djus/ *v*.将（能量等）转换（使变化）

《*trans-*（across）+ *duce*（lead）》

transfer /*v*. træns'fɚ *n*. 'trænsfɚ/ *v*.调职；移动；转让　*n*.迁移；
移动；调职；转让（越过～搬运）《*trans-*（across）+ *fer*（carry）》

transfigure /træns'fɪgjɚ/ *v*.使变形；使改观（移动形状→改变）

《*trans-*（across）+ *figure*（形状）》

transform /træns'fɔrm/ *v*.变形；变质

transfuse /træns'fjuz/ *v*.（从一容器）倒于（另一容器）；输血；
灌输（倒入）《*trans-*（across）+ *fuse*（pour）》　*cf*. **infuse**（注入）

$$
\begin{array}{c}
\text{trans} + \text{fuse} \\
| \qquad\quad | \\
\textit{across} + \textit{pour}
\end{array}
$$

transfusion /træns'fjuʒən/ *n*.输血；注入

《*trans-*（across）+ *fus*（pour）+ *-ion*（名词字尾）》

transgress /træns'grɛs/ *v*.违反（法律）；逾越（限度）；（在
道德上）犯罪《*trans-*（across）+ *gress*（walk）》　*cf*. **grade**（阶级）

transient /'trænʃənt/ *adj*.瞬间的；短暂的；过境的

transit /'trænsɪt/ *n*.通过；运送；搬运；通行　*v*.通过；过境
（走向对岸）《*trans-*（across）+ *it*（go）》　*cf*. **itinerant**（巡回的）

transitory /'trænsəˌtorɪ/ *adj*.短暂的；一时的

translate /træns'let/ *v*.移动；变为；翻译；解释；说明
（被搬到对面）《*trans-*（across）+ *late*（carried）》

translucent /træns'lusn̩t/ *adj*.半透明的

$$
\begin{array}{c}
\text{trans} + \text{luc} + \text{ent} \\
| \qquad | \qquad | \\
\textit{across} + \textit{bright} + \textit{adj}.
\end{array}
$$

transmit /træns'mɪt/ *v*.传送；传达；传播（送到对面）

《*trans-*（across）+ *mit*（send）》

transmute /træns'mjut/ *v*.使变形；使变质（完全改变）

《*trans-*（across）+ *mute*（change）》　*cf*. **mutable**（易变的）

$$
\begin{array}{c}
\text{trans} + \text{mute} \\
| \qquad\quad | \\
\textit{across} + \textit{change}
\end{array}
$$

transparent /træns'pɛrənt/ *adj*.透明的；明白的（透过～看到）

　《*trans-*（through）+ *parent*（appear）》　*cf*. **apparent**（明白的）

transport /*v*. træns'port *n*. 'trænsport/ *v*.输送；运送

　n.运输；运输机（船）（搬到对面）

　《*trans-*（across）+ *port*（carry）》*cf*. **portable**（可携带的）

transship /træns'ʃɪp/ *v*.转运；转乘《*trans-*（across）+ *ship*（运送）》

transverse /træns'vɝs/ *adj*.横贯的

```
trans + verse
  |       |
across + turn
```

tradition /trə'dɪʃən/ *n*.传统；传说；因袭（给与对面→传递）

　《*tra-* = *trans-*（across）+ *dit*（give）+ *-ion*（名词字尾）》

```
tra + dit + ion
 |     |     |
across + give + n.
```

traitor /'tretɚ/ *n*.卖国贼；背信者（把东西给敌方的人）

　《拉丁文 *traditor* = *tra-*（across）+ (*d*)*it*（give）+ *-or*（表示人的名
词字尾）》

traverse /'trævɚs/ *v*.经过；横过；横贯；反对；仔细检查

　n.横贯；横亘之物（转变方向而越过）

　《*tra-* = *trans-*（across）+ *verse*（turn）》

```
tra + verse
 |      |
across + turn
```

tranquil /'træŋkwɪl/ *adj*.平静的；安静的（静止于其上）

　《*tran-* = *trans-*（beyond）+ *quil*（rest）》

transcend /træn'sɛnd/ *v*.超越；凌驾（超越～攀登）

　《*tran-* = *trans-*（beyond）+ *scend*（climb）》

　cf. **ascend**（攀登），**descend**（下降）

transcribe /træn'skraɪb/ *v*.抄写；刊印；改编（转写于）

　《*tran-* = *trans-*（across, over）+ *scribe*（write）》*cf*. **describe**（描述）

transpire /træn'spaɪr/ *v*.排出；发散；蒸发；泄露；为人所知

　（透过皮肤呼吸）

《*tran-* = *trans-*（through）+ *spire*（breathe）》

$$
\begin{array}{ccc}
\text{tran} & + & \text{spire} \\
| & & | \\
\textit{through} & + & \textit{breathe}
\end{array}
$$

transude /træn'sud/ *v*.（使）渗出

《*tran-* = *trans-*（across）+ *sude*（sweat）》

travesty /'trævɪstɪ/ *n*.（严肃作品的）滑稽化；诙谐化；曲解
（刻意装扮以引人嘲笑）

《*tra-* = *trans-*（across）+ *vest*（dress）+ *-y*（名词字尾）》

$$
\begin{array}{ccccc}
\text{tra} & + & \text{vest} & + & \text{y} \\
| & & | & & | \\
\textit{across} & + & \textit{dress} & + & \textit{n.}
\end{array}
$$

trespass /'trɛspəs/ *n*., *v*.违背；侵害；侵入（越过境界通行）

《*tres-* = *trans-*（across）+ *pass*》

109　tri- = three; threefold

* 拉丁文 *tres*，表示"三"、"三次"。

triangle /'traɪæŋgl̩/ *n*.三角形；三个所组成的一组；（男女的）
三角关系《*tri-*（three）+ *angle*（角）》

tribe /traɪb/ *n*.种族；部族；一群人

《*tri-*（three）+ *be* = 拉丁文 *bus*（family）》

【解说】古时位在罗马的三个种族 the Ramnes, Tities, Luceres 中任何一省均
　　　　称为 **tribe**，此种称法遂沿用至今。

tribune /'trɪbjun/ = the chief of a tribe
n.护民官；民众的保护人；讲坛

tricar /'traɪˌkɑr/ *n*.机动三轮车

trichord /'traɪˌkɔrd/ *n*.三弦乐器；三弦琴

《*tri-*（three）+ *chord*（string）》

tricycle /'traɪsɪkl̩/ *n*.三轮车

trident /'traɪdn̩t/ *n*.三叉戟

triennial /traɪ'ɛnɪəl/ *adj*.每三年一次的

```
┌─────────────────────────────┐
│   tri  +  enn  +   ial      │
│    |       |        |       │
│  three +  year +  adj.      │
└─────────────────────────────┘
```

trigonometry /ˌtrɪgəˈnɑmətrɪ/ *n*.三角学（三角法则）
《*tri-*（three）+ *gono*（angle）+ *metry*（measure）》

```
┌─────────────────────────────┐
│   tri  + gono  +  metry     │
│    |       |        |       │
│  three + angle + measure    │
└─────────────────────────────┘
```

trilateral /traɪˈlætərəl/ *adj*.有三边的　　*n*.三边形；三角形
《*tri-*（three）+ *later*（side）+ *-al*（形容词字尾）》

trilogy /ˈtrɪlədʒɪ/ *n*.（戏剧、小说、歌剧等的）三部曲

trimester /traɪˈmɛstə/ *n*.三个月期间；三月一期
《*tri-*（three）+ *mester*（month）》

trio /ˈtrio/ *n*.三重奏；三个一组

tripartite /traɪˈpɑrtaɪt, ˈtrɪpətaɪt/ *adj*.分成三部分的；三者
间的；一式三份的《*tri-*（three）+ *part*（part）+ *-ite*（形容词字尾）》

```
┌─────────────────────────────┐
│   tri  + part  +  ite       │
│    |       |       |        │
│  three + part + adj.        │
└─────────────────────────────┘
```

triple /ˈtrɪpl̩/ *adj*.三部的；三倍的　　*n*.三倍　　*v*.使成三倍（重叠
三个）《*tri-*（three）+ *ple*（fold）》

tripod /ˈtraɪpɑd/ *n*.三脚架　　*adj*.三脚的《*tri-*（three）+ *pod*（food）》

trisection /traɪˈsɛkʃən/ *n*.三部分；三等份（分成三份）
《*tri-*（three）+ *sect*（cut）+ *-ion*（名词字尾）》

```
┌─────────────────────────────┐
│   tri  + sect  +  ion       │
│    |       |       |        │
│  three +  cut  +  n.        │
└─────────────────────────────┘
```

trisyllable /trɪˈsɪləbl̩, traɪ-/ *n*.三音节字
《*tri-*（three）+ *syllable*（音节）》

triunity /traɪˈjunətɪ/ *n*.三位一体；三人一组
《*tri-*（three）+ *unity*（一体）》

trivia /ˈtrɪvɪə/ *n*.*pl*.琐事

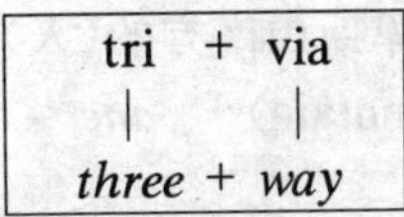

trivial /ˈtrɪvɪəl/ *adj*.不重要的；琐碎的；无趣的；平常的
　《*tri-*（three）+ *vi*(*a*)（way）+ *-al*（形容词字尾）》　*cf*. **trifle**（琐事）
　【解说】这个字的意思有两种说法，①由"合三条路的地方"变成"各方向的聚
　　集之处"→"各处都有的"→"平凡的"②集合三条路的岔口，是购物回
　　来的女性必定会合而谈天的地方，而她们的谈话内容大多"很无聊"，
　　由此而引申出此一字义。

110　**twi-** = two
　* 表示"二"、"二倍"。

twice /twaɪs/ *adv*.二度；二回；二倍
twig /twɪg/ *n*.嫩枝；末梢
twilight /ˈtwaɪˌlaɪt/ *n*.微光；（日出前）微明；薄暮；黄昏
　（明暗二者间的光）

twi + light
|　　|
two + *light*

twill /twɪl/ *n*.斜纹布　　*v*.织成斜纹（织两次的）
twin /twɪn/ *n*.双胞胎之一；一对双胞胎　　*adj*.双胞胎的；成对的
twine /twaɪn/ *v*.编结；编织；缠绕；盘绕　　*n*.合股线；细绳；
　编织；盘绕（聚集二者）
twist /twɪst/ *v*.卷缠；扭曲；使变形；盘旋；曲解　　*n*.线；绳；
　扭曲；弯折；偏差；技巧（二个编在一起）

111　**ultra-** = beyond
　* 拉丁文 *ulter*，表示"在～之外"、"超越"。

ultra /ˈʌltrə/ *adj*.极端的；过度的　　*n*.极端主义者
ultramarine /ˌʌltrəməˈrin/ *adj*.海外的；深蓝色的　　*n*.群青（一
　种颜料）；深蓝色《*ultra-*（beyond）+ *marine*（sea）》
ultramodern /ˌʌltrəˈmɑdə·n/ *adj*.极端现代的

ultramontane /ˌʌltrə'mɑnten/ *adj*.，*n*.阿尔卑斯山南方的(人)；意大利的(人)《*ultra-*(beyond)+*mont*(mountain)+*-ane*＝*-an*(形容词兼名词字尾)》

ultramundane /ˌʌltrə'mʌnden/ *adj*.世界之外的；太阳系以外的；另一个世界的《*ultra-*(beyond)+*mund*(world)+*-ane*(形容词字尾)》

$$
\begin{array}{ccc}
\text{ultra} & + \ \text{mund} \ + & \text{ane} \\
| & | & | \\
\textit{beyond} & + \ \textit{world} \ + & \textit{adj.}
\end{array}
$$

ultrared /ˌʌltrə'rɛd/ *adj*.红外(线)的

ultrashort /ˌʌltrə'ʃɔrt/ *adj*.超短波的

ultrasonic /ˌʌltrə'sɑnɪk/ ＝ supersonic *adj*.超音波的《*ultra-*(beyond)+*son*(sound)+*-ic*(形容词字尾)》

$$
\begin{array}{ccc}
\text{ultra} & + \ \text{son} \ + & \text{ic} \\
| & | & | \\
\textit{beyond} & + \ \textit{sound} \ + & \textit{adj.}
\end{array}
$$

ultratropical /ˌʌltrə'trɑpɪkl̩/ *adj*.热带以外的；较热带更热的

ultraviolet /ˌʌltrə'vaɪəlɪt/ *adj*.紫外(线)的

112 un- ＝ not

＊用于名词、形容词、副词前，表"否定"之意。

unabashed /ˌʌnə'bæʃt/ *adj*.不害羞的；脸皮厚的；不知耻的《*un-*(not)+*abashed*(害羞的)》

unabridged /ˌʌnə'brɪdʒd/ *adj*.未删节的；完整的《*un-*(not)+*abridged*(删节的)》

unalterable /ʌn'ɔltərəbl̩/ *adj*.不能改变的；不变的《*un-*(not)+*alterable*(可改变的)》

unambiguous /ˌʌnæm'bɪgjʊəs/ *adj*.明白的《*un-*(not)+*ambiguous*(含糊的)》

unambitious /ˌʌnæm'bɪʃəs/ *adj*.无野心的；不显眼的；质朴的《*un-*(not)+*ambitious*(有野心的)》

$$
\begin{array}{cccc}
\text{un} & + \ \text{amb} \ + & \text{it} \ + & \text{ious} \\
| & | & | & | \\
\textit{not} & + \ \textit{round} \ + & \textit{go} \ + & \textit{adj.}
\end{array}
$$

unapproachable /ˌʌnəˈprotʃəbl̩/ *adj*.不易接近的；冷淡的；
无与伦比的《*un-*（not）+ *approachable*（易接近的；可亲近的）》

unartistic /ˌʌnɑrˈtɪstɪk/ *adj*.与艺术无关的；非艺术的
《*un-*（not）+ *artistic*（艺术的；艺术性的）》

unashamed /ˌʌnəˈʃemd/ *adj*.不羞耻的；不知耻的；厚脸皮的
《*un-*（not）+ *ashamed*（羞耻的；惭愧的）》

unattainable /ˌʌnəˈtenəbl̩/ *adj*.难到达的
《*un-*（not）+ *attainable*（可到达的）》

un	+ at	+ tain	+ able
not	+ *to*	+ *hold*	+ *adj.*

unattended /ˌʌnəˈtendɪd/ *adj*.无随员的；无伴的；无人照顾的；
被忽视的《*un-*（not）+ *attend*（照顾；服侍；注意）+ *-ed*（形容词字尾）》

un	+ at	+ tend	+ ed
not	+ *to*	+ *stretch*	+ *adj.*

unattractive /ˌʌnəˈtræktɪv/ *adj*.不引人注意的
《*un-*（not）+ *attractive*（吸引人的）》

unavailable /ˌʌnəˈveləbl̩/ *adj*.不可获得的；达不到的；不能利
用的《*un-*（not）+ *available*（可用的）》

unauthorized /ʌnˈɔθəˌraɪzd/ *adj*.未经授权的；未经公认的
《*un-*（not）+ *authorized*（经授权的；公认的）》

unaware /ˌʌnəˈwɛr/ *adj*.未察觉到的；不知道的
《*un-*（not）+ *aware*（察觉的；知道的）》

unbecoming /ˌʌnbɪˈkʌmɪŋ/ *adj*.不合适的
《*un-*（not）+ *becoming*（合适的）》

unbelief /ˌʌnbɪˈlif/ *n*.怀疑；不信仰上帝《*un-*（not）+ *belief*（信仰）》

unbiased /ʌnˈbaɪəst/ *adj*.无偏见的；不偏不倚的；公平的
《*un-*（not）+ *biased*（有偏见的）》

unblemished /ʌnˈblɛmɪʃt/ *adj*.无污点的；洁白的
《*un-*（not）+ *blemish*（injure）+ *ed*（形容词字尾）》

un	+ blemish	+ ed
not	+ *injure*	+ *adj.*

uncanny /ʌnˈkænɪ/ *adj.* 奇怪的；神秘的；不寻常的
《*un-*（not）+ *canny*（灵敏的；小心的）》

uncertainty /ʌnˈsɝtn̩tɪ/ *n.* 不确实；疑点；不可靠
《*un-*（not）+ *certainty*（确实）》

unchangeable /ʌnˈtʃendʒəbl̩/ *adj.* 不变的
《*un-*（not）+ *changeable*（易变的）》

```
un  +  change  +  able
 |        |        |
not  +  change  +  adj.
```

unchaste /ʌnˈtʃest/ *adj.* 淫荡的；不贞的；无贞操的
《*un-*（not）+ *chaste*（贞操的）》

uncivilized /ʌnˈsɪvl̩ˌaɪzd/ *adj.* 未开化的；野蛮的
《*un-*（not）+ *civilized*（开化的；文明的）》

uncomely /ʌnˈkʌmlɪ/ *adj.* 不优美的《*un-*（not）+ *comely*（悦目的）》

uncomfortable /ʌnˈkʌmfɚtəbl̩/ *adj.* 不舒适的；不安的；
不愉快的《*un-*（not）+ *comfortable*（舒适的；轻松的）》

```
un  +  com  +  fort  +  able
 |       |       |       |
not  +  wholly  +  strong  +  adj.
```

uncommitted /ˌʌnkəˈmɪtɪd/ *adj.* 未遂的；中立的
《*un-*（not）+ *committed*（介入的）》

unconditional /ˌʌnkənˈdɪʃənl̩/ *adj.* 无条件的；无限制的
《*un-*（not）+ *conditional*（有条件的；有约束的）》

unconformity /ˌʌnkənˈfɔrmətɪ/ *n.* 不一致
《*un-*（not）+ *conformity*（一致）》

uncongenial /ˌʌnkənˈdʒinjəl/ *adj.* 不协调的；不适合的
《*un-*（not）+ *congenial*（协调的）》

unconscious /ʌnˈkɑnʃəs/ *adj.* 无意识的；未察觉的；失去意识的
《*un-*（not）+ *conscious*（有意识的；察觉的）》

```
un  +  con  +  sci  +  ous
 |       |      |       |
not  +  with  +  know  +  adj.
```

uncontrollable /ˌʌnkənˈtroləbl̩/ *adj.* 难控制的；无法管束的

《*un-*（not）+ *controllable*（可控制的）》

uncourteous /ʌnˈkɜˑtɪəs/ *adj.* 不知礼仪的；粗鲁的

《*un-*（not）+ *courteous*（有礼貌的）》

<table>
<tr><td>un</td><td>+</td><td>court</td><td>+</td><td>eous</td></tr>
<tr><td>|</td><td></td><td>|</td><td></td><td>|</td></tr>
<tr><td>*not*</td><td>+</td><td>*enclosure*</td><td>+</td><td>*adj.*</td></tr>
</table>

uncultivated /ʌnˈkʌltəˌvetɪd/ *adj.* 无教养的；未开化的

《*un-*（not）+ *cultivated*（有教养的）》

undecided /ˌʌndɪˈsaɪdɪd/ *adj.* 未决定的；不果断的；模糊的

《*un-*（not）+ *decided*（果断的；明确的）》

undefined /ˌʌndɪˈfaɪnd/ *adj.* 未下定义的；不明确的

《*un-*（not）+ *define*（下定义）+ -(*e*)*d*（形容词字尾）》

<table>
<tr><td>un</td><td>+</td><td>de</td><td>+</td><td>fine</td><td>+</td><td>(e)d</td></tr>
<tr><td>|</td><td></td><td>|</td><td></td><td>|</td><td></td><td>|</td></tr>
<tr><td>*not*</td><td>+</td><td>*down*</td><td>+</td><td>*end*</td><td>+</td><td>*adj.*</td></tr>
</table>

undeniable /ˌʌndɪˈnaɪəbl̩/ *adj.* 不可否认的；无可争辩的

《*un-*（not）+ *deniable*（否认的）》

undescribable /ˌʌndɪˈskraɪbəbl̩/ *adj.* 笔墨难以形容的

《*un-*（not）+ *describable*（可描写的）》

undesirable /ˌʌndɪˈzaɪrəbl̩/ *adj.* 不宜的；不受欢迎的；惹人厌的

《*un-*（not）+ *desirable*（合意的；喜欢的）》

undetermined /ˌʌndɪˈtɜˑmɪnd/ *adj.* 未决定的；不明确的；不坚
决的《*un-*（not）+ *determined*（决定的）》

<table>
<tr><td>un</td><td>+</td><td>de</td><td>+</td><td>termin</td><td>+</td><td>ed</td></tr>
<tr><td>|</td><td></td><td>|</td><td></td><td>|</td><td></td><td>|</td></tr>
<tr><td>*not*</td><td>+</td><td>*down*</td><td>+</td><td>*boundary*</td><td>+</td><td>*adj.*</td></tr>
</table>

undue /ʌnˈdju/ *adj.* 过度的；不适当的；未到期限的

《*un-*（not）+ *due*（适当的；到期的）》

uneasy /ʌnˈizɪ/ *adj.* 不安的；焦虑的

《*un-*（not）+ *easy*（轻松的）》

unemployed /ˌʌnɪmˈplɔɪd/ *adj.* 失业的；未被雇用的

《*un-*（not）+ *employed*（受雇的）》

unequal /ʌnˈikwəl/ *adj.* 不等的；不公平的；不能胜任的

《*un-*（not）+ *equal*（相等的）》

unexhausted /ˌʌnɪɡˈzɔstɪd/ *adj.*不尽的

《*un-*（not）+ *exhausted*（疲倦的）》

un + ex + haust + ed
not + out + draw + adj.

unfair /ʌnˈfɛr/ *adj.*不公平的；不正当的

《*un-*（not）+ *fair*（公平的；正当的）》

unfamiliar /ˌʌnfəˈmɪljɚ/ *adj.*不熟悉的

《*un-*（not）+ *familiar*（熟悉的）》

un + famili + ar
not + family + adj.

unfeasible /ʌnˈfizəbl̩/ *adj.*不可行的；无法实行的

《*un-*（not）+ *feasible*（可行的）》

unfeigned /ʌnˈfend/ *adj.*不虚假的；真实的；诚实的

《*un-*（not）+ *feigned*（虚假的）》

unfinished /ʌnˈfɪnɪʃt/ *adj.*未完成的；未润饰的；粗糙的

《*un-*（not）+ *finished*（完成的）》

unfortunate /ʌnˈfɔrtʃənɪt/ *adj.*不幸的

《*un-*（not）+ *fortun*（chance）+ *ate*（形容词字尾）》

un + fortun + ate
not + chance + adj.

unfriendly /ʌnˈfrɛndlɪ/ *adj.*不友善的；含有敌意的

《*un-*（not）+ *friendly*（友善的）》

ungenerous /ʌnˈdʒɛnərəs/ *adj.*度量狭窄的；吝啬的

《*un-*（not）+ *generous*（宽大的）》

un + gener + ous
not + race + adj.

unhealthy /ʌnˈhɛlθɪ/ *adj.*不健康的；不卫生的；不道德的

《*un-*（not）+ *healthy*（健康的）》

unheard /ʌnˈhɝd/ *adj*.未被听见的；不被理睬的
　《*un-*（not）+ *heard*（听到的）》

unimaginative /ˌʌnɪˈmædʒɪnətɪv/ *adj*.缺乏想像力的
　《*un-*（not）+ *imaginative*（富有想象力的）》

unintentional /ˌʌnɪnˈtenʃənl̩/ *adj*.不是故意的；不知不觉的；
　无心的《*un-*（not）+ *intentional*（故意的）》

un +	in +	tent +	ion +	al
not +	towards +	stretch +	n. +	adj.

unknowingly /ʌnˈnoɪŋlɪ/ *adv*.无知地；未察觉地
　《*un-*（not）+ *knowingly*（故意地）》

unknown /ʌnˈnon/ *adj*.不知道的；不熟悉的；陌生的
　《*un-*（not）+ *known*（有名的）》

unlicensed /ʌnˈlaɪsn̩st/ *adj*.无执照的；未经当局许可的
　《*un-*（not）+ *licensed*（有执照的）》

unmanned /ʌnˈmænd/ *adj*.无人的；自动操纵的
　《*un-*（not）+ *manned*（有人操纵的）》

unmerciful /ʌnˈmɝsɪfəl/ *adj*.残酷的；无情的
　《*un-*（not）+ *merciful*（慈悲的）》

unmistakable /ˌʌnməˈstekəbl̩/ *adj*.不会错的；不会被误解的；
　明显的《*un-*（not）+ *mistakable*（易错误的；易误解的）》

un +	mis +	tak +	able
not +	wrongly +	take +	adj.

unnecessary /ʌnˈnesəˌserɪ/ *adj*.不必要的
　《*un-*（not）+ *necessary*（必要的）》

unorthodox /ʌnˈɔrθəˌdɑks/ *adj*.非正统的；异端的
　《*un-*（not）+ *ortho*（right）+ *dox*（opinion）》

un +	ortho +	dox
not +	right +	opinion

unparalleled /ʌnˈpærəˌlɛld/ *adj*.无可比拟的；空前的
　《*un-*（not）+ *parallel*（比较；匹敌）+ *-ed*（形容词字尾）》

unpopular /ʌn'pɑpjələ/ *adj*.不流行的；不受欢迎的
　《*un-*（not）+ *popular*（流行的）》

unprecedented /ʌn'prɛsəˌdɛntɪn/ *adj*.空前的；无前例的
　《*un-*（not）+ *precedented*（有先例的）》

$$un + pre + ced + ent + ed$$
$$not + before + go + n. + adj.$$

unquestionable /ʌn'kwɛstʃənəbl̩/ *adj*.确定的；无可指责的
　《*un-*（not）+ *questionable*（可疑的）》

unreasonable /ʌn'riznəbl̩/ *adj*.不合理的；过分的
　《*un-*（not）+ *reasonable*（合理的）》

unreliable /ˌʌnrɪ'laɪəbl̩/ *adj*.不可靠的；不可信赖的
　《*un-*（not）+ *reliable*（可靠的）》

unrest /ʌn'rɛst/ *n*.骚乱；不安 《*un-*（not）+ *rest*（安稳）》

unsanitary /ʌn'sænəˌtɪrɪ/ *adj*.不卫生的
　《*un-*（not）+ *sanit*（health）+ *ary*（形容词字尾）》

$$un + sanit + ary$$
$$not + health + adj.$$

unsatisfied /ʌn'sætɪsfaɪd/ *adj*.不满意的
　《*un-*（not）+ *satis fied*（满意的）》

unseasonable /ʌn'siznəbl̩/ *adj*.不合时宜的；不合季节的
　《*un-*（not）+ *seasonable*（合时的）》

unsophisticated /ˌʌnsə'fɪstɪˌketɪd/ *adj*.纯真的；简单的
　《*un-*（not）+ *sophisticated*（通世故的）》

unspoken /ʌn'spokən/ *adj*.未说出口的；不说话的
　《*un-*（not）+ *spoken*（口头的）》

unsuitable /ʌn'sutəbl̩/ *adj*.不适当的；不相配的
　《*un-*（not）+ *suitable*（适当的）》

$$un + suit + able$$
$$not + follow + adj.$$

unsystematic /ˌʌnsɪstə'mætɪk/ *adj*.无系统的；不成体系的；
无组织的《*un-*（not）+ *systematic*（有系统的）》

untidy /ʌn'taɪdɪ/ *adj*.不整洁的《*un-*（not）+ *tidy*（整齐的）》

untimely /ʌn'taɪmlɪ/ *adj*.不合时宜的；不合时节的；过早的
《*un-*（not）+ *timely*（合时的）》

unutterable /ʌn'ʌtərəbl̩/ *adj*.非语言所能表达的；无法形容的；
彻底的《*un-*（not）+ *utter*（说出）+ *-able*（形容词字尾）》

unverifiable /ʌn'vɛrɪfaɪəbl̩/ *adj*.无法证实或证明的；不能确
定的《*un-*（not）+ *verifiable*（可证明的）》

un	+	ver	+	ifi	+	able
not	+	true	+	make	+	adj.

unwarrantable /ʌn'wɑrəntəbl̩/ *adj*.难保证的
《*un-*（not）+ *warrantable*（可保证的）》

unwholesome /ʌn'holsəm/ *adj*.不健全的
《*un-*（not）+ *wholesome*（健康的；健全的）》

un	+	whole	+	some
not	+	healthy	+	like

unwilling /ʌn'wɪlɪŋ/ *adj*.不愿意的；不情愿的；勉强的
《*un-*（not）+ *willing*（愿意的）》

unwitting /ʌn'wɪtɪŋ/ *adj*.不知情的；不知不觉的；不是故意的
《*un-*（not）+ *witting*（故意的；知晓的）》

unwonted /ʌn'wʌntɪd/ *adj*.不寻常的；非普通的；不习惯的
《*un-*（not）+ *wonted*（习惯的）》

un	+	wonted
not	+	accustomed

unworldly /ʌn'wɝldlɪ/ *adj*.脱离世俗的；超俗的；非人世间的
《*un-*（not）+ *worldly*（世俗的；尘世的）》

unyielding /ʌn'jildɪŋ/ *adj*.不屈的；不让步的
《*un-*（not）+ *yielding*（服从的）》

113　un- = the reversal of an action

＊接于动词之前，表示动作的相反。

unarm /ʌnˈɑrm/ v.解除武器；放下武器

　《un- + arm(武器；供给武器)》

unbind /ʌnˈbaɪnd/ v.解开束缚；释放《un- + bind(束缚)》

unbosom /ʌnˈbuzəm/ v.表白(情感)；吐露(机密)

　《un- + bosom(隐藏在胸中)》

unbuckle /ʌnˈbʌkḷ/ v.解开带扣；解下；放下

　《un- + buckle(用扣环扣住)》

unburden /ʌnˈbɝdṇ/ v.解除负担；使轻松

　《un- + burden(使负重担)》

unbury /ʌnˈbɛrɪ/ v.挖掘《un- + bury(埋)》

unbutton /ʌnˈbʌtṇ/ v.解开纽扣《un- + button(扣纽扣)》

uncage /ʌnˈkedʒ/ v.释放《un- + cage(监禁)》

```
un  +   cage
|        |
not + hollow place
```

uncap /ʌnˈkæp/ v.脱帽；除去盖子《un- + cap(戴帽；加盖)》

uncase /ʌnˈkes/ v.除去盒盖；揭示；暴露《un- + case(装于盒中)》

unclose /ʌnˈkloz/ v.打开《un- + close(关闭)》

uncork /ʌnˈkɔrk/ v.拔去～的塞子《un- + cork(用软木塞塞住)》

```
un + cork
|     |
not + oak
```

uncover /ʌnˈkʌvɚ/ v.除去覆盖物；揭露；暴露

　《un- + cover(覆盖)》

undo /ʌnˈdu/ v.解开；破坏；取消；废弃；解决《un- + do(做)》

undress /ʌnˈdrɛs/ v.脱去衣服；除去装饰；解下绷带

　《un- + dress(穿衣服；装饰；包扎)》

unearth /ʌnˈɝθ/ v.挖掘；掘出；揭发《un- + earth(埋入土中)》

unfold /ʌnˈfold/ v.展开；显露；表白；说明；开放

　《un- + fold(折叠)》

ungird /ʌnˈgɜːd/ v.解开～的带子《un- + gird(以带束紧)》

```
un  +  gird
 |       |
not + enclose
```

unhinge /ʌnˈhɪndʒ/ v.扰乱；使失常；使动摇
《un- + hinge(装以铰链)》

unload /ʌnˈlod/ v.卸货；解除负担《un- + load(装货；使负重担)》

unlock /ʌnˈlɑk/ v.开锁；揭开；吐露《un- + lock(上锁)》

unmask /ʌnˈmæsk/ v.拿下面具；露出真面目
《un- + mask(戴面具；伪装)》

unpack /ʌnˈpæk/ v.开箱取出；吐露《un- + pack(包装)》

unroll /ʌnˈrol/ v.展开；公开；显露《un- + roll(卷)》

unseal /ʌnˈsil/ v.开～之封缄；使开启《un- + seal(封印)》

unseam /ʌnˈsim/ v.自缝合处拆开《un- + seam(缝合)》

unsettle /ʌnˈsɛtl̩/ v.使紊乱；使不安定；使失去平静
《un- + settle(整顿；使安定)》

```
un + sett + le
 |     |     |
not + seat + v.
```

unshackle /ʌnˈʃækl̩/ v.除去枷锁；解除束缚；使重获自由
《un- + shackle(戴上手铐脚镣；束缚)》

untangle /ʌnˈtæŋgl̩/ v.排解(纠纷)；解决(困难)
《un- + tangle(使缠结)》

```
un  +  tangle
 |       |
not + disarrange
```

untie /ʌnˈtaɪ/ v.解开；打开《un- + tie(打结)》

unveil /ʌnˈvel/ v.取下面纱；显露真面目；揭露(秘密等)
《un- + veil(罩上面纱；遮掩)》

unwind /ʌnˈwaɪnd/ v.(将卷起的东西)解开；展开；使放松
《un- + wind(缠绕)》

```
un + wind
 |     |
not + twist
```

unwrap /ʌn'ræp/ v.打开（包裹）《un- +wrap（包）》

unwrinkle /ʌn'rɪŋkl̩/ v.将～的皱纹弄平《un- +wrinkle（起皱纹）》

114　under- = beneath；under

＊表示"在～之下"、"低于"。

underachieve /ˌʌndərə'tʃiv/ v.学习成绩不良（低于智力测验平均水平）《under-（under）+ a-（to）+ chieve（chief）》

underage /'ˌʌndɚ'edʒ/ n.未成年的

undercurrent /'ˌʌndɚˌkɝ ʌnt/ n.下面的水流或气流；暗流
　　adj.不外露的（下面的水流）

underdeveloped /ˌʌndɚdɪ'vɛləpt/ adj.发展不全的；低度开发的

underemployment /'ˌʌndɚɪm'plɔɪmənt/ n.就业率过低；未充分
　　就业

<table>
<tr><td>under</td><td>+ em + ploy + ment</td></tr>
<tr><td>|</td><td>|　　|　　|</td></tr>
<tr><td>insufficiently</td><td>+ in + fold + n.</td></tr>
</table>

underestimate /n. 'ʌndɚ'ɛstəmɪt v. 'ʌndɚ'ɛstəˌmet/ n.评价
　　过低；低估　　n.低估

undergo /ˌʌndɚ'go/ v.遭受；忍受；经历（行走于苦难之下）

undergraduate /ˌʌndɚ'grædʒuɪt,-ˌet/ n., adj.大学生（的）
　　（还未从学校毕业）

<table>
<tr><td>under + gradu +</td><td>ate</td></tr>
<tr><td>|　　|</td><td>|</td></tr>
<tr><td>under + walk +</td><td>n., adj.</td></tr>
</table>

underground /adv. ˌʌndɚ'graund adj.,n. 'ʌndɚ'graund/ adj.
　　地下的；秘密的　　adv.在地下；秘密地
　　n.〔英〕地下铁（＝〔美〕subway）

underlie /ˌʌndɚ'laɪ/ v.位于～之下；为～之基础（横放在下面）

underline /v. ˌʌndɚ'laɪn n. 'ʌndɚˌlaɪn/ v.为～画底线；强调
　　n.底线（在下面画线）

undermine /ˌʌndɚ'maɪn/ v.在～下面挖掘；破坏～的基础；
　　在无形中损坏（在下面埋地雷）

undernourishment /ˈʌndɚˈnɚˈʃmənt/ *n*. 营养不足

$$\begin{array}{c} under + nour + ish + ment \\ | \quad\quad | \quad\quad | \quad\quad | \\ under + nurse + v. + n. \end{array}$$

underpass /ˈʌndəˌpæs/ *n*.〔美〕地下道(=〔英〕*subway*)

  cf. **overpass**(〔美〕陆桥;天桥)

underrate /ˌʌndɚˈret/ = underestimate *v*. 低估;轻视

understand /ˌʌndɚˈstænd/ *v*. 懂;了解;通晓;认为

(站在下面→深入了解)

undertake /ˌʌndɚˈtek/ *v*. 从事;担任;许诺;着手(向下取得→
  身受)

undertone /ˈʌndɚˌton/ *n*. 小声;淡色;潜在的因素

115　uni- = one

  * 拉丁文 *unus*,表示"单一"。〔变化型〕un-。

unicellular /ˌjunɪˈsɛljəlɚ/ *adj*. 单细胞的

unicorn /ˈjunɪˌkɔrn/ *n*. 独角兽

  《*uni-*(one)+ *corn*(horn)》

$$\begin{array}{c} uni + corn \\ | \quad\quad | \\ one + horn \end{array}$$

uniform /ˈjunəˌfɔrm/ *adj*. 相同的　*n*. 制服　*v*. 使一致(一个形式)

  《*uni-*(one)+ *form*》

unilateral /ˌjunɪˈlætərəl/ *adj*. 单方面的

union /ˈjunjən/ *n*. 联合;结合;合并;一致;和睦;同盟;工会

  《拉丁文 *unus*(one)》

$$\begin{array}{c} uni + on \\ | \quad\quad | \\ one + n. \end{array}$$

unique /juˈnik/ *adj*. 惟一的;独特的;珍奇的　*n*. 独一无二之物

  《拉丁文 *unus*(one)》

unison /ˈjunəsn̩/ *n*. 和谐;一致

unit /ˈjunɪt/ *n*.单位；单元

unite /juˈnaɪt/ *v*.联合；结合；合并；兼备(各种性质)
　　《拉丁文 *unus*（one）》

unity /ˈjunətɪ/ *n*.单一性；统一体；一致；联合；调和；和谐
　　《拉丁文 *unus*（one）》

universal /ˌjunəˈvɝsḷ/ = turned into one　*adj*.一般的；宇宙的；全体的；全世界的(变成一体)
　　《*uni-*（one）+ *vers*（turn）+ *-al*（形容词字尾）》

```
uni + vers +  al
 |      |      |
one + turn + adj.
```

unanimous /juˈnænəməs/ *adj*.意见一致的；全体一致的；异口同声的(相同心意的)
　　《*un-* = *uni-*（one）+ *anim*（mind）+ *-ous*（形容词字尾）》

116　up- = up; aloft

　　* 表示"向上"、"在上"。

upend /ʌpˈɛnd/ *v*.竖立(把末端朝上)

uphold /ʌpˈhold/ *v*.举起；支持；鼓励；拥护；维持(保持于上面)

upland /ˈʌpˌlænd/ *n*.，*adj*.山地(的)；高地(的)(上面的土地)

uplift /*v*. ˌʌpˈlɪft *n*. ˈʌpˌlɪft/ *v*.举起；振奋；提高　*n*.举起；感情激昂；(地面的)隆起(向上举)

```
up + lift
 |    |
up + raise
```

upright /ˈʌpˌraɪt/ *adj*.直的；正直的；诚实的　*n*.直立之物(笔直的)

uprise /ʌpˈraɪz/ *v*.(太阳)升起；站起；起床(向上升)

uproar /ˈʌpˌror/ *n*.喧嚣；骚动(吼叫声冲天)

uproot /ʌpˈrut/ *v*.拔～的根；根除(把根拿上来)

```
up + root
 |    |
up + tear up
```

upset /v. ʌpˈsɛt n. ˈʌpˌsɛt adj. ˈʌpˌsɛt/ v.倾覆；扰乱
　　n.颠覆；烦恼　adj.受扰的；混乱的（置于上方）

upstairs /adv. ,adj. ˈʌpˈstɛrz n. ʌpˈstɛrz/ v.在楼上；向楼上
　　adj.楼上的　　n.楼上　cf. **downstairs**（在楼下；楼下的；楼下）

upsurge /v. ʌpˈsɝdʒ n. ˈʌpˌsɝdʒ/ v.向上涌；上升　　n.上涌；
　　上升（从下往上涌）

$$\begin{array}{ccc} \text{up} & + & \text{sur} & + & \text{ge} \\ | & & | & & | \\ \textit{up} & + & \textit{under} & + & \textit{direct} \end{array}$$

upswing /v. ʌpˈswɪŋ n. ˈʌpˌswɪŋ/ v.向上摆动；进步
　　n.上扬；进步

uptake /ˈʌpˌtek/ n.举起；拿起；理解；通风管；吸收

upturn /v. ʌpˈtɝn n. ˈʌpˌtɝn/ = turn up　v.使向上；翻起
　　n.上升；好转

117　vice- = in place of

　　＊拉丁文 *vicis*。〔变化型〕vis-。

vice-chairman /ˈvaɪsˈtʃɝmən/ n.副会长；副议长；副委员长

vice-chancellor /ˈvaɪsˈtʃænsələ/ n.大学副校长；副大法官

　　【解说】chancel 原是指格子，**chancellor** 则是指看守围栏的人，也就是在围栏后
　　　　工作的人，之后引申为贵族、大使馆或国王的秘书、大臣，在美国此字
　　　　表示法院的首席法官，或是某些大学的校长。

vice-consul /ˈvaɪsˈkɑnsl̩/ n.副领事

vice-governor /ˈvaɪsˈgʌvənə/ n.副州长；副总督

vice-minister /ˈvaɪsˈmɪnɪstə/ n.副部长；次长

vice-president /ˈvaɪsˈprɛzədənt/ n.副总统

vice-principal /ˈvaɪsˈprɪnsəpl̩/ n.副校长

vice-regent /ˈvaɪsˈridʒənt/ n.副摄政；副执政

viscount /ˈvaɪkaunt/ n.子爵（代理的伯爵）

　　《*vis-* = *vice-*（in place of）+ *count*（伯爵）》

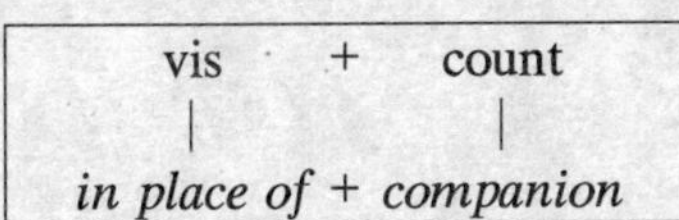

$$\begin{array}{ccc} \text{vis} & + & \text{count} \\ | & & | \\ \textit{in place of} & + & \textit{companion} \end{array}$$

118 with- = against；back

* 表示"反对"、"反抗"。

withdraw /wɪðˈdrɔ/ = draw back　*v*. 取回；撤回；取消；
　引退；撤退

withhold /wɪðˈhold/ = hold back　*v*. 抑制；拒绝

withstand /wɪθˈstænd/ = stand against　*v*. 抵抗；对抗

【 刘毅老师的话 】

　　背单词不能死背，勉强记住的单词记不久。将不会的单词分析后，就会变成长期记忆，并且能够举一反三。

PART TWO　字尾(Suffix)

现代英语中,字尾的数目极为庞大,变化也极为繁复,因此要了解透彻并不是一件简单的事。但一般学英文的人,一看就知道 employer 是"雇主",employee 是"雇员",trial、bravery 是 try、brave 的名词型,以及 magnate 表示"人",magnify 是其动词,magnificent 是形容词,magnificence 是抽象名词等等,都是依照字尾来判断的。因此,熟悉字尾是直接了解这些字义的必备条件。本篇详细整理出各种类型的字尾,供您参考。

〔1〕名词字尾

(1)表示"人"的名词字尾

1　-ain

 * 法文-aine。

captain /ˈkæptən/ n.首领；船长；队长；指挥者
　《拉丁文 *cap* = head》
chaplain /ˈtʃæplɪn/ n.牧师《拉丁文 *chapel* = 礼拜堂》
villain /ˈvɪlən/ n.恶棍；恶徒(农夫粗人)
　《拉丁文 *villa* = 乡下的房子》

2　-aire

billionaire /ˌbɪljənˈɛr/ n.亿万富翁《*billion* 〔英〕兆；〔美〕十亿》
millionaire /ˌmɪljənˈɛr/ n.百万富翁；大富豪《*million* 百万》

3　-an，-ian，-ean

 * 此种字尾型也可多作为形容词使用。

American /əˈmɛrɪkən/ n.美国人　adj.美国(人)的

Asian /'eʃən/ n.亚洲人　adj.亚洲(人)的

barbarian /bɑr'bɛrɪən/ n.野蛮人；蛮族

> 【解说】当时自恃文明甚高的希腊人，轻视希腊语以外的各种语言，认为外国语的发音听起来只有"bar-bar"，因此称那些外国人为 barbaros(外国的；无知的；粗野的)，其拉丁文是 barbarus，演变成英文则为 barbarous，barbarian。barbarus 也和法文的 balbus(口吃；结巴)同类，balus 进入西班牙文中，变为 bobo(笨蛋)，在英文中则为 booby(呆子；蠢蛋)。

German /'dʒɝmən/ n.德国人；德语　adj.德国(人；语)的

partisan /'pɑrtəzn̩/ n.党人；同类；游击队

Mohammedan /mo'hæmədən/ n.回教徒

orphan /'ɔrfən/ n.孤儿

guardian /'gɑrdɪən/ n.管理人；监护人

　《*guard*（ watch over ）+ *-ian*》

historian /hɪs'torɪən/ n.历史学家《*histor*（ knowing ）+ *-ian*》

```
┌─────────────────────────────┐
│     histor   +   ian        │
│       |           |         │
│   knowing   +   person      │
└─────────────────────────────┘
```

Indian /'ɪndɪən/ n.印度人；印第安人；印第安语

　adj.印度(人)的；印第安(人)的

Italian /ɪ'tæljən/ n.意大利人；意大利语

　adj.意大利(人；语)的

magician /mə'dʒɪʃən/ n.魔术师《*magic*（ 魔法）+ *-ian*》

musician /mju'zɪʃən/ n.音乐家《*music* 音乐》

pedestrian /pə'dɛstrɪən/ n.行人；步行者《拉丁文 *ped* ＝脚》

physician /fə'zɪʃən/ n.医生；内科医生《*physic*（ 医学）+ *-ian*》

　cf. physicist(物理学家)

utopian /ju'topɪən/ n.理想家；梦想家

　《*u-*(not) + *top*（ place) + *ian*》

> 【解说】本字是由 Utopia(乌托邦)衍生而来。乌托邦一词首见于柏拉图的理想国。Utopia 的字义即是不存在的地方，而其对西方人的意义，正如同中国人的桃花源一样，令人向往。

vegetarian /ˌvɛdʒə'tɛrɪən/ n.素食者

European /ˌjurə'piən/ n.欧洲人　adj.欧洲(人)的

4 -ant

* 法文-*ant*，拉丁文-*antem*。此种字尾也可作为形容词用。

accountant /əˈkauntənt/ *n*.会计师

assistant /əˈsɪstənt/ *n*.助手；助教《*assist* 帮助》

as	+	sist	+	ant
to	+	stand	+	person

descendant /dɪˈsɛndənt/ *n*.后裔《*descend* 下降》

emigrant /ˈɛməgrənt/ *n*.(自本国移居他国的)移民

《*emigrate* 自本国移居到他国》

immigrant /ˈɪməgrənt, -ˌgrænt/ *n*.(自外国移入的)移民

《*immigrate* 自外国移来》

im	+	migra	+	ant
into	+	move	+	person

inhabitant /ɪnˈhæbətənt/ *n*.居民；居住者

《*inhabit* 居住于》

peasant /ˈpɛzn̩t/ *n*.农夫；无知识的人

《法文 *pais* = 乡村》

servant /ˈsɚvənt/ *n*.仆人；服务生

《*serve* 服务》

tenant /ˈtɛnənt/ *n*.佃户；房客(拥有土地、房屋的人)

《拉丁文 *ten* = hold》

5 -ar

* 拉丁文-*aris*，是-er 的变化型。

beggar /ˈbɛgɚ/ *n*.乞丐《*beg* 乞求》

burglar /ˈbɚglɚ/ *n*.窃贼《*burgle* 盗窃》

liar /ˈlaɪɚ/ *n*.说谎者《*lie* 说谎》

scholar /ˈskɑlɚ/ *n*.学者；享有奖学金的学生《*school* 学校》

6　-ard，-art

* 中世纪的高地德语 *-hart*，通常表示"过于～的人"。

bard /bɑrd/ *n*.吟游诗人

　【解说】原是指古代凯尔特族的吟游诗人，他们携带竖琴，自编、自弹、自唱，内
　　　　容多半叙述英雄事迹或爱情故事。

coward /'kauəˑd/ *n*.胆小者；懦夫（看到尾巴就逃走）

　《法 文 *coart* = *coe* = tail》

drunkard /'drʌŋkəˑd/ *n*.醉汉

sluggard /'slʌgəˑd/ *n*.怠惰者；懒人《*slug* 虚掷光阴；慢行》

$$\begin{array}{c|c} \text{slugg} & + \text{ard} \\ | & | \\ lazy & + n. \end{array}$$

Spaniard /'spænjəˑd/ *n*.西班牙人《*Spain* 西班牙》

　cf. **Spanish**（西班牙语）；**the Spanish**（西班牙人）

steward /'stjuwəˑd/ *n*.管家；执事；管理人

　【解说】以前被雇来看守猪圈的人称为 steward；后来引申为管理众人财产的人。

wizard /'wɪzəˑd/ *n*.巫师（wiz 源自 wise，古时候聪明的人才当巫师）

braggart /'brægəˑt/ *n*.自夸者《*brag* 夸张》

7　-ary

* 拉丁文 *-arius*，*-aria*，*-arium*。

adversary /'ædvəˑˌsɛrɪ/ *n*.对手；仇敌《*adverse* 逆的》

contemporary /kən'tɛmpəˌrɛrɪ/ *n*.同时代的人

functionary /'fʌŋkʃənˌɛrɪ/ *n*.公务员；官吏；职员

　《*function* 功能；职务》

$$\begin{array}{c|c|c} \text{func} & + \text{tion} + & \text{ary} \\ | & | & | \\ perform & + n. & + person \end{array}$$

lapidary /'læpəˌdɛrɪ/ *n*.宝石匠《拉丁文 *lapid* = stone》

secretary /'sɛkrəˌtɛrɪ/ *n*.秘书；大臣《*secret* 秘密》

8 -ate

* 拉丁文 *-atus*。

advocate /'ædvəkɪt/ *n*.辩护者；提倡者

apostate /ə'pɑsteɪt, -ɪt/ *n*.叛教者；脱党者；变节者
 《拉丁文 *apo* -（off）+ *st*（stand）+ *-ate*》

candidate /'kændəˌdet, 'kændədɪt/ *n*.候补者；候选人
 《*candid* = white》 ☞参照 p.14 ambition 的解说。

delegate /'dɛləˌget, 'dɛləgɪt/ *n*.代表者（被派遣的人）
 《拉丁文 *legare* = send》 *cf*. **legate**（使节）

magnate /'mægnet/ *n*.（政界、财界的）伟人；大企业家
 《拉丁文 *magn* = great》

pirate /'paɪrət, 'paɪrɪt/ *n*.海盗（船）《希腊文 *peira* = attack》

9 -ee

* 和 *-er* 相反，表示"被～人"之意。

committee /kə'mɪtɪ/ *n*.委员会《*commit* 委托》

devotee /ˌdɛvə'ti/ *n*.献身者《*devote* 献身》

employee /ˌɛmplɔɪ'i/ *n*.受雇者；员工《*employ* 雇用》

examinee /ɪgˌzæmə'ni/ *n*.应试者（被考的人）

nominee /ˌnɑmə'ni/ *n*.被提名（任命、推荐）者
 《拉丁文 *nomin* = name》

```
nomin  +   ee
  |        |
name  +  person
```

referee /ˌrɛfə'ri/ *n*.仲裁人；裁判《*refer* 托付；委任》

trainee /tren'i/ *n*.接受训练者；新兵（接受训练的人）

trustee /trʌs'ti/ *n*.受托人；董事《*trust* 信赖；委托》

10 -eer

* 拉丁文 *-arius*，重音在此音节上。

auctioneer /ˌɔkʃən'ɪr/ *n*.拍卖人；竞赛者《*auction* 拍卖》

cannoneer /ˌkænən'ɪr/ *n*. 炮手；炮兵《*cannon* 大炮》

engineer /ˌɛndʒə'nɪr/ *n*. 技师；工程师《*engine* 引擎》

$$\begin{array}{ccc} \text{en} & + & \text{gin(e)} & + & \text{eer} \\ | & & | & & | \\ \text{to} & + & \text{produce} & + & \text{person} \end{array}$$

mountaineer /ˌmauntṇ'ɪr/ *n*. 登山者《*mountain* 山》

pioneer /ˌpaɪə'nɪr/ *n*. 工兵；拓荒者（军队中最前面的兵士）

《法文 *peon* = foot soldier 步兵》　*cf*. **pawn**（西洋棋的"卒"）

profiteer /ˌprɑfə'tɪr/ *n*. 获得暴利者；奸商《*profit* 利益》

$$\begin{array}{ccc} \text{pro} & + & \text{fit} & + & \text{eer} \\ | & & | & & | \\ \text{forward} & + & \text{make} & + & \text{person} \end{array}$$

volunteer /ˌvɑlən'tɪr/ *n*. 义勇兵；志愿者

《拉丁文 *voluntas* = free will》　*cf*. **voluntary**（自愿的）

11 -en

* 古英文 *-an*。

citizen /'sɪtəzṇ/ *n*. 市民；公民《*city* 城市》

heathen /'hiðən/ *n*. 异教徒；粗人（住在荒野上的人）

《*heath* 石南属的常青灌木（茂盛的荒野）》

warden /'wɔrdṇ/ *n*. 看守人；监护人；校长《*ward* 守护》

12 -ent

* 拉丁文 *-ens*，表示"动作者"。

agent /'edʒənt/ *n*. 代理人（店）；动作者；原动力

《拉丁文 *agere* = do, drive》　*cf*. **agile**（敏捷的）

client /'klaɪənt/ *n*. 诉讼委托人；顾客《拉丁文 *cliens* = follower》

correspondent /ˌkɔrə'spɑndənt/ *n*. 通信者；通信记者

《*correspond* 通信》

opponent /ə'ponənt/ *n*. 对手；敌手（反对者）

《*op-*（against）+ *pon*（place）+ *ent*》

```
┌─────────────────────────────────┐
│   op    +   pon   +   ent        │
│   |         |         |          │
│ against +  place  +  person      │
└─────────────────────────────────┘
```

president /ˈprɛzədnt/ *n.* 董事长；大学校长；总统

《*preside* 主持》

resident /ˈrɛzədnt/ *n.* 居民《*reside* 居住》

student /ˈstjudnt/ *n.* 学生；研究者《*study* 研读》

13 -er

* 古英文 *-ere*，通常表示"从事～职业的人"。

baker /ˈbekɚ/ *n.* 面包师傅《*bake* 烘；焙》

barber /ˈbɑrbɚ/ *n.* 理发师《拉丁文 *barba* = beard 胡须》

commander /kəˈmændɚ/ *n.* 司令官；领袖《*command* 命令》

```
┌─────────────────────────────────┐
│  com   +  mand   +    er          │
│  |         |          |           │
│ together + order  +  person       │
└─────────────────────────────────┘
```

customer /ˈkʌstəmɚ/ *n.* 顾客《*custom* 惠顾》

dancer /ˈdænsɚ/ *n.* 舞者；舞蹈家《*dance* 跳舞》

driver /ˈdraɪvɚ/ *n.* 司机《*drive* 驾驶》

follower /ˈfɑloɚ/ *n.* 追随者；门徒；伙伴《*follow* 追随》

foreigner /ˈfɔrɪnɚ/ *n.* 外国人《*foreign* 外国的》

```
┌─────────────────────────────────┐
│   foreign  +    er                │
│   |             |                 │
│  outside   +  person              │
└─────────────────────────────────┘
```

gardener /ˈgɑrdnɚ/ *n.* 园丁《*garden* 花园》

leader /ˈlidɚ/ *n.* 领导者《*lead* 引导》

lodger /ˈlɑdʒɚ/ *n.* 房客；寄宿者《*lodge* 提供住宿》

Londoner /ˈlʌndənɚ/ *n.* 伦敦人

manufacturer /ˌmænjəˈfæktʃərɚ/ *n.* 制业（造）者

《*manufacture* 制造》

```
┌───────────────────────────────────────┐
│  manu  +  fact  + ur(e) +    er          │
│  |         |        |        |           │
│  hand  +  make  +   n.   +  person       │
└───────────────────────────────────────┘
```

mariner /ˈmærənɚ/ *n*.水手；船员《*marine* 海的》

member /ˈmɛmbɚ/ *n*.会员；议员（团体中的一分子）
《拉丁文 *membrum* = part》

messenger /ˈmɛsṇdʒɚ/ *n*.报信者；先驱者《*message* 消息》

miller /ˈmɪlɚ/ *n*.磨坊主人《*mill* 磨坊》

murderer /ˈmɝdərɚ/ *n*.谋杀者
《*murder* 谋杀》

officer /ˈɔfəsɚ/ *n*.军官；公务员《*office* 办公室》
cf. **official**（官员）

outsider /aʊtˈsaɪdɚ/ *n*.局外人；门外汉
《*outside* 外面》

owner /ˈonɚ/ *n*.所有者《*own* 拥有》

philosopher /fəˈlɑsəfɚ/ *n*.哲学家；哲人
《*philosophy* 哲学》

<table>
<tr><td>philo</td><td>+</td><td>soph</td><td>+</td><td>er</td></tr>
<tr><td>|</td><td></td><td>|</td><td></td><td>|</td></tr>
<tr><td>loving</td><td>+</td><td>wise</td><td>+</td><td>person</td></tr>
</table>

prisoner /ˈprɪzṇɚ/ *n*.囚犯；犯人《*prison* 监狱》

producer /prəˈdjusɚ/ *n*.生产者；制作者《*produce* 制造》

publisher /ˈpʌblɪʃɚ/ *n*.出版者《*publish* 出版》

reader /ˈridɚ/ *n*.读者《*read* 阅读》

reporter /rɪˈportɚ/ *n*.记者；采访员；报告者《*report* 报告》

<table>
<tr><td>re</td><td>+</td><td>port</td><td>+</td><td>er</td></tr>
<tr><td>|</td><td></td><td>|</td><td></td><td>|</td></tr>
<tr><td>back</td><td>+</td><td>carry</td><td>+</td><td>person</td></tr>
</table>

robber /ˈrɑbɚ/ *n*.强盗《*rob* 抢劫》

ruler /ˈrulɚ/ *n*.统治者；尺《*rule* 统治》

speaker /ˈspikɚ/ *n*.说话者；演说者《*speak* 说话》

writer /ˈraɪtɚ/ *n*.作家《*write* 写作》

14 -ese

* 放在专有名词之后，表示"国民"、"国语"，也可做形容词。

Chinese /tʃaɪˈniz/ *n*.中国人；中文　*adj*.中国（人）的；中文的

| | |

Japanese /ˌdʒæpəˈniz/ *n*.日本人；日语

　　adj.日本(人)的；日语的

Portuguese /ˈpɔrtʃəˌgiz/ *n*.葡萄牙人；葡萄牙语

　　adj.葡萄牙(人)的；葡萄牙语的《*Portugal* 葡萄牙》

15　-ess

　　* 希腊文-*issa*，作为女性名词。

actress /ˈæktrɪs/ *n*.女演员《*actor* 演员》

baroness /ˈbærənɪs/ *n*.男爵夫人《*baron* 男爵》

empress /ˈɛmprɪs/ *n*.皇后；女皇《*emperor* 皇帝》

```
em  +   pr(e)   +   ess
|        |           |
in  +  set in order  +  person
```

goddess /ˈgɑdɪs/ *n*.女神《*god* 神》

governess /ˈgʌvənɪs/ *n*.女家庭教师；保姆；女总督；女州长；

　　总督夫人；州长夫人《*governor* 总督；州长》

hostess /ˈhostɪs/ *n*.女主人；女侍《*host* 主人》

mistress /ˈmɪstrɪs/ *n*.女主人；女教师；情妇《*master* 主人》

princess /ˈprɪnsɪs/ *n*.公主；王妃《*prince* 王子》

stewardess /ˈstjuwədɪs/ *n*.女管家；空中小姐

　　《*steward* 管家》

16　-eur

　　* 表示"人"的法文字尾。

amateur /ˈæməˌtʃur/ *n*.业余爱好者

　　《拉丁文 *amare* = love》　*cf*. **amorous**(多情的)

chauffeur /ˈʃofə/ *n*.私人司机

connoisseur /ˌkɑnəˈsɚ/ *n*.鉴定家《拉丁文 *noscere* = know》

```
con  +  noiss  +   eur
|         |          |
full  +  know   +  person
```

17　-herd

* 指管理家畜的人。

cowherd /ˈkaʊˌhɝd/ n. 牧牛者《cow + herd》
shepherd /ˈʃɛpɚd/ n. 牧羊者《sheep + herd》

18　-ier

* 法文 -ier、拉丁文 -arius，表示"与～事物有关"的人。

cashier /kæˈʃɪr/ n. 出纳员《cash 现金》
cavalier /ˌkævəˈlɪr/ n. 骑士《caval = cheval = horse》
　cf. **chevalier**（骑士）
financier /ˌfɪnənˈsɪr, ˌfaɪnən-/ n. 金融业者；财政家
　《finance 财政》
premier /ˈprimɪɚ, prɪˈmɪr/ n. 首相《prime 首要的》
soldier /ˈsoldʒɚ/ n. 军人；士兵《拉丁文 solidus = solid→gold coin》
　【解说】因为历史上各时期的佣兵中大部分都是有报酬的，故称之。

19　-iff

bailiff /ˈbelɪf/ n. 法警《bail 保释金》
plaintiff /ˈplentɪf/ n. 原告《plain = complain》　cf. **defendant**（被告）
sheriff /ˈʃɛrɪf/ n. 〔英〕郡长；行政司法官；〔美〕郡保安官
　《shire〔英〕郡》

20　-ist

* 希腊文 -istes，表示"～主义者"、"从事～的专家"。

biologist /baɪˈɑlədʒɪst/ n. 生物学家《biology 生物学》
communist /ˈkɑmjuˌnɪst/ n. 共产主义者《communism 共产主义》
defeatist /dɪˈfitɪst/ n. 失败主义者《defeat 打败》
dogmatist /ˈdɔgmətɪst/ n. 独断者；独断论者《dogma 独断》

$$
\begin{array}{ccc}
\text{dogma} & + & \text{ist} \\
| & & | \\
belief & + & person
\end{array}
$$

dramatist /ˈdræmətɪst/ *n*.剧作家；编剧《*drama* 戏剧》

feminist /ˈfɛmənɪst/ *n*.女权主义者《*feminine* 女性的》

florist /ˈflɔrɪst, ˈflɑr-/ *n*.花匠；花商《拉丁文 *flor* = flower》

```
      flor  +  ist
       |        |
     flower + person
```

humanist /ˈhjumənɪst/ *n*.人道主义者《*human* 有人性的》

idealist /aɪˈdɪəlɪst/ *n*.理想主义者《*ideal* 理想》

journalist /ˈdʒɝnḷɪst/ *n*.新闻记者《*journal* 报纸》

militarist /ˈmɪlətərɪst/ *n*.军国主义者《*military* 军事的》

modernist /ˈmadɚnɪst/ *n*.现代主义者《*modern* 现代的》

naturalist /ˈnætʃərəlɪst/ *n*.自然主义者《*natural* 自然的》

novelist /ˈnavḷɪst/ *n*.小说家《*novel* 小说》

oculist /ˈakjəlɪst/ *n*.眼科医师《拉丁文 *oculus* = eye》

ornithologist /ˌɔrnɪˈθalədʒɪst/ *n*.鸟类学家

《*ornithology* 鸟类学》

```
   ornitho +  log  +  ist
      |         |       |
    bird   + study + person
```

romanticist /roˈmæntəsɪst/ *n*.浪漫主义者

sophist /ˈsafɪst/ *n*.诡辩家；学者《拉丁文 *sophos* = wise》

specialist /ˈspɛʃəlɪst/ *n*.专家《*special* 特别的》

tourist /ˈtʊrɪst/ *n*.旅行者；观光客《*tour* 旅行》

typist /ˈtaɪpɪst/ *n*.打字员《*type* 打字》

ventriloquist /vɛnˈtrɪləkwɪst/ *n*.腹语者

```
   ventri  +  loqu   +  ist
      |         |         |
   stomach + to speak + person
```

violinist /ˌvaɪəˈlɪnɪst/ *n*.小提琴家《*violin* 小提琴》

21 -ite

* 希腊文 *-ites*，表示"和～有关的人"、"属于～团体的人"。

cosmopolite /kazˈmapəˌlaɪt/ *n*.世界人民
《*cosmopolitism* 世界主义》

Israelite /ˈɪzrɪəlˌaɪt/ *n*.以色列人；犹太人

　《*Israel* 以色列》

labo(u)rite /ˈlebəˌraɪt/ *n*.劳工党员

　《*labo(u)r* 劳动》

Tokyoite /ˈtokɪoˌaɪt,-kjo-/ *n*.东京人

22　-ive

　* 以形容词表示名词的字尾。

captive /ˈkæptɪv/ *n*.俘虏（被捉的）

detective /dɪˈtɛktɪv/ *n*.侦探

fugitive /ˈfjudʒətɪv/ *n*.逃亡者；难民（逃走的）

　《拉丁文 *fugere* = flee》

$$\boxed{\begin{array}{ccc} \text{fugit} & + & \text{ive} \\ | & & | \\ \textit{flee} & + & \textit{person} \end{array}}$$

native /ˈnetɪv/ *n*.本地人；土著（土著的）

operative /ˈɑpəˌretɪv/ *n*.工人；技工（工作的）

relative /ˈrɛlətɪv/ *n*.亲戚（有关系的）

23　-man，-sman

　* -sman 的 s 不是复数，而是表示所有格。

businessman /ˈbɪznɪsˌmæn/ *n*.生意人；商人《*business* 生意》

chairman /ˈtʃɛrmən/ *n*.主席；会长；委员长《*chair* 议长的座位》

fireman /ˈfaɪrmən/ *n*.救火员；消防员《*fire* 火》

freshman /ˈfrɛʃmən/ *n*.新生；初学者《*fresh* 新鲜的》

gentleman /ˈdʒɛntḷmən/ *n*.绅士《*gentle* 温柔的》

fisherman /ˈfɪʃɚmən/ *n*.渔夫《*fish* 鱼》

postman /ˈpostmən/ *n*.邮差《*post* 邮件》

salesman /ˈselzmən/ *n*.店员；推销员《*sale* 出售》

$$\boxed{\begin{array}{ccccc} \text{sale} & + & \text{s} & + & \text{man} \\ | & & | & & | \\ \textit{selling} & + & \textit{of} & + & \textit{person} \end{array}}$$

seaman /'simən/ *n*.海员；水手《*sea* 海洋》
spaceman /'speɪˌmæn/ *n*.太空人《*space* 太空》
spokesman /'spoksmən/ *n*.发言人
sportsman /'sportsmən/ *n*.运动员《*sport* 运动》
statesman /'stetsmən/ *n*.政治家（主持国事的人）《*state* 国家》
stuntman /'stʌntmən/ *n*.（演员的）特技替身《*stunt* 特技》

24　-on

champion /'tʃæmpɪən/ *n*.冠军；勇士；斗士
《拉丁文 *campus* = 战场》
companion /kəm'pænjən/ *n*.同伴；朋友（一起吃面包的人）
cf. **pantry**（食品室；餐具室）

com +	pani +	on
with +	bread +	person

matron /'metrən/ *n*.年长已婚之妇女；保姆；护士长
《拉丁文 *mater* = mother》　*cf*. **maternal**（母亲的）；**paternal**（父亲的）
patron /'petrən/ *n*.保护人；赞助人
《拉丁文 *pater* = father》
surgeon /'sɚdʒən/ *n*.外科医生《*surgery* 外科手术》

25　-or，-our

＊拉丁文 *-or*，*-ator*，表示与-ee 相对的人。

ambassador /æm'bæsədɚ/ *n*.大使；使节《*embassy* 大使馆》
conqueror /'kɑŋkərɚ/ *n*.征服者《*conquer* 征服》
counsel(l)or /'kaunslɚ/ *n*.顾问《*counsel* 劝告》
editor /'ɛdɪtɚ/ *n*.编者；主笔《*edit* 编辑》
governor /'gʌvɚnɚ/ *n*.统治者；总督《*govern* 统治》
illustrator /ɪ'lʌstretɚ/ *n*.插画家《*illustrate* 以插图说明》

il +	lustrat +	or
in +	light up +	person

inspector /ɪnˈspɛktɚ/ *n*.检查官；巡官《*inspect* 检查》

investigator /ɪnˈvɛstəˌɡetɚ/ *n*.调查员《*investigate* 调查》

```
in  +  vestigat  +   or
|        |           |
in  +   track   +  person
```

mayor /ˈmeɚ/ *n*.市长《拉丁文 *major* = greater》

narrator /næˈretɚ/ *n*.叙述者《*narrate* 述》

neighbo(u)r /ˈnebɚ/ *n*.邻居（住在附近的百姓）
《*nei*（ near ）+ *ghbour*（ boor 百姓）》

```
nei  +  ghbour
 |        |
near  +  boor
```

pastor /ˈpæstɚ/ *n*.牧师；精神领袖

savio(u)r /ˈsevjɚ/ *n*.救济者；拯救者《*save* 拯救》

sculptor /ˈskʌlptɚ/ *n*.雕刻家《*sculpt* 雕刻》

successor /səkˈsɛsɚ/ *n*.后继者；继承者；继任者《*succeed* 继承》
  cf. **predecessor**（前任者）

tailor /ˈtelɚ/ *n*.裁缝师（剪断的人）《拉丁文 *taleare* = cut》

tutor /ˈtutɚ/ *n*.家庭教师；助教（照顾者）
《拉丁文 *tueri* = look after，guard》

26 -ster

  * 古英文 *-estre*。

gamester /ˈɡemstɚ/ *n*.赌徒《*game* 比赛》

gangster /ˈɡæŋstɚ/ *n*.歹徒；盗匪《*gang*（做坏事的）一帮》

minister /ˈmɪnɪstɚ/ *n*.牧师；部长（神或国民的仆人）
《拉丁文 *mini* = small》

songster /ˈsɔŋstɚ/ *n*.歌手；诗歌的作者《*song* 歌》

spinster /ˈspɪnstɚ/ *n*.未婚女性；老处女《*spin* 纺线》
  cf. **bachelor**（未婚男性）

【解说】以前，未婚女性通常都在家里纺线织布，所以 17 世纪之后，过了适婚
    年龄而未结婚的女人都被这么称呼。

youngster /ˈjʌŋstɚ/ *n*.青年；少年《*young* 年轻的》

27 -y，-yer

enemy /'ɛnəmɪ/ n.敌人(不是朋友的人)

《拉丁文 *amicus* = friend》

```
en  +  em  +   y
|      |       |
not + love + person
```

lady /'ledɪ/ n.女士；淑女
lawyer /'lɔjɚ/ n.律师《*law* 法律》
sawyer /'sɔjɚ/ n.锯木匠《*saw* 锯》

(2) 表示"缩小"的名词字尾

＊ 带有"小的"、"可爱的"、"可亲近的"等意味。

1 -cle

＊ 表示"个体"或"个别"。

article /'ɑrtɪkļ/ n.文章；条款；物品；冠词
follicle /'fɑlɪkļ/ n.小囊；滤泡《拉丁文 *follis* = bag》
icicle /'aɪsɪkļ/ n.冰柱；垂冰《*ice* 冰》
miracle /'mɪrəkļ/ n.奇迹；奇事《拉丁文 *mirare* = wonder at》
particle /'pɑrtɪkļ/ n.分子；微粒；质点《*part* 部分》
pinnacle /'pɪnəkļ/ n.小尖塔；山顶；顶点《拉丁文 *pinna* = 顶点》
speckle /'spɛkļ/ n.小点；斑点《*speck* 斑点》
vehicle /'viːɪkļ/ n.车辆；媒介物(搬运物)

《拉丁文 *vehere* = carry》

2 -el，-le

damsel /'dæmzļ/ n.少女；处女《*dame* 妇女》

cf. **maiden**(少女；处女)

model /'mɑdļ/ n.模型；模范《*mode* 样式》
vessel /'vɛsļ/ n.船舰；容器；管《拉丁文 *vascellum* = small vase》

bottle /ˈbɑtl̩/ *n*.瓶《拉丁文 *butta* = cask(桶)》

bundle /ˈbʌndl̩/ *n*.捆；束《*bind* 绑》

$$\begin{array}{ccc} \text{bund} & + & \text{le} \\ | & & | \\ \textit{bind} & + & \textit{small thing} \end{array}$$

pebble /ˈpɛbl̩/ *n*.小圆石《*cobble* 圆石子》

riddle /ˈrɪdl̩/ *n*.谜；谜样的人(应该能读的东西)《*read* 阅读》

3 -en，-in

＊表示"小型的"。

chicken /ˈtʃɪkɪn/ *n*.雏鸡；鸡肉

kitten /ˈkɪtn̩/ *n*.小猫

bulletin /ˈbʊlətɪn/ *n*.告示；公告；报告(小的印记→简短的告示)

$$\begin{array}{ccc} \text{bullet} & + & \text{in} \\ | & & | \\ \textit{seal} & + & \textit{small} \end{array}$$

elfin /ˈɛlfɪn/ *n*.小精灵；顽童《*elf* 小精灵》

violin /ˌvaɪəˈlɪn/ *n*.小提琴《*viola* 中提琴》

4 -et，-ette

＊拉丁文 *-itus*，*-ita*。

banquet /ˈbæŋkwɪt/ *n*.酒宴(排列着菜肴的桌子)
《高地德语 *banc* = bench，table》　*cf*. **bank**(堤；银行)；**bench**(长凳)

blanket /ˈblæŋkɪt/ *n*.毛毯《法文 *blanc* = white》
cf. **blank**(空白处)

bouquet /buˈke，boˈke/ *n*.花束

cabinet /ˈkæbənɪt/ *n*.内阁；小私室《*cabin* 小屋》

islet /ˈaɪlɪt/ *n*.小岛《*isle* 岛》

tablet /ˈtæblɪt/ *n*.笔记簿；写字板；锭剂(小而平的东西)

ticket /ˈtɪkɪt/ *n*.票；入场券；标签《法文 *etiquet* = 标签》

cigarette /ˌsɪgəˈrɛt，ˈsɪgəˌrɛt/ *n*.香烟《*cigar* 雪茄烟》

gazette /gə'zɛt/ *n*. 报纸；政府的公报（为了买报纸所付的小额的钱）
《意大利文 *gazzetta* = small coin》

novelette /ˌnɑvḷ'tɜ/ *n*. 短篇或中篇小说《*novel* 小说》

5　-kin

＊中世纪荷兰语 -ken。

cannikin /'kænəkɪn/ *n*. 小罐；小杯《*can* 金属罐》

lambkin /'læmkɪn/ *n*. 小羊《*lamb* 小羊》

manikin /'mænəkɪn/ ＝ a little man *n*. 侏儒；人体解剖模型

napkin /'næpkɪn/ *n*. 餐巾《拉丁文 *napa* = cloth》　*cf*. **map**（地图）

pumpkin /'pʌmpkɪn 'pʌŋkɪn/ *n*. 南瓜《拉丁文 *peponem* = large melon》

```
     pump     +   kin
      |             |
  large melon  +  small
```


6　-let

＊法文 -el 和 -et 的结合。

booklet /'bʊklɪt/ *n*. 小册子

bullet /'bʊlɪt/ *n*. 子弹（球样的小东西）《法文 *boule* = ball》

cutlet /'kʌtlɪt/ *n*. 供烧烤或煎炸的薄肉片（把肉切成小块的东西）

fillet /'fɪlɪt/ *n*. 束发带；肉片；鱼片《拉丁文 *filum* = thread 线》

hamlet /'hæmlɪt/ ＝ a small village *n*. 小村

leaflet /'liflɪt/ *n*. 小叶；传单《*leaf* 叶》

pamphlet /'pæmflɪt/ ＝ a small book *n*. 小册子

rivulet /'rɪvjəlɪt/ *n*. 小河；溪流《*river* 河》　*cf*. **streamlet**（小河）

7　-ling

＊由 -le（小的）、-ing（特定的一类）组合而成；表示"幼小"、"不重要"。

darling /'dɑrlɪŋ/ *n*. 亲爱的人《*dear*（亲爱的）＋ *ling*》

duckling /'dʌklɪŋ/ *n*. 小鸭《*duck* 鸭》

gosling /ˈgɑzlɪŋ/ *n*.小鹅《*goose* 鹅》
seedling /ˈsidlɪŋ/ *n*.从种子中长出来的植物；苗木《*seed* 种子》
underling /ˈʌndɚlɪŋ/ *n*.职位低的人《*under* 在～之下》
yearling /ˈjɪrlɪŋ/ *n*.一岁的小动物《*year* 年》

8　-ock

* 古英文-*oc*,-*uc*。

bullock /ˈbulək/ *n*.小公牛；（食用的）阉牛《*bull* 公牛》
hillock /ˈhɪlək/ *n*.小丘；冢《*hill* 小山》
paddock /ˈpædək/ = park *n*.小块空地或围场；
　　赛马场的围场（类似公园的一块小地方）

9　-(c)ule

* 拉丁文-*culus*。

animalcule /ˌænəˈmælkjul/ *n*.微生物《*animal* 动物》
corpuscule /kɔrˈpʌskjul/ *n*.血球；微粒《拉丁文 *corpus* = body》
　cf. corpse（尸体）
globule /ˈglɑbjul/ *n*.极小的球体或液滴《*globe* 球》
granule /ˈgrænjul/ *n*.小粒；微粒《*grain* 谷粒》
minuscule /mɪˈnʌsˌkjul/ *n*.小写字体；小字
　　《拉丁文 *minus* = less》
molecule /ˈmɑləˌkjul/ *n*.分子；微点

10　-ie，-y

* 作为专有名词的昵称。

auntie；aunty /ˈæntɪ,ˈɑn-/ = aunt *n*.姑（婶）母之昵称
Billy /ˈbɪlɪ/ *n*.William 之昵称
birdie /ˈbɝdɪ/ = bird *n*.小鸟；鸟（昵称）
daddy /ˈdædɪ/ = dad *n*.爹地（孩童用语）
kitty /ˈkɪtɪ/ = kitten *n*.小猫

pony /ˈponɪ/ *n*.小马
Tommy /ˈtɑmɪ/ *n*.Thomas 之昵称

(3) 表示抽象名词字尾

1 -ace

grimace /grɪˈmes/ *n*.面部的歪扭；鬼脸《*grim* 冷酷的；狰狞的》
menace /ˈmɛnɪs/ *n*.威胁；胁迫
 《拉丁文 *minere* = jut out（突出；伸出）》 *cf*. eminent(卓越的)
solace /ˈsɑlɪs, -əs/ *n*.安慰；慰藉《拉丁文 *solari* = console（安慰）》

2 -ade

 * 拉丁文 -atus；表示"行动"、"行动的人"。

ambuscade /ˌæmbəsˈked/ *n*.埋伏；伏兵
 《法文 *embuscade* = place in ambush》
arcade /ɑrˈked/ *n*.拱廊《*arc* 弧形物》
blockade /blɑˈked/ *n*.封锁；断绝；障碍（物）
 《*block* 封锁；妨碍》
cannonade /ˌkænənˈed/ *n*.（连续）炮击《*cannon* 大炮》
comrade /ˈkɑmræd/ *n*.同伴；同志；同事
crusade /kruˈsed/ *n*.十字军；改革运动《拉丁文 *cruc* = cross》

```
  crus + ade
   |      |
  cross + n.
```

decade /ˈdɛked/ *n*.十年；由十所构成的一组《希腊文 *deka* = ten》
escapade /ˈɛskəˌped/ *n*.逃脱；胆大妄为；恶作剧《*escape* 逃脱》
lemonade /ˌlɛmənˈed/ *n*.柠檬水《*lemon* 柠檬》
masquerade /ˌmæskəˈred/ *n*.化装舞会
 《*masquer* = *masker*（戴假面具者）》
orangeade /ˈɔrɪndʒˈed/ *n*.橘子水；柳橙汁《*orange* 橙；柑橘》
renegade /ˈrɛnɪˌged/ *n*.变节者；脱党者《拉丁文 *renegare* = deny》

$$re + neg + ade$$
$$again + deny + n.$$

serenade /ˌsɛrə'ned/ n. 小夜曲《拉丁文 *sera* = evening》
stockade /stɑk'ed/ n. 栅栏；防御障碍物《*stock* 桩；圆木》

3　-age

* 拉丁文 *-aticum*。

courage /'kɝɪdʒ/ n. 勇气《拉丁文 *cor* = heart》　*cf*. **cordial**(热心的)
damage /'dæmɪdʒ/ n. 伤害；损失《*damn* 破坏》
lineage /'lɪnɪɪdʒ/ n. 血统；系统《*line* 线》
marriage /'mærɪdʒ/ n. 结婚《*marry* 结婚》

【解说】美国法律规定结婚年龄为 18 岁以上，结婚前要先取得结婚许可证
(**marriage license**)，有许多州还规定要做婚前健康检查。西方人
特别喜欢在六月结婚，因为六月(**June**)的名称，是来自希腊罗马神
话故事中，婚姻守护神——天后朱诺(**Juno**)。

passage /'pæsɪdʒ/ n. 通过；变迁；通道；(文章之)一段《*pass* 通过》

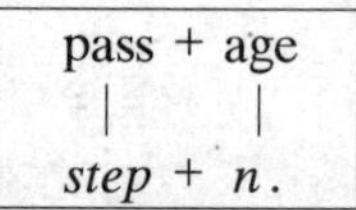

$$pass + age$$
$$step + n.$$

personage /'pɝsnɪdʒ/ n. 名人；贵人；知名人士《*person* 人》
shortage /'ʃɔrtɪdʒ/ n. 缺乏；不足；缺陷《*short* 短少的》
shrinkage /'ʃrɪŋkɪdʒ/ n. 收缩(量)；缩小《*shrink* 收缩；缩小》
usage /'jusɪdʒ/ n. 使用(法)；惯例；惯用法《*use* 使用》
wreckage /'rɛkɪdʒ/ n. 残骸；毁灭《*wreck* 弄坏》

4　-al

* 把动词变成抽象名词。

approval /ə'pruvl̩/ n. 赞成；核准《*approve* 赞成》
arrival /ə'raɪvl̩/ n. 到达《*arrive* 到达》
avowal /ə'vauəl/ n. 坦白承认；公开宣称
　《*a* −(to) + *vow*(call) + *al*》

```
┌─────────────────────┐
│   a + vow + al      │
│   |    |     |      │
│  to + call + n.     │
└─────────────────────┘
```

betrayal /bɪ'treəl/ *n*.背叛；出卖《*betray* 背叛》

denial /dɪ'naɪəl/ *n*.拒绝；否认《*deny* 否定》

portrayal /por'treəl/ *n*.描绘；肖像《*portray* 描绘》

refusal /rɪ'fjuzl̩/ *n*.拒绝；取舍权《*refuse* 拒绝》

survival /səˈvaɪvl̩/ *n*.残存（者）；遗物《*survive* 残存》

```
┌─────────────────────┐
│  sur + viv + al     │
│   |     |    |      │
│ above + live + n.   │
└─────────────────────┘
```

trial /'traɪəl/ *n*.审判；试验；考验《*try* 试验》

withdrawal /wɪð'drɔl, wɪθ'drɔl/ *n*.撤退；提款
《*withdraw* 撤回》

5　-ance，-ancy

*〔变化型〕-ence，-ency。

absence /'æbsn̩s/ *n*.缺席；不在《*absent* 缺席的》

allowance /ə'lauəns/ *n*.允许；零用钱；津贴《*allow* 允许》

appearance /ə'pɪrəns/ *n*.出现；外表《*appear* 出现》

attendance /ə'tɛndəns/ *n*.出席；列席；侍候《*attend* 出席》

```
┌─────────────────────┐
│  at + tend + ance   │
│   |    |      |     │
│  to + stretch + n.  │
└─────────────────────┘
```

confidence /'kɑnfədəns/ *n*.信赖；确信；自信
《*confident* 确信的》

decency /'disn̩sɪ/ *n*.端庄；庄重《*decent* 正当的》

excellence /'ɛkslə̩ns/ *n*.优秀；杰出《*excellent* 优秀的》

```
┌──────────────────────────┐
│  ex +  cell  + ence      │
│   |     |       |        │
│ from + rise high + n.    │
└──────────────────────────┘
```

forbearance /fɔr'bɛrəns/ *n*.抑制；忍耐；宽容《*forbear* 抑制》

guidance /ˈgaɪdn̩s/ *n*.指导；向导《*guide* 引导》

hindrance /ˈhɪndrəns/ *n*.妨碍；阻碍《*hinder* 妨碍》

indulgence /ɪnˈdʌldʒəns/ *n*.放纵；沉溺《*indulgent* 沉溺的》

innocence /ˈɪnəsn̩s/ *n*.无罪；清白；天真无邪《*innocent* 天真的》

insolvency /ɪnˈsɑlvənsɪ/ *n*.无力清还债务；破产
《*insolvent* 破产的》

```
in   +  solv  + ency
|        |        |
not  + loosen  +  n.
```

obedience /əˈbidɪəns/ *n*.服从；孝顺《*obedient* 服从的》

permanence /ˈpɝmənəns/ *n*.永久；不变《*permanent* 永久的》

perseverance /ˌpɝsəˈvɪrəns/ *n*.坚持；毅力《*persevere* 坚持》

```
per    + sever + ance
|         |        |
intensive + severe +  n.
```

presence /ˈprɛzn̩s/ *n*.在场；出席《*present* 在场的》

reliance /rɪˈlaɪəns/ *n*.信赖；信任《*rely* 信赖》

reluctance /rɪˈlʌktəns/ *n*.勉强；不愿《*reluctant* 勉强的》

```
re   +  luct  + ance
|        |        |
against + struggle +  n.
```

silence /ˈsaɪləns/ *n*.沉默《*silent* 沉默的》

tolerance /ˈtɑlərəns/ *n*.容忍《*tolerant* 容忍的》

utterance /ˈʌtərəns, ˈʌtrəns/ *n*.发言；发声《*utter* 说出》

vacancy /ˈvekənsɪ/ *n*.空虚；空缺；茫然若失《*vacant* 空的》

violence /ˈvaɪələns/ *n*.暴力《*violent* 暴力的》

6　-cy

aristocracy /ˌærəˈstɑkrəsɪ/ *n*.贵族政治；上流社会
《*aristocrat* 贵族》

bankruptcy /ˈbæŋkrʌptsɪ, -rəptsɪ/ *n*.破产
《*bankrupt* 使破产》

fallacy /ˈfæləsɪ/ *n*.谬见；谬误《*fallible* 可能犯错的》
intimacy /ˈɪntəməsɪ/ *n*.亲密；熟悉
　《*intimate* 亲密的》
prophecy /ˈprɑfəsɪ/ *n*.预言《*prophesy* /ˈprɑfəˌsaɪ/ *v*.预言》

7　-dom

　＊表示"状况"、"权力"、"地位"。

freedom /ˈfridəm/ *n*.自由；免除《*free* 自由的》
martyrdom /ˈmɑrtɚdəm/ *n*.殉教；苦痛《*martyr* 殉教者》
wisdom /ˈwɪzdəm/ *n*.智慧；学识《*wise* 聪明的》

8　-hood，-head

　＊表示"时期"、"状况"、"性质"。

boyhood /ˈbɔɪhʊd/ *n*.少年时代；童年《*boy* 男孩》
childhood /ˈtʃaɪldˌhʊd/ *n*.儿童期；童年时代《*child* 儿童》
falsehood /ˈfɔlshʊd/ *n*.虚设；谎言《*false* 虚伪的》
likelihood /ˈlaɪklɪˌhʊd/ *n*.可能性《*likely* 有可能的》

```
likeli　+　hood
  |           |
possible  +   n.
```

livelihood /ˈlaɪvlɪˌhʊd/ *n*.生活；生计《*live* 活着的》
manhood /ˈmænhʊd/ *n*.成年；【集合名词】成年男子《*man* 男人》
neighbo(u)rhood /ˈnebɚˌhʊd/ *n*.邻近地区《*neighbo(u)r* 邻居》
godhead /ˈgɑdhɛd/ ＝ godhood *n*.神；神格；神性
maidenhead /ˈmednˌhɛd/ *n*.处女性；处女膜《*maiden* 处女》

9　-ic(s)

　＊常用于学术用语的字尾。

aerobatics /ˌeərəˈbætɪks, ˌerɚ-/ *n*.特技飞行(术)

```
aero　+　bat　+　ics
  |         |        |
 air　+　walk　+　n.
```

aesthetics /ɛsˈθɛtɪks/ *n*.美学

arithmetic /əˈrɪθməˌtɪk/ *n*.算术《拉丁文 *arithmos* = number》

classics /ˈklæsɪks/ *n*.古典(学)《*classic* 古典的》

dynamics /daɪˈnæmɪks/ *n*.动力学《*dynamic* 动力的》

ethics /ˈɛθɪks/ *n*.伦理(学)《希腊文 *ethos* = custom》

hysteric /hɪsˈtɛrɪk/ *n*.歇斯底里发作《*hystera* = womb》

【解说】古代的人认为，妇女得歇斯底里症是因为子宫机能失调所引起。

logic /ˈlɑdʒɪk/ *n*.逻辑；理则学

lyric /ˈlɪrɪk/ *n*.抒情诗；抒情诗人；(*pl*.) 歌词

《*lyre* 里拉，古希腊弦乐器》

magic /ˈmædʒɪk/ *n*.魔法；魔术《希腊文 *magos* = 古波斯教士》

mathematics /ˌmæθəˈmætɪks/ *n*.数学《希腊文 *manthanein* = learn》

$$\begin{array}{c|c} \text{mathemat} & + \quad \text{ics} \\ | & | \\ \textit{learn} & + \quad \textit{n}. \end{array}$$

metaphysics /ˌmɛtəˈfɪzɪks/ *n*.形而上学；玄学

music /ˈmjuzɪk/ *n*.音乐

《*Muse* 缪斯，古希腊神话中掌管文艺和科学的女神》

phonetics /foˈnɛtɪks, fə/ *n*.语音学

《希腊文 *phonein* = utter》

physic /ˈfɪzɪk/ *n*.医术；医学《希腊文 *physis* = nature》

physics /ˈfɪzɪks/ *n*.物理学

poetics /poˈɛtɪks/ *n*.诗学《*poetry* 诗》

rhetoric /ˈrɛtərɪk/ *n*.修辞学《希腊文 *rhetor* = orator 演说家》

$$\begin{array}{c|c} \text{rhetor} & + \quad \text{ic} \\ | & | \\ \textit{orator} & + \quad \textit{n}. \end{array}$$

skeptic /ˈskɛptɪk/ *n*.怀疑(论)者《希腊文 *skeptikos* = inquiring》

stoic /ˈstoɪk/ *n*.禁欲主义者；坚忍的人

10   -ice，-ise

* 表示"状态"。

avarice /ˈævərɪs/ *n*.贪财；贪婪

caprice /kəˈpris/ *n*.反复无常；善变《*caper* 跳跃》
cowardice /ˈkaʊɚdɪs/ *n*.怯懦《*coward* 胆小者》
justice /ˈdʒʌstɪs/ *n*.正义《*just* 正直的》
service /ˈsɝvɪs/ *n*.服务；助益；帮助《*serve* 服务》
treatise /ˈtritɪs/ *n*.论文（处理某问题的方法）《*treat* 对待》

11　-ing

　　* 表示"状态"。

aging /ˈedʒɪŋ/ *n*.衰老《*age*(使)衰老》
bearing /ˈbɛrɪŋ,ˈbær-/ *n*.意义；关系；态度《bear 负荷》
blessing /ˈblɛsɪŋ/ *n*.祝福；神恩《*bless* 祝福》
calling /ˈkɔlɪŋ/ *n*.召集；职业《*call* 呼叫》
clothing /ˈkloðɪŋ/ *n*.【集合名词】衣服《*clothe* 穿衣》
thanksgiving /ˌθæŋksˈɡɪvɪŋ/ *n*.感谢；感恩的表示

12　-ion

　　* 拉丁文 *-io*，表示"行为"、"过程"。

addition /əˈdɪʃən/ *n*.附加(物)《*add* 增加》
civilization /ˌsɪvḷəˈzeʃən,ˌsɪvḷaɪ-/ *n*.文明；教养
　　《*civilize* 使开化》
coronation /ˌkɑrəˈneʃən/ *n*.加冕礼
　　《拉丁文 *corona* = crown（王冠）》
exaggeration /ɪɡˌzædʒəˈreʃən/ *n*.夸张《*exaggerate* 夸张》

```
ex  +  ag  +  ger  +  ation
|      |      |        |
out +  to  + carry  +  n.
```

extension /ɪkˈstɛnʃən/ *n*.伸张；延长；扩张《*extend* 伸张》
invitation /ˌɪnvəˈteʃən/ *n*.邀请；请帖《*invite* 邀请》
protection /prəˈtɛkʃən/ *n*.保护(物)《*protect* 保护》

```
pro  +  tect  +  ion
|        |       |
before + cover +  n.
```

quotation /kwo'teʃən/ *n*.引用（文）《*quote* 引用》
submission /səb'mɪʃən/ *n*.屈服；服从《*submit* 使屈服》

13　-ism，-asm

* 表示"主义"、"学说"、"特性"。

antagonism /æn'tægəˌnɪzəm/ *n*.敌对；反对
《*antagonist* 敌手》
aphorism /'æfəˌrɪzəm/ *n*.格言；箴言；警句
barbarism /'bɑrbəˌrɪzəm/ *n*.野蛮；野蛮的行为
Buddhism /'budɪzəm/ *n*.佛教《*Buddha* 佛》
centralism /'sɛntrəlˌɪzəm/ *n*.中央集权主义《*center* 中央》
commercialism /kə'mɝˌʃəlˌɪzəm/ *n*.商业主义《*commerce* 商业》

com	+	merc	+	ial	+	ism
together	+	trade	+	adj.	+	n.

communism /'kɑmjuˌnɪzəm/ *n*.共产主义
《*communist* 共产主义者》
despotism /'dɛspətˌɪzəm/ *n*.专制政治《*despot* 暴君》
existentialism /ˌɛgzɪs'tɛnʃəlɪzm̩/ *n*.存在主义《*exist* 存在》
exoticism /ɪg'zɑtəˌsɪzm̩/ *n*.异国风味《*exotic* 异国风味的》
hedonism /'hidn̩ˌɪzəm/ *n*.享乐主义《*hedonic* 享乐的》

hedon	+	ism
delight	+	n.

heroism /'hɛroˌɪzəm/ *n*.英勇；勇敢的事迹《*hero* 英雄》
imperialism /ɪm'pɪriəlˌɪzəm/ *n*.帝国主义《*imperial* 帝国的》
Marxism /'mɑrksɪzm̩/ *n*.马克思主义
modernism /'mɑdɚnˌɪzəm/ *n*.现代主义；现代思想
《*modern* 现代的》
optimism /'ɑptəˌmɪzəm/ *n*.乐观（主义）《*optimum* 最佳条件》

optim	+	ism
best	+	n.

passivism /ˈpæsəˌvɪzm̩/ *n*. 消极主义《*passive* 消极的》

pessimism /ˈpɛsəˌmɪzəm/ *n*. 悲观（主义）

   cf. **pessimist**（悲观主义者）

skepticism /ˈskɛptəˌsɪzəm/ *n*. 怀疑论《*skeptical* 怀疑的》

symbolism /ˈsɪmbl̩ˌɪzəm/ *n*. 象征主义《*symbol* 象征》

totalitarianism /toˌtæləˈtɛrɪənɪzm̩/ *n*. 极权主义《*total* 全体的》

enthusiasm /ɪnˈθjuzɪˌæzəm/ *n*. 狂热；热心

14 -itude

   * 表示动作或状态。

altitude /ˈæltəˌtjud/ *n*. 高度；高处《拉丁文 *altus* = high》

aptitude /ˈæptəˌtjud, -ˌtud/ *n*. 天分；才能《*apt* 适合的》

decrepitude /dɪˈkrɛpɪˌtjud/ *n*. 衰老；破旧《*decrepit* 衰老的》

$$
\begin{array}{ccc}
\text{de} & \text{crep} & \text{itude} \\
| & | & | \\
intensive & crack & n.
\end{array}
$$

fortitude /ˈfɔrtəˌtjud/ *n*. 刚毅；不屈不挠《拉丁文 *fortis* = strong》

gratitude /ˈgrætəˌtjud/ *n*. 感谢；谢意《拉丁文 *gratus* = pleasing》

   cf. **grateful**（感谢的）

latitude /ˈlætəˌtjud/ *n*. 纬度；自由范围

   《拉丁文 *latus* = wide》

magnitude /ˈmægnəˌtjud/ *n*. 大小；长度；重要

   《拉丁文 *magn* = great》

$$
\begin{array}{cc}
\text{magn} & \text{itude} \\
| & | \\
great & n.
\end{array}
$$

multitude /ˈmʌltəˌtjud/ *n*. 众多；群众《拉丁文 *multus* = many》

solitude /ˈsɑləˌtjud/ *n*. 孤独；荒僻之处《*sole* 惟一的》

   cf. **solitary**（孤独的）

vicissitude /vəˈsɪsəˌtjud/ *n*. 变迁；变化；盛衰；荣枯

   《拉丁文 *vicis* = change》

$$
\begin{array}{cc}
\text{viciss} & \text{itude} \\
| & | \\
change & n.
\end{array}
$$

15 -(i)um

* 多用于元素的名称。

aluminum /ə'lumɪnəm/ *n*.铝
ammonium /ə'monɪəm/ *n*.铵
barium /'bɛrɪəm, 'ber-/ *n*.钡
magnesium /mæg'niʃɪəm, -ʒɪəm/ *n*.镁
petroleum /pə'trolɪəm/ *n*.石油(岩油)
  《*petr*（ rock ）+ *oleum*（ oil)》

16 -ment

* 法文 *-ment*，表示"结果"、"手段"。

achievement /ə'tʃivmənt/ *n*.完成；成就《*achieve* 完成》
amendment /ə'mɛndmənt/ *n*.修正《*amend* 修正》
amusement /ə'mjuzmənt/ *n*.娱乐；消遣《*amuse* 娱乐》

$$
\begin{array}{ccc}
a & + \ muse & + \ ment \\
| & | & | \\
at & + \ stare & + \ n.
\end{array}
$$

arrangement /ə'rendʒmənt/ *n*.安排；布置《*arrange* 安排》
astonishment /ə'stɑnɪʃmənt/ *n*.惊奇《*astonish* 使惊奇》

$$
\begin{array}{ccc}
as & + \ tonish & + \ ment \\
| & | & | \\
intensive & + \ thunder & + \ n.
\end{array}
$$

attachment /ə'tætʃmənt/ *n*.系；附加；属于《*attach* 系》
banishment /'bænɪʃmənt/ *n*.放逐；驱逐《*banish* 驱逐出境》
bombardment /bɑm'bɑrdmənt/ *n*.攻击《法文 *bombarde* ＝炮击》
engagement /ɪn'gedʒmənt/ *n*.预订；订婚《*engage* 预订》
equipment /ɪ'kwɪpmənt/ *n*.装备《*equip* 装备》
fulfil(l)ment /ful'fɪlmənt/ *n*.履行；实现《*fulfil(l)* 履行》
government /'gʌvə·nmənt/ *n*.政府《*govern* 统治》
judg(e)ment /'dʒʌdʒmənt/ *n*.审判；判断（力）《*judge* 判断》

$$
\begin{array}{cc}
judg(e) & + \ ment \\
| & | \\
law & + \ n.
\end{array}
$$

lineament /'lɪnɪəmənt/ *n*.相貌；特征(线→脸的轮廓)《*line* 线》

merriment /'mɛrɪmənt/ *n*.欢乐《*merry* 欢乐的》

movement /'muvmənt/ *n*.运动；动作；行动；动向《*move* 移动》

ointment /'ɔɪntmɪnt/ *n*.药膏

payment /'pemənt/ *n*.支付；付款《*pay* 支付》

refreshment /rɪ'frɛʃmənt/ *n*.恢复精神；身心愉快
《*refresh* 提神》

treatment /'tritmənt/ *n*.待遇；治疗；处理《*treat* 对待》

17 -mony

＊是 *-ment* 的变化型。

ceremony /'sɛrəˌmonɪ/ *n*.仪式；有礼貌的行为

harmony /'hɑrmənɪ/ *n*.调和；一致；和声

matrimony /'mætrəˌmonɪ/ *n*.婚姻；婚姻关系(变成母亲)
《拉丁文 *mater* = mother》

testimony /'tɛstəˌmonɪ/ *n*.证言；口供；证据
《拉丁文 *testis* = witness》

18 -ness

＊能将形容词变成抽象名词。

abrasiveness /ə'bresɪvnɪs/ *n*.磨损；剥蚀
《abrasive 磨损的；剥蚀的》

adhesiveness /əd'hisɪvnɪs/ *n*.粘性《*adhesive* 有粘性的》

attractiveness /ə'træktɪvnɪs/ *n*.魅力；吸引力

```
at  +  tract  +  ive  + ness
|       |        |       |
to  +  draw  +  adj. +  n.
```

awareness /ə'wɛrnɪs/ *n*.知道；察觉《*aware* 知道的》

boldness /'boldnɪs/ *n*.勇敢；大胆；无礼《*bold* 大胆的》

brightness /'braɪtnɪs/ *n*.光亮；灿烂；快乐《*bright* 光亮的》

business /'bɪznɪs/ *n*.生意；商业；责任

carelessness /ˈkɛrlɪsnɪs/ *n*.粗心《*careless* 粗心的》

coldness /ˈkoldnɪs/ *n*.寒冷《*cold* 寒冷的》

consciousness /ˈkɑnʃəsnɪs/ *n*.知觉；意识；自觉
　《*conscious* 有意识的》

```
con  +  sci  +  ous + ness
 |        |       |       |
with + know + adj. +  n.
```

darkness /ˈdɑrknɪs/ *n*.黑暗《*dark* 黑暗的》

emptiness /ˈɛmptɪnɪs/ *n*.空位；空虚《*empty* 空的》

forgiveness /fɚˈɡɪvnɪs/ *n*.原谅《*forgive* 原谅》

```
for  + give + ness
 |       |       |
away + give +  n.
```

friendliness /ˈfrɛndlɪnɪs/ *n*.友谊；友情；亲切；亲密
　《*friendly* 亲切的》

goodness /ˈɡudnɪs/ *n*.善良；美德《*good* 好的》

happiness /ˈhæpɪnɪs/ *n*.幸运；幸福；愉快《*happy* 幸福的》

holiness /ˈholɪnɪs/ *n*.神圣《*holy* 神圣的》

illness /ˈɪlnɪs/ *n*.疾病《*ill* 生病的》

indebtedness /ɪnˈdɛtɪdnɪs/ *n*.恩惠《*indebted* 感激的》

```
in + debt +  ed  + ness
 |     |      |      |
in + owe + adj. +  n.
```

kindness /ˈkaɪndnɪs/ *n*.亲切；仁慈《*kind* 亲切的》

likeness /ˈlaɪknɪs/ *n*.相似《*like* 相似的》

loneliness /ˈlonlɪnɪs/ *n*.寂寞《*lonely* 寂寞的》

loveliness /ˈlʌvlɪnɪs/ *n*.可爱《*lovely* 可爱的》

madness /ˈmædnɪs/ *n*.疯狂；愤怒《*mad* 疯狂的》

mildness /ˈmaɪldnɪs/ *n*.温和；温暖《*mild* 温和的》

```
mild  + ness
 |        |
tender +  n.
```

politeness /pəˈlaɪtnɪs/ *n*.礼貌《*polite* 有礼貌的》

quickness /ˈkwɪknɪs/ *n*.迅速《*quick* 快速的》
rudeness /ˈrudnɪs/ *n*.无礼；粗暴《*rude* 无礼的》
sadness /ˈsædnɪs/ *n*.悲伤《*sad* 悲伤的》
sickness /ˈsɪknɪs/ *n*.疾病；呕吐；弊病《*sick* 有病的》
stillness /ˈstɪlnɪs/ *n*.静止；安静《*still* 静止的》
tenderness /ˈtɛndɚnɪs/ *n*.温柔；柔软《*tender* 温柔的》
weakness /ˈwiknɪs/ *n*.柔弱；缺点《*weak* 虚弱的》
weariness /ˈwɪrɪnɪs/ *n*.疲倦；厌倦《*weary* 疲倦的》
wickedness /ˈwɪkɪdnɪs/ *n*.邪恶；邪恶的行为或事物《*wicked* 邪恶的》
wordiness /ˈwɝdɪnɪs/ *n*.冗长《*wordy* 冗长的》

19 -o(u)r

＊〔英〕-*our*，〔美〕-*or*。

ardo(u)r /ˈɑrdɚ/ *n*.热情；激情；灼热《*ardent* 热烈的》
behavio(u)r /bɪˈhevjɚ/ *n*.行为；态度《*behave* 举动》
endeavo(u)r /ɪnˈdɛvɚ/ *n*.努力

```
en + deav + o(u)r
 |     |      |
in + duty +  n.
```

favo(u)r /ˈfevɚ/ *n*.恩宠；同意；偏好；利益
humo(u)r /ˈhjumɚ, ˈju-/ *n*.幽默(感)；心情；体液

《拉丁文 *humor* = moisture（ 水分）》 *cf.* **humid**(潮湿的)

【解说】以前人们认为，人类的健康与性格决定于 4 种液体(humors)的组合。
当"血液"(blood)较多时就变得 sanguine"快活的；乐观的"；若较多
"粘液"(phlegm)，则为 phlegmatic"没有精神的"；若是"胆汁"(choler)
较多，则成为 choleric"易怒的；脾气暴躁的"；"忧郁液"(melancholy)
较多，则为 melancholic"有忧郁症的"。
这四种液体决定了人的健康与性格，若不能维持平衡，就变得奇怪。
因此，由 humor 衍生出"滑稽；奇怪；幽默"等意思。

odo(u)r /ˈodɚ/ *n*.气味；香气；名声
savo(u)r /ˈsevɚ/ *n*.风味；滋味
splendo(u)r /ˈsplɛndɚ/ *n*.光辉；壮丽；卓越《*splendid* 光辉的》
valo(u)r /ˈvælɚ/ *n*.勇气《拉丁文 *valere* = strong》 *cf.* **valiant**(勇敢的)

20 -ry

* 字尾 -ery 的缩写型。

artistry /ˈɑrtɪstrɪ/ n . 艺术性《artist 艺术家》

bravery /ˈbrevərɪ/ n . 勇敢《brave 勇敢的》

bribery /ˈbraɪbərɪ/ n . 行贿或受贿的行为《bribe 贿赂》

drudgery /ˈdrʌdʒərɪ/ n . 苦力；沉闷的工作《drudge 做苦工》

grocery /ˈgrosɚɪ/ n . 杂货店《grocer 杂货商》

history /ˈhɪstərɪ/ n . 历史

husbandry /ˈhʌzbəndrɪ/ n . 节约；务农；家计

《hus（ house ） + band（ householder 屋主） + ry》

<pre>
hus   +   band   + ry
 | | |
house + householder + n .
</pre>

luxury /ˈlʌkʃərɪ/ n . 奢侈（品）

misery /ˈmɪzərɪ/ n . 痛苦；悲惨

mockery /ˈmɑkərɪ/ n . 嘲弄；挖苦《mock 嘲弄》

mystery /ˈmɪstrɪ, ˈmɪstərɪ/ n . 神秘；不可思议的事

pedantry /ˈpɛdn̩trɪ/ n . 卖弄学问；迂腐《pedant 卖弄学问之人》

penury /ˈpɛnjərɪ/ n . 穷乏；缺乏《拉丁文 penuria = want》

<pre>
penu + ry
 | |
want + n .
</pre>

rivalry /ˈraɪvl̩rɪ/ n . 竞争；敌对《rival 对手》

robbery /ˈrɑbərɪ/ n . 抢劫；盗取《rob 强夺》

slavery /ˈslevərɪ/ n . 奴隶状态；苦役；奴隶制度《slave 奴隶》

theory /ˈθɪərɪ/ n . 理论《希腊文 theoria = contemplation 沉思》

treachery /ˈtrɛtʃərɪ/ n . 不忠；叛国《treacherous 不忠的》

21 -ship

* 和船没有关系，是古英文中的 -scipe（ = shape ）变来的，表示"样子"。

championship /ˈtʃæmpɪənˌʃɪp/ n . 冠军（地位）

citizenship /ˈsɪtəznˌʃɪp/ *n*.公民的身份；公民的职责或权利
（市民的样子）

craftsmanship /ˈkræftsmənˌʃɪp/ *n*.技巧；技术《*craftsman* 工匠》

fellowship /ˈfɛloˌʃɪp/ *n*.同伴关系；友情《*fellow* 伙伴》

friendship /ˈfrɛndʃɪp/ *n*.友谊；友情；友善（朋友的样子）

hardship /ˈhɑrdʃɪp/ *n*.困苦；辛苦（困难的样子）

landscape /ˈlænskep, ˈlændskep/ *n*.风景；山水（土地的样子）

leadership /ˈlidɚʃɪp/ *n*.领导地位；领导能力《*leader* 领袖》

```
lead  +   er   + ship
 |        |        |
lead + person  +  n.
```

partnership /ˈpɑrtnɚʃɪp/ *n*.合伙；合作；协力
《*partner* 伙伴》

relationship /rɪˈleʃənˌʃɪp/ *n*.关系《*relation* 关系》

scholarship /ˈskɑlɚˌʃɪp/ *n*.学识；奖学金
《*scholar* 学者》

```
schol  +   ar   + ship
  |        |        |
school + person  +  n.
```

statesmanship /ˈstetsmənʃɪp/ *n*.政治才能
《*statesman* 政治家》

workmanship /ˈwɚkmənˌʃɪp/ *n*.手艺；技巧；工艺《*workman* 工人》

worship /ˈwɚʃəp/ *n*.崇拜；崇敬（把价值有形化→认知价值）

22　　-t，-th

flight[1] /flaɪt/ *n*.飞行；飞翔《*fly* 飞行》

flight[2] /flaɪt/ *n*.逃走；逃逸《*flee* 逃跑》

gift /ɡɪft/ *n*.赠与；礼物《*give* 给予》

restraint /rɪˈstrent/ *n*.抑制；约束《*restrain* 抑制》

```
re  +   strain   +  t
 |        |          |
back + draw tight  + n.
```

thrift /θrɪft/ *n*.节俭；节约；繁茂（繁荣的根本）《*thrive* 繁荣》

weight /wet/ *n*.重量；重要《*weigh* 重》

breadth /brɛdθ/ *n*.宽度《*broad* 广阔的》

death /dɛθ/ *n*.死；毁灭《*dead* 死的》

growth /groθ/ *n*.生长；发展；栽培《*grow* 生长》

health /hɛlθ/ *n*.健康《*heal* 治疗》

labyrinth /ˈlæbəˌrɪnθ/ *n*.迷宫（要费很大的力气才能走出来）

```
labyr  +  in  +  th
  |         |        |
labor  + into  +  n.
```

sloth /slɔθ/ *n*.怠惰；懒散《*slow* 缓慢的》

stealth /stɛlθ/ *n*.秘密行动（悄悄去偷取）《*steal* 盗取》

strength /strɛŋθ, strɛŋkθ/ *n*.力气；兵力《*strong* 强壮的》

tilth /tɪlθ/ *n*.耕作；耕地《*till* 耕种》

truth /truθ/ *n*.真实；真相《*true* 真实的》

warmth /wɔrmθ/ *n*.温暖《*warm* 温暖的》

width /wɪdθ/ *n*.宽；宽度《*wide* 宽的》

youth /juθ/ *n*.青春；青年《*young* 年轻的》

23 -ty

*〔变化型〕-*ety* , -*ity*。

bounty /ˈbauntɪ/ *n*.慷慨；奖励金《*bounteous* 慷慨的》

certainty /ˈsɝtn̩tɪ/ *n*.确实；确信《*certain* 确实的》

cruelty /ˈkruəltɪ/ *n*.残忍；虐待《*cruel* 残忍的》

loyalty /ˈlɔɪəltɪ, ˈlɔjəltɪ/ *n*.忠贞；忠实《*loyal* 忠贞的》

novelty /ˈnɑvl̩tɪ/ *n*.新奇；新奇的事或物《*novel* 新奇的》

```
novel  +  ty
  |         |
 new   +  n.
```

poverty /ˈpɑvɚtɪ/ *n*.贫困；缺乏《*poor* 贫穷的》

safety /ˈseftɪ/ *n*.安全《*safe* 安全的》

anxiety /æŋˈzaɪətɪ/ *n*.忧虑；渴望《*anxious* 忧虑的》

propriety /prə'praɪətɪ/ *n*.适当；礼节《*proper* 适当的》

variety /və'raɪətɪ/ *n*.变化；多样；种类《*vary* 改变》

absurdity /əb'sɝdətɪ/ *n*.愚蠢；荒谬《*absurd* 荒谬的》

ambiguity /ˌæmbɪ'gjuətɪ/ *n*.暧昧；不明确《*ambiguous* 暧昧的》

austerity /ɔ'stɛrətɪ/ *n*.严厉；简朴《*austere* 严厉的》

charity /'tʃærətɪ/ *n*.慈善；施与；宽恕《*charitable* 慈悲的》

chastity /'tʃæstətɪ/ *n*.贞节；节操《*chaste* 贞节的》

elasticity /ɪˌlæs'tɪsətɪ, ˌilæs-/ *n*.弹性；伸缩力《*elastic* 有弹性的》

```
elast  +  ic  +  ity
  |        |       |
drive  +  adj. +  n.
```

eternity /ɪ'tɝnətɪ/ *n*.永恒《*eternal* 永恒的》

familiarity /fəˌmɪlɪ'ærətɪ/ *n*.熟知；精通；亲密《*familiar* 熟悉的》

fixity /'fɪksətɪ/ *n*.固定；不变《*fix* 固定》

futurity /fju't(j)urətɪ/ *n*.未来；后世《*future* 未来(的)》

hilarity /hɪ'lærətɪ, hə-, haɪ-/ *n*.欢乐；热闹《*hilarious* 热闹的》

```
hilar  +  ity
  |        |
glad   +  n.
```

hospitality /ˌhaspɪ'tælətɪ/ *n*.好客；款待；殷勤《*hospitable* 好客的》

hostility /has'tɪlətɪ/ *n*.敌意；敌对《*hostile* 敌对的》

humidity /hju'mɪdətɪ/ *n*.潮湿；湿气；湿度《*humid* 潮湿的》

immensity /ɪ'mɛnsətɪ/ *n*.广大；庞大《*immense* 广大的》

```
im  +  mens  +  ity
 |       |        |
not +  measure +  n.
```

maturity /mə'tjurətɪ, -'tʃu/ *n*.成熟；完成《*mature* 成熟的》

originality /əˌrɪdʒə'nælətɪ/ *n*.创作力；原始《*original* 最初的》

personality /ˌpɝsn̩'ælətɪ/ *n*.个性；人格《*person* 人物》

possibility /ˌpasə'bɪlətɪ/ *n*.可能(性)《*possible* 可能的》

proximity /prak'sɪmətɪ/ *n*.接近《*proximate* 紧邻的》

quality /'kwalətɪ/ *n*.性质；品质《拉丁文 *gualis* = of what kind》

rapidity /rə'pɪdətɪ/ *n*.迅速；急促《*rapid* 快的》

reality /rɪ'æləti/ *n*.真实；实体《*real* 真实的》
reliability /rɪˌlaɪə'bɪləti/ *n*.可靠性《*reliable* 可靠的》
sagacity /sə'gæsəti/ *n*.聪明；睿智《*sagacious* 聪明的》

$$
\begin{array}{ccc}
\text{sagac} & + & \text{ity} \\
| & & | \\
\textit{wise} & + & \textit{n.}
\end{array}
$$

singularity /ˌsɪŋgjə'lærəti/ *n*.特异性；特征《*singular* 单一的》
spontaneity /ˌspɑntə'niəti/ *n*.自然《拉丁文 *sponte* = of free will》
stupidity /stju'pɪdəti/ *n*.愚蠢；愚笨的行为《*stupid* 愚笨的》
tranquility /træn'kwɪləti/ *n*.平静；安静
　《*tran-*（beyond）+ *quil*（quiet）+ *ity*》

$$
\begin{array}{ccccc}
\text{tran} & + & \text{quil} & + & \text{ity} \\
| & & | & & | \\
\textit{beyond} & + & \textit{quiet} & + & \textit{n.}
\end{array}
$$

24　-ure

　　＊拉丁文 *-ura*。

censure /'sɛnʃɚ/ *n*.责难；不友善的批评（陈述自己的意见，
　并责备对方）《拉丁文 *censura* = opinion》
creature /'kritʃɚ/ *n*.人；动物《*create* 创造》
departure /dɪ'partʃɚ/ *n*.离开；出发《*depart* 离去》

$$
\begin{array}{ccccc}
\text{de} & + & \text{part} & + & \text{ure} \\
| & & | & & | \\
\textit{apart} & + & \textit{divide} & + & \textit{n.}
\end{array}
$$

disclosure /dɪs'kloʒɚ/ *n*.揭露；泄露《*disclose* 揭发》
exposure /ɪk'spoʒɚ/ *n*.暴露；揭发；曝光；发表《*expose* 暴露》
failure /'feljɚ/ *n*.失败；怠慢；不足《*fail* 失败》
furniture /'fɝnɪtʃɚ/ *n*.设备；家具《*furnish* 供给；陈设》
legislature /'lɛdʒɪsˌletʃɚ/ *n*.立法机关《*legislate* 制定法律》
literature /'lɪtərətʃɚ/ *n*.文学；文献；著作《拉丁文 *littera* = letter》
mixture /'mɪkstʃɚ/ *n*.混合(物)《*mix* 混合》
pressure /'prɛʃɚ/ *n*.压；压力；压迫；困厄《*press* 压》
seizure /'siʒɚ/ *n*.捕捉；扣押；强夺；发作《*seize* 捕捉》

25 -y

    * 拉丁文 -ia。

agony /ˈægənɪ/ n.极大的痛苦；临死时的挣扎；斗争
delivery /dɪˈlɪvərɪ/ n.递送；分娩；拯救《deliver 递送》

```
de  +  liver  +  y
|        |        |
from + set free + n.
```

discovery /dɪˈskʌvərɪ/ n.发现《discover 发现》
flattery /ˈflætərɪ/ n.阿谀之词；谄媚《flatter 谄媚》
folly /ˈfɑlɪ/ n.愚笨；愚昧的行为《fool 愚人》
honesty /ˈɑnɪstɪ/ n.正直；诚实《honest 正直的》
jealousy /ˈdʒɛləsɪ/ n.嫉妒《jealous 嫉妒的》
modesty /ˈmɑdəstɪ/ n.谦虚；羞怯；适度《modest 谦逊的》
treaty /ˈtritɪ/ n.条约；谈判《treat 处理》
tyranny /ˈtɪrənɪ/ n.暴政；暴虐《tyrant 暴君》

(4)表示集合名词的字尾

1 -age

    * 拉丁文 -aticum。

foliage /ˈfolɪdʒ/ n.叶子的集合名词《拉丁文 folium = leaf》
peerage /ˈpɪrɪdʒ/ n.贵族的集合名词《peer 贵族》
plumage /ˈplumɪdʒ/ n.(鸟类)羽毛的集合名词《plume 羽毛》

2 -ary

dictionary /ˈdɪkʃənˌɛrɪ/ n.字典；辞典(语法的集合体)
    《diction 语法》
vocabulary /vəˈkæbjəˌlɛrɪ, ˈvo-/ n.语汇；词汇
    《vocable 语；单词》

3 -ry

* 字尾 *-ery* 的缩写。

cavalry /'kævl̩rɪ/ *n*.骑兵(队)《*caval* = *cheval* = horse》
  cf. cavalier(骑士), chevalier(骑士)
gentry /'dʒɛntrɪ/ *n*.绅士阶级《*gentle* 文雅的》
machinery /mə'ʃinərɪ/ *n*.机械类；机器《*machine* 机械》
poultry /'poltrɪ/ *n*.家禽的集合名词《*poult* 雏》
scenery /'sinərɪ/ *n*.风景《*scene*(部分的)风景》

(5)表示地点的名词字尾

1 -ace

furnace /'fɝnɪs/ *n*.火炉；熔炉
terrace /'tɛrɪs, -əs/ *n*.梯形地之一层；台地《拉丁文 *terra* = earth》

```
terr  + ace
 |       |
earth  + n.
```

2 -age

* 表示"住处"或"场所"。

anchorage /'æŋkərɪdʒ, -krɪdʒ/ *n*.停泊(处)《*anchor* 锚》
cottage /'kɑtɪdʒ/ *n*.小屋；别墅(有小屋的地方)《*cot* 小屋》
village /'vɪlɪdʒ/ *n*.村；村落(有乡下房子的地方)
  《*villa* 乡下的房子→别墅》

3 -ary

* 表示"～的处所"。

apothecary /ə'pɑθəˌkɛrɪ/ *n*.药剂师；药店(有仓库的地方→店)
  《拉丁文 *apotheca* = storehouse (仓库)》

【解说】起初 apothecary 和药没有关系。于 17 世纪之前，apothecary 在英国是出售各种物品的商店。后来，the Apothecaries' Company of London 和 Company of Grocers 分开，而前者变成只卖药品。

granary /ˈgrænərɪ, ˈgren-/ *n*. 谷仓《*grain* 谷类》

library /ˈlaɪˌbrɛrɪ, -brərɪ/ *n*. 图书馆；文库；藏书
《拉丁文 *liber* = book》

seminary /ˈsɛməˌnɛrɪ/ *n*. 学校；神学院；发源地（苗床→培养地）
《拉丁文 *semen* = seed（种子）》 *cf*. **seminal**（精液的；种子的）

4　-dom

* 表示"地位"或"领域"。

dukedom /ˈdjukdəm/ *n*. 公爵管辖的地区；公国《*duke* 公爵》

filmdom /ˈfɪlmdəm/ *n*. 电影界《*film* 胶卷；影片》

kingdom /ˈkɪŋdəm/ *n*. 王国；领域；神的王国《*king* 王》

stardom /ˈstɑrdəm/ *n*.【集合名词】明星；明星的地位
《*star* 星；明星》

5　-ery

* 法文 *-erie*，表示"场所"。

bakery /ˈbekərɪ/ *n*. 面包店《*bake* 烘；焙》

brewery /ˈbruərɪ/ *n*. 酿造厂；啤酒厂《*brew* 酿造》

cemetery /ˈsɛməˌtɛrɪ/ *n*. 墓地（安息地）《希腊文 *koiman* = sleep》

```
cemet  +  ery
  |        |
sleep  +   n.
```

【解说】美国的墓地常整理得像公园一样漂亮，而且大多有人负责管理。而华盛顿（Washington，D. C.）郊外的阿灵顿国家公墓（Arlington National Cemetery）甚至成为著名的观光胜地。此外，欧洲有些教堂旁边也有一片空地作为墓地，那叫做 churchyard。

gallery /ˈgælərɪ, -lrɪ/ *n*. 走廊；画廊
《拉丁文 *galeria* = long portico（长的柱廊）》

6 -ory

* 源自于法文 *-orie*。

dormitory /ˈdɔrməˌtorɪ/ *n*. 宿舍(睡觉的地方)

《拉丁文 *dormire* = sleep》 *cf*. **dormant**(睡眠状态的)

【解说】学校为学生准备的宿舍称为 **dormitory**。通常都有大厅(**hall**)、会客室或交谊厅。美国的大学生通常可以选择要住学校宿舍,或是自行租赁校外公寓,或者是选择住自己的兄弟会馆(**fraternity house**)或姊妹会馆(**sorority house**)。

factory /ˈfæktrɪ,-tərɪ/ *n*. 工厂(做成产品的地方)

《拉丁文 *facere* = make》

laboratory /ˈlæbrəˌtorɪ,ˈlæbərə-/ *n*. 研究室;实验室

(苦心研究的地方) 《*labor* 劳动》

observatory /əbˈzɝvəˌtorɪ/ *n*. 天文台;了望台《*observe* 观测》

territory /ˈtɛrəˌtorɪ,-tərɪ/ *n*. 领土;领域《拉丁文 *terra* = earth》

7 -um

aquarium /əˈkwɛrɪəm/ *n*. 水族馆《拉丁文 *aqua* = water》

auditorium /ˌɔdəˈtorɪəm/ *n*. 礼堂;听众席(听的地方)

《拉丁文 *audire* = hear》

gymnasium /dʒɪmˈnezɪəm/ *n*. 健身房;体育馆;(德国的)

大学预科学校《*gymnastics* 体操》

museum /mjuˈzɪəm,-ˈzɪəm/ *n*. 博物馆(艺术之神的殿堂)

《*the Muses* 司文学、艺术、科学等之九女神》

【解说】在美国,只要有展示物品的地方,就可以称为 **museum**。因此美国到处都有博物馆。而真正展示艺术品的地方,则称为美术馆(**gallery**)。

nasturtium /næˈstɝʃəm,nə-/ *n*. 金莲花

nas	+	turt	+	ium
nose	+	*twist*	+	*n*.

sanatorium /ˌsænəˈtorɪəm/ *n*. 疗养院《拉丁文 *sanare* = heal(治疗)》

8　　-y

abbey /ˈæbɪ/ *n*.修道院；僧院《*abbot* 修道院长》

balcony /ˈbælkənɪ/ *n*.阳台；戏院的包厢
　《意大利文 *balcone*＝房子较突出的一角》

county /ˈkaʊntɪ/ *n*.〔英〕郡；〔美〕郡（伯爵的领地）
　《*count* 伯爵》

treasury /ˈtrɛʒərɪ/ *n*.国库；资金；有价值的人或书
　《*treasure* 财宝》

〔2〕形容词字尾

1　　-able，-ible

　＊表示"有能力"、"适合"，被修饰的名词有被动的意思。

adorable /əˈdorəbl̩/ *adj*.可爱的；值得崇拜的《*adore* 崇拜》

amenable /əˈminəbl̩,-ˈmɛn-/ *adj*.顺从的；有顺从义务的
　《拉丁文 *a-*＝*ad-*（ to ）＋*men*（ lead ）＋*-ble*》

```
a ＋ men ＋ able
|     |       |
to ＋ lead ＋ adj.
```

available /əˈveləbl̩/ *adj*.可利用的；有效的《*avail* 有益》

bearable /ˈbɛrəbl̩/ *adj*.能忍受的；支持得住的《*bear* 忍受》

changeable /ˈtʃendʒəbl̩/ *adj*.可改变的；易变的《*change* 变化》

culpable /ˈkʌlpəbl̩/ *adj*.该受谴责的；有过失的
　《拉丁文 *culpa*＝crime》

desirable /dɪˈzaɪrəbl̩/ *adj*.值得要的；让人喜爱的《*desire* 想要》

favorable /ˈfevərəbl̩/ *adj*.赞成的；适合的《*favor* 赞成》

habitable /ˈhæbɪtəbl̩/ *adj*.适合居住的《*habit* 居住》

hospitable /ˈhɑspɪtəbl̩/ *adj*.好客的
　《拉丁文 *hospes*＝host，guest》

imaginable /ɪˈmædʒɪnəbl̩/ *adj*.想像得到的

《*imagine* 想像》

imponderable /ɪm'pɑndərəbḷ/ *adj*.无重量的；无法衡量的
《*im-* = not；*ponder* 深思；衡量》

$$
\begin{array}{ccc}
\text{im} & + \text{ponder} & + \text{able} \\
| & | & | \\
\textit{not} & + \textit{weigh} & + \textit{adj}.
\end{array}
$$

innumerable /ɪ'njumərəbḷ, ɪ'nu-/ *adj*.无数的《*in-* = not》
interminable /ɪn'tɝmɪnəbḷ/ *adj*.无终止的
《*in-* = not；*termin* = end》

$$
\begin{array}{ccc}
\text{in} & + \text{termin} & + \text{able} \\
| & | & | \\
\textit{not} & + \textit{end} & + \textit{adj}.
\end{array}
$$

irritable /'ɪrətəbḷ/ *adj*.易怒的；过敏的《*irritate* 激怒》
measurable /'mɛʒərəbḷ/ *adj*.可测量的；相当的；不可忽视的
《*measure* 测量》

miserable /'mɪzərəbḷ/ *adj*.不幸的；可怜的
noticeable /'notɪsəbḷ/ *adj*.明显的；值得注意的《*notice* 注意》
reasonable /'riznəbḷ/ *adj*.通人情的；合理的《*reason* 推理》
unforgettable /ˌʌnfɚ'gɛtəbḷ/ *adj*.令人难忘的《*forget* 忘记》
unspeakable /ʌn'spikəbḷ/ *adj*.无法形容的《*speak* 说》
contemptible /kən'tɛmptəbḷ/ *adj*.可鄙的《*contempt* 蔑视》

$$
\begin{array}{ccc}
\text{con} & + \text{tempt} & + \text{ible} \\
| & | & | \\
\textit{intensive} & + \textit{scorn} & + \textit{adj}.
\end{array}
$$

horrible /'hɑrəbḷ/ *adj*.可怕的《*horror* 恐怖》
incredible /ɪn'krɛdbḷ/ *adj*.难以置信的；可疑的《*credit* 信用》
negligible /'nɛglədʒəbḷ/ *adj*.可忽视的《*neglect* 忽视》
possible /'pɑsəbḷ/ *adj*.可能的

2 -al，-ial

＊表示"有关～"、"有～性质"。

brutal /'brutḷ/ *adj*.野蛮的；残忍的《*brute* 禽兽》

confessional /kən'fɛʃənəl/ *adj.*告白的；忏悔的《*confess* 忏悔》

```
con  +  fess  + ion +   al
 |        |      |       |
together + speak +  n. +  adj.
```

educational /ˌɛdʒəˈkeʃənḷ/ *adj.*教育的《*education* 教育》

eternal /ɪ'tɝnḷ/ *adj.*永久的《*eternity* 永恒》

factual /'fæktʃuəl/ *adj.*事实的《*fact* 事实》

federal /'fɛdərəl/ *adj.*联邦制的；联邦政府的（由盟约束缚）

《拉丁文 *foedus* = treaty（条约）》

functional /'fʌŋkʃənḷ/ *adj.*有用的；功能的

《*funct*（perform）+ *ion*（名词字尾）+ *al*》

```
funct  + ion +   al
  |       |      |
perform +  n. +  adj.
```

internal /ɪn'tɝnḷ/ *adj.*内部的；内在的

《拉丁文 *internus* = inward》

literal /'lɪtərəl/ *adj.*逐字的；实实在在的；字面上的

《拉丁文 *littera* = letter》

mortal /'mɔrtḷ/ *adj.*不免一死的；致命的《拉丁文 *mors* = death》

Occidental /ˌɑksə'dɛntḷ/ *adj.*西洋的；西方的

《*Occident* 西方》　*cf.* **Oriental**(东方的)

personal /'pɝsṇḷ/ *adj.*个人的；私人的；本身的《*person* 人》

punctual /'pʌŋktʃuəl/ *adj.*守时的；准时的；仔细的

（正好在某一时点上）《拉丁文 *punct*（prick）+ *-ual*（形容词字尾）》

cf. **punctuate**(加标点分开)；**puncture**(孔；洞)

regal /'rigḷ/ *adj.*帝王的；庄严的《拉丁文 *rex* = king》

cf. **regent**(摄政)

regional /'ridʒənḷ/ *adj.*地区的；区域的

traditional /trə'dɪʃənḷ/ *adj.*传统的《*tradition* 传统》

```
tra  +  dit  + ion +   al
 |       |      |       |
across + give +  n. +  adj.
```

aerial /e'ɪrɪəl, 'ɛrɪə/ *adj.*空气的；在空中的；幻想的

《拉丁文 *aer* = air》

cordial /ˈkɔrdʒəl/ *adj*.热心的；真诚的；兴奋的

《拉丁文 *cor* = heart》

genial /ˈdʒinjəl/ *adj*.愉快的；暖和的；天才的

《拉丁文 *genialis* = pleasant》

racial /ˈreʃəl/ *adj*.人种的；种族的《*race* 种族》

3　　-an，-ian

* 多接于专有名词之后，做形容词使用，也可做"～人"解。

European /ˌjurəˈpiən/ *adj*.欧洲（人）的

republican /rɪˈpʌblɪkən/ *adj*.共和国的；共和政体的

（众人之事）《*republic* 共和国》

re	+	public	+	an
thing	+	*of the people*	+	*adj*.

suburban /səˈbɚbən/ *adj*.郊外的《*suburb* 郊外》

cf. **rural**（田园的）

veteran /ˈvɛtərən/ *adj*.老练的；退伍军人的《拉丁文 *vetus* = old》

agrarian /əˈɡrɛrɪən, əˈɡrer-/ *adj*.土地的；农民的

《拉丁文 *agrarius* = field》

agrar	+	ian
field	+	*adj*.

Christian /ˈkrɪstʃən/ *adj*.基督（教）的

Egyptian /ɪˈdʒɪpʃən, i-/ *adj*.埃及（人）的

Parisian /pəˈrɪʒən pəˈrɪzɪən/ *adj*.巴黎（人）的

4　　-ant，-ent

* 拉丁文 *-ans*，*-ens*。

brilliant /ˈbrɪljənt/ *adj*.灿烂的；光辉的

《拉丁文 *berillus*，*beryllus* = gem（宝石）》　*cf*. **beryl**（绿宝石）

buoyant /ˈbɔɪənt/ *adj*.能漂浮的；快活的；涨势的
　《*buoy* 浮标；救生圈》

defiant /dɪˈfaɪənt/ *adj*.大胆反抗的；挑衅的《*defy* 反抗》

indignant /ɪnˈdɪgnənt/ *adj*.愤慨的；不平的
　《拉丁文 *in-*（not）+ *dign*（worthy）+ *-ant*》　*cf*. **dignity**（尊严）

```
in  +  dign  +  ant
|       |       |
not + worthy + adj.
```

luxuriant /lʌgˈʒʊrɪənt, lʌkˈʃʊr-/ *adj*.丰富的；繁茂的；华美的
　（近乎奢侈的）《*luxury* 奢侈》　*cf*. **luxurious**（奢侈的）

radiant /ˈredɪənt/ *adj*.闪烁的；洋溢着喜悦的；辐射的
　《拉丁文 *radius* = ray（光线）》

tolerant /ˈtɑlərənt/ *adj*.容忍的；宽大的《*tolerate* 容忍》

triumphant /traɪˈʌmfənt/ *adj*.胜利的；成功的；得意洋洋的
　《*triumph* 胜利》

ardent /ˈɑrdn̩t/ *adj*.热情的；激烈的《拉丁文 *ardere* = burn》
　cf. **arid**（干燥的）

decent /ˈdisn̩t/ *adj*.端庄的；高雅的《拉丁文 *decere* = 合宜的》

excellent /ˈɛksl̩ənt/ *adj*.优秀的

fluent /ˈfluənt/ *adj*.流利的；流畅的《拉丁文 *fluere* = flow》

frequent /ˈfrikwənt/ *adj*.经常的
　《拉丁文 *frequens* = numerous》

indolent /ˈɪndələnt/ *adj*.怠惰的
　《*in-*（not）+ *dol*（feel pain）+ *ent* 》

```
in  +  dol  +  ent
|       |       |
not + feel pain + adj.
```

insolent /ˈɪnsələnt/ *adj*.粗野的；无礼的（傲慢的）
　《拉丁文 *in-*（against）+ *sol*（swell）+ *-ent*》

obedient /əˈbidɪənt/ *adj*.服从的；顺从的《*obey* 服从》

proficient /prəˈfɪʃənt/ *adj*.精通的；熟练的
　《拉丁文 *pro-*（forward）+ *fici*（make）+ *-ent*》　*cf*. **profit**（利益）

```
pro   +  fici  +  ent
 |        |        |
forward + make + adj.
```

prudent /ˈprudn̩t/ adj.谨慎的；节俭的

quiescent /kwaɪˈɛsn̩t/ adj.静止的；安静的
《拉丁文 *quies* = rest，quiet》

recent /ˈrisn̩t/ adj.最近的《拉丁文 *recens* = fresh》

5　-ar

circular /ˈsɝkjə̩lɚ/ adj.圆的；巡回的《*circle* 圆》

familiar /fəˈmɪljɚ/ adj.熟悉的；非正式的（像一家人）
《*family* 家族》

muscular /ˈmʌskjəlɚ/ adj.肌肉的；强壮的《*muscle*/ˈmʌsl̩/ n.肌肉》

polar /ˈpolɚ/ adj.南北极的；极端相反的《*pole*（地球的）极》

popular /ˈpɑpjələɚ/ adj.受欢迎的；普遍的；民众的《*people* 民众》

similar /ˈsɪmələɚ/ adj.类似的；同样的
《拉丁文 *similis* = like（相似的）》

```
simil  +  ar
  |        |
 like  +  adj.
```

vulgar /ˈvʌlgɚ/ adj.粗俗的；平民的；不出色的
《拉丁文 *vulgus* = common people》

6　-ary

customary /ˈkʌstəmˌɛrɪ/ adj.习惯的；惯常的《*custom* 习惯》

dilatory /ˈdɪləˌtorɪ,-tɔrɪ/ adj.缓慢的；拖延的
《拉丁文 *dilatus*（*differre* 的过去分词）= postpone》

elementary /ˌɛləˈmɛntərɪ/ adj.基础的；初步的《*element* 元素》

exemplary /ɪgˈzɛmplərɪ,ɛg-/ adj.模范的；典型的
《*exemplar* 模范》

imaginary /ɪˈmædʒəˌnɛrɪ/ adj.想像的；虚构的《*imagine* 想像》

necessary /ˈnɛsəˌsɛrɪ/ *adj*. 必须的；不可缺的

sanitary /ˈsænəˌtɛrɪ/ *adj*. 卫生的《拉丁文 *sanus* = of sound mind》
  cf. **sane**（神智清明的）

secondary /ˈsɛkənˌdɛrɪ/ *adj*. 第二的；从属的；辅助的

temporary /ˈtɛmpəˌrɛrɪ/ *adj*. 暂时的；一时的；临时的
  《拉丁文 *tempus* = time》

voluntary /ˈvɑlənˌtɛrɪ/ *adj*. 自愿的；故意的
  《拉丁文 *voluntas* = free will》

7 -ate，-ete，-ute

  ＊表示"有～性质的"、"有～味道的"。

accurate /ˈækjərɪt/ *adj*. 正确的；准确的《*accuracy* 正确》

affectionate /əˈfɛkʃənɪt/ *adj*. 挚爱的；亲切的《*affection* 情爱》

considerate /kənˈsɪdərɪt, -ˈsɪdrɪt/ *adj*. 体谅的；顾虑周到的
  《*consider* 考虑》

fortunate /ˈfɔrtʃənɪt/ *adj*. 幸运的；幸福的《*fortune* 幸运》

obstinate /ˈɑbstənɪt/ *adj*. 顽固的；不屈服的（对～加以反抗）
  《拉丁文 *ob-*（against）＋ *stin*（cause to stand）＋ *-ate*》

```
   ob   +   stin   +  ate
   |        |          |
against + cause to stand + adj.
```

ornate /ɔrˈnet/ *adj*. 装饰的；华丽的
  《拉丁文 *ornatus*（*ornare* 的过去分词）= furnish》

passionate /ˈpæʃənɪt/ *adj*. 热情的；易动感情的《*passion* 热情》

temperate /ˈtɛmprɪt/ *adj*. 有节制的；适度的；温和的（适度地混合）
  《拉丁文 *temperare* = mix properly》

complete /kəmˈplit/ *adj*. 完整的；全部的；彻底的（完全被充满）
  《拉丁文 *com-*（fully）＋ *ple*（fill）＋ *-te*》

```
 com + ple + te
  |     |    |
fully + fill + adj.
```

obsolete /ˈɑbsəˌlit/ *adj*. 作废的；过时的（与习惯相违的）

《拉丁文 *ob-*（ against ）＋ *sol* = *solere*（ be accustomed ）＋ *-ete*》

absolute /ˈæbsəlut/ *adj*. 完全的；纯粹的；不受限制的；绝对的
（解开→不受约束）《拉丁文 *ab-*（ from ）＋ *solute* = *solvere*（ loosen ）》

minute /məˈnjut, maɪ-/ *adj*. 微小的；详细的《拉丁文 *min* = small》

$$
\begin{array}{ccc}
\text{min} & + & \text{ute} \\
| & & | \\
\text{small} & + & adj.
\end{array}
$$

8 -ed

* 多接于名词之后，表示"具有～"或"充满～"。

aged /ˈedʒɪd/ *adj*. 年老的《*age* 年龄》

bearded /ˈbɪrdɪd/ *adj*. 有胡须的《*beard* 胡须》

crowned /kraʊnd/ *adj*. 有皇冠的；王室的《*crown* 王冠》

cultured /ˈkʌltʃəd/ *adj*. 有修养的《*culture* 教养》

$$
\begin{array}{ccccc}
\text{cult} & + & \text{ur(e)} & + & \text{ed} \\
| & & | & & | \\
\text{till} & + & n. & + & adj.
\end{array}
$$

gifted /ˈgɪftɪd/ *adj*. 有天赋才能的《*gift* 天赋》

landed /ˈlændɪd/ *adj*. 拥有土地的《*land* 土地》

moneyed /ˈmʌnɪd/ *adj*. 金钱上的；有钱的《*money* 钱》

ringed /rɪŋd/ *adj*. 环状的；轮状的；正式结婚的《*ring* 环》

talented /ˈtæləntɪd/ *adj*. 有才能的《*talent* 才能》

9 -en

* 多接于物质名词之后，表示"由～做成"。

brazen /ˈbrezn̩/ *adj*. 黄铜制的；黄铜色的；坚硬的；厚颜无耻的
《*braze* 以黄铜制造》

earthen /ˈɝθən/ *adj*. 土制的；陶土制的；地球上的

golden /ˈgoldən/ *adj*. 金的；金制的；金色的

leaden /ˈlɛdn̩/ *adj*. 铅制的；铅色的；沉闷的

【注意】leaden sword 不是"用铅做成的刀"，而是"钝刀"之意。

wooden /ˈwʊdn̩/ *adj*.木制的；呆笨的
wool(l)en /ˈwʊlɪn,-ən/ *adj*.羊毛制的

10 -ern

* 主要用于表示"方向"。

eastern /ˈistən/ *adj*.东方的；东方国家的；（风）来自东方的
northern /ˈnɔrðən/ *adj*.北方的；（风）来自北方的
southern /ˈsʌðən/ *adj*.南方的；（风）来自南方的
western /ˈwɛstən/ *adj*.西方的；（风）来自西方的
modern /ˈmɑdən/ *adj*.现代的；时髦的（合于样式）
  《*mode* 样式》

11 -ese

* 加在国名之后成为形容词和名词。

Chinese /tʃaɪˈniz/ *adj*.中国（人）的；中文的
Japanese /ˌdʒæpəˈniz/ *adj*.日本（人）的；日文的
Portuguese /ˈportʃəˌgiz,ˈpɔr-/ *adj*.葡萄牙（人）的；葡萄牙文的

12 -fold

* 加在数字之后表示"～倍的"、"～重的"。原意是重叠或折叠。

manifold /ˈmænəˌfold/ *adj*.多种的；多倍的《*mani-* = many》
twofold /ˈtuˈfold/ *adj*.二倍的；二重的
tenfold /ˈtɛnˈfold/ *adj*.十倍的
twentyfold /ˈtwɛntɪˌfold/ *adj*.二十倍的
hundredfold /ˈhʌndrədˌfold/ *adj*.百倍的
thousandfold /ˈθaʊzn̩dˈfold/ *adj*.千倍的
millionfold /ˈmɪljənˌfold/ *adj*.百万倍的

13 -ful

* 多加在名词之后，表示"充满"的意思，是最常用的形容字尾，相反词是 -*less*。

awful /ˈɔfl̩/ *adj*.可怕的《*awe* 畏惧》

beautiful /ˈbjutəfəl/ *adj*. 美丽的《***beauty*** 美丽》

careful /ˈkɛrfəl/ *adj*. 小心的《***care*** 小心》

cheerful /ˈtʃɪrfəl/ *adj*. 愉快的《***cheer*** 高兴》

colorful /ˈkʌlɚfəl/ *adj*. 多彩多姿的《***color*** 颜色》

doubtful /ˈdaʊtfəl/ *adj*. 怀疑的《***doubt*** 怀疑》

dreadful /ˈdrɛdfəl/ *adj*. 可怕的《***dread*** 恐怖》

fateful /ˈfetfəl/ *adj*. 致命的《***fate*** 命运》

fearful /ˈfɪrfəl/ *adj*. 可怕的《***fear*** 恐惧》

forgetful /fɚˈgɛtfəl/ *adj*. 健忘的；遗忘的《***forget*** 忘记》

for	+ get +	ful
|	|	|
away +	*get* +	*adj*.

fruitful /ˈfrutfəl/ *adj*. 果实很多的；多产的；有收获的《***fruit*** 果实》

graceful /ˈgresfəl/ *adj*. 优雅的；得体的《***grace*** 优雅》

harmful /ˈhɑrmfəl/ *adj*. 有害的《***harm*** 伤害》

hateful /ˈhetfəl/ *adj*. 厌恶的；可恨的《***hate*** 憎恨》

helpful /ˈhɛlpfəl/ *adj*. 有帮助的；有益的《***help*** 帮助》

merciful /ˈmɝsɪfəl/ *adj*. 仁慈的；慈悲的《***mercy*** 慈悲》

merci +	ful
|	|
reward +	*adj*.

mournful /ˈmornfl̩, ˈmɔr-/ *adj*. 悲哀的；凄惨的《***mourn*** 悲伤》

painful /ˈpenfəl/ *adj*. 痛苦的《***pain*** 痛苦》

peaceful /ˈpisfəl/ *adj*. 和平的《***peace*** 和平》

pitiful /ˈpɪtɪfəl/ *adj*. 可怜的《***pity*** 同情》

powerful /ˈpaʊɚfəl/ *adj*. 有力的《***power*** 权力》

regretful /rɪˈgrɛtfəl/ *adj*. 后悔的；遗憾的；哀悼的《***regret*** 后悔》

re +	gret +	ful
|	|	|
again +	*weep* +	*adj*.

scornful /ˈskɔrnfəl/ *adj*. 轻视的《***scorn*** 轻蔑》

shameful /ˈʃemfəl/ *adj*. 可耻的《***shame*** 羞耻》

thankful /ˈθæŋkfəl/ *adj*. 感激的《***thank*** 感谢》

thoughtful /ˈθɔtfəl/ *adj*. 深思的；体贴的《*thought* 思虑；思想》
watchful /ˈwɑtʃfəl/ *adj*. 注意的；警惕的《*watch* 注意》
wonderful /ˈwʌndəfəl/ *adj*. 令人惊叹的《*wonder* 惊叹》

14　-iac

* 表示"与～有关的"。

cardiac /ˈkɑrdɪˌæk/ *adj*. 心脏（病）的《希腊文 *kardia* = heart》
demoniac /dɪˈmonɪˌæk/ *adj*. 恶魔的；凶恶的《*demon* 恶魔》
insomniac /ɪnˈsɑmnɪˌæk/ *adj*. 失眠症的；令人失眠的
　《拉丁文 *in-*（ not ）+ *somnus*（ sleep ）》
maniac /ˈmenɪˌæk/ *adj*. 发狂的；疯狂的《*mania* 狂热》

15　-ic

* 表示"与～有关的"、"～的"。

academic /ˌækəˈdɛmɪk/ *adj*. 学院的；学术的；理论性的
　《*academy* 学院》
alcoholic /ˌælkəˈhɔlɪk/ *adj*. 酒精的《*alcohol* 酒精》
angelic /ænˈdʒɛlɪk/ *adj*. 天使的《*angel* 天使》
arctic /ˈɑrktɪk/ *adj*. 北极的；北极地方的（大熊座的附近→北）
　《希腊文 *arktos* = bear（ 熊 ）》　*cf*. **antarctic**（南极的）
aristocratic /əˌrɪstəˈkrætɪk/ *adj*. 贵族的《*aristocrat* 贵族》

aristo	+	crat	+	ic
best	+	*rule*	+	*adj.*

athletic /æθˈlɛtɪk/ *adj*. 运动的；强健的《*athlete* 运动员》
atomic /əˈtɑmɪk/ *adj*. 原子的《*atom* 原子》
automatic /ˌɔtəˈmætɪk/ *adj*. 自动的
　《*auto*−(self) + *mat*(think) + *ic*》

auto	+	mat	+	ic
self	+	*think*	+	*adj.*

basic /'besɪk/ *adj*.基本的；碱性的《*base* 基础》

calorific /ˌkælə'rɪfɪk/ *adj*.产生热的《拉丁文 *calor* = heat》

carbonic /kɑr'bɑnɪk/ *adj*.碳的；碳酸的《*carbon* 碳》

chaotic /ke'ɑtɪk/ *adj*.混沌的；无秩序的《*chaos* 混沌》

characteristic /ˌkærɪktə'rɪstɪk/ *adj*.有特色的；特有的
《*character* 特色》

civic /'sɪvɪk/ *adj*.市民的；市的《*city* 都市》

diplomatic /ˌdɪplə'mætɪk/ *adj*.外交的；有外交手腕的
《*diploma* 公文》

domestic /də'mɛstɪk/ *adj*.家庭的；国内的；驯服的
《拉丁文 *domus* = house》

dramatic /drə'mætɪk/ *adj*.戏剧的；戏剧性的《*drama* 戏剧》

dynamic /daɪ'næmɪk/ *adj*.动力的；动态的；活跃的

egoistic /ˌigo'ɪstɪk/ *adj*.自我中心的；自私自利的《*ego* 自我》

emphatic /ɪm'fætɪk/ *adj*.有力的；强调的《*emphasis* 强调》

```
em  +  phat  +   ic
 |      |        |
 in  +  show  +  adj.
```

energetic /ˌɛnɚ'dʒɛtɪk/ *adj*.精力充沛的《*energy* 精力》

enigmatic /ˌɛnɪg'mætɪk/ *adj*.谜一般的；难解的《*enigma* 谜》

enthusiastic /ɪnˌθjuzɪ'æstɪk/ *adj*.热心的；狂热的
《*en* −（in）+ *thusiast*（god）+ *ic*》

```
en  +  thusiast  +   ic
 |        |           |
 in  +   god    +   adj.
```

exotic /ɪg'zɑtɪk/ *adj*.外来的；外国产的《希腊文 *exo* = outward》

fantastic /fæn'tæstɪk/ *adj*.怪异的；幻想的《*fantasy* 幻想；奇想》

gigantic /dʒaɪ'gæntɪk/ *adj*.巨大的《*giant* 巨人》

heroic /hɪ'ro·ɪk/ *adj*.英雄的《*hero* 英雄》

idiotic /ˌɪdɪ'ɑtɪk/ *adj*.白痴的《*idiot* 白痴》

lunatic /'lunəˌtɪk/ *adj*.疯的；极端愚蠢的（源自疯病与月亮有关的迷
信）《拉丁文 *luna* = moon》 *cf*. **lunar**（月的）

magnetic /mæg'nɛtɪk/ *adj*.有磁性的；有魅力的《*magnet* 磁铁》

optimistic /ˌɑptəˈmɪstɪk/ *adj*.乐观的《*optimism* 乐观主义》

patriotic /ˌpetrɪˈɑtɪk/ *adj*.爱国的；有爱国心的《*patriot* 爱国者》

pessimistic /ˌpɛsəˈmɪstɪk/ *adj*.悲观的《*pessimism* 悲观主义》

poetic /poˈɛtɪk/ *adj*.诗的；有诗意的《*poetry* 诗》

problematic /ˌprɑbləˈmætɪk/ *adj*.有问题的《*problem* 问题》

```
  pro   +  blem  +  atic
   |         |        |
forward + casting +  adj.
```

prosaic /proˈze·ɪk/ *adj*.散文的；平淡的《*prose* 散文》

realistic /ˌriəˈlɪstɪk/ *adj*.现实的；写实的《*real* 真实的》

romantic /roˈmæntɪk/ *adj*.浪漫的；传奇性的；爱幻想的
《*romance* 浪漫》

rustic /ˈrʌstɪk/ *adj*.乡村的；质朴的；粗野的
《拉丁文 *rus* = country(乡村)》

satiric /səˈtɪrɪk/ *adj*.讽刺的《*satire* 讽刺》

scenic /ˈsinɪk,ˈsɛn-/ *adj*.背景的；戏剧的；风景的《*scene* 景色》

soporific /ˌsopəˈrɪfɪk,ˌsɑpɚ-/ *adj*.催眠的；想睡的
《拉丁文 *sopor* = deep sleep》

sudorific /ˌsudəˈrɪfɪk/ *adj*.使发汗的；促进发汗的
《拉丁文 *sudor* = sweat》

systematic /ˌsɪstəˈmætɪk/ *adj*.有系统的《*system* 系统》

tragic /ˈtrædʒɪk/ *adj*.悲剧的《*tragedy* 悲剧》

volcanic /vɑlˈkænɪk/ *adj*.火山的；激烈的《*volcano* 火山》

16　-ical

* 表示"有关～"、"～性的"，重音在 -ical 之前的音节。

biological /ˌbaɪəˈlɑdʒɪkl̩/ *adj*.生物学的《*biology* 生物学》

```
 bio  +  log  +  ical
  |        |       |
life  + study  +  adj.
```

botanical /boˈtænɪkl̩/ *adj*.植物学的《*botany* 植物学》

chemical /ˈkɛmɪkl̩/ *adj*.化学的《*chemistry* 化学》

cynical /ˈsɪnɪkḷ/ *adj*.愤世嫉俗的《*cynic* 愤世嫉俗的人》

identical /aɪˈdɛntɪkḷ/ *adj*.一致的；完全相同的《*identify* 认同》

ironic(al) /aɪˈrɑnɪk(ḷ)/ *adj*.反讽的《*irony* 反讽》

methodical /məˈθɑdɪkḷ/ *adj*.有方法的；有条不紊的《*method* 方法》

musical /ˈmjuzɪkḷ/ *adj*.音乐的《*music* 音乐》

mythological /ˌmɪθəˈlɑdʒɪkḷ/ *adj*.神话的；想像的

　《*mythology* 神话》

$$
\begin{array}{ccc}
myth & + olog & + ical \\
| & | & | \\
myth & + study & + adj.
\end{array}
$$

physical /ˈfɪzɪkḷ/ *adj*.物质的；自然的；物理学的；身体的

《*physics* 物理学》

practical /ˈpræktɪkḷ/ *adj*.实际的；有用的《*practice* 实行》

radical /ˈrædɪkḷ/ *adj*.根本的；激进的；根的《*radix* 根源》

rhetorical /rɪˈtɔrɪkḷ/ *adj*.修辞学的《*rhetoric* 修辞学》

surgical /ˈsɝdʒɪkḷ/ *adj*.外科（用）的《*surgery* 外科手术》

theatrical /θɪˈætrɪkḷ/ *adj*.戏院的；演戏的；戏剧性的《*theater* 戏院》

tropical /ˈtrɑpɪkḷ/ *adj*.回归线的；热带地方的

　《*tropic* 回归线；热带地方》

typical /ˈtɪpɪkḷ/ *adj*.典型的；象征的《*type* 典型》

zoological /ˌzoəˈlɑdʒɪkḷ/ *adj*.动物学的《*zoology* 动物学》

$$
\begin{array}{ccc}
zoo & + log & + ical \\
| & | & | \\
animal & + study & + adj.
\end{array}
$$

【注意】-ic 和 -ical 两者,有时在意义上有别,有时则无。以下是有差别的例子：

economic *adj*.经济学的（economics 经济学）

economical *adj*.节俭的（economy 节约；经济）

historic *adj*.历史上有名的 a historic spot 是"历史有名的地方"。

historical *adj*.历史上的；历史的 a historical event 是"历史上的事件"。

mechanic *n*.技工；机械工　mechanical *adj*.机械的；机械论的

politic *adj*.明智的；狡诈的

political *adj*.政治的；政治学的；政党的

technic *n*.工艺；技术　technical *adj*.专门的；工艺的

17　-id

* 拉丁文 -idus。

languid /ˈlæŋgwɪd/ *adj*.软弱无力的；精神不振的；无生气的
《拉丁文 *languidus* = languish（失去生气）》

limpid /ˈlɪmpɪd/ *adj*.清澈的；透明的；清晰的
《拉丁文 *limpa* = water》

placid /ˈplæsɪd/ *adj*.安静的；平静的《拉丁文 *placere* = please》

rapid /ˈræpɪd/ *adj*.迅速的（快速地抢夺过来）
《拉丁文 *rapere* = snatch（抢夺）》　*cf*. **rape**（强夺）

```
rap   +   id
 |        |
snatch + adj.
```

solid /ˈsɑlɪd/ *adj*.固体的；牢固的；纯粹的
《拉丁文 *solidus* = firm》

splendid /ˈsplɛndɪd/ *adj*.辉煌的；壮丽的
《拉丁文 *splendere* = shine》

stupid /ˈstjupɪd/ *adj*.愚笨的；鲁钝的；昏迷不醒的
《拉丁文 *stupere* = be amazed》　*cf*. **stupendous**（惊人的）

timid /ˈtɪmɪd/ *adj*.胆小的；怯懦的
《拉丁文 *timere* = fear》　*cf*. **timorous**（畏怯的）

vivid /ˈvɪvɪd/ *adj*.鲜明的；活泼的；敏捷的《拉丁文 *vivere* = live》

18　-ile

* 拉丁文 -ilis，表示"易于～"、"有～的倾向"。

ductile /ˈdʌktl̩,-tɪl/ *adj*.延展性的；可塑性的；易受影响的
《拉丁文 *ductus*（*ducere* 的过去分词）= lead》

facile /ˈfæsl̩,-sɪl/ *adj*.易得的；随和的《拉丁文 *facere* = do》

fertile /ˈfɝtl̩/ *adj*.多产的；肥沃的《拉丁文 *ferre* = bear（结实）》

```
fert  +   ile
 |        |
bear  +  adj.
```

fragile /ˈfrædʒəl/ *adj*.易碎的《拉丁文 *fragilis* = easily broken》
　cf. **fragment**（碎片）

gracile /ˈgræsḷ,-ɪl/ *adj*.细薄的；纤弱的
　《拉丁文 *gratus* = pleasing》

hostile /ˈhɑstɪl/ *adj*.敌方的；怀敌意的
　《拉丁文 *hostis* = enemy》

juvenile /ˈdʒuvənḷ,-ˌnaɪl/ *adj*.青少年的；不成熟的
　《拉丁文 *juvenis* = young》

puerile /ˈpjuəˌrɪl,-əˌrəl/ *adj*.小孩的；天真的
　《拉丁文 *puer* = child》

sterile /ˈstɛrəl/ *adj*.不肥沃的；不能生育的；无菌的；枯燥的
　《拉丁文 *sterilis* = barren（贫瘠的）》

versatile /ˈvɚsətɪl,-taɪl/ *adj*.多才多艺的；易变的；多用途的
　（经常改变方向）《拉丁文 *versare* = turn often》

19　-ine

　＊表示"具有～性质"。

divine /dəˈvaɪn/ *adj*.神的；神圣的；超人的
　《拉丁文 *divinus* = 属于神的》

feminine /ˈfɛmənɪn/ *adj*.妇女（似）的；柔弱的
　《拉丁文 *femina* = woman》　*cf*. **female**（女性的）

genuine /ˈdʒɛnjʊɪn/ *adj*.真正的；真实的；纯种的
　《拉丁文 *genuinus* = innate（生来的）》　*cf*. **genus**（属）

```
genu ＋ ine
 |       |
innate ＋ adj.
```

masculine /ˈmæskjəlɪn/ *adj*.男人的；雄壮的
　《拉丁文 *masculus* = male》

sanguine /ˈsæŋgwɪn/ *adj*.血红的；面色红润的；乐观的；自信的
　《拉丁文 *sanguis* = blood》

20 -ing

* 把动词变为形容词的形式。

abiding /ə'baɪdɪŋ/ *adj*.永久的；持久的《*abide* 忍耐；等候》

a	+	bid	+	ing
intensive	+	*remain*	+	*adj*.

agonizing /'æɡəˌnaɪzɪŋ/ *adj*.使痛苦的《*agonize*（使）痛苦》

alarming /ə'lɑrmɪŋ/ *adj*.令人担忧的；紧迫的《*alarm* 使惊慌》

amazing /ə'mezɪŋ/ *adj*.令人吃惊的《*amaze* 使吃惊》

amusing /ə'mjuzɪŋ/ *adj*.有趣的《*amuse* 使开心》

astonishing /ə'stɑnɪʃɪŋ/ *adj*.令人惊讶的《*astonish* 使惊异》

becoming /bɪ'kʌmɪŋ/ *adj*.合适的
《*be-*（upon）+ *com*（come）+ *ing*》

be	+	com	+	ing
upon	+	*come*	+	*adj*.

boiling /'bɔɪlɪŋ/ *adj*.沸腾的《*boil* 沸腾》

charming /'tʃɑrmɪŋ/ *adj*.迷人的；娇媚的《*charm* 使迷醉》

corresponding /ˌkɔrə'spɑndɪŋ/ *adj*.相当的；一致的
《*correspond* 符合》

cor	+	re	+	spond	+	ing
together	+	*back*	+	*pledge*	+	*adj*.

crying /'kraɪɪŋ/ *adj*.哭泣的；明显的；紧急的《*cry* 哭泣》

cunning /'kʌnɪŋ/ *adj*.狡猾的；熟练的；巧妙的（知道并非是恶意的）
《古代英文 *cunnen* = know》

daring /'dɛrɪŋ/ *adj*.勇敢的；大胆的《*dare* 敢》

dazzling /'dæzlɪŋ/ *adj*.眼花缭乱的《*dazzle* 使目眩》

discouraging /dɪs'kɜrɪdʒɪŋ/ *adj*.令人沮丧的《*discourage* 使沮丧》

dis	+	courag(e)	+	ing
not	+	*heart*	+	*adj*.

disgusting /dɪsˈgʌstɪŋ/ *adj*.令人厌恶的《*disgust* 厌恶》

enduring /ɪnˈdjʊrɪŋ/ *adj*.持久的；持续的《*endure* 忍受》

exciting /ɪkˈsaɪtɪŋ/ *adj*.兴奋的；刺激的《*excite* 使兴奋》

existing /ɪgˈzɪstɪŋ/ *adj*.现有的；既存的《*exist* 存在》

flaming /ˈflemɪŋ/ *adj*.燃烧的；火焰般的；闪亮的《*flame* 火焰》

following /ˈfɑləwɪŋ/ *adj*.其次的；以下的；下列的《*follow* 跟随》

forbidding /fɚˈbɪdɪŋ/ *adj*.讨厌的；恐怖的；令人害怕的《*forbid* 禁止》

forgiving /fɚˈgɪvɪŋ/ *adj*.宽大的；慈悲的《*forgive* 原谅》

freezing /ˈfrizɪŋ/ *adj*.结冰的；寒冷的《*freeze* 冰冻》

irritating /ˈɪrəˌtetɪŋ/ *adj*.恼人的；刺激的《*irritate* 激怒》

lasting /ˈlæstɪŋ, ˈlɑstɪŋ/ *adj*.持久的；永恒的《*last* 持续》

longing /ˈlɔŋɪŋ/ *adj*.渴望的《*long* 渴望》

loving /ˈlʌvɪŋ/ *adj*.钟爱的；亲爱的《*love* 喜爱》

missing /ˈmɪsɪŋ/ *adj*.失踪的；缺少的《*miss* 遗漏》

oncoming /ˈɑnˌkʌmɪŋ/ *adj*.接近的；即将来临的

outstanding /ˈaʊtˈstændɪŋ/ *adj*.突出的；显著的

overwhelming /ˌovɚˈhwɛlmɪŋ/ *adj*.压倒性的；无法抵抗的
《*overwhelm* 征服；压倒》

```
over  +  whelm  +  ing
 |        |        |
above  +  cover  +  adj.
```

rambling /ˈræmblɪŋ/ *adj*.漫步的；迂回曲折的；毫无头绪的
《*ramble* 漫步》

refreshing /rɪˈfrɛʃɪŋ/ *adj*.提神的；清爽而宜人的
《*refresh* 使爽快》

rolling /ˈrolɪŋ/ *adj*.滚动的《*roll* 滚动》

satisfying /ˈsætɪsˌfaɪɪŋ/ *adj*.令人满意的《*satisfy* 使满足》

```
satis  +  fy  +  ing
  |        |      |
enough  +  make  +  adj.
```

shocking /ˈʃɑkɪŋ/ *adj*.令人震惊的；令人气愤的《*shock* 震惊》

sleeping /ˈslipɪŋ/ *adj*.睡着的；睡觉的《*sleep* 睡觉》

sparkling /ˈspɑrklɪŋ/ *adj*.发出火花的；耀眼的；灿烂的

《*sparkle* 发光》

standing /ˈstændɪŋ/ *adj*.站着的；永久性的；经常的
《*stand* 站立》

startling /ˈstɑrtlɪŋ/ *adj*.令人吃惊的《*startle* 使吃惊》

striking /ˈstraɪkɪŋ/ *adj*.显著的；引人注意的《*strike* 给人深刻印象》

surprising /səˈpraɪzɪŋ/ *adj*.惊人的
《*sur-*(above) + *pris*(seize) + *ing*》

```
  sur  +  pris  +  ing
   |       |       |
 above +  seize +  adj.
```

touching /ˈtʌtʃɪŋ/ *adj*.感人的《*touch* 触摸》

trying /ˈtraɪɪŋ/ *adj*.难堪的；使人痛苦的《*try* 考验》

wanting /ˈwɔntɪŋ/ *adj*.缺乏的；不足的《*want* 欠缺》

willing /ˈwɪlɪŋ/ *adj*.情愿的；愿意的《*will* 以意志力驱使》

21　-ior

　　* 这是拉丁文中用来表示比较级的字尾。

inferior /ɪnˈfɪrɪə/ *adj*.下级的；较劣的《拉丁文 *inferus* = low》
　cf. **infernal**(地狱的)

junior /ˈdʒunjə/ *adj*.年少的；资深的《拉丁文 *juvenis* = young》
　cf. **juvenile**(青少年的)

```
  jun  +  ior
   |       |
 young +  adj.
```

senior /ˈsinjə/ *adj*.年长的；前辈的；资浅的《拉丁文 *sen* = old》
　cf. **senate**(元老院；参议院)

superior /səˈpɪrɪə, su-/ *adj*.上级的；较优的
《拉丁文 *superus* = high》

22　-ique，-esque

　　* 表示"～的风格"。

antique /ænˈtik/ *adj*.古代的；过时的(很久以前的)

《拉丁文 *ante-* = before》

arabesque /ˌærəˈbɛsk/ *adj*.阿拉伯式的；奇特的《*Arabia* 阿拉伯》

grotesque /groˈtɛsk/ *adj*.古怪的；可笑的；丑怪的

（由古老洞穴中发现的壁画而来的灵感）

《意大利文 *grotta* = grotto（洞穴）》

oblique /əˈblik, əˈblaɪk/ *adj*.歪的；斜的；间接的（向～方向弯曲）

《拉丁文 *ob-*（towards）+ *lique*（bent）》

```
   ob    +  lique
   |         |
towards  +  bent
```

picturesque /ˌpɪktʃəˈrɛsk/ *adj*.如画的；生动的《*picture* 画》

23　-ish

＊表示"带有～性质"、"有关～的"。

bookish /ˈbukɪʃ/ *adj*.好读书的；迂腐的

brownish /ˈbraunɪʃ/ *adj*.呈棕色的

childish /ˈtʃaɪldɪʃ/ *adj*.幼稚的　　*cf*. **childlike**（天真的；单纯的）

feverish /ˈfivərɪʃ/ *adj*.发热的；狂热的；闷热的

《*fever* 热（与 heat 用法不同）》

selfish /ˈsɛlfɪʃ/ *adj*.自私的

yellowish /ˈjɛloɪʃ/ *adj*.微黄的；带点黄色的

【注意】-ish 大多暗示"有点不好"的意味，-ly 是"好的"意思，-like 则多用于这
两者之间的意思。

mannish（含有责备、嘲弄的语气）像男人的；男人特质的

manly（带有赞赏的意味）像男人的；有男人气概的

manlike（不带有任何特殊意味）像男人的；有男人特质的

24　-ite

＊希腊文 *-ites*。

exquisite /ˈɛkskwɪzɪt, ɪkˈskwɪzt/ *adj*.精美的；极度的；高尚的（被找
出→ 被选出）《拉丁文 *ex-*（out）+ *quis*（seek）+ *-ite*》

```
┌─────────────────────────┐
│  ex  + quis +  ite      │
│  |      |      |        │
│ out  + seek  + adj.     │
└─────────────────────────┘
```

favo(u)rite /ˈfevərɪt/ *adj*.最喜爱的；中意的

《拉丁文 *favere* = befriend（对～以朋友相待）》

infinite /ˈɪnfənɪt/ *adj*.无限的；极大的（沒有结束的）

《拉丁文 *in-*（not）+ *fin*（end）+ *-ite*》

```
┌─────────────────────────┐
│  in  + fin +  ite       │
│  |      |      |        │
│ not  + end  + adj.      │
└─────────────────────────┘
```

opposite /ˈɑpəzɪt/ *adj*.相对的；相反的《*oppose* 反对》

polite /pəˈlaɪt/ *adj*.有礼貌的；文雅的（被琢磨而成的）

《拉丁文 *polire* = polish》

25 -ive

* 拉丁文 *-ivus*。

aggressive /əˈgrɛsɪv/ *adj*.攻击性的；好斗的《*aggress* 侵略》

constructive /kənˈstrʌktɪv/ *adj*.建设性的《*construct* 建设》

defective /dɪˈfɛktɪv/ *adj*.有缺陷的《*defect* 缺陷》

exclusive /ɪkˈsklusɪv/ *adj*.不许外人加入的；排外的

《*exclude* 除外》

exhaustive /ɪgˈzɔstɪv/ *adj*.枯竭的；消耗的《*exhaust* 用尽》

```
┌─────────────────────────┐
│  ex  + haust +  ive     │
│  |      |       |       │
│ out  + draw  + adj.     │
└─────────────────────────┘
```

expansive /ɪkˈspænsɪv/ *adj*.宽广的；胸襟宽阔的

imaginative /ɪˈmædʒəˌnetɪv/ *adj*.富于想像的；幻想的；虚构的

《*imagine* 想像》

initiative /ɪˈnɪʃɪˌetɪv/ *adj*.初步的；主动的《拉丁文 *initiare* = begin》

intuitive /ɪnˈtuɪtɪv/ *adj*.直觉的《*intuition* 直觉》

inventive /ɪnˈvɛntɪv/ *adj*.发明的；有创意的《*invention* 发明》

```
┌─────────────────────────────┐
│     in  + vent + ive        │
│     │      │      │          │
│   upon + come + adj.         │
└─────────────────────────────┘
```

massive /ˈmæsɪv/ *adj*. 大量的；宏伟的；块状的《*mass* 块；团》

primitive /ˈprɪmətɪv/ *adj*. 原始的《*prime* 首要的》

representative /ˌrɛprɪˈzɛntətɪv/ *adj*. 象征性的；代表性的
《*represent* 表示；象征；代表》

respective /rɪˈspɛktɪv/ *adj*. 个别的　　*cf*. **respectable**（有好名誉的）

seductive /sɪˈdʌktɪv/ *adj*. 有魅力的；诱惑的《*seduce* 诱惑》

```
┌─────────────────────────────┐
│     se  + duct + ive        │
│     │      │      │          │
│   apart + lead + adj.        │
└─────────────────────────────┘
```

selective /səˈlɛktɪv/ *adj*. 选择性的《*select* 选择》

suggestive /səˈdʒɛstɪv/ *adj*. 暗示性的《*suggest* 暗示》

talkative /ˈtɔkətɪv/ *adj*. 爱说话的《*talk* 说话》

26　-less

　*由古英文 *leas* 而来的形式，表示"没有"的意思，相反词为 -*ful*。

aimless /ˈemlɪs/ *adj*. 无目标的《*aim* 目标》

blameless /ˈblemlɪs/ *adj*. 无可责备的；无过失的；无罪的
《*blame* 责备》

bloodless /ˈblʌdlɪs/ *adj*. 无血的；贫血的；苍白的《*blood* 血》

boundless /ˈbaʊndlɪs/ *adj*. 无限的；无穷的；无止境的
《*bound* 范围》

```
┌─────────────────────────────┐
│     bound  +  less          │
│       │        │            │
│   boundary +  adj.          │
└─────────────────────────────┘
```

careless /ˈkɛrlɪs/ *adj*. 粗心的；不小心的《*care* 小心》

cloudless /ˈklaʊdlɪs/ *adj*. 无云的；晴朗的《*cloud* 云》

countless /ˈkaʊntlɪs/ *adj*. 无数的；数不尽的《*count* 计算》

groundless /ˈgraʊndlɪs/ *adj*. 没理由的；无根据的《*ground* 根据》

harmless /ˈhɑrmlɪs/ *adj*. 无害的；无恶意的《*harm* 伤害》

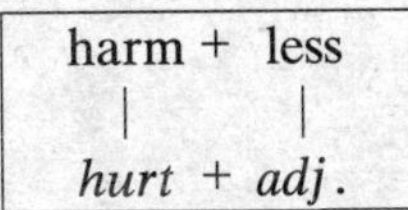

heartless /ˈhɑrtlɪs/ *adj*.无情的；冷酷的《*heart* 心》

helpless /ˈhɛlplɪs/ *adj*.无助的；迷惑的《*help* 帮助》

hopeless /ˈhoplɪs/ *adj*.无希望的；绝望的《*hope* 希望》

lifeless /ˈlaɪflɪs/ *adj*.无生命的；无趣的《*life* 生命》

limitless /ˈlɪmɪtlɪs/ *adj*.无界限的；无限制的《*limit* 限制》

mindless /ˈmaɪndlɪs/ *adj*.不留意的；愚钝的《*mind* 留意》

noiseless /ˈnɔɪzlɪs/ *adj*.无声的《*noise* 噪音》

nameless /ˈnemlɪs/ *adj*.无名的；匿名的；不齿的《*name* 命名》

odorless /ˈodɚlɪs/ *adj*.无臭的；没有气味的《*odor* 气味》

penniless /ˈpɛnɪlɪs/ *adj*.身无分文的；一文不名的《*penny* 分》

priceless /ˈpraɪslɪs/ *adj*.极贵重的；无价的（无法赋予价值的）
《*price* 价格》

reckless /ˈrɛklɪs/ *adj*.鲁莽的；不顾一切的；不谨慎的《*reck* 注意》

regardless /rɪˈgɑrdlɪs/ *adj*.不顾《*regard* 考虑》

restless /ˈrɛstlɪs/ *adj*.不安静的；无睡眠的；无休止的；纷扰的；
好动的《*rest* 休息》

senseless /ˈsɛnslɪs/ *adj*.无感觉的；不省人事的；无知的
《*sense* 感觉》

shameless /ˈʃemlɪs/ *adj*.无耻的《*shame* 羞耻》

shapeless /ˈʃeplɪs/ *adj*.无形的；形状丑陋的《*shape* 形状》

sleepless /ˈsliplɪs/ *adj*.失眠的；不休息的《*sleep* 睡觉》

speechless /ˈspitʃlɪs/ *adj*.不能说话的；无言的《*speech* 说话》

valueless /ˈvæljulɪs/ *adj*.没有价值的《*value* 价值》

voiceless /ˈvɔɪslɪs/ *adj*.无声的《*voice* 声音》

27 -like

* 表示"像～样的"或"喜欢～的"。

businesslike /ˈbɪznɪsˌlaɪk/ *adj*.认真的；实事求是的
《*business* 事务》

$$
\begin{array}{ccc}
\text{busi} & + \text{ness} & + \text{like} \\
| & | & | \\
\textit{busy} & + \textit{n}. & + \textit{adj}.
\end{array}
$$

childlike /ˈtʃaɪldˌlaɪk/ *adj*.天真无邪的；单纯的
ladylike /ˈledɪˌlaɪk/ *adj*.如贵妇的；高贵的；优雅的
sportsmanlike /ˈsportsmənˌlaɪk, ˈsports-/ *adj*.有运动家风度的；
光明磊落的《*sportsman* 运动家》
warlike /ˈwɔrˌlaɪk/ *adj*.好战的；尚武的；战争的
womanlike /ˈwʊmənˌlaɪk/ *adj*.像女人的

28 -ly

* 加上名词作形容词，若加上形容词则为副词。

bodily /ˈbɑdḷɪ, -dɪlɪ/ *adj*.身体上的；具体的
costly /ˈkɔstlɪ/ *adj*.贵重的；昂贵的《*cost* 费用》
cowardly /ˈkaʊɚdlɪ/ *adj*.胆小的《*coward* 胆小者》
earthly /ˈɝθlɪ/ *adj*.大地的；世俗的　*cf*. **heavenly**（天国的）
fortnightly /ˈfɔrtnaɪtlɪ/ *adj*.两周一次的；隔周的
《*fortnight* 两周》

$$
\begin{array}{ccc}
\text{fort} & + \text{night} & + \text{ly} \\
| & | & | \\
\textit{fourteen} & + \textit{night} & + \textit{adj}.
\end{array}
$$

friendly /ˈfrɛndlɪ/ *adj*.友善的；亲切的
leisurely /ˈliʒɚlɪ, ˈlɛ-/ *adj*.悠闲的；不慌不忙的（时间允许的）
《*leisure* 空闲》

$$
\begin{array}{cc}
\text{leisure} & + \text{ly} \\
| & | \\
\textit{be allowed} & + \textit{adj}.
\end{array}
$$

monthly /'mʌnθlɪ/ *adj*. 每月的；每月一次的
stately /'stetlɪ/ *adj*. 威严的；堂皇的《*state* 威严》
timely /'taɪmlɪ/ *adj*. 及时的；适宜的
worldly /'wɜˈldlɪ/ *adj*. 现世的；世俗的

29　-most

＊ 表示最高级的意思。

almost /'ɔlˌmost, ɔl'most/ *adj*., *adv*. 差不多；几乎
foremost /'forˌmost, 'fɔr-/ *adj*. 最先的；首要的《*fore* = before》

```
fore  + most
 |       |
before + adj.
```

innermost /'ɪnɚˌmost/ *adj*. 最深奥的；最内部的
utmost /'ʌtˌmost/ *adj*. 最远的；极度的《古英文 *ut* = out》

30　-ory

＊ 表示"带有～的性质"之意。

compulsory /kəm'pʌlsərɪ/ *adj*. 强迫的；强制的；必修的
　《*compel* 强迫》
contradictory /ˌkɑntrə'dɪktərɪ/ *adj*. 矛盾的；相反的；对立的
　《*contradict* 矛盾》

```
contra +  dict  +  ory
  |         |        |
against +  speak  +  adj.
```

obligatory /ə'blɪɡəˌtorɪ, 'ɑblɪɡəˌtorɪ/ *adj*. 义务的；有拘束力的
　《*oblige* 强制》
preparatory /prɪ'pærəˌtorɪ/ *adj*. 准备的；初步的
　《*prepare* 准备》
satisfactory /ˌsætɪs'fæktərɪ/ *adj*. 令人满意的；圆满的；适意的
　《*satisfy* 使满意》

31 -OUS

* 表示"充满了"。

advantageous /ˌædvən'tedʒəs/ *adj*.有利的；有益的《*advantage* 利益》

avaricious /ˌævə'rɪʃəs/ *adj*.贪心的；贪婪的《*avarice* 贪心》

cautious /'kɔʃəs/ *adj*.细心的；谨慎的《*caution* 小心》

capricious /kə'prɪʃəs/ *adj*.善变的；任性的；反复无常的
《*caprice* 反复无常》

$$\begin{array}{ccc}\text{cap} & + \text{ric} & + \text{ious} \\ | & | & | \\ \textit{head} & + \textit{curl} & + \textit{adj.}\end{array}$$

courteous /'kɝtɪəs/ *adj*.有礼貌的；体谅的《*courtesy* 礼貌》

covetous /'kʌvɪtəs/ *adj*.贪婪的《*covet* 贪求》

dangerous /'dendʒərəs/ *adj*.危险的《*danger* 危险》

delicious /dɪ'lɪʃəs/ *adj*.美味可口的
《*de*−(intensive) + *lic*(entice 引诱) + *-ious*》

envious /'ɛnvɪəs/ *adj*.嫉妒的；羡慕的《*envy* 羡慕》
cf. **enviable**(可羡慕的)

frivolous /'frɪvələs/ *adj*.轻浮的；肤浅的
《*frivol*(silly) + *ous*》

furious /'fjurɪəs/ *adj*.狂怒的；猛烈的《*fury* 愤怒》

glorious /'glorɪəs,'glɔr-/ *adj*.光荣的；辉煌的《*glory* 光荣》

gorgeous /'gɔrdʒəs/ *adj*.华丽的；灿烂的(志得意满时放大喉咙)
《法文 *gorge* = throat (喉咙)》

$$\begin{array}{cc}\text{gorge} & + \text{ous} \\ | & | \\ \textit{throat} & + \textit{adj.}\end{array}$$

harmonious /hɑr'monɪəs/ *adj*.和谐的；协调的
《*harmony* 和谐》

hideous /'hɪdɪəs/ *adj*.可怕的；非常丑陋的《*hide* 隐藏》

industrious /ɪn'dʌstrɪəs/ *adj*.勤勉的《*industry* 勤勉》
cf. **industrial**(工业的)

laborious /lə'borɪəs,-'bɔr-/ *adj*.费力的；勤劳的

《*labo(u)r* 劳苦》

malicious /məˈlɪʃəs/ *adj*.恶意的；蓄意的《*malice* 恶意》

oblivious /əˈblɪvɪəs/ *adj*.健忘的；不专心的

《*oblivion* 遗忘；湮没》

> ob ＋ livi ＋ ous
> ｜　　｜　　｜
> *over ＋ smooth ＋ adj.*

odious /ˈodɪəs/ *adj*.讨厌的；嫌恶的；可恨的

《*odium* 讨厌》

ominous /ˈɑmənəs/ *adj*.不祥的；凶兆的《*omen* 预兆》

outrageous /ˈaʊtˈredʒəs/ *adj*.粗暴的；可恶的；无法无天的

《*outrage* 暴行》

> outr ＋ age ＋ ous
> ｜　　｜　　｜
> *beyond ＋ n. ＋ adj.*

perilous /ˈpɛrələs/ *adj*.危险的；冒险的《*peril* 危险》

poisonous /ˈpɔɪznəs/ *adj*.有毒的；有害的；讨厌的《*poison* 毒》

pompous /ˈpɑmpəs/ *adj*.傲慢的；自负的；夸大的《*pomp* 炫耀》

righteous /ˈraɪtʃəs/ *adj*.公正的；正当的；正直的

《*right* 正义》

serious /ˈsɪrɪəs/ *adj*.认真的；严肃的《拉丁文 *serius* = heavy》

spacious /ˈspeʃəs/ *adj*.广大的；广阔的《*space* 空间》

spontaneous /spɑnˈtenɪəs/ *adj*.自然的；率直的

《拉丁文 *sponta* = of free will》

strenuous /ˈstrɛnjʊəs/ *adj*.费力的；艰辛的；努力的

《希腊文 *stereos* = firm（稳固的）》　*cf*. **stereoscope**（实体镜）

> stren ＋ uous
> ｜　　｜
> *firm ＋ adj.*

studious /ˈstjudɪəs/ *adj*.好学的；用功的；用心的《*study* 读书》

tedious /ˈtidɪəs/ *adj*.沉闷的；冗长的《*tedium* 沉闷》

treacherous /ˈtrɛtʃərəs/ *adj*.叛逆的；背叛的；靠不住的

《*treachery* 背叛》

tremendous /trɪ'mɛndəs/ *adj*.巨大的；恐怖的；了不起的
《*tremble* 震动》

tremulous /'trɛmjələs/ *adj*.战栗的；抖动的；畏缩的；怯懦的
《*tremor* 颤抖》

```
tremul  +  ous
  |          |
tremble  +  adj.
```

various /'vɛrɪəs/ *adj*.不同的；各式各样的《*vary* 改变》

vicious /'vɪʃəs/ *adj*.邪恶的；谬误的《*vice* 邪恶》

virtuous /'vɝtʃuəs/ *adj*.有品德的；贞洁的《*virtue* 美德》

zealous /'zɛləs/ *adj*.热心的；热衷的《*zeal* 热心》

32　-proof

　　* 多加在名词之后，表示"防～的"。

airproof /'ɛr͵pruf/ *adj*.不通气的；密不透气的

bombproof /'bɑm'pruf/ *adj*.防空（用）的

bulletproof /'bulɪt͵pruf/ *adj*.防弹的

fireproof /'faɪr'pruf/ *adj*.防火的；耐火的

foolproof /'ful'pruf/ *adj*.愚人也会的；极简单的；安全无比的

rainproof /'ren'pruf/ *adj*.防水的；不漏雨的

soundproof /'saund͵pruf/ *adj*.隔音的；防音的

waterproof /'wɔtɚ'pruf/ *adj*.不透水的；防水的

weatherproof /'wɛðɚ͵pruf/ *adj*.能耐风雨的

33　-some

　　* 这是 *same* 的变化型，表示"像～样的"或"有～倾向"。

burdensome /'bɝdn̩səm/ *adj*.沉重的《*burden* 重荷》

irksome /'ɝksəm/ *adj*.令人烦恼的；令人厌烦的；讨厌的
《*irk* 使苦恼》

meddlesome /'mɛdl̩səm/ *adj*.爱管闲事的；好干涉的
《*meddle* 干涉》

```
meddle + some
  |        |
 mix   +  adj.
```

quarrelsome /ˈkwɔrəlsəm, ˈkwɑr-/ *adj*. 爱争吵的《*quarrel* 争吵》

tiresome /ˈtaɪrsəm/ *adj*. 令人厌倦的；吃力的《*tire* 使疲倦》

troublesome /ˈtrʌbl̩səm/ *adj*. 令人苦恼的；困难的；麻烦的
《*trouble* 使烦恼》

```
trouble + some
   |        |
 bother  +  adj.
```

wearisome /ˈwɪrɪsəm/ *adj*. 使人疲倦的；使人厌烦的；无聊的
《*weary* 使疲倦》

wholesome /ˈholsəm/ *adj*. 合乎卫生的；有益健康的；有益的
《*whole* 完全的》

34　-ward

　　* 古英文 *-weard*，主要用来表示方向。

awkward /ˈɔkwɚd/ *adj*. 笨拙的；无技巧的（不好的方向）
《古英文 *awk* = wrong》

backward /ˈbækwɚd/ *adj*. 向后的；无进步的；迟钝的

downward /ˈdaʊnwɚd/ *adj*., *adv*. 向下的；向下地

eastward /ˈistwɚd/ *adj*., *adv*. 向东的；向东地

homeward /ˈhomwɚd/ *adj*., *adv*. 回家（国）的；回家（国）地

onward /ˈɑnwɚd/ *adj*., *adv*. 向前的；前进地

seaward /ˈsiwɚd/ *adj*., *adv*. 向海的；向海地

wayward /ˈwewɚd/ *adj*. 刚愎的；任性的《*way* 习性》

35　-y

　　* 表示"充满～"、"有～性质"、"有～倾向"。

bloody /ˈblʌdɪ/ *adj*. 血的；流血的；残忍的《*blood* 血液》

bushy /ˈbuʃɪ/ *adj*. 灌木丛生的；浓密的《*bush* 灌木》

cloudy /ˈklaʊdɪ/ *adj*. 有云的；不明朗的《*cloud* 云》

clumsy /ˈklʌmzɪ/ *adj*. 笨拙的；样子不好看的（冻僵的）
《古英文 *clumsen* = benumb（使麻木）》

cosy；**-zy** /ˈkozɪ/ *adj*. 温暖而舒适的；安逸的
《挪威文 *kosa* = refresh（使爽快）》

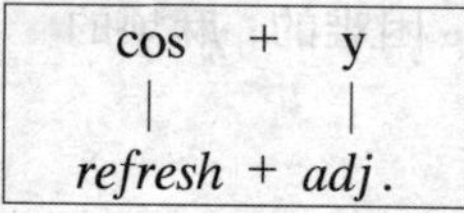

dreamy /ˈdrimɪ/ *adj*. 梦的；幻想的；模糊的《*dream* 梦》

dusky /ˈdʌskɪ/ *adj*. 微暗的；微黑的《*dusk* 黄昏》

foggy /ˈfɔgɪ, ˈfɑ-/ *adj*. 有浓雾的；多雾的；模糊不清的《*fog* 雾》

greedy /ˈgridɪ/ *adj*. 贪心的《*greed* 贪欲》

greeny /ˈgrinɪ/ *adj*. 浅绿色的；带点绿色的《*green* 绿色》

icy /ˈaɪsɪ/ *adj*. 似冰的；冷淡的《*ice* 冰》

notchy /ˈnɑtʃɪ/ *adj*. 有凹口的；有锯齿状的《*notch* 凹口；凹痕》

plumy /ˈplumɪ/ *adj*. 有羽毛的《*plume* 羽毛》

scanty /ˈskæntɪ/ *adj*. 缺乏的；不足的《*scant* 减少》

spicy /ˈspaɪsɪ/ *adj*. 有香味的；活泼的《*spice* 香料》

tardy /ˈtɑrdɪ/ *adj*. 迟延的；缓慢的《拉丁文 *tardus* = slow》

worthy /ˈwɝðɪ/ *adj*. 有价值的；值得的《*worth* 价值》

〔3〕副词字尾

1　-ence

* 表示 *from* 的意思；*-ither* 则表示 *to* 的意思。

hence /hɛns/ = from here *adv*. 因此；从此时（地）
　cf. **hither**（到此处）

thence /ðɛns/ = from there *adv*. 由彼处；因而；从那时

cf. **thither**（到彼处）

whence /hwɛns/ = from there *adv*.从何处；何以

cf. **whither**（向何处）

2　-ling，-long

* 表示"在～方向"。

darkling /ˈdɑrklɪŋ/ *adv*.在黑暗中

flatling /ˈflætlɪŋ/ *adv*.平坦地

sideling /ˈsaɪdlɪŋ/ *adv*.横地；斜地

headlong /ˈhɛdˌlɔŋ/ *adv*.头向前地

sidelong /ˈsaɪdˌlɔŋ/ *adv*.横地；斜地

3　-ly

* 从古英文 *lic*（= *like*）而来的字根，大多接于形容词之后。

absolutely /ˈæbsəˌlutlɪ/ *adv*.绝对地；完全地《*absolute* 绝对的》

actually /ˈæktʃuəlɪ/ *adv*.真实地；实际地《*actual* 真实的》

barely /ˈbɛrlɪ/ *adv*.仅；赤裸裸地《*bare* 赤裸的》

heartily /ˈhɑrtɪlɪ/ *adv*.诚恳地；丰盛地《*heart* 心》

invariably /ɪnˈvɛrɪəblɪ/ *adv*.不变地；一定地；必然地

《*invariable* 不变的》

$$
\begin{array}{ccccccc}
\text{in} & + & \text{vari} & + & \text{ab(le)} & + & \text{ly} \\
| & & | & & | & & | \\
not & + & vary & + & adj. & + & adv.
\end{array}
$$

literally /ˈlɪtərəlɪ/ *adv*.逐字地；实在地《*literal* 文字的》

readily /ˈrɛdlɪ, ˈrɛdɪlɪ/ *adv*.迅速地；容易地

《*ready* 随时会发生的》

roughly /ˈrʌflɪ/ *adv*.粗鲁地；概略地《*rough* 粗野的》

shortly /ˈʃɔrtlɪ/ *adv*.不久；简略地《*short* 短的》

steadily /ˈstɛdəlɪ/ *adv*.有规则地；稳固地《*steady* 稳定的》

violently /ˈvaɪələntlɪ/ *adv*.激烈地；热烈地《*violent* 激烈的》

4　-s

besides /bɪˈsaɪdz/ *adv*.并且；此外　*cf*. **beside**（在旁）
indoors /ˈɪnˈdorz/ *adv*.在室内　*cf*. indoor（室内的）
needs /nidz/ *adv*.必要地；一定地
nowadays /ˈnauəˌdez/ *adv*.现今；时下
outdoors /ˈautˈdorz/ *adv*.在户外　*cf*. **outdoor**（户外的）
sometimes /ˈsʌmˌtaɪmz/ *adv*.有时　*cf*. **sometime**（在某时）

5　-ward(s)

＊表示方向。

afterward(s) /ˈæftɚwɚd(z)/ *adv*.以后
backward(s) /ˈbækwɚd(z)/ *adv*.向后地
downward(s) /ˈdaunwɚd(z)/ *adv*.向下地
homeward(s) /ˈhomwɚd(z)/ *adv*.回家（国）地
inward(s) /ˈɪnwɚd(z)/ *adv*.内部地；向内部
northward(s) /ˈnɔrθwɚd(z)/ *adv*.向北地
outward(s) /ˈautwɚd(z)/ *adv*.向外；在外
southward(s) /ˈsauθwɚd(z)/ *adv*.向南地
sunward(s) /ˈsʌnwɚd(z)/ *adv*.向阳地
upward(s) /ˈʌpwɚd(z)/ *adv*.向上地；向上游；超过

6　-way(s), -wise

＊两者字源相同，表示"方式"。

always /ˈɔlwez, ˈɔlwɪz/ *adv*.永远；总是；不断地
anyway /ˈɛnɪˌwe/ ＝ anyhow *adv*.无论如何（用什么方法都）
endways /ˈɛndˌwez/ *adv*.末端向前地；直立地；两端相接地
sideways /ˈsaɪdˌwez/ *adv*.横向地；从旁边
someway(s) /ˈsʌmˌwe(z)/ *adv*.以某种方法
straightway /ˈstretˌwe/ *adv*.立刻；即刻
crosswise /ˈkrɔsˌwaɪz/ *adv*.横地；斜地；交叉地；相反地

likewise /'laɪkˌwaɪz/ *adv*.同样地；也

otherwise /'ʌðɚˌwaɪz/ *adv*.用不同方法地；在别的方面地；否则；
要不然（用其他的方式）

sidewise /'saɪdˌwaɪz/ *adv*. = sideways

〔4〕动词字尾

1 -ate

* 源自于拉丁文*-atus*，最常作动词字尾，其名词是*-ation*。

accommodate /ə'kɑməˌdet/ *v*.给方便；容纳；供给宿舍；使适应；
调停；调解《拉丁文 *accommodare* = fit，adapt（使适应）》

assassinate /ə'sæsṇˌet/ *v*.暗杀

《雅典文 *haschisch* 为（大麻的雌花花穗制造的）麻醉剂》

【解说】13 世纪，巴基斯坦秘密组织的头目为了提高部下士气，令其喝麻醉剂，
来对抗当时十字军的领道者。

cf. hasheesh，hashish（麻醉剂）

celebrate /'sɛləˌbret/ *v*.庆祝；赞美；表扬

《拉丁文 *celeber* = populous》

congratulate /kən'grætʃəˌlet/ *v*.祝贺（把快乐与大家分享）

《*gratus* = pleasing》　*cf*. **grateful**（感谢的）

contemplate /'kɑntəmˌplet/ *v*.深思；预料

《*con-*（intensive）+ *templ*(*e*)（temple）+ *ate*》

con	+ templ(e)	+ ate
intensive	+ *temple*	+ *v*.

decorate /'dɛkəˌret/ *v*.装饰

《拉丁文 *decus* = ornament》

deteriorate /dɪ'tɪrɪəˌret/ *v*.恶化；减低；堕落

《拉丁文 *deterior* = worse》

fascinate /'fæsṇˌet/ *v*.使迷惑；蛊惑

《拉丁文 *fascinum* = spell（符咒；魔力）》

federate /ˈfɛdəˌret/ v.（使）成为联盟（相信对方而结盟）
《federal 联盟的》

$$
\begin{array}{c}
\text{feder} + \text{ate} \\
| \qquad\quad | \\
\text{trust} + v.
\end{array}
$$

frustrate /ˈfrʌstret/ v.使失败；挫败《拉丁文 frustra = in vain》

isolate /ˈaɪslˌet, ˈɪs-/ v.使隔离；使孤立（像岛的）
《拉丁文 insula = island》 cf. insular（岛国的）

narrate /næˈret/ v.叙述；说明《拉丁文 narrare = tell》

navigate /ˈnævəˌget/ v.驾驶；航行；领航；操纵（使船前进）
《拉丁文 nav = navis（ship）+ ig(drive) + -ate》 cf. navy（海军）

$$
\begin{array}{c}
\text{nav} + \text{ig} + \text{ate} \\
| \qquad | \qquad | \\
\text{ship} + \text{drive} + v.
\end{array}
$$

nominate /ˈnɑməˌnet/ v.任命；派定；提名为～的候选人
《拉丁文 nomen = name》

originate /əˈrɪdʒəˌnet/ v.创始；发明
《拉丁文 oriri = rise，begin》 cf. Orient（东方国家）

penetrate /ˈpɛnəˌtret/ v.贯穿；渗入；看透
《pen（food）+ etr(enter) + -ate》

perpetuate /pɚˈpɛtʃuˌet/ v.使永存；使不朽
《per-（through）+ petu(strive) + -ate》

$$
\begin{array}{c}
\text{per} + \text{petu} + \text{ate} \\
| \qquad\quad | \qquad | \\
\text{through} + \text{strive} + v.
\end{array}
$$

speculate /ˈspɛkjəˌlet/ v.沉思；思索；猜测；投机
《拉丁文 specere = see》

vibrate /ˈvaɪbret/ v.震动；颤动；摆动；回响
《拉丁文 vibrare = shake》

violate /ˈvaɪəˌlet/ v.破坏；违反；妨害《violence 暴力》

2　-en

* 加上形容词、名词，表示"使成～"。

darken /ˈdɑrkən/ v.变黑暗；使黑暗

fasten /ˈfæsn̩,ˈfɑ-/ v.装牢；系紧；连接(牢牢地)《fast 牢固的》

hasten /ˈhesn̩/ v.催促；促进；赶快《haste 急忙》

```
┌─────────────────────┐
│   hast(e) + en      │
│     │        │      │
│   quick  +   v.     │
└─────────────────────┘
```

heighten /ˈhaɪtn̩/ v.增高；增强《height 高度》

lengthen /ˈlɛŋkθən,ˈlɛŋθən/ v.(使)变长；延长

moisten /ˈmɔɪsn̩/ v.使湿润《moist 潮湿的》

sharpen /ˈʃɑrpən/ v.使锐利；削(铅笔)；使敏锐《sharp 锐利的》

strengthen /ˈstrɛŋθən/ v.加强；使坚固；鼓励；增援

《strength 力气》

```
┌──────────────────────────┐
│   streng + th + en       │
│     │       │    │       │
│   strong +  n. + v.      │
└──────────────────────────┘
```

threaten /ˈθrɛtn̩/ v.威胁；恐吓；预示～的恶兆《threat 威胁》

weaken /ˈwikən/ v.使弱；使稀薄

worsen /ˈwɝsn̩/ v.(使)恶化；(使)变坏

《worse 更坏的》

3　-er

* 表示"反复"的声音或动作。

batter /ˈbætɚ/ v.连续敲击《bat 用棒击打》

chatter /ˈtʃætɚ/ v.喋喋不休；(鸟类的)啁啾《chat 闲谈》

flicker /ˈflɪkɚ/ v.摇曳；闪烁不定

flutter /ˈflʌtɚ/ v.摆动；鼓翼

glitter /ˈɡlɪtɚ/ v.闪烁；耀眼

【解说】gl-含有"光"的概念，在表"光的移动"、"视线的移动"的含义时，其字首常为此。相当于中文"闪烁"的意思。

例：glance(匆匆地一看)　　　glare(发出强光)

　　glass(反映)　　　　　　gleam(微光)

　　glimmer(发微光)　　　　glimpse(瞥见)

　　glisten(闪烁)　　　　　glory(光荣)

　　gloss(发光泽)　　　　　glow(炽热)

loiter /ˈlɔɪtɚ/ v. 逍遥；闲荡

patter /ˈpætɚ/ v. 发出急速的轻拍声

quiver /ˈkwɪvɚ/ v. 使振动；战栗

shiver /ˈʃɪvɚ/ v. 颤抖

totter /ˈtɑtɚ/ v. 蹒跚；摇摇欲坠

twitter /ˈtwɪtɚ/ v. 紧张；兴奋；鸟鸣

waver /ˈwevɚ/ v. 摆动；摇曳

4 -esce

* 表示动作开始或正在进行。

acquiesce /ˌækwɪˈɛs/ v. 默认；默许

　《拉丁文 *acquiescere* = *ac-*（to）+ *quiescere*（be quiet）》

coalesce /ˌkoəˈlɛs/ v. 合并；联合；携手合作

　《拉丁文 *coalescere* = *co-*（together）+ *alescere*（grow）》

```
   co    + alesce
   |        |
together + grow
```

convalesce /ˌkɑnvəˈlɛs/ v.（病）有起色；恢复健康

　《拉丁文 *convalescere* = *con-*（together）+ *valescere*（grow strong）》

deliquesce /ˌdɛləˈkwɛs/ v. 潮解；液化

　《拉丁文 *deliquescere* = *de-*（apart）+ *liquescere*（be fluid）》

```
   de    + liquesce
   |        |
apart  + be fluid
```

effloresce /ˌɛfloˈrɛs, -flɚ/ v. 开花；繁盛

　《拉丁文 *efflorescere* = *ef-*（out）+ *florescere*（begin to blossom）》

evanesce /ˌɛvəˈnɛs/ v. 渐渐消失

　《拉丁文 *evanescere* = vanish（消失）》

incandesce /ˌɪnkənˈdɛs, -kæn-/ v.（使）白热化

　《拉丁文 *incandescere* = become hot》

obsolesce /ˌɑbsəˈlɛs/ v. 荒废；废弃

　《拉丁文 *obsolescere* = become disused》

5 -(i)fy

* 是拉丁文 *facere* 的变化型（ = make），表示"做成"、"使～化"。

classify /ˈklæsəˌfaɪ/ v.分类（分成等级）《*class* 等级》

edify /ˈɛdəˌfaɪ/ v.陶冶；教化（建筑）《拉丁文 *aedes* = building》
 cf. **edifice**（大厦）

fortify /ˈfɔrtəˌfaɪ/ v.加强；设防；证实
 《拉丁文 *fortis* = strong》

$$
\begin{array}{c}
\text{forti} + \text{fy} \\
| \qquad | \\
\textit{strong} + v.
\end{array}
$$

fructify /ˈfrʌktəˌfaɪ/ v.结果实；有成果
 《拉丁文 *fructus* = fruit》

identify /aɪˈdɛntəˌfaɪ/ v.认出；视为同一；使有关系（使相同）
 《拉丁文 *idem* = the same》

justify /ˈdʒʌstəˌfaɪ/ v.证明～为正常或应该；证明确有其事
 《*just* 公平的》

liquefy /ˈlɪkwəˌfaɪ/ v.（使）液化《*liquid* 液体》

mollify /ˈmɑləˌfaɪ/ v.缓和；使镇静；抚慰
 《拉丁文 *mollis* = soft》

$$
\begin{array}{c}
\text{moll} + \text{ify} \\
| \qquad | \\
\textit{soft} + v.
\end{array}
$$

nullify /ˈnʌləˌfaɪ/ v.使无效；废弃；取消
 《拉丁文 *nullus* = not any》

personify /pəˈsɑnəˌfaɪ/ v.拟人化；赋予人性《*person* 人》

petrify /ˈpɛtrəˌfaɪ/ v.使坚硬；使石化（使成岩石）
 《拉丁文 *petra* = rock（ 岩石）》 *cf*. **petroleum**（石油）

$$
\begin{array}{c}
\text{petr} + \text{ify} \\
| \qquad | \\
\textit{rock} + v.
\end{array}
$$

purify /ˈpjʊrəˌfaɪ/ v.纯化；精炼《*pure* 纯粹的》

qualify /ˈkwɑləˌfaɪ/ v.使合格；使胜任；限制；形容

《*quality* 品质》

satisfy /ˈsætɪsˌfaɪ/ *v*.使满足（使充分）《拉丁文 *satis* = enough》
　　cf. sate（充分满足），satiate（使饱；使满足）

signify /ˈsɪgnəˌfaɪ/ *v*.象征；表示～之意；有重要性（以标志表示）
　　《*sign* 记号》

simplify /ˈsɪmpləˌfaɪ/ *v*.使单纯；简化
　　《*simple* 简单的》

stupefy /ˈstjupəˌfaɪ/ *v*.使失去知觉；使发呆；使惊骇
　　《拉丁文 *stupere* = be astonished》

$$
\begin{array}{ccc}
\text{stupe} & + & \text{fy} \\
| & & | \\
\textit{be astonished} & + & \textit{v.}
\end{array}
$$

vilify /ˈvɪləˌfaɪ/ *v*.诽谤；中伤（贬低别人）
　　《拉丁文 *vilis* = cheap》

6　-ish

　　* 表示"做～"的意思。

admonish /ədˈmɑnɪʃ/ *v*.警告；劝告《拉丁文 *monere* = advise》
　　cf. monition（警告）

banish /ˈbænɪʃ/ *v*.放逐《*ban* 禁止》

blemish /ˈblɛmɪʃ/ *v*.使有缺点；损伤（打得青一块紫一块）
　　《冰岛文 *blar* = bluish（带青色的）》

$$
\begin{array}{ccc}
\text{blem} & + & \text{ish} \\
| & & | \\
\textit{bluish} & + & \textit{v.}
\end{array}
$$

blush /blʌʃ/ *v*.脸红；惭愧；成为红色《古英文 *blyscan* = glow（炽热）》

cherish /ˈtʃɛrɪʃ/ *v*.珍爱；珍惜；抚育《拉丁文 *carus* = dear》
　　cf. caress（爱抚）

demolish /dɪˈmɑlɪʃ/ *v*.毁坏；推翻；吃光
　　《拉丁文 *demoliri* = pull down》

$$
\begin{array}{ccc}
\text{demol} & + & \text{ish} \\
| & & | \\
\textit{pull down} & + & \textit{v.}
\end{array}
$$

diminish /dəˈmɪnɪʃ/ *v*.减少；缩小《拉丁文 *minutus* = small》

embellish /ɪmˈbɛlɪʃ/ *v*.装置；布置；修饰；润色《*bellus* = fine》

famish /ˈfæmɪʃ/ *v*.饥饿；挨饿

《拉丁文 *fames* = hunger》　*cf*. **famine**(饥荒)

flourish /ˈflɝɪʃ/ *v*.繁茂；盛行；炫耀(极度地夸耀)

《拉丁文 *florere* = flower（繁盛）》

```
flour  + ish
  |        |
flower +  v.
```

furnish /ˈfɝnɪʃ/ *v*.供给；陈设《古代法文 *furnir* = 备有》

cf. **furniture**(家具)

garnish /ˈgɑrnɪʃ/ *v*.加装饰；在食物中加调味料

《法文 *garnir* = defend（保卫）》

languish /ˈlæŋgwɪʃ/ *v*.凋萎；憔悴；渴望

《拉丁文 *languere* = be weak》

```
langu  + ish
  |        |
be weak +  v.
```

publish /ˈpʌblɪʃ/ *v*.发表；出版；公开；公布(公开地做)

《*public* 公开的》

punish /ˈpʌnɪʃ/ *v*.惩罚；处罚；对付

《拉丁文 *poena* = penalty（刑罚）》*cf*. **pain**(痛苦)

7 　-ize，-ise

＊表示"使成～状态"、"使～化"等意思,英式英语中也使用-ise。

cauterize /ˈkɔtəˌraɪz/ *v*.灼烧；腐蚀；使麻木

《希腊文 *kaiein* = burn》

civilize /ˈsɪvḷˌaɪz/ *v*.使开化；使文明化；教化

《拉丁文 *civis* = citizen》

```
civil  + ize
  |        |
citizen +  v.
```

dramatize /ˈdræməˌtaɪz/ v.编为戏剧；使戏剧化《*drama* 戏剧》

generalize /ˈdʒɛnərəlˌaɪz/ v.概括；归纳；做结论；使普及
《*general* 一般的》

organize /ˈɔrgənˌaɪz/ v.组织；成为有机体《*organ* 器官；机关》

pulverize /ˈpʌvəˌraɪz/ v.将～磨成粉；粉碎
《拉丁文 *pulver* = powder，dust》

pulver ＋ ize
｜　　 ｜
powder ＋ v.

specialize /ˈspɛʃəlˌaɪz/ v.专门研究；使专门；专攻
《*special* 特殊的》

symbolize /ˈsɪmblˌaɪz/ v.象征；以符号表示《*symbol* 象征》

utilize /ˈjutlˌaɪz/ v.利用；使用
《拉丁文 *uti* = use》 *cf*. **utensil**（器具）

victimize /ˈvɪktɪmˌaɪz/ v.使牺牲；使受害；欺骗
《*victim* 牺牲（者）》

8 -le

＊ 表示"反复"。

chuckle /ˈtʃʌkl̩/ v.咯咯而笑；低声而笑（像勒紧咽喉时发出
的声音）《*choke* 窒息》

dazzle /ˈdæzl̩/ v.以强光使目眩；使迷惑《*daze* 使晕眩》

dwindle /ˈdwɪndl̩/ v.缩减；减少（消瘦而渐渐缩小）
《冰岛文 *dwina* = 消瘦》

scribble /ˈskrɪbl̩/ v.潦草书写；乱写；胡写
《拉丁文 *scribere* = write》

scribb ＋ le
｜　　 ｜
write ＋ v.

sparkle /ˈspɑrkl̩/ v.发出火花；闪烁；闪耀《*spark* 火花》

sprinkle /ˈsprɪŋkl̩/ v.散布；撒落；下小雨《*spring* 弹回》

startle /ˈstɑrtl̩/ v.使吃惊；使惊愕；惊动《start 突然跳起；吃惊》

trickle /ˈtrɪkl̩/ v.(泪水等)滴流；细流

《古英文 *strikelen*＝无止境地流下去》

twinkle /ˈtwɪŋkl̩/ v.闪烁；闪动；迅速移动

《古英文 *twinken*＝wink（眨眼）》

PART THREE　字根(Root)

　　英语字根大部分系来自拉丁语。根据这些字根可了解它们的原义，再配合字首、字尾的活用组合，对学习英文单词将有莫大的帮助。

1　ac = acid = acr = sour；sharp

　　* 拉丁文 *acidus*(= *sour*)，*acer*(= *sharp*)。〔变化型〕*acr*。

acerbity /əˈsɝbətɪ/ *n*.刻薄；尖刻

acuity /əˈkjuətɪ/ *n*.尖锐《*acu* -(sharp) + *ity*(名词字尾)》

acumen /əˈkjumɪn/ *n*.敏锐而正确的判断力

acute /əˈkjut/ *adj*.敏锐的；深刻的；急性的

acid /ˈæsɪd/ *adj*.酸的；酸性的；尖酸刻薄的　　*n*.酸性物质

acidify /əˈsɪdəˌfaɪ/ *v*.酸化；变酸

acidity /əˈsɪdətɪ/ *n*.酸味；酸性；酸度

acidize /ˈæsəˌdaɪz/ *v*.用酸处理；使变酸

acidulate /əˈsɪdʒəˌlet/ *v*.使略带酸味

　　《拉丁文 *acidulus* = sourish 微酸的》

```
acidul  + ate
  |         |
sourish  +  v.
```

acidulous /əˈsɪdʒələs/ *adj*.微酸的；尖酸刻薄的

acidimeter /ˌæsɪˈdɪmətɚ/ *n*.酸定量器《*meter* 计量器》

acrid /ˈækrɪk/ *adj*.辛辣的；难闻的《*acrid*(sharp)》

acrimonious /ˌækrəˈmonɪəs/ *adj*.辛辣的；尖刻的；剧烈的

　　《*acri*(sharp) + *moni*(state) + -*ous*(形容词字尾)》

　　《*acrimony* 严厉》

2　act = act

　　* 源自于拉丁文 *agere*(= *do*，*drive*)，和 *ag*-，*ig*-同类，过去分词是 *actus*。

act /ækt/ *n*.行为；法案；一幕　　*v*.行动；扮演；作用

action /ˈækʃən/ *n*.行动；动作；作用；诉讼；战斗

actionable /ˈækʃənəbḷ/ *adj*.可引起诉讼的；可被控诉的

activate /ˈæktəˌvet/ *v*.刺激；使产生活动

activation /ˌæktəˈveʃən/ *n*.活化

activator /ˈæktəˌvetɚ/ *n*.触媒；催化剂

active /ˈæktɪv/ *adj*.活动的；活跃的；能起作用的

```
act +  ive
 |     |
act + adj.
```

activity /ækˈtɪvətɪ/ *n*.活动；活动力

actual /ˈæktʃuəl/ *adj*.真实的；实际的

actuality /ˌæktʃuˈælətɪ/ *n*.现实

actualize /ˈæktʃuəlˌaɪz/ *v*.实现；实行

actually /ˈæktʃuəlɪ/ *adv*.真实地；实际地

actualist /ˈæktʃuəlɪst/ *n*.现实主义者；现实论者；实际者
　《-ist 表示人的名词字尾》

actuate /ˈæktʃuˌet/ *v*.使活动；使动作；促使

enact /ɪnˈækt/ *v*.制定为法律；扮演《en- = in》

enactment /ɪnˈæktmənt,ɛn-/ *n*.(法律之)创制；法令

```
en + act + ment
 |    |     |
in + act +  n.
```

exact /ɪgˈzækt/ = drive out　*v*.需要；强索
　adj.正确的；精确的；严格的《ex- = out》

exacting /ɪgˈzæktɪŋ,ɛg-/ *adj*.苛求的；费力的

exaction /ɪgˈzækʃən/ *n*.勒索；榨取；税

exactitude /ɪgˈzæktəˌtjud,-ˌtud/ *n*.正确；精密；严正
　《-itude 抽象名词字尾》

```
ex + act + itude
 |    |     |
out + act +  n.
```

exactly /ɪgˈzæktlɪ/ *adv*.正确地

inaction /ɪnˈækʃən/ *n*.不活动；懒散；怠惰《in- = not》

inactive /ɪn'æktɪv/ *adj.*不活动的；不活泼的；懒惰的

interact /*v.* ˌɪntɚ'ækt *n.* 'ɪntɚˌækt/ *v.*，*n.*交互作用；互相影响
  《*inter-* = between，among》

react /rɪ'ækt/ *v.*反动；反作用；起化学反应《*re-* = back》

reactor /rɪ'æktɚ/ *n.*反动者；起反应者；原子炉

reaction /rɪ'ækʃən/ *n.*反动；反应；反作用

transact /træns'ækt，trænz'ækt/ *v.*处理；执行；交易(行得通)
  《*trans-* = through》

transaction /træns'ækʃən，trænz'ækʃən/ *n.*办理；处理；交易

$$\begin{array}{ccc} \text{trans} & + \text{ act} & + \text{ ion} \\ | & | & | \\ \textit{through} & + \textit{ act} & + \textit{ n.} \end{array}$$

agency /'edʒənsɪ/ *n.*动作；力量；代理；经售；代理处；经销处(实行；
  做)《*ag* = *act* = act》

agent /'edʒənt/ *n.*代理人；代理商；动作者；原动力(做的人)

agile /'ædʒəl，-ɪl，-aɪl/ *adj.*活泼的；轻快的；敏捷的
  《*-ile* 形容词字尾》

agility /ə'dʒɪlətɪ/ *n.*动作的敏捷；机敏

$$\begin{array}{ccc} \text{ag} & + \text{ il} & + \text{ ity} \\ | & | & | \\ \textit{act} & + \textit{ adj.} & + \textit{ n.} \end{array}$$

agitate /'ædʒəˌtet/ *v.*震动；煽动

agitation /ˌædʒə'teʃən/ *n.*摇动；激动的状态；煽动

agitator /'ædʒəˌtetɚ/ *n.*煽动者；游说者

agony /'ægənɪ/ *n.*极大的痛苦；精神上的激动(缠绕心头)

cogent /'kodʒənt/ = drive together *adj.*强有力的；使人信服的
  (劝动别人一起去)《*co-* = *com-* = together》

cogitate /'kɑdʒəˌtet/ *v.*思考；计划；设计

cogitable /'kɑdʒətəbl̩/ *adj.*可思考的；可想像的

exigent /'ɛksədʒənt/ *adj.*急切的；紧急的；所需极多的(驱逐出去)

$$\begin{array}{ccc} \text{ex} & + \text{ ig} & + \text{ ent} \\ | & | & | \\ \textit{out} & + \textit{ act} & + \textit{ adj.} \end{array}$$

prodigal /ˈprɑdɪɡḷ/ *adj*.浪费的；挥霍的　*n*.浪费者；浪子
《拉丁文 *prodigere* = drive forth》

3　agogue = leader

* 希腊文 *agogos*(= *leader*)。

demagogue /ˈdɛməˌɡɔɡ/ *n*.群众煽动家《*dem* = people》
pedagogue /ˈpɛdəˌɡɔɡ/ *n*.卖弄学问的人；教师(贬义)《*ped* = child》
synagogue /ˈsɪnəˌɡɔɡ/ *n*.犹太教的会堂；犹太教会堂之聚会
《*syn-* = together》

4　al = nourish

* 拉丁文 *alere*(= *nourish* 滋养)。〔变化型〕*ol*, *ul*。

aliment /ˈæləmənt/ *n*.营养物；食物；扶养　*v*.供给营养；扶养
alimental /ˌæləˈmɛntḷ/ *adj*.食物的；营养的
alimentary /ˌæləˈmɛntərɪ/ *adj*.食物的；营养的；消化的
alimentation /ˌæləmɛnˈteʃən/ *n*.营养；扶养

ali	+ ment	+ ation
nourish	+ n.	+ n.

alimentotherapy /ˌæləˈmɛntəˈθɛrəpɪ/ *n*.营养疗法；食物疗法
《*therapy* 治疗法》
alimony /ˈæləˌmonɪ/ *n*.赡养费；生活费
adolescence /ˌædḷˈɛsṇs/ *n*.青春期
《*ad-*(to) + *olesc* (grow up) + *-ence*(名词字尾)》

ad +	olesc	+ ence
to +	grow up	+ n.

adolescent /ˌædḷˈɛsṇt/ *adj*.青春期的　*n*.青少年
prolific /prəˈlɪfɪk/ *adj*.有生产力的；肥沃的；多产的；丰富的
《*pro-*(forward) + *(o)li*(nourish) + *-fic*(形容词字尾)》
prolificacy /prəˈlɪfɪkəsɪ/ *n*.多产；丰富

proliferate /proˈlɪfəˌret/ v.增生；增加；大量产生
　《*fer* = bear（生产）》
proliferous /proˈlɪfərəs/ adj.细胞增生的；繁殖的；分芽繁殖的
adult /əˈdʌlt/ adj.成人的；适合成人的　n.成人《*ad-* = to》
adulthood /əˈdʌlthʊd/ n.成年
adultness /əˈdʌltnɪs/ n.成熟；老成

5　**alg** = pain（痛苦）

analgesic /ˌænælˈdʒizɪk/ n.止痛药　adj.止痛的
neuralgia /njʊˈrældʒə/ n.神经痛

```
neur  +  algia
 |         |
nerve  +  pain
```

nostalgia /nɑˈstældʒɪə/ n.思乡病；留恋过去

6　**alt** = high

　*拉丁文 *altus*(= high)。

altar /ˈɔltə/ n.祭坛（高的地方）
altimeter /ˈæltəˌmitə/ n.高度计《*meter* 计量器》
altitude /ˈæltəˌtjud/ n.高度；海拔《*-itude* 抽象名词字尾》

```
alt  +  itude
 |        |
high  +  n.
```

exalt /ɪgˈzɔlt/ v.提高；擢升；使得意；赞扬（高举）
　《*ex-* = out, up》
exaltation /ˌɪgzɔlˈteʃən, ˌɛg-/ n.（阶级、荣誉等的）提高；狂喜
haughty /ˈhɔtɪ/ adj.傲慢的；骄傲的
　《*haught* = *alt* = high》

7　**alter** = other

　*拉丁文 *alter*(= other 其他的)。〔变化型〕*altr*, *ali*。

alter /ˈɔltə/ v.改变；更改（变为其他东西）

alteration /ˌɔltəˈreʃən/ *n*.变更；更改

```
alter + ation
  |       |
other  +  n.
```

altercate /ˌɔltəˌket/ *v*.口角；争论

altercation /ˌɔltəˈkeʃən/ *n*.口角；争论

alternate /*adj*.,*n*. ˈɔltəɪt *v*. ˈɔltəˌnet/ *adj*.轮流的
　　n.交替；轮流；代理者　*v*.轮流；交替

alternation /ˌɔltəˈneʃən/ *n*.交互；交替

alternative /ɔlˈtənətɪv,æl-/ *adj*.二者择一的
　　n.二者择一；选择余地

alternator /ˈɔltəˌnetə/ *n*.交流发电机

altruism /ˈæltruˌɪzəm/ *n*.利他主义
　　《*altru* = *alter*(other) + *-ism*(表主义的名词字尾)》

```
altru + ism
  |      |
other +  n.
```

altruistic /ˌæltruˈɪstɪk/ *adj*.利他主义的

alien /ˈelɪən,ˈeljən/ *adj*.外国人的；相反的　*n*.外国人(其他的)

alienable /ˈeljənəbl̩,ˈelɪən-/ *adj*.可让与的；可转让的(变成他人的东西)

alienate /ˈeljənˌet/ *v*.使疏远；让与；转让

alienation /ˌelɪənˈeʃən/ *n*.疏远；让与；转让

alias /ˈelɪəs/ *n*.别名；化名；假名(其他名字)
　　《拉丁文 *alius* = other》

alibi /ˈæləˌbaɪ/ *n*.不在场证明；托辞；借口(在其他场所)
　　《*bi* = place》

adulterate /əˈdʌltəˌret/ *v*.掺混　*adj*.不道德的；堕落的
　　《*ad-* = to；*ulter* = **alter**》

```
ad + ulter + ate
 |     |      |
to + other +  v.
```

adultery /əˈdʌltərɪ/ *n*.通奸；私通

8　am = love

　　* 拉丁文 *amare*(= love)。

amateur /ˈæməˌtʃʊr/ *n*.业余技艺家；业余者(业余爱好技艺的人)
amatory /ˈæməˌtorɪ/ *adj*.恋爱的；色情的
amiable /ˈemɪəbl̩/ *adj*.和蔼可亲的

```
ami  +  able
 |       |
love  +  adj.
```

amicable /ˈæmɪkəbl̩/ *adj*.友善的；和平的
amity /ˈæmətɪ/ *n*.友好；和睦
amorist /ˈæmərɪst/ *n*.情人；爱情小说作家
amorous /ˈæmərəs/ *adj*.多情的；表示爱情的
enamo(u)r /ɪnˈæmə/ *v*.引起爱怜；迷住《*en-* = in》
enemy /ˈɛnəmɪ/ *n*.敌人(不爱的人)《*en-* = not；*em* = *am* = love》

```
en  +  em  +  y
 |      |     |
not  + love + n.
```

enmity /ˈɛnmətɪ/ *n*.敌意；不和；敌对

9　ang = strangle

　　* 拉丁文 *angere*(= strangle 勒死；窒息)。

anger /ˈæŋgə/ *v*.激怒　*n*.愤怒
angry /ˈæŋgrɪ/ *adj*.愤怒的；生气的
anguish /ˈæŋgwɪʃ/ *n*.身心极度的痛苦
anxiety /æŋˈzaɪətɪ/ *n*.忧虑；渴望
anxious /ˈæŋkʃəs/ *adj*.忧虑的；渴望的

10　angl = angle

　　* 拉丁文 *angulus*(= angle)。〔变化型〕*angul*。

angle /ˈæŋgl̩/ *n*.角；角度；观点；方面；角落

v.歪曲；作不实的新闻报道

angular /'æŋgjələ/ *adj*.有角的；消瘦的；笨拙的

equiangular /ˌikwɪ'æŋgjələ/ *adj*.等角的《*equi* = equal》

quadrangular /kwɑd'ræŋgjulə/ *adj*.四边形的《*quadr-* = four》

```
quadr  +  angul  +   ar
  |         |         |
four   +  angle  +  adj.
```

rectangle /'rɛktæŋgl̩/ *n*.长方形；矩形《*rect* = right》

triangle /'traɪˌæŋgl̩/ *n*.三角形《*tri-* = three》

triangular /'traɪˌæŋgjələ/ *adj*.三角形的；三者间的

11 **anim** = breath；mind

＊拉丁文 anima（ = breath），animus（ = mind）。

animal /'ænəml̩/ *n*.动物 *adj*.动物界的；野兽的（有气息的东西）

animalcule /ˌænə'mælkjul/ *n*.微生物《*-cule* 表示小的名词字尾》

animalism /'ænəml̩ˌɪzəm/ *n*.兽性；兽性主义；精力
  《*-ism* 表示主义、性质》

animality /ˌænə'mælətɪ/ *n*.兽性；动物性；动物界

animate /*adj*. 'ænəmɪt *v*. 'ænəˌmet/ *adj*.有生命的；活的
  v.使活泼；使有生气

```
anim  +  ate
  |       |
breath +  v.
```

animation /ˌænə'meʃən/ *n*.兴奋；活泼；动画

animator /'ænɪˌmetə/ *n*.鼓舞者；卡通片绘制者

animosity /ˌænə'mɑsətɪ/ *n*.怨恨；憎恶（深映在心头上的一种感觉）

animus /'ænəməs/ *n*.恶意；敌意（ = *animosity*）

disanimate /dɪs'ænəˌmet/ *v*.使失去生命；使灰心《*dis-* = deprive of》

equanimity /ˌikwə'nɪmətɪ/ *n*.平静；镇定（心里平衡）

```
equ  +  anim  +  ity
 |       |        |
equal +  mind  +  n.
```

inanimate /ɪnˈænəmɪt/ *adj*.无生命的；无生气的《*in-* = not》

magnanimity /ˌmægnəˈnɪmətɪ/ *n*.宽大；雅量《*magn* = great》

magnanimous /mægˈnænəməs/ *adj*.心地高尚的；度量宽大的

reanimate /riˈænəˌmet/ *v*.使复活；使恢复生气；激励《*re-* = again》

```
re  + anim + ate
|      |      |
again + mind + v.
```

unanimity /ˌjunəˈnɪmətɪ/ *n*.全体一致（只有一种心意）《*un-* = one》

unanimous /juˈnænəməs/ *adj*.意见一致的

12 **ann** = **enn** = year

＊拉丁文 *annus*(= year)。

annals /ˈænl̩z/ *n. pl*.年鉴；历史记载

anniversary /ˌænəˈvɝˌsərɪ/ *n*.周年；周年纪念（一年巡回一次）
《*vers* = turn》

Anno Domini /ˈænoˈdɑməˌnaɪ/ = in the year of our Lord
耶稣纪元后；西元（略作 A. D.）《拉丁文 *dominus* = lord（主）》

annual /ˈænjuəl/ *adj*.一年一次的 *n*.一年生植物；年报；年鉴

annuity /əˈnjuətɪ/ *n*.年金；养老金

biannual /baɪˈænjuəl/ *adj*.一年两次的《*bi-* = two》

```
bi + ann + ual
|     |     |
two + year + adj.
```

biennial /baɪˈɛnɪəl/ *adj*.两年一次的 *n*.两年生植物

centennial /sɛnˈtɛnɪəl/ *adj*.百年一次的；百年纪念的
n.百年纪念《*cent* = hundred》

millennium /məˈlɛnɪəm/ *n*.千年；千禧年

```
mill  + enn + ium
|        |     |
thousand + year + n.
```

perennial /pəˈrɛnɪəl/ *adj*.四季不断的；永久的

n.多年生植物（经过一年）《*per-* = through》

superannuate /ˌsupəˈænjuˌet/ *v*.认为年老（病弱）而使退休；
给予退休金而使退休；勒令退学（超过年龄）《*super-* = above》

13　**anthrop** = man

　　* 希腊文 *anthropos*（= man）。

anthropocentric /ˌænθrəpəˈsɛntrɪk/ *adj*.认定人为宇宙中心的
《*centr* = center》

anthropography /ˌænθrəˈpɑgrəfɪ/ *n*.人类志《*graphy* = writing》

```
anthropo + graphy
   |         |
  man   +  writing
```

anthropoid /ˈænθrəˌpɔɪd/ *adj*.似人类的（做成人类的形貌）
《*-oid* = 希腊文 *eidos* = form》

anthropology /ˌænθrəˈpɑlədʒɪ/ *n*.人类学《*logy* = study》

anthropomorphic /ˌænθrəpəˈmɔrfɪk/ *adj*.似人型的；有人型的

```
anthropo + morphic
   |          |
 human   +   form
```

anthropomorphism /ˌænθrəpəˈmɔrfɪzəm/ *n*.拟人论；（看似人类的
形貌）《希腊文 *morphe* = form》

anthropomorphous /ˌænθrəpəˈmɔrfəs/ *adj*.有人形的；拟人论的

misanthrope /ˈmɪsənˌθrop, ˈmɪz-/ *n*.厌世者
《*mis-* = 希腊文 *misein* = hate（憎恨）》

```
mis + anthrope
 |       |
hate +   man
```

misanthropy /mɪsˈænθrəpɪ/ *n*.对人类之厌恶

philanthrope /ˈfɪlənθrop/ *n*.慈善家（= *philanthropist*）
《*phil* = love》

philanthropy /fəˈlænθrəpɪ/ *n*.博爱；慈善心

14　apt = fit

* 拉丁文 *aptus*（= *fit*）。

apt /æpt/ *adj*.倾向于；适合于

aptitude /ˈæptəˌtjud/ *n*.资质性；才能；适当
《*-itude* 抽象名词字尾》

$$apt + itude$$
$$|\qquad\ |$$
$$fit + n.$$

aptness /ˈæptnɪs/ *n*.适合性；倾向；才能

adapt /əˈdæpt/ *v*.使适合；改编（使适当）《*ad-* = to》

adaptable /əˈdæptəbḷ/ *adj*.能适应的；可改编的

adaptation /ˌædəpˈteʃən/ *n*.适应；改编；改编的作品

$$ad + apt + ation$$
$$|\qquad |\qquad\ |$$
$$to + fit + n.$$

adaptive /əˈdæptɪv/ *adj*.适应的

inapt /ɪnˈæpt/ *adj*.不适宜的；笨拙的《*in-* = not》

inaptitude /ɪnˈæptəˌtjud/ *n*.不适宜；笨拙

15　aqua = water

* 拉丁文 *aqua*（= *water*）。

aquacade /ˈækwəˌked/ *n*.水上技艺表演

aqua fortis /ˈækwəˈfɔrtɪs/ *n*.硝酸；硝酸水（= *nitric acid*）

aquamarine /ˌækwəməˈrin/ *n*.水蓝宝石；蓝绿色《*marine* = sea》

$$aqua + marine$$
$$|\qquad\quad |$$
$$water + sea$$

aquaplane /ˈækwəˌplen/ *n*.滑水板

aquarium /əˈkwɛrɪəm/ *n*.水族馆

$$aqua + rium$$
$$|\qquad\ |$$
$$water + place$$

aquatic /əˈkwætɪk/ *adj.* 水生的；水的　　*n.* 水生植物或动物；水上运动
aqueduct /ˈækwɪˌdʌkt/ *n.* 水道；沟渠；导水管《*duct* = lead》
aqueous /ˈekwɪəs/ *adj.* 水的

```
aque  +  ous
 |        |
water  +  adj.
```

aquifer /ˈækwəfɚ/ *n.* 含水土层《*fer* = carry》

16　　arch = chief; ruler (first in power)（首领；统治者）

archangel /ˈɑrkˈendʒəl/ = chief angel *n.* 天使长；大天使
archbishop /ˈɑrtʃˈbɪʃəp/ *n.* 总主教《*bishop* 主教》
archenemy /ˈɑrtʃˈɛnəmɪ/ = Satan *n.* 大敌；魔王；撒旦
architect /ˈɑrkəˌtɛkt/ = chief carpenter *n.* 建筑师（木匠的工头）
　《*archi-*（ chief ）+ *tect*（ builder ）》
　cf. **technical**（工业的），**texture**（构造）
anarchy /ˈænɚkɪ/ *n.* 无政府状态；混乱

```
an  +  archy
 |       |
not  +  ruler
```

matriarch /ˈmetrɪˌɑrk/ *n.* 女家长；女族长
monarch /ˈmɑnɚk/ *n.* 君主

```
mon  +  arch
 |       |
one  +  ruler
```

oligarchy /ˈɑlɪˌɡɑrkɪ/ *n.* 寡头政治

```
olig  +  arch  +  y
 |        |       |
few   +  ruler +  n.
```

patriarch /ˈpetrɪˌɑrk/ *n.* （男性）家长；族长；元老

17　　arm = weapons

　　* 拉丁文 *arme*（ = *weapons*），*armare*（ = *arm*）。

arms /ɑrmz/ *n. pl.* 武器；军械；徽章；图徽　　*v.* 武装

【注意】与"手臂"之意的 arm 字源不同。

armada /ɑrˈmɑdə/ *n*.舰队《西班牙文 *armada* = fleet（舰队）》

armament /ˈɑrməmənt/ *n*.军备

armed /ɑrmd/ *adj*.武装的；有～装备的

armistice /ˈɑrməstɪs/ *n*.休战（让相对的武器竖立起来）

《*st* = stand》

armi	+	st	+	ice
weapons	+	*stand*	+	*n*.

armo(u)r /ˈɑrmɚ/ *n*.甲胄；铁甲　*v*.装甲

armo(u)ry /ˈɑrmərɪ/ *n*.军械库；军械制造厂；兵工厂

《*-ry* 表示地点的名词字尾》

army /ˈɑrmɪ/ *n*.军队；陆军；群众

alarm /əˈlɑrm/ *n*.惊慌；警报；警铃　*v*.使惊慌；警告（去拿武器）

《*al-* = *ad-* = to》

disarm /dɪsˈɑrm/ *v*.解除武装；驱除敌意或怀疑《*dis-* = apart》

disarmament /dɪsˈɑrməmənt/ *n*.解除武装；裁减军备

18　art = skill；art

* 拉丁文 *art*(= art)，*arts*(= skill)。

art /ɑrt/ *n*.艺术；技巧；人工；人文学科；诡计

artful /ˈɑrtfəl/ *adj*.狡诈的；巧妙的；人为的；不自然的

artist /ˈɑrtɪst/ *n*.画家；艺术家；工艺名家

artistic /ɑrˈtɪstɪk/ *adj*.艺术的；艺术家的；艺术性的

artless /ˈɑrtlɪs/ *adj*.无技巧的；笨拙的；自然的；天真烂漫的

art	+	less
art	+	*without*

artifact /ˈɑrtɪˌfækt/ *n*.人工制品；加工品；工艺品

《*fact* = make, do》

artificial /ˌɑrtəˈfɪʃəl/ *adj*.人造的；不自然的；做作的

《*fic* = make》

artisan /ˈɑrtəzn̩/ *n*.工匠；技工

19 aster = astr = star(星星)

aster /ˈæstəʳ/ *n*.紫莞；翠菊(花名)

asterisk /ˈæstəˌrɪsk/ *n*.星号

asteroid /ˈæstəˌrɔɪd/ *n*.小行星；海星

astrology /əˈstrɑlədʒɪ/ *n*.占星术

astronaut /ˈæstrəˌnɔt/ *n*.太空人

astronomy /əˈstrɑnəmɪ/ *n*.天文学

```
astro  +  nomy
  |         |
 star  +   law
```

astrophysics /ˌæstroˈfɪzɪks/ *n*.天体物理学

disaster /dɪzˈæstəʳ/ *n*.灾难

```
dis   +  aster
 |         |
away  +   star
```

sterling /ˈstəʳlɪŋ/ *n*.纯银

20 aud = hear

＊拉丁文 *audire*(= hear)。

audible /ˈɔdəbḷ/ *adj*.可听见 4 的

audience /ˈɔdɪəns/ *n*.听众；观众；正式谒见；觐见《*-ence* 名词字尾》

```
audi  +  ence
  |        |
hear  +   n.
```

audiometer /ˌɔdɪˈɑmətəʳ/ *n*.音波计；听力计

audio-visual /ˈɔdɪoˈvɪʒʊəl/ *adj*.视听的《*vis* = see》

audiphone /ˈɔdəˌfon/ *n*.助听器《*phone* = sound》

audit /ˈɔdɪt/ *n*.查帐　*v*.旁听(某课程)

audition /ɔˈdɪʃən/ *n*.听力；听觉；试听　*v*.(作)试听

auditor /ˈɔdɪtəʳ/ *n*.旁听者；查帐员

auditorial /ˌɔdəˈtorɪəl/ *adj*.听觉的；查帐员的

auditorium /ˌɔdəˈtorɪəm/ *n*.听众席；礼堂
《*-um* 表示地点的名词字尾》

auditory /ˈɔdəˌtorɪ/ *adj*.听觉的　*n*.听众（席）

inaudible /ɪnˈɔdəbl̩/ *adj*.听不见的

```
  in  +  audi  +  ble
   |      |       |
  not  +  hear  +  adj.
```

obedient /əˈbidɪənt/ *adj*.顺从的（听别人说的话）
《*ob-*（to）+ *edi* = *audire*（hear）+ *-ent*（形容词字尾）》

```
  ob  +  edi  +  ent
   |      |      |
  to  +  hear  + adj.
```

obey /oˈbe/ *v*.服从；遵守

disobedient /ˌdɪsəˈbidɪənt/ *adj*.不顺从的《*dis-* = not》

21　**aug** = increase；make to grow

＊拉丁文 *augere*（= increase，make grow），过去分词是 *auctus*。

auction /ˈɔkʃən/ *n*.拍卖　*n*.拍卖（渐渐地增加其价值）

auctioneer /ˌɔkʃənˈɪr/ *n*.拍卖人　*n*.拍卖《*-eer* 表示人的名词字尾》

```
  auc  +  tion  +  eer
   |       |       |
 increase + n.  + person
```

audacity /ɔˈdæsətɪ/ *n*.大胆无畏的精神；胆识；厚颜无耻

augment /ɔgˈmɛnt/ *v*.增大

augmentative /ɔgˈmɛntətɪv/ *adj*.增加的；伟大的

august /ɔˈgʌst/ *adj*.威严的（一直增加到伟大的程度）

author /ˈɔθɚ/ *n*.创始者；著作者（使事物产生的人）

authority /əˈθɔrətɪ/ *n*.权威；权势；当局；根据（事物产生的根源）

```
  auth  +   or   +  ity
   |        |        |
 increase + person + n.
```

authoritative /əˈθɔrəˌtetɪv/ *adj*.有权威的

authorize /ˈɔθəˌraɪz/ v.授权；使合法
authentic /ɔˈθɛntɪk/ adj.可信的；有根据的；真正的（作者亲笔所写的）
authenticity /ˌɔθɛnˈtɪsətɪ,-θən-/ n.真实性；确切性

22　avi = bird

　*拉丁文 **avis**（= bird）。

avian /ˈevɪən/ adj.鸟类的
aviarist /ˈevɪərɪst/ n.飞禽饲养家
aviary /ˈevɪˌɛrɪ/ n.大鸟笼；鸟舍《-ry 表示地点的名词字尾》

```
avia  +   ry
 |        |
bird  +  place
```

aviate /ˈevɪˌet,ˈævɪ-/ v.飞行；航行（像鸟一样的）
aviation /ˌevɪˈeʃən/ n.飞行；航行（术）
aviator /ˈevɪˌetɚ/ n.飞机驾驶员
aviatrix /ˌevɪˈetrɪks/ n.女飞行员
　《**trix** = feminine（ 女性）》
avicide /ˈævəˌsaɪd/ n.杀害鸟类《**cid** = cut》
aviculture /ˈevɪˌkʌltʃɚ/ n.鸟类饲养
　《**avi**（ bird ）+ **cult**（ till 耕种）+ **-ure**（ 名词字尾）》

```
avi  + cult + ure
 |      |      |
bird +  till +  n.
```

auspice /ˈɔspɪs/ n.前兆（以鸟的飞行来预卜吉凶）
　《**au** = **avi**（ bird ）+ **spice** = 拉丁文 **specere**（ see ）》
auspicious /ɔˈspɪʃəs/ adj.幸运的；吉兆的
inauspicious /ˌɪnɔˈspɪʃəs/ adj.不幸的；凶兆的《**in-** = not》

```
in  +  au  + spic + ious
 |     |      |      |
not +  bird +  see +  adj.
```

augur /ˈɔgɚ/ n.（古罗马的）占卜官　v.占卜；预言
augural /ˈɔgjurəl/ adj.占卜的；预言的

augury /ˈɔgjərɪ/ *n*.占卜；征兆

inaugurate /ɪnˈɔgjəˌret/ *v*.举行就职典礼；创始（用卜卦算出吉辰）

　《*in-*（in）+ *augurate* = 拉丁文 *augurare*（augur 占兆）》

inauguration /ɪnˌɔgjəˈreʃɪn/ *n*.就职（典礼）；创始

23　band = bind

　　* 梵文 *bhand*（= bind）。〔变化型〕*bond*。

band /bænd/ *n*.皮带；带子；条纹；乐队　*v*.联合；以带结之
　（用来绑缚的东西）

bandage /ˈbændɪdʒ/ *n*.绷带　*v*.缚以绷带

bond¹ /band/ *n*.束缚；债券；契约；保证人　*v*.抵押；结合；作保

bond² /band/ *n*.同盟；联盟（团结在一起）

bondage /ˈbandɪdʒ/ *n*.奴隶的身份；束缚；囚禁（被束缚住的身份）

contraband /ˈkantrəˌbænd/ *n*.非法买卖；走私货；违禁品（反抗束缚）

　《*contra-* = against》

```
contra + band
   |       |
against + bind
```

bound /baund/ *adj*.装订好的；必定的；决心的；被束缚的；
　驶（飞、开）往～的　*v*.反弹；限制　*n*.范围；界限

boundary /ˈbaundərɪ/ *n*.界限；边界

24　bar = bar

　　* 拉丁文 *barra*（= bar）。

bar /bar/ *n*.棒；栅；障碍；律师业；法院；酒馆　*v*.用闩关住；阻碍；
　饰以条纹　*prep*.除～之外

barrage /bəˈraʒ/ *n*.掩护炮火；弹幕；多如弹雨之物　*v*.布下弹幕以对抗

```
barr + age
  |     |
bar  + n.
```

barrel /ˈbærəl/ *n*.大桶；枪身　*v*.装入桶中（以木棒为材料做成的）

barricade /ˌbærəˈked, ˈbærəˌked/ *n*.临时建筑的防御工事；阻挡通路的障碍物　*v*.设栅防守；阻碍（以棒子来防御）

barrier /ˈbærɪɚ/ *n*.障碍；界限　*v*.用栅栏围起来（以栅栏防御）

barring /ˈbɑrɪŋ/ *prep*.除～之外

barrister /ˈbærɪstɚ/ *n*.律师

debar /dɪˈbɑr/ *v*.阻止；禁止；排除《*de-* = intensive 加强语气》

embargo /ɪmˈbɑrgo/ *v*.禁运；禁止通商；禁止；限制

　《*em-* = *en-* = in》

```
em + bar + go
|     |    |
in + bar + go
```

embarrass /ɪmˈbærəs/ *v*.使困窘；妨碍；使复杂（将棒子放入其中）

embarrassment /ɪmˈbærəsmənt/ *n*.困窘

embarrassing /ɪmˈbærəsɪŋ/ *adj*.令人困窘的

25　**bat** = beat

　　＊拉丁文 *battere*(= beat)。

bat /bæt/ *n*.棒　*v*.用棒击

baton /ˈbætn̩/ *n*.警棍；指挥棒；权杖；司令杖

battalion /bəˈtæljən/ *n*.军队；大队；营（加入战斗的队伍）

batter /ˈbætɚ/ *v*.连击；敲碎　*n*.打击者

　《*-er* 表示反复的字尾》

battered /ˈbætɚd/ *adj*.打扁了的；憔悴的

```
batter +  ed
|         |
beat   + adj.
```

battery /ˈbætərɪ/ *n*.电池；列炮；炮兵连；殴打

battle /ˈbætl̩/ *n*.战斗；战争；胜利　*v*.作战（对打）

battlement /ˈbætl̩mənt/ *n*.城垛；城墙堞口（打的地方）

abate /əˈbet/ *v*.减少；减弱；降低；使缓和（减少打击）《*a-* = off》

combat /ˈkʌmbæt/ *v*.格斗；战斗　*n*.战斗；争斗（一同对打）

　《*com-* = together》

```
com   +   bat
 |         |
together + beat
```

combative /'kɑmbətɪv/ *adj*.好斗的

debate /dɪ'bet/ *v*.讨论　*n*.讨论；辩论（将对方打倒）

　《*de-* = down》

26　**bat** = go

＊希腊文 *bainein*(= go)。〔变化型〕*bas*。

acrobat /'ækrəˌbæt/ *n*.表演特技者；卖艺者《*acro* = high》

acrobatic /ˌækrə'bætɪk/ *adj*.卖艺者的

acrobatics /ˌækrə'bætɪks/ *n*.特技；熟练的技巧

aerobatic /ˌeərə'bætɪks/ *adj*.飞行技艺的《*aero* = in the air》

```
aero     + bat +  ic
 |          |      |
in the air + go + adj.
```

aerobatics /ˌeərə'bætɪks/ *n*.高级飞行术；特技飞行(表演)

abasia /ə'beʒə/ *n*.(痉挛性)不能步行(症)

　《*a-*(not) + *bas*(go) + *-ia*(condition)》

basophobia /ˌbesə'fobɪə/ *n*.步行恐怖(惧怕走动或起立的心理症)

　《*bas*(*o*)(go) + *phob*(fear) + *-ia*(condition)》

27　**bell** = war

＊拉丁文 *bellum*(= war)。

antebellum /'æntɪ'bɛləm/ *adj*.战前的；(特指)美国南北战争之前的

　《*ante-*(before) + *bell*(war) + *-um*(形容词字尾)》

bellicose /'bɛləˌkos/ *adj*.好战的；好争吵的

　《*-cose* 形容词字尾》

belligerent /bə'lɪdʒərənt/ *adj*.好战的；好争吵的；交战的

　《*ger* = carry》

$$\boxed{\begin{array}{ccccc} \text{belli} & + & \text{ger} & + & \text{ent} \\ | & & | & & | \\ war & + & carry & + & adj. \end{array}}$$

rebel /n. , adj. ˈrɛbl̩ v. rɪˈbɛl/ n.叛徒　adj.反叛的　v.反叛
（又引起战争）《re- = again》

rebellion /rɪˈbɛljən/ n.反叛；反抗

rebellious /rɪˈbɛljəs/ adj.反叛的；难治的；难处理的

rebeldom /ˈrɛbl̩dəm/ n.反叛者；暴动地区；叛变《-dom = state》

28　bio = life

　　* 希腊文 *bios*（= life）。

biochemistry /ˌbaɪoˈkɛmɪstrɪ/ n.生物化学

biodegradable /ˌbaɪodɪˈgredəbl̩/ adj.微生物可分解的

$$\boxed{\begin{array}{ccccccc} \text{bio} & + & \text{de} & + & \text{grad} & + & \text{able} \\ | & & | & & | & & | \\ life & + & down & + & rank & + & adj. \end{array}}$$

biography /baɪˈɑgrəfɪ/ n.传记（写人的一生的东西）
《*graphy* = writing》

biographer /baɪˈɑgrəfɚ, bɪ-/ n.传记作家

biology /baɪˈɑlədʒɪ/ n.生物学《*logy* = study》

biometry /baɪˈɑmətrɪ/ n.寿命测定；生物统计学
《*met(e)r* = measure（测量）》

biopsy /baɪˈɑpsɪ/ n.活体检视；活组织切片检查法

$$\boxed{\begin{array}{ccc} \text{bio} & + & \text{psy} \\ | & & | \\ life & + & sight \end{array}}$$

biosphere /ˈbaɪəˌsfɪr/ n.生物圈；生存范围

$$\boxed{\begin{array}{ccc} \text{bio} & + & \text{sphere} \\ | & & | \\ life & + & globe \end{array}}$$

autobiography /ˌɔtəbaɪˈɑgrəfɪ/ n.自传（自己的传记）
《*auto-* = self》

$$\begin{array}{ccccc}
\text{auto} & + & \text{bio} & + & \text{graph} & + & \text{y} \\
| & & | & & | & & | \\
\textit{self} & + & \textit{life} & + & \textit{write} & + & \textit{n.}
\end{array}$$

autobiographical /ˌɔtəˌbaɪəˈgræfɪkl̩/ *adj.*自传的

antibiotic /ˌæntɪbaɪˈɑtɪk/ *n.*抗生素　*adj.*抗生的

  《*anti-* = against》

symbiotic /ˌsɪmbaɪˈɑtɪk/ *adj.*共生的

$$\begin{array}{ccccc}
\text{sym} & + & \text{bio} & + & \text{tic} \\
| & & | & & | \\
\textit{together} & + & \textit{life} & + & \textit{adj.}
\end{array}$$

29　brev = short

  ＊拉丁文 *brevis*（ = *short*）。

breviate /ˈbrivɪˌet/ *v.*摘记；节略.

breviary /ˈbrivɪˌɛrɪ/ *n.*（天主教的）每日祈祷书

brevity /ˈbrɛvətɪ/ *n.*短暂；简洁

brief /brif/ *adj.*简短的；短暂的　*n.*摘要；简报

  *v.*摘要；作简报

briefly /ˈbriflɪ/ *adv.*简短地；短暂地

abbreviate /əˈbrivɪˌet/ *v.*使简单；缩写

  《*ab-* = *ad-* = to》

$$\begin{array}{ccccc}
\text{ab} & + & \text{brevi} & + & \text{ate} \\
| & & | & & | \\
\textit{to} & + & \textit{short} & + & \textit{v.}
\end{array}$$

abbreviation /əˌbrivɪˈeʃən/ *n.*缩短；简写

abridge /əˈbrɪdʒ/ *v.*缩短；削减

  《*a(b)-*（ to ）+ *bridge* = 拉丁文 *brevis*（short ）》

abridg(e)ment /əˈbrɪdʒmənt/ *n.*缩短；削减

30　cad = fall

  ＊拉丁文 *cadere*（ = *fall* 落下）。〔变化型〕*cid*, *cas*。

cadence /ˈkedn̩s/ *n.*规律；节拍；声音的抑扬顿挫（声音落下）

decadence /dɪˈkednṣ,ˈdɛkədnṣ/ *n*.衰落；堕落（落到下面）
  《*de-* = down》
decadent /dɪˈkednṭ,ˈdɛkə-/ *adj*.颓废的　*n*.颓废派的艺术家
accident /ˈæksədənt/ *n*.意外事件；偶发事件（落到身上来）
  《*ac-* = *ad-* = to》

$$\begin{array}{ccc} ac & + \ cid & + \ ent \\ | & | & | \\ to & + \ fall & + \ n. \end{array}$$

accidental /ˌæksəˈdɛntḷ/ *adj*.偶然的　*n*.偶发事件
deciduous /dɪˈsɪdʒʊəs/ *adj*.每年落叶的；短暂的（落到下面）
  《*de-* = down》

$$\begin{array}{ccc} de & + \ cid & + \ uous \\ | & | & | \\ down & + \ fall & + \ adj. \end{array}$$

incidence /ˈɪnsədəns/ *n*.落下；影响范围（落到～上面）《*in-* = on》
incident /ˈɪnsədənt/ *adj*.易于发生的；附带的　*n*.事件
incidental /ˌɪnsəˈdɛntḷ/ *adj*.附带的；偶然的　*n*.偶发事件
coincide /ˌkoɪnˈsaɪd/ *v*.一致；符合；巧合（一起落下）
  《*co-* = *com-* = together》
coincidence /koˈɪnsədəns/ *n*.符合；一致；巧合

$$\begin{array}{cccc} co & + \ in & + \ cid & + \ ence \\ | & | & | & | \\ together & + \ on & + \ fall & + \ n. \end{array}$$

coincident /koˈɪnsədənt/ *adj*.同时发生的；符合的；巧合的
Occident /ˈɑksədənt/ *n*.欧美国家；西方国家（太阳落下的方向）
  《*oc-* = *ob-* = toward》　*cf*. **Orient**（东方国家）
cascade /kæsˈked/ *n*.小瀑布　*v*.像瀑布般落下（落下的东西）
case /kes/ *n*.事件；事情；场合；状态；诉讼事件；患者；
　　【语法】格
　　【注意】表容器的 **case** 是由拉丁文 **capere**（= receive, hold）演变而来的。
casual /ˈkæʒʊəl/ *adj*.偶然的；临时的　*n*.临时工人；临时收容者
casualty /ˈkæʒʊəltɪ/ *n*.意外；因意外而死伤者
occasion /əˈkeʒən/ *n*.机会；场合　*v*.引起；致使（落在眼前的事）

《*oc-* = *ob-* = before》

```
oc   + cas + ion
 |       |     |
before + fall + n.
```

occasional /ə'keʒənḷ/ *adj*.偶然的；应时的；应景的；临时的

31　calc = lime

　　* 拉丁文 *calc*, *calx*（= *lime* 石灰）。

calcic /'kælsɪk/ *adj*.钙的；含钙的

calcify /'kælsəˌfaɪ/ *v*.使成石灰；变成石灰质

calcium /'kælsɪəm/ *n*.钙

calculate /'kælkjəˌlet/ *v*.计算；估计；评价（古时候用小石头来计数）

　　《*calc*(lime) + *-ul*（表示小的字尾） + *-ate*（动词字尾）》

```
calc +  ul  + ate
 |       |     |
lime + small + v.
```

calculable /'kælkjələbḷ/ *adj*.可计算的；可依赖的

calculation /ˌkælkjə'leʃən/ *n*.计算；预计；谨慎的计划

calculator /'kælkjəˌletɚ/ *n*.计算者；计算机

calculus /'kælkjələs/ *n*.微积分；结石

　　《*-us* 拉丁名词字尾，表方法》

chalk /tʃɔk/ *n*.白垩；粉笔；粉笔做的记号　　*v*.用粉笔写

32　camp = field

　　* 拉丁文 *campus*（= *plain*, *field* 田野）。

camp /kæmp/ *n*.营；营地；营帐　　*v*.露营

campaign /kæm'pen/ *n*.战役；活动　　*v*.发起运动；参加战役

　　《*-aign* 名词字尾》

campfire /'kæmpˌfaɪr/ *n*.营火；营火会

campsite /'kæmpˌsaɪt/ *n*.露营地；露营预定地

campus /'kæmpəs/ *n*.校园；校区

encamp /ɪnˈkæmp/ *v*.扎营；露营《*en-* ＝make》

encampment /ɪnˈkæmpmənt/ *n*.营地；营区；扎营；露营

33　cand ＝ white；bright

* 拉丁文 *candidus*（＝ *white*，*bright*）。

candle /ˈkændl̩/ *n*.蜡烛；烛光《*-le* 表示小的名词字尾》

candid /ˈkændɪd/ *adj*.坦白的；公正的；率直的《*-id* 形容词字尾》

candidate /ˈkændəˌdet, ˈkændədɪt/ *n*.候选人

《*-ate* 表示人的名词字尾》　☞ 参照 p.14 ambition 的解说。

```
cand  +  id  +  ate
 |       |      |
white  + adj. + person
```

candidacy /ˈkændɪdəsɪ/ *n*.候选资格；提名候选

cando(u)r /ˈkændɚ/ *n*.坦白；率直；公平；公正

incandescent /ˌɪnkənˈdɛsn̩t/ *adj*.白热的；极亮的；杰出的

《*in-*（into）＋*cand*（white）＋*-escent*（形容词字尾）》

```
in  +  cand  + escent
 |      |        |
into + white +  adj.
```

incandescence /ˌɪnkənˈdɛsn̩s/ *n*.白热（状态）；白热光

34　cant ＝ sing

* 拉丁文 *canere*（＝ *sing*），过去分词是 *cantus*。

〔变化型〕*chant*，*cent*。

cant /kænt/ *n*.行话；术语；言不由衷之词

canticle /ˈkæntɪkl̩/ *n*.教堂礼拜用的颂歌

《*-cle* 表示小的名词字尾》

cantor /ˈkæntɚ/ *n*.（教会的）唱诗班领唱者

descant /dɪˈskænt/ *n*.伴唱；伴奏；歌曲　*v*.详述；伴奏；伴唱

《*des-* ＝ *dis-* ＝ apart》

incantation /ˌɪnkænˈteʃən/ *n*.诅咒语；咒文；魔法

《*in-* = in，on》

```
in + cant + ation
 |      |       |
in + sing +   n.
```

recant /rɪˈkænt/ *v*.取消己见；放弃信仰

《*re-* = back》

chant /tʃænt/ *n*.歌曲；旋律；圣歌；赞美诗　*v*.单调地说话

enchant /ɪnˈtʃænt/ *v*.蛊惑；施魔法；使迷醉《*en-* = in》

enchantment /ɪnˈtʃæntmən/ *n*.魅力；蛊惑；施魔法；妖术

accent /ˈæksɛnt/ *n*.重音；腔调；音调

《*ac-* = *ad-* = to》

accentuate /ækˈsɛntʃuɪet/ *v*.加重；强调；使更显明

35　cap = head

　　* 拉丁文 *caput*(= head)。

cape /kep/ *n*.岬（像头一样突出来的东西）

capital /ˈkæpətḷ/ *adj*.与资金有关的；重要的；首都的
　n.大写字母；首都；资本

capitalism /ˈkæpətḷˌɪzəm/ *n*.资本主义

capitalist /ˈkæpətḷɪst/ *n*.资本家

capitalize /ˈkæpətḷˌaɪz/ *v*.用大写字母写；资本化

capitally /ˈkæpətḷɪ/ *adv*.巧妙地；极好地

capitulate /kəˈpɪtʃəˌlet/ *v*.（有条件地）投降

capsize /kæpˈsaɪz/ *v*.使倾覆；倾覆　*n*.倾覆；颠覆（捉住船头）

captain /ˈkæptən/ *n*.指挥者；舰长；船长；首领；主将　*v*.统率

cabbage /ˈkæbɪdʒ/ *n*.甘蓝菜　*v*.形成如甘蓝菜一样的头（很大的头）

decapitate /dɪˈkæpəˌtet/ *v*.斩首；解雇（把头切离）《*de-* = off》

```
de + capit + ate
 |     |       |
off + head +  v.
```

decapitation /dɪˌkæpəˈteʃən/ *n*.斩首；解雇

per capita /pɚˈkæpɪtə/ *adj*.每人的《*pre-*（每）》

precipitate /prɪˈsɪpəˌtet/ v.突然引起；坠落；使陷于(使头下脚上)
　《*pre-*(before) + *cipit*(head) + *-ate*(动词字尾)》
precipitous /prɪˈsɪpətəs/ adj.陡峭的；险峻的；轻率的
recapitulate /ˌrikəˈpɪtʃəˌlet/ v.重述要点

36　cap = take

　　＊拉丁文 *capere*(= hold, take, catch, seize 取；捉住)。

capable /ˈkepəbḷ/ adj.有能力的；能干的；可以～的(能够取得)
capacious /kəˈpeʃəs/ adj.容量大的；宽敞的(拿进来许多)
capacity /kəˈpæsətɪ/ n.容量；容积；才能；可能性；资格
　　adj.充其量的；至最高量的
caption /ˈkæpʃən/ n.标题；插图的说明；电影字幕
　　v.加题目(标题、说明、字幕等)(能够提出的)

```
cap  +  tion
 |       |
take  +  n.
```

captious /ˈkæpʃəs/ adj.吹毛求疵的；强词夺理的
captivate /ˈkæptəˌvet/ v.迷惑(把心捉住)
captivating /ˈkæptəˌvetɪŋ/ adj.有迷惑力的
captive /ˈkæptɪv/ adj.被俘的；被迷惑的　n.俘虏；被迷惑者
captivity /kæpˈtɪvətɪ/ n.囚禁
captor /ˈkæptɚ/ n.捕掠者；攻取者
capture /ˈkæptʃɚ/ n.捕获；占领；捕获物　v.捕获；捉住

37　car = car; run

　　＊拉丁文 *carrus*(= car), *currere*(= run)。

car /kɑr/ n.车；汽车；电车(跑的东西)
career /kəˈrɪr/ n.生涯；经历；职业　v.飞奔(赛跑所用的路)
cargo /ˈkɑrgo/ n.货物(车的货物)
carry /ˈkærɪ/ v.携带；支持；取得；影响；感动(用车搬运)
carriage /ˈkærɪdʒ/ n.运输；车辆；姿势；风度(搬运)

《-age 抽象名词字尾》

```
carri + age
  |      |
 car  +  n.
```

carrier /ˈkærɪɚ/ *n*.运送人；运输业者；带菌者；航空母舰

cart /kɑrt/ *n*.马车；二轮马车　　*v*.用车运送

carter /ˈkɑrtɚ/ *n*.运货马车夫

charge /tʃɑrdʒ/ *v*.装；充电；命令；控告；突击　　*n*.充电；负担；
　课税；责任；监督；命令；控告；索价(在车上装货)

【解说】/k/音和/tʃ/音相互变化是常见的现象。出于同一字根,而依发音之不
　同有不同的拼法和意义的字,称为 **doublet**(双重字,姊妹字)。

【举例】**arc**(弧) - **arch**(拱门)
　　　cadence(韵律) - **chance**(机会)
　　　camera(照相机) - **chamber**(室)
　　　card(卡片) - **chart**(航海图)
　　　catch(捕捉) - **chase**(追求)
　　　cavalry(骑兵队) - **chivalry**(骑士精神)
　　　canal(运河) - **channel**(海峡)
　　　cant(术语) - **chant**(歌)
　　　caress(爱抚) - **cherish**(珍爱)

discharge /dɪsˈtʃɑrdʒ/ *v*.卸下；发射；放出；开除；放电
　n.卸货；发射；放出(物)；放电；免除；履行《*dis-* = away》

chariot /ˈtʃærɪət/ *n*.古时双轮战车；四轮马车或轿车
　v.用双轮或四轮马车载运

38　**carn** = flesh

＊拉丁文 *caro*(= flesh 肉)。

carnage /ˈkɑrnɪdʒ/ *n*.大屠杀(吃肉的时节)

carnal /ˈkɑrnl̩/ *adj*.肉体的；肉欲的

carnalism /ˈkɑrnl̩ˌɪzəm/ *n*.肉欲主义；享乐主义

carnation /kɑrˈneʃən/ *n*.肉色；淡红色；康乃馨

carniferous /kɑrˈnɪfərəs/ *adj*.生肉的
　《*-iferous* = bearing (产生)》

$$
\boxed{
\begin{array}{c}
\text{carn} + \text{iferous} \\
| \qquad\qquad | \\
\textit{flesh} + \textit{bearing}
\end{array}
}
$$

carnival /ˈkɑrnəvl̩/ *n*.嘉年华会；狂欢

carnivalesque /ˌkɑrnəvl̩ˈɛsk/ *adj*.好像过节的；快乐的

　《 *-esque* = in the manner of(以～风格)》

carnivore /ˈkɑrnəˌvor/ *n*.食肉动物；食虫植物

　《*vore* = 拉丁文 *vorare* = devour (吞食)》

carnivorous /kɑrˈnɪvərəs/ *adj*.食肉的；食肉动物的

carrion /ˈkærɪən/ *n*.腐臭的肉；腐败　*adj*.腐烂的；腐败的

incarnate /*adj*. ɪnˈkɑrnɪt *v*. ɪnˈkɑrnet/ *adj*.具有肉体的

　v.赋予形体；使具体化；为～之典范(进入肉体之中)《*in-* = in》

$$
\boxed{
\begin{array}{c}
\text{in} + \text{carn} + \quad \text{ate} \\
| \qquad | \qquad\qquad | \\
\textit{in} + \textit{flesh} + \textit{adj}.\,,\,\textit{v}.
\end{array}
}
$$

incarnation /ˌɪnkɑrˈneʃən/ *n*.赋以形体；化身

discarnate /dɪsˈkɑrnet/ *adj*.无形的《*dis-* = negative (否定)》

39　cast = throw

　　＊中古英文 *cast*(= *throw* 投掷)。

cast /kæst/ *v*.投掷；投射；铸造；分配角色；脱落

　n.投掷；铸造(物)；分派角色；搭便车

broadcast /ˈbrɔdˌkæst/ *v*.广播；撒播；散布　*n*.广播；播种

　adj.广播的；普遍的

forecast /*v*. forˈkæst *n*. ˈforˌkæst/ *v*., *n*.预测；预报

　《*fore-* = before》

$$
\boxed{
\begin{array}{c}
\text{fore} + \text{cast} \\
| \qquad\qquad | \\
\textit{before} + \textit{throw}
\end{array}
}
$$

outcast /ˈaʊtˌkæst/ *n*.被逐出者；流浪者　*adj*.被弃的；无家可归的

overcast /ˈovɚˌkæst/ *adj*.多云的；阴暗的；忧郁的

　v.使阴暗《*over-* = above》

telecast /ˈtɛləˌkæst/ v.以电视播送　　n.电视播送《tele- = far off》

40　cav = hollow

　　* 拉丁文 *cavus*(= hollow 中空的)。

cave /kev/ n.洞穴　　v.(使)凹陷

cavern /ˈkævɚn/ n.巨穴；大洞

cavernous /ˈkævɚnəs/ adj.如洞穴的；多洞穴的；凹陷的

cavity /ˈkævətɪ/ n.穴；洞；凹处；腔

concave /kɑnˈkev/ adj.凹的；凹面的《con- = together》

　cf. **convex**(凸面的)

excavate /ˈɛkskəˌvet/ v.挖空；挖掘；挖出《ex- = out》

```
   ex  +  cav  + ate
   |       |      |
  out + hollow +  v.
```

excavation /ˌɛkskəˈveʃən/ n.挖掘；发掘

excavator /ˈɛkskəˌvetɚ/ n.挖掘者；挖土机

41　cede = go；yield

　　* 拉丁文 *cedere*(= go , yield),过去分词为 *cessus*。

　　〔变化型〕*ceed , cess*。

abscess /ˈæbˌsɛs/ n.脓疮；溃疡；脓肿《abs- = ab- = away》

accede /ækˈsid/ v.应允；就职；参加(向～走去)

　《ac- = ad- = to》

access /ˈæksɛs/ n.接近；通路；入口；附加

accessible /ækˈsɛsəbl̩/ adj.易近的；可取得的

```
   ac + cess + ible
   |     |      |
   to +  go  + adj.
```

accession /ækˈsɛʃən, ək-/ n.接近；就任；即位；同意；增加

antecede /ˌæntəˈsid/ v.先行；超越(走向前去)《ante- = before》

antecedence /ˌæntəˈsidn̩s/ n.先行；居先

antecedent /ˌæntəˈsidn̩t/ *adj*.在先的；在前的
  n.前事；祖先；先行词；前身

cede /sid/ *v*.放弃；割让

cessation /sɛˈseʃən/ *n*.停止；中断；断绝

cession /ˈsɛʃən/ *n*.让与；割让；放弃

concede /kənˈsid/ *v*.容许；勉强承认《*con-* = together》

concession /kənˈsɛʃən/ *n*.让步；特许权；租界地

```
   con   +  cess  + ion
    |        |       |
 together + yield  + n.
```

concessive /kənˈsɛsɪv/ *adj*.让步的

exceed /ɪkˈsid/ *v*.优于；胜过（越过～向外走去）《*ex-* = out》

exceeding /ɪkˈsidɪŋ/ *adj*.非常的；过度的

exceedingly /ɪkˈsidɪŋlɪ/ *adv*.非常地；过度地

excess /*n*. ɪkˈsɛs *adj*. ˈɪksɛs，ɪkˈsɛs/ *n*.过多；过度；超过（额）
  n.超过的；多余的

excessive /ɪkˈsɛsɪv/ *adj*.过度的

incessant /ɪnˈsɛsn̩t/ *adj*.不绝的；不断的（不能放弃）《*in-* = not》

```
   in   +  cess  +  ant
    |        |        |
  not   +  yield  +  adj.
```

intercede /ˌɪntɚˈsid/ *v*.说情；从中调停（进入两者之间）
  《*inter-* = between》

```
  inter   +  cede
    |          |
 between  +   go
```

intercession /ˌɪntɚˈsɛʃən/ *n*.从中调停；代为求情

intercessor /ˌɪntɚˈsɛsɚ/ *n*.仲裁者；调停者

precede /prɪˈsid/ *v*.在前；前导；较～优先（走在前面）
  《*pre-* = before》

precedence /prɪˈsidn̩s/ *n*.居先；优先权

precedent /*n*. ˈprɛsədənt *adj*. prɪˈsidn̩t/ *n*.先例；判例　*adj*.在先的

precedented /ˈprɛsəˌdɛntɪd/ *adj*.有先例的

preceding /prɪˈsidɪŋ/ *adj*.在前的

precession /priˈsɛʃən, prɪ-/ *n*.优先

proceed /prəˈsid/ *v*.继续进行；进展；着手（去前面）
《*pro-* = forward》

$$
\begin{array}{c}
\text{pro} \quad + \quad \text{ceed} \\
| \qquad\qquad | \\
forward \ + \ go
\end{array}
$$

proceeding /prəˈsidɪŋ/ *n*.行动；行为；处置

proceeds /ˈprosidz/ *n*. *pl*. 收入；收益；结果

process /ˈprɑsɛs/ *n*.进行；过程；手续；诉讼程序
v.加工；处理；控诉

procession /prəˈsɛʃən/ *n*.行列　　*v*.排队前进

recede /rɪˈsid/ *v*.后退；向后倾斜；撤退（向后去）
《*re-* = back》

$$
\begin{array}{c}
\text{re} \quad + \quad \text{cede} \\
| \qquad\qquad | \\
back \ + \ go
\end{array}
$$

recess /*n*. rɪˈsɛs, ˈrisɛs *v*. rɪˈsɛs/ *n*.休息；放假；深处；凹处
v.隐藏；休会（退居）

recession /rɪˈsɛʃən/ *n*.退却；凹处；萧条

recessive /rɪˈsɛsɪv/ *adj*.后退的；隐性的

retrocede /ˌrɛtroˈsid/ *v*.归还；交还（向后走）
《*retro-* = backward》

retrocession /ˌrɛtroˈsɛʃən/ *n*.后退；交还

secede /sɪˈsid/ *v*.脱离；退出（离去）《*se-* = away》

$$
\begin{array}{c}
\text{se} \quad + \quad \text{cede} \\
| \qquad\qquad | \\
away \ + \ go
\end{array}
$$

seceder /sɪˈsidɚ/ *n*.脱离者；退出者

secession /siˈsɛʃən/ *n*.脱离；退出

succeed /səkˈsid/ *v*.继续；继承；成功（跟在～之后而去）
《*suc-* = *sub-* = under》

success /səkˈsɛs/ *n*.成功；成功的人或事

successful /sək'sɛsfəl/ *adj.*成功的

$$\begin{array}{ccc} suc & + cess + & ful \\ | & | & | \\ under & + go + & adj. \end{array}$$

succession /sək'sɛʃən/ *n.*继续；继承；连续

successive /sək'sɛsɪv/ *adj.*连续的

successor /sək'sɛsɚ/ *n.*后继者；继承者

42　ceive = take

　*拉丁文 *capere*(= take)。〔变化型〕*cept*, *cip*, *cipate*。

accept /ək'sɛpt, æk-/ *v.*接受；同意《*ac- = ad- = to*》

acceptable /ək'sɛptəbḷ, æk-/ *adj.*可接受的；合意的；尚可的

acceptance /ək'sɛptəns/ *n.*承认；接受；答应

acceptation /ˌæksɛp'teʃən/ *n.*通用的字义；涵义

accepted /ək'sɛptɪd/ *adj.*一般所接纳的

conceive /kən'siv/ *v.*想像；以为；表达；怀孕（拿走～）

　《*con- = with*》

$$\begin{array}{cc} con & + ceive \\ | & | \\ with & + take \end{array}$$

conceivable /kən'sivəbḷ/ *adj.*可想像的

concept /'kɑnsɛpt/ *n.*概念

conception /kən'sɛpʃən/ *n.*想像力；概念；怀孕

deceive /dɪ'siv/ *v.*欺骗（悄悄地拿取）

　《*de- = dis- = away*》

deceivable /dɪ'sivəbḷ/ *adj.*易受骗的

$$\begin{array}{ccc} de & + ceiv + & able \\ | & | & | \\ away & + take + & adj. \end{array}$$

deceit /dɪ'sit/ *n.*欺骗

deception /dɪ'sɛpʃən/ *n.*欺骗；诡计

deceptive /dɪ'sɛptɪv/ *adj.*虚伪的

except /ɪk'sɛpt/ *v*.把～除外　*prep*.，*conj*.除～之外（取出来）
　《*ex-* = out》　*cf*. **besides**（除～之外；还有）

exception /ɪk'sɛpʃən/ *n*.例外；反对；异议

exceptionable /ɪk'sɛpʃənəbḷ/ *adj*.可反对的；例外的

exceptional /ɪk'sɛpʃənḷ/ *adj*.例外的；特别的

```
ex  +  cept  +  ion  +   al
|        |        |        |
out  +  take  +  n.  +  adj.
```

inception /ɪn'sɛpʃən/ *n*.起初；开始；获得学位（着手；启程）
　《*in-* = on》

inceptive /ɪn'sɛptɪv/ *adj*.开始的　*n*.表始动词（如 begin、start 等）

intercept /ˌɪntɚ'sɛpt/ *v*.中途拦截；窃听（在中间拿取）
　《*inter-* = between》

interception /ˌɪntɚ'sɛpʃən/ *n*.夺取；妨碍

```
inter   +  cept  +  ion
|           |        |
between  +  take  +  n.
```

interceptor /ˌɪntɚ'sɛptɚ/ *n*.拦截者；障碍物

perceive /pɚ'siv/ *v*.感觉；理解（凭感觉取得）
　《*per-* = through》

percept /'pɚsɛpt/ *n*.知觉的对象

perceptible /pɚ'sɛptəbḷ/ *adj*.可知觉的；显而易见的

perception /pɚ'sɛpʃən/ *n*.知觉；理解力

perceptive /pɚ'sɛptɪv/ *adj*.知觉的；有洞察力的

```
per    +  cept  +  ive
|          |        |
through  +  take  +  adj.
```

precept /'prisɛpt/ *n*.箴言；教训；命令书（拿到众人之前的东西）
　《*pre-* = before》

preceptor /prɪ'sɛptɚ/ *n*.训诫者；指导者；教师

receive /rɪ'siv/ *v*.接受；欢迎；收容；理解（拿到自己这一方）
　《*re-* = back》

receiver /rɪ'sivɚ/ *n*.收受人；收报机；受话器；听筒

receivable /rɪˈsivəbl̩/ *adj*.可收到的

```
re  + ceiv + able
|      |      |
back + take + adj.
```

receipt /rɪˈsit/ *n*.收据

receptacle /rɪˈsɛptəkl̩/ *n*.容器；花托；插座；贮藏所（收到的东西）

reception /rɪˈsɛpʃən/ *n*.接受；欢迎（会）；容纳；接待

receptive /rɪˈsɛptɪv/ *adj*.能接受的

recipient /rɪˈsɪpɪənt/ *adj*.接受的　　*n*.接受者；容器

susceptible /səˈsɛptəbl̩/ *adj*.容易感受的；善感的；感情脆弱的；
　　容易罹患～的（被放到～之下→蒙受）《*sus-* = *sub-* = under》

```
sus   + cept + ible
|        |       |
under + take + adj.
```

susceptibility /səˌsɛptəˈbɪlɪtɪ/ *n*.感受性；敏锐的感情；
　　容易感受的性质

susceptive /səˈsɛptɪv/ *adj*.能感受的；容许的

anticipate /ænˈtɪsəˌpet/ *v*.预期；期待；占先（事先考虑）
　　《*anti-* = before》

```
anti  + cipate
|        |
before + take
```

anticipation /ænˌtɪsəˈpeʃən/ *n*.预期；期待；占先

participate /pɚˈtɪsəˌpet, pɑr-/ *v*.分享；参与（取得一部分）
　　《*part* = part》

participation /pɑrˌtɪsəˈpeʃən, pɚ-/ *n*.参与；共享

participle /ˈpɑrtəsəpl̩, ˈpɑrtsəpl̩/ *n*.分词（同时进行两件工作）

emancipate /ɪˈmænsəˌpet/ *v*.解放；解除；使脱离（把手中的东西拿
　　出来）《*e-* = *ex-*（ out ）+ *man* = *manus*（ hand ）+ *cipate*（ take ）》

emancipation /ɪˌmænsəˈpeʃən/ *n*.解放

```
e   + man  + cipat + ion
|      |       |       |
out + hand + take  + n.
```

43　celer = swift

> * 拉丁文 *celer*(= *swift* 快速的)。

celerity /sə'lɛrətɪ/ *n*.敏捷；快速

accelerate /æk'sɛlə‚ret/ *v*.加速；促进《*ac-* = *ad-* = to》

acceleration /æk‚sɛlə'reʃən/ *n*.加速；促进；加速度

accelerator /æk'sɛlə‚retɚ/ *n*.加速者；变速器；加速器；催化剂

decelerate /di'sɛlə‚ret/ *v*.减速；减缓《*de-* = *dis-* = not》

44　cent = hundred

> * 拉丁文 *centum*(= *hundred*)。

cent /sɛnt/ *n*.一分钱

centenary /'sɛntə‚nɛrɪ, sɛn'tɛnərɪ/ *adj*.百年的
　　n.一百年；百年纪念《*en* = *ann* = year》

centenarian /‚sɛntə'nɛrɪən, -'ner-/ *adj*., *n*.一百岁的(人)

centennial /sɛn'tɛnɪəl/ *adj*.一百年的；百年一次的　　*n*.百年纪念

centigrade /'sɛntə‚gred/ *adj*.分为百度的；摄氏的《*grade* 阶级》

```
centi  + grade
  |        |
hundred + class
```

centimeter /'sɛntə‚mitɚ/ *n*.公分(一公尺的百分之一)

centiped(e) /'sɛntə‚pid/ *n*.蜈蚣(一百只脚)《*ped* = foot》

centuple /'sɛntjupl̩/ *n*., *adj*.一百倍(的)《*ple* = fold》

```
centu  + ple
  |       |
hundred + fold
```

centuplicate /sɛn'tjuplə‚ket/ *v*.以百乘之；使成百倍；印一百份

century /'sɛntʃərɪ/ *n*.百年；一世纪

percent /pɚ'sɛnt/ *n*.百分数；百分比(每一百)《*per* 每》

percentage /pɚ'sɛntɪdʒ/ *n*.百分率；部分；手续费

45　centr = center

* 拉丁文 *centrum*（= center）。

central /ˈsɛntrəl/ *adj*.中央的；中心的；主要的

centralism /ˈsɛntrəlˌɪzəm/ *n*.中央集权主义

　《*-ism* 表主义的名词字尾》

centralization /ˌsɛntrəlaɪˈzeʃən/ *n*.集中；中央集权

centrifugal /sɛnˈtrɪfjʊgl̩/ *adj*.离心的；利用离心的

　《*fugal* = 拉丁文 *fugere* = flee》　*cf*. **fugitive**（逃亡者）

```
centri  +  fug  +   al
  |         |        |
center  +  flee  +  adj.
```

centripetal /sɛnˈtrɪpɛtl̩/ *adj*.向心的

　《*pet* = seek》　*cf*. **petition**（请愿）

acentric /əˈsɛntrɪk/ *adj*.无中心的；离心的《*a-* = without》

anthropocentric /ˌænθrəpəˈsɛntrɪk/ *adj*.认定人为宇宙中心的；

　人类中心主义的《*anthrop(o)* = man》

concentrate /ˈkɑnsn̩ˌtret,-sɛn-/ *v*.集中；浓缩；全神贯注

　（一起到中心）《*con-* = together》

```
con    +  centr  +  ate
  |         |         |
together  + center  +  v.
```

concentration /ˌkɑnsn̩ˈtreʃən,-sɛn-/ *n*.集中；浓度；专注

decentralize /diˈsɛntrəlˌaɪz/ *v*.划分；分散；疏散

　《*de-* = *dis-* = away》

eccentric /ɪkˈsɛntrɪk/ *adj*.古怪的；离心的　*n*.古怪的人；

　离心圆（远离中心的）《*ec-* = *ex-* = out》

eccentricity /ˌɛksənˈtrɪsɪtɪ/ *n*.怪癖性；离心率

heliocentric /ˌhilɪoˈsɛntrɪk/ *adj*.以太阳为中心的《*helio* = sun》

46　cern = separate

* 拉丁文 *cernere*（= separate，*sift* 选拔；淘汰，*decree* 判定，*observe* 观察）。

　〔变化型〕*cret*。

concern /kən'sɝn/ *v*.与～有关系；关心　*n*.关心；关系；公司；忧虑
（经过淘汰把相同的东西集合在一起→有关系的）《*con-* = together》

concerning /kən'sɝnɪŋ/ *prep*.关于

concernment /kən'sɝnmənt/ *n*.事件；事业；重要；关系；关心

discern /dɪ'zɝn/ *v*.看出；辨别；认识（个别分开）
《*dis-* = apart》

discernable；-ible /dɪ'zɝnəbḷ/ *adj*.可辨别的；可看出的

dis	+	cern	+	able
apart	+	*separate*	+	*adj*.

discernment /dɪ'zɝnmənt/ *n*.识别；洞察力

discreet /dɪ'skrit/ *adj*.言行谨慎的（个别分出）

discrete /dɪ'skrit/ *adj*.个别的；无连续的；分开的；
有区别的（一个二个地分开）

discretion /dɪ'skrɛʃən/ *n*.随意处理；谨慎

excrete /ɛk'skrit, ɪk-/ *v*.排泄；分泌（释放到身体之外）
《*ex-* = out》

excrement /'ɛkskrɪmənt/ *n*.排泄物；粪便

ex	+	cre	+	ment
out	+	*separate*	+	*n*.

secret /'sikrɪt/ *adj*.秘密的　*n*.秘密；秘诀（被个别区分出来）
《*se-* = apart》

secretary /'sɛkrəˌtɛrɪ/ *n*.秘书；〔英〕国务大臣；
〔美〕国务卿（与秘密有关的人）

se	+	cret	+	ary
apart	+	*separate*	+	*person*

secrete /sɪ'krit/ *v*.分泌；隐匿；隐藏（个别隔离）
《*se-* = apart》

secretion /sɪ'kriʃən/ *n*.隐匿；分泌（物）

secernent /sɪsɝnənt/ *adj*.能分泌的　*n*.促进分泌之药

47　cert = sure

　　* 拉丁文 *certus*（ = *certain*），是由前面所说的 *cernere* 而来的，意为"淘汰之后清楚地界定"。

ascertain /ˌæsɚˈten/ *v*.确定；探查；探知
　　《*a-* = *ad-* = to；*s* 在此不含有任何特殊意义》
certain /ˈsɚtṇ/ *adj*.确实的；无疑的
certainty /ˈsɚtṇtɪ/ *n*.无疑；确信
certify /ˈsɚtəˌfaɪ/ *v*.证明；确信；保证（使明确）《*-fy* = make》

> cert ＋ ify
> |　　　|
> *sure* ＋ *make*

certifiable /ˈsɚtəˌfaɪdbḷ/ *adj*.可证明的；可确认的；可保证的
certificate /*n*. sɚˈtɪfəkɪt *v*. sɚˈtɪfəˌket/ *n*.证书；执照
　　v.给与证明书；认可
certification /ˌsɚtɪfəˈkeʃən/ *n*.证明；保证
certitude /ˈsɚtəˌtjud/ *n*.确实之事；确信；确实性
　　《*-itude* 抽象名词字尾》
concert /ˈkɑnsɚt/ *n*.音乐会；一致；和谐《*con-* = together》
disconcert /ˌdɪskənˈsɚt/ *v*.使惊慌；使不安；破坏；扰乱
　　《*dis-* = negative（否定）》

48　chrom = color（颜色）

chromatic /kroˈmætɪk/ *adj*.彩色的
chromatin /ˈkromətɪn/ *n*.（细胞核内的）染色质
chromosome /ˈkroməˌsom/ *n*.染色体

> chromo ＋ some
> |　　　　|
> *color* ＋ *body*

monochromatic /ˌmɑnəkrəˈmætɪk/ *adj*.单色的

> mono ＋ chrom ＋ atic
> |　　　|　　　|
> *one* ＋ *color* ＋ *adj*.

polychromatic /ˌpɑlɪkroˈmætɪk/ *adj*.多色的

$$
\begin{array}{ccc}
\text{poly} & + \text{ chrom } + & \text{atic} \\
| & | & | \\
\textit{many} & + \textit{ color } + & \textit{adj.}
\end{array}
$$

49 chron = time

> * 希腊文 *khronos*(= *time*)。

chronic /ˈkrɑnɪk/ *adj*.慢性的；长期的　*n*.慢性病患者(耗费时间的)
　cf. acute(急性的)

$$
\begin{array}{cc}
\text{chron} + & \text{ic} \\
| & | \\
\textit{time} + & \textit{adj.}
\end{array}
$$

chronicle /ˈkrɑnɪkl̩/ *n*.编年史　*v*.记事

chronograph /ˈkrɑnəˌgræf/ *n*.记时器《*graph* = write》

chronology /krəˈnɑlədʒɪ/ *n*.年代纪；年表《*logy* = study》

chronologic(al) /ˌkrɑnəˈlɑdʒɪk(l̩)/ *adj*.按年代顺序记载的

chronometer /krəˈnɑmətɚ/ *n*.精密计时器；航海用的经线仪
　《*meter* = measure (测量)》

$$
\begin{array}{cc}
\text{chrono} + & \text{meter} \\
| & | \\
\textit{time} + & \textit{measure}
\end{array}
$$

chronometry /krəˈnɑmətrɪ/ *n*.(科学的)时间测定法

chronoscope /ˈkrɑnəˌskop/ *n*.(电子用)极微时间测定器
　《*scope* 表"观察～的器具"》

anachronism /əˈnækrəˌnɪzəm/ *n*.时代错误(违背时间)《*ana-* = against》

$$
\begin{array}{ccc}
\text{ana} & + \text{ chron } + & \text{ism} \\
| & | & | \\
\textit{against} & + \textit{ time } + & \textit{n.}
\end{array}
$$

isochronal /aɪˈsɑkrənl̩/ *adj*.等时的；同一时间的《*iso-* = equal》

prochronism /ˈprokrənɪzm̩/ *n*.日期提前(将事件误记在实际发生日
　之前)《*pro-* = before》

synchronize /ˈsɪŋkrəˌnaɪz/ *v*.同时发生；时间一致《*syn-* = same》

synchronous /ˈsɪŋkrənəs/ *adj*.同时发生的；同时的

50　cide = cut

　　＊拉丁文 *caedere*（= cut）。〔变化型〕*cise*。

concise /kənˈsaɪs/ *n*.简明的；简洁的；概括的（切短）《*con-* = with》

concision /kənˈsɪʒən/ *n*.简明；简洁

decide /dɪˈsaɪd/ *v*.决定；解决；裁决（割离→下判断）《*de-* = off》

decision /dɪˈsɪʒən/ *n*.决定；判定；决心

$$
\begin{array}{ccc}
de & + \ cis & + \ ion \\
| & | & | \\
off & + \ cut & + \ n.
\end{array}
$$

decisive /dɪˈsaɪsɪv/ *adj*.决定性的；果决的

excise /ɪkˈsaɪz/ *v*.切去；删除《*ex-* = out》

excision /ɪkˈsɪʒən, ɛk-/ *n*.削除；除去

fratricide /ˈfrætrəˌsaɪd, ˈfretrə-/ *n*.杀害兄弟姊妹者

　　《*fratri* = 拉丁文 *frater* = brother》　*cf*. **fraternity**（手足之情）

germicide /ˈdʒɝˈməˌsaɪd/ *n*.杀菌剂

herbicide /ˈhɝˈbəˌsaɪd/ *n*.除草药

homicide /ˈhɑməˌsaɪd/ *n*.杀人者

incise /ɪnˈsaɪz/ *v*.切割；雕《*in-* = in》

incision /ɪnˈsɪʒən/ *n*.切口；切割

incisive /ɪnˈsaɪsɪv/ *adj*.锋利的；尖刻的

$$
\begin{array}{ccc}
in & + \ cis & + \ ive \\
| & | & | \\
in & + \ cut & + \ adj.
\end{array}
$$

incisor /ɪnˈsaɪzɚ/ *n*.门牙

insecticide /ɪnˈsɛktəˌsaɪd/ *n*.杀虫剂《*insect* 昆虫》

matricide /ˈmetrəˌsaɪd, ˈmæ-/ *n*.弑母者

　　《*matri* = 拉丁文 *mater* = mother》　*cf*. **maternity**（母性）

patricide /ˈpetrɪˌsaɪd, ˈpæ-/ *n*.弑父者

　　《*patri* = 拉丁文 *pater* = father》　*cf*. **paternity**（父性）

precise /prɪˈsaɪs/ *adj*.精确的；考究的；严格的

（把多余的东西切掉）《*pre-* = before》

$$\begin{array}{ccc} \text{pre} & + & \text{cise} \\ | & & | \\ before & + & cut \end{array}$$

precision /prɪ'sɪʒən/ *n*.正确；精确；严谨
scissors /'sɪzɚz/ *n*.剪刀
suicide /'suəˌsaɪd/ *v*., *n*.自杀（者）（将自己切割）
　《拉丁文 *su-* = self》

51　circ = ring

　　＊拉丁文 *circus*（= circle, ring）。〔变化型〕cyc。

circle /'sɝkḷ/ *n*.圆；圈；周期；范围　*v*.环绕；绕～而行
circular /'sɝkjəlɚ/ *adj*.圆的；巡回的
　n.传单；广告；女用的无袖外套
circulate /'sɝkjəˌlet/ *v*.巡回；传布
circulation /ˌsɝkjə'leʃən/ *n*.循环；流通；通货；发行数量
circuit /'sɝkɪt/ *n*.周围；环行；巡回；电路（到四周）《*it* = go》
circuitous /sɚ'kjuɪtəs/ *adj*.迂回的；绕行的

$$\begin{array}{ccccc} \text{circu} & + & \text{it} & + & \text{ous} \\ | & & | & & | \\ circle & + & go & + & adj. \end{array}$$

circuity /sɚ'kjuətɪ/ *n*.迂曲；迂回
circus /'sɝkəs/ *n*.马戏团；圆形竞技场
encircle /ɪn'sɝkḷ/ *v*.环绕；包围；绕行
semicircle /'sɛməˌsɝkḷ/ *n*.半圆形《*semi-* = half》
cycle /'saɪkḷ/ *n*.循环；周期；自行车　*v*.循环；乘自行车
cyclist /'saɪkḷɪst/ *n*.骑自行车的人
cyclone /'saɪklon/ *n*.旋风；龙卷风；（印度洋上的）飓风
bicycle /'baɪsɪkḷ/ *n*.自行车《*bi-* = two》
tricycle /'traɪsɪkḷ/ *n*.三轮车《*tri-* = three》
encyclop(a)edia /ɪnˌsaɪklə'pidɪə/ *n*.百科全书（经过整理的东西）
　《*en-* = in》

52　cite = call; urge

* 拉丁文 *citare*（ = *cause to move*, *summon* 召唤）。

cite /saɪt/ *v*. 引用；召唤

citable /ˈsaɪtəbl̩/ *adj*. 可引用的

citation /saɪˈteʃən, sɪ-/ *n*. 引证；传票

excite /ɪkˈsaɪt/ *v*. 刺激；使兴奋；招惹（唤出）《*ex-* = out》

excitable /ɪkˈsaɪtəbl̩, ɛk-/ *adj*. 易激动的；易兴奋的

```
ex  +  cit  +  able
|      |       |
out +  call +  adj.
```

excitant /ˈɛksətnt/ *adj*. 兴奋的　　*n*. 兴奋剂

excitement /ɪkˈsaɪtmənt/ *n*. 兴奋；骚动

incite /ɪnˈsaɪt/ *v*. 引起激动；刺激《*in-* = in》

incitement /ɪnˈsaɪtmənt/ *n*. 刺激；鼓舞；煽动

recite /rɪˈsaɪtl̩/ *v*. 背诵《*re-* = again》

recital /rɪˈsaɪtl̩/ *n*. 述说；吟诵；独奏会

recitation /ˌrɛsəˈteʃən/ *n*. 重述；背诵

resuscitate /rɪˈsʌsəˌtet/ *v*. 使苏醒；使复活；恢复
　《*re-*（ again ）+ *sus-* = *sub-*（ under ）+ *cit*（ call ）+ *-ate*（ 动词字尾）》

```
re  +  sus  +  cit  +  ate
|      |       |       |
again + under + call +  v.
```

resuscitator /rɪˈsʌsəˌtetɚ/ *n*. 人工呼吸器；救生员

solicit /səˈlɪsɪt/ *v*. 恳求；引诱；拉客（完全唤起人心）
　《*soli* = 拉丁文 *sollus* = whole, entire》

solicitation /səˌlɪsəˈteʃən/ *n*. 恳求；诱惑；拉客

solicitor /səˈlɪsətɚ/ *n*. 恳求者；律师

solicitous /səˈlɪsɪtəs/ *adj*. 焦虑的；渴望的

solicitude /səˈlɪsəˌtjud, -ˌtud/ *n*. 焦虑；渴望

53　claim = cry

* 拉丁文 *clamare*（ = *cry out*）。〔变化型〕*clam*。

claim /klem/ *v*. 要求；主张　　*n*. 要求；权利；主张

claimant /ˈklemənt/ *n*.要求者；申请者；索赔者

clamo(u)r /ˈklæmɚ/ *n*.喧闹；呼喊声　*v*.喧闹；大声要求或责难

clamorous /ˈklæmərəs/ *adj*.吵闹的

acclaim /əˈklem/ *v*.欢呼；喝彩；称赞《*ac-* = *ad-* = to》

acclamation /ˌækləˈmeʃən/ *n*.欢呼；喝彩；称赞

```
ac  +  clam  +  ation
|        |        |
to  +   cry   +   n.
```

declaim /dɪˈklem/ *v*.演说；抗辩《*de-* = 加强语气》

declamation /ˌdɛkləˈmeʃən/ *n*.演说；雄辩；雄辩法；朗读

disclaim /dɪsˈklem/ *v*.否认；放弃；放弃权利
《*dis-* = negative（否定）》

exclaim /ɪkˈsklem/ *v*.呼喊《*ex-* = out》

exclamation /ˌɛkskləˈmeʃən/ *n*.呼喊；感叹（词）

exclamatory /ɪkˈsklæməˌtorɪ,-ˌtɔrɪ/ *adj*.惊叹的；感叹的

proclaim /proˈklem/ *v*.宣言；公布；声明（面向前方呼叫）
《*pro-* = before》

proclamation /ˌprɑkləˈmeʃən/ *n*.宣言；公布；声明

```
pro   +  clam  +  ation
|         |         |
before  +  cry   +   n.
```

reclaim /rɪˈklem/ *v*.矫正；教化；开垦　*n*.矫正；教化（叫回来）
《*re-* = back》

reclaimable /rɪˈkleməbl̩/ *adj*.可挽救的；可矫正的

reclaimant /rɪˈklemənt/ *n*.矫正者；开垦者

reclamation /ˌrɛkləˈmeʃən/ *n*.教化；开垦；矫正

54　claus = close = clud = clus = shut；close

clause /klɔz/ *n*.子句；条款

claustrophobia /ˌklɔstrəˈfobɪə/ *n*.幽闭恐怖症
《*claustro*（close）+ *phobia*（fear）》

close /*v*. kloz *adj*. klos/ *v*.关闭；结束

    adj.接近的；亲近的；准确的

closet /ˈklɑzɪt/ *n*.壁橱；小房间；私室（关闭的空间）

closure /ˈkloʒɚ/ *n*.封闭；封锁；结尾；终止

disclose /dɪsˈkloz/ *v*.揭发；泄露《*dis-* = negative（否定）》

disclosure /dɪsˈkloʒɚ/ *n*.揭发；泄露

dis + clos + ure

| | |

not + *shut* + *n*.

enclose /ɪnˈkloz/ *v*.围绕；（随函）附寄（使成关闭）《*en-* = cause to be》

conclude /kənˈklud/ *v*.结束；作结论（共同关闭）《*con-* = together》

con　　+ clude

|　　　　|

together + *shut*

conclusion /kənˈkluʒən/ *n*.结尾；结论；决定；缔结

conclusive /kənˈklusɪv/ *adj*.决定性的

exclude /ɪkˈsklud/ *v*.拒绝；除外；排除；赶出（关在门外）

  《*ex-* = out》

exclusion /ɪkˈskluʒən/ *n*.排斥；排除；除外

exclusive /ɪkˈsklusɪv/ *adj*.排外的；独占的

include /ɪnˈklud/ *v*.包含；包括（关进里面）《*in-* = in》

inclusion /ɪnˈkludʒən/ *n*.包含；包括

inclusive /ɪnˈklusɪv/ *adj*.包含在内的

occlude /əˈklud/ *v*.封闭；关闭；吸收（关闭上面）

  《*oc-* = *ob-* = over》

oc + clude

|　　|

over + *shut*

occlusion /əˈkluʒən/ *n*.闭塞；吸收

preclude /prɪˈklud/ *v*.排除；妨碍；阻止（在前面关闭）

  《*pre-* = before》

preclusion /prɪˈkluʒən/ *n*.排除；除外；阻止

recluse /*adj*. rɪˈklus *n*. ˈrɛklus, rɪˈklus/ *adj*.隐遁的；隐居的

  n.隐者；隐士（闭居家中）《*re-* = back》

reclusion /rɪ'kluʒən/ *n*.隐遁；遁世；隐士的生活

reclusive /rɪ'klusɪv/ *adj*.隐遁的

seclude /sɪ'klud/ *v*.隐居；隔离；使引退《*se-* = apart》

secluded /sɪ'kludɪd/ *adj*.隔离的；隐居的

```
   se   +  clud  +  ed
   |        |        |
 apart  + shut  + adj.
```

seclusive /sɪ'klusɪv/ *adj*.喜欢隐居的；隔离性的

seclusion /sɪ'kluʒən/ *n*.隐退；隐居；与世隔绝的场所

cloister /'klɔɪstɚ/ *n*.修道院

55　clin = bend

　　＊拉丁文 *clinare*（= bend 弯曲）。

acclivous /ə'klaɪvəs/ *adj*.斜坡的；向上倾斜的
　《*ac-* = *ad-* = to, up》

declension /dɪ'klɛnʃən/ *n*.倾斜；衰微

decline /dɪ'klaɪn/ *v*.拒绝；衰退；使倾斜
　　n.衰退；衰弱；倾斜（向下弯曲）《*de-* = down》

declination /ˌdɛklə'neʃən/ *n*.倾斜；谢绝

declivity /dɪ'klɪvətɪ/ *n*.下倾的斜面　*cf*. **acclivity**（向上的斜坡）

```
   de   +  cliv  +  ity
   |        |        |
 down  + bend  +  n.
```

incline /*v*. ɪn'klaɪn *n*. 'ɪnklaɪn/ *v*.倾向；倾斜
　　n.倾斜（向～方向弯曲）《*in-* = towards》

inclination /ˌɪnklə'neʃən/ *n*.趋势；意愿；倾斜度

disincline /ˌdɪsɪn'klaɪn/ *v*.使厌恶；使不感兴趣《*dis-* = not》

disinclination /ˌdɪsɪnklə'neʃən/ *n*.厌恶

proclivity /pro'klɪvətɪ/ *n*.癖性；倾向；脾气

recline /rɪ'klaɪn/ *v*.斜倚；横卧；倚靠；信赖（向后倾倒）《*re-* = back》

climax /'klaɪmæks/ *n*.顶点；极点；高潮
　《*cli* = *clin*（ bend ）+ *max*（ largest ）》

56 coct = cook

> *拉丁文 *coquere*(= cook)。

concoct /kən'kɑkt/ *v*.调制；混合；编造；虚构(一起烹调)
　《*con-* = together》
concoction /kən'kɑkʃən/ *n*.混合；调制；捏造；虚构
decoct /dɪ'kɑkt/ *v*.煎(药)；熬《*de-* = down》
decoction /dɪ'kɑkʃən/ *n*.煎；熬；药剂；熬汁
precocious /prɪ'koʃəs/ *adj*.早熟的；开花结实早的；过早的
　《*pre-*(before) + *coci*(cook) + *-ous*(形容词字尾)》

```
pre  + coci + ous
 |       |      |
before + cook + adj.
```

precocity /prɪ'kɑsətɪ/ *n*.早熟；早开；过早

57 cognis = know

> *拉丁文 *cognoscere*, *gnoscere*(= know)。〔变化型〕*gnos*。

agnostic /æg'nɑstɪk/ *adj*.不可知论的　*n*.神不可知论者《*a-* = not》

```
a  + gnos + tic
|      |      |
not + know + adj. n.
```

cognition /kɑg'nɪʃən/ *n*.认识(力)；认知；知识
cognitive /'kɑgnətɪv/ *adj*.认识的；有认识力的
cognizable /'kɑgnəzəbḷ/ *adj*.可认知的；可知觉的

```
cogniz + able
  |        |
know  +  adj.
```

cognizance /'kɑgnəzəns/ *n*.认识；认知的范围；审理权；指挥权；
　徽章；标记
cognizant /'kɑgnɪzənt, 'kɑnɪ-/ *adj*.认知的；认识的
diagnose /ˌdaɪəg'nos,-'noz/ *v*.诊断；分析；判断(通过～而得知)
　《*dia-* = through》

```
dia    + gnose
 |         |
through  + know
```

diagnosis /ˌdaɪəg'nosɪs/ *n*.诊断；审查；分析

ignore /ɪg'nor, -'nɔr/ *v*.忽视；不理睬《*i-* = *in-* = not》

ignorance /'ɪgnərəns/ *n*.无知；不学无术

ignorant /'ɪgnərənt/ *adj*.无知的；愚昧的

incognito /ɪn'kɑgnɪˌto/ *adj*.微行的；匿名的　*adv*.微行地；化名地
　　n.微行者；匿名者（不为人知）《*in-* = not》

prognosis /prɑg'nosɪs/ *n*.预知；预测；预后（事先知道）
　　《*pro-* = before》

```
pro    + gnos  + is
 |        |       |
before + know  + n.
```

prognosticate /prɑg'nɑstɪˌket/ *v*.预言；预知；预示

recognize /'rɛkəgˌnaɪz/ *v*.认识；辨认；承认（再度知道）
　　《*re-* = again》

recognizable /'rɛkəgˌnaɪzəbl̩/ *adj*.可被认出的；可被承认的

recognizance /rɪ'kɑgnɪzəns,-'kɑnɪ-/ *n*.保证金；保证书

recognition /ˌrɛkəg'nɪʃən/ *n*.认知；承认；表彰；认识

58　commun = common

　　* 拉丁文 *communis*（= *common* 共同的）。

commune /*v*. kə'mjun *n*. 'kɑmjun/ *v*.密谈　*n*.恳谈

communal /kə'mjunl̩/ *adj*.公有的；社区内的

communalize /kə'mjunlˌaɪz/ *v*.使公有化；使公社化；使集体化

```
commun + al   + ize
  |       |      |
common + adj. + v.
```

communicate /kə'mjunəˌket/ *v*.传达；通知；沟通；传染

communication /kəˌmjunə'keʃən/ *n*.传达；沟通；联络；通讯设施

communion /kə'mjunjən/ *n*.共有；共享；宗教团体；领圣餐礼

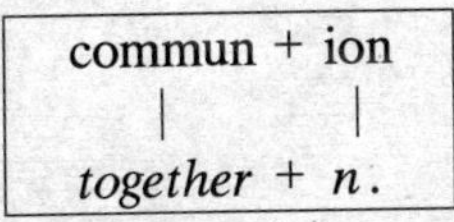

communism /ˈkɑmjuˌnɪzəm/ n.共产主义
《**-ism** 表示主义的名词字尾》

communist /ˈkɑmjuˌnɪst/ n.共产主义者；共产党员
adj.共产主义（者）的《**-ist** 表示人的名词字尾》

community /kəˈmjunətɪ/ n.社区；团体

59　cord = heart

　　* 拉丁文 cor（ = heart）。

accord /əˈkɔrd/ v.使一致；使调和　　n.一致；同意；
　调和（使想法一致）《**ac- = ad- =** to》

accordance /əˈkɔrdns/ n.一致

according /əˈkɔrdɪŋ/ adj.一致的；相符的；视～而定的

accordingly /əˈkɔrdɪŋlɪ/ adv.如前所说；于是

cordial /ˈkɔrdʒəl/ adj.诚恳的；友善的；提神的
　n.强心剂；兴奋剂

cordiality /ˌkɔrdʒɪˈælətɪ/ n.诚恳；热忱

core /kor/ n.（水果等的）核；物的中心；核心　　v.去（果）核

concord /ˈkɑnkɔrd, ˈkɑŋ-/ n.一致；调和；协定（使同心）
　《**con- =** together》

concordance /kɑnˈkɔrdns, kən-/ n.一致；用语索引

concordant /kɑnˈkɔrdnt, kən-/ adj.和谐的；一致的

courage /ˈkɝ·ɪdʒ/ n.勇敢；勇气

courageous /kəˈredʒəs/ adj.勇敢的

discord /v. dɪsˈkɔrd n. ˈdɪskɔrd/ v.不一致；意见不合
　n.一致；不和；不协调的声音（心意不同）《**dis- =** apart》

discordance /dɪsˈkɔrdns/ n.不一致；不和谐

```
    dis  +  cord  + ance
     |        |        |
   apart  +  heart  +  n.
```

discordant /dɪsˈkɔrdn̩t/ *adj.* 不一致的；不和谐的；嘈杂的

discourage /dɪsˈkɝɪdʒ/ *v.* 使失去勇气；使气馁；劝阻；妨碍
　《*dis-* = away, apart》

discouragement /dɪsˈkɝɪdʒmənt/ *n.* 气馁；沮丧；障碍；阻止

encourage /ɪnˈkɝɪdʒ/ *v.* 鼓励；促进（使有勇气）
　《*en-* = cause to be》

encouragement /ɪnˈkɝɪdʒmənt/ *n.* 鼓励；奖励；促进；激励物

```
    en   +  courage + ment
     |        |        |
   put in + courage +  n.
```

obcordate /ɑbˈkɔrdet/ *adj.* （叶等）倒心脏形的《*ob-* = against》

record /*v.* rɪˈkɔrd *n.* ˈrɛkɚd/ *v.* 记录；记载；录音
　n. 记录；唱片；案卷；履历（记录下来使能再想起）《*re-* = again》

60 corp = body

　*拉丁文 corpus（= body）。

corps /kor/ *n.* 军团；团体

corpse /kɔrps/ *n.* 尸体

corporal /ˈkɔrpərəl, ˈkɔrprəl/ *adj.* 身体的；肉体的　　*n.* 下士

corporality /ˌkɔrpəˈræləti/ *n.* 肉体；有形体

corporation /ˌkɔrpəˈreʃən/ *n.* 法人；自治体；团体；公司

```
   corpor + ation
     |        |
   body  +   n.
```

corporeal /kɔrˈporiəl, -ˈpor-/ *adj.* 肉体的；物质的；具体的

corpulent /ˈkɔrpjələnt/ *adj.* 肥胖的；肥大的

corpus /ˈkɔrpəs/ *n.* （身）体；尸体；主体；全集；本金

corpuscle /ˈkɔrpəsl̩/ *n.* 血球；微粒子《*-cle* 表示小的名词字尾》

incorporate /*v.* ɪnˈkɔrpəˌret *adj.* ɪnˈkɔrpərɪt/ *v.* 合并；组成公司；

具体表现　*adj*.合并的；具体化的；公司（组织）的《*in-* = into》
incorporation /ɪnˌkɔrpəˈreʃən/ *n*.结合；合并；法人组织；公司
corset /ˈkɔrsɪt/ *n*.（妇女的）束腹（合于体型的东西）

61　cosm = universe；order（宇宙；次序）

cosmetics /kɑzˈmɛtɪks/ *n*. *pl*.化妆品
cosmic /ˈkɑzmɪk/ *adj*.宇宙的；广大无边的；和谐的
cosmos /ˈkɑzməs/ *n*.（井然有序的）宇宙；秩序
cosmogony /kɑzˈmɑgənɪ/ *n*.宇宙的起源；宇宙开创论
　《*-gony* = generation（开创）》
cosmonaut /ˈkɑzməˌnɔt/ *n*.（俄国的）太空人《*naut* = sailor》

```
cosmo  +  naut
  |         |
universe  +  sailor
```

cosmopolitan /ˌkɑzməˈpɑlətn̩/ *adj*.四海为家的；世界性的
　《*cosmo*（universe）+ *polit* = *polis*（city）+ *-an*（形容词字尾）》
microcosm /ˈmaɪkrəˌkɑzəm/ *n*.小宇宙；人类；缩图
　《*micro-* = small》　*cf*. **macrocosm**（大宇宙；总体）
pancosmism /pæˈkɑzmɪzəm/ *n*.泛宇宙论
　《*pan-*（all）+ *cosm*（universe）+ *-ism*（主义；学说）》

```
pan  +  cosm  +  ism
 |        |       |
all  +  universe  +  n.
```

62　count = count

　* 拉丁文 *computare*（= count 计算）。

count /kaunt/ *v*.数；计算；包括；以为；信赖；有价值
　【解说】中国人从一数到十，会以屈指的方式来算，但美国人的数学比较不好，
　　　　他们会先用右手的食指数左手，然后再用左手的食指数右手。
countdown /ˈkauntˌdaun/ *n*.倒数计时
counter /ˈkauntɚ/ *n*.筹码；柜台；计算机
account /əˈkaunt/ *n*.报告；记事；原因；考虑；帐户

v. 说明；引起《*ac-* = *ad-* = to》

$$ \begin{array}{c} ac + count \\ | \qquad | \\ to + count \end{array} $$

accountable /əˈkaʊntəbḷ/ *adj*. 有责任的；可说明的

discount /*v*. ˈdɪskaʊnt, dɪsˈkaʊnt *n*. ˈdɪskaʊnt/ *v*., *n*. 打折扣；
贴现；减少（除去若干）《*dis-* = exclude》

recount /rɪˈkaʊnt/ *v*. 详述；描述；列举（再数一次）
《*re-* = again》

63　**cover** = cover

* 拉丁文 *cooperire*(= close, cover)。

cover /ˈkʌvɚ/ *v*. 覆盖；遮蔽；占（时间或空间）；掩护；通过；
包括；给付；采访

coverage /ˈkʌvərɪdʒ/ *n*. 涵盖的范围；保险项目；采访；
影响范围

covert /ˈkʌvɚt/ *adj*. 暗地的；隐秘的　*n*. 庇护所

discover /dɪˈskʌvɚ/ *v*. 发现（使失去掩盖）
《*dis-* = deprive of》

discovery /dɪˈskʌvərɪ/ *n*. 发现；发明

$$ \begin{array}{ccc} dis & + cover + & y \\ | & | & | \\ deprive\ of & + cover + & n. \end{array} $$

recover /rɪˈkʌvɚ/ *v*. 寻回；恢复；补偿；痊愈
《*re-* = back》

recovery /rɪˈkʌvərɪ/ *n*. 寻回；恢复；痊愈

uncover /ʌnˈkʌvɚ/ *v*. 移去覆盖物；泄露；揭露
《*un-* 表动作的相反》

64　**cre** = make; grow

* 拉丁文 *creare*(= make), *crescere*(= grow)。
〔变化型〕*cresc*。

accretion /əˈkriʃən/ *n*. 增大；添加《*ac-* = *ad-* = to》

accrue /ə'kru/ *v.* 自然产生；自然增加

create /krɪ'et/ *v.* 创造；创始；制造；致使；封爵

creation /krɪ'eʃən/ *n.* 创造；宇宙；万物；作品；封爵

creative /krɪ'etɪv/ *adj.* 有创造力的；创造的

creator /krɪ'etɚ/ *n.* 创造者；创始者；(the C-)造物主

creature /'kritʃɚ/ *n.* 人；动物

```
creat + ure
  |      |
make  +  n.
```

concrete /*adj.* , *n.* 'kankrit *v.* kan'krit/ *adj.* 凝结的；固体的；具体的
　n. 混凝土；水泥；具体物　　*v.* 铺以水泥；凝固；凝结；使结合
　(共同生存→紧密的)《*con-* = together》

concretion /kɑn'kriʃən/ *n.* 凝结(物)；凝块；结石；具体化

crescent /'krɛsṇt/ *n.* 新月；新月形的东西；回教势力
　adj. 新月形的

decrepit /dɪ'krɛpɪt/ *adj.* 衰老的；老朽的；破旧的
　《*de-* = down》

decrescent /dɪ'krɛsṇt/ *adj.* 变小的；亏缺的；(月)下弦的
　《*de-* = down》

```
de  + cresc + ent
 |      |      |
down + grow + adj.
```

decrease /*v.* dɪ'kris *n.* 'dikris, ˌdi'kris/ *v.* 减少
　n. 减少《*de-* = down》

increase /*v.* ɪn'kis *n.* 'ɪnkris, 'ɪŋk-/ *v.* 增加；增大
　n. 增加；增加量；利益《*in-* = in》

increment /'ɪnkrəmənt/ *n.* 增加(量)；增进；盈余《*in-* = inside》

```
in  + cre + ment
 |     |     |
inside + grow +  n.
```

procreate /'prokrɪˌet/ *v.* 生育；产生《*pro-* = forward》

recreate /'rɛkrɪˌet/ *v.* 消遣；休养；娱乐；恢复精神《*re-* = again》

re-create /ˌrikrɪˈet/ *v*.重新创造；改造；重做
recreation /ˌrɛkrɪˈeʃən/ *n*.消遣；娱乐；休养

65　**cred** = believe

　　* 拉丁文 *credere*(= *believe*)。

credence /ˈkridn̩s/ *n*.相信；信用；证件《*-ence* 抽象名词字尾》
credential /krɪˈdɛnʃəl/ *n*.介绍信；(学历、资格等的)背景
credible /ˈkrɛdəbl̩/ *adj*.可信的；可靠的

```
cred  +  ible
 |        |
believe + adj.
```

credit /ˈkrɛdɪt/ *n*.信用；存款；名誉；贷款；学分
　　v.信用；信赖；给予学分；归功于
creditable /ˈkrɛdɪtəbl̩/ *adj*.值得称赞的；声誉好的；可归功于～的
creditor /ˈkrɛdɪtɚ/ *n*.债权人；债主
credo /ˈkrido, ˈkredo/ *n*.信条；(the C-)基督教的使徒信条
credulity /krəˈdulətɪ, -ˈdju-/ *n*.轻信

```
credul  +  ity
  |         |
to believe + n.
```

credulous /ˈkrɛdʒələs/ *adj*.轻信的；易受骗的
creed /krid/ *n*.信条；(宗教)教条
accredit /əˈkrɛdɪt/ *v*.誉为；归功于；信赖；委派；承认合格
　　《*ac-* = *ad-* = to》
discredit /dɪsˈkrɛdɪt/ *v*.不信任；怀疑；玷辱　*n*.不信任；怀疑；
　　不名誉；耻辱(远离信任)《*dis-* = apart》
discreditable /dɪsˈkrɛdɪtəbl̩/ *adj*.不名誉的；无信用的；耻辱的
incredulity /ˌɪnkrəˈdulətɪ/ *n*.不信；怀疑

```
in  +  credul  +  ity
 |        |        |
not  + believe  +  n.
```

incredulous /ɪnˈkrɛdʒələs/ *adj.*不肯轻信的

```
in  +  credul  +  ous
 |        |        |
not + believe + adj.
```

miscreant /ˈmɪskrɪənt/ *n.*恶棍

```
mis   +   cre   + ant
 |         |        |
wrongly + believing + n.
```

66　crim = crime

> * 拉丁文 *crimen*（crime）。

crime /kraɪm/ *n.*罪；罪行
criminal /ˈkrɪmənḷ/ *n.*罪犯；犯罪者
criminate /ˈkrɪməˌnet/ *v.*告发；归罪；定罪
incriminate /ɪnˈkrɪməˌnet/ *v.*控告；使有罪；归咎《*in-* = in》
recriminate /rɪˈkrɪməˌnet/ *v.*反控；反责；反唇相讥
　《*re-* = back》

67　crit = judge

> * 希腊文 *krinein*（= judge 判断）。

criterion /kraɪˈtɪrɪən/ *n.*标准；准绳
critic /ˈkrɪtɪk/ *n.*批评家；评论家
critical /ˈkrɪtɪkḷ/ *adj.*吹毛求疵的；危急的；重要的；批评的
criticism /ˈkrɪtəˌsɪzəm/ *n.*吹毛求疵；批评；非难

```
crit  + ic + ism
 |       |     |
judge + n. + n.
```

criticize /ˈkrɪtəˌsaɪz/ *v.*批评
hypercritical /ˌhaɪpɚˈkrɪtɪkḷ/ *adj.*苛求的；吹毛求疵的
　《*hyper-* = excessively》
hypocritical /ˌhɪpəˈkrɪtɪkḷ/ *adj.*伪善的；矫饰的《*hypo-* = under》

68　cruc = cross

* 拉丁文 *cruc*, *crux*（= *cross* 十字；交叉）。

crucial /ˈkruʃəl/ *adj*.艰苦的；决定性的；极重要的

cruciate /ˈkruʃɪˌet/ *adj*.有十字形叶或花瓣的；十字形的

crucify /ˈkrusəˌfaɪ/ *v*.钉死在十字架上；压抑；虐待

```
cruc  +  ify
 |        |
cross + fasten
```

cruciform /ˈkrusəˌfɔrm/ *adj*.十字形的

crucifix /ˈkrusəˌfɪks/ *n*.耶稣受难像；十字架

crusade /kruˈsed/ *n*.十字军；改革运动

cruise /kruz/ *v*.巡航；航行；巡逻　*n*.乘船游览

crux /krʌks/ *n*.关键；难题

excruciate /ɪkˈskruʃɪˌet/ *v*.施酷刑；拷打；使痛苦

```
ex       +  cruciate
 |            |
thoroughly + cause pain
```

69　culp = blame；guilt

* 拉丁文 *culpa*（= *blame* 过失，*guilt* 罪过）。

culprit /ˈkʌlprɪt/ *n*.犯人；罪犯；嫌疑犯

culpable /ˈkʌlpəbl̩/ *adj*.该受谴责的

exculpate /ɪkˈskʌlpet/ *v*.消除疑虑；辩解（使脱罪）《*ex-* = out》

```
ex + culp + ate
 |     |     |
out + guilt + v.
```

inculpate /ɪnˈkʌlpet/ *v*.控告；归罪；指责；连累（使人入罪）
《*in-* = in, into》

inculpation /ˌɪnkʌlˈpeʃən/ *n*.控告；归罪；连累；非难；谴责

70　cult = till

* 拉丁文 *cultivare*(= till 耕种，*work at*)。

cultivable /ˈkʌltəvəbl̩/ *adj*.可耕种的；可培养的

cultivate /ˈkʌltəˌvet/ *v*.耕种；栽培；教化；培养

```
cultiv + ate
  |       |
 till  +  v.
```

cultivated /ˈkʌltəˌvetɪt/ *adj*.耕作的；栽植的；有教养的

cultivation /ˌkʌltəˈveʃən/ *n*.耕种；栽培；养殖；修养

culture /ˈkʌltʃɚ/ *n*.耕种；修养；教养；文化　*v*.教养；培养；耕种

cultural /ˈkʌltʃərəl/ *adj*.培养的；教养的；文化的；人文的

acculturate /əˈkʌltʃəˌret/ *v*.(使)同化；(使)社会化

《*ac-* = *ad-* = to》

```
ac + cult + ur(e) + ate
 |     |      |       |
 to +  till +  n.  +  v.
```

agriculture /ˈægrɪˌkʌltʃɚ/ *n*.农业；农艺；农耕(耕耘野地)

《*agri* = 拉丁文 *ager* = field》

agricultural /ˌægrɪˈkʌltʃərəl/ *adj*.农业的

apiculture /ˈepɪˌkʌltʃɚ/ *n*.养蜂；养蜂业《拉丁文 *apis* = bee》

aquiculture /ˈækwəˌkʌltʃɚ/ *n*.饲养或栽培水中动植物

《*aqui* = water》

```
aqui + cult + ure
  |     |      |
water + till +  n.
```

aviculture /ˈevɪˌkʌltʃɚ/ *n*.鸟类饲养《*avi* = bird》

floriculture /ˈflorɪˌkʌltʃɚ, ˈflɔrɪ-/ *n*.花草栽培；花艺

《拉丁文 *flos* = flower》

pisciculture /ˈpɪsɪˌkʌltʃɚ/ *n*.养鱼(法)《*pisci* = fish》

sericulture /ˈserɪˌkʌltʃɚ/ *n*.养蚕；养蚕业《拉丁文 *sericum* = silk》

colony /ˈkɑlənɪ/ *n*.殖民；殖民地；居留地(耕作的地方)

《拉丁文 *colere* = till》

colonial /kə'loniəl/ *adj*.殖民地的　*n*.殖民地居民

colonist /'kɑlənɪst/ *n*.殖民地居民；开发殖民地的人

colonize /'kɑləˌnaɪz/ *v*.殖民；拓殖；建立殖民地

71　cumb = lie down

* 拉丁文 *cubare*（ = *lie down* 横躺）。

cumber /'kʌmbɚ/ *v*.阻碍；拖累　*n*.阻碍；拖累（横在前方的东西）

cumbersome /'kʌmbɚsəm/ *adj*.笨重的；累赘的

（ = *cumbrous* /'kʌmbrəs/ ）《-some 形容词字尾》

concubine /'kɑŋkjuˌbaɪn/ *n*.妾；情妇《con- = with》

concubinage /kɑn'kjubənɪdʒ/ *n*.纳妾；非法同居

decumbence /dɪ'kʌmbəns/ *n*.横卧（的姿势）（横于下方）

de	+	cumb	+	ence
down	+	lie down	+	n.

decumbent /dɪ'kʌmbənt/ *adj*.横卧的

encumber /ɪn'kʌmbɚ, ɛn-/ *v*.阻碍；烦扰；负累；堆满

（ = *incumber*）（横在中间的）《en- = in》

encumbrance /ɪn'kʌmbrəns, ɛn-/ *n*.阻碍物（ = *incumbrance*）

incubus /'ɪnkjəbəs/ *n*.梦魇；恶梦；重担

《*in-* = (on) + *cub*(lie down) + *us* (名词字尾)；把东西放在躺下来的人身上，所以是"重担"》

in	+	cub	+	us
on	+	lie down	+	n.

incumbent /ɪn'kʌmbənt/ *adj*.躺卧的；使负有义务的；现任的
n.在职者

procumbent /pro'kʌmbənt/ *adj*.俯卧的；（植物）匍匐在地上生长的
（横在前面的）《pro- = before》

recumbent /rɪ'kʌmbənt/ *adj*.横卧的；斜靠的；休息的（横于后面的）
《re- = back》

recumbency /rɪ'kʌmbənsɪ/ *n*.横卧

succumb /sə'kʌm/ *v.*屈服；屈从；死亡（横于下方的）

　　《*suc-* = *sub-* = under》

72　**cur** = run

　　　＊拉丁文 *currere*（= run）。〔变化型〕*course*。

current /'kɝənt/ *adj.*现在的；公认的；流传中的

　　*n.*水流；气流；潮流；倾向；电流

currently /'kɝəntlɪ/ *adv.*目前；一般

currency /'kɝənsɪ/ *n.*流通；流传；通货；货币；流通期间

concur /kən'kɝ/ *v.*同时发生；协力；赞成（一起流动）

　　《*con-* = together》

concurrence /kən'kɝəns/ *n.*同时发生；同意；协力

```
con    + curr + ence
 |         |       |
together + run +   n.
```

concurrent /kən'kɝənt/ *adj.*同时的；协力的；一致的；和谐的

　　*n.*竞争者；同心协力者；并发事件

courier /'kɝɪɚ; 'kʊrɪɚ/ *n.*导游

curriculum /kə'rɪkjələm/ *n.*课程；功课

cursive /'kɝsɪv/ *adj.*草书的　　*n.*草书；行书

cursory /'kɝsərɪ/ *adj.*匆促的；粗略的

decurrent /dɪ'kɝənt/ *adj.*（叶等）从茎下部向上生长的《*de-* = down》

discursive /dɪ'skɝsɪv/ *adj.*散漫的；无层次的（四处流的）

　　《*dis-* = apart》

excursion /ɪk'skɝʒən,-ʃən/ *n.*远足；旅行；游览团体；脱离主题

　　（向外跑出去）《*ex-* = out》

```
ex  + curs + ion
 |      |      |
out +  run +  n.
```

excursive /ɪk'skɝsɪv,ɛk-/ *adj.*漫游的；散漫的；离题的

　　（容易走入歧路的）

incur /ɪn'kɝ/ *v.*遭遇；招致；蒙受（走入灾祸之中）

《*in-* = into》

incursion /ɪnˈkɝʒən, -ʃən/ *n*.入侵；袭击；进入；流入
（以～为目标跑进去）

incursive /ɪnˈkɝsɪv/ *adj*.入侵的；来犯的

$$\begin{array}{ccc} \text{in} & + \text{ curs } + & \text{ive} \\ | & | & | \\ \textit{into} & + \textit{ run } + & \textit{adj.} \end{array}$$

occur /əˈkɝ/ *v*.发生；存在；使想起（在眼前流动）
《*oc-* = *ob-* = before》

occurrence /əˈkɝrəns/ *n*.发生；事件

precursor /prɪˈkɝsɚ/ *n*.先驱；先兆；前辈；先进
《*pre-* = before》

$$\begin{array}{ccc} \text{pre} & + \text{ curs } + & \text{or} \\ | & | & | \\ \textit{before} & + \textit{ run } + & \textit{person} \end{array}$$

recur /rɪˈkɝ/ *v*.重现；再发生；再回到；诉诸
《*re-* = back, again》

recurrence /rɪˈkɝrəns/ *n*.再现；再发生；循环

recurrent /rɪˈkɝrənt/ *adj*.循环的；再现的；周期性的

succor /ˈsʌkɚ/ *v*.救助　*n*.救助（者）（跑到下面而举起来）
《*suc-* = *sub-* = under》

transcurrent /trænsˈkɝrənt/ *adj*.横亘的；横贯的
《*trans-* = across》

$$\begin{array}{ccc} \text{trans} & + \text{ curr } + & \text{ent} \\ | & | & | \\ \textit{across} & + \textit{ run } + & \textit{adj.} \end{array}$$

course /kors, kɔrs/ *n*.过程；路途；行为；课程　*v*.追赶；奔跑

concourse /ˈkɑnkors, ˈkɑŋ-/ *n*.合流；集合；群众；大道；
车站或公园内的空地（共同流动）《*con-* = together》

discourse /*n*. ˈdɪskors, dɪˈskors *v*. dɪˈskors/ *n*.谈论；论述；论文；
说教　*v*.谈论；演讲（绕着话题走来走去）《*dis-* = apart》

$$\begin{array}{cc} \text{dis} & + \text{ course} \\ | & | \\ \textit{apart} & + \textit{ run} \end{array}$$

intercourse /ˈɪntɚˌkors,-ˌkɔrs/ *n*.交际；性交；交流（互相融合）
　《*inter-* = between》
recourse /rɪˈkors,riˈkɔrs/ *n*.求助；请求保护（流回）《*re-* = back》.

73　cure = take care（小心；照顾）

accurate /ˈækjurət/ *adj*.正确的；准确的（非常小心的）
　《*ac-* = *ad-* = to》
accuracy /ˈækjərəsɪ/ *n*.正确；正确性

```
ac  +    cur   + acy
|        |       |
to  + take care +  n.
```

curative /ˈkjurətɪv/ *adj*.治病的

```
cur + ative
|      |
care + adj.
```

cure /kjur/ *n*.治疗（法）；治愈；治疗的药物
　v.治疗；改正（恶习）；（晒干或熏制以）保藏（小心地去做）
curer /ˈkjurɚ/ *n*.治疗者；治疗器；干燥食品制造人
curious /ˈkjurɪəs/ *adj*.好奇的；奇妙的；求知的；好管闲事的
　（非常留心的）
curiosity /ˌkjurɪˈasətɪ/ *n*.好奇心；求知欲；珍品
curio /ˈkjurɪo/ *n*.古董；珍品
curate /ˈkjurɪt/ *n*.（教区的）副牧师（在旁边小心做事的人）
curator /kjuˈretɚ/ *n*.馆长；监护人（注意全体的人）
manicure /ˈmænɪˌkjur/ *v*.修（指甲）　*n*.修指甲；修指甲师
　（ = *manicurist*）《*mani* = hand》

```
mani +   cure
|         |
hand + take care
```

pedicure /ˈpɛdɪˌkjur/ *n*.脚病治疗；脚病医生；修脚指甲
　《*pedi* = foot》
procure /proˈkjur/ *v*.取得；促成；说服（使转移注意力）

《**pro-** = for, in behalf of》

procurable /proˈkjurəbl̩/ *adj*.可获得的

procuration /ˌprɑkjəˈreʃən/ *n*.代理；获得；委任状；佣金

procurator /ˈprɑkjəˌretɚ/ *n*.代理人

procurement /proˈkjurmənt/ *n*.获得；成就；促成

secure /sɪˈkjur/ *adj*.安全的；确实的；坚固的

    v.使安全；担保；紧闭（没有忧虑的）《**se-** = free from》

security /sɪˈkjurətɪ/ *n*.安全；保证；担保；保证人；抵押品

sinecure /ˈsaɪnɪˌkjur/ *n*.闲差

74　**cuss** = strike；shake

    * 拉丁文 *cutere*(= strike 打击，shake 摇晃)，过去分词是 *cussus*。

concuss /kənˈkʌs/ *v*.摇动；使(脑)震荡(激烈地摇晃～)

    《**con-** = with》

concussion /kənˈkʌʃən/ *n*.震动；激动；打击；冲击；脑震荡

con	+	cuss	+	ion
together	+	shake	+	*n*.

discuss /dɪˈskʌs/ *v*.讨论；商谈；议论(打得粉碎)

    《**dis-** = apart》

discussion /dɪˈskʌʃən/ *n*.讨论；议论

percuss /pɚˈkʌs/ *v*.叩；敲；叩诊(彻底敲击)

    《**per-** = thoroughly》

percussion /pɚˈkʌʃən/ *n*.冲击；冲突；打击乐器；振动

repercussion /ˌripɚˈkʌʃən/ *n*.反应；反射；弹回；回响

    《**re-** = back》

quash /kwɑʃ/ *v*.取消；镇压(打消)

    《拉丁文 *quatere* = shake》

75　**cycl** = circle(圆圈；周期)

cycle /ˈsaɪkl̩/ *n*.周期

cyclic /ˈsaɪklɪk/ *adj*.周期的

cyclone /ˈsaɪklon/ *n*.飓风

cyclotron /ˈsaɪkləˌtrɑn/ *n*.回旋加速器（离子加速器的一种）

bicycle /ˈbaɪsɪkl̩/ *n*.脚踏车

```
   bi  +  cycle
   |        |
  two  +  circle
```

encyclical /ɛnˈsaɪklɪkl̩/ *adj*.传阅的；广为传布的

encyclopedia /ɪnˌsaɪkləˈpidɪə/ *n*.百科全书

```
  en  +  cyclo  +  pedia
  |        |          |
  in  +  circle  +  education
```

motorcycle /ˈmotɚˌsaɪkl̩/ *n*.机车

tricycle /ˈtraɪsɪkl̩/ *n*.三轮车

```
  tri  +  cycle
   |        |
 three  +  circle
```

76　deb = owe

　　* 拉丁文 *debere*（= owe 负债）。〔变化型〕*du*。

debt /dɛt/ *n*.负债；借款

debtor /ˈdɛtɚ/ *n*.债务人；借主

indebted /ɪnˈdɛtɪd/ *adj*.负债的；受惠的；感激的《*in-* = in》

```
  in  +  debt  +  ed
  |       |        |
  in  +  owe  +  adj.
```

due /dju/ *adj*.到期的；适当的；预期的；充分的；应得的

　　n.应得的东西；正当报酬；会费

duty /ˈdjutɪ/ *n*.义务；本分；职务；关税（应该背负的东西）

dutiful /ˈdjutɪfəl/ *adj*.忠实的；尽责的；服从的

77 **dei** = god

* 拉丁文 *deus*(= god)。

deify /ˈdiəˌfaɪ/ *v*.奉为神；神格化；理想化

deific /diˈɪfɪk/ *adj*.予以神化的；使之神圣的；神圣的

deification /ˌdiəfəˈkeʃən/ *n*.神化

deiform /ˈdiəˌfɔrm/ *adj*.如神的；神性的

deism /ˈdiɪzəm/ *n*.理神论；自然神论；自然神教

【解说】认为上帝在创造世界及其法则之后，并未加以支配的一种理性运动，
盛行于 18 世纪。

```
  de  +  ism
  |      |
 god  +  n.
```

deist /ˈdiɪst/ *n*.信奉自然神教者；理神论者

deity /ˈdiətɪ/ *n*.神性；神

78 **dem** = people

* 法文 *demos*(= the people 民众)。

demagogue /ˈdɛməˌgɔg,-ˌgag/ *n*.群众煽动家
　《*agogue* = leader》

democracy /dəˈmakrəsɪ/ *n*.民主政治；民主主义
　《法文 *kratia* = rule》

democrat /ˈdɛməˌkræt/ *n*.信仰民主主义者；(D-)
　〔美〕民主党员

democratic /ˌdɛməˈkrætɪk/ *adj*.民主政治的；民主主义的

democratize /dəˈmakrəˌtaɪz/ *v*.民主化；平民化

```
  demo  +  crat  +  ize
   |        |       |
 people  +  rule  +  v.
```

democratism /dɪˈmakrətɪzəm/ *n*.民主主义；民主制度

demography /dɪˈmagrəfɪ/ *n*.人口统计；人口学《*graphy* = writing》

demotic /diˈmatɪk/ *adj*.民众的；通俗的

endemic /ɛnˈdɛmɪk/ *adj*. 地方性的；风土性的
　n. 地方病（所在地的民众之中）《*en-* = in》

```
en  +  dem  +  ic
|      |       |
in + people + adj.
```

epidemic /ˌɛpəˈdɛmɪk/ *n*., *adj*. 流行性传染病（的）（民众之间的）
　《*epi-* = among》

pandemic /pænˈdɛmɪk/ *adj*.（疾病）流行全国（全世界）的；
　（疾病）流行性的；普遍的《*pan-* = all》

79　dent = tooth

　＊拉丁文 *dent*, *dens*（ = *tooth*）。

dental /ˈdɛntl̩/ *adj*. 牙齿的；齿科的；齿音的
dentate /ˈdɛntet/ *adj*. 有牙齿的；锯齿状的

```
dent  +  ate
|         |
tooth +  adj.
```

dentist /ˈdɛntɪst/ *n*. 牙科医生
dentition /dɛnˈtɪʃən/ *n*. 牙齿的生长；长牙期；齿列
denture /ˈdɛntʃɚ/ *n*. 一副牙齿；一副假牙
edentate /iˈdɛntet/ *n*. 贫齿类哺乳动物
　adj. 无齿的；贫齿类哺乳动物的《*e-* = *ex-* = out of》
edentulous /iˈdɛntʃələs/ *adj*. 无牙齿的
　《*e-* = *ex-*（ out of） + *dentul*（ tooth） + *ous*（ 形容词字尾）》

```
e    + dentul + ours
|       |         |
out of + tooth + adj.
```

indent /ɪnˈdɛnt/ *v*. 使成锯齿状；把（每段的首行）缩格书写；缩排；
　订购　*n*. 正式的订购单；缩排《*in-* = *en-* = cause to be》
interdental /ˌɪntɚˈdɛntl̩/ *adj*. 在牙齿之间的；将舌尖放在上下牙间
　而发音的《*inter-* = between》

```
inter  +  dent  +  al
|         |        |
between + tooth + adj.
```

80　derm = skin

*希腊文 *dermat*, *derma*（= *skin*）。〔变化型〕*derma*, *dermat*。

dermatitis /ˌdɚməˈtaɪtɪs/ *n*.皮肤炎

```
dermat  +        itis
  |               |
 skin  +  inflammation（发炎）
```

dermatology /ˌdɚməˈtalədʒɪ/ *n*.皮肤病学；皮肤学

　《*dermat*（ skin ）+ *ology*（ study ）》

dermatologist /ˌdɚməˈtalədʒɪst/ *n*.皮肤病学家；皮肤科医师

```
dermat + olog(y) +   ist
  |          |        |
 skin  +  study  +  person
```

epidermis /ˌɛpəˈdɚmɪs/ *n*.表皮；上皮；外皮

　《*epi-* = upon》

hypoderm /ˈhaɪpədɚm/ *n*.皮下结缔组织；皮下

　《*hypo-* = under》

hypodermic /ˌhaɪpəˈdɚmɪk/ *adj*.皮下注射的

```
hypo + derm +  ic
  |      |      |
under + skin + adj.
```

pachyderm /ˈpækəˌdɚm/ *n*.厚皮动物（象、河马、犀牛等）；
　厚脸皮的人；感觉迟钝的人《*pachy-* = thick》

taxidermy /ˈtæksəˌdɚmɪ/ *n*.（动物标本的）剥制术

xeroderma /ˌzɪroˈdɚmə/ *n*.皮肤干燥症

　《*xero-* = dry》

81　dic = proclaim

*拉丁文 *dicare*（= *proclaim* 宣称, *tell*）。

abdicate /ˈæbdəˌket/ *v*.放弃权利；辞职；退位（宣称离开某地）

　《*ab-* = from》

abdication /ˌæbdəˈkeʃən/ *n*.放弃；退位；辞职；弃权

dedicate /ˈdɛdəˌket/ *v*.奉献；致力；题献词于～之上
（宣誓处于对方之下）《*de-* = down》

dedication /ˌdɛdəˈkeʃən/ *n*.奉献；献词；致力

indicate /ˈɪndəˌket/ *v*.指示；显示；表示（向～宣告→通知）
《*in-* = towards》

```
       in   +   dic   +  ate
       |         |        |
   towards + proclaim +  v.
```

indication /ˌɪndəˈkeʃən/ *n*.指示；表示；征候

index /ˈɪndɛks/ *n*.指针；索引；指数；指标

predicate /*n*. ˈprɛdɪkɪt *v*. ˈprɛdɪˌket / *n*.属性；述词
v.断言；意指（事先宣称）《*pre-* = before》

```
      pre   +   dic   +  ate
       |         |        |
   before + proclaim +  n. , v.
```

predication /ˌprɛdɪˈkeʃən/ *n*.断言；断定；述词

82　dict = say

* 拉丁文 *dicere*(= *say*)。〔变化型〕*dit*。

diction /ˈdɪkʃən/ *n*.语法；用字（说法）

dictionary /ˈdɪkʃənˌɛrɪ/ *n*.字典；辞典
《*-ary* 表示集合体的名词字尾》

```
   dict  +  ion  +  ary
    |        |       |
   say   +  n.  +   n.
```

dictate /*v*. dɪkˈtet *n*. ˈdɪktet/ *v*.口授令人笔录；指定；命令
n.命令；指令；要求；原则（口说）

dictation /dɪkˈteʃən/ *n*.口述；口授；听写；命令

dictator /dɪkˈtetɚ/ *n*.独裁者；口授者（发布命令的人）

dictatorial /ˌdɪktəˈtorɪəl,-ˈtɔr-/ *adj*.独裁的；专横的

```
   dict  + ator +  ial
    |        |       |
  speak  +  n.  +  adj.
```

dictum /ˈdɪktəm/ *n*.格言；专家的断言；审判官的意见
《*-um* 名词字尾》

benediction /ˌbɛnəˈdɪkʃən/ *n*.祝福的祈祷；恩赐《*bene-* = well》

$$
\begin{array}{ccc}
\text{bene} & + \text{ dict } & + \text{ ion} \\
| & | & | \\
\textit{well} & + \textit{ say } & + \textit{ n.}
\end{array}
$$

condition /kənˈdɪʃən/ *n*.条件；状态　*v*.使适应；以～为条件；
影响；给予补考（一起说→补说）《*con-* = together》

contradict /ˌkɑntrəˈdɪkt/ *v*.矛盾；否定；反驳（说反对的话）
《*contra-* = against》

contradiction /ˌkɑntrəˈdɪkʃən/ *n*.矛盾；否定；反驳

contradictious /ˌkɑntrəˈdɪkʃəs/ *adj*.喜争辩的；矛盾的；吹毛求疵的

$$
\begin{array}{ccc}
\text{contra} & + \text{ dict } & + \text{ ious} \\
| & | & | \\
\textit{against} & + \textit{ say } & + \textit{ adj.}
\end{array}
$$

edict /ˈidɪkt/ *n*.命令；敕令（说出去）《*e-* = *ex-* = out》

indict /ɪnˈdaɪt/ *v*.控诉；控告；起诉《*in-* = into》

indite /ɪnˈdaɪt/ *v*.著作；撰写

interdict /*n*. ˈɪntɚˌdɪkt *v*. ɪntɚˈdɪkt/ *n*.禁止；限制
v.禁止；限制（插入空档说话）《*inter-* = between》

interdiction /ˌɪntɚˈdɪkʃən/ *n*.禁止；禁治产宣告

jurisdiction /ˌdʒʊrɪsˈdɪkʃən/ *n*.司法权；管辖权；管辖区域
（说出正义）《*juris* = law》

$$
\begin{array}{ccc}
\text{juris} & + \text{ dict } & + \text{ ion} \\
| & | & | \\
\textit{law} & + \textit{ say } & + \textit{ n.}
\end{array}
$$

malediction /ˌmæləˈdɪkʃən/ *n*.诅咒；诽谤（说得很坏）
《*male-* = badly》

predict /prɪˈdɪkt/ *v*.预言；预测（事先说）
《*pre-* = before》

prediction /prɪˈdɪkʃən/ *n*.预言

sedition /sɪˈdɪʃən/ *n*.煽动叛乱的言论或行动；暴动；叛乱
（说分散人心的话）《*se-* = apart》

se + dit + ion
apart + say + n.

valedictorian /ˌvælədɪkˈtorɪən,-ˈtɔr-/ *n*.(毕业典礼时致告别辞的)毕业生代表

vale + dict + orian
farewell + speak + n.

valedictory /ˌvæləˈdɪktərɪ/ *adj*.告别的；辞别的 *n*.毕业生代表的告别演讲；告别演说《***vale-*** = farewell》

verdict /ˈvɝdɪkt/ *n*.陪审员的评决；判决；判断(说出实情)《***ver*** = true》

vindicate /ˈvɪndəˌket/ *v*.辩护；辩解；证明有理由(趁酒兴而辩)《***vin*** = wine》

vin + dic + ate
wine + say + v.

83 dign = worthy

＊拉丁文 ***dignus***(= *worthy* 有价值的)。

dignity /ˈdɪgnətɪ/ *n*.威严；尊严；爵位；光荣；居高位(高官)的人(有价值的东西)

dignify /ˈdɪgnəˌfaɪ/ *v*.使有威严；使高贵《***-ify*** = make》

dignitary /ˈdɪgnəˌtɛrɪ/ *n*.高官；贵人；高僧

indignity /ɪnˈdɪgnətɪ/ *n*.轻蔑；侮辱；冷落(不承认其价值)

in + dign + ity
not + worthy + n.

indign /ɪnˈdaɪn/ *adj*.不值得的；不雅观的(没有价值)

indignant /ɪnˈdɪgnənt/ *adj*.愤慨的；不平的(对没有价值的东西生气)《***in-*** = not》

indignation /ˌɪndɪgˈneʃən/ *n*.愤慨；愤愤不平

dainty /ˈdentɪ/ *adj*.优美的；高雅的；好看的；好吃的
  n.美味的食物

disdain /dɪsˈden,dɪz-/ *v*.轻蔑；鄙视　*n*.轻蔑；侮蔑
  （不承认其价值）《*dis-* = apart》

disdainful /dɪsˈdenfəl,dɪz-/ *adj*.轻蔑的；傲慢的

84　**divid** = divide

* 拉丁文 *dividere*（= *divide*）。〔变化型〕*divis*。

divide /dəˈvaɪd/ *v*.分割；区分；分类；分配　*n*.分水岭；分界点

dividend /ˈdɪvəˌdɛnd/ *n*.被除数；股息；附赠品

division /dəˈvɪʒən/ *n*.区分；分割；分配；除法；部分；管区；(陆军)师

```
divis  + ion
  |       |
divide  +  n.
```

divisive /dəˈvaɪsɪv/ *adj*.离间的；区分的

divisor /dəˈvaɪzɚ/ *n*.除数；约数

divisory /dəˈvaɪzərɪ/ *adj*.划分的；分配的；造成意见不合的

individual /ˌɪndəˈvɪdʒʊəl/ *adj*.个体的；个人的；独特的
  n.个体；个人（不能再分割的）《*in-* = not》

```
in + divid + ual
 |     |      |
not + divide + adj.
```

individualism /ˌɪndəˈvɪdʒʊəlˌɪzəm/ *n*.个人主义；利己主义

individuality /ˌɪndəˌvɪdʒʊˈælətɪ/ *n*.个性

indivisible /ˌɪndəˈvɪzəbl̩/ *adj*.不可分的；不能分裂的；不能整除的
  n.极微量；不能分割之物《*in-* = not》

```
in + divis + ible
 |     |      |
not + divide + adj.
```

subdivide /ˌsʌbdəˈvaɪd/ *v*.再分；细分（下面再分）《*sub-* = under》

subdivisible /ˌsʌbdəˈvɪzəbl̩/ *adj*.可再分的

85　doc = teach

　　＊拉丁文 *docere*（= teach）。

docent /'dosn̩t/ *n*.讲师；博物馆、画廊的向导兼讲解人

　　《*-ent* 表示人的名词字尾》

docile /'dɑsl̩, 'dɑsɪl/ *adj*.顺从的；可教的（容易教导的）

　　《*-ile* 形容词字尾》

doctor /'dɑktɚ/ *n*.博士；医师　*v*.治疗；行医；就医（教授者）

doctoral /'dɑktərəl/ *adj*.博士的；博士学位的；医生的

```
doct  +  or  +  al
 |        |      |
teach + person + adj.
```

doctorate /'dɑktərɪt/ *n*.博士学位

doctrinaire /ˌdɑktrɪ'nɛr/ *n*.纯理论家；空论家

　　《*-aire* 表示人的名词字尾》

doctrinarian /ˌdɑktrɪ'nɛrɪən/ *n*.纯理论家；空论家

　　（= *doctrinaire*）

doctrine /'dɑktrɪn/ *n*.教训；教义；信条；主义（被教导的事）

　　《拉丁文 *doctrina* = teaching》

document /'dɑkjəmənt/ *n*.证件；文书；公文

documentary /ˌdɑkjə'mentərɪ/ *adj*.文件的；文书上的

　　n.记录片

```
docu + ment +  ary
 |      |       |
teach +  n.  + adj. , n.
```

documentation /ˌdɑkjəmen'teʃən/ *n*.文书、证件等的提供；

　　文件、证明的应用

didactic /daɪ'dæktɪk/ *adj*.教训的；教诲的

didacticism /daɪ'dæktəsɪzəm, dɪ-/ *n*.教训主义；启蒙主义

didactics /daɪ'dæktɪks/ *n*.教授法

disciple /dɪ'saɪpl̩/ *n*.门徒；(D-)耶稣十二使徒之一

discipline /'dɪsəplɪn/ *n*.训练；风纪；惩罚；规律

　　v.惩罚；训练《拉丁文 *disciplina* = teaching, learning》

indoctrinate /ɪnˈdɑktrɪnˌet/ *v*. 灌输以学说、信仰或主义；
　施以思想训练；教授（使教义进入脑内）《*in-* = into》

in ＋ doctrin ＋ ate
｜　　　｜　　　｜
into ＋ *teaching* ＋ *v*.

indoctrination /ɪnˌdɑktrɪˈneʃən/ *n*. （思想、主义的）灌输

86 　**dom** = house

　　＊拉丁文 *domus*（= *house*）。

dome /dom/ *n*. 圆顶；如圆顶的东西
domestic /dəˈmɛstɪk/ *adj*. 属于家的；家务的；驯良的；本国的
domesticate /dəˈmɛstəˌket/ *v*. 使喜欢家庭生活；驯服
domesticity /ˌdomɛsˈtɪsɪtɪ/ *n*. 家庭生活；家务；家事
domical /ˈdoməkl̩/ *adj*. 有圆顶的；圆顶似的
domicile /ˈdɑməsl̩/ *n*. 家；住所；正式居住地
semidome /ˈsɛməˌdom/ *n*. 半圆屋顶《*semi-* = half》

87 　**dom** = tame; rule

　　＊梵文 *dam*（= *tame* 驯服），拉丁文 *dominus*（= *lord* 主人）。

dominant /ˈdɑmənənt/ *adj*. 有统治权的；卓越的
dominate /ˈdɑməˌnet/ *v*. 支配；统治
domination /ˌdɑməˈneʃən/ *n*. 支配；统治
domineer /ˌdɑməˈnɪr/ *v*. 压倒；凌驾；作威作福
dominion /dəˈmɪnjən/ *n*. 主权；支配；领土

domin ＋ ion
｜　　　｜
rule ＋ *n*.

domain /doˈmen/ *n*. 领土；版图；所有地
daunt /dɔnt, dɑnt/ *v*. 恐吓；使失去勇气
　《拉丁文 *domare* = tame》
dauntless /ˈdɔntlɪs, ˈdɑnt-/ *adj*. 大胆的；勇敢的

predominate /prɪˈdɑməˌnet/ v.占优势；掌握主权

　《*pre-* = before》

```
pre   + domin + ate
 |        |       |
before +  rule  +  v.
```

predominant /prɪˈdɑmənənt/ adj.主要的；有势力的；杰出的

predominance；-cy /prɪˈdɑmənəns(ɪ)/ n.优越；支配；多数

kingdom /ˈkɪŋdəm/ n.王国；国度；范围（国王的统治区）

88　don = give

　* 拉丁文 *donare*(= give)。〔变化型〕*dot*, *dow*。

donate /ˈdonet/ v.捐赠；赠予

donation /doˈneʃən/ n.捐赠；捐款

donee /doˈni/ n.受赠者《*-ee* 表示"被动者"》

donor /ˈdonɚ/ n.捐赠者

anecdote /ˈænɪkˌdot/ n.轶事；逸事（没有被传到外面的事）

　《*an-* = not；*ec-* = *ex-* = out》

```
an + ec + dote
 |    |     |
not + out + give
```

antidote /ˈæntɪˌdot/ n.解毒剂（针对毒药而给的东西）

　《*anti-* = against》

condone /kənˈdon/ v.宽恕；赦免（完全给予）《*con-* = wholly》

pardon /ˈpɑrdn̩/ v.宽恕　n.原谅；宽恕（完全给予）

　《*par-* = *per-* = thoroughly》

```
par      + don
 |          |
thoroughly + give
```

dose /dos/ n.一服药；一剂药　v.配药；服药（给予药品）

dosage /ˈdosɪdʒ/ n.配药；剂量

dower /ˈdauɚ/ n.寡妇得自亡夫维持生活之财产；嫁妆；天分

　v.给寡妇应得之财产；赋予

dowry /'daʊrɪ/ *n*.嫁妆；天才
endow /ɪn'daʊ/ *v*.捐助；赋予（给予～）《*en-* = on》

89　**dorm** = sleep

* 拉丁文 *dormire*(= sleep)。

dormancy /'dɔrmənsɪ/ *n*.蛰伏；休止
dormant /'dɔrmənt/ *adj*.蛰伏的；睡眠状态的；休止的
dormient /'dɔrmɪənt/ *adj*.睡眠的；蛰伏的
dormition /dɔr'mɪʃən/ *n*.睡着；睡眠；濒死；死亡
dormitive /'dɔrmətɪv/ *adj*.催眠的
dormitory /'dɔrməˌtorɪ/ *n*.宿舍（睡觉的地方）
　《*-ory* 表示地点的名词字尾》
dormouse /'dɔrˌmaʊs/ *n*.冬眠鼠；睡鼠
　《*dor*(*m*)(sleep) + *mouse*(老鼠)》

90　**dox** = opinion

* 希腊文 *doxa*, dokein(= opinion)。〔变化型〕*dogma*。

dogma /'dɔgmə/ *n*.教条；信条；独断
dogmatic /dɔg'mætɪk/ *adj*.教条的；武断的
dogmatism /'dɔgməˌtɪzəm/ *n*.教条主义；武断
doxology /daks'alədʒɪ/ *n*.（基督教的）颂歌；赞美诗
orthodox /'ɔrθəˌdaks/ *adj*.思想正统的；正统的；传统的；惯常的
　《*ortho-* = straight，right》

```
ortho +    dox
  |          |
right +  opinion
```

paradox /'pærədaks/ *n*.似非而是的隽语；自相矛盾的话
　（与一般思想相反）《*para-* = contrary to》
paradoxical /ˌpærə'daksɪkl̩/ *adj*.似非而是的；矛盾的

91　draw = draw

*拉丁文 *trahere*(= *draw*,*pull* 拉；引)。

drawback /ˈdrɔˌbæk/ *n*.缺点；障碍；退还的关税；退款

drawer /drɔr/ *n*.抽屉；(*pl*.) 内裤(可拉开的东西)

drawerful /ˈdrɔrfəl/ *n*.一抽屉之量；大量

indrawn /ˈɪnˈdrɔn/ *adj*.内向的《*in-* = into》

outdraw /aut'drɔ/ *v*.比～更能吸引人；拔枪速度快于

　《*out-* = beyond》

overdraw /ˈovɚˈdrɔ/ *v*.透支；夸张(拉得过度)

　《*over-* = excessively》

$$\begin{array}{c} \text{over} \quad + \quad \text{draw} \\ | \qquad\qquad | \\ \textit{excessively} \; + \; \textit{draw} \end{array}$$

redraw /riˈdrɔ/ *v*.再起草《*re-* = again》

underdraw /ˌʌndɚˈdrɔ/ *v*.在～下画线；不充分地描写或叙述

　《*under-* = below》

undraw /ʌnˈdrɔ/ *v*.拉开；扯开；拉回

　《*un-* 表动作的相反》

withdraw /wɪðˈdrɔ,wɪθ-/ *v*.收回；撤销；撤退(往回拉)

　《*with-* = back》

$$\begin{array}{c} \text{with} \; + \; \text{draw} \\ | \qquad\quad | \\ \textit{back} \; + \; \textit{draw} \end{array}$$

92　drom = run; course

*希腊文 *dramein*(= *run*),*dromos*(= *race*,*course*)。

dromometer /droˈmɑmɪtɚ/ *n*.速度计《*meter* 计量器》

aerodrome /ˈærəˌdrom/ *n*.飞机场(飞机跑的场所)

　《*aero* = of aircraft》

catadromous /kəˈtædrəməs/ *adj*.(淡水鱼等)为产卵而顺流入海的

　《*cata-* = down》

hemodromometer /ˌhɛmədroˈmɑmɪtɚ/ *n*. 血液流速计《*hemo* = blood》

$$\begin{array}{ccc} \text{hemo} + \text{dromo} + & \text{meter} \\ | & | & | \\ \textit{blood} + \textit{run} + \textit{measure} \end{array}$$

hippodrome /ˈhɪpəˌdrom/ *n*. 跑马场；竞技场《*hippo* = horse》

prodrome /ˈprodrom/ *n*. 前驱症状；绪论（跑在前面）

  《*pro-* = before》

syndrome /ˈsɪndrəˌmi/ *n*. 综合症状；症候群（一起跑出来的症状）

  《*syn-* = together》

93 duce = duct = lead

  * 拉丁文 *ducere*(= *lead* 领导)。〔变化型〕*duct*。

abduct /æbˈdʌkt/ *v*. 绑架；拐走（带走）《*ab-* = away》

abduction /æbˈdʌkʃən/ *n*. 绑架；诱拐《*-ion*（名词字尾）》

adduct /əˈdʌkt/ *v*. 使内收；并拢（带至）《*ad-* = to》

conduce /kənˈdjus/ *v*. 助成；贡献；引起（共同引导）

  《*con-* = together》

conducive /kənˈdjusɪv/ *adj*. 有助益的

$$\begin{array}{ccc} \text{con} + \text{duc} + & \text{ive} \\ | & | & | \\ \textit{together} + \textit{lead} + \textit{adj}. \end{array}$$

conduct /*n*. ˈkɑndʌkt *v*. kənˈdʌkt/ *n*. 行为；处理；引导

  v. 领导；指挥；传导

conductor /kənˈdʌktɚ/ *n*. 领导者；指挥者；乐团指挥；〔美〕列车长

deduce /dɪˈdjus, -ˈdus/ *v*. 演绎；推论（往下带）《*de-* = down》

deducible /dɪˈdjusəbl̩/ *adj*. 可推知的；可推论的

$$\begin{array}{ccc} \text{de} + \text{duc} + & \text{ible} \\ | & | & | \\ \textit{down} + \textit{lead} + \textit{adj}. \end{array}$$

deduct /dɪˈdʌkt/ *v*. 扣除（往下带→减少）

deduction /dɪˈdʌkʃən/ *n*. 减除；扣除

deductive /dɪˈdʌktɪv/ *adj*. 推定的；推断的

duchess /'dʌtʃɪs/ *n*.公爵夫人
ductile /'dʌktɪl/ *adj*.可延展的；柔软的；温驯的
ductility /dʌk'tɪlətɪ/ *n*.延展性；柔和；顺从
duke /djuk/ *n*.公爵
educate /'ɛdʒəˌket,-dʒʊ-/ *v*.教育（引出资质）
  《*e-* = *ex-* = out》
education /ˌɛdʒə'keʃən,-dʒʊ-/ *n*.教育

> e + duc + ation
> | | |
> *out* + *lead* + *n*.

educe /ɪ'djus,ɪ'dus/ *v*.引出；推断；析出
eduction /ɪ'dʌkʃən/ *n*.引出之物；推断
induce /ɪn'djus/ *v*.引诱；说服；招致（引入）
  《*in-* = in》
inducement /ɪn'djusmənt/ *n*.劝诱；诱导；引诱物；刺激；动机

> in + duce + ment
> | | |
> *in* + *lead* + *n*.

induct /ɪn'dʌkt/ *v*.使正式就职；引入
induction /ɪn'dʌkʃən/ *n*.归纳；感应；诱导；序论
inductive /ɪn'dʌktɪv/ *adj*.归纳的；感应的；诱导的；序论的
introduce /ˌɪntrə'djus/ *v*.纳入；采用；介绍；引进（导入中间）
  《*intro-* = inward》
introduction /ˌɪntrə'dʌkʃən/ *n*.介绍；采用；入门
oviduct /'ovɪˌdʌkt/ *n*.输卵管《*ovi* = egg》

> ovi + duct
> | |
> *egg* + *lead*

produce /*n*. 'pradjus *v*. prə'djus/ *n*.产品；农产品
  v.制造；产生；提出（向前引导→引出）《*pro-* = forward》
producer /prə'djusɚ/ *n*.生产者；电影制片人
product /'pradʌkt,'pradəkt/ *n*.产物；结果
production /prə'dʌkʃən/ *n*.制造；生产；出示

productive /prə'dʌktɪv/ *adj*.多产的；富饶的；富创造力的

pro	+ duct +	ive
|	|	|
forward +	*lead* +	*adj*.

reduce /rɪ'djus/ *v*.还原；减少；冲淡；减价（还原）《*re-* = back》

reduced /rɪ'djust/ *adj*.减少的；简化的

reduction /rɪ'dʌkʃən/ *n*.减少；减少量；缩版；变形

seduce /sɪ'djus/ *v*.诱惑；使入歧路；勾引（带往别处）《*se-* = apart》

seducer /sɪ'djusə/ *n*.引诱者

seduction /sɪ'dʌkʃən/ *n*.诱惑；魔力

semiconductor /ˌsɛməkən'dʌktə/ *n*.半导体《*semi-* = half》

semi +	con	+ duct +	or
|	|	|	|
half +	*together* +	*lead* +	*n*.

subdue /səb'dju/ *v*.征服；降低；开垦（往下带）《*sub-* = under》

superinduce /ˌsupərɪn'djus/ *v*.加添；引起《*super-* = over》

traduce /trə'djus/ *v*.诋毁；诽谤；中伤（从一边引到另一边）
　《*tra-* = *trans-* = across》

ventiduct /'vɛntɪˌdʌkt/ *n*.通风管；通气管《*venti* = wind》

viaduct /'vaɪəˌdʌkt/ *n*.陆桥；高架桥；栈道《*via* = way, road》

94　dur = hard；last（坚硬的；持久的）

　　＊拉丁文 *durare*（= *last* 持续）。

durable /'djʊrəbl̩/ *adj*.耐久的；持久的

durance /'djʊrəns/ *n*.禁锢；监禁

duration /djʊ'reʃən/ *n*.持续的时间

duress /'djʊrɪs, djʊ'rɛs/ *n*.威胁监禁

during /'djʊrɪŋ/ *prep*. 在～期间

endure /ɪn'djʊr/ *v*.持久；耐久；忍耐；忍受（在持续状态）《*en-* = in》

endurance /ɪn'djʊrəns/ *n*.忍耐；忍耐力；耐久力

enduring /ɪn'djʊrɪŋ/ *adj*.耐久的

indurate /*v*. 'ɪndjʊˌret *adj*. 'ɪndjʊrɪt/ *v*.使坚硬；使无感觉；使习惯于

adj.硬化的；无感觉的《*in-* = into》

```
in  +  dur  +  ate
|      |      |
into + hard + v.
```

nondurable /nan'djuɹəbl̩/ *adj*.不耐久的；不经用的《*non-* = not》

obdurate /'ɑbdjɹɪt/ *adj*.执迷不悟的；倔强的；坚决的（持续反对）
《*ob-* = against》

```
ob   +  dur  +  ate
|       |       |
against + last + adj.
```

perdure /pɚ'djʊr/ *v*.持久；继续《*per-* = thoroughly》

perdurable /pɚ'djʊrəbl̩/ *adj*.持续的；持久的

95 dyn = power

* 希腊文 *dynamis*（= power 力量）。〔变化型〕*dynam*。

dynast /'daɪnəst/ *n*.统治者（尤指世袭者）（拥有力量的人）
《*-ast* 表示人的名词字尾》

dynastic /daɪ'næstɪk/ *adj*.朝代的；王朝的

```
dyn   +  ast   +  ic
|        |        |
power + person + adj.
```

dynasty /'daɪnəstɪ/ *n*.朝代；王朝

dynamic /daɪ'næmɪk/ *adj*.活动的；精力充沛的；充满活力的

dynamism /'daɪnəˌmɪzəm/ *n*.物力论（以力及其相互关系来解释宇宙）；
活力

dynamite /'daɪnəˌmaɪt/ *n*.炸药；能产生不凡效果之人或物

dynamo /'daɪnəˌmo/ *n*.发电机；有活力有个性的人

dynamometer /ˌdaɪnə'mɑmətɚ/ *n*.动力计；测力计《*meter* 计量器》

hydrodynamics /ˌhaɪdrodaɪ'næmɪks/ *n*.流体力学
《*hydro* = water》

```
hydro + dynam + ics
|        |        |
water + power +  n.
```

thermodynamics /ˌθɝ·modaɪˈnæmɪks/ *n*.热力学《*thermo* = heat》

96 ▶ **eco** = house

* 希腊文 *oikos*（= house）。

ecology /ɪˈkɑlədʒɪ/ *n*.生态学（研究生活环境的学问）《*logy* = study》
economy /ɪˈkɑnəmɪ/ *n*.经济；节约；经济制度（处理家务）
economic /ˌikəˈnɑmɪk/ *adj*.经济学的；经济上的；实用的
economical /ˌikəˈnɑmɪkl̩/ *adj*.经济的；节俭的；节省的

eco	+ nom	+ ical
|	|	|
house	+ *managing*	+ *adj*.

economics /ˌikəˈnɑmɪks/ *n*.经济学
economist /ɪˈkɑnəmɪst/ *n*.经济学家；节俭的人
economize /ɪˈkɑnəˌmaɪz/ *v*.节俭；节约

97 ▶ **ego** = I；self

* 拉丁文 *ego*（= I）。

egocentric /ˌigoˈsɛntrɪk/ *adj*.自我中心的；利己主义的
egoism /ˈigoˌɪzəm/ *n*.自我主义；利己主义；自私
egoist /ˈigoɪst/ *n*.自我主义者；利己主义者
egomania /ˌigoˈmenɪə/ *n*.利己癖；过分自私；自大狂
　《*mania* = insanity（精神错乱）》

ego	+ mania
|	|
self	+ *insanity*

egotism /ˈigəˌtɪzəm/ *n*.自负；自大；自我吹嘘
egotist /ˈigətɪst/ *n*.自负者；自大者；自私自利者

98 ▶ **electr** = electric

* 拉丁文 *electricus*（= electric, amber 琥珀）。

electric /ɪˈlɛktrɪk/ *adj*.电的；令人兴奋的；刺激的；感动的
electrical /ɪˈlɛktrɪkl̩/ *adj*.电的；与电有关的

electrician /ɪˌlɛk'trɪʃən/ *n*.电工；电气技师；电学家
electricity /ɪˌlɛk'trɪsətɪ/ *n*.电；电力；电流；电学
electrify /ɪ'lɛktrəˌfaɪ/ *v*.充电；使带电；使电化；使感动
electrocute /ɪ'lɛktrəˌkjut/ *v*.施以电刑；误触电致死

```
electro  +  (exe)cute
   |            |
electric  +  (out)follow
```

electrochemistry /ɪˌlɛktrə'kɛmɪstrɪ/ *n*.电化学《*chemistry* 化学》
electrode /ɪ'lɛktrod/ *n*.电极（电的通路）《*ode* = road》
electrology /ɪˌlɛk'trɑlədʒɪ/ *n*.电学《*logy* = study》
electrolysis /ɪˌlɛk'trɑləsɪs/ *n*.电解《*lysis* = free(释放；分解)》
electron /ɪ'lɛktrɑn/ *n*.电子
electronics /ɪˌlɛk'trɑnɪks/ *n*.电子学

99 em = take；buy

  * 拉丁文 *emere*(= *take*, *buy*)。〔变化型〕*empt*。

example /ɪg'zæmpl̩/ *n*.例证；样本（取出）《*ex-* = out》
exemplar /ɪg'zɛmplɚ, ɛg-/ *n*.范本；榜样
exemplify /ɪg'zɛmpləˌfaɪ, ɛg-/ *v*.例证；制作～之正本（做成实例）
  《*-fy* = make》
exempt /ɪg'zɛmpt, ɛg-/ *adj*., *n*.被免除的（人）
  v.免除（拿掉；除去）
preempt /prɪ'ɛmpt/ *v*.抢先取得或占用；预先占有《*pre-* = before》

```
pre  +  empt
 |       |
before + take
```

prompt /prɑmpt/ *adj*.迅速的；敏捷的　　*adv*.迅速地；敏捷地
  v.鼓动；唤起；激励（最先去拿）《*pro-* = forward》
promptitude /'prɑmptəˌtjud/ *n*.敏捷；机敏《*-itude* 抽象名词字尾》
promptly /'prɑmptlɪ/ *adv*.迅速地；敏捷地
redeem /rɪ'dim/ *v*.买回；收回；补偿（买回）《*red-* = back》
redeemer /rɪ'dimɚ/ *n*.买回者；拯救者

```
red  +  eem  +  er
 |       |       |
back  +  buy  +  person
```

redemption /rɪˈdɛmpʃən/ *n*.赎回；拯救；补偿；赎罪
ransom /ˈrænsəm/ *n*.赎金　*v*.赎回；补偿（把生命买回来）

100　equ = equi = equal

　　＊拉丁文 *aequalis*（= equal）。

equable /ˈikwəbl̩/ *adj*.平静的；稳定的；一致的；均匀的
equal /ˈikwəl/ *adj*.相同的；平静的；一致的；能胜任的
　　n.对手　*v*.等于；使相等
equalitarian /ɪˌkwaləˈtɛrɪən/ *adj*.平等主义的　*n*.平等主义者
　　《*-arian* 形容词字尾》
equality /ɪˈkwalətɪ/ *n*.相等；平等
equanimity /ˌikwəˈnɪmətɪ, ˌɛkwə-/ *n*.(心的)平静《*anim* = mind》

$$
\begin{array}{ccc}
equ & + & anim & + & ity \\
| & & | & & | \\
equal & + & mind & + & n.
\end{array}
$$

equanimous /ɪˈkwænɪməs/ *adj*.镇定的；泰然的
equate /ɪˈkwet/ *v*.使相等；相提并论《*-ate* 动词字尾》
equation /ɪˈkweʒən, -ʃən/ *n*.方程式；相等；平衡
equator /ɪˈkwetɚ/ *n*.赤道(将地球等分的东西)
equilibrium /ˌikwəˈlɪbrɪəm/ *n*.平衡

$$
\begin{array}{ccc}
equi & + & librium \\
| & & | \\
equal & + & balance
\end{array}
$$

equinox /ˈikwəˌnaks, ˈɛkwə-/ *n*.春(秋)分；昼夜平分点(昼夜等长)
　　《*nox* = night》

$$
\begin{array}{ccc}
equi & + & nox \\
| & & | \\
equal & + & night
\end{array}
$$

equinoctial /ˌikwəˈnakʃəl, ˌɛkwə-/ *adj*.昼夜平分的；春分的；
　　秋分的；赤道的　*n*.昼夜平分线
equipoise /ˈikwəˌpɔɪz/ *n*.平衡；平衡力；平衡物；秤锤；砝码
　　《*poise* = place》
equiponderate /ˌikwɪˈpandərˌet/ *v*.使(重量、力量、重要性等)相等或
　　抵消(使重量相等)《*ponder* = weight》

$$equi + ponder + ate$$
$$equal + weight + v.$$

equipotential /ˌikwɪpoˈtɛnʃəl/ *adj*.等位的；等势的；等电位的
《*potential* 位置的；电位的》

equity /ˈɛkwətɪ/ *n*.公正；衡平法

equitable /ˈɛkwɪtəbl̩/ *adj*.公平的；公正的

equivalent /ɪˈkwɪvələnt/ *adj*.相等的；相当的　*n*.相等物（价值相等）
《*val* = worth（价值）》

equivocal /ɪˈkwɪvəkl̩/ *adj*.模棱两可的；不确定的；可疑的
（将声音等分）《*voc* = call》

$$equi + voc + al$$
$$equal + call + adj.$$

adequate /ˈædəkwɪt/ *adj*.足够的；适当的《*ad-* = to》

adequacy /ˈædəkwəsɪ/ *n*.适当；充分；足够

101　**erg** = **urg** = work（工作；功）

erg /ɝg/ *n*.尔格（功的单位）

energetic /ˌɛnɚˈdʒɛtɪk/ *adj*.精力充沛的

energize /ˈɛɚˌdʒaɪz/ *v*.激励

metallurgy /ˈmɛtl̩ˌɝdʒɪ,mɛˈtælɚdʒɪ/ *n*.冶金术

$$metall + urg + y$$
$$metal + work + n.$$

102　**err** = wander；err

　　* 拉丁文 *errare*（= *wander* 流浪，*err* 犯错）。

error /ˈɛrɚ/ *n*.错误；过失

errant /ˈɛrənt/ *adj*.漂泊的；游侠的；错误的；远离正途的

errancy /ˈɛrənsɪ/ *n*.错误

erratic /ə'rætɪk/ *adj*.不稳定的；不确定的；不规律的；奇怪的
erroneous /ə'ronɪəs/ *adj*.错误的
erratum /ɪ'retəm/ *n*.书写或印刷中之错误；（*pl*.）勘误表
aberrant /æb'ɛrənt/ *adj*.超乎常规的；变态的；异常的
　　《*ab-* = away》

```
        ab   +   err   +   ant
        |         |         |
      away  +  wander  +  adj.
```

aberrance /æb'ɛrəns/ *n*.越轨；逸出
aberration /ˌæbə'reʃən/ *n*.越轨；恍惚；错乱
inerrant /ɪn'ɛrənt/ *adj*.无错误的《*in-* = not》
inerratic /ˌɪnɪ'rætɪk/ *adj*.非反复无常的；有规律的；固定的

103　ess = be

　　* 拉丁文 *esse*(= be 存在)。〔变化型〕*est*。

essence /'ɛsn̩s/ *n*.本质；要素；精髓
essential /ə'sɛnʃəl/ *adj*.基本的；必要的；精华的　　*n*.要素
interest /'ɪntərɪst, 'ɪntrɪst/ *n*.兴趣；嗜好；利益　　*v*.使感兴趣；
　　使热心(存在于中间)《*inter-* = between》

```
      inter   +  est
        |         |
     between  +  be
```

interesting /'ɪntərɪstɪŋ, -trɪ-/ *adj*.有趣的
disinterested /dɪs'ɪntərəstɪd/ *adj*.公正的
uninterested /ʌn'ɪntərɪstɪd/ *adj*.无关的；冷淡的
quintessence /kwɪn'tɛsn̩s/ *n*.精髓；第五元素(earth，air，fire，
　　water，aether 五要素中的第五项,即 aether 灵气)
　　《拉丁文 *quinta* = five》

104　fa = speak

　　* 拉丁文 *fari*(= speak)，*fabula*(= story)。
　　〔变化型〕*fabl*, *fabul*。

fable /'febl̩/ *n*.寓言；传说；神话；虚构

fabulous /ˈfæbjələs/ *adj*.神话中的；传说的；荒谬的；难以置信的

affable /ˈæfəbl̩/ *adj*.和蔼可亲的；友善的；温柔的（可以交谈的）

　《*af-* = *ad-* = to》

affability /ˌæfəˈbɪlətɪ/ *n*.和蔼可亲；温柔；友善

confabulate /kənˈfæbjəˌlet/ *v*.谈论；闲谈；谈心（一起谈话）

　《*con-* = together》

```
con    +  fabul  +  ate
 |          |         |
together + speak  +  v.
```

ineffable /ɪnˈɛfəbl̩/ *adj*.言语难以形容的；不应说出的

　《*in-*（not）+ *ef-* = *ex-*（out）+ *fa*（speak）+ *-ble*（able to）》

nefarious /nɪˈfærɪəs/ *adj*.凶恶的；邪恶的；无法无天的

　《*ne-* = not》

prefatory /ˈprɛfəˌtorɪ/ *adj*.序文的；开场的（事先说的）

　《*pre-* = before》

105　fac = face；forehead

　＊拉丁文 *facies*（= face），*front*，*frons*（= forehead 前额，*front*）。

　〔变化型〕*front*。

facade /fəˈsɑd/ *n*.建筑物的正面；虚伪或做作的外表

facet /ˈfæsɪt/ *n*.小平面；刻面；（事物之）一面

facial /ˈfeʃəl/ *adj*.脸部的；容颜的；表面的

```
fac  +  ial
 |       |
face +  adj.
```

facelift /ˈfeslɪft/ *v*., *n*.为（建筑物、汽车等）作外观的改善；整形美容
　术（使脸能抬起→美化）《*lift* 抬起》

deface /dɪˈfes/ *v*.伤毁（外表或美观）；销毁；毁灭（使脸支离破碎）

　《*de-* = *dis-* = apart》

efface /ɪˈfes/ *v*.消除；抹掉；冲淡；使失色《*ef-* = *ex-* = out》

ineffaceable /ˌɪnəˈfesəbl̩/ *adj*.不可磨灭的；不能消除的；不能洗刷的

　《*in-* = not》

$$\boxed{\begin{array}{c} in + ef + face + able \\ | \quad\quad | \quad\quad | \quad\quad | \\ not + out + face + adj. \end{array}}$$

interface /ˈɪntɚˌfes/ *n*.界面；分界面；不同学科之共有事实、问题、理论《*inter-* = between》

preface /ˈprɛfɪs/ *n*.序言；开端　*v*.作为～的序言；开始（写在前面）《*pre-* = before》

superficial /ˌsupɚˈfɪʃəl/ *adj*.表面的；肤浅的；面积的；平方的《*super-* = above》

$$\boxed{\begin{array}{c} super + fic + ial \\ | \quad\quad | \quad\quad | \\ above + face + adj. \end{array}}$$

surface /ˈsɚfɪs/ *n*.表面；物体之一面或一边；外表《*sur-* = *super-* = above》

front /frʌnt/ *n*.前面；正面；开头；前线；阵线　*adj*.前面的；正面的

frontier /frʌnˈtɪr/ *n*.边境；边界　*adj*.边界的

affront /əˈfrʌnt/ *v*.侮辱；冒犯；泰然面对（面对面）《*af-* = *ad-* = to》

confront /kənˈfrʌnt/ *v*.面对；使碰面；对抗；相对《*con-* = together》

effrontery /ɪˈfrʌntərɪ/ *n*.厚颜无耻（使没有面子）《*ef-* = *ex-* = out of》

106　fact = make; do

　　* 拉丁文 *facere*（= make, do），和英文的 make, do 等一样，是重要动词。
　　〔变化型〕*fect*。

fact /fækt/ *n*.事实；真相（成形的事）

factor /ˈfæktɚ/ *n*.因素；原动力　*v*.分解因数（构成物）

factory /ˈfæktrɪ,-tərɪ/ *n*.工厂（制作地）《*-ory* 是表示场所的名词字尾》

faction /ˈfækʃən/ *n*.小圈子；小党派；内讧（为做事而造的）

factional /ˈfækʃənḷ/ *adj*.小党派的；派别间的

factious /ˈfækʃəs/ *adj*.好搞党派的；好倾轧的

factitious /fækˈtɪʃəs/ *adj*.人为的；人工的；虚伪的（特意去做）

factotum /fækˈtotəm/ *n*.杂役；佣人（做每样事的人）

　《*totum* = everything》

$$\begin{array}{ccc} \text{fact} & + & \text{(t)otum} \\ | & & | \\ do & + & everything \end{array}$$

factum /ˈfæktəm/ *n*.（法律）事实

facture /ˈfæktʃɚ/ *n*.制造；制成品

benefactor /ˈbɛnəˌfæktɚ,ˌbɛnəˈfæktɚ/ *n*.施主；恩人（行善者）

　《*bene-* = well》

malefactor /ˈmæləˌfæktɚ/ *n*.罪犯；作恶者（做坏事的人）

　《*male-* = badly》

manufacture /ˌmænjəˈfæktʃɚ/ *n*.制造；制造品

　v.制造；捏造（用手做）《*manu* = hand》

putrefacient /ˌpjutrəˈfeʃənt/ *adj*.腐败的　*n*.腐败剂

　《*putre* = rotten》

$$\begin{array}{ccccc} \text{putre} & + & \text{fac} & + & \text{ient} \\ | & & | & & | \\ rotten & + & make & + & adj. \end{array}$$

facile /ˈfæsḷ/ *adj*.容易的；灵巧的（容易做）

facilitate /fəˈsɪləˌtet/ *v*.使容易；使便利（使容易做）

facility /fəˈsɪlətɪ/ *n*.熟练；灵巧；（*pl.*）设备

$$\begin{array}{ccccc} \text{fac} & + & \text{il(e)} & + & \text{ity} \\ | & & | & & | \\ do & + & adj. & + & n. \end{array}$$

facsimile /fækˈsɪməlɪ,-ˈsɪməˌli/ *v*.复制　*n*.复制；传真

　adj.如复制的（同样地做）《*simile* = like（像）》

faculty /ˈfækḷtɪ/ *n*.才能；院系；一校的全体教职员

　（做事的人或力）

difficult /ˈdɪfəˌkʌlt,-kḷt/ *adj*.困难的；烦扰的

　（和容易相违的→不容易的）《*dif-* = *dis-* = apart》

difficulty /'dɪfəˌkʌltɪ/ *n*.困难；障碍

affect /ə'fɛkt/ *v*.影响；感动（对～加以推动）
　《*af-* = *ad-* = to》

affectation /ˌæfɪk'teʃən/ *n*.假装；装腔作势

$$
\begin{array}{ccc}
\text{af} & + & \text{fect} & + & \text{ation} \\
| & & | & & | \\
to & + & make & + & n.
\end{array}
$$

affection /ə'fɛkʃən/ *n*.情爱；感情；疾病

affectionate /ə'fɛkʃənɪt/ *adj*.挚爱的；亲切的

confect /kən'fɛkt/ *v*.混合调制；把～做成糖果、蜜饯；凑成（一起做）
　《*con-* = together》

confection /kən'fɛkʃən/ *n*.糖果；蜜饯

$$
\begin{array}{ccc}
\text{con} & + & \text{fect} & + & \text{ion} \\
| & & | & & | \\
together & + & make & + & n.
\end{array}
$$

confectionary /kən'fɛkʃənˌɛrɪ/ *adj*.糖果的　　*n*.糖果店；糖果

confectionery /kən'fɛkʃənˌɛrɪ/ *n*.糖果糕饼店；糖果店

defect /dɪ'fɛkt, 'di-/ *n*.过失；缺点（做法不对→不足）
　《*de-* = from》

defection /dɪ'fɛkʃən/ *n*.缺点；过失

effect /ɪ'fɛkt, ə-, ɛ-/ *n*.效果；效力　　*v*.实现；产生（做出来）
　《*ef-* = *ex-* = out》

effective /ə'fɛktɪv, ɪ'fɛktɪv/ *adj*.有效的；生效的

$$
\begin{array}{ccc}
\text{ef} & + & \text{fect} & + & \text{ive} \\
| & & | & & | \\
out & + & do & + & adj.
\end{array}
$$

effectual /ə'fɛktʃuəl, ɪ-/ *adj*.有效的

infect /ɪn'fɛkt/ *v*.感染（从中推动）《*in-* = in》

infection /ɪn'fɛkʃən/ *n*.感染；传染

infectious /ɪn'fɛkʃəs/ *adj*.有传染性的

disinfect /ˌdɪsɪn'fɛkt/ *v*.消毒；净化（使不被感染）
　《*dis-* = not》

perfect /*adj*. 'pɝfɪkt *v*. pɚ'fɛkt/ *adj*.完全的；完美的；无缺的

factional /'fækʃənḷ/ *adj*.小党派的；派别间的

factious /'fækʃəs/ *adj*.好搞党派的；好倾轧的

factitious /fæk'tɪʃəs/ *adj*.人为的；人工的；虚伪的（特意去做）

factotum /fæk'totəm/ *n*.杂役；佣人（做每样事的人）

　　《*totum* = everything》

```
fact +  (t)otum
  |         |
 do  + everything
```

factum /'fæktəm/ *n*.（法律）事实

facture /'fæktʃɚ/ *n*.制造；制成品

benefactor /'benəˌfæktɚ,ˌbenə'fæktɚ/ *n*.施主；恩人（行善者）

　　《*bene-* = well》

malefactor /'mæləˌfæktɚ/ *n*.罪犯；作恶者（做坏事的人）

　　《*male-* = badly》

manufacture /ˌmænjə'fæktʃɚ/ *n*.制造；制造品

　　v.制造；捏造（用手做）《*manu* = hand》

putrefacient /ˌpjutrə'feʃənt/ *adj*.腐败的　　*n*.腐败剂

　　《*putre* = rotten》

```
putre +  fac + ient
  |        |      |
rotten + make + adj.
```

facile /'fæsḷ/ *adj*.容易的；灵巧的（容易做）

facilitate /fə'sɪləˌtet/ *v*.使容易；使便利（使容易做）

facility /fə'sɪlətɪ/ *n*.熟练；灵巧；（*pl*.）设备

```
fac + il(e) + ity
 |      |       |
do  +  adj. +  n.
```

facsimile /fæk'sɪməlɪ,-'sɪməˌli/ *v*.复制　　*n*.复制；传真

　　adj.如复制的（同样地做）《*simile* = like（像）》

faculty /'fækḷtɪ/ *n*.才能；院系；一校的全体教职员

　　（做事的人或力）

difficult /'dɪfəˌkʌlt,-kḷt/ *adj*.困难的；烦扰的

　　（和容易相违的→不容易的）《*dif-* = *dis-* = apart》

difficulty /'dɪfəˌkʌltɪ/ *n*.困难；障碍

affect /ə'fɛkt/ *v*.影响；感动（对～加以推动）
《*af-* = *ad-* = to》

affectation /ˌæfɪk'teʃən/ *n*.假装；装腔作势

$$
\begin{array}{ccc}
af & + \quad fect & + \quad ation \\
| & | & | \\
to & + \quad make & + \quad n.
\end{array}
$$

affection /ə'fɛkʃən/ *n*.情爱；感情；疾病

affectionate /ə'fɛkʃənɪt/ *adj*.挚爱的；亲切的

confect /kən'fɛkt/ *v*.混合调制；把～做成糖果、蜜饯；凑成（一起做）
《*con-* = together》

confection /kən'fɛkʃən/ *n*.糖果；蜜饯

$$
\begin{array}{ccc}
con & + \quad fect & + \quad ion \\
| & | & | \\
together & + \quad make & + \quad n.
\end{array}
$$

confectionary /kən'fɛkʃənˌɛrɪ/ *adj*.糖果的　*n*.糖果店；糖果

confectionery /kən'fɛkʃənˌɛrɪ/ *n*.糖果糕饼店；糖果店

defect /dɪ'fɛkt, 'di-/ *n*.过失；缺点（做法不对→不足）
《*de-* = from》

defection /dɪ'fɛkʃən/ *n*.缺点；过失

effect /ɪ'fɛkt, ə-, ɛ-/ *n*.效果；效力　*v*.实现；产生（做出来）
《*ef-* = *ex-* = out》

effective /ə'fɛktɪv, ɪ'fɛktɪv/ *adj*.有效的；生效的

$$
\begin{array}{ccc}
ef & + \quad fect & + \quad ive \\
| & | & | \\
out & + \quad do & + \quad adj.
\end{array}
$$

effectual /ə'fɛktʃʊəl, ɪ-/ *adj*.有效的

infect /ɪn'fɛkt/ *v*.感染（从中推动）《*in-* = in》

infection /ɪn'fɛkʃən/ *n*.感染；传染

infectious /ɪn'fɛkʃəs/ *adj*.有传染性的

disinfect /ˌdɪsɪn'fɛkt/ *v*.消毒；净化（使不被感染）
《*dis-* = not》

perfect /*adj*. 'pɜˑfɪkt *v*. pɜˑ'fɛkt/ *adj*.完全的；完美的；无缺的

v.改进；改良；完成（做得完整）《*per-* = thoroughly》

perfection /pəˈfɛkʃən/ *n*.完美；圆满

imperfect /ɪmˈpɚfɪkt/ *adj*.不完全的；有缺点的

《*im-* = *in-* = not》

```
  im   +   per   +  fect
   |        |         |
 not + thoroughly +  do
```

prefect /ˈprifɛkt/ *n*.地方官；司令官（站在前头的人）

《*pre-* = before》

prefecture /ˈprifɛktʃɚ/ *n*.县；地方官之职位或任期

refection /rɪˈfɛkʃən/ *n*.点心；小吃（再做→再加餐）

《*re-* = again》

refectory /rɪˈfɛktərɪ/ *n*.餐厅；膳厅（特指学校或寺院中者）

《*-ory* 表示地点的名词字尾》

```
  re  + fect +  ory
   |      |      |
 again + do + place
```

deficient /dɪˈfɪʃənt/ *adj*.有缺点的；不完全的；缺乏的（不足）

《*de-* = *dis-* = apart》

deficiency /dɪˈfɪʃənsɪ/ *n*.缺乏；不足

efficacy /ˈɛfəkəsɪ/ *n*.功效；效力

《*ef-* = *ex-* = out》

efficient /əˈfɪʃənt, ɪ-/ *adj*.有效率的

efficiency /əˈfɪʃənsɪ, ɪ-/ *n*.最经济的效率；效能

magnificent /mægˈnɪfəsn̩t/ *adj*.华丽的；壮观的；堂皇的

《*magn* = great》

```
 magn + ific +  ent
   |      |      |
 great + do +  adj.
```

magnificence /mægˈnɪfəsn̩s/ *n*.华丽；堂皇

proficient /prəˈfɪʃənt/ *adj*.熟练的　*n*.专家（做得好→进步）

《*pro-* = forward》

proficiency /prəˈfɪʃənsɪ/ *n*.熟练；精通

profit /ˈprɑfɪt/ *n*.利润　*v*.有利；有益（进步）

profitable /ˈprɑfɪtəbḷ/ *adj*.有利的；有益的

office /ˈɔfɪs,ˈɑfɪs/ *n*.办公室；公司；营业所；职责；任务（应该做的事）
　《*of-* = *ob-* = to》

official /əˈfɪʃəl/ *adj*.公务上的；公家的；官方的　*n*.官吏；公务员

sacrifice /ˈsækrəˌfaɪs,-ˌfaɪz/ *n*.供奉　*v*.牺牲；祭祀（做为祝圣
　的东西）《*sacri* = sacred（ 神圣的）》

```
sacri  +  fice
  |        |
sacred  +  make
```

suffice /səˈfaɪs,-ˈfaɪz/ *v*.满足；足够（在下面做→充满）
　《*suf-* = *sub-* = under》

sufficient /səˈfɪʃənt/ *adj*.充分的；足够的　*n*.足量

affair /əˈfɛr/ *n*.事情；任务；职务；恋情
　《古法语 *faire* = 拉丁文 *facere*》

```
af  +  fair
 |      |
to  +  make
```

feat /fit/ *n*.功绩；事业；表演《fact 的同类字》

defeat /dɪˈfit/ *v*.打败；破坏；使失败　*n*.失败《*de-* = down》

feature /ˈfitʃɚ/ *n*.容貌；特征　*v*.以～为特色（脸的构造）

feasible /ˈfizəbḷ/ *adj*.可实行的；可能的；适合的

counterfeit /ˈkaʊntɚˌfɪt/ *n*.，*adj*.假冒（的）；冒牌（的）
　v.伪造；模仿；伪装（作出的东西）《*counter-* = against》

```
counter  +  feit
   |         |
against  +  make
```

forfeit /ˈfɔrfɪt/ *n*.没收物；罚金　*adj*.被没收的
　v.丧失（在外面做→失去）《拉丁文 *foris* = out of doors》

forfeiture /ˈfɔrfɪtʃɚ/ *n*.丧失；没收物；罚金

surfeit /ˈsɚfɪt/ *n*.过度；过食　*v*.饮食过度；使生厌
　《*sur-* = *super-* = above》

107　fall = deceive

> * 拉丁文 *fallere*(= *deceive* 欺骗)，过去分词是 *falsus*。
> 〔变化型〕*fals*。

fallacy /ˈfæləsɪ/ *n*.谬误；谬论

fallacious /fəˈleʃəs/ *adj*.欺骗的；谬误的

fallible /ˈfæləbl̩/ *adj*.可能犯错的

infallible /ɪnˈfæləbl̩/ *adj*.绝不会错的；绝对可靠的《*in-* = not》

false /fɔls/ *adj*.错的；欺骗的；假的；不实的

falsehood /ˈfɔlshʊd/ *n*.虚假；不实；谎言

　《*-hood* 表示性质、状态的名词字尾》

falsify /ˈfɔlsəˌfaɪ/ *v*.伪造；篡改；说谎

```
   fals    +   ify
    |           |
 deceive   +   v.
```

falsification /ˌfɔlsəfəˈkeʃən/ *n*.伪造；篡改；说谎；曲解

falsity /ˈfɔlsətɪ/ *n*.错误；欺骗

fault /fɔlt/ *n*.过错；缺点　*v*.做错

faulty /ˈfɔltɪ/ *adj*.有错误的；有缺点的

default /dɪˈfɔlt/ *n*.不履行责任；缺席；缺乏　*v*.怠忽职责；缺席

　《*de-* = intensive（加强语气）》

108　fam = speak

> * 拉丁文 *fari*(= *speak*)。

fame /fem/ *n*.名声；名气；声望　*v*.使有名气(舆论)

famous /ˈfeməs/ *adj*.有名的

infamy /ˈɪnfəmɪ/ *n*.不名誉；可耻；丑名《*in-* = not》

infamous /ˈɪnfəməs/ *adj*.可耻的；恶名昭彰的

```
  in   +   fam   +   ous
   |         |         |
  not  +  speak  +   adj.
```

defame /dɪˈfem/ *v*.毁谤；破坏名誉(远离了名声)

　《*de-* = *dis-* = apart》

defamation /ˌdɛfəˈmeʃən, ˌdi-/ *n*.诽谤；中伤
defamatory /dɪˈfæməˌtorɪ/ *adj*.诽谤的；中伤的
fate /fet/ *n*.命运；宿命(神的话)
fatal /ˈfetḷ/ *adj*.致命的；毁灭性的；重大的
infant /ˈɪnfənt/ *n*.婴儿；幼儿　*adj*.婴儿的；幼年的
　（不会说话的人）《*in-* = not》
infancy /ˈɪnfənsɪ/ *n*.幼年；初期；未成年
infanticide /ɪnˈfæntəˌsaɪd/ *n*.杀婴；犯杀婴罪者《*cide* = cutdown》

```
        in  +  fanti  +    cide
        |       |          |
       not + speak  +  cut down
```

infantile /ˈɪnfənˌtaɪl, -təl/ *adj*.婴儿的；幼稚的；初期的
infantine /ˈɪnfənˌtaɪn, -tɪn/ *adj*.似婴儿的；幼稚的
　《*-ine* = like》

109　fare = go

　　＊古代英语 *faram*(= go)。

fare /fɛr/ *n*.车费；乘客；饮食　*v*.进展；过日子；享受饮食；
　旅行(去的费用)
farewell /fɛrˈwɛl, ˈfɛrˈwɛl/ *v*.再会　*n*.告别 *interj*.再见！
thoroughfare /ˈθɝoˌfɛr/ *n*.通路；通道(一直走去)
　《*thorough* = 古代是 through 的意思》

```
      thorough + fare
      |           |
     through  +  go
```

warfare /ˈwɔrˌfɛr/ *n*.战争(去打仗)
welfare /ˈwɛlˌfɛr, -ˌfær/ *n*.福利；幸福(情况进行得很好)

110　fend = strike

　　＊拉丁文 *fendere*(= strike 打击)。〔变化型〕fest。

fend /fɛnd/ *v*.抵挡；抵御(把对方打倒)《defend 的简形》
fence /fɛns/ *n*.围栏；篱笆　*v*.防护；闪避；舞剑

《defence 的简形》

defend /dɪˈfɛnd/ v.保护；保卫；辩护（打倒→攻击是最好的防御）

《*de-* = down》

defendant /dɪˈfɛndənt/ n.被告（争辩者） *cf.* **plaintiff**（原告）

```
de   +  fend  +  ant
 |        |        |
down  + strike  +  n.
```

defense /dɪˈfɛns/ n.防御；防护；辩护

defensive /dɪˈfɛnsɪv/ adj.防御用的；守势的；自卫的

  n.防御；守势

offend /əˈfɛnd/ v.冒犯；触怒；违反（法律等）（反过来打）

《*of-* = *ob-* = against》

offense /əˈfɛnsɪ/ n.犯法；触怒；攻击

offensive /əˈfɛnsɪv/ adj.无礼的；冒犯的；不快的 n.攻势；攻击

```
of    +  fens  +  ive
 |        |        |
against + strike + adj.
```

infest /ɪnˈfɛst/ v.横行；骚扰（打对方）《*in-* = against》

infestation /ˌɪnfɛsˈteʃən/ n.横行；侵扰

manifest /ˈmænəˌfɛst/ adj.明白的 v.显示；表示

  n.运货单《*mani* = hand》

manifestation /ˌmænəfɛsˈteʃən/ n.显示；证明；发表

manifesto /ˌmænəˈfɛsto/ n.宣言

111　fer = carry；bear

  ＊拉丁文 ferre（= carry, bring, bear 忍受）。

ferry /ˈfɛrɪ/ n.渡船；渡口；渡头 v.以船运（搬运）

ferriage /ˈfɛrɪɪdʒ/ n.摆渡；渡船业；渡费

fertile /ˈfɜːtl̩/ adj.多产的；丰富的；肥沃的（结果）

  cf. **sterile**（不毛的）

fertilize /ˈfɜːtl̩ˌaɪz/ v.使肥沃；使丰富

afferent /ˈæfərənt/ adj.传入的；输入的；向心性的（向内传的）

《*a f-* = *ad-* = to》

circumference /sɚ'kʌmfərəns/ *n*.圆周；周围
　《*circum-* = around》

confer /kən'fɝ/ *v*.赋予；授予；商议（各自带来凑在一块）
　《*con-* = together》

conference /'kɑnfərəns/ *n*.会议；谈判

conferment /kən'fɝmənt/ *n*.授予；颁给（学位、荣誉、赠品等）

$$
\begin{array}{ccc}
\text{con} & + \text{ fer } + & \text{ment} \\
| & | & | \\
together & + \ carry \ + & n.
\end{array}
$$

conifer /'konəfɚ, 'kɑn-/ *n*.针叶树；松柏科植物（结球果的树）
　《*coni* = cone（球果）》

coniferous /ko'nɪfərəs/ *adj*.针叶科的；松柏科的

defer[1] /dɪ'tɝ/ *v*.延期；延缓（运送到远方）《*de-* = *dis-* = apart》

defer[2] /dɪ'fɝ/ *v*.顺从；服从（拿到人之下）《*de-* = down》

deferment /dɪ'fɝmənt/ *n*.延期

$$
\begin{array}{ccc}
\text{de} & + \text{ fer } + & \text{ment} \\
| & | & | \\
apart & + \ carry \ + & n.
\end{array}
$$

deference /'dɛfərəns/ *n*.服从；顺从

deferential /ˌdɛfə'rɛnʃəl/ *adj*.恭顺的

differ /'dɪfɚ/ *v*.相异；不同（一个个分别搬运）
　《*dif-* = *dis-* = apart》

difference /'dɪfərəns/ *n*.相异；差额

different /'dɪfrənt/ *adj*.不同的；个别的

differentiate /ˌdɪfə'rɛnʃɪet/ *v*.区别；辨别

$$
\begin{array}{cccc}
\text{dif} & + \text{ fer } + & \text{ ent } + & \text{iate} \\
| & | & | & | \\
apart & + \ carry \ + & adj. \ + & v.
\end{array}
$$

efferent /'ɛfərənt/ *adj*.传出的；输出的；离心的（向外传的）
　《*ef-* = *ex-* = out》

indifferent /ɪn'dɪfərənt/ *adj*.漠不关心的；冷淡的；中立的（没有不同→
　任何一个都相同）《*in-* = not》

infer /ɪn'fɝ/ *v*.推断；暗示（把想法引入重心）《*in-* = into》

inferable /ɪnˈfɜːəbḷ, ˈɪnfər-/ *adj*.可推知的

inference /ˈɪnfərəns/ *n*.推断；推论

inferential /ˌɪnfəˈrenʃəl/ *adj*.推论上的

luminiferous /ˌluməˈnɪfərəs/ *adj*.发光的；清楚的

　《*lumin* = light》

```
lumin  +  ifer  +  ous
  |        |        |
light  +  carry  +  adj.
```

metalliferous /ˌmetḷˈɪfərəs/ *adj*.含金属的；产金属的

　《*metal* 金属》

odoriferous /ˌodəˈrɪfərəs/ *adj*.芳香的；有香味的《*odor* 香味》

offer /ˈɔfɚ, ˈafɚ/ *v*.提供；奉献；提议　*n*.给予；出价；提供

　（拿到近处）《*of-* = *ob-* = near》

pestiferous /pɛsˈtɪfərəs/ *adj*.有害的

```
pesti  +  fer  +  ous
  |        |       |
pest   +  carry  + adj.
```

prefer /prɪˈfɜ/ *v*.较喜欢；提出；擢升（运到面前）

　《*pre-* = before》

preferable /ˈprɛfrəbḷ, ˈprɛfərə-/ *adj*.较合意的；较好的

```
pre   +  fer  +  able
 |        |       |
before + carry  + adj.
```

preference /ˈprɛfərəns/ *n*.偏爱；选择；优先

preferential /ˌprɛfəˈrenʃəl/ *adj*.优先的；优惠的

proffer /ˈprafɚ/ *v*.提出　*n*.提供（运到面前）

　《*pro-* = before》

refer /rɪˈfɜ/ *v*.查询；归因；使参考；交给；谈到（运回原处）

　《*re-* = back》

referable /ˈrɛfərəbḷ, rɪˈfɜːəbḷ/ *adj*.可归因的；可交付的

reference /ˈrɛfərəns/ *n*.指示；参考；咨询；谈到

referential /ˌrɛfəˈrenʃəl/ *adj*.参考的；参照的

```
re   +  fer  +  ent  +  ial
 |       |       |       |
back + carry  + adj.  + adj.
```

somniferous /sɑm'nɪfərəs/ *adj.* 催眠的；昏昏欲睡的
《*somni* = sleep》

soniferous /so'nɪfərəs/ *adj.* 传声的；发音的
《*soni* = sound》

suffer /'sʌfə/ *v.* 蒙受；受苦；受损失（在下面忍受）
《*suf-* = *sub-* = under》

sufferable /'sʌfərəbḷ/ *adj.* 可忍受的；可容许的

```
  suf  +  fer  +  able
   |       |       |
 under  +  bear  +  adj.
```

sufferance /'sʌfərəns/ *n.* 容许；容忍；宽容

suffering /'sʌfərɪŋ/ *n.* 痛苦；苦难

transfer /*n.* 'trænsfə *v.* træns'fə/ *v.* 移动；让与；转换
n. 迁移；让与；换车（越过～运送）《*trans-* = across》

transferor /træns'fərə/ *n.* 让与人；转让人

```
 trans  +  fer  +   or
   |       |        |
across  +  carry  + person
```

transferee /ˌtrænsfə'ri/ *n.* 被调任者；受让人
《*-ee* 表示"被～的人"》

transference /træns'fərəns/ *n.* 转移；让与；转让

112　**ferv** = boil

*拉丁文 *fervere*（= boil 沸腾）。

fervid /'fəvɪd/ *adj.* 热情的；激烈的；灼热的《*-id* 形容词字尾》

fervidity /fə'vɪdətɪ/ *n.* 热；热情；热烈

fervent /'fəvənt/ *adj.* 强烈的；热烈的；白热的

fervency /'fəvənsɪ/ *n.* 热烈；热情；热心

fervor /'fəvə/ *n.* 热诚；热心；白热

effervescent /ˌefə'vesṇt/ *adj.* 冒泡的；沸腾的；兴奋的
《*ef-* = *ex-*(out) + *ferv*(boil) + *-escent*(形容词字尾)》

```
  ef  +  ferv  +  escent
   |       |        |
 out  +  boil  +   adj.
```

perfervid /pɚˈfɝvɪd/ *adj*.极热的；灼热的；热烈的（彻底沸腾）

　　《*per-* = thoroughly》

113　**fess** = speak

　　＊拉丁文 *fari*（= speak）。

confess /kənˈfɛs/ *v*.承认；自白；声明（说得很清楚）

　　《*con-* = fully》

confession /kənˈfɛʃən/ *n*.承认；自白

profess /prəˈfɛs/ *v*.声称；公开言明（在众人之前说）

　　《*pro-* = before all，publicly》

```
pro   +   fess
 |         |
publicly + speak
```

profession /prəˈfɛʃən/ *n*.职业；宣布；表白

professional /prəˈfɛʃn̩l/ *adj*.专业的

　　n.以运动、技艺等为职业的人

professor /pjrəˈfɛsɚ/ *n*.教授

　　【解说】我们一般统称的教授，其实还可以分为许多层级，名称也各不相同，举
　　　　例来说：（正）教授是 professor 或 full professor，副教授为 associate
　　　　professor，助理教授是 assistant professor，讲师则是 lecturer，最后就
　　　　是帮教授改考卷的研究生，也就是助教 teaching assistant。

114　**fest** = festival

　　＊拉丁文 *festum*（= festival 节日），复数是 *festa*。

festal /ˈfɛstl̩/ *adj*.节日的；欢乐的；宴乐的

festive /ˈfɛstɪv/ *adj*.节日的；欢乐的；快乐的

festival /ˈfɛstəvl̩/ *n*.节日；庆祝；作乐　　*adj*.节日的；喜庆的

festivity /fɛsˈtɪvətɪ/ *n*.欢宴；作乐；（*pl*.）庆祝活动

festivous /ˈfɛstəvəs/ *adj*.节日的；欢乐的

festology /fɛsˈtɑlədʒɪ/ *n*.讨论基督教教会节日的文章

　　《*logy* = study》

$$\boxed{\begin{array}{c} \text{fest} + \text{ology} \\ | \qquad | \\ \textit{festival} + \textit{study} \end{array}}$$

festoon /fɛs'tun/ *n*.装饰用的花彩　*v*.用花彩装饰；作成花彩

115　**fict** = feign

* 拉丁文 *fingere*(= feign 假装)，过去分词是 *fictus*。
〔变化型〕*fig*。

fictile /'fɪktl̩,-tɪl/ *adj*.可塑性的；陶器的《-*ile* 形容词字尾》
fiction /'fɪkʃən/ *n*.小说；想像；虚构(不真实的假话)
fictional /'fɪkʃənl̩/ *adj*.小说的；想像的；虚构的
fictitious /fɪk'tɪʃəs/ *adj*.假的；虚构的
fictive /'fɪktɪv/ *adj*.想像的；虚构的
feign /fen/ *v*.假装；虚构；杜撰
feint /fent/ *n*.假装；伪装　*v*.假装；伪装；骗
figment /'fɪgmənt/ *n*.虚构；想像物

116　**fid** = trust

* 拉丁文 *fidere*(= trust)，*fides*(= faith)。

fidelity /faɪ'dɛlətɪ/ *n*.忠贞；忠诚；精确
fiducial /fɪ'duʃəl,-'dɪu-/ *adj*.信赖的；有信仰的；信托的
faith /feθ/ *n*.信仰；信心
faithful /'feθfəl/ *adj*.忠实的；忠诚的
bona fide /'bonə'faɪdɪ/ *adj*., *adv*.真实的(地)；诚实的(地)

$$\boxed{\begin{array}{c} \text{bona} + \text{fide} \\ | \qquad | \\ \textit{good} + \textit{faith} \end{array}}$$

confide /kən'faɪd/ *v*.信任；信赖(非常信任)《*con-* = fully》
confidant /ˌkɑnfə'dænt,'kɑnfəˌdænt/ *n*.密友；知己；心腹
《-*ant* 表示人的名词字尾》

$$\boxed{\begin{array}{c} \text{con} + \text{fid} + \text{ant} \\ | \qquad | \qquad | \\ \textit{fully} + \textit{trust} + \textit{person} \end{array}}$$

confidence /ˈkɑnfədəns/ *n*.信任；信心；大胆

confident /ˈkɑnfədənt/ *adj*.自信的；大胆的

confidential /ˌkɑnfəˈdɛnʃəl/ *adj*.机密的；获信任的；信任他人的

diffidence /ˈdɪfədəns/ *n*.缺乏自信；害羞；谦虚（不能确信）

《*dif-* = *dis-* = apart》

dif	+	fid	+	ence
apart	+	trust	+	n.

diffident /ˈdɪfədənt/ *adj*.羞怯的；无自信的；谦虚的

infidel /ˈɪnfədl̩/ *adj*.不信教的　*n*.无宗教信仰的人；异教徒

《*in-* = not》

infidelity /ˌɪnfəˈdɛlətɪ/ *n*.无信仰；背信

defy /dɪˈfaɪ/ *v*.违抗；公然反抗；蔑视（不相信）

《*de-* = *dis-* = apart》

defiance /dɪˈfaɪəns/ *n*.挑战；轻视；违抗

defiant /dɪˈfaɪənt/ *adj*.大胆反抗的

perfidy /ˈpɝfədɪ/ *n*.背信；不信（远离信用）《*per-* = away》

per	+	fid	+	y
away	+	trust	+	n.

perfidious /pɚˈfɪdɪəs/ *adj*.背信的；奸诈的

117　figur = shape；figure

* 拉丁文 *figura*(= shape 形状, figure 成形)。

figure /ˈfɪgjɚ, ˈfɪgɚ/ *n*.形状；数字；图形；人物；身材
v.演算；表示；加图案

figuration /ˌfɪgjəˈreʃən/ *n*.成形；定形；轮廓

figurative /ˈfɪgjərətɪv/ *adj*.比喻的；假借的；有文采的

configuration /kənˌfɪgjəˈreʃən/ *n*.形状；外形；轮廓《*con-* = wholly》

con	+	figur	+	ation
wholly	+	shape	+	n.

disfigure /dɪsˈfɪgjɚ/ v.破坏（形状、美观、价值等）（使形状分离）
　《*dis-* = apart》

prefigure /priˈfɪgjɚ/ v.预示；预想（事先表示形状）
　《*pre-* = before》

transfigure /trænsˈfɪgjɚ/ v.使变形；使变貌；使美化（使形状转移）
　《*trans-* = across》

effigy /ˈɛfədʒɪ/ n.肖像；雕像；画像（使形状呈现出来）
　《*ef-* = *ex-* = out》

118　fil = thread；spin

　　* 拉丁文 *filum*（= thread 线，spin 纺织）。

file /faɪl/ n.文卷档；档案；行列　v.归档；排成纵队

filar /ˈfaɪlɚ/ adj.线的；丝的

filament /ˈfɪləmənt/ n.细丝；纤维；灯丝；花丝

filamentary /ˌfɪləˈmɛntərɪ/ adj.丝的；花丝的；如丝的

filiform /ˈfɪləˌfɔrm, ˈfaɪlə-/ adj.丝状的；纤维状的

defile /dɪˈfaɪl/ n.小路；峡道　v.以纵队前进；弄脏；亵渎
　（由山中分出来的路）《*de-* = *dis-* = apart》

```
┌──────────────────────┐
│   de   +   file      │
│   |        |         │
│ apart  +  thread     │
└──────────────────────┘
```

profile /ˈprofaɪl/ n.轮廓；侧面像；简要描述　v.勾轮廓；画侧面；
　简要描述（呈现在眼前的线条）《*pro-* = forth》

unifilar /ˌjunɪˈfaɪlɚ/ adj.单线的《*uni-* = one》

119　fin = end

　　* 拉丁文 *finire*（= end 结束），*finis*（= end，bound 止境）。

fine[1] /faɪn/ n.，v.罚款（结束的东西，加以解决的东西）

fine[2] /faɪn/ adj.良好的；卓越的；精巧的　v.使精良；精美（被完成）

final /ˈfaɪnḷ/ adj.最后的；最终的　n.决赛；结局

finale /fɪˈnɑlɪ/ n.终曲；终场

finalize /ˈfaɪnḷˌaɪz/ *v*.完成；做最后决定

finance /fəˈnæns, ˈfaɪnæns/ *n*.财务；财政；金融

　　v.融通；给予融资（支付的终结）

```
fin + ance
 |     |
end +  n.
```

financial /faɪˈnænʃəl, fə-/ *adj*.财务的；金融的

finish /ˈfɪnɪʃ/ *v*.结束；完成；用尽；终止　*n*.终止；完美

finite /ˈfaɪnaɪt/ *adj*.有限的

finitude /ˈfɪnəˌtjud, ˈfaɪnə-/ *n*.有限；限度

　　《-*itude* 抽象名词字尾》

```
fin + itude
 |     |
end +  n.
```

infinite /ˈɪnfənɪt/ *adj*.无限的　*n*.无限《*in-* = not》

infinitesimal /ˌɪnfɪnəˈtɛsəmḷ/ *adj*.无限小的；极微的　*n*.无限小；

　　极微之量《-*esimal* 表示小的形容词字尾》

```
in + fin +  it  + esimal
 |    |     |      |
not + end + adj. + adj.
```

infinitive /ɪnˈfɪnətɪv/ *n*.不定词　*adj*.不定词的

infinitude /ɪnˈfɪnəˌtjud/ *n*.无限《-*itude* 抽象名词字尾》

infinity /ɪnˈfɪnətɪ/ *n*.无穷尽；无限大；无量

confine /*n*. ˈkɑnfaɪn *v*. kənˈfaɪn/ *n*.境界；界限

　　v.限制（共有的界限）《*con-* = together》

confinement /kənˈfaɪnmənt/ *n*.限制；拘留；分娩

```
con   + fine + ment
 |       |      |
together + end + n.
```

define /dɪˈfaɪn/ *v*.下定义；阐释（定下界限）《*de-* = down》

definite /ˈdɛfənɪt/ *adj*.明确的

definition /ˌdɛfəˈnɪʃən/ *n*.明确；定义

definitive /dɪˈfɪnətɪv/ *adj*.确定的；最后的；限定的

indefinite /ɪnˈdɛfənɪt/ *adj*.不确定的
　《*in-* = not》

$$\begin{array}{cccc} in & de & fin & ite \\ | & | & | & | \\ not & down & end & adj. \end{array}$$

refine /rɪˈfaɪn/ *v*.精制；纯炼（使再度完成）
　《*re-* = again》

refined /rɪˈfaɪnd/ *adj*.精炼的；文雅的；高尚的

refinement /rɪˈfaɪnmənt/ *n*.精炼；文雅；高尚；精美；精巧

120　firm = firm

　　* 拉丁文 *firmus*（= *firm* 坚固的）。

firm /fɚm/ *adj*.坚固的；稳固的　*v*.使坚固　*n*.公司；商店

firmament /ˈfɚməmənt/ *n*.苍天；天空（以前被想成坚实不移动的东西）

affirm /əˈfɚm/ *v*.肯定；断言（做成坚固的东西）
　《*af-* = *ad-* = to》

affirmative /əˈfɚmətɪv/ *adj*.肯定的　*n*.肯定
　cf. **negative**（否定的；否定）

$$\begin{array}{ccc} af & firm & ative \\ | & | & | \\ to & firm & adj. \end{array}$$

confirm /kənˈfɚm/ *v*.证实；坚定（做得十分坚固）
　《*con-* = wholly》

confirmation /ˌkɑnfɚˈmeʃən/ *n*.认可；确实；确定

confirmed /kənˈfɚmd/ *adj*.确认的；成习惯的；根深蒂固的

disaffirm /ˌdɪsəˈfɚm/ *v*.抗议；反驳；注销
　《*dis-* = not》

infirm /ɪnˈfɚm/ *adj*.虚弱的；不稳固的（不坚固）
　《*in-* = not》

infirmary /ɪnˈfɚmərɪ/ *n*.疗养所；医院
　《*-ary* 表示场所的名词字尾》

infirmity /ɪnˈfɚmətɪ/ *n*.虚弱；残废；疾病

121　fix = fasten

＊拉丁文 *figere*(= *fasten* 固定)，过去分词是 *fixus*。

fixate /'fɪkseɪt/ *v*. 固定；执着

fixation /fɪks'eʃən/ *n*. 固定；执着

fixity /'fɪksətɪ/ *n*. 固定(性)；永久性

fixture /'fɪkstʃɚ/ *n*. 装置物(尤指房屋内的附属装置)；固定一职之人

affix /*v*. ə'fɪks *n*. 'æfɪks/ *v*. 固定；粘贴；附加
　　n. 附加物；字缀(向～固定)《*af-* = *ad-* = to》

infix /*v*. ɪn'fɪks *n*. 'ɪnˌfɪks/ *v*. 固定；插入；注入
　　n. 字腰(插于字中)(固定在～里)《*in-* = in》

prefix /*n*. 'priˌfɪks *v*. pri'fɪks/ *n*. 字首　*v*. 加字首；置于前
　　(固定在字根前)《*pre-* = before》

```
┌─────────────────────────┐
│   pre  +   fix           │
│    |        |            │
│ before + fasten          │
└─────────────────────────┘
```

suffix /*n*. 'sʌfɪks *v*. sə'fɪks, 'sʌfɪks/ *n*. 字尾　*v*. 加字尾；附加
　　(固定在字根后)《*suf-* = *sub-* = under》

transfix /træns'fɪks/ *v*. 刺穿；(因惊讶、恐怖等)使发呆
　　(穿过～而固定)《*trans-* = across》

transfixion /træns'fɪkʃən/ *n*. 刺穿；贯穿

```
┌─────────────────────────────────┐
│  trans  +   fix   +  ion         │
│    |         |        |          │
│ across  + fasten  +  n.          │
└─────────────────────────────────┘
```

122　flam = flame; burn

＊拉丁文 *flamma*(= *flame*)，*flagrare*(= *burn*)。
　　〔变化型〕*flagr*。

flame /fleɪm/ *n*. 火焰；燃烧；耀眼之光亮；强烈的情感
　　v. 焚烧；激动；发出光亮

flammable /'flæməbl̩/ *adj*. 可燃的；易燃的

flamboyant /flæm'bɔɪənt/ *adj*.灿烂的；艳丽的；神气的
　《古代法文 *flambe* = flame（ 燃烧）》
inflame /ɪn'flem/ *v*.激起；激动；使红（肿、热、发炎等）
　（使内部燃烧）《*in-* = in》
inflammable /ɪn'flæməbl̩/ *adj*.易燃的；易激动的；易怒的

```
   in + flamm + able
    |     |       |
   in + burn  + adj.
```

inflammation /ˌɪnflə'meʃən/ *n*.发炎（处）；激昂；愤怒
inflammatory /ɪn'flæmətorɪ,-ˌtɔrɪ/ *adj*.有煽动性的；发炎的
flagrant /'flegrənt/ *adj*.恶名昭彰的；极为明显的

```
   flagr +  ant
     |       |
   burn  + adj.
```

conflagration /ˌkɑnflə'greʃən/ *n*.大火；火灾（一起烧起来）
　《*con-* = together》
effulgent /ɛ'fʌldʒənt,ɪ-/ *adj*.灿烂的；光辉的（发出光亮）
　《*ef-* = *ex-* = out》

123　**flat** = blow

　　*拉丁文 *flare*(= blow)，过去分词是 *flatus*。

flatulent /'flætʃələnt/ *adj*.肠胃胀气的；空虚的；浮夸的
　（吹满气体的）
flatulence /'flætʃələns/ *n*.肠胃胀气；空虚；浮夸
conflate /kən'flet/ *v*.汇集在一起；合并（一起吹气）
　《*con-* = together》
conflation /kən'fleʃən/ *n*.异文合并（将数种手抄本的异文
　合并成一文本）

```
   con   + flat + ion
    |       |      |
 together + blow + n.
```

deflate /dɪ'flet/ *v*.放出（球、车胎等）之空气；削减；紧缩（使空气排出）
　《*de-* = *dis-* = away》

deflation /dɪˈfleʃən/ *n*.放出空气；通货紧缩

inflate /ɪnˈflet/ *v*.(灌入气体)使膨胀；使得意；通货膨胀
  (吹入空气)《*in-* = into》

inflation /ɪnˈfleʃən/ *n*.膨胀；得意；通货膨胀

reflation /rɪˈfleʃən/ *n*.通货再膨胀《*re-* = again》

124 flect = bend

  ＊拉丁文 *flectere*(= bend 弯曲)。〔变化型〕*flex*。

flexible /ˈflɛksəbl̩/ *adj*.易弯曲的；有弹性的

flexibility /ˌflɛksəˈbɪlətɪ/ *n*.弹性；易曲性；适应性

flexion; flection /ˈflɛkʃən/ *n*.弯曲；词尾变化

circumflex /ˈsɚkəmˌflɛks/ *adj*.曲折的   *v*.使弯曲
  n.抑扬音符(弯曲周围)《*circum-* = around》

inflexible /ɪnˈflɛksəbl̩/ *adj*.坚硬的；不屈的
  《*in-* = not》

```
in  +  flex  +  ible
 |       |       |
not +  bend  +  adj.
```

inflexibility /ɪnˌflɛkəˈbɪlətɪ/ *n*.坚硬不屈；不屈性

deflect /dɪˈflɛkt/ *v*.使偏离；使转向
  《*de-* = *dis-* = away》

deflection /dɪˈflɛkʃən/ *n*.偏离；偏向

inflect /ɪnˈflɛkt/ *v*.使弯曲；使曲折；改变音调
  《*in-* = into》

inflexion /ɪnˈflɛkʃən/ *n*.音调变化；曲折

reflect /rɪˈflɛkt/ *v*.反射；反映；思考(转回)《*re-* = back》

reflection; reflexion /rɪˈflɛkʃən/ *n*.反射；反映；映像；深思

```
re  +  flect  +  ion
 |       |       |
back +  bend  +  n.
```

reflective /rɪˈflɛktɪv/ *adj*.反射的；深思的

reflex /*v*. rɪˈflɛks *n*. , *adj*. ˈriflɛks/ *v*.使折回   *n*.反射；反照

adj.反射的；不自主的

reflexive /rɪˈflɛksɪv/ *adj*.反射的　*n*.反身代名词

125　**flict** = strike

＊拉丁文 *fligere*(= *strike*)，过去分词是 *flictus*。

afflict /əˈflɪkt/ *v*.使～痛苦(打人)《*af-* = *ad-* = to》

affliction /əˈflɪkʃən/ *n*.痛苦；不幸；灾害

afflictive /əˈflɪktɪv/ *adj*.痛苦的；多烦恼的

$$af + flict + ive$$
$$| \qquad | \qquad |$$
$$to + strike + adj.$$

conflict /*v*. kənˈflɪkt *n*. ˈkɑnflɪkt/ *v*.斗争；冲突　*n*.斗争；冲突
　（对打）《*con-* = together》

inflict /ɪnˈflɪkt/ *v*.施加(打击)；处以(刑罚)(正在打～)
　《*in-* = upon》

infliction /ɪnˈflɪkʃən/ *n*.处罚；痛苦

126　**flor** = flower

＊拉丁文 *flor*, *flos*(= *flower*)。

flora /ˈflorə, ˈflɔrə/ *n*.(某地或某时代的)植物区系
　cf. **fauna**(某地或某时代的动物区系)

floral /ˈflorəl, ˈflɔrəl/ *adj*.花的；由花制成的

florist /ˈflorɪst, ˈflɔr-, ˈflɑr-/ *n*.花匠；经营花卉业者；花店
　《*-ist* 表示人的名词字尾》

florescent /floˈrɛsn̩t/ *adj*.开花的
　《*-escent* = becoming(形容词字尾)》

floret /ˈflorɪt/ *n*.小花

floriferous /floˈrɪfərəs/ *adj*.开花的；多花的《*fer* = bear》

$$flor + ifer + ous$$
$$| \qquad | \qquad |$$
$$flower + bear + adj.$$

efflorescence /ˌɛfloˈrɛsn̩s, -flɔ-/ *n*.开花；开花期

《*ef-* = *ex-* = out》

flourish /'flɜˈʃ/ *v*.茂盛；兴隆；装饰；炫耀（如繁花盛开）
《*flour*（ flower） + *-ish*（动词字尾）》

127　**flu** = flow

　　* 拉丁文 *fluere*(= *flow* 流动)。

fluent /'fluənt/ *adj*.流畅的；优雅的（流动的样子）
fluency /'fluənsɪ/ *n*.流畅
fluid /'fluɪd/ *adj*.流质的　　*n*.流体
fluidity /flu'ɪdətɪ/ *n*.流质；液态；流动状态
flume /flum/ *n*.峡谷；沟涧；人工水道　*v*.由水道输送
flush /flʌʃ/ *v*.(脸)发红；激流；使兴奋　*n*.脸红；活力；奔流
fluctuate /'flʌktʃuˌet/ *v*.上下移动；波动
《拉丁文 *fluctus* = wave(波)》

```
　 fluctu + ate
　   |      |
　  wave  +  v.
```

flood /flʌd/ *v*.泛滥　*n*.洪水
affluent /'æfluənt/ *adj*.丰富的；富裕的；流畅的　*n*.支流
《*af-* = *ad-* = to》
affluence /'æfluəns/ *n*.丰富；富裕；流入；涌进
circumfluent /sɚ'kʌmfluənt/ *adj*.环流的；围绕的（流过四周）
《*circum-* = around》
circumfluence /sɚ'kʌmfluəns/ *n*.环流；周流
confluent /'kɑnfluənt/ *adj*.合流的；汇集的　*n*.支流（共同流）
《*con-* = together》

```
　con　+　flu　+　ent
　 |       |      |
together + flow + adj.
```

confluence /'kɑnfluəns/ *n*.合流；汇流处
effluent /'ɛfluənt/ *adj*.流出的；放出的　*n*.流出物；支流
（流到外面）《*ef-* = *ex-* = out》
effluence /'ɛfluəns,-flɪu-/ *n*.流出；流出物

```
ef  +  flu  +  ence
 |      |      |
out  +  flow  +  n.
```

influent /ˈɪnfluənt/ *adj*.流入的　　*n*.支流（流入其中）

　《*in-* = into》

influence /ˈɪnfluəns/ *n*.影响力；感化力；权势　　*v*.影响；改变

influential /ˌɪnfluˈɛnʃəl/ *adj*.有影响力的

refluent /ˈrɛfluənt/ *adj*.逆流的；倒流的（逆流的）《*re-* = back》

refluence /ˈrɛfluəns/ *n*.逆流；退潮

superfluous /suˈpɚfluəs, sə-/ *adj*.多余的；不必要的（流过）

　《*super-* = over》

superfluity /ˌsupɚˈfluətɪ, sju-/ *n*.多余

```
super  +  flu  +  ity
  |        |      |
over  +  flow  +  n.
```

inflow /ˈɪnˌflo/ *n*.流入；输入《*in-* = into》

overflow /*v*. ˌovɚˈflo *n*. ˈovɚˌflo/ *v*.流出；溢出；泛滥；充溢

　　n.泛滥；充溢《*over-* = excessively》

reflow /riˈflo/ *v*.流回；落潮《*re-* = back》

flux /flʌks/ *n*.涨潮；流出；变迁　　*v*.使流出

fluxion /ˈflʌkʃən/ *n*.流动；流出；不断的变化

afflux /ˈæflʌks/ *n*.流注；涌流；汇集；充血（流向）

　《*af-* = *ad-* = to》

conflux /ˈkɑnflʌks/ *n*.合流；汇流处；群集（共同流）

　《*con-* = together》

```
con  +  flux
 |       |
together  +  flow
```

efflux /ˈɛflʌks/ *n*.流出；时光的流逝；终了（流到外面）

　《*ef-* = *ex-* = out》

influx /ˈɪnˌflʌks/ *n*.流入；注入；汇流处；灌输（流入其中）

　《*in-* = into》

reflux /ˈriˌflʌks/ *n*.逆流；退潮《*re-* = back》

128　foli = leaf

＊拉丁文 *folium*（= leaf），复数是 *folia*。

foliage /ˈfolɪdʒ/ *n*.【集合名词】树或植物的叶子
《-*age* 表示集合名词的字尾》
foliate /*adj*. ˈfolɪt *v*. ˈfolɪˌet/ *adj*.有叶的；叶状的　*v*.生叶；打成薄片
folio /ˈfolɪˌo, ˈfoljo/ *n*.对开张；对开本　*adj*.对开本的
defoliate /dɪˈfolɪˌet/ *v*.除叶；落叶（使叶子落下）《*de-* = down》

```
de  +  foli  + ate
 |      |      |
down + leaf +  v.
```

exfoliate /ɛksˈfolɪˌet/ *v*.剥落（将树叶剥落）《*ex-* = out》
perfoliate /pɚˈfolɪˌet/ *adj*.抱茎的（茎穿过叶子生长的）（穿过叶子）
《*per-* = through》
portfolio /portˈfolɪˌo/ *n*.纸夹；公事包《*port* = carry》
trifoliate /traɪˈfolɪt/ *adj*.三叶的《*tri-* = three》

129　form = form

＊拉丁文 *formare*（= form 形成；形状）。

form /fɔrm/ *n*.形状；外貌；形式　*v*.构成；变成；组织
formal /ˈfɔrml̩/ *adj*.正式的；传统的；形式上的
formalism /ˈfɔrml̩ˌɪzəm/ *n*.形式主义；拘泥形式
formality /fɔrˈmælətɪ/ *n*.拘泥形式；拘礼；正式；仪式
informal /ɪnˈfɔrml̩/ *adj*.非正式的《*in-* = not》
informality /ˌɪnfɔrˈmælətɪ/ *n*.非正式

```
in  + form  +  al  + ity
 |     |        |      |
not + form + adj.  +  n.
```

formation /fɔrˈmeʃən/ *n*.构成；组成；构成物
formula /ˈfɔrmjələ/ *n*.客套话；公式
formulate /ˈfɔrmjəˌlet/ *v*.公式化；有系统地述说
conform /kənˈfɔrm/ *v*.使适合；使顺从（做成共同的形状）
《*con-* = together》
conformance /kənˈfɔrməns/ *n*.顺从；一致

conformation /ˌkɑnfɔrˈmeʃən/ *n*.构造；形态；一致

conformist /kənˈfɔrmɪst/ *n*.遵奉者；顺从的人；墨守成规的人；
（C-)英国国教徒

$$con + form + ist$$
$$together + form + person$$

conformity /kənˈfɔrmətɪ/ *n*.相似；一致；遵照

deform /dɪˈfɔrm/ *v*.使不成形；使残废

《*de-* = *dis-*（put out of）+ *form*（shape）》

deformity /dɪˈfɔrmətɪ/ *n*.畸形；残废

$$de + form + ity$$
$$away + form + n.$$

inform /ɪnˈfɔrm/ *v*.通知；告发；诉冤（在心中造型）

《*in-* = into》

information/ˌɪnfɚˈmeʃən/ *n*.通知；资料；情报；资讯

informative /ɪnˈfɔrmətɪv/ *adj*.提供知识（情报）的；有益的

informed /ɪnˈfɔrmd/ *adj*.有知识的；见闻多的

malformation /ˌmælfɔrˈmeʃən/ *n*.畸形（形状不佳）《*mal-* = bad》

perform /pɚˈfɔrm/ *v*.行；做；表演；执行（完全的造型）

《*per-* = thoroughly》

【注意】本字与 form 没有关联，而是源自于法语 *fournir*(= *furnish*; *provide*)
的形式，为学习上的方便而纳入此处。

performance /pɚˈfɔrməns/ *n*.履行；行动；表演

$$per + form + ance$$
$$thoroughly + provide + n.$$

reform /rɪˈfɔrm/ *v*.改造；改进　*n*.改革；改善（再造型）《*re-* = again》

reformation /ˌrɛfɚˈmeʃən/ *n*.改良；改革；改善

reformatory /rɪˈfɔrməˌtorɪ/ *adj*.改革的　*n*.感化院

reformer /rɪˈfɔrmɚ/ *n*.改革者

transform /trænsˈfɔrm/ *v*.使变形；改观（移转形状）

《*trans-* = across》

$$
\boxed{
\begin{array}{c}
\text{trans} + \text{form} \\
| \qquad | \\
\textit{across} + \textit{form}
\end{array}
}
$$

transformation /ˌtrænsfəˈmeʃən/ *n*.变形；变换

uniform /ˈjunəˌfɔrm/ *adj*.一律的　*n*.制服　*v*.为～提供制服；
　使一致（一个形式的）《*uni-* = one》

uniformity /ˌjunəˈfɔrmətɪ/ *n*.一律；相同；一样

multiform /ˈmʌltəˌfɔrm/ *adj*.多形的；各种的　*n*.多形的事物
　《*multi-* = many》

130　**fort** = strong

　　* 拉丁文 *fortis*（= strong）。

fort /fɔrt/ *n*.堡垒；要塞；（北美边境的）市集（强的地方）

forte[1] /fɔrt/ *n*.长处；擅长

forte[2] /ˈfɔrtɪ/ *adj*.强音的　*adv*.强音地　*n*.强音

fortify /ˈfɔrtəˈfaɪ/ *v*.加强；设防（使坚强）《*-ify* = make》

fortification /ˌfɔrtəfəˈkeʃən/ *n*.筑城；设防

fortifier /ˈfɔrtəˌfaɪɚ/ *n*.强化、巩固之人或物

fortissimo /fɔrˈtɪsəˌmo/ *n*.（音乐）最强音　*adj*.最强音的

$$
\boxed{
\begin{array}{c}
\text{fort} + \text{issimo} \\
| \qquad | \\
\textit{strong} + \textit{utmost}
\end{array}
}
$$

fortress /ˈfɔrtrɪs/ *n*.堡垒

fortitude /ˈfɔrtəˌtjud/ *n*.坚忍；不屈不挠《*-itude* 抽象名词字尾》

$$
\boxed{
\begin{array}{c}
\text{fort} + \text{itude} \\
| \qquad | \\
\textit{strong} + \textit{n.}
\end{array}
}
$$

force /fors，fɔrs/ *n*.力量；暴力；影响力；（*pl*.）军队
　v.强迫；迫使；强行

forcible /ˈforsəbl̩，ˈfɔrs-/ *adj*.有力的；强行的

comfort /ˈkʌmfɚt/ *v*.安慰；鼓舞　*n*.安慰；慰藉；舒适
　《*com-* = wholly》

comfortable /'kʌmfɚtəbl̩/ *adj*.安逸的；舒适的；愉快的

discomfort /dɪs'kʌmfɚt/ *n*.不舒服；难过　*v*.使难过；

　　使不舒服《*dis-* = not》

$$dis + com + fort$$
$$|\qquad|\qquad|$$
$$not + wholly + strong$$

effort /'ɛfɚt/ *n*.努力；奋力（使出力量）《*ef-* = *ex-* = out》

enforce /ɪn'fors/ *v*.强行；执行（力量加在～之中）《*en-* = in》

enforcement /ɪn'forsmənt, ɛn-/ *n*.强迫；强制；执行

reinforce /ˌrim'fors/ = reenforce　*v*.增援；加强

　　《*re-* = again》

reinforcement /ˌrim'forsmənt, -'fɔr-/ *n*.增援；加强；（*pl*.）援兵

$$re + in + force + ment$$
$$|\qquad|\qquad|\qquad|$$
$$again + in + strong + n.$$

perforce /pɚ'fors, -'fɔrs/ *adv*.不得已地；必须地；强迫地（凭借力量）

　　《*per-* = through》

131　found = base

　　＊拉丁文 *fundus*（ = *base* 基础，*bottom* 底部）。〔变化型〕*fund*。

found /faʊnd/ *v*.建立；设立；以～为根据（奠定基础）

foundation /faʊn'deʃən/ *n*.基础；根据；根基；基金会

founder /'faʊndɚ/ *n*.建立者；设立者

fund /fʌnd/ *n*.专款；基金　*v*.储蓄；为～备基金

fundamental /ˌfʌndə'mɛntl̩/ *adj*.基础的；根本的；初级的　*n*.基本原理

$$funda + ment + al$$
$$|\qquad|\qquad|$$
$$base + n. + adj.$$

profound /prə'faʊnd/ *adj*.深远的；深奥的（到底的）

　　《*pro-* = forward, downward》

profundity /prə'fʌndətɪ/ *n*.深奥；奥妙

132 **fract** = **frag** = break

    * 拉丁文 *frangere*（= *break*），过去分词是 *fractus*。〔变化型〕*frag*。

fraction /ˈfrækʃən/ *n*.部分；微量；分数（损坏的部分）

fracture /ˈfræktʃɚ/ *v*.裂口；破裂；骨折　　*n*.裂口；破裂

fragile /ˈfrædʒəl/ *adj*.易碎的；不实在的

fragility /fræˈdʒɪlətɪ, frə-/ *n*.脆弱性；虚弱

fragment /ˈfrægmənt/ *n*.碎片；断片；破片

fragmentary /ˈfrægmənˌtɛrɪ/ *adj*.片断的；不完整的

$$
\begin{array}{ccc}
\text{frag} & + \text{ment} & + \text{ary} \\
| & | & | \\
break & + \ n. & + \ adj.
\end{array}
$$

fragmentation /ˌfrægmənˈteʃən/ *n*.破碎；残破

frail /frel/ *adj*.脆弱的；不坚实的（容易损坏的）

frailty /ˈfreltɪ/ *n*.脆弱；意志薄弱

diffract /dɪˈfrækt/ *v*.分散；使（光线、音波等）绕射（使射开）

  《*dif-* = *dis-* = apart》

diffraction /dɪˈfrækʃən/ *n*.（光线、音波等的）绕射

$$
\begin{array}{ccc}
\text{dif} & + \text{fract} & + \text{ion} \\
| & | & | \\
apart & + break & + \ n.
\end{array}
$$

infract /ɪnˈfrækt/ *v*.侵犯；违反（法律、权利等）（破门而入）

  《*in-* = into》

infraction /ɪnˈfrækʃən/ *n*.违反；犯法

refract /rɪˈfrækt/ *v*.使折射

refractory /rɪˈfræktərɪ/ *adj*.难驾驭的；倔强的

$$
\begin{array}{ccc}
\text{re} & + \text{fract} & + \text{ory} \\
| & | & | \\
back & + break & + \ adj.
\end{array}
$$

refrain[1] /rɪˈfren/ *n*.抑制；禁止；诗歌之重叠句（还原）

  《*re-* = back》

refrain[2] /rɪˈfren/ *v*.抑制；禁止

（出自同一字源而语义不同，为"拉回马的缰绳"之意）

suffrage /ˈsʌfrɪdʒ/ *n*.投票；赞成；选举权；参政权

《*su f- = sub-* = under》

【解说】美国自 1787 年制宪以来，规定人人都有参政权，但是事实上，直到
1868 年黑人才获得参政权，而女性甚至要到 1920 年时，才真正拥有参
政权。

133　**fug** = flee

　　＊拉丁文 *fugere*（= *flee* 逃跑）。

fugacious /fjuˈgeʃəs/ *adj*.早谢的；短暂的；转眼即逝的

fugitive /ˈfjudʒətɪv/ *n*.逃亡者　　*adj*.逃亡的；瞬间即逝的

febrifuge /ˈfɛbrɪˌfjudʒ,-ˌfrudʒ/ *n*.退烧剂；冷饮（避热）

《*febri* = fever》

lucifugous /luˈsɪfjəgəs/ *adj*.避光的；怕光的（逃避光）

《*luci* = light》

```
luci  +  fug  +  ous
 |        |       |
light  +  flee  + adj.
```

refuge /ˈrɛfjudʒ/ *n*.避难（所）；保护（逃回安全地）

《*re-* = back》

refugee /ˌrɛfjuˈdʒi/ *n*.避难者；难民《*-ee* 表示动作的接受者》

subterfuge /ˈsʌbtɚˌfjudʒ/ *n*.遁辞；借口（逃避的手段）

《*subter* = secretly》

vermifuge /ˈvɚməˌfjudʒ/ *n*.驱虫剂　　*adj*.用以驱虫的（让虫逃走之物）

《*vermi* = worm》

134　**fuse** = pour

　　＊拉丁文 *fundere*（= *pour*），过去分词为 *fusus*。〔变化型〕*found*。

fuse[1] /fjuz/ *v*.熔；融合（为了注入）

【注意】以下的意思和字源相异，是为了方便起见而收录于此。

fuse[2] /fjuz/ *n*.保险丝；导火线　　*v*.装上保险丝；保险丝烧断

fusible /ˈfjuzəbl̩/ *adj*.可熔解的；易熔的

```
┌─────────────────┐
│  fus  +  ible   │
│   |       |     │
│  pour  +  adj.  │
└─────────────────┘
```

fusion /ˈfjuʒən/ *n*.熔解；融合

found /faʊnd/ *v*.铸造（注入）

foundry /ˈfaʊndrɪ/ *n*.铸造工厂；铸造法《**-ry** 表示场所的名词字尾》

confound /kɑnˈfaʊnd, kən-/ *v*.使惊慌；使惊讶；使狼狈（共同注入）
　《*con-* = together》

circumfuse /ˌsɝkəmˈfjuz/ *v*.散布；围绕；充溢
　《*circum-* = around》

```
┌──────────────────┐
│  circum  +  fuse │
│    |         |   │
│  around  +  pour │
└──────────────────┘
```

circumfusion /ˌsɝkəmˈfjuʒən/ *n*.周围浇灌；散布；围绕

confuse /kənˈfjuz/ *v*.使混乱（共同注入）

confusion /kənˈfjuʒən/ *n*.混乱；骚乱

diffuse /*v*. dɪˈfjuz *adj*. dɪˈfjus/ *v*.散布；扩散；流布；广布
　adj.散布的；扩散的（注入各处）《*dif-* = *dis-* = apart》

diffusion /dɪˈfjuʒən/ *n*.散布；普及

diffusive /dɪˈfjusɪv/ *adj*.散布的；普及的

```
┌──────────────────────┐
│  dif  +  fus  +  ive │
│   |       |      |   │
│ apart + pour + adj.  │
└──────────────────────┘
```

effuse /ɛˈfjuz, ɪ-/ *v*.流出；泻出（流出）《*ef-* = *ex-* = out》

effusion /əˈfjuʒən, ɪ-/ *n*.流出；泻出

infuse /ɪnˈfjuz/ *v*.注入；灌输（流入）《*in-* = into》

infusion /ɪnˈfjuʒən/ *n*.注入；灌输

interfuse /ˌɪntɚˈfjuz/ *v*.充满；散布（注入其间）《*inter-* = between》

perfuse /pɚˈfjuz/ *v*.使充满；撒满；洒遍（完全注入）
　《*per-* = thoroughly》

profuse /prəˈfjus/ *adj*.大量的；浪费的（流出太多）《*pro-* = forth》

$$\boxed{\begin{array}{c} \text{pro} \ + \ \text{fuse} \\ | \qquad\quad | \\ \textit{forth} \ + \ \textit{pour} \end{array}}$$

profusion /prəˈfjuʒən/ *n*.丰富；大量；浪费

refuse /rɪˈfjuz/ *v*.拒绝；谢绝（流回）《*re-* = back》

refusal /rɪˈfjuzl̩/ *n*.拒绝；谢绝

suffuse /səˈfjuz/ *v*.充盈；布满（注入下方）《*suf-* = *sub-* = under》

$$\boxed{\begin{array}{c} \text{suf} \ + \ \text{fuse} \\ | \qquad\quad | \\ \textit{under} \ + \ \textit{pour} \end{array}}$$

suffusion /səˈfjuʒən/ *n*.充满；布满

transfuse /trænsˈfjuz/ *v*.输入；注射；输血（从～注入～）

　《*trans-* = across》

futile /ˈfjutl̩, -tɪl/ *adj*.无用的；无效的（无用的流入）

refute /rɪˈfjut/ *v*.反驳；驳斥（流回→说回来）《*re-* = back》

135　gam = marriage

　　* 希腊文 *gamos*（= *marriage*）。

bigamy /ˈbɪgəmɪ/ *n*.重婚《*bi-* = two》

bigamist /ˈbɪgəmɪst/ *n*.重婚者

bigamous /ˈbɪgəməs/ *adj*.重婚的

monogamy /məˈnɑgəmɪ/ *n*.一夫一妻（制）《*mono-* = one》

$$\boxed{\begin{array}{c} \text{mono} + \quad \text{gam} \quad + \ \text{y} \\ | \qquad\qquad | \qquad\qquad | \\ \textit{one} \ + \ \textit{marriage} + \ \textit{n.} \end{array}}$$

monogamist /məˈnɑgəmɪst/ *n*.行一夫一妻制者

monogamous /məˈnɑgəməs/ *adj*.一夫一妻制的

polygamy /pəˈlɪgəmɪ/ *n*.一夫多妻；一妻多夫；重婚

　《*poly-* = many》

polygamist /pəˈlɪgəmɪst/ *n*.实行、赞成一夫多妻或一妻多夫者

polygamous /pəˈlɪgəməs/ *adj*.一夫多妻的；一妻多夫的；多配偶的

136 **gener** = produce ; race

　　＊拉丁文 *generare*(= *produce*)，*genus*(= *race* 种族)，*gignere*(= *bear*，*beget* 生产)。希腊文 *genesis*(= *origin*，*source*)。在英语中，*gen* 的形式也经常用于"生产，产生"之意，再由其演变而为"种；种族"等相关意思。

gene /dʒin/ *n*.遗传因子；基因

genealogy /ˌdʒɛnɪˈælədʒɪ/ *n*.宗谱；血统；家系学；系图学

　　《*logy* = study》

general /ˈdʒɛnərəl/ *adj*.一般的；普遍的；概略的；大众的

　　n.将军；一般(有关全体)

generality /ˌdʒɛnəˈrælətɪ/ *n*.一般性；通则；概论

generalize /ˈdʒɛnərəlˌaɪz/ *v*.一般化；普遍化

```
gener  +  al  +  ize
  |        |       |
produce + adj. +  v.
```

generate /ˈdʒɛnəˌret/ *v*.产生；发生；造成

generation /ˌdʒɛnəˈreʃən/ *n*.产生；一代；同一代

generator /ˈdʒɛnəretɚ/ *n*.发电机；生产者；生殖者

degenerate /*v*. dɪˈdʒɛnəˌret *adj*.,ˈ*n*. dɪˈdʒɛnərɪt/ *v*.退步；落后；退化

　　adj.退步的；落后的　　*n*.退步之物(种族变得很低)《*de-* = down》

```
de   + gener + ate
 |       |       |
down +  race +  v.
```

engender /ɪnˈdʒɛndɚ,ɛn-/ *v*.产生；生成(使产生)

　　《*en-* = cause to be》

regenerate /rɪˈdʒɛnəˌret/ *v*.再生；重生(再生)《*re-* = again》

generic /dʒəˈnɛrɪk/ *adj*.属的；类的

generous /ˈdʒɛnərəs/ *adj*.大方的；慷慨的；大量的；丰富的

genesis /ˈdʒɛnəsɪs/ *n*.创始；(G-)旧约圣经创世纪

genetics /dʒəˈnɛtɪks/ *n*.遗传学

genial /ˈdʒinjəl/ *adj*.愉快的；和蔼的(天生的性情)

abiogenesis/ˌæbɪəˈdʒɛnɪsɪs/ *n*.自然发生；偶发

　　《*a-*(without) + *bio*(life) + *genesis*(创始)》

```
 a    +  bio +   gene   +    sis
 |        |        |           |
without + life + produce + condition
```

biogenesis /ˌbaɪo'dʒɛnəsɪs/ *n*.生物发生；生源论

（系一种生物由他种生物演化而成的，而非由无生物演变而成的）

congenial /kən'dʒinjəl/ *adj*.性格相同的；意气相投的

（共同的性情）《*con-* = together》

endogenous /ɛn'dɑdʒənəs/ *adj*.内部产生的；由内部发展的

（由内产生）《*endo-* = inside》

```
endo +   gen   + ous
 |        |        |
inside + produce + adj.
```

exogenous /ɛks'adʒɪnəs/ *adj*.外长的；外来的（由外产生）

《*exo-* = outside》

homogeneity /ˌhoməodʒə'niɪtɪ, hamə-/ *n*.同种；同质；同性

《*homo-* = same》

```
homo +  gene  + ity
 |       |       |
same + produce + n.
```

genital /'dʒɛnətḷ/ *adj*.生殖的　*n*.（*pl*.）生殖器

congenital /kən'dʒɛnətḷ/ *adj*.（缺陷）天生的；先天的

pathogenic /ˌpæθə'dʒɛnɪk/ *adj*.致病的；病原的（使人生病的）

《*patho* = suffer, disease》

primogenitor /ˌpraɪmə'dʒɛnətɚ/ *n*.祖先；始祖（最先出生的人）

《*primo-* = first》

progenitive /pro'dʒɛnətɪv/ *adj*.生殖的《*pro-* = forth》

progenitor /pro'dʒɛnətɚ/ *n*.祖先；前辈（父母之上的人）

《*pro-* = before；*genitor* 父母亲》

progeny /'pradʒənɪ/ *n*.子孙；后裔；产物；成果（向前不断产生）

《*pro-* = forward》

```
pro  + gen(e) + y
 |       |       |
forward + produce + n.
```

schizogenous /skɪˈzɑdʒənəs/ *adj*.分裂生殖的
　《*schizo* = split（分裂）》

genius /ˈdʒinjəs/ *n*.天才；精灵；守护神（天生的东西）

ingenious /ɪnˈdʒinjəs/ *adj*.灵敏的；有天才的（天生的才能）
　《*in-* = in》

ingenuous /ɪnˈdʒɛnjʊəs/ *adj*.坦白的；老实的（天生未经琢磨的）

genocide /ˈdʒɛnəˌsaɪd/ *n*.种族灭绝；集体大屠杀《*cide* = cut》

$$
\begin{array}{ccc}
\text{geno} & + & \text{cide} \\
| & & | \\
\textit{race} & + & \textit{cut}
\end{array}
$$

genteel /dʒɛnˈtil/ *adj*.上流的；有礼貌的（家世好的）

gentile /ˈdʒɛntaɪl/ *n*.异邦人；异教徒　　*adj*.异教徒的

gentle /ˈdʒɛntl̩/ *adj*.温和的；文雅的；亲切的（天生好的）

genuine /ˈdʒɛnjʊɪn/ *adj*.真正的；真实的（天生未经琢磨的）

genus /ˈdʒinəs/ *n*.种；属；类（生下）

eugenics /juˈdʒɛnɪks/ *n*.优生学《*eu-* = well》

$$
\begin{array}{ccccc}
\text{eu} & + & \text{gen} & + & \text{ics} \\
| & & | & & | \\
\textit{well} & + & \textit{race} & + & \textit{study}
\end{array}
$$

pregnant /ˈprɛgnənt/ *adj*.怀孕的；充满的（生产前的情况）
　《*pre-* = before》、

cognate /ˈkɑgnet/ *adj*.同源的；同性质的　　*n*.同源之人、物或字
　（共同产生）《*co-* = *com-* = together》

hydrogen /ˈhaɪdrədʒən/ *n*.氢《*hydro* = water》

nitrogen /ˈnaɪtrədʒən/ *n*.氮《*nitro* = nitre（硝石）》

oxygen /ˈɑksədʒən/ *n*.氧《*oxy* = acid（酸）》

137　**geo** = earth（地球；土地）

apogee /ˈæpəˌdʒi/ *n*.远地点（月球等距离地球最远的点）；
　（权利等的）顶点

$$
\begin{array}{ccc}
\text{apo} & + & \text{gee} \\
| & & | \\
\textit{away} & + & \textit{earth}
\end{array}
$$

geocentric /ˌdʒioˈsɛntrɪk/ *adj*.以地球为中心的

geology /dʒiˈɑlədʒɪ/ *n*.地质学

$$\begin{array}{ccc} \text{geo} & + & \text{logy} \\ | & & | \\ earth & + & study \end{array}$$

geometry /dʒiˈɑmətrɪ/ *n*.几何学

$$\begin{array}{ccc} \text{geo} & + & \text{metry} \\ | & & | \\ earth & + & measurement \end{array}$$

geography /dʒiˈɑgrəfɪ/ *n*.地理学

$$\begin{array}{ccc} \text{geo} & + & \text{graphy} \\ | & & | \\ earth & + & writing \end{array}$$

geothermal /ˌdʒioˈθɝməl/ *adj*.地热的

$$\begin{array}{ccccc} \text{geo} & + & \text{therm} & + & \text{al} \\ | & & | & & | \\ earth & + & heat & + & adj. \end{array}$$

perigee /ˈpɛrəˌdʒi/ *n*.近地点（月球等距离地球最近之点）

$$\begin{array}{ccc} \text{peri} & + & \text{gee} \\ | & & | \\ near & + & earth \end{array}$$

138　ger = carry

　　* 拉丁文 *gerere*（= *carry* 运；载）。〔变化型〕*gest*。

gestate /ˈdʒɛstet/ *v*.怀孕；孕育；酝酿（计划）

gestation /dʒɛsˈteʃən/ *n*.怀孕；孕育；发展

gesticulate /dʒɛsˈtɪkjəˌlet/ *v*.以动作表达；做表情（身体运动）

gesture /ˈdʒɛstʃɚ/ *n*.手势；表情；姿势

congest /kənˈdʒɛst/ *v*.充满；拥塞；阻塞；充血（承载在一起）
　《*con-* = together》

$$\begin{array}{ccc} \text{con} & + & \text{gest} \\ | & & | \\ together & + & carry \end{array}$$

congestion /kən'dʒɛstʃən/ *n*.充满；拥塞；充血

digest /*v*. daɪ'dʒɛst *n*. 'daɪdʒɛst/ *v*.消化；了解；忍受
　n.分类；摘要（分别搬运→分解成块）《*di-* = *dis-* = apart》

digestion /daɪ'dʒɛstʃən/ *n*.消化

exaggerate /ɪg'zædʒəˌret/ *v*.夸张；夸大（超过程度的）
　《*ex-* = out》

```
ex  +  ag  +  ger  +  ate
 |      |      |       |
out  +  to  +  carry  +  v.
```

exaggeration /ɪgˌzædʒə'reʃən/ *n*.夸张

indigestion /ˌɪndə'dʒɛstʃən, ˌɪndaɪ-/ *n*.消化不良《*in-* = not》

ingest /ɪ'ndʒɛst/ *v*.吸收；咽下（运入）《*in-* = into》

suggest /səg'dʒɛst, sə'dʒɛst/ *v*.使想到；提议；暗示
　（拿到～之下）《*sug-* = *sub-* = under》

suggestion /səg'dʒɛstʃən, sə'dʒɛstʃən/ *n*.提议；暗示

139　gnos = know（知道）

prognosis /prɑg'nosɪs/ *n*.【医学】预断
　（医生对生病可能产生的过程或结果的预测）

```
 pro  +  gnosis
  |        |
before  +  know
```

prognosticate /prɑg'nɑstɪˌket/ *v*.预言；预示

140　greg = flock；herd（群）

congregation /ˌkɑŋgrɪ'geʃən/ *n*.集会

```
con     +  greg  +  ation
 |          |         |
together +  flock  +   n.
```

egregious /ɪ'gridʒəs/ *adj*.过分的；惊人的

```
    e  + greg + ious
    |     |      |
   out + herd + adj.
```

gregarious /grɪˈgɛrɪəs/ *adj.* 群居的；合群的

segregate /ˈsɛgrɪˌget/ *v.* 隔离；分开

```
    se  + greg + ate
    |      |      |
  apart + flock + v.
```

141　**grad** = walk

> * 拉丁文 ***gradi***(= *walk*),***gradus***(= *step*)。〔变化型〕*gress*。

grade /gred/ *n.* 年级；阶级；等级；成绩　　*v.* 分级；分类(一步步)

gradation /greˈdeʃən/ *n.* 渐变；阶级；等级

gradient /ˈgredɪənt,-djənt/ *n.* 斜度；坡度

gradual /ˈgrædʒʊəl/ *adj.* 逐渐的；渐次的

graduate /*v.* ˈgrædʒʊˌet *n.* ˈgrædʒʊɪt/ *v.* 授予学位；毕业

　　n. 毕业生(学年渐渐晋升)

```
   gradu +   ate
     |        |
   walk  +  n., v.
```

graduation /ˌgrædʒʊˈeʃən/ *n.* 毕业；分等级

degrade /dɪˈgred/ *v.* 降低；降职(阶级下降)《*de-* = down》

degradation /ˌdɛgrəˈdeʃən/ *n.* 恶化；退步

```
   de  + grad + ation
   |      |       |
  down + walk +   n.
```

gravigrade /ˈgrævəˌgred/ *adj.* 走路时步伐很重的(走路很重)

　　《***gravi*** = heavy》

postgraduate /postˈgrædʒʊɪt,-ˌet/ *n.* 研究生

　　adj. 毕业后继续研究的(毕业后)《***post-*** = after》

retrograde /ˈrɛtrəˌgred/ *v.* 倒退；退后；退步　　*adj.* 倒退的

　　(走向后面)《***retro-*** = backward》

```
retro  + grade
  |        |
backward + walk
```

undergraduate /ˌʌndɚˈgrædʒuɪt, ˌet/ *n*.大学本部学生；大学肄业生
  adj.大学本部的；肄业生的（还没毕业）《*under-* = below》

upgrade /ˈʌpˈgred/ *v*.改良；提高　*n*.增长；改善；上坡
  adj.，*adv*.上坡的（地）（阶级上升）《*up-* = up》

ingredient /ɪnˈgridɪənt/ *n*.成分；原料（进入的东西）《*in-* = in》

aggress /əˈgrɛs/ *n*.侵略；发动攻势（面向～走去）
  《*ag-* = *ad-* = to》

aggression /əˈgrɛʃən/ *n*.侵略；进攻

```
ag + gress + ion
 |    |      |
 to + walk + n.
```

congress /ˈkɑngrəs/ *n*.会议；〔美〕国会（一起去→集合）
  《*con-* = together》

　【解说】美国宪法规定国会（Congress）为最高立法机构。美国的国会为二院
　　　　制，由参议院（**the Senate**）和众议院（**the House of Representatives**）所
　　　　组成。

digress /daɪˈgrɛs/ *v*.离题（离去）《*di-* = *dis-* = apart》

digressive /dəˈgrɛsɪv, daɪ-/ *adj*.离题的；枝节的

```
di  + gress + ive
 |     |      |
apart + walk + adj.
```

egress /*n*. ˈigrɛs *v*. iˈgrɛs/ *n*.出现　*v*.出现；出去（去外面）
  《*e-* = *ex-* = out》

ingress /ˈɪngrɛs/ *n*.进入（走进）《*in-* = in》

progress /*n*. prɑgrɛs *v*. prəˈgrɛs/ *v*.进步；进行　*n*.进步
  （走向前）《*pro-* = forward》

progressive /prəˈgrɛsɪv/ *adj*.前进的；进步的

regression /rɪˈgrɛʃən/ *n*.退化；退步；回归（往回走）《*re-* = back》

retrogress /ˈrɛtrəˌgrɛs, ˌrɛtrəˈgrɛs/ *v*.后退；倒退（往后走）

《*retro-* = backward》

transgress /træns'grɛs/ *v*.逾越；违反（越过限度走去）

《*trans-* = across》

142　gram = graph = write

*希腊文 *gramma*(= letter)，*graphein*(= write)。〔变化型〕*graph*。

grammar /'græmɚ/ *n*.文法（写法）

grammarian /grə'mɛrɪən/ *n*.文法家

barogram /'bærəˌgræm/ *n*.气压记录表《*baro* = weight，pressure》

cryptogram /'krɪptəˌgræm/ *n*.密码；暗号（暗地写文字）

《*crypto* = hidden》

```
crypto  +  gram
  |          |
hidden  +  write
```

diagram /'daɪəˌgræm/ *n*.图表（画线的东西）《*dia-* = through》

epigram /'ɛpəˌgræm/ *n*.隽语；警句（写在石头上的东西→碑志）

《*epi-* = upon》

monogram /'mɑnəˌgræm/ *n*.花押字

（由姓和名第一个字母组合而成的图案）《*mono-* = single》

parallelogram /ˌpærə'lɛləˌgræm/ *n*.平行四边形

（对面平行的图形）《*parallel* 平行的》

program(me) /'progræm/ *n*.节目；计划；（电脑）程式

（事先书写的东西）《*pro-* = before》

programmer /'progræmɚ/ *n*.安排节目者；计划者；规划电脑程式者

```
pro   +  gramm  +   er
  |         |        |
before  +  write  +  person
```

telegram /'tɛləˌgræm/ *n*.电报（从远方书写送来的）

《*tele-* = far off》

gramophone /'græməfon/ *n*.留声机（古时的唱机）

《*phone* = sound》

graph /græf,grɑf/ *n*.曲线图；图表　*v*.以曲线图表示

graphic /'græfɪk/ *adj*. 图表的；书写的；生动的

autograph /'ɔtəˌgræf/ *n*. 亲笔（原稿）《*auto-* = self》

biography /baɪ'ɑgrəfɪ/ *n*. 传记（记录人的一生）《*bio* = life》

```
bio  +  graph  +  y
 |        |        |
life  +  write  +  n.
```

autobiography /ˌɔtəbaɪ'ɑgrəfɪ/ *n*. 自传（自己的传记）

cacography /kə'kɑgrəfɪ/ *n*. 拙劣的书法；错误的拼写（写得不好）
  《*caco* = bad》

calligraphy /kə'lɪgrəfɪ/ *n*. 书法（写得漂亮）《*calli* = beautiful》

choreography /ˌkorɪ'ɑgrəfɪ/ *n*. 舞蹈术；舞蹈（尤指芭蕾舞）

```
choreo  +  graph  +  y
  |          |        |
dance   +  write  +  n.
```

dictograph /'dɪktəˌgræf/ *n*. （电话）窃听器（暗中记下别人说的话）
  《*dicto* = speak》

```
dicto  +  graph
  |        |
speak  +  write
```

geography /dʒi'ɑgrəfɪ/ *n*. 地理学（记录有关土地的）
  《*geo-* = earth》

hydrography /haɪ'drɑgrəfɪ/ *n*. 水道学；水道测量学
  《*hydro* = water》

lexicography /ˌlɛksə'kɑgrəfɪ/ *n*. 辞典编纂（法）
  《*lexico* (*n*) = word》

lithography /lɪ'θɑgrəfɪ/ *n*. 石板印刷术《*litho* = stone》

micrography /maɪ'krɑgrəfɪ/ *n*. 显微镜制图；显微镜检查
  《*micro-* = small》

```
micro  +  graph  +  y
  |         |        |
small  +  write  +  n.
```

monograph /'mɑnəˌgræf, -ˌgrɑf/ *n*. 专论；专文（单一论述）
  《*mono-* = single》

orthography /ɔr'θɑgrəfɪ/ *n*. 正确拼法；拼字法（写得正确）

《*ortho* = right》

phonograph /ˈfonəˌɡræf/ *n*.留声机；唱机(＝ *gramophone*)

> phono + graph
> |　　　|
> *sound* + *write*

photograph /ˈfotəˌɡræf/ *n*.照片　*v*.摄影(用光来写的东西)
《*photo* = light》

stenography /stəˈnɑɡrəfɪ/ *n*.速写；速记(写得狭窄→缩小)
《*steno* = narrow》

telegraph /ˈtɛləˌɡræf/ *n*.电报；电信　*v*.打电报
(从远方书写送来的)《*tele-* = far off》

topography /toˈpɑɡrəfɪ/ *n*.地形学；地志；地形
(对地方的描写)《*topo* = place》

143　**grand** = grand

> ＊拉丁文 *grandis*(＝ *grand* , *great* , *large*)。

grand /ɡrænd/ *adj*.伟大的；堂皇的；高贵的；盛大的

grandeur /ˈɡrændʒɚ/ *n*.伟大；高贵；富丽堂皇

grandiloquent /ɡrænˈdɪləkwənt/ *adj*.夸大的；词藻浮夸的
(说大话)《*loqu* = speak》

grandiose /ˈɡrændɪˌos/ *adj*.宏伟的；堂皇的；浮夸的
《*-ose* 形容词字尾》

> grandi + ose
> |　　　|
> *grand* + *adj*.

grandiosity /ˌɡrændɪˈɑsətɪ/ *n*.宏伟；夸大

aggrandize /ˈæɡrənˌdaɪz, əˈɡræn-/ *v*.增大；增加；提高；扩充(使变大)
《*ag-* = *ad-* = to》

aggrandizement /əˈɡrændɪzmənt/ *n*.增大；增加

144　**grat** = please

> ＊拉丁文 *gratus*(＝ *pleasing*) , *gratia*(＝ *favour*)。

grateful /ˈɡretfəl/ *adj*.感谢的；感激的(充满欢喜的)

ungrateful /ʌnˈgretfəl/ *adj*.不知感激的《*un-* = not》

gratify /ˈgrætəˌfaɪ/ *v*.使高兴；使满意（使高兴）《*-ify* = make》

gratification /ˌgrætəfəˈkeʃən/ *n*.满足；令人愉快之事

gratitude /ˈgrætəˌtjud/ *n*.感激《*-itude* 抽象名词字尾》

ingrate /ˈɪngret/ *n*.忘恩负义的人《*in-* = not》

ingratitude /ɪnˈgrætəˌtjud/ *n*.忘恩负义

```
  in  +  grat  + ·itude
  |      |         |
 not + please  +   n.
```

gratis /ˈgretɪs, ˈgrætɪs/ *adv*.*adj*.免费地（的）

gratuitous /grəˈtjuətəs/ *adj*.没有报酬的；免费的；无故的

gratuity /grəˈtjuətɪ/ *n*.小费；礼物；退役慰劳金

gratulate /ˈgrætʃuˌlet/ *v*.欢迎；祝贺；表示欣喜

gratulant /ˈgrætʃələnt/ *adj*.欣喜的；祝贺的

grace /gres/ *n*.优雅；温文；仁慈；美德　*v*.增光；增色（可喜的）

graceful /ˈgresfəl/ *adj*.优雅的；得体的

gracious /ˈgreʃəs/ *adj*.亲切的；仁慈的

disgrace /dɪsˈgres/ *n*.不名誉；耻辱　*v*.玷污《*dis-* = not》

```
  dis  +  gra  + ce
  |       |       |
 not + please  +  n.
```

agree /əˈgri/ *v*.同意；赞成（使对方高兴）《*a-* = *ad-* = to》

agreeable /əˈgriəbl̩/ *adj*.令人愉快的

agreement /əˈgrimənt/ *n*.协定；一致；协调；同意

congratulate /kənˈgrætʃəˌlet/ *v*.祝贺；恭贺《*con-* = together》

congratulation /kənˌgrætʃəˈleʃən/ *n*.祝贺；庆贺；（*pl*.）贺词

ingratiate /ɪnˈgreʃɪˌet/ *v*.讨好；逢迎（使高兴向着某人）

　　《*in-* = toward》

ingratiation /ɪnˌgreʃɪˈeʃən/ *n*.讨好；巴结

145　**grav** = heavy

　　* 拉丁文 *gravis*（= heavy）。

grave /grev/ *adj*.严肃的；重大的

gravity /ˈgrævətɪ/ *n*. 地心引力；万有引力

gravitate /ˈgrævəˌtet/ *v*. 吸引；沉淀；沉降

gravitation /ˌgrævəˈteʃən/ *n*. 引力作用；沉降

gravid /ˈgrævɪd/ *adj*. 怀孕的 (= *pregnant*)（变重）

gravida /ˈgrævɪdə/ *n*. 孕妇《*-a* = feminine 表妇女的名词字尾》

gravimeter /grəˈvɪmətɚ/ *n*. 比重计 (= *gravity meter*)
  《*meter* 计量器》

aggravate /ˈægrəˌvet/ *v*.（负担等）加重；恶化《*ag-* = *ad-* = to》

```
ag  +  grav  +  ate
 |      |       |
to  +  heavy  +  v.
```

aggravation /ˌægrəˈveʃən/ *n*. 加重；恶化

grieve /griv/ *v*. 悲伤；伤心（使心情沉重）

grief /grif/ *n*. 悲伤；忧愁

aggrieve /əˈgriv/ *v*. 苦恼《*ag-* = *ad-* = to》

146　gregat = collect

  ＊拉丁文 *gregare* (= *collect*)，*grex* (= *flock* 群)。

gregarious /grɪˈgɛrɪəs/ *adj*. 群居的；合群的（集合群体）

aggregate /*v*. ˈægrɪˌget *adj*., *n*. ˈægrɪgɪt/ *v*. 合计；集合
  adj. 聚合的；总计的　　*n*. 集合；总数（集合）《*ag-* = *ad-* = to》

aggregation /ˌægrɪˈgeʃən/ *n*. 集合；集合体

congregate /ˈkɑngrɪˌget/ *v*. 集合；聚集（集聚在一起）
  《*con-* = together》

congregation /ˌkɑngrɪˈgeʃən/ *n*. 集合；集会

```
con   +  gregat  +  ion
 |        |         |
together + collect + n.
```

segregate /*v*. ˈsɛgrɪˌget *adj*. ˈsɛgrəgɪt/ *v*. 隔离；分离
  adj. 分离的（离开群体）《*se-* = apart》

segregation /ˌsɛgrɪˈgeʃən/ *n*. 分离；分开；种族隔离

　【解说】美国在 1896—1964 年之间，对黑人是采取所谓的隔离政策（segregation），主张自欺欺人的"隔离而平等"，当时的许多做法都很可笑，如规定白人坐公车车厢的前半部，黑人坐后半部，其实这都是一种种族歧视的行为。

egregious /ɪˈgridʒəs/ *adj*. 非常的；太过的（离开群体）

　《*e- = ex- =* out》

147　**hab** = have

　　*　拉丁文 habere*（= *have*, *hold*, *keep*）。〔变化型〕*hibit*。

habit /ˈhæbɪt/ *n*. 习惯；习性；衣服　*v*. 装扮（禀赋）

habitual /həˈbɪtʃuəl/ *adj*. 习惯的

habitant /ˈhæbətənt/ *n*. 居民；居住者（有地方→居住）

habituate /həˈbɪtʃuˌet/ *v*. 使习惯

habitude /ˈhæbəˌtjud, -tud/ *n*. 习惯；习性；气质；体质

　《*-itude* 抽象名词字尾》

```
hab  +  itude
 |        |
have  +  n.
```

habitat /ˈhæbəˌtæt/ *n*.（动植物的）产地；栖息地；居留地

habitation /ˌhæbəˈteʃən/ *n*. 居住

cohabit /koˈhæbɪt/ *v*. 同居（一起住）《*co* = *con-* = together》

inhabit /ɪnˈhæbɪt/ *v*. 居住（住在里面）《*in-* = in》

inhabitation /ɪnˌhæbəˈteʃən/ *n*. 居住

```
in  +  habit  +  ation
 |       |         |
in  +  have   +   n.
```

inhabitant /ɪnˈhæbətənt/ *n*. 居民

exhibit /ɪgˈzɪbɪt/ *v*. 表现；展示　*n*. 展览品（拿出去）《*ex-* = out》

exhibition /ˌɛksəˈbɪʃən/ *n*. 表现；博览会

inhibit /ɪnˈhɪbɪt/ *v*. 抑制；禁止；防止（拿在手中→抑制）

　《*in-* = in》

inhibition /ˌɪnhɪˈbɪʃən/ *n*. 抑制；禁止

```
┌─────────────────────────┐
│   in + hibit + ion      │
│   |     |      |        │
│   in + have + n.        │
└─────────────────────────┘
```

prohibit /proˈhɪbɪt/ v.禁止；阻止（在前面压制）《pro- = before》
prohibition /ˌproəˈbɪʃən/ n.禁止；禁令；禁律

148　hap = luck

　　* 古代挪威语 happ（= good luck）。

hap /hæp/ n.幸运；偶然发生之事
mishap /ˈmɪsˌhæp, mɪsˈhæp/ n.不幸；灾祸；恶运《mis- = bad》

```
┌─────────────────┐
│   mis + hap     │
│   |      |      │
│   bad + luck    │
└─────────────────┘
```

happen /ˈhæpən/ v.发生；偶然发生；碰巧
happening /ˈhæpənɪŋ/ n.事件
haphazard /n. ˈhæpˌhæzəd adj., adv. ˈhæpˈhæzəd/ n.偶然
　　adj., adv.偶然的（地）；随便的（地）《hazard = game of dice》
perhaps /pəˈhæps/ adv.可能；或许（凭借运气）
　　《per- = through》

149　helio = sun

　　* 希腊文 helios（= sun）。

heliocentric /ˌhilɪoˈsɛntrɪk/ adj.以太阳为中心的《centr = center》
heliogram /ˈhilɪoˌgræm/ n.日光反射信号《gram = write》
heliograph /ˈhilɪoˌgræf/ n.日光反射信号机；太阳照相机；
　　日照计《graph = write》
helioscope /ˈhilɪəˌskop, ˈhiljə-/ n.观日望远镜《scope = look》

```
┌──────────────────┐
│   helio + scope  │
│   |        |     │
│   sun  +  look   │
└──────────────────┘
```

heliotherapy /ˌhilɪoˈθɛrəpɪ/ n.日光疗法《therapy 治疗法》
heliotropic /ˌhilɪəˈtrapɪk, -ˈtropɪk/ adj.向日性的《trop(e) = turn》
heliotropism /ˌhilɪˈatrəpɪzm̩/ n.（植物的）向日性

helium /ˈhiliəm/ *n*.氦(化学元素,多存于太阳大气中)

150　**her** = heir

> *　拉丁文 *heres*(= *heir* 继承人)。

heir /ɛr/ *n*.继承人　*v*.继承
heiress /ˈɛrɪs/ *n*.女继承人
heirloom /ˈɛrˈlum, -ˌlum/ *n*.传家宝;祖传物
　(隐约出现之物→宝物)《*loom* 隐约出现》
heirship /ˈɛrʃɪp/ *n*.继承人之地位;继承权
　《*-ship* = state,表状态的名词字尾》
coheir /koˈɛr/ *n*.共同继承人《*co-* = *com-* = together》

```
    co    +  heir
    |         |
  together + heir
```

heredity /həˈrɛdətɪ/ *n*.遗传(被继承的东西)
hereditament /ˌhɛrəˈdɪtəmənt/ *n*.世袭财产
hereditary /həˈrɛdəˌtɛrɪ/ *adj*.世袭的;祖传的
heritage /ˈhɛrətɪdʒ/ *n*.遗产
heritable /ˌhɛrətəbl̩/ *adj*.可继承的
inherit /ɪnˈhɛrɪt/ *v*.继承;延续(财产、权利等);承受;遗传
　(性质、特性等)《*in-* = in》
inheritance /ɪnˈhɛrətəns/ *n*.继承;遗传

```
  in + her + it + ance
  |     |     |     |
  in + heir + go +  n.
```

inheritor /ɪnˈhɛrətɚ/ *n*.继承人
inheritrix /ɪnˈhɛrətrɪks/ *n*.女性继承人《*rix* = feminine (女性)》
disinherit /ˌdɪsɪnˈhɛrɪt/ *v*.剥夺继承权;剥夺人权或特权
　《*dis-* = apart,away》

151　**herb** = grass

> *　拉丁文 *herba*(= *grass*)。

herb /ɝb, hɝb/ *n*.草;草药

herbage /ˈɜˑbɪdʒ, ˈhɜˑ-/ *n*. 草本植物；草《-age 表示集合名词的字尾》
herbal /ˈhɜˑbḷ, ˈɜˑbḷ/ *adj*. 草本的；草的
herbalism /ˈhɜˑbəlɪzəm, ˈɜˑbə-/ *n*. 草药学

```
herb  +   al   +  ism
 |        |        |
grass  +  adj.  +  n.
```

herbalist /ˈhɜˑbḷɪst, ˈɜˑbḷ-/ *n*. 植物学家；采集植物者；草药商；草药医生
herbary /ˈhɜˑˌbɛrɪ/ *n*. 草药园《-ary 表示地点的名词字尾》
herbicide /ˈhɜˑbəˌsaɪd/ *n*. 除草药《cide = cut》
herbiferous /hɜˑbɪfərəs/ *adj*. 生草的《-iferous = bearing》

```
herb  +  ifer  +  ous
 |        |        |
grass  +  bear  +  adj.
```

herbivore /ˈhɜˑbɪˌvor/ *n*. 草食性动物《vor = eat》
herbivorous /hɜˑˈbɪvərəs/ *adj*. 草食的

152　here = stick

　　＊拉丁文 *haerere*(= stick 粘着)。〔变化型〕hes。

adhere /ədˈhɪr, æd-/ *v*. 粘着；附着《ad- = to》
adherence /ədˈhɪrəns/ *n*. 粘着；忠诚
adherent /ədˈhɪrənt/ *adj*. 粘着的　*n*. 拥护者

```
ad  +  her  +  ent
 |      |      |
to  + stick + adj.
```

adhesion /ədˈhiʒən, æd-/ *n*. 粘附；粘着
adhesive /ədˈhisɪv/ *adj*. 粘着性的　*n*. 粘着剂；胶带
cohere /koˈhɪr/ *v*. 粘着；附着（粘在一块）
　《co- = con- = together》
coherence /koˈhɪrəns/ *n*. 一致；连贯

```
co    +  her  +  ence
 |        |       |
together + stick +  n.
```

coherent /koˈhɪrənt/ *adj*. 一致的；连贯的

cohesion /ko'hiʒən/ *n*.结合；凝聚力
cohesive /ko'hisɪv/ *adj*.有粘着力的；凝聚性的
inhere /ɪn'hɪr/ *v*.存在；固有；具有（附着于体内）《*in-* = in》
inherence /ɪn'hɪrəns/ *n*.固有；天生；天赋
inherent /ɪn'hɪrənt/ *adj*.固有的；与生俱来的

$$
\begin{array}{ccc}
in & + & here & + & (e)nt \\
| & & | & & | \\
in & + & stick & + & adj.
\end{array}
$$

inhesion /ɪn'hiʒən/ *n*.固有；天赋（= *inherence*）
hesitate /'hɛzəˌtet/ *v*.犹豫；迟疑（粘着不易分离）
hesitation /ˌhɛzə'teʃən/ *n*.犹豫
hesitant /'hɛzətənt/ *adj*.犹豫的

153 **horr** = tremble

　　*拉丁文 *horrere*（= *tremble* 发抖）。

horrible /'harəbl̩/ *adj*.可怕的；恐怖的；极厌恶的
horrid /'hɔrɪd,'har-/ *adj*.可怕的；极可恶的
horrify /'hɔrəˌfaɪ,'harə-/ *v*.使惊骇；使战栗；使恐惧
horrific /hɔ'rɪfɪk,ha-/ *adj*.令人毛骨悚然的；可怖的
horrification /ˌhɔrəfə'keʃən,har-/ *n*.惊骇；战栗
horror /'harɚ/ *n*.恐怖；战栗；极度憎恶
abhor /əb'hɔr,æb-/ *v*.憎恶；痛恨（毛发竖立地离开）
　　《*ab-* = away》

$$
\begin{array}{ccc}
ab & + & hor \\
| & & | \\
away & + & tremble
\end{array}
$$

abhorrent /əb'hɔrənt,æb-,-'har-/ *adj*.嫌恶的；令人痛恨的
abhorrence /əb'hɔrəns,æb-,-'har-/ *n*.憎恶；痛恨；嫌恶的事情

154 **hum** = man

　　*拉丁文 *humanus*（= *human*），*homo*（= *man*）。〔变化型〕*hom*。

human /'hjumən/ *adj*.人类的　*n*.人类
humane /hju'men/ *adj*.人道的；慈爱的

humanism /ˈhjumənˌɪzəm/ *n*.人道；人性；人文主义

humanitarian /hjuˌmænəˈtɛrɪən/ *n*.人道主义者；慈善家
　　adj.人道主义的

humanity /hjuˈmænətɪ/ *n*.人类；人性；人道

```
human + ity
  |       |
 man  +  n.
```

humanize /ˈhjuməˌnaɪz/ *v*.赋予人性；使成为人；教化

humankind /ˈhjumənˌkaɪnd/ *n*.人类（= *mankind*）

homicide /ˈhɑməˌsaɪd/ *n*.杀人（者）《*cide* = cut》

homage /ˈhɑmɪdʒ/ *n*.效忠；臣服；尊敬《*hom(o)* = man，servant》

155　hum = ground

＊拉丁文 *humus*（= ground）。

humble /ˈhʌmbl̩/ *adj*.卑下的；谦逊的；粗陋的
　　v.使卑下；贬低（地位低下的）

humiliate /hjuˈmɪlɪˌet/ *v*.使丢脸；屈辱；使羞愧
　　（将对手按倒在地）

humiliation /hjuˌmɪlɪˈeʃən/ *n*.丢脸；屈辱

humility /hjuˈmɪlətɪ/ *n*.谦卑；谦恭（变得低下）

humus /ˈhjuməs/ *n*.腐殖土；沃土

exhume /ɪgˈzjum, ɪkˈsjum/ *v*.掘出；发掘；使重视
　　（向地面以外）《*ex-* = out》

```
ex + hume
 |     |
out + ground
```

inhume /ɪnˈhjum/ *v*.埋葬；土葬（送入地里）《*in-* = into》

posthumous /ˈpɑstʃuməs/ *adj*.死后的；遗著的；死后出版的
　　（埋葬之后的）《*post-* = after》

156　hydr = water

＊拉丁文 *hydr*，*hydro*（= water）。

hydrant /ˈhaɪdrənt/ *n*.给水栓；消防栓

hydrate /ˈhaɪdret,-drɪt/ *n*.水化物；氢氧化物　*v*.使成水化物

hydraulic /haɪˈdrɔlɪk/ *adj*.液压的；油压的

hydroelectric /ˌhaidro·ɪˈlɛktrɪk/ *adj*.水电的；水力发电的

hydrogen /ˈhaɪdrədʒən,-dʒɪn-/ *n*.氢《*gen* = produce》

hydrogenate /ˈhaɪdrədʒənˌet,-dʒɪn-/ *v*.使与氢化合

```
hydro  +   gen    + ate
  |          |        |
water  +  produce  +  v.
```

hydrography /haɪˈdrɑgrəfɪ/ *n*.水道学；水道测量学
　《*graphy* = writing》

hydrolysis /haɪˈdrɑləsɪs/ *n*.加水分解；水解作用（用水来释放）
　《*lysis* = free》

hydrophobia /ˌhaɪdrəˈfobɪə/ *n*.恐水症；狂犬病（害怕水）
　《*phobia* = fear》

hydroplane /ˈhaɪdrəˌplen/ *n*.水上飞机；水上快艇

hydrotherapy /ˌhaɪdrəˈθɛrəpɪ/ *n*.水疗法（用水治疗）
　《*therapy* 治疗法》

hydrotropism /haɪˈdrɑtrəˌpɪzəm/ *n*.（植物）向水性
　《*trop* = turn》

```
hydro + trop + ism
  |       |      |
water  + turn  + n.
```

dehydrate /diˈhaɪdret/ *v*.脱水；使变干（除去水）
　《*de-* = *dis-* = away》

157　hypno = sleep

＊希腊文 *hypnos*（ = sleep）。

hypnotic /hɪpˈnɑtɪk/ *n*.催眠的；易催眠的
　n.（易）被催眠者；催眠药

hypnotist /ˈhɪpnətɪst/ *n*.施催眠术者

hypnotism /ˈhɪpnəˌtɪzəm/ *n*.催眠术；催眠状态

hypnotize /ˈhɪpnəˌtaɪz/ *v*.使进入催眠状态；使入迷

hypnosis /hɪpˈnosɪs/ *n*.催眠状态；催眠术

$$
\begin{array}{ccc}
\text{hypno} & + & \text{sis} \\
| & & | \\
\textit{sleep} & + & \textit{n.}
\end{array}
$$

hypnophobia /ˌhɪpnəˈfobɪə/ *n*.睡眠恐惧症《*phobia* = fear》

hypnotherapy /ˌhɪpnoˈθɛrəpɪ/ *n*.催眠疗法《*therapy* 治疗法》

158　idio = personal；distinct

　　* 希腊文 *idios*（= *personal*，*distinct* 独特的）。

idiographic /ˌɪdɪəˈgræfɪk/ *adj*.个案研究的（研究个人）
　《*graph* = write》

idiom /ˈɪdɪəm/ *n*.某一民族的特别语法；成语；惯用语

idiomatic /ˌɪdɪəˈmætɪk/ *adj*.表现某一语言特性的；惯用的

idiomorphic /ˌɪdɪəˈmɔrfɪk/ *adj*.具有其特有形状的（形状独特）
　《*morph* = form》

$$
\begin{array}{ccccc}
\text{idio} & + & \text{morph} & + & \text{ic} \\
| & & | & & | \\
\textit{personal} & + & \textit{form} & + & \textit{adj.}
\end{array}
$$

idiopathic /ˌɪdɪəˈpæθɪk/ *adj*.自发症的；原发病的（非由他病引起的）
　《*path* = disease，suffering》

idiosyncrasy /ˌɪdɪəˈsɪnkrəsɪ,-ˈsɪŋ-/ *n*.个人心理的特点；癖性；特质
　（个人的特质）《*idio*（personal）+ *syn-*（together）+ *crasy*（mixing）》

159　insul = island

　　* 拉丁文 *insula*（= *island*）。

insular /ˈɪnsələ/ *adj*.岛屿的；岛国特性的；偏狭的

insularity /ˌɪnsəˈlærətɪ/ *n*.岛国的特性；偏狭

insulate /ˈɪnsəˌlet/ *v*.隔离；绝缘

insulation /ˌɪnsəˈleʃən/ *n*.隔离；孤立

$$
\begin{array}{ccc}
\text{insul} & + & \text{ation} \\
| & & | \\
\textit{island} & + & \textit{n.}
\end{array}
$$

insulator /ˈɪnsəˌletə,ˈɪnsjʊ-/ *n*.绝缘体；隔绝物

island /ˈaɪlənd/ *n*.岛；岛屿；岛状物　*v*.使成为岛；孤立

isle /aɪl/ *n*.岛　*v*.使成为岛；置于岛上

islet /ˈaɪlɪt/ *n*.小岛《*-et* 表示小的名词字尾》

isolate /ˈaɪsl̩ˌet,ˈɪs-/ *v*.使隔离；使孤立

```
    isol  +  ate
     |        |
   island  +  v.
```

isolation /ˌaɪsl̩ˈeʃən,ˌɪsə-/ *n*.隔离；孤立

peninsula /pəˈnɪnsələ/ *n*.半岛（几乎成为岛的）

　《*pen-* = almost》

160　it = go

　　*拉丁文 *ire*(= go)。

itineracy /aɪˈtɪnərəsɪ,ɪ-/ *n*.巡回；游历(巡回而行)

itinerant /aɪˈtɪnərənt,ɪ-/ *adj*.巡回的；流动的；游历的

　n.巡回工作者；巡回传教士

itinerary /aɪˈtɪnəˌrɛrɪ,ɪ-/ *n*.旅行路线；旅行计划

　adj.旅行的；巡回的；游历的

itinerate /aɪˈtɪnəˌret,ɪ-/ *v*.巡回；游历

ambit /ˈæmbɪt/ *n*.周围；范围(走过四周)《*amb-* = *ambi-* = round》

ambition /æmˈbɪʃən/ *n*.野心；企图；抱负；渴望的事物

　(为求取名声而来回走着)

```
    amb  +  it  +  ion
     |      |      |
   round +  go  +  n.
```

ambitious /æmˈbɪʃəs/ *adj*.有野心的；渴望的

circuit /ˈsɝkɪt/ *n*.周围；环行；绕行一周(走过四周)

　《*circu-* = round》

circuitous /sɝˈkjuɪtəs/ *adj*.迂回的；绕行的

coition /koˈɪʃən/ *n*.性交(= *coitus*)(一块儿去)

　《*co-* = *com-* = together》

initiate /*v*. ɪˈnɪʃɪet *adj*.,*n*. ɪˈnɪʃɪɪt/ *v*.创始；发起；启蒙；传授秘诀；使入会

　adj.创始的；初期的；启蒙的；新加入的

　n.初学者；新进者；入会者(走入内部)《*in-* = into》

initiation /ɪˌnɪʃɪˈeʃən/ *n*.创始；发起

```
┌─────────────────────────┐
│   in  +  iti  + ation   │
│    |      |      |      │
│  into  +  go  +  n.     │
└─────────────────────────┘
```

initiative /ɪˈnɪʃɪˌetɪv/ *n*.起步；初步；主动
　adj.自发的；起初的；率先的

initiator /ɪˈnɪʃɪˌetɚ/ *n*.创始者；发起人

initial /ɪˈnɪʃəl/ *adj*.最初的；开始的　*n*.姓名的首字母
　v.签姓名的首字母于～

perish /ˈpɛrɪʃ/ *v*.死；毁灭；腐坏（全走光了）
　《*per-* = thoroughly》

perishable /ˈpɛrɪʃəbḷ/ *adj*.易坏的；易死的

transit /ˈtrænsɪt,-zɪt/ *n*.通过；横断；变迁　*v*.通过；经过；
　过境（横着穿过）《*trans-* = across》

```
┌─────────────────────┐
│    trans  +  it     │
│      |        |     │
│   across  +  go     │
└─────────────────────┘
```

transition /trænˈzɪʃən/ *n*.转移；变迁

transitive /ˈtrænsətɪv/ *adj*.及物的；变迁的；转移的；中间的
　n.及物动词

transitory /ˈtrænsəˌtorɪ,-ˌtɔrɪ/ *adj*.短暂的；顷刻的

transient /ˈtrænʃənt/ *adj*.短暂的；片刻的；易变的
　n.过境客；短期逗留者

161　ject = throw

　　* 拉丁文 *jacere*（= throw, cast）。〔变化型〕*jac*。

abject /æbˈdʒɛkt,ˈæbdʒɛkt/ *adj*.不幸的；可怜的；卑鄙的
　（被丢弃）《*ab-* = away》

abjection /æbˈdʒɛkʃən/ *n*.落魄；耻辱

conjecture /kənˈdʒɛktʃɚ/ *v*.推想；猜想　*n*.推测；臆测；推想
　（共同投掷→将二者并列而加以推量比较）《*con-* = together》

```
┌──────────────────────────┐
│   con  +  ject  + ure    │
│    |       |       |     │
│ together + throw +  n.   │
└──────────────────────────┘
```

deject /dɪˈdʒɛkt/ *v*.使沮丧；使灰心（投至下方）《*de-* = down》

eject /ɪˈdʒɛkt/ *v*.喷出；投出；排斥；逐出（向外投）

　《*e-* = *ex-* = out》

ejection /ɪˈdʒɛkʃən,i-/ *n*.喷出；喷出物

inject /ɪnˈdʒɛkt/ *v*.注射；投入；加入（投掷进来）《*in-* = into》

injection /ɪnˈdʒɛkʃən/ *n*.注射（液）；注入

interject /ˌɪntɚˈdʒɛkt/ *v*.投入其间；插入（投入其间）

　《*inter-* = between》

interjection /ˌɪntɚˈdʒɛkʃən/ *n*.感叹词；插入语

```
inter  +  ject  + ion
  |         |        |
between + throw  +  n.
```

object¹ /ˈɑbdʒɪkt/ *n*.物体；目标；目的（被掷于眼前的东西）

　《*ob-* = before》

object² /əbˈdʒɛkt/ *v*.反对；拒绝（投向反对者）《*ob-* = against》

objection /əbˈdʒɛkʃən/ *n*.反对；异议

objective /əbˈdʒɛktɪv/ *n*.目标；实体　*adj*.实在的；客观的；目标的

objectivity /ˌɑbdʒɛkˈtɪvətɪ/ *n*.客观性

```
ob    +  ject  + iv(e) + ity
 |         |        |       |
against + throw  + adj.  +  n.
```

project /*v*. prəˈdʒɛkt *n*. ˈprɑdʒɛkt/ *v*.计划；设计；投影；突出

　n.计划；提案；事业（投掷到前方）《*pro-* = forward》

projectile /prəˈdʒɛktl̩,-tɪl/ *n*.抛射物；发射体　*adj*.投射的；发射的

projector /prəˈdʒɛktɚ/ *n*.发起人；设计师；放映机；放映师

reject /rɪˈdʒɛkt/ *v*.拒绝；驳回；舍弃（投掷回来）《*re-* = back》

rejection /rɪˈdʒɛkʃən/ *n*.拒绝；排泄物

```
re  +  ject  + ion
 |       |       |
back + throw  +  n.
```

subject /*v*. səbˈdʒɛkt *adj*.,*n*. ˈsʌbdʒɪkt/ *v*.使服从；使蒙受；使罹患

　adj.从属的；受支配的；容易罹患～的

　n.国民；主词；主题；科目（投身于～之下）《*sub-* = under》

subjection /səb'dʒɛkʃən/ *n*.隶属；从属；服从

subjective /səb'dʒɛktɪv/ *adj*.主观的；主格的　*n*.主格

trajectory /trə'dʒɛktərɪ,-trɪ/ *n*.弹道；抛射物的弧形行程
　（由一端投到另一端的路线）《*tra-* = *trans-* = across》

adjacent /ə'dʒesn̩t/ *adj*.近邻的；毗连的（朝向～投掷）《*ad-* = to》

ejaculate /ɪ'dʒækjuˌlet/ *v*.射出；突然喊叫（投掷出去）
　《*e-* = *ex-* = out》

```
         e   +   jacul   +   ate
         |         |          |
        out  +  throw   +    v.
```

ejaculation /ɪˌdʒækjə'leʃən,i-/ *n*.射出；突发的叫声

interjacent /ˌɪntɚ'dʒesənt/ *adj*.在中间的；居间的（被掷于其间）
　《*inter-* = between》

subjacent /sʌb'dʒesn̩t/ *adj*.低下的；下层的（被投往下面）
　《*sub-* = under》

162　join = join

　　＊拉丁文 *jungere*（= join）。〔变化型〕*junct*。

join /dʒɔɪn/ *v*.连接；加入；联合

adjoin /ə'dʒɔɪn/ *v*.连接；邻近（与～相连）《*ad-* = to》

conjoin /kən'dʒɔɪn/ *v*.联合；连接《*con-* = together》

disjoin /dɪs'dʒɔɪn/ *v*.分离；拆散；散开（使失去连接）
　《*dis-* = apart》

```
        dis   +   join
         |          |
       apart  +   join
```

rejoin /ˌri'dʒɔɪn/ *v*.再加入；再结合《*re-* = again》

subjoin /səb'dʒɔɪn/ *v*.补述；增补；添加（在下面加入）
　《*sub-* = under》

junction /'dʒʌŋkʃən/ *n*.连接；会合处

juncture /'dʒʌŋktʃɚ/ *n*.连接；时刻；时机

adjunct /'ædʒʌŋkt/ *n*.附属物；助手；修饰语
　adj.附属的；辅助的；临时的（加上去）《*ad-* = to》

```
ad + junct
|      |
to  +  join
```

adjunction /əˈdʒʌŋkʃən/ *n*.添加；附加

conjunct /kənˈdʒʌŋkt/ *adj*.联合的；结合的（连接在一起）

　《*con-* = together》

conjunction /kənˈdʒʌŋkʃən/ *n*.连接；结合；连接词

```
con   + junct + ion
|        |       |
together + join +  n.
```

disjunct /dɪsˈdʒʌŋkt/ *adj*.分离的；不连续的（不连接的）

　《*dis-* = not》

disjunction /dɪsˈdʒʌŋkʃən/ *n*.分离；分裂

injunction /ɪnˈdʒʌŋkʃən/ *n*.命令；禁止令（进入连接→受约束）

　《*in-* = into》

subjunction /səbˈdʒʌŋkʃən/ *n*.增补；添加（在下面加入）

　《*sub-* = under》

subjunctive /səbˈdʒʌŋktɪv/ *n*.假设语气　*adj*.假设语气的

163　**journ** = day

　　＊拉丁文 *dies*(= day),*diurnalis*(= daily)；法文 *journee*(= day)。

journal /ˈdʒɜːnl/ *n*.日记；日报；杂志（每天的东西）

journalism /ˈdʒɜːnlˌɪzəm/ *n*.新闻学；新闻杂志业；报纸杂志的文体；
　报章杂志

journey /ˈdʒɜːnɪ/ *n*.旅程；旅行　*v*.旅行（一天的旅程）

adjourn /əˈdʒɜːn/ *v*.延期《*ad-* = to》

```
ad + journ
|      |
to  +  day
```

sojourn /*v*. soˈdʒɜːn *n*. ˈsodʒɜːn/ *v*.逗留；寄居　*n*.逗留；寄居
　（在岁月之下→过日子）《*so-* = *sub-* = under》

diary /ˈdaɪərɪ/ *n*.日记(= *journal*)《拉丁文 *dies* = day》

diurnal /daɪˈɚnḷ/ *adj*.一日的；白天的
　　《拉丁文 *diurnalis* = daily》　*cf*. *nocturnal*(夜的)

164　jud = judge

　　＊拉丁文 *judicare*(= judge)，*judex*(= judge)。

judge /dʒʌdʒ/ *v*.审判；评判；判断　　*n*.法官；裁判(显示法律)
　　《拉丁文 *jus* (law) + *dicare* (point out)》
judg(e)ment /ˈdʒʌdʒmənt/ *n*.判定；裁判；判断；意见

ju +	dg	+ ment
law +	point out +	n.

judicature /ˈdʒudɪkəˌtʃɚ/ *adj*.裁判；司法官；法院
judicatory /ˈdʒudɪkəˌtɔrɪ,-ˌtɛrɪ/ *adj*.裁判的；司法的
　　n.裁判所；法庭
judicial /dʒuˈdɪʃəl/ *adj*.司法的；公平的
judiciary /dʒuˈdɪʃɪˌɛrɪ,-ˈdɪʃərɪ/ *adj*.司法的；法官的
　　n.司法制度；法官
judicious /dʒuˈdɪʃəs/ *adj*.明智的；思虑深的(有判断力)
adjudicate /əˈdʒudɪˌket/ *v*.判决；裁判《*ad-* = to》

ad +	judic +	ate
to +	judge +	v.

prejudice /ˈprɛdʒədɪs/ *n*.偏见；成见；伤害
　　v.使有偏见；使有成见；给与损害　(事先的判断)《*pre-* = before》
sub judice /sʌbˈdʒudɪsi/ *adv*.【拉丁文】在审理中；尚未判决
　　《*sub-* = under》

165　jur = swear

　　＊拉丁文 *jurare*(= swear 发誓)。

abjure /əbˈdʒʊr,æb-/ *v*.宣誓放弃(立誓脱离)《*ab-* = away》
abjuration /ˈæbdʒuˈreʃən/ *n*.宣誓放弃
adjure /əˈdʒʊr/ *v*.命令；恳求(向～发誓)《*ad-* = to》
adjuration /ˌædʒuˈreʃən/ *n*.命令；恳求

conjure[1] /kən'dʒʊr/ v.恳求《con- = together》

conjure[2] /'kʌndʒɚ, 'kɑn-/ v.施魔术；召唤（灵魂等）（共同发誓）

conjuration /ˌkɑndʒʊ'reʃən/ n.召唤；魔法；恳求

```
con   +  jur  + ation
 |        |       |
together + swear +  n.
```

perjure /'pɝdʒɚ/ v.作伪证《per- = over》

perjury /'pɝdʒərɪ/ n.伪证（罪）

166　just = law；right

　　＊拉丁文 *jus*(= *law*, *right* 正义)。〔变化型〕*juris*。

just /dʒʌst/ adj.正直的；公平的；公正的；精确的

　adv.正巧；刚好；刚才；仅仅

justice /'dʒʌstɪs/ n.正义；审判；司法

justify /'dʒʌstəˌfaɪ/ v.证明为正当；为～辩护（使正确）

　《-*ify* = make》

adjust /ə'dʒʌst/ v.调整；调节；适应；调停（使正确）《*ad-* = to》

adjustment /ə'dʒʌstmənt/ n.调整；调节

```
ad + just + ment
 |    |      |
to + law  +  n.
```

injustice /ɪn'dʒʌstɪs/ n.不公正；不公平《*in-* = not》

unjust /ʌn'dʒʌst/ adj.不正的；不当的《*un-* = not》

unjustifiable /ʌn'dʒʌstəˌfaɪəbḷ/ adj.不合理的；无法接受的；错误的

juridical /dʒʊ'rɪdɪkḷ/ adj.裁判（上）的；合法的；法律上的

jurisconsult /ˌdʒʊrɪskən'sʌlt, -'kɑnsʌlt/ n.民法学家；国际法学家；

　法律学家（思考法律的人）《*consult* = consider》

```
juris + consult
  |       |
 law  + consider
```

jurisdiction /ˌdʒʊrɪs'dɪkʃən/ n.司法（权）；司法机关；管辖（区域）

　（陈述法律的事物）《*diction* = saying》

jurisprudence /ˌdʒʊrɪsˈprudn̩s/ *n*.法律学；法律体系(有关法律的技术)
《*prudence* = skill》

jury /ˈdʒʊrɪ/ *n*.陪审团；评判委员会

【解说】英美的陪审团制度又称为人民陪审制,人民陪审制是由人民担任陪审员,来参与刑事诉讼的审判,通常陪审员只要认定被告是否有罪,至于适用什么法律和刑罚,仍由法官决定。

jurist /ˈdʒʊrɪst/ *n*.法律学者；法律著作家；法学生

juror /ˈdʒʊrɚ/ *n*.陪审团之一员；评判员

injure /ˈɪndʒɚ/ *v*.伤害；损害；破坏(做不正当的事)《*in-* = not》

```
   in  +  jure
   |      |
  not + right
```

injurious /ɪnˈdʒʊrɪəs/ *adj*.有害的

injury /ˈɪndʒərɪ/ *n*.伤害；损害；侮辱；无礼

167 **labor** = work

＊拉丁文 *labor*(= work)。

labor /ˈlebɚ/ *n*.工作；劳动；劳工　*v*.劳动；努力

laboratory /ˈlæbrəˌtorɪ, ˈlæbərə-/ *n*.实验室
《*-ory* 表示地点的名词字尾》

labored /ˈlebɚd/ *adj*.痛苦的；困难的；不流畅的

laborer /ˈlebərɚ/ *n*.劳动者；劳工

laborious /ləˈborɪəs, -ˈbɔr-/ *adj*.费力的；艰难的；努力的；勤劳的

```
  labor + ious
   |       |
  work +  adj.
```

belabor /bɪˈlebɚ/ *v*.痛击；嘲弄；辱骂(迫使劳动)
《*be-* = make》

collaborate /kəˈlæbəˌret/ *v*.合作(一起工作)
《*col-* = *com-* = together》

elaborate /*v*. ɪˈlæbəˌret *adj*. ɪˈlæbrɪt/ *v*.用心做；苦心经营；详细说明
adj.用心做成的；精巧的；复杂的(努力做出来)《*e-* = *ex-* = out》

168　laps = slip；glide

　　* 拉丁文 **lapsare**(= slip 滑，glide 溜)。

lapse /læps/ *n*.失误；过失；(小)错误　　*v*.失误；失足；消失(手滑过)

collapse /kə'læps/ *v*.倒塌；崩溃；瓦解；失败；消沉；颓丧
　　n.崩溃；挫折；衰弱；消沉；失败(一同滑落)
　　《**col-** = **con-** = together》

collapsible；－**able** /kə'læpsəbl̩/ *adj*.可折叠的；折叠式的
　　(可以折叠的)

$$
\begin{array}{ccc}
\text{col} & + \text{ laps } + & \text{ible} \\
| & | & | \\
together & + \; slip \; + & adj.
\end{array}
$$

elapse /ɪ'læps/ *v*.(时间)溜走；逝去(时光溜走)
　　《**e-** = **ex-** = out》

prolapse /prə'læps/ *v*.脱垂；脱出　　*n*.(身体内部器官之)
　　脱垂；脱出(向前滑出)《**pro-** = forward》

relapse /rɪ'læps/ *v*.回复；复发　　*n*.复发；故态复萌(完全回复)
　　《**re-** = back》

169　late = bring；bear

　　* 拉丁文 **latum**(= bring，bear)，与 **-fer** 同字源。

ablation /æb'leʃən/ *n*.除去；切除(搬走)《**ab-** = away》

collate /kɑ'let/ *v*.对照；校勘(集合在一起)
　　《**col-** = **com-** = together》

$$
\begin{array}{cc}
\text{col} & + \text{ late} \\
| & | \\
together & + \; bring
\end{array}
$$

dilate /daɪ'let, dɪ-/ *v*.使扩大；膨胀(运到远处)
　　《**di-** = **dis-** = apart》

dilatable /daɪ'letəbl̩, dɪ-/ *adj*.可膨胀的

dilatation /ˌdɪlə'teʃən, ˌdaɪlə-/ *n*.扩张；膨胀；肥大(症)

$$
\begin{array}{ccc}
\text{di} & + \text{ lat } + & \text{ation} \\
| & | & | \\
apart & + \; bear \; + & n.
\end{array}
$$

elate /ɪˈlet, i-/ *v*.使兴奋　*adj*.兴奋的；得意的（将心情表现在外）

　《*e-* = *ex-* = out》

illation /ɪˈleʃən/ *n*.推论；结论（被带到内部的东西）

　《*il-* = *in-* = in》

oblate /ˈɑblet, əbˈlet/ *adj*.扁圆的

　《*ob-* = towards》

```
ob   +  late
 |        |
towards + bear
```

relate /rɪˈlet/ *v*.叙述；（使）有关联（还原）《*re-* = back》

relation /rɪˈleʃən/ *n*.陈述；关系；亲戚

relative /ˈrɛlətɪv/ *adj*.有关系的；相对的　*n*.亲戚；关系词

relator /rɪˈletə/ *n*.陈述者；原告

superlative /səˈpɝlətɪv, su-/ *adj*.最高级的；夸张的；超群的
　n.最高级的形容词或副词；极致（携带到界限以外）

　《*super-* = beyond》

```
super  +  lat  +  ive
  |         |       |
beyond  + bear  + adj.
```

translate /ˈtrænslet, trænsˈlet/ *v*.翻译；解释；说明（移向别处）

　《*trans-* = across》

translation /trænsˈleʃən/ *n*.翻译

translator /trænsˈletə/ *n*.翻译者

ventilate /ˈvɛntl̩et/ *v*.使通风；以新鲜空气来净化～；自由讨论
　（把风带进来）《*venti* = wind》

```
venti  +  late
  |        |
wind   + bring
```

ventilation /ˌvɛntl̩ˈeʃən/ *n*.通风；通风设备；自由讨论

delay /dɪˈle/ *v*.延期；延缓　*n*.耽搁（运往远处）

　《*de-* = *dis-* = apart》

170　　later = side

*拉丁文 *latus*（= side 侧面）。

lateral /ˈlætərəl/ *adj*.旁边的；侧面的；侧生的

　　n.侧面；支线；侧生芽

latitude /ˈlætəˌtjud/ *n*.纬度；范围；程度；自由范围

　　《*-itude* 抽象名词字尾》

bilateral /baɪˈlætərəl/ *adj*.两边的；双方的；互惠的《*bi-* = two》

collateral /kəˈlætərəl/ *adj*.并行的；附带的

　　n.旁系亲属；附属品；抵押品（一块在旁边）《*col-* = *com-* = together》

```
col  + later +  al
 |       |      |
together + side + adj.
```

equilateral /ˌikwəˈlætərəl/ ' 等边的　　*n*.等边形；相等的边

　　《*equi* = equal》

multilateral /ˌmʌltɪˈlætərəl/ *adj*.多边的；多国参加的

　　《*multi-* = many》

quadrilateral /ˌkwɑdrəˈlætərəl/ *adj*.四边形的；四方面的

　　n.四边形《*quadri-* = four》

unilateral /ˌjunɪˈlætərəl/ *adj*.单方的；片面的；单独的

　　《*uni-* = one》

171　　lav = wash

*拉丁文 *lavare*（= wash）。〔变化型〕*lau*。

lave /lev/ *v*.洗濯；沐浴；冲洗

lava /ˈlɑvə, ˈlævə/ *n*.熔岩（冲洗山脊的流体）

lavatory /ˈlævəˌtorɪ/ *n*.盥洗室；厕所（洗手的地方）

　　《*-ory* 表示地点的名词字尾》

lavish /ˈlævɪʃ/ *v*.浪费；滥用　　*adj*.丰富的；过多的（如水般地）

```
lav  +   ish
 |        |
wash + adj., v.
```

launder /ˈlɔndɚ, ˈlɑn-/ v.洗烫

laundress /ˈlɔndrɪs, ˈlɑn-/ n.洗衣妇《-ess 表女性的名词字尾》

laundry /ˈlɔndrɪ, ˈlɑn-/ n.洗衣店；送洗的衣物
  《-ry 表地点的名词字尾》

deluge /ˈdɛljudʒ/ n.大洪水；泛滥；涌到　v.泛滥；涌至；压倒
  《de- = dis- = away》

dilute /dɪˈlut, daɪ-/ v.稀释；冲淡　adj.稀薄的
  《di- = dis- = apart》

172　lax = loosen

　　＊拉丁文 laxare（= loosen 放松），希腊文 luein（= loosen）。〔变化型〕lyse。

lax /læks/ adj.松弛的；散漫的；放纵的　n.腹泻

laxation /lækˈseʃən/ n.松懈；放纵

laxative /ˈlæksətɪv/ adj.通便的；腹泻的　n.通便剂；泻药

laxity /ˈlæksətɪ/ n.不严谨；放纵

relax /rɪˈlæks/ v.放松；松弛；缓和；减轻《re- = back》

relaxation /ˌrilæksˈeʃən/ n.松弛；放松；减轻；休养；娱乐；精力减退

re	+	lax	+	ation
back	+	loosen	+	n.

release /rɪˈlis/ v.解开；释放；解脱；免除；放弃；发表；发行
  n.解开；释放；弃权；让与；出版物（放松）

analyse；**-lyze**/ ˈænḷˌaɪz/ v.分析；分解；解析（放松回到原处）
  《ana- = back》

analysis /əˈnæləsɪs/ n.分解；分析；解析

ana	+	lys	+	is
back	+	loosen	+	n.

analytic；**-ical** /ˌænḷˈɪtɪk(ḷ)/ adj.分解的；分析的

paralyse；**-lyze** /ˈpærəˌlaɪz/ v.使麻痹；使无能力（放松以分离）
  《para- = beside》

paralysis /pəˈræləsɪs/ n.麻痹；中风；无力；无能

palsy /ˈpɔlzɪ/ *n*.麻痹；中风；瘫痪　*v*.使麻痹

173　**lect** = choose；gather；read

　　＊拉丁文 *legere*（= *choose*，*gather*，*read*），过去分词为 *lectus*。〔变化型〕*leg*。

lectern /ˈlɛktɚn/ *n*.教堂中的读经台；桌面倾斜的讲台

lection /ˈlɛkʃən/ *n*.（于教堂朗读的）圣句（读）

lecture /ˈlɛktʃɚ/ *n*.讲义；演讲　*v*.演讲；教训；训诫（读）

lecturer /ˈlɛktʃərɚ/ *n*.演讲者；（大学的）讲师

collect /kəˈlɛkt/ *v*.收集；集合；堆积；收款（集合在一起）

　　《*col-* = *com-* = together》

```
        col    +   lect
         |          |
     together + gather
```

collection /kəˈlɛkʃən/ *n*.收集；收取；捐款

elect /ɪˈlɛkt,ə/ *v*.推举；选举　*adj*.被选举的（选出）

　　《*e-* = *ex-* = out》

election /ɪˈlɛkʃən/ *n*.选举

elector /ɪˈlɛktɚ,ə/ *n*.选举人；有选举权者

electorate /ɪˈlɛktərɪt,ə/ *n*.选民；选举团；选区

intellect /ˈɪntl̩ɛkt/ *n*.智力；理解力（分别是非善恶的能力）

　　《*intel-* = *inter-* = between》

intellectual /ˌɪntl̩ˈɛktʃuəl/ *adj*.智力的；理智的；有知性的　*n*.知识分子

neglect /nɪˈglɛkt/ *v*.疏忽；忽略　*n*.疏忽；不留心（不紧密→松懈）

　　《*neg-* = not》

neglectful /nɪˈglɛktfəl/ *adj*.疏忽的

```
    neg  +  lect  +  ful
     |        |        |
    not + gather + adj.
```

recollect /ˌrɛkəˈlɛkt/ *v*.忆起；记起　/ˌrikəˈlɛkt/ *v*.再聚集（再结合）

　　《*re-* = again》

recollection /ˌrɛkəˈlɛkʃən/ *n*.记忆（力）；记起；回忆

select /səˈlɛkt/ *v*.选择；挑选　*adj*.挑选出来的；极好的；好挑剔的

（选择分别）《*se-* = apart》

selection /səˈlɛkʃən/ *n*.选择；淘汰

<table>
<tr><td>se</td><td>+</td><td>lect</td><td>+</td><td>ion</td></tr>
<tr><td>|</td><td></td><td>|</td><td></td><td>|</td></tr>
<tr><td>*apart*</td><td>+</td><td>*choose*</td><td>+</td><td>*n*.</td></tr>
</table>

legend /ˈlɛdʒənd/ *n*.传说（被诵读之物）

legendary /ˈlɛdʒəndˌɛrɪ/ *adj*.传说的；传奇的

　n.传奇故事集；传奇文学作家

legible /ˈlɛdʒəbl̩/ *adj*.易读的；清楚的；容易察觉的

legion /ˈlidʒən/ *n*.军队；军团；多数（多数的团体）　*cf*. **region**（地区）

diligent /ˈdɪlədʒnt/ *adj*.勤勉的（很快地选择区别）

　《*di-* = *dis-* = apart》

<table>
<tr><td>di</td><td>+</td><td>lig</td><td>+</td><td>ent</td></tr>
<tr><td>|</td><td></td><td>|</td><td></td><td>|</td></tr>
<tr><td>*apart*</td><td>+</td><td>*choose*</td><td>+</td><td>*adj*.</td></tr>
</table>

diligence /ˈdɪlədʒəns/ *n*.勤勉

elegant /ˈɛləgənt/ *adj*.优美的；文雅的；高雅的（被选拔的）

　《*e-* = *ex-* = out》

elegance /ˈɛləgəns/ *n*.典雅；高雅

eligible /ˈɛlɪdʒəbl̩/ *adj*.合格的；适任的　*n*.合格者（可被选出的）

　《*e-* = *ex-* = out》

intelligent /ɪnˈtɛlədʒnt/ *adj*.有智力的；聪明的（在二者之间作选择）

　《*intel-* = *inter-* = between》

intelligence /ɪnˈtɛlədʒəns/ *n*.智力；理解力；情报

<table>
<tr><td>intel</td><td>+</td><td>lig</td><td>+</td><td>ence</td></tr>
<tr><td>|</td><td></td><td>|</td><td></td><td>|</td></tr>
<tr><td>*between*</td><td>+</td><td>*choose*</td><td>+</td><td>*n*.</td></tr>
</table>

intelligible /ɪnˈtɛlɪdʒəbl̩/ *adj*.易理解的；清楚的

negligent /ˈnɛglədʒnt/ *adj*.疏忽的；忽略的《*neg-* = not》

negligence /ˈnɛglədʒəns/ *n*.疏忽；过失

negligible /ˈnɛglədʒəbl̩/ *adj*.可疏忽的；不重要的

sacrilege /ˈsækrəlɪdʒ/ *n*.冒渎；亵渎圣物

　（从圣地搜集来的→盗取）《*sacri* = sacred》

174　**leg** = appoint；send

＊拉丁文 *legare*（= *appoint* 指定，*send* 送）。

legate /*n.* ˈlɛgɪt *v.* lɪˈget/ *n.*教皇特使；使节；大使　*v.*遗赠

legation /lɪˈgeʃən/ *n.*使节的派遣；公使（馆）

legator /lɪˈgetɚ/ *n.*遗赠人；立遗嘱人

legatee /ˌlɛgəˈti/ *n.*受遗赠者；受遗产者《-ee 表动作的接受者》

legacy /ˈlɛgəsɪ/ *n.*遗产；继承物

delegate /*v.* ˈdɛləˌget *n.* ˈdɛləgɪt/ *v.*派遣（代表）；委派
　　*n.*代表；使节（任命派遣）《de- = away》

```
   de   +        legate
   |             |
 away  +  send with a commission
```

delegation /ˌdɛləˈgeʃən/ *n.*代表权的委任；代表团

delegacy /ˈdɛlɪgəsɪ/ *n.*代表权；代表团

relegate /ˈrɛləˌget/ *v.*贬谪；放逐（遣返→驱散）《re- = back，away》

relegation /ˌrɛləˈgeʃən/ *n.*贬谪；驱逐

175　**leg** = law

＊拉丁文 *legalis*（= *lawful*）。

legal /ˈligḷ/ *adj.*法律的；法定的；合法的

legislate /ˈlɛdʒɪsˌlet/ *v.*制定法律；立法（带来法律）《late = bring》

legislation /ˌlɛdʒɪsˈleʃən/ *n.*立法；【集合名词】法律

legislative /ˈlɛdʒɪsˌletɪv/ *adj.*立法的；法规规定的　*n.*立法机关

legislator /ˈlɛdʒɪsˌletɚ/ *n.*立法者；立法委员

```
 legis  +  lat  +   or
   |        |       |
  law  +  bring  + person
```

legislature /ˈlɛdʒɪsˌletʃɚ/ *n.*立法机关；立法院

legist /ˈlidʒɪst/ *n.*法律学者

legitimate /*adj.* lɪˈdʒɪtəmɪt *v.* lɪˈdʒɪtəˌmet/ *adj.*合法的；正当的；
　　嫡出的；正统的　*v.*使合法；认为正当（最具法律性的）

《-itim 表最高级》

litigate /ˈlɪtəˌget/ v.争讼；争论
litigation /ˌlɪtəˈgeʃən/ n.诉讼

```
lit    +  ig  +  ation
 |        |        |
lawsuit + do  +   n.
```

allege /əˈlɛdʒ/ v.主张；宣称（宣布其为合法者）《al- = ad- = to》
allegation /ˌæləˈgeʃən/ n.主张；陈述；托词
allegiance /əˈlidʒəns/ n.忠诚；忠贞《lawful→faithful》
privilege /ˈprɪvɪˌlɪdʒ/ n.特权　v.给予特权；特许（限于一个人的法律）
　　《privi = private》

176　lev = raise；light

* 拉丁文 levare(= raise 升)，levis(= light 轻)。

lever /ˈlɛvɚ, ˈlivɚ/ n.杠杆；工具　v.使用杠杆（可轻易举起的东西）
leverage /ˈlɛvərɪdʒ, ˈliv-/ n.杠杆作用；手段；力量
levy /ˈlɛvɪ/ v.征税；征集；扣押　　n.赋税；征税；征收（征收）
leviable /ˈlɛvɪəbl̩/ adj.可课税的
levitate /ˈlɛvəˌtet/ v.轻浮；浮于空中
levitation /ˌlɛvəˈteʃən/ n.飘浮空中
levity /ˈlɛvətɪ/ n.轻浮；轻率；轻薄（很轻的东西）
alleviate /əˈlivɪˌet/ v.使缓和；减轻痛苦（使轻松）《al- = ad- = to》

```
al  +  levi  +  ate
 |       |       |
to  +  light +   v.
```

alleviation /əˌlivɪˈeʃən/ n.减轻；缓和
elevate /ˈɛləˌvet/ v.举起；提高；鼓舞（举起来）
　　《e- = ex- = out，up》
elevation /ˌɛləˈveʃən/ n.高地；高度；海拔；上升
elevator /ˈɛləˌvetɚ/ n.升降运送机；电梯　cf. escalator（手扶梯）
relevant /ˈrɛləvənt/ adj.有关的；中肯的（把问题重新提出来探讨）

```
┌─────────────────────────────┐
│   re  +  lev  +  ant        │
│   |      |      |           │
│ again + raise + adj.        │
└─────────────────────────────┘
```

relevance；-cy /ˈrɛləvəns(ɪ)/ *n*.适切；中肯
relieve /rɪˈliv/ *v*.减轻；使减少；免除；解救(使痛苦、负担减轻)
relief /rɪˈlif/ *n*.减轻；救助；救济；救援；安心

177　**liber**＝free

　　＊拉丁文 *liber*(＝*free*)。

liberal /ˈlɪbərəl/ *adj*.慷慨的；宽大的；自由主义的　　*n*.自由主义者
liberalism /ˈlɪbərəlˌɪzəm/ *n*.自由主义；宽宏大量
liberalist /ˈlɪbərəlɪst/ *n*.自由主义者
liberality /ˌlɪbəˈrælətɪ/ *n*.慷慨大方；心胸宽大

```
┌─────────────────────────────┐
│  liber  +   al  + ity       │
│   |          |     |        │
│  free  +  adj.  +  n.        │
└─────────────────────────────┘
```

liberalize /ˈlɪbərəlˌaɪz,ˈlɪbrəl-/ *v*.自由主义化；使宽大
liberalization /ˌlɪbərəlaɪˈzeʃən/ *n*.自由主义化；宽大

```
┌──────────────────────────────────────┐
│  liber  +  al  + iz(e) + ation        │
│   |         |      |        |          │
│  free  + adj.  +  v.   +   n.          │
└──────────────────────────────────────┘
```

liberate /ˈlɪbəˌret/ *v*.使自由；解放
liberation /ˌlɪbəˈreʃən/ *n*.解放；释放
liberator /ˈlɪbəˌretə/ *n*.解放者；释放者
liberty /ˈlɪbətɪ/ *n*.自由；自由权；使用权
libertarian /ˌlɪbəˈterɪən/ *adj*.自由意志论的　　*n*.自由意志论者
libertine /ˈlɪbəˌtin/ *adj*.自由思想的；放荡的
　　n.自由思想者；放荡者《*-ine* 形容词字尾》

178　**libr**＝book

　　＊拉丁文 *libr*, *liber*(＝*book*)。〔变化型〕lib。

library /ˈlaɪˌbrɛrɪ,-brərɪ/ *n*.图书馆；藏书；书房
　　(收藏书籍的地方)《*-ary* 表示场所的名词字尾》

librarian /laɪˈbrɛrɪən/ *n*. 图书馆员；图书馆长

libretto /lɪˈbrɛto/ *n*. 歌剧或其他歌曲之词；歌剧剧本
《 *-etto* = small 》

librettist /lɪˈbrɛtɪst/ *n*. 歌剧、乐剧等剧作家；歌词作者

```
libr  +  ett  +  ist
 |        |       |
book  +  small  +  person
```

libel /ˈlaɪbl̩/ *n*. 诽谤人之文字、言词或图画；诽谤；讽刺
v.（写或印文字）诽谤；中伤《 *-el* = small 》

libelous /ˈlaɪbələs/ *adj*. 诽谤性的

179 lic = be permitted

* 拉丁文 *licere*(= be permitted 被允许)。

license /ˈlaɪsn̩s/ *n*. 许可；执照　*v*. 许可

licensee /ˌlaɪsn̩ˈsi/ *n*. 执照持有者《 *-ee* 表动作的接受者》

licenser /ˈlaɪsənsɚ, -sn̩sɚ/ *n*. 颁发执照者；有权批准执照者

licentiate /laɪˈsɛnʃɪɪt, -ˌet/ *n*. 有开业资格者；领得开业执照者

licentious /laɪˈsɛnʃəs/ *adj*. 放荡不拘的；放纵的；不守法则的

illicit /ɪˈlɪsɪt, ɪlˈlɪsɪt/ *adj*. 违法的；禁止的（不被允许的）
《 *il-* = *in-* = not 》

180 lig = bind

* 拉丁文 *ligare*(= bind 绑)。

ligate /ˈlaɪget/ *v*. 绑；捆；结扎

ligament /ˈlɪgəmənt/ *n*. 韧带；纽带；联结物

ligature /ˈlɪgəˌtʃur/ *n*. 绑缚之物；结合之物　*v*. 绑；扎

oblige /əˈblaɪdʒ/ *v*. 强制；束缚；使感激（绑住别人）《 *ob-* = to 》

obligate /ˈɑbləˌget/ *v*. 使负义务；使负责；强迫

```
ob  +  lig  +  ate
 |      |       |
to  +  bind  +  v.
```

obligation /ˌɑbləˈgeʃən/ *n*. 义务；债务；债券；证券；恩惠

obligatory /əˈblɪgəˌtɔrɪ, əˈblɪgəˌtɔrɪ/ *adj*.义务上的；必须的

religion /rɪˈlɪdʒən/ *n*.宗教（将自己绑回神身边）《*re-* = back》

```
re  +  lig  +  ion
|       |       |
back + bind +  n.
```

religious /rɪˈlɪdʒəs/ *adj*.宗教的；信奉宗教的；虔诚的

league /lig/ *n*.同盟；联盟；盟约　*v*.同盟；加盟（系在一起）
　《拉丁文 *ligare* = bind》

colleague /ˈkɑlig/ *n*.同事《*col-* = *com-* = together.》

colligate /ˈkɑlɪˌget/ *v*.绑；束缚

```
col  +  lig  +  ate
|       |       |
together + bind +  v.
```

liable /ˈlaɪəbl̩/ *adj*.有～倾向的；易患～的；应负责的（被绑住）

liability /ˌlaɪəˈbɪlətɪ/ *n*.责任；义务；负担

ally /*v*. əˈlaɪ *n*. ˈælaɪ/ *v*.同盟；联合；结合　*n*.同盟国；盟友
　（结合在一起）《*al-* = *ad-*（to）+ *ly* = 拉丁文 *ligare*（bind）》

alliance /əˈlaɪəns/ *n*.同盟（国）；联盟；同盟

allied /əˈlaɪd, ˈælaɪd/ *adj*.联盟的；同盟的

rally /ˈrælɪ/ *v*.收集；重整旗鼓；恢复精神
　n.恢复；集会；长途赛车（再度结合）《*r-* = *re-* = again》

181 lingu = tongue；language

　＊拉丁文 *lingua*（= tongue，language）。

lingual /ˈlɪŋgwəl/ *adj*.舌头的；语言的

linguist /ˈlɪŋgwɪst/ *n*.语言学家；通好几种外国语言者

linguistic /lɪŋˈgwɪstɪk/ *adj*.语言的；语言学的

linguistics /lɪŋˈgwɪstɪks/ *n*.语言学《*-ics* 表示学问的名词字尾》

bilingual /baɪˈlɪŋgwəl/ *adj*.两种语言的；双语的；能说两种语言的
　n.能说两种语言者《*bi-* = two》

```
bi  +  lingu  +  al
|        |        |
two + language + adj.
```

collingual /kə'lɪŋgwəl/ *adj*.（用）同一种语言的（用同一种语言）
《*col-* = *com-* = with》

monolingual /ˌmɑnə'lɪŋgwəl/ *adj*.，*n*.仅会一种语言的（人）
《*mono-* = single》

multilingual /ˌmʌltɪ'lɪŋgwəl/ *adj*.用多种语言写成的；通多种语言的
n.通多国语言者《*multi-* = many》

$$multi + lingu + al$$
$$| \qquad | \qquad |$$
$$many + language + adj.$$

sublingual /sʌb'lɪŋgwəl/ *adj*.舌下的《*sub-* = under》

trilingual /traɪ'lɪŋgwəl/ *adj*.三种语言的
n.三种语言写成的题名或献词《*tri-* = three》

language /'læŋgwɪdʒ/ *n*.语言；措辞；语法；术语
《*langu* = *lingu*》

182　**liqu** = fluid

＊拉丁文 *liquere*(= *fluid* 液体)。

liquate /'laɪkwet/ *v*.熔析

liquefy /'lɪkwəˌfaɪ/ *v*.使液化；熔解

liquefaction /ˌlɪkwɪ'fækʃən/ *n*.液化；熔解

$$lique + fact + ion$$
$$| \qquad | \qquad |$$
$$fluid + make + n.$$

liquescent /lɪ'kwɛsənt,-sn̩t/ *adj*.液化的；熔解性的
《*-escent* 形容词字尾》

liquid /'lɪkwɪd/ *n*.液体　*adj*.液体的；明亮的；柔和的；不定的

liquidity /lɪ'kwɪdətɪ/ *n*.流动性；流畅；明亮；流动资产

liquidize /'lɪkwəˌdaɪz/ *v*.使成液体；使流动

liquor /'lɪkɚ/ *n*.酒；液体；卤汁；汤药

183　**liter** = letter

＊拉丁文 *littera*(= *letter* 文字)。

literal /'lɪtərəl/ *adj*.文字的；字母的；逐字的；实际的；精确的

literalism /ˈlɪtərəlˌɪzəm/ *n*.写实主义；直译主义

literally /ˈlɪtərəlɪ/ *adv*.逐字地；字面上地；实在地

literary /ˈlɪtəˌrɛrɪ/ *adj*.文学的；著作的；精通文学的

literate /ˈlɪtərɪt/ *adj*.能读和写的；受过教育的

　　n.能读和写者；文人；学者

```
liter  +  ate
  |        |
letter  +  adj.
```

literature /ˈlɪtərɪtʃə/ *n*.文学；著作；文献

alliterate /əˈlɪtəˌret/ *v*.押头韵；用头韵《*al-* = *ad-* = to》

illiteracy /ɪˈlɪtərəsɪ, ɪlˈlɪ-/ *n*.文盲；无学识《*il-* = *in-* = not》

illiterate /ɪˈlɪtərɪt, ɪlˈlɪ-/ *adj*.不能读写的；文盲的；缺乏教育的

　　n.文盲；目不识丁者

obliterate /əˈblɪtəˌret/ *v*.涂抹；擦掉；消灭；毁迹（使盖在文字上面）

　　《*ob-* = over》

preliterate /priˈlɪtərɪt/ *adj*.尚无文字的（文字发明以前）

　　《*pre-* = before》

```
pre  +  liter  +  ate
 |        |        |
before  + letter  + adj.
```

subliterary /sʌbˈlɪtəˌrɛrɪ/ *adj*.通俗文学；二流文学的（文学层次低）

　　《*sub-* = under》

transliterate /trænsˈlɪtəˌret, trænz-/ *v*.音译；直译（按字面翻译）

　　《*trans-* = across》

184　lith = stone（石头）

lithography /lɪˈθɑgrəfɪ/ *n*.石版印刷术

```
litho  +  graphy
  |         |
stone  +   write
```

neolithic /ˌniəˈlɪθɪk/ *adj*.新石器时代的

```
neo  +  lith  +  ic
 |        |       |
new  +  stone  +  adj.
```

paleolithic /ˌpelɪə'lɪθɪk/ *adj.*旧石器时代的

```
paleo +  lith  +  ic
  |        |       |
 old  +  stone + adj.
```

185　loc = place

　　*拉丁文 *locus*(= place)。

local /'lokl̩/ *adj.*场所的；地方的；局部的；每站都停车的

　*n.*当地居民；慢车；地方新闻

locale /lo'kæl,-'kɑl/ *n.*(事件的)现场；场所

localism /'lokl̩ˌɪzəm/ *n.*地方性；地方主义；方言

locality /lo'kælətɪ/ *n.*场所；位置；地方

localize /'lokl̩ˌaɪz/ *v.*使地方化；限于局部

locate /'loket,lo'ket/ *v.*设于～；位于～

location /lo'keʃən/ *n.*位置；场所；选定位置

allocate /'æləˌket,'ælo-/ *v.*拨出；留下；分配(指定场所)

　《*al-* = *ad-* = to》

```
al  +  loc  +  ate
 |       |       |
to  + place  +  v.
```

collocate /'kɑloˌket/ *v.*配置；并列；安置(放在一起)

　《*col-* = *com-* = together》

collocation /ˌkɑlo'keʃən/ *n.*安排；布置；连语

```
col   +  loc  + ation
 |        |       |
together + place +  n.
```

dislocate/ 'dɪsloˌket,dɪs'loket/ *v.*使脱臼；使混乱(分开放置)

　《*dis-* = apart》

dislocation /ˌdɪslo'keʃən/ *n.*脱臼；混乱；断层

```
dis  +  loc  + ation
 |       |       |
apart + place +  n.
```

mislocate /mɪsˈloket, ˌmɪsloˈket/ v.放错；误置（放错地方）

《*mis-* = wrong》

relocate /riˈloket/ v.重新布置（再度放置）《*re-* = again》

relocation /ˌriloˈkeʃən/ n.再布置

translocation /ˌtrænsloˈkeʃən/ n.迁移；移动；易位（换位置）

《*trans-* = across》

```
trans +  loc  + ation
  |       |       |
across + place +  n.
```

locus /ˈlokəs/ n.（*pl*. loci /ˈlosaɪ/）所在地；场所；轨迹

lieu /lɪu, lu/ = place *in lieu of* = in place of～（代之以～）

lieutenant /luˈtɛnənt, lɪu-/ n.上级代理；副官；陆军中尉

（代理上司位置者）《*tenant* = holder》

186　**log** = speak

　　* 希腊文 *legein*（= speak），*logos*（= word，speech，thought）；拉丁文 *loqui*（= speak）。〔变化型〕*loqu*，*locut*。由"说话"衍生出"语言"、"思想"、"学问"等意思。

catalog(ue) /ˈkætl̩ˌɔg/ n.目录　　v.编目录（被仔细述说的东西）

《*cata-* = down，fully》

decalog(ue) /ˈdɛkəˌlɔg, -ˌlɑg/ n.十诫（= *the Ten Commandments*）

《*deca-* = ten》

```
deca +  log(ue)
 |       |
ten  +  speak
```

dialog(ue) /ˈdaɪəˌlɔg/ n.对话；会话（二个人之间的言语）

《*dia-* = between》

epilog(ue) /ˈɛpəˌlɔg, -ˌlɑg/ n.结语；收场白（在上面附加的言语）

《*epi-* = upon》

monolog(ue) /ˈmɑnəˌlɔg, -ˌlɑg/ n.独白；独角戏（独自一人说）

《*mono-* = alone》

prolog(ue) /'prɔlɔg,-ˌlag/ *v.* 加上前言　*n.* 前言；开场白
（在前面说话）《*pro-* = before》

travelog(ue) /'trævəˌlɔg,-ˌlag/ *n.* 叙述旅行见闻的演讲；游记电影

```
trave(l) + log(ue)
   |          |
 travel  +  speak
```

logic /'ladʒɪk/ *n.* 逻辑（学）；推理法

logical /'ladʒɪkl̩/ *adj.* 逻辑的；合逻辑的

apology /ə'palədʒɪ/ *n.* 谢罪；道歉（为免去罪过而说的话）
《*apo-* = off》

apologia /ˌæpə'lodʒɪə/ *n.* 道歉；（口头或书面）正式的辩护

apologist /ə'palədʒɪst/ *n.* 辩护者；辩解者

apologue /'æpəˌlɔg,-ˌlag/ *n.* 教训；寓言

apologize /ə'paləˌdʒaɪz/ *v.* 道歉；谢罪

```
apo  +  log  + ize
 |       |      |
off  + speak + v.
```

analogy /ə'nælədʒɪ/ *n.* 类似；相似；类推（与其他东西有关）
《*ana-* = upon》

analogous /ə'næləgəs/ *adj.* 类似的；相似的

```
ana  +  log  + ous
 |       |      |
upon + speak + adj.
```

eulogy /'julədʒɪ/ *n.* 颂词；颂扬《*eu-* = well》

eulogize /'juləˌdʒaɪz/ *v.* 称赞；颂扬

neology /ni'alədʒɪ/ *n.* 新语；新说；新义（新的言词）《*neo-* = new》

```
neo  +  log  + y
 |       |     |
new + speak + n.
```

trilogy /'trɪlədʒɪ/ *n.* 三部曲《*tri-* = three》

colloquial /kə'lokwɪəl/ *adj.* 口语的；谈话的；俗语的（一起说）
《*col-* = *com-* = together》

$$col \;+\; loqu \;+\; ial$$
$$together \;+\; speak \;+\; adj.$$

colloquy /ˈkɑləkwɪ/ *n*.谈话；会议

eloquent /ˈɛləkwənt/ *adj*.雄辩的；动人的（滔滔不绝地说）

　《*e-* = *ex-* = out》

$$e \;+\; loqu \;+\; ent$$
$$out \;+\; speak \;+\; adj.$$

eloquence /ˈɛləkwəns/ *n*.雄辩；口才

loquacious /loˈkweʃəs/ *adj*.多嘴的；好辩的

loquacity /loˈkwæsətɪ/ *n*.多嘴；饶舌

obloquy /ˈɑbləkwɪ/ *n*.谴责；责骂；耻辱；毁谤（斥责）

　《*ob-* = against》

soliloquy /səˈlɪləkwɪ/ *n*.自言自语；独白《*sole* = alone》

locution /loˈkjuʃən/ *n*.语法；语句；惯用语

circumlocution /ˌsɚkəmloˈkjuʃən/ *n*.遁辞；婉转曲折的说法

　（冗长曲折的言词）《*circum-* = round about》

$$circum \;+\; locut \;+\; ion$$
$$round\ about \;+\; speak \;+\; n.$$

elocution /ˌɛləˈkjuʃən/ *n*.演说法；辩论术（表现言词的方法）

　《*e-* = *ex-* = out》

interlocution /ˌɪntɚləˈkjuʃən/ *n*.对话；会谈（两人之间的言词）

　《*inter-* = between》

prolocutor /proˈlɑkjətɚ/ *n*.代言人；发言人；议长（代言者）

　《*pro-* = in place of》

187　**logy** = study of（～学；～论）

anthropology /ˌænθrəˈpɑlədʒɪ/ *n*.人类学《*anthropo* = man》

archeology /ˌɑrkɪˈɑlədʒɪ/ *n*.考古学

$$\boxed{\begin{array}{ccc} \text{archeo} & + & \text{logy} \\ | & & | \\ \textit{ancient} & + & \textit{study of} \end{array}}$$

astrology /ə'strɑlədʒɪ/ *n*.占星术；占星学《*astro* = star》

biology /baɪ'ɑlədʒɪ/ *n*.生物学《*bio* = life》

chronology /krə'nɑlədʒɪ/ *n*.年代学；年代记；年表
《*chrono* = time》

embryology /ˌɛmbrɪ'ɑlədʒɪ/ *n*.胚胎学；发生学

$$\boxed{\begin{array}{ccccc} \text{em} & + & \text{bryo} & + & \text{logy} \\ | & & | & & | \\ \textit{in} & + & \textit{grow} & + & \textit{study of} \end{array}}$$

entomology /ˌɛntə'mɑlədʒɪ/ *n*.昆虫学
（将昆虫切成两部分来研究的学问）《*en-* = in；*tomo* = cut》

$$\boxed{\begin{array}{ccccc} \text{en} & + & \text{tomo} & + & \text{logy} \\ | & & | & & | \\ \textit{in} & + & \textit{cut} & + & \textit{study of} \end{array}}$$

etymology /ˌɛtə'mɑlədʒɪ/ *n*.语源学；语源（研究语言真义的学问）
《*etymo* = meaning of a word(字的意思)》

genealogy /ˌdʒinɪ'ælədʒɪ, ˌdʒɛnɪ-/ *n*.宗谱；系谱；家系
《*genea* = birth, race, descent》

geology /dʒi'ɑlədʒɪ/ *n*.地质学；地质《*geo* = earth》

meteorology /ˌmitɪə'rɑlədʒɪ/ *n*.气象学；气象
《*meteor* = things in the air(大气中的现象；流星)》

mineralogy /ˌmɪnə'ælədʒɪ/ *n*.矿物学《*minera* = mine》

mythology /mɪ'θɑlədʒɪ/ *n*.神话学《*myth* 神话》

ornithology /ˌɔrnə'θɑlədʒɪ/ *n*.鸟类学；鸟类学的书籍

$$\boxed{\begin{array}{ccc} \text{ornitho} & + & \text{logy} \\ | & & | \\ \textit{bird} & + & \textit{study of} \end{array}}$$

pathology /pə'θɑlədʒɪ/ *n*.病理学
《*patho* = suffering(疾病；苦痛)》

philology /fɪ'lɑlədʒɪ/ *n*.语言学；文献学（喜爱言词）《*philo* = love》

phrenology /frɛ'nɑlədʒɪ, frɪ-/ *n*.骨相学

（依骨相读心的学问）《*phreno* = mind》
physiology /ˌfɪzɪˈɑlədʒɪ/ *n*. 生理学《*physio* 自然；物理》
psychology /saɪˈkɑlədʒɪ/ *n*. 心理学《*psycho* = mind》
theology /θiˈɑlədʒɪ/ *n*. 神学《*theo* = god》
zoology /zoˈɑlədʒɪ/ *n*. 动物学《*zoo* 有关动物的》

188　long = long

　　＊拉丁文 *longus*（= long）。

longevity /lanˈdʒɛvətɪ/ *n*. 长寿；寿命
longitude /ˈlandʒəˌtjud/ *n*. 经线；经度《*-itude* 抽象名词字尾》
longitudinal /ˌlandʒəˈtjudnl̩, -ˈtud-/ *adj*. 长度的；经度的；纵的
along /əˈlɔŋ/ *prep*. 沿着；在～期间　　*adv*. 沿着；往前
　　《*a-* = over against》
belong /bəˈlɔŋ/ *v*. 属于（使成为长久）《*be-* = cause to be》
elongate /ɪˈlɔŋget/ *v*. 延长；延伸　　*adj*. 延长的；细长的
　　（使变长）《*e-* = *ex-* = out》

```
 e  + long + ate
 |     |     |
out + long +  v.
```

elongation /ˌɪlɔŋˈgeʃən, ˌilɔ-/ *n*. 延长；伸长
length /lɛŋ(k)θ/ *n*. 长度《*leng*（long）+ *-th*（抽象名词字尾）》
lengthen /ˈlɛŋ(k)θən/ *v*. 加长；延长
lengthy /ˈlɛŋ(k)θɪ/ *adj*. 冗长的；乏味的
oblong /ˈɑblɔŋ/ *adj*. 长方形的；长椭圆形的
　　n. 长方形；长椭圆形《*ob-* = toward》
prolong /prəˈlɔŋ, -ˈlɑŋ/ *v*. 延长（向前延伸）《*pro-* = forward》
prolongate /prəˈlɔŋget/ *v*. 延长
prolongation /ˌprolɔŋˈgeʃən/ *n*. 延长；延伸

189　lud = play

　　＊拉丁文 *ludere*（= *play* 扮演；游戏）。

allude /əˈlud, əˈlɪud/ *v*. 暗指；提及（使浮现某种想法）
　　《*al-* = *ad-* = to》

allusion /ə'luʒən/ *n*.暗示；提及；引述

collude /kə'lud/ *v*.共谋；串通(一起做)
　《*col-* = *com-* = together》

delude /dɪ'lud,-'lɪud/ *v*.欺骗；迷惑(游戏；脱离现实)
　《*de-* = off》

delusion /dɪ'luʒən,-'lɪuʒən/ *n*.欺瞒；迷惑

```
de  +  lus  +  ion
|       |       |
off  +  play  +  n.
```

elude /ɪ'lud,ɪ'ljud/ *v*.脱逃；躲避(嬉笑着跑出去)《*e-* = *ex-* = out》

elusion /ɪ'luʒən,ɪ'lju-/ *n*.逃避；回避

elusive /ɪ'lusɪv,ɪ'lju-/ *adj*.逃避的；难以捉摸的

```
e  +  lus  +  ive
|      |       |
out  + play  + adj.
```

illusion /ɪ'ljuʒən/ *n*.幻影；幻想；错觉(在～上面玩耍)
　《*il-* = *in-* = on, upon》

disillusion /ˌdɪsɪ'luʒən,-'lju-/ *n*.幻灭；觉醒
　v.使幻灭；使醒悟(幻想破灭)《*dis-* = away》

ludicrous /'ludɪkrəs,'lɪu-/ *adj*.滑稽的；可笑的；荒唐的

prelude /'prɛljud,'pri-/ *n*.序幕；前奏曲　　*v*.演奏序曲；做为序幕
　《*pre-* = before》

interlude /'ɪntɚˌlud,-ˌlɪud/ *n*.中间时间；间隔之时间；间奏曲
　《*inter-* = between》

postlude /'postˌlud,-ˌljud/ *n*.后奏曲；终曲《*post-* = after》

190　lumin = light

　*　拉丁文 **lumen**(= *light* 光), **luminare**(= *light up*)。

luminance /'lumɪnəns/ *n*.光线的强度

luminary /'luməˌnɛrɪ/ *n*.天体；发光体

luminescence /ˌlumə'nɛsn̩s/ *n*.萤光；冷光《*-escence* 名词字尾》

$$\boxed{\begin{array}{ccc} \text{lumin} & + & \text{escence} \\ | & & | \\ light & + & n. \end{array}}$$

luminiferous /ˌlumə'nɪfərəs/ *adj*.发光的（带光）《*fer* = carry》

luminosity /ˌlumə'nɑsətɪ/ *n*.光辉；光明；发光物；光度

luminous /'lumənəs/ *adj*.发光的；有光辉的

illuminate /ɪ'lumə ˌnet, ɪ'lju-/ *v*.照明；照亮；说明（照着～）

　《*il-* = *in-* = on, upon》

illumine /ɪ'lumɪn, ɪ'lju-/ *v*.照亮；照明

relumine /rɪ'lumən/ *v*.再照明；再点燃（= *relume*）

　《*re-* = again》

191　lust = bright

　　* 拉丁文 *lustris*, *lucidus*（= bright），*lustrare*（= enlighten）和 *lumin-*同一字源。
　　〔变化型〕*luc*。

luster; -tre /'lʌstə/ *n*.光彩；光泽；光亮毛织品

lustrous /'lʌstrəs/ *adj*.光亮的；有光泽的

illustrate /'ɪləstret, ɪ'lʌstret/ *v*.举例说明；图解（照在～之中）

　《*il-* = *in*》

$$\boxed{\begin{array}{ccccc} \text{il} & + & \text{lustr} & + & \text{ate} \\ | & & | & & | \\ in & + & bright & + & v. \end{array}}$$

illustration /ˌɪlʌs'treʃən/ *n*.例证；实例；图解

illustrious /ɪ'lʌstrɪəs/ *adj*.著名的；显著的；卓越的（闪闪发光）

lucent /'lusn̩t/ *adj*.明亮的；透明的

lucid /'lusɪd, 'lɪu-/ *adj*.透明的；清澄的；清醒的

lucidity /lu'sɪdətɪ, lɪu-/ *n*.清澄；明晰；明朗；清醒

Lucifer /'lusəfə/ *n*.金星；撒旦（带来光亮）《*fer* = bring》

　【解说】早期基督教著作中对堕落之前的撒旦的称呼。

lucifugous /lu'sɪfjəgəs/ *adj*.怕光的；避光的（躲避光线）

　《*fug* = flee》

luculent /'lukjʊlənt/ *adj*.明晰的；易了解的；鲜明的

elucidate /ɪˈlusəˌdet, ɪˈlju-/ *v*.阐明；说明（清楚地说出来）

《*e-* = *ex-* = out》

```
 e  + lucid + ate
 |      |      |
out + clear +  v.
```

noctilucent /ˌnɑktəˈlusənt/ *adj*.夜间发光的《*nocti* = night》

pellucid /pəˈlusɪd, -ˈlɪu-/ *adj*.透明的；明了的；明晰的（透过而发亮）

《*pel-* = *per-* = through》

translucent /trænsˈlusn̩t, -ˈlju-/ *adj*.半透明的

《*trans-* = through》

192　**magn** = great

　　* 拉丁文 *magnus*(= great), *major*(= greater), *maximus*(= greatest)。
　　〔变化型〕*maj*, *max*。

magnanimous /mægˈnænəməs/ *adj*.心地高尚的；度量宽大的（心胸宽大）

《*anim* = mind》

magnanimity /ˌmægnəˈnɪmətɪ/ *n*.大度；高尚；慷慨

magnate /ˈmægnet/ *n*.大企业家；伟人；巨擘（伟大的人）

《*-ate* 表示人的名词字尾》

```
magn +   ate
 |        |
great + person
```

magnify /ˈmægnəˌfaɪ/ *v*.放大；扩大；夸张（使宽大）《*-fy* = make》

magnificent /mægˈnɪfəsn̩t/ *adj*.华丽的；壮观的；堂皇的（被做得很大）

magnificence /mægˈnɪfəsn̩t/ *n*.壮丽；堂皇

magnifier /ˈmægnəˌfaɪɚ/ *n*.放大者；放大镜

magniloquent /mægˈnɪləkwənt/ *adj*.夸张的；夸大的（宏大的言词）

《*loqu* = speech》

magniloquence /mægˈnɪləkwəns/ *n*.夸张；夸大的话

magnitude /ˈmægnəˌtjud/ *n*.大小；重要；光度

《*-itude* 抽象名词字尾》

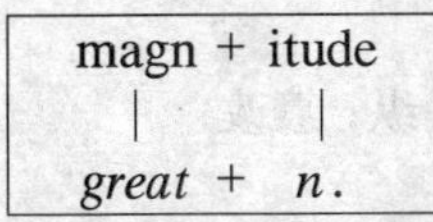

```
magn  +  itude
 |         |
great  +   n.
```

majesty /ˈmædʒɪstɪ, ˈmædʒəstɪ/ *n*.威严；尊严；陛下；
高贵（重要的、有威严的东西）

majestic /məˈdʒɛstɪk/ *adj*.高贵的；庄严的

major /ˈmedʒɚ/ *adj*.较大的；较多的；成年的；主修的
n.成年人；主科　*v*.主修

majority /məˈdʒɔrətɪ, -ˈdʒɑr-/ *n*.成年；多数；过半数

maxim /ˈmæksɪm/ *n*.格言；座右铭（最伟大的真理）
《*im* = proposition（主张）》

```
max  +   im
 |       |
great + proposition
```

maximal /ˈmæksəməl/ *adj*.最大的

maximum /ˈmæksəməm/ *n*.极大；最大限度；最大数
adj.最大的；最高的

climax /ˈklaɪmæks/ *n*.顶点；高潮　*v*.到达顶点（倾向于最大）
《*cli* = lean》

anticlimax /ˌæntɪˈklaɪmæks/ *n*.虎头蛇尾；突减；令人泄气的转变
（高潮的相反）《*anti-* = against》

193　**man** = **manu** = hand（手）

* 拉丁文 *manus*（= hand）。〔变化型〕*manu*。

manacle /ˈmænəkḷ/ *n*.手铐；束缚　*v*.上手铐；束缚（绑住手的小东西）
《*-cle* = small》

manage /ˈmænɪdʒ/ *n*.处理；经营；管理；设法

management /ˈmænɪdʒmənt/ *n*.经营；管理（人员）；支配；资方

manager /ˈmænɪdʒɚ/ *n*.经理；管理者

maneuver /məˈnuvɚ/ *n*.战术；策略；手法

manicure /ˈmænɪˌkjʊr/ *v*.修（指甲）　*n*.修指甲《*cure* = care》

manifest /ˈmænəˌfɛst/ *adj*.明白的　*v*.显示；表示　*n*.运货单

（用手敲打→表示）《*fest* = strike》

manipulate /mə'nɪpjəˌlet/ *v*.（用手）操作；操纵；篡改
《*pul* = pull》

manipulation /məˌnɪpjə'leʃən/ *n*.操作；操纵；篡改

$$
\begin{array}{ccc}
\text{mani} + & \text{pul} + & \text{ation} \\
| & | & | \\
\textit{hand} + & \textit{pull} + & \textit{n.}
\end{array}
$$

manual /'mænjʊəl/ *adj*.手的；手工的　　*n*.手册（用手的）

manufacture /ˌmænjə'fæktʃɚ/ *v*.制造（用手做）《*fact* = make》

manumit /ˌmænjə'mɪt/ *v*.解放（奴隶）（由手中释放出来）
《*mit* = send》

manuscript /'mænjəˌskrɪpt/ *n*.原稿；抄本　　*adj*.手写的（用手写）
《*script* = write》

$$
\begin{array}{cc}
\text{manu} + & \text{script} \\
| & | \\
\textit{hand} + & \textit{write}
\end{array}
$$

emancipate /ɪ'mænsəˌpet/ *v*.解放（奴隶）；
解除（束缚）（使被绑住的手松绑）
《*e-* = *ex-*（out） + *man*（hand） + *cip*（take） + *-ate*（动词字尾）》

$$
\begin{array}{cccc}
\text{e} + & \text{man} + & \text{cip} + & \text{ate} \\
| & | & | & | \\
\textit{out} + & \textit{hand} + & \textit{take} + & \textit{v.}
\end{array}
$$

emancipation /ɪˌmænsə'peʃən/ *n*.解放；解除；解脱

194　**mand** = order；entrust

＊拉丁文 *mandare*（= order，entrust 委托）。〔变化型〕*mend*。

command /kə'mænd/ *v*.命令；统帅；指挥　　*n*.命令；指挥；支配
《*com-* = together with》

commander /kə'mændɚ/ *n*.命令者；支配者；司令官

commandment /kə'mæn(d)mənt/ *n*.戒律；圣诫
　　the Ten Commandments 摩西的十诫

countermand /*v*. ˌkauntɚ'mænd *n*. 'kauntɚˌmænd/ *v*.撤消（命令）；

下令撤消　*n*.收回命令（命令的相反）《*counter-* = against》

$$\boxed{\begin{array}{c} \text{counter} + \text{mand} \\ | \qquad\quad | \\ \textit{against} + \textit{order} \end{array}}$$

demand /dɪˈmænd/ *v*.需要；询问　*n*.要求；请求；需要（命令交付）
《*de-* = off》

mandate /ˈmændet/ *n*.命令；训令；委托统治　*v*.托管

mandatory /ˈmændəˌtorɪ,-ˌtɔrɪ/ *adj*.命令的；受委托统治的；
必须的；强迫性的

remand /rɪˈmænd,-ˈmɑnd/ *v*.送回；还押　*n*.送还；还押（命令返回）
《*re-* = back》

commend /kəˈmɛnd/ *v*.称赞；推荐；委托（共同委托）
《*com-* = together with》

$$\boxed{\begin{array}{c} \text{com} \qquad + \text{mend} \\ | \qquad\qquad | \\ \textit{together with} + \textit{order} \end{array}}$$

commendation /ˌkɑmənˈdeʃən/ *n*.称赞；推荐

recommend /ˌrɛkəˈmɛnd/ *v*.介绍；推荐；劝告（再经一人之手）
《*re-* = again》

recommendation /ˌrɛkəmɛnˈdeʃən/ *n*.推荐；忠告

195　mari = mar = sea

* 拉丁文 *mare*（= *sea*）。

marina /məˈrinə/ *n*.小船坞（游艇、汽艇等的停泊处）

marine /məˈrin/ *adj*.海的；海中的；海产的；海运的
n.航海业；海军陆战队

mariculture /ˌmærəˈkʌltʃɚ/ *n*.海产养殖业《*culture* 养殖》

mariner /ˈmærənɚ/ *n*.船员；水手

maritime /ˈmærəˌtaɪm/ *adj*.海的；海事的；海运的

submarine /*adj*.ˌsʌbməˈrin *n*.,*v*.ˈsʌbməˌrin/ *adj*.海底的；海中的
n.海底动（植）物；潜水艇（海下面的）《*sub-* = under》

transmarine /ˌtrænsməˈrin/ *adj*.海外的；来自海外的；横越海洋的
（跨海的）《*trans-* = across》

ultramarine /ˌʌltrəməˈrin/ *adj.*海外的；海那边的；深蓝色的
《*ultra-* = beyond》

196　**mark** = mark；boundary

＊中古法文 *marquer*(= mark 作记号)，古代英语 *meare*(= boundary 边界)。

mark /mɑrk/ *n.*符号；分数；标签　*v.*记分；做记号；加标签；使显著
marked /mɑrkt/ *adj.*有记号的；显著的
markedly /ˈmɑrkɪdlɪ/ *adv.*明显地；显著地
marker /ˈmɑrkɚ/ *n.*作记号之人或物；记分员；书签；筹码
demarcate /ˈdimɑrˌket/ *v.*划界；区分(画下记号)《*de-* = down》

```
    de   + marc + ate
    |       |      |
  down + mark +  v.
```

demarcation /ˌdimɑrˈkeʃən/ *n.*定界线；界线；区分
remark /rɪˈmɑrk/ *v.*谈及；评论；注意　*n.*评论；注意(再做记号)
《*re-* = again》
remarkable /rɪˈmɑrkəbl̩/ *adj.*值得注意的；显著的

197　**matr** = mother

＊拉丁文 *mater*(= mother)。

maternal /məˈtɝnl̩/ *adj.*母亲的；似母亲的；母系的
maternalism /məˈtɝnəl̩ˌɪzəm/ *n.*母性；母性本能
maternity /məˈtɝnətɪ/ *n.*母爱；母性
matriarchy /ˈmetrɪˌɑrkɪ/ *n.*女家长制；女族长制《*archy* = rule》

```
    matri + archy
    |         |
  mother + rule
```

matricide /ˈmetrəˌsaɪd, ˈmætrə-/ *n.*弑母；弑母者(杀了母亲)
《*cide* = cut》
matrilineal /ˌmetrɪˈlɪnɪəl, ˌmætrɪ-/ *adj.*母系的
《*matri*(mother) + *line*(line 家系) + *-al*(形容词字尾)》

```
matri  +  line  +   al
  |         |        |
mother + line +  adj.
```

matrimony /ˈmætrəˌmonɪ/ *n*.结婚；夫妇关系；婚姻生活（成为母亲）
  《*-mony* = *-ment*（抽象名词字尾）》
matrix /ˈmetrɪks,ˈmæt-/ *n*.子宫；母体；铸型；模型；母岩
matron /ˈmetrən/ *n*.年长已婚妇女；护士长；女舍监；保姆

198　mechan = machine

　　＊希腊文 *mechane*（= *machine*）。

mechanic /məˈkænɪk/ *n*.机械工；技工《*-ic* 表示人的名词字尾》
mechanical /məˈkænɪkl̩/ *adj*.机械的；呆板的；自动的
mechanics /məˈkænɪks/ *n*.机械学；力学；技巧
  《*-ics* = science，system》

```
mechan  +    ics
   |          |
machine + science
```

mechanism /ˈmɛkəˌnaɪzəm/ *n*.机械（装置）；机械论；结构；
  技巧；心理历程
mechanize /ˈmɛkəˌnaɪz/ *v*.机械化

199　med = heal

　　＊拉丁文 *medicus*（= *heal*）。

medic /ˈmɛdɪk/ *n*.医生；医学院学生；医务兵
  《*-ic* 表示人的名词字尾》
medical /ˈmɛdɪkl̩/ *adj*.医学的；医药的；内科的
  n.医生；医学院学生；体格检查
medicate /ˈmɛdɪˌket/ *v*.以药物治疗；掺入药品
medication /ˌmɛdɪˈkeʃən/ *n*.药物治疗；掺入药品；药物

```
med +   ic   + ation
 |       |       |
heal + person +  n.
```

medicine /ˈmɛdəsn̩/ *n*.药；医学；内科；医生行业

medicinal /mə'dɪsn̩l/ *adj*.医药的；治疗的

remedy /'rɛmədɪ/ *n*.治疗方法；药物；补救方法

　v.治疗；补救；纠正（再治疗）《*re-* = again》

remediable /rɪ'midɪəbl̩/ *adj*.可治疗的；可补救的；可矫正的

```
  re   +  medi  + able
  |        |        |
again  +  heal  + adj.
```

remedial /rɪ'midɪəl/ *adj*.治疗的；补救的；矫正的

irremediable /ˌɪrɪ'midɪəbl̩, ˌɪrɪr-/ *adj*.无法治疗的；无法补救的

　《*ir-* = *in-* = not》

200 medi = middle

　　拉丁文 *medius*(= *middle*)。

medium /'midɪəm/ *n*.媒介物；媒体；手段　*adj*.中间的

　（在中间的东西）

medial /'midɪəl/ *adj*.中间的；普通的；平均的

median /'midɪən/ *adj*.中间的　*n*.中间数字

mediate /*v*. 'midɪˌet *adj*. 'midɪt/ *v*.居中；调停；斡旋

　adj.中间的；间接的（进入中间）

```
 medi  +  ate
   |        |
middle + adj.
```

mediation /ˌmidɪ'eʃən/ *n*.仲裁；调停

mediator /'midɪˌetɚ/ *n*.中间人；媒介者；调停仲裁者

mediocre /'midɪˌokɚ, ˌmidɪ'okɚ/ *adj*.平庸的；平凡的

　（位于两极端之间）《*medi* (middle) + *ocre* (stony mountain)》

medi(a)eval /ˌmidɪ'ivl̩, ˌmɛdɪ-/ *adj*.中古的　*n*.中古时代的人

　（中间的时代）《*aev* = age，time》

Mediterranean /ˌmɛdətə'renɪən/ *n*.地中海　*adj*.地中海的

　（在土地的正中央）《*terra* = earth》

immediate /ɪ'midɪt/ *adj*.直接的；立刻的（没有间隔）《*im-* = not》

intermediate /*v*. ˌɪntɚ'midɪˌet *adj*. ,*n*. ˌɪntɚ'midɪt/ *v*.做中间人；干预

　adj.中间的　*n*.中间人（物）（进入二者之中）

《*inter-* = between》

$$\boxed{\begin{array}{ccccc} inter & + & medi & + & ate \\ | & & | & & | \\ between & + & middle & + & adj., n., v. \end{array}}$$

intermediation /ˌɪntɚˌmidɪˈeʃən/ *n*.仲裁；调停

intermediary /ˌɪntɚˈmidɪˌɛrɪ/ *n*.中间人；调解人 *adj*.中间的；调解的
《*-ary* 表人或形容词字尾》

201　**melan** = black

　　* 希腊文 *melan*, *melas*(= black)。

melancholia /ˌmɛlənˈkolɪə/ *n*.忧郁症
《*melan*（black）+ *chol*（bile 胆汁）+ *-ia*（名词字尾）》

$$\boxed{\begin{array}{ccccc} melan & + & chol & + & ia \\ | & & | & & | \\ black & + & bile & + & n. \end{array}}$$

【解说】black bile(黑胆汁)，人体四种体液之一，医药之父希波克拉底(Hippocrates)视之为肾或脾的分泌物，并认为若分泌过多会使人忧郁。

melancholiac /ˌmɛlənˈkolɪˌæk/ *n*.忧郁症患者
《*-iac* 表示人的名词字尾》

melancholic /ˌmɛlənˈkalɪk/ *adj*.忧郁的；患忧郁症的 *n*.忧郁症患者

melancholy /ˈmɛləˌkalɪ/ *adj*.忧郁的；悲哀的 *n*.忧郁；悲哀

melanin /ˈmɛlənɪn/ *n*.黑色素

melanism /ˈmɛlənɪzṃ/ *n*.黑变病；黑色素过多

melanoma /ˌmɛləˈnomə/ *n*.黑素瘤《*-oma* = tumor（肿瘤）》

202　**memor** = remember

　　* 拉丁文 *memor*(= remember)。

memorable /ˈmɛmərəbḷ/ *adj*.值得纪念的 *n*.值得纪念的事物

memorial /məˈmorɪəl, -ˈmɔr-/ *n*.纪念物 *adj*.纪念的

memory /ˈmɛmərɪ/ *n*.记忆力；记忆

memorize /ˈmɛməˌraɪz/ *v*.记于心；背诵；记录

memorandum /ˌmɛməˈrændəm/ *n*.备忘录；便笺(以备回忆)

《*memor*（remember）+ *-and* = *-end*（be）+ *-um*（名词字尾）》

```
memor  +  and  +  um
  |         |       |
remember +  be  +  n.
```

memoir /ˈmɛmwɑr,-wɔr/ *n.*（*pl.*）回忆录；自传

memento /mɪˈmɛnto/ *n.*纪念品

commemorate /kəˈmɛməˌret/ *v.*纪念；庆祝；表扬（一起怀念）

  《*com-* = together》

```
com  +  memor  +  ate
 |        |        |
together + remember + v.
```

commemorable /kəˈmɛmərəb!/ *adj.*值得纪念、庆祝的

commemoration /kəˌmɛməˈreʃən/ *n.*纪念；庆祝

remember /rɪˈmɛmbɚ/ *v.*记得；记起；问候；馈赠（回想起来）

  《*re-* = back》

remembrance /rɪˈmɛmbrəns/ *n.*记忆；记忆（力）；纪念（物）；（*pl.*）问候

203　ment = think；mind

  ＊拉丁文 *ment*, *mens*（= *mind* 心智）。

mental /ˈmɛnt!/ *adj.*心理的；智力的；精神的

mentalism /ˈmɛnt!ˌɪzm̩/ *n.*唯心论；心理主义《*-ism* = 主义；学说》

mentalist /ˈmɛnt!ɪst/ *n.*具心灵感应能力者《*-ist* 表示人的名词字尾》

mentality /mɛnˈtælətɪ/ *n.*智力；心理状态

mention /ˈmɛnʃən/ *v.*提到；述及（使注意）

amentia /əˈmɛnʃɪə/ *n.*白痴；精神错乱（缺乏心智的状态）

  《*a-*（without）+ *ment*（mind）+ *-ia*（condition）》

```
a   +  ment  +   ia
|        |        |
without + mind + condition
```

comment /ˈkɑmɛnt/ *n.*评论；注解；谈论　*v.*评论；批评；谈论
（彻底论及）《*com-* = thoroughly》

commentary /ˈkɑmənˌtɛrɪ/ *n.*注解；评语；纪事

demented /dɪˈmɛntɪd/ *adj.*疯狂的；精神错乱的（失去心智）

《*de-* = *dis-*（away）＋ *ment*（mind）＋ *-ed*（形容词字尾）》

```
  de  +  ment  +  ed
   |       |       |
 away  +  mind  +  adj.
```

dementia /dɪˈmɛnʃɪə,-ʃə/ *n*.痴呆《*-ia* = condition》

vehement /ˈviəmənt,ˈvihɪ-/ *adj*.热情的；猛烈的；激烈的

（使精神感动）《*vehe* = carry》

```
 vehe  +  ment
   |       |
 carry  +  mind
```

mind /maɪnd/ *n*.心；意志；精神；理性；智力　*v*.注意；关心；介意

remind /rɪˈmaɪnd/ *v*.使想起；提醒（使再想起）《*re-* = again》

reminder /rɪˈmaɪndɚ/ *n*.提醒者；勾起回忆的人或物

reminiscent /ˌrɛməˈnɪsn̩t/ *adj*.回忆的；喜欢谈论往事的；引起回忆的

《*-iscent* 形容词字尾》

reminiscence /ˌrɛməˈnɪsn̩s/ *n*.回忆；回想；（*pl*.）回忆录

204　merc = trade; reward

　　＊拉丁文 *mercari*（= trade），*merces*（= reward 报酬），*merx*（= merchandise 商品）。这些字大都来自 *merere*（= gain，buy）。

mercantile /ˈmɝkənˌtil,-ˌtaɪl/ *adj*.贸易的；商业的

《*-ile* 形容词字尾》

mercenary /ˈmɝsn̩ˌɛrɪ/ *adj*.被雇的；图利的　*n*.雇佣兵

mercer /ˈmɝsɚ/ *n*.布商（商人）

merchandise /ˈmɝtʃənˌdaɪz/ *n*.【集合名词】商品　*v*.交易；买卖

merchant /ˈmɝtʃənt/ *n*.商人　*adj*.商人的；商业的《*-ant* 表人》

```
 merch  +  ant
   |        |
 trade  +  person
```

market /ˈmɑrkɪt/ *n*.市场；市集（交易的场所）　*v*.交易；出售

《*mark* = *merc*》

marketing /ˈmɑrkɪtɪŋ/ *n*.市场交易；买卖；行销

mercy /ˈmɝsɪ/ *n*.慈悲(报酬→给予他人的东西)

merciful /ˈmɝsɪfəl/ *adj*.仁慈的；慈悲的

merciless /ˈmɝsɪlɪs/ *adj*.不慈悲的；残忍的

commerce /ˈkɑmɝs/ *n*.商业；贸易(共同交易)《*com-* = together》

commercial /kəˈmɝʃəl/ *adj*.商业的；营利的　　*n*.广告节目

205　merge = sink；dip

　　* 拉丁文 *mergere*(= sink，*dip* 沉)，过去分词 *mersus*。〔变化型〕*mers*。

merge /mɝdʒ/ *v*.没入；合并(沉没)

mergence /ˈmɝdʒəns/ *n*.没入；消失

merger /ˈmɝdʒɚ/ *n*.合并

emerge /ɪˈmɝdʒ/ *v*.出现；露出(从沉没状态出来)

　　《*e-* = *ex-* = out of》

emergence /ɪˈmɝdʒəns/ *n*.出现；露出

emergency /ɪˈmɝdʒənsɪ/ *n*.紧急事件；突发事件(突然出现的东西)

emergent /ɪˈmɝdʒənt/ *adj*.出现的；紧急的

emersion /iˈmɝʃən,-ʒən/ *n*.出现；浮出

```
  e    + mers + ion
  |       |      |
out of + sink + n.
```

immerge /ɪˈmɝdʒ/ *v*.浸入；使陷入(沉没其中)《*im-* = into》

immerse /ɪˈmɝs/ *v*.浸入；使陷入(= *immerge*)

immersion /ɪˈmɝʃən/ *n*.沉入；热衷

submerge /səbˈmɝdʒ/ *v*.浸入水中；淹没(沉入下面)

　　《*sub-* = under》

```
sub   + merge
 |        |
under + sink
```

submergence /səbˈmɝdʒəns/ *n*.潜水；沉没

submersion /səbˈmɝʃən,-ʒən/ = submergence

submersible /səbˈmɝsəbl̩/ *adj*.可潜入水中的　　*n*.潜水艇

206　**meter** = measure

*希腊文 **metron**(= measure)。

meter /ˈmitɚ/ *n*. 公尺；测量器　*v*. 以测量器计量

metric /ˈmɛtrɪk/ *adj*. 测量的；公制的

metricate /ˈmɛtrɪˌket/ *v*. 采用公制

metrology /mɪˈtrɑlədʒɪ/ *n*. 度量衡学；度量衡制《*ology* = study》

metronome /ˈmɛtrəˌnom/ *n*. 节拍器（按次序测量）

```
   metro  +  nome
     |        |
 measure  +  regulate
```

aerometer /ˌeəˈrɑmətɚ/ *n*. 气量计；气体比重计《*aero* = air》

anemometer /ˌænəˈmɑmətɚ/ *n*. 风速计；测风仪《*anemo* = wind》

barometer /bəˈrɑmətɚ/ *n*. 气压计；晴雨计（测定空气的重量）
《*baro* = weight》

centimeter /ˈsɛntəˌmitɚ/ *n*. 公分（百分之一公尺）
《*centi* = hundredth》

```
   centi   +  meter
     |         |
 hundredth +  measure
```

chronometer /krəˈnɑmətɚ/ *n*. 航海用的经线仪《*chrono* = time》

chronometry /krəˈnɑmətrɪ/ *n*. 测时术；计时法

diameter /daɪˈæmətɚ/ *n*. 直径（直径的长度）《*dia-* = across》

```
   dia   +  meter
    |        |
 across  +  measure
```

dynamometer /ˌdaɪnəˈmɑmətɚ/ *n*. 测力计；功率计
《*dynamo* = power》

geometry /dʒiˈɑmətrɪ/ *n*. 几何学（测量土地→几何学之先驱）
《*geo* = earth》

heliometer /ˌhilɪˈɑmətɚ/ *n*. 太阳仪《*helio* = sun》

hydrometer /haɪˈdrɑmətɚ/ *n*. （液体）比重计《*hydro* = water》

hygrometer /haɪˈgrɑmətɚ/ *n*. 湿度计《*hygro* = wet》

odometer /oˈdɑmətɚ/ *n*. （汽车等之）里程表

```
odo  +  meter
 |        |
road + measure
```

parameter /pəˈræmətə˞/ n.【数】参数；限制（范围）

```
para  +  meter
 |        |
alongside + measure
```

perimeter /pəˈrɪmətə˞/ n.周围；周边（周围的长度）《*peri-* = round》

```
peri  +  meter
 |        |
round + measure
```

seismometer /saɪzˈmɑmətə˞, saɪs-/ n.地震仪《*seismo* = shake》

symmetrical /sɪˈmɛtrɪkl̩/ adj.对称的；均匀的

```
sym  +  metr  +  ical
 |       |        |
together + measure + adj.
```

symmetry /ˈsɪmɪtrɪ/ n.对称；调和（都是同样的长度）

《*sym-* = together》

thermometer /θəˈmɑmətə˞/ n.温度计；寒暑表《*thermo* = heat》

trigonometry /ˌtrɪgəˈnɑmətrɪ/ n.三角法（测量三个角）

《*tri-* = three；*gon* = angle（角）》

voltmeter /ˈvoltˌmitə˞/ n.伏特计；电压表《*volt* 伏特》

207　migr = remove；wander

*　拉丁文 *migrare*（= *wander* 漂泊）。

migrate /ˈmaɪgret/ v.移动；随季节变化而移居（从某地移动至某地）

migrant /ˈmaɪgrənt/ adj.移居的　　n.移居者；候鸟

migration /maɪˈgreʃən/ n.移居；移动；移民

migratory /ˈmaɪgrəˌtorɪ, -ˌtrɪ/ adj.移动的；移居的；流浪性的

emigrate /ˈɛməˌgret/ v.移居（他国）（向外移动）《*e-* = *ex-* = out》

```
e  +  migr  +  ate
 |      |       |
out + remove + v.
```

emigrant /ˈɛməgrənt/ *adj*.移民的　*n*.移民；侨民

emigration /ˌɛməˈgreʃən/ *n*.移居；移民

immigrate /ˈıməˌgret/ *v*.（自外国）移民（移动过来）《*im-* = into》

immigrant /ˈıməgrənt,-ˌgrænt/ *adj*.自外移入的

　　n.（自外国移入之）移民

$$
\begin{array}{ccccc}
\text{im} & + & \text{migr} & + & \text{ant} \\
| & & | & & | \\
\textit{into} & + & \textit{remove} & + & \textit{person}
\end{array}
$$

immigration /ˌıməˈgreʃən/ *n*.（自外国）移居入境

transmigrate /trænsˈmaıgret, trænz-/ *v*.移居；轮回

　　（越过界限移动）《*trans-* = across》

$$
\begin{array}{ccccc}
\text{trans} & + & \text{migr} & + & \text{ate} \\
| & & | & & | \\
\textit{across} & + & \textit{remove} & + & \textit{v.}
\end{array}
$$

transmigrant /trænsˈmaıgrənt/ *adj*.移居的　*n*.移民

transmigration /ˌtrænsmaıˈgreʃən/ *n*.移居；转生；轮回

208　**milit** = soldier；fight

　　* 拉丁文 *milit*, *miles*（= *soldier* 士兵）。

militant /ˈmılətənt/ *adj*.好战的；从事战斗的；态度强硬的

　　n.好战者；态度强硬者

militancy /ˈmılətənsı/ *n*.好战；强硬态度；交战状态

military /ˈmıləˌterı/ *adj*.军人的；军事的；战争的；好战的

　　n.军队；【集合名词】军人《*-ary* 形容词字尾》

$$
\begin{array}{ccc}
\text{milit} & + & \text{ary} \\
| & & | \\
\textit{soldier} & + & \textit{adj.}
\end{array}
$$

militarize /ˈmılətəˌraız/ *v*.使军队化；武装；使好战

militarism /ˈmılətəˌrızəm/ *n*.军国主义；尚武精神

　　《*-ism* = 主义；学说》

militate /ˈmıləˌtet/ *v*.发生作用；影响

militia /məˈlɪʃə/ *n*.人民自卫队；民兵部队；国民军

demilitarize /diˈmɪlətəˌraɪz/ *v*.废除军备；解除军事控制

（军事化的相反）《*de-* = negative（否定）》

$$
\begin{array}{c}
\text{de} + \text{milit} + \text{ar(y)} + \text{ize} \\
| \qquad | \qquad\quad | \qquad\quad | \\
\textit{not} + \textit{soldier} + \textit{adj.} + \textit{v.}
\end{array}
$$

demilitarization /diˌmɪlətərɪˈzeʃən,-raɪˈze-/ *n*.废除军备；解除军事控制

remilitarize /riˈmɪlətəˌraɪz/ *v*.重整军备；再武装（再度军事化）

《*re-* = again》

remilitarization /ˌrimɪlətərɪˈzeʃən,-raɪˈze-/ *n*.重整军备；再武装

209　min = jut；project

* 拉丁文 *minere*（= *jut*，*project* 突出）。

eminent /ˈɛmənənt/ *adj*.卓越的；显著的（向外面突出→崭露头角）

《*e-* = *ex-* = out》

eminence /ˈɛmənəns/ *n*.卓越；高地

imminent /ˈɪmənənt/ *adj*.迫切的；迫近的（突出于头部之上）

《*im-* = *in-* = upon，over》

imminence /ˈɪmənəns/ *n*.迫切；迫近

preeminent /prɪˈɛmənənt/ *adj*.优越的；卓越的（比别人先突出）

《*pre-* = before》

$$
\begin{array}{c}
\text{pre} + \text{e} + \text{min} + \text{ent} \\
| \qquad | \qquad | \qquad | \\
\textit{before} + \textit{out} + \textit{jut} + \textit{adj.}
\end{array}
$$

preeminence /prɪˈɛmənəns/ *n*.卓越；杰出

prominent /ˈprɑmənənt/ *adj*.突出的；显著的（向前突出）

《*pro-* = forward》

prominence /ˈprɑmənəns/ *n*.突起；显著；卓越

supereminent /ˌsupɚˈɛmənənt,ˌsju-/ *adj*.出类拔萃的；特别崇高的

（更加突出）《*super-* = over》

supereminence /ˌsupɚˈɛmənəns,ˌsju-/ *n*.出类拔萃；崇高

210　min = small

    ＊拉丁文 *minutus*（= *small*）。

minify /ˈmɪnəˌfaɪ/ *v*.缩小；使减少（使变小）《*-fy* = make》

minification /ˌmɪnəfəˈkeʃən/ *n*.缩小；减少；削减

minim /ˈmɪnɪm/ *n*.微小；些微

minimal /ˈmɪnɪml̩/ *adj*.最低限度的

minimize /ˈmɪnəˌmaɪz/ *v*.减至最少量；贬低

minimum /ˈmɪnəməm/ *n*.最低限度；极小

  《*-mum* 拉丁文的最高级字尾》*cf*. **maximum**（极大）

minor /ˈmaɪnɚ/ *adj*.较小的　*n*.未成年者；副科《*-or* 比较级字尾》

minority /məˈnɔrətɪ, maɪ-/ *n*.少数；未成年

minus /ˈmaɪnəs/ *n*.减；缺少　*adj*.减的；负的　*prep*.减（使变少）

minuscule /mɪˈnʌskjul/ *n*.小写字体　*adj*.小字的；微小的

  《*-cule* = small》

```
minus  +  cule
  |        |
small  +  small
```

minute¹ /ˈmɪnɪt/ *n*.分（六十秒）；片刻　*v*.量；作～之记录

  （把一小时分成小片段）

minute² /məˈnjut, maɪ-/ *adj*.微细的；精细的（细而小的）

minutia /mɪˈnjuʃɪə/ *n*.小节；详细；细目；琐事

mince /mɪns/ *v*.切碎；拐弯抹角地说

minister /ˈmɪnɪstɚ/ *n*.牧师；部长；公使　*v*.服侍；协助

  （小人物→仆人）《*-ster* 表人的名词字尾》

```
mini  +  ster
  |        |
small  +  person
```

ministry /ˈmɪnɪstrɪ/ *n*.教堂牧师；部；部长之职务（任期）；内阁

administer /ədˈmɪnəstɚ/ *v*.管理；照料（恪尽大臣的职务）

  《*ad-* = to》

administration /ədˌmɪnəˈstreʃən/ *n*.管理；行政；政府

administrative /ədˈmɪnəˌstretɪv/ *adj*.管理的；行政的

comminute /ˈkɑməˌnjut, -ˌnut/ *v*.粉碎；弄成粉末；细分

（全部变小）《*com-* = together》

commination /ˌkɑməˈnjuʃən,-ˈnu-/ *n*.粉碎；磨损

diminish /dəˈmɪnɪʃ/ *v*.减少；缩小（完全缩小）《*di-* = de-》

$$
\begin{array}{ccc}
\text{di} & + \text{ min } + & \text{ish} \\
| & | & | \\
completely & + small + & v.
\end{array}
$$

diminution /ˌdɪməˈnjuʃən,-ˈnu-/ *n*.减少

diminutive /dəˈmɪnjətɪv/ *adj*.小的；小型的；昵称的

    n.表示"小"的词语；缩小形；昵称

【注意】以下二字字源不同，为方便而归于此处。

miniature /ˈmɪnɪətʃɚ/ *n*.缩小物；缩图；小画像

    v.为～作缩影（以红着色）《拉丁文 *minium* = cinnabar（朱）》

minikin /ˈmɪnɪkɪn/ *n*.微小之物；侏儒 *adj*.微小的

    （觉得可爱的东西）《*-kin* 指小东西》

211   **mir** = wonder；behold

    * 拉丁文 *mirari*（= wonder），*mirare*（= behold）意为"惊讶地看"。

admire /ədˈmaɪr/ *v*.羡慕；敬佩；欣赏（惊讶地瞪大眼睛）

    《*ad-* = at》

admirer /ədˈmaɪrɚ/ *n*.崇拜者；欣赏者

admiration /ˌædməˈreʃən/ *n*.钦佩；赞赏

admirable /ˈædmərəbl̩/ *adj*.令人惊奇的；可敬佩的

$$
\begin{array}{ccc}
\text{ad} + & \text{mir} & + \text{ able} \\
| & | & | \\
at + & wonder & + adj.
\end{array}
$$

miracle /ˈmɪrəkl̩/ *n*.奇迹；奇事（令人见而惊讶者）

miraculous /məˈrækjələs/ *adj*.奇迹的；神奇的；不可思议的

mirage /məˈrɑʒ/ *n*.海市蜃楼；幻想（惊讶地看着的东西）

mirror /ˈmɪrɚ/ *n*.镜 *v*.反映（看的东西）

marvel /ˈmɑrvl̩/ *n*.奇异之事 *v*.惊异《拉丁文 *mirare* = wonder》

marvel(l)ous /ˈmɑrvl̩əs/ *adj*.奇异的；不平常的

212 miss＝mit＝send；throw

＊拉丁文 *mittere*（＝*send*，*throw*），过去分词为 *missus*。〔变化型〕*mit*。

missile /ˈmɪsl̩/ *adj*.可发射的　*n*.子弹；飞弹（被投掷）

mission /ˈmɪʃən/ *n*.使命；使节团（奉命被送往）

missionary /ˈmɪʃənˌɛrɪ/ *adj*.传道的　*n*.传道者；传教士

missive /ˈmɪsɪv/ *n*.公文；（冗长的）信

message /ˈmɛsɪdʒ/ *n*.音信；通信；使命　*v*.通信；报信

（送给人的东西）

messenger /ˈmɛsn̩dʒɚ/ *n*.使者；报信者；前兆；先驱者（传送者）

admit /ədˈmɪt/ *v*.承认；允许（送入；移进）《*ad-* ＝ to》

admission /ədˈmɪʃən/ *n*.入场、入学许可；承认；告白（被送入）

```
ad ＋ miss ＋ ion
 │      │       │
to ＋ send ＋ n.
```

admittance /ədˈmɪtn̩s/ *n*.入场权

commit /kəˈmɪt/ *v*.委托；犯（罪）（传送～→委托）《*com-* ＝ with》

commitment /kəˈmɪtmənt/ *n*.委托；犯罪；禁闭

```
com ＋ mit ＋ ment
 │       │       │
with ＋ send ＋ n.
```

committee /kəˈmɪtɪ/ *n*.委员会（被委任者）《*-ee* 表示"被～的人"》

commission /kəˈmɪʃən/ *n*.委任状；委员会；授权

　v.委任；授权（委任之事）

commissioner /kəˈmɪʃənɚ/ *n*.委员；长官

compromise /ˈkɑmprəˌmaɪz/ *v*.妥协；危及

　n.妥协（彼此共同约定）《*com-* ＝ together；*pro-* ＝ forth》

```
com ＋ pro ＋ mise
 │      │       │
together ＋ forth ＋ send
```

demise /dɪˈmaɪz/ *v*.遗赠　*n*.死亡；继承（放手）《*de-* ＝ away》

demission /dɪˈmɪʃən/ *n*.辞职

dismiss /dɪsˈmɪs/ *n*.解散；开除（零零散散地）；摒除；放弃；驳回；

不受理《*dis-* = apart》

dismissal /dɪsˈmɪsl̩/ *n*.解散；免职；驳回；不受理

```
dis  +  miss  +  al
 |        |       |
apart +  send  +  n.
```

emit /ɪˈmɪt/ *v*.放出；吐露（送出）《*e-* = *ex-* = out》

emission /ɪˈmɪʃən/ *n*.发射

emissary /ˈɛməˌsɛrɪ/ *n*.密使；间谍（偷偷地送出者）

intermit /ˌɪntɚˈmɪt/ *n*.间歇；中断（进入其间）《*inter-* = between》

intermittence /ˌɪntɚˈmɪtn̩s/ *n*.断续性；间歇性

intermittent /ˌɪntɚˈmɪtn̩t/ *adj*.断续的；间歇的　　*n*.间歇热

```
inter  +  mitt  +  ent
  |         |       |
between +  send  +  adj.
```

intermission /ˌɪntɚˈmɪʃən/ *n*.休憩时间；暂停

manumit /ˌmænjəˈmɪt/ *v*.解放（奴隶）（由手中释放出来）
　《*manu* = hand》

manumission /ˌmænjəˈmɪʃən, ˌmænju-/ *n*.奴隶解放

omit /oˈmɪt, əˈmɪt/ *v*.遗漏；省略（送走）《*o-* = *ob-* = away》

omission /oˈmɪʃən/ *n*.省略；删除

omissible /oˈmɪsəbl̩/ *adj*.可省略的；可忽视的

```
o  +  miss  +  ible
|       |       |
away +  send  +  adj.
```

omissive /oˈmɪsɪv/ *adj*.忽略的；省略的

permit /*v*. pɚˈmɪt *n*. pɝmɪt/ *v*.许可　　*n*.许可书；证明书
　（通过每一关）《*per-* = through》

permission /pɚˈmɪʃən/ *n*.许可

premise /*n*. ˈprɛmɪs *v*. prɪˈmaɪz, ˈprɛmɪs/ *v*.预述；立前提
　n.前提；（*pl*.）房产（置于前面）《*pre-* = before》

pretermit /ˌpritɚˈmɪt/ *v*.忽略；疏忽（飞快地）
　《*preter-* = past, beyond》

pretermission /ˌpritɚˈmɪʃən/ *n*.省略；忽略

$$\begin{array}{ccc} \text{preter} & + & \text{miss} & + & \text{ion} \\ | & & | & & | \\ past & + & sent & + & n. \end{array}$$

promise /ˈprɑmɪs/ *v*.答应；约定　　*n*.诺言；约定（答应做～）

　《*pro-* = forth》

promising /ˈprɑmɪsɪŋ/ *adj*.有前途的；有希望的

promissory /ˈprɑməˌsɔrɪ,-ˌsɔrɪ/ *adj*.允诺的；约定的

remiss /rɪˈmɪs/ *adj*.疏忽的；无精打采的《*re-* = back》

remission /rɪˈmɪʃən/ *n*.赦免；减刑；缓和；减轻

remit /rɪˈmɪt/ *v*.汇寄；汇款；缓和；释放；赦免；宽恕

　（回复本来的状态）

remittance /rɪˈmɪtn̩s/ *n*.汇款

remittee /rɪmɪˈti,-ˈmɪti/ *n*.受款人《*-ee* 表示"被～的人"》

remitter /rɪˈmɪtɚ/ *n*.汇款人；宽恕者《*-er* 表示"做～的人"》

$$\begin{array}{ccc} \text{re} & + & \text{mitt} & + & \text{er} \\ | & & | & & | \\ back & + & send & + & person \end{array}$$

remittent /rɪˈmɪtn̩t/ *adj*.（病热的）忽重忽轻的　　*n*.弛张热

submit /səbˈmɪt/ *v*.使服从；使降服；提出；建议（在下面传递）

　《*sub-* = under》

submission /səbˈmɪʃən/ *n*.屈服；柔顺

submissive /səbˈmɪsɪv/ *adj*.屈服的；柔顺的

$$\begin{array}{ccc} \text{sub} & + & \text{miss} & + & \text{ive} \\ | & & | & & | \\ under & + & send & + & adj. \end{array}$$

surmise /*v*. sɚˈmaɪz *n*. ˈsɚmaɪz/ *v*.臆测；猜度　　*n*.臆测；猜度

　（投注思考于～之上）《*sur-* = *super-* = upon, above》

transmit /trænsˈmɪt/ *v*.传送；传达（送到对面）《*trans-* = across》

transmitter /trænsˈmɪtɚ/ *n*.传达者；发话机

transmission /trænsˈmɪʃən/ *n*.送达；让与；传导装置；转运

213　mix = mix

　　＊拉丁文 *miscere*（= mix），过去分词为 *mixtus*。

mix /mɪks/ *v*.混合；调制；混淆

mixer /'mɪksɚ/ *n*.混合器；搅拌器；调音器；交际家；调酒用的饮料

mixture /'mɪkstʃɚ/ *n*.混合；混合物《*-ture* 名词字尾》

admix /æd'mɪks, əd-/ *n*.混合；掺杂《*ad-* = to》

admixture /æd'mɪkstʃɚ, əd-/ *n*.混合；掺杂；混合物

```
ad  +  mix  +  ture
 |      |       |
 to  +  mix  +  n .
```

intermix /ˌɪntɚ'mɪks/ *n*.混合；交杂；融合（相互混合）
　　《*inter-* = among, between》

intermixture /ˌɪntɚ'mɪkstʃɚ/ *n*.混合；交杂；融合；混合物

premix /'pri'mɪks/ *v*.预先混合《*pre-* = before》

214　mod = manner

　　＊拉丁文 *modus*（= measure, manner, kind, way）。

mode /mod/ *n*.方法；形式；流行

modal /'modl̩/ *adj*.样式的；方式的；形态的

model /'madl̩/ *n*.模型；模范　　*adj*.模范的　　*v*.塑造；作～之模型

moderate /*adj*., *n*. 'madərɪt *v*. 'madəˌret/ *adj*.适度的；稳健的；温和的
　　n.稳健的人　　*v*.缓和；主持（会议）（找出样式）

moderation /ˌmadə'reʃən/ *n*.适度；稳健；缓和

moderator /'madəˌretɚ/ *n*.调停者；调整器

modern /'madɚn/ *adj*.现代的；最近的　　*n*.现代人（最新样式的）

```
mod  +  ern
 |       |
manner + adj .
```

modernize /'madɚnˌaɪz/ *v*.使现代化

modest /'madɪst/ *adj*.谦逊的（不超越一定的模式）

modesty /'madəstɪ/ *n*.谦逊

modify /'madəˌfaɪ/ *v*.变更；修饰（为适合模式而加以变更）

《*-ify* = make》

```
mod  +  ify
 |        |
manner + make
```

modification /ˌmɑdəfəˈkeʃən/ *n*.变更；修饰

modifier /ˈmɑdəˌfaɪɚ/ *n*.修改的人或物；修饰语

modish /ˈmodɪʃ/ *adj*.流行的；时髦的《*-ish* 形容词字尾》

modulate /ˈmɑdʒəˌlet/ *v*.调整；转调（合乎一定的格式）

《*-ate* 动词字尾》

modulation /ˌmɑdʒəˈleʃən/ *n*.调整；转调

commodity /kəˈmɑdətɪ/ *n*.商品；货物（具有各种样式的）

《*com-* = together》

```
com  + mod + ity
 |       |     |
together + kind + n.
```

commodious /kəˈmodɪəs/ *adj*.便利的；宽敞的；合宜的

commode /kəˈmod/ *n*.洗脸台；室内的便溺器（合乎模式的便利之物）

accommodate /əˈkɑməˌdet/ *v*.给方便；容纳；使适应

（使合乎时宜）《*ac-* = *ad-* = to》

```
ac +  com  +  mod  + ate
 |      |       |      |
to + together + manner + v.
```

accommodation /əˌkɑməˈdeʃən/ *n*.调节；和解；便利；

（*pl*.）住宿（收容）设备

outmoded /autˈmodɪd/ *adj*.旧式的；过时的（式样消失）

《*out-* = out》

215　mon = advise；remind

＊拉丁文 *monere*（= *advise*，*remind*），过去分词为 *monitus*。

monition /moˈnɪʃən/ *n*.警告；告诫（忠告；劝告）

monitor /ˈmɑnətɚ/ *n*.班长；劝告者；监考员；监视器

　　v.监视；监听；监控；检视（劝告的人或物）

monitorship /ˈmɑnətɚˌʃɪp/ *n*.班长的职务、地位、任期等；监督
　　《-*ship* 表性质、作用等的抽象名词字尾》

monitory /ˈmɑnəˌtorɪ,-ˌtɔrɪ/ *adj*.劝告的；训诫的

monument /ˈmɑnjəmənt/ *n*.纪念碑（像、塔）；遗物（使想起的东西）

monumental /ˌmɑnjəˈmɛntḷ/ *adj*.纪念碑的；不朽的

```
monu  +  ment  +   al
 |        |         |
advise  +  n.  +  adj.
```

monumentalize /ˌmɑnjuˈmɛntḷˌaɪz/ *v*.（以纪念碑等）纪念；使不朽
　　《-*ize* 动词字尾》

admonish /ədˈmɑnɪʃ/ *v*.劝告；警告（忠告；劝告）《*ad-* = to》

```
ad  +  mon  +  ish
 |      |       |
to  +  advise  +  v.
```

admonition /ˌædməˈnɪʃən/ *n*.劝告；警告

admonitor /ədˈmɑnətɚ/ *n*.劝告者；警告者

```
ad  +  monit  +  or
 |       |       |
to  +  advise  +  n.
```

admonitory /ədˈmɑnəˌtorɪ,æd-,-ˌtɔrɪ/ *adj*.劝告的；训诫的；忠言的

premonish /priˈmɑnɪʃ/ *v*.预先警告（先忠告）《*pre-* = before》

premonitory /prɪˈmɑnəˌtorɪ,-ˌtɔrɪ/ *adj*.预先告诫的；前兆的

summon /ˈsʌmən/ *v*.召唤；召集；鼓起（勇气等）（悄悄地来加以劝告）
　　《*sum-* = *sub-* = under》

216　**monstr** = show

　　＊拉丁文 *monstrare*(= show)。

monster /ˈmɑnstɚ/ *n*.怪物；恶人（表示物→醒目的东西）

monstrous /ˈmɑnstrəs/ *adj*.奇形怪状的；恐怖的

demonstrate /ˈdɛmənˌstret/ *v*.证明；示范；夸示；表露（充分地表示）
　　《*de-* = fully》

demonstration /ˌdɛmənˈstreʃən/ *n*.表示；论证；示威运动

```
┌─────────────────────────────────┐
│   de   +  monstr  +  ation       │
│    |        |         |          │
│  fully  +  show   +   n.         │
└─────────────────────────────────┘
```

demonstrative /dɪˈmɑnstrətɪv/ *adj.*表示说明的；论证的；明确的

　　*n.*指示词

remonstrate /rɪˈmɑnstret/ *v.*抗议；忠告（表示反对）

　　《*re-* = against》

remonstrative r/ɪˈmɑnstrətɪv/ *adj.*抗议的；忠告的

remonstrance /rɪˈmɑnstrəns/ *n.*抗议；谏言

remonstrant /rɪˈmɑnstrənt/ *adj.*抗议的；谏言的

　　*n.*抗议者；忠告者

217　mor = custom

　　* 拉丁文 *mor*, *mos*(= *custom* 风俗；习惯)。

moral /ˈmɔrəl/ *adj.*道德的；教训的；精神上的；良心的

　　*n.*教训；寓意

morale /moˈræl,-ˈral/ *n.*民心；士气

moralism /ˈmɔrəlɪzm̩/ *n.*道德主义；伦理主义；教训；格言

　　《*-ism* = 主义,学说》

```
┌─────────────────────────────────┐
│   mor    +   al  +  + ism        │
│    |          |        |         │
│  custom  +  adj. +  +  n.        │
└─────────────────────────────────┘
```

moralist /ˈmɔrəlɪst/ *n.*道德家

morality /mɔˈrælətɪ/ *n.*道德；德行；教训；寓意

　　《*-ity* 抽象名词字尾》

```
┌─────────────────────────────────┐
│   mor    +   al   +  tity        │
│    |          |        |         │
│  custom  +  adj.  +    n.        │
└─────────────────────────────────┘
```

moralize /ˈmɔrəlˌaɪz,ˈmɑr-/ *v.*使道德化；教以道德；教化；训话

　　《*-ize* 动词字尾》

moralization /ˌmɔrəlɪˈzeʃən,-aɪˈze-/ *n.*道德化；教化；教训

amoral /eˈmɔrəl,-ˈmɑr-/ *adj.*与道德无关的；非道德的

　　《*a-* = without》

demoralize /dɪˈmɑrəlˌaɪz/ *v*.败坏道德；使沮丧；使消沉
《*de-* = down》

demoralization /dɪˌmɑrələˈzeʃən,-ˌmɑr-,-aɪˈze-/ *n*.风俗败坏；
道德堕落；士气低落

$$
\begin{array}{ccccccccc}
\text{de} & + & \text{mor} & + & \text{al} & + & \text{iz(e)} & + & \text{ation} \\
| & & | & & | & & | & & | \\
down & + & custom & + & adj. & + & v. & + & n.
\end{array}
$$

immoral /ɪˈmɔrəl,mˈmɔrəl/ *adj*.不道德的；邪恶的《*im-* = not》

unmoral /ʌnˈmɔrəl,-ˈmɑr-/ *adj*.不涉及道德的；不发生道德问题的
（= *nonmoral*）

218　morph = form

＊希腊文 ***morphe***(= form 形状；形态)。

Morpheus /ˈmɔrfɪəs,-fjus/ *n*.(希腊神话)梦之神；睡之神

$$
\begin{array}{ccc}
\text{Morph} & + & \text{eus} \\
| & & | \\
form & + & n.
\end{array}
$$

morphine /ˈmɔrfin/ *n*.吗啡《*morph-* = Morpheus》
　　【解说】注射吗啡之后,会昏昏欲睡,所以字首是用"(希腊神话)睡之神"这个
　　　　字

morphology /mɔrˈfɑlədʒɪ/ *n*.形态学；地形学；形态；结构
（研究形态的学问）《*logy* = study》

morphological /ˌmɔrfəˈlɑdʒəkəl/ *adj*.形态学的；地形学的

amorphous /əˈmɔrfəs/ *adj*.无定形的；无组织的；模糊的
《*a-* = not，without》

$$
\begin{array}{ccccc}
\text{a} & + & \text{morph} & + & \text{ous} \\
| & & | & & | \\
without & + & form & + & adj.
\end{array}
$$

heteromorphic /ˌhɛtərəˈmɔrfɪk/ *adj*.异形的；变形的(不同形状)
《*hetero-* = different》

isomorphic /ˌaɪsəˈmɔrfɪk/ *adj*.同形的；异种同形的(形状相同)
《*iso-* = equal》

metamorphosis /ˌmɛtəˈmɔrfəsɪs/ *n*.蜕变；变形；变态(形态改变)

《*meta-*（change）+ *morpho*（form）+ *-sis*（process，act）》

```
meta  + morpho +  sis
  |        |        |
change +  form   + process
```

polymorphic /ˌpɑlɪˈmɔrfɪk/ *adj.* 多形的；多形态的

（= *polymorphous*）《*poly-* = many》

219　mort = death

　　＊拉丁文 *mors*（= death），*mori*（= die）。

mortal /ˈmɔrtḷ/ *adj.* 不免一死的；人生的　　*n.* 必死的东西；人类

mortality /mɔrˈtælətɪ/ *n.* 必死的命运；死亡率

mortuary /ˈmɔrtʃuˌɛrɪ/ *n.* 停尸间；太平间　　*adj.* 埋葬的；死的

```
mortu +  ary
  |       |
death +  place
```

immortal /ɪˈmɔrtḷ/ *adj.* 不死的；不灭的；不朽的

　《*im-* = *in-* = not》

```
im + mort +  al
 |     |      |
not + death + adj.
```

immortality /ˌɪmɔrˈtæltɪ/ *n.* 不死；不灭；不朽

mortician /mɔrˈtɪʃən/ *n.* 殡仪业者

mortify /ˈmɔrtəˌfaɪ/ *v.* 克制；使感到羞辱（使死去；使有想死的念头）

　《*-ify* = make》

mortification /ˌmɔrtəfəˈkeʃən/ *n.* 屈辱；羞辱

morbid /ˈmɔrbɪd/ *adj.* 疾病的；不健全的（与死有关的）

morbidity /mɔrˈbɪdətɪ/ *n.* 病态；不健全

moribund /ˈmɔrəˌbʌnd, ˈmɑr-, -bənd/ *adj.* 将死的；即将消灭的

　（濒临死亡）《*mori*（death）+ *bund*（tending toward）》

```
mori  +     bund
  |          |
death + tending toward
```

mortgage /ˈmɔrɡɪdʒ/ *n*.抵押；抵押权　*v*.抵押；献身于（死亡时作的担保）《*-gage* = pledge（担保）》

postmortem /ˌpostˈmɔrtəm/ *adj*.死后的　*n*.验尸；尸体解剖；事后检讨　*v*.验尸《*post-* = after》

remorse /rɪˈmɔrs/ *n*.后悔；良心不安

220　mount = mountain；ascend

＊拉丁文 *mont*（= mountain）。

mount /maunt/ *v*.上涨；登（山）；骑（马）；乘

mountain /ˈmauntn̩/ *n*.山（可攀登上去之处）《*-ain* 名词字尾》

mountainous /ˈmauntn̩əs/ *adj*.多山的；巨大的

mountainy /ˈmauntn̩ɪ/ *adj*.居住在山地的

amount /əˈmaunt/ *v*.共计；等于　*n*.总数《*a-* = *ad-* = to》

dismount /dɪsˈmaunt/ *v*.下马；下车（与上升相反）

　《*dis-* = negative（否定）》

paramount /ˈpærəˌmaunt/ *adj*.最高的；主要的；卓越的（升到前面的）

　《*para-* = by》

```
par + amount
 |       |
by  +  ascend
```

promontory /ˈprɑmənˌtorɪ, -ˌtɔrɪ/ *n*.岬；海角（向前突出的部分）

　《*pro-*（forward）+ *mont* = *mount*（ascend）+ *-ory*（名词字尾）》

```
pro   +  mont  + ory
 |         |       |
forward + ascend + n.
```

remount /riˈmaunt/ *v*.再骑；再搭乘；回溯（再上升）

　《*re-* = again》

surmount /sɚˈmaunt/ *v*.战胜；克服；爬越（山岭）（升到～之上）

　《*sur-* = over》

surmountable /sɚˈmauntəbl̩/ *adj*.可战胜的；可克服的

221　mov = move

　* 拉丁文 *movere*(= *move*)，*mobilis*(= *movable*)，*motio*(= *movement*)。
　〔变化型〕*mob*，*mot*。

move /muv/ *v*.移动；感动　*n*.手段；移动

movement /'muvmənt/ *n*.运动；动作；移动

movable /'muvəbḷ/ *adj*.可动的；动产的 *n*.（*pl*.）动产；家财

remove /rɪ'muv/ *v*.移去；移动　*n*.移动；等级（再移动）

　《*re-* = again》

removable /rɪ'muvəbḷ/ *adj*.可移动的；可除去的

```
re  +  mov  +  able
|        |       |
again + move + adj.
```

removal /rɪ'muvḷ/ *n*.撤去；除去；罢免

mob /mɑb/ *n*.暴民；大众　*v*.结群围攻（心意容易动摇的）

mobile /'mobḷ,'mobil,-bɪl/ *adj*.可动的；易变的《*-ile* 形容词字尾》

mobilize /'mobḷˌaɪz/ *v*.流通；动员《*-ize* 动词字尾》

```
mob  +  il(e)  +  ize
|         |        |
move  +  adj.  +  v.
```

mobilization /ˌmobḷə'zeʃən,-aɪ'ze-/ *n*.动员；流通

automobile /'ɔtəməˌbil,ɔtə'mobil,ɔtəmə'bil/ *n*.汽车（自己会动）

　《*auto-* = self》

【解说】美国人喜欢买大车，例如：Cadillac（凯迪拉克），Buick（别克）、Chevro-
　　　let（雪佛兰）等，他们觉得大车坐起来舒服又安全。

demobilize /di'mobḷˌaɪz/ *v*.遣散；改编（军队）；使复原（与动员相反）

　《*de-* 表动作的相反》

mobocracy /mɑb'ɑkrəsɪ/ *n*.暴民政治；暴民统治

　《*mob(o)*（暴民）+ *cracy*（rule）》

```
mobo  +  cracy
|          |
mob  +  rule
```

motion /'moʃən/ *n*.运动；动作　*v*.以手或头示意

motivate /'motəˌvet/ *v*.激发；引发动机

motivation /ˌmotəˈveʃən/ *n*.引起动机；刺激；诱导

motive /ˈmotɪv/ *adj*.发动的　*n*.动机　*v*.激发；引发动机

motif /moˈtif/ *n*.主题；主旨

motor /ˈmotɚ/ *n*.马达；发动机；汽车　*adj*.由马达推动的汽车的

motorize /ˈmotəˌraɪz/ *v*.装马达；机械化

commotion /kəˈmoʃən/ *n*.混乱；暴动（一同引起骚动）
　《*com-* = together》

```
com   +   mot   +   ion
 |         |         |
together + move  +  n .
```

demote /dɪˈmot/ *v*.降低（向下移动）《*de-* = down》

emotion /ɪˈmoʃən/ *n*.感情；情绪（移动出来的东西）《*e-* = *ex-* = out》

emotional /ɪˈmoʃənl̩/ *adj*.感情的；易受感动的

locomotion /ˌlokəˈmoʃən/ *n*.移动；运动；运转；旅行
　（由某地移至某地）《*loco*（place）+ *mot*（move）+ *-ion*（名词字尾）》

locomotive /ˌlokəˈmotɪv/ *n*.火车头　*adj*.移动的；旅行的；火车头的

promote /prəˈmot/ *v*.提升；促进；创办（向前方移动→前进）
　《*pro-* = forward》

```
pro   +   mote
 |         |
forward + move
```

promoter /prəˈmotɚ/ *n*.赞助者；发起人

promotion /prəˈmoʃən/ *n*.提升；促进；创立

remote /rɪˈmot/ *adj*.遥远的；远亲的（退到远处）《*re-* = back》

remoteness /rɪˈmotnɪs/ *n*.远离；疏远；偏僻

```
re   +   mote   +   ness
 |         |          |
back  +  move   +    n .
```

moment /ˈmomənt/ *n*.瞬间；片刻；重要《*mom* = move》

momentary /ˈmomənˌtɛrɪ/ *adj*.瞬间的；刹那的；时时刻刻的

momentous /moˈmɛntəs/ *adj*.极重要的

momentum /moˈmɛntəm/ *n*.运动量；动力

mutiny /ˈmjutɪnɪ/ *n*.叛变　*v*.反抗（反抗行动）

mutinous /ˈmjutɪnəs/ *adj*.反叛的；背叛的

222　muni = service

　　* 拉丁文 *munus*(= *service* 服务)。

municipal /mjuˈnɪsəpḷ/ *adj*.市政的；有自治权的；内政的
　　（为公众服务的）《*cip* = take》

munificence /mjuˈnɪfəsṇs/ *n*.慷慨的给与；大方（提供服务）
　　《*fic* = do》

munificent /mjuˈnɪfəsṇt/ *adj*.慷慨的；大方的

commune /kəˈmjun/ *v*.交流；交谈（一起共享）《*com-* = together》

communicate /kəˈmjunəˌket/ *v*.传达；联络；通讯

communication /kəˌmjunəˈkeʃən/ *n*.传播；通讯；交通（工具）

communion /kəˈmjunjən/ *n*.沟通；共有；交往

```
com   +   mun   +  ion
 |         |         |
together + service +  n.
```

communism /ˈkɑmjuˌnɪzəm/ *n*.共产主义《*-ism* = 主义》

communist /ˈkɑmjuˌnɪst/ *n*.共产主义者；共产党员
　　《*-ist* 表人的名词字尾》

community /kəˈmjunətɪ/ *n*.社区；共有；群生

immune /ɪˈmjun/ *adj*.免疫的；免除的（不必服务）《*im-* = *in-* = not》

immunity /ɪˈmjunətɪ/ *n*.免疫（性）；免除（税等）

immunize /ˈɪmjəˌnaɪz/ *v*.使免疫

223　mur = wall

　　* 拉丁文 *murus*(= *wall*)。

mural /ˈmjʊrəl/ *adj*.墙上的；壁上的　　*n*.壁画；壁饰

muralist /ˈmjʊrəlɪst/ *n*.壁画家

extramural /ˌɛkstrəˈmjʊrəl/ *adj*.城墙外的；校外的（大学墙外的）
　　《*extra-* = outside》

```
extra  +  mur  +   al
  |        |        |
outside + wall  +  adj.
```

immure /ɪˈmjʊr/ *v*.禁闭；监禁（关在墙内）《*im-* = *in-* = in》

immurement /ɪˈmjʊrmənt/ *n*.监禁；幽居

intramural /ˌɪntrəˈmjʊrəl/ *adj*.城墙内的；校内的《*intra-* = within》

224 **mut** = change

* 拉丁文 *mutare*(= change)。

mutable /ˈmjutəbl̩/ *adj*.易变的；无常的
mutability /ˌmjutəˈbɪlətɪ/ *n*.不定性；易变性
mutate /ˈmjutet/ *v*.变化；【生物】突变《*-ate* 动词字尾》
mutation /mjuˈteʃən/ *n*.变化；【生物】突变
mutual /ˈmjutʃʊəl/ *adj*.相互的；共同的(彼此调和)
mutuality /ˌmjutʃʊˈælətɪ/ *n*.相互关系；相互依存
commutate /ˈkɑmjuˌtet/ *v*.转换(电流的)方向；整流
　《*com-* = with》

$$
\begin{array}{ccc}
\text{com} & + & \text{mut} & + & \text{ate} \\
| & & | & & | \\
\textit{with} & + & \textit{change} & + & \textit{v}.
\end{array}
$$

commutation /ˌkɑmjuˈteʃən/ *n*.转换；减刑；〔美〕以月季票上下班
commutator /ˈkɑmjuˌtetɚ/ *n*.整流器；变压器
commute /kəˈmjut/ *v*.转换；减刑；〔美〕买月季票上下班(能够变成〜)
commuter /kəˈmjutɚ/ *n*.以月季票上下班者
immutable /ɪˈmjutəbl̩/ *adj*.不变的；不能变的《*im-* = *in-* = not》

$$
\begin{array}{ccc}
\text{im} & + & \text{mut} & + & \text{able} \\
| & & | & & | \\
\textit{not} & + & \textit{change} & + & \textit{adj}.
\end{array}
$$

permute /pɚˈmjut/ *v*.交换；排列(完全地改变)《*per-* = thoroughly》
permutation /ˌpɚmjəˈteʃən/ *n*.交换；排列
transmute /trænsˈmjut/ *v*.变形；变质《*trans-* = across》
transmutation /ˌtrænsmjuˈteʃən/ *n*.变形；变质

225 **myst** = mystery

* 拉丁文 *mysticus*；希腊文 *mythos*(= mystery 神秘)。

mystagogue /ˈmɪstəˌgɑg,-ˌgɔg/ *n*.引人入密教者
　《*agogue* = leader》

mystery /ˈmɪst(ə)rɪ/ *n*.神秘；不可思议《*-ery* 名词字尾》

$$
\begin{array}{ccc}
\text{myst} & + & \text{ery} \\
| & & | \\
mystery & + & n.
\end{array}
$$

mysterious /mɪsˈtɪrɪəs/ *adj*.神秘性的；不可思议的

mystic /ˈmɪstɪk/ *adj*.神秘的（= *mystical*）
　n.神秘家；神秘主义者

mystical /ˈmɪstɪkḷ/ *adj*.神秘的；神秘主义的

mysticism /ˈmɪstəˌsɪzm̩/ *n*.神秘主义；神秘论《*-ism* = 主义；理论》

mystify /ˈmɪstəˌfaɪ/ *v*.使迷惑；神秘化

myth /mɪθ/ *n*.神话；传说；虚构的人（事物）

226　nat = born

　* 拉丁文 *nasci*（= *be born* 出生；天生），过去分词为 *natus*。

nation /ˈneʃən/ *n*.国民；国家；民族（生而为者）

national /ˈnæʃənḷ/ *adj*.国民的；国家的 *n*.国民

nationality /ˌnæʃənˈæləti/ *n*.国籍；国民性

nationalize /ˈnæʃənḷˌaɪz/ *v*.使国家化；使成为国营

nationalization /ˌnæʃənḷɪˈzeʃən/ *n*.国家化；收归国有

$$
\begin{array}{ccccccccc}
\text{nat} & + & \text{ion} & + & \text{al} & + & \text{iz(e)} & + & \text{ation} \\
| & & | & & | & & | & & | \\
born & + & n. & + & adj. & + & v. & + & n.
\end{array}
$$

native /ˈnetɪv/ *adj*.出生地的；本国的；土著的　　*n*.本地人；土著

naive /nɑˈiv/〔法文〕= native　*adj*.纯真的；质朴的

nature /ˈnetʃɚ/ *n*.自然；天性；本质（与生俱来的）

natural /ˈnætʃərəl/ *adj*.自然的；自然界的；本能的

naturalism /ˈnætʃərəlˌɪzəm/ *n*.自然主义；自然论

naturalize /ˈnætʃərəlˌaɪz/ *v*.使归化；移植；使自然化；使合理化

naturalization /ˌnætʃərəlaɪˈzeʃən/ *n*.归化；移入；自然化

agnate /ˈægnet/ *adj*. , *n*.父系的（亲属）；同族的（人）
　《*ag-* = *ad-* = to》

```
ag + nate
 |     |
to  + born
```

agnatic /æg'nætɪk/ *adj*.父系亲属的

agnation /æg'neʃən/ *n*.父系亲属

cognate /'kɑgnet/ *adj*.同族的；同起源的；同性质的（相同来源）
《*cog-* = *com-* = together》

cognation /kɑg'neʃən/ *n*.同族；亲戚

connate /'kɑnet/ *adj*.天赋的；先天性的；（植物）合生的（与生俱来的）
《*con-* = together》

```
con    + nate
 |        |
together + born
```

connatural /kə'nætʃərəl/ *adj*.先天的；同性质的

denature /di'netʃə/ *v*.改变本性；使变性（与出生时不同）
《*de-* = *dis-* = away》

denaturalize /di'nætʃ(ə)rəlˌaɪz/ *v*.使不自然；改变～的本性

innate /ɪn'net/ *adj*.先天的；本质的（ = *inborn*）《*in-* = in》

neonate /'niəˌnet/ *n*.（未满月的）婴儿（新生儿）《*neo-* = new》

postnatal /post'netl̩/ *adj*.出生后的《*post-* = after》

prenatal /pri'netl̩/ *adj*.出生前的；胎儿期的
《*pre-* = before》

227　nau = ship

* 希腊文 *naus*（ = ship）；拉丁文 *navis*（ = ship）。〔变化型〕*nav*。

nausea /'nɔʒə,'nɔzɪə,'nɔsɪə/ *n*.作呕；恶心

nauseate /'nɔʒɪˌet,-zɪˌet/ *v*.使作呕；厌恶

nauseant /'nɔʃɪənt/ *adj*.引起呕吐的

nauseous /'nɔʒəs,-zɪəs/ *adj*.令人作呕的

nautical /'nɔtɪkl̩/ *adj*.船舶的；船员的；航海的

aeronaut /'ɛrəˌnɔt,'ærə-/ *n*.飞艇或氢气球驾驶员；飞艇乘客
（空中航行的人）《*aero* = air》

aeronautics /ˌɛrə'nɔtɪks/ *n*.航空学；航空术

<pre>
aero + naut +   ics
 | | |
air + ship + science
</pre>

astronaut /'æstrəˌnɔt/ *n*.太空人（星际航行者）《*astro* = star》

navy /'nevɪ/ *n*.海军；船队

naval /'nevl̩/ *adj*.海军的；军舰的

navicert /'nævɪˌsɝt/ *n*.航海证明书《*cert* = certification（证明）》

navicular /nə'vɪkjələ/ *adj*.船形的（小船状的）

《*navi*（ship）+ *-cul*（small）+ *-ar*（形容词字尾）》

<pre>
navi + cul + ar
 | | |
ship + small + adj.
</pre>

navigate /'nævəˌget/ *v*.驾驶；航行（使船前进）

《*ig* = drive；*-ate* 动词字尾》

navigation /ˌnævə'geʃən/ *n*.航海；航空；航海（航空）术

<pre>
nav + ig + ation
 | | |
ship + drive + n.
</pre>

navigator /'nævəˌgetə/ *n*.航海者；海上探险家；（飞机的）驾驶员

navigable /'nævəgəbl̩/ *adj*.可航行的；适于航行的

circumnavigate /ˌsɝkəm'nævəˌget/ *v*.环航（世界）（环绕～航行）

《*circum-* = around》

circumnavigation /ˌsɝkəmˌnævə'geʃən/ *n*.环航世界一周

228　necro = death；dead

＊希腊文 *nekros*（= dead body）。

necrology /nɛ'krɑlədʒɪ/ *n*.死者名册；讣闻（死亡通知）

《*logy* = speaking》

necromancy /'nɛkrəˌmænsɪ/ *n*.巫术；通灵术（召亡灵以占卜未来）

《*-mancy* = divination（预言；占卜）》

<pre>
necro + mancy
  | |
death + divination
</pre>

necromancer /ˈnɛkrəˌmænsɚ/ *n*.巫术师；通灵者

necropolis /nɛˈkrɑpəlɪs, nɪ-/ *n*.(古代都市的)大坟场；公共墓地
（死人城）《*polis* = city》

necropsy /ˈnɛkrɑpsɪ/ *n*.验尸；尸体解剖
《*necro*（death）+（*o*)*ps*（visible）+ -*y*（名词字尾）》

necrosis /nɛˈkrosɪs/ *n*.坏死；坏疽《-*sis* = condition》

necrophobia /ˌnɛkrəˈfobɪə/ *n*.死亡恐怖（害怕死亡）
《*phobia* = fear》

necrotomy /nɛˈkrɑtəmɪ/ *n*.尸体解剖（切开死人）
《*necro*（death）+ *tom*（cut）+ -*y*（名词字尾）》

```
necro + tom + y
  |      |    |
death  + cut + n.
```

229 nect = bind

＊拉丁文 *nectere*(= bind)。〔变化型〕*nex*。

connect /kəˈnɛkt/ *v*.连接；联系；接通；使有关（连在一起）
《*con-* = together》

connection /kəˈnɛkʃən/ *n*.连接；关系；联想；亲戚

connective /kəˈnɛktɪv/ *adj*.连接的；联合的

```
con  + nect + ive
 |      |     |
together + bind + adj.
```

connector /kəˈnɛktɚ/ *n*.连接的人或物；连接器

disconnect /ˌdɪskəˈnɛkt/ *v*.使分离；脱离；断绝《*dis-* = apart》

disconnected /ˌdɪskəˈnɛktɪd/ *adj*.分离的；不连贯的

interconnect /ˌɪntɚkəˈnɛkt/ *v*.(使)彼此连接（联系）（互相连接）
《*inter-* = between》

```
inter  +  con  + nect
  |        |      |
between + together + bind
```

interconnection /ˌɪntɚkəˈnɛkʃən/ *n*.彼此连接（联系）

annex /*v*. əˈnɛks *n*. ˈænɛks/ *v*.附加；合并；并吞　*n*.附属物；附件
　（向～连接）《*an-* = *ad-* = to》

annexation /ˌænɛksˈeʃən/ *n*.附加物；附件；合并

nexus /ˈnɛksəs/ *n*.连接；联系；联络；关系《*-us* 拉丁名词字尾》

230　neg = deny

　　＊拉丁文 *negare*(= deny)。

negate /ˈniget, nɪˈget/ *v*.否定；否认

negation /nɪˈgeʃən/ *n*.否定；否认

negative /ˈnɛgətɪv/ *adj*.否定的；消极的；【数学】负的
　n.否定；拒绝；【数学】负数

neglect /nɪˈglɛkt/ *v*.忽视；怠慢　*n*.忽视；怠慢（拒绝集合）
　《*lect* = *gather*》

neglectful /nɪˈglɛktfəl/ *adj*.疏忽的；不小心的

negligence /ˈnɛglədʒəns/ *n*.怠慢；不注意《*lig* = *lect* = gather》

$$
\begin{array}{ccc}
\text{neg} & + \quad \text{lig} & + \quad \text{ence} \\
| & | & | \\
deny & +\ gather & +\quad n.
\end{array}
$$

negligible /ˈnɛglədʒəbl̩/ *adj*.可忽略的；无关紧要的

negotiate /nɪˈgoʃɪˌet/ *v*.交涉；谈判；商议《*oti* = leisure（闲暇）》
　cf. otiose（/ˈotɪˌos/ *adj*.闲散的；多余的）

negotiation /nɪˌgoʃɪˈeʃən/ *n*.交涉；商议

negatron /ˈnɛgəˌtrɑn/ *n*.阴电子(= *negative electron*)

abnegate /ˈæbnɪˌget/ *v*.叛教；变节　*n*.叛教者；变节者
　adj.叛教的；变节的（否定而分离）《*ab-* = from, away》

$$
\begin{array}{ccc}
\text{ab} & + \quad \text{neg} & + \quad \text{ate} \\
| & | & | \\
from & +\ deny & +\ n., adj.
\end{array}
$$

renegade /ˈrɛnɪˌged/ *n*.叛教者；叛徒　*adj*.叛教的；背叛的
　v.叛教；变节（再次否定）
　《*re-*(again) + *neg*(deny) + *-ade*（表人的名词字尾）》

231　neur = nerve

＊希腊文 neuron；拉丁文 nervus（= nerve）。〔变化型〕neuro，nerv。

neural /ˈnjʊərəl, ˈnʊrəl/ *adj*.神经（系统）的；神经中枢的

neuralgia /njʊəˈrældʒə/ *n*.神经痛

　《*neur*（nerve）+ *alg*（pain）+ *-ia*（condition）》

neurasthenia /ˌnjʊərəsˈθiniə, ˌnʊ-/ *n*.神经衰弱

　《*neur*（nerve）+ *a-*（without）+ *sthen*（strength）+ *ia*（condition）》

```
  neur  +   a   +  sthen  +   ia
   |        |        |         |
 nerve + without + strength + condition
```

neuritis /njʊəˈraɪtɪs, nʊ-/ *n*.神经炎《*-itis* = inflammation（发炎）》

neurobiology /ˌnjʊərobaɪˈalədʒɪ/ *n*.神经生物学

　《*biology* 生物学》

neurochemistry /ˌnjʊəroˈkɛmɪstrɪ/ *n*.神经化学

　《*chemistry* 化学》

neurology /njʊəˈralədʒɪ/ *n*.神经（病）学《*logy* = science，study》

```
  neuro  +  logy
    |         |
  nerve  +  study
```

neurological /ˌnjʊərəˈladʒɪkəl/ *adj*.神经学的

neurosis /njʊəˈrosɪs, nʊ-/ *n*.神经病；精神官能病

　《*-sis* = condition》

neurotic /njʊəˈratɪk/ *adj*.患神经病的；过于神经质的　*n*.神经病患者

nervous /ˈnɝvəs/ *adj*.神经的；紧张的；神经质的

enervate /ˈɛnɚˌvet/ *v*.使衰弱；使失去活力

　（使神经失效）《*e-* = *ex-*（out）+ *nerv*（nerve）+ *-ate*（动词字尾）》

```
   e  +  nerv  +  ate
   |       |       |
  out  +  nerve +  v.
```

innervate /ɪˈnɝvet, ˈɪnɚˌvet/ *v*.使神经分布于～；使神经活动

　（使神经发生功用）《*in-* = in》

unnerve /ʌnˈnɝv/ *v*.抽取神经；吓坏；使失去勇气（使没有神经）

　《*un-* 表动作的相反》

232　neutr = neither

> * 拉丁文 *neuter*（ = *neither* 两者都不）。

neuter /ˈnjutɚ/ *adj*. 中性的；无性的；中立的
　n. 中性字；中性；中性生物　　*v*. 去势；使中和

neutral /ˈnjutrəl/ *adj*. 中立的；中性的　　*n*. 中立国；中立者
　（两者都不介入）

neutralism /ˈnjutrəlɪzm̩/ *n*. 中立主义；中立政策；中立
　《*-ism* = 主义》

neutralist /ˈnjutrəlɪst, ˈnu-/ *n*. 中立主义者　　*adj*. 遵行、主张中立主义的
　《*-ist* 表示人的名词字尾》

neutrality /njuˈtræləti/ *n*. 中立；中性

neutralize /ˈnjutrəlˌaɪz/ *v*. 使中立；中和

neutron /ˈnjutrɑn, ˈnu-/ *n*. 中子

233　nihil = nothing

> * 拉丁文 *nihil*（ = *nothing*）。

nihil /ˈnaɪhɪl/ *n*. 无；虚无；无价值之物

nihilism /ˈnaɪəlˌɪzəm/ *n*. 虚无主义；虚无论；无政府主义

nihilist /ˈnaɪəlɪst/ *n*. 虚无论者；无政府主义者

nihilistic /naɪəˈlɪstɪk/ *adj*. 虚无论（者）的；虚无主义（者）的

nihility /naɪˈhɪləti/ *n*. 虚无；无

annihilate /əˈnaɪəˌlet/ *v*. 消灭（使变成无）《*an-* = *ad-* = to》

```
an +  nihil  + ate
 |      |       |
to + nothing + v.
```

annihilation /əˌnaɪəˈleʃən/ *n*. 消灭；毁灭

annihilator /əˈnaɪəˌletɚ/ *n*. 消灭者；消灭物

234　noc = harm

> * 拉丁文 *nocere*（ = *harm*）。〔变化型〕*nox*。

nocent /ˈnosənt/ *adj*. 有害的

nocuous /ˈnɑkjuəs/ *adj*. 有害的；有毒的

noxious /ˈnɑkʃəs/ *adj*.有害的；有毒的

innocent /ˈɪnəsṇt/ *adj*.无罪的；无害的；无邪的；无知的（没有伤害）
《*in-* = not》

$$\begin{array}{ccc} \text{in} & + & \text{noc} & + & \text{ent} \\ | & & | & & | \\ not & + & harm & + & adj. \end{array}$$

innocence /ˈɪnəsṇs/ *n*.无罪；天真无邪；无知

innocency /ˈɪnəsənsɪ, ˈɪnəsṇsɪ/ *n*.天真行为《*-ency* 表行为、性质》

innocuity /ˌɪnɑˈkjuətɪ/ *n*.无害；无害的事情

obnoxious /əbˈnɑkʃəs, ɑb-/ *adj*.令人不悦的；讨厌的；可憎的
（对～有害）《*ob-* = toward》

235　noct = night

　　＊拉丁文 *noct*，*nox*（= *night*）。〔变化型〕*nox*。

noctambulant /nɑkˈtæmbjələnt/ *adj*.夜间步行的；梦游的（夜间行走）
《*ambul* = walk》

noctambulism /nɑkˈtæmbjəˌlɪzəm/ *n*.梦游症

noctambulist /nɑkˈtæmbjəlɪst/ *n*.梦游者

noctilucent /ˌnɑktəˈlusənt/ *adj*.夜间发光的
《*luc* = light》

$$\begin{array}{ccc} \text{nocti} & + & \text{luc} & + & \text{ent} \\ | & & | & & | \\ night & + & light & + & adj. \end{array}$$

nocturnal /nɑkˈtɚnəl, -nl̩/ *adj*.夜晚的；夜间活动的；夜行性的
（夜间活动）《*turn* = turn》

noctivagant /nɑkˈtɪvəgənt/ *adj*.夜游的；夜行的（夜晚到处游荡）
《*nocti*（night）+ *vag*（wander）+ *-ant*（形容词字尾）》

$$\begin{array}{ccc} \text{nocti} & + & \text{vag} & + & \text{ant} \\ | & & | & & | \\ night & + & wander & + & adj. \end{array}$$

equinox /ˈikwəˌnɑks, ˈɛkwə-/ *n*.春（秋）分；昼夜平分点（昼夜等长）
《*equi* = equal》

equinoctial /ˌikwəˈnɑkʃəl, ˌɛkwə-/ *adj*.昼夜平分的；春（秋）分的

236 nom = law; part

anomaly /ə'nɑməlɪ/ *n*.反常；例外

astronomical /ˌæstrə'nɑmɪkl̩/ *adj*.天文学的；极大的

```
astro + nom + ical
  |      |     |
star  +  law + adj.
```

binomial /baɪ'nomɪəl/ *n*.【数】二项式 *adj*.二项式的

```
bi  + nomi +  al
 |     |      |
two +  part + adj.
```

Deuteronomy /ˌdjutə'rɑnəmɪ/ *n*.【圣经】申命记

economy /ɪ'kɑnəmɪ/ *n*.经济；节俭《*eco-* = house》

```
eco  +     nomy
 |          |
house + management
```

237 nomin = name

*拉丁文 *nomin*，*nomen*（= name）。〔变化型〕*nom*。

nominal /'nɑmənl̩/ *adj*.名字的；名义上的；象征性的

nominalism /'nɑmənˌɪzm̩/ *n*.唯名论　*cf*. **realism**（实体论；实在论）

nominate /'nɑməˌnet/ *v*.提名；任命；指派

nomination /ˌnɑmə'neʃən/ *n*.提名；任命

nominative /'nɑmənətɪv/ *adj*.提名的；任命的；主格的　*n*.主格

nominator /'nɑməˌnetɚ/ *n*.提名者；任命者；推荐者

nominee /ˌnɑmə'ni/ *n*.被提名者；被任命者《*-ee* 表动作的接受者》

denominate /*v*. dɪ'nɑməˌnet *adj*. dɪ'nɑmənɪt/ *v*.命名；取名

　　adj.有名称的；具体的（定下名字）《*de-* = down》

```
de  + nomin + ate
 |     |       |
down + name  + v.
```

denomination /dɪˌnɑmə'neʃən/ *n*.命名；名称；派别；

（重量、长度、货币等之）单位

denominational /dɪˌnɑmə'neʃn̩l/ *adj*.派别的；教派的

denominative /dɪ'nɑməˌnetɪv,-nətɪv/ *adj*.命名的；有名称的

denominator /dɪ'nɑməˌnetɚ/ *n*.命名者；分母；共同点

ignominy /'ɪgnəˌmɪnɪ/ *n*.不名誉；羞耻；可耻的行为

《*ig-* = *in-* = not》

```
ig  +  nomin  +  y
|         |       |
not +   name  +  n.
```

ignominious /ˌɪgnə'mɪnɪəs/ *adj*.不名誉的；可耻的；屈辱的

misnomer /mɪs'nomɚ/ *n*.名字、名词的误用；错误的名词

《*mis-* = wrong》

```
mis  +  nom  +  er
 |       |       |
wrong + name  +  n.
```

renown /rɪ'naun/ *n*.名望；声誉（再三出现的名字）

《*re-*(again) + *nown* = *nomin*（name）》

238　norm = rule；norm

* 拉丁文 *norma*（= *rule*，*norm* 标准）。

norm /nɔrm/ .标准；模范

normal /'nɔrml̩/ *adj*.正常的；正规的　　*n*.常态；标准；正常的人

normalize /'nɔrml̩ˌaɪz/ *v*.标准化；正常化；常态化

《*-ize* = make》

normalization /ˌnɔrml̩ə'zeʃən,-aɪ'ze-/ *n*.标准化；正常化

normality /nɔr'mælətɪ/ *n*.标准；正常状态

```
norm  +  al  +  ity
 |        |      |
norm  +  adj. +  n.
```

normally /'nɔrml̩ɪ/ *adv*.正常地；标准地；常态地

normative /'nɔrmətɪv/ *adj*.合于规范的；规范的

abnormal /æb'nɔrml̩/ *adj*.不正常的；变态的；畸形的（偏离正常）

《*ab-* = away》

abnormality /ˌæbnɔr'mælətɪ/ *n*.变态；反常；畸形

enormity /ɪ'nɔrmətɪ/ *n*.广大；极恶；暴行（超出规则之外）

《*e-* = *ex-* = out of》

$$
\begin{array}{ccc}
e & + \text{ norm } + & ity \\
| & | & | \\
out\ of & +\ rule\ + & n.
\end{array}
$$

enormous /ɪ'nɔrməs/ *adj*.巨大的；极恶的

subnormal /sʌb'nɔrml̩/ *adj*.正常以下的；智力低于正常的

　　n.智力低于常人者（低于一般标准）《*sub-* = under》

supernormal /ˌsupɚ'nɔrml̩, ˌsju-/ *adj*.异常的；非凡的

　　（超过一般标准）《*super-* = over》

239　not = mark

*　拉丁文 *notare*(= mark 标示)，*nota*(= mark 记号)。

note /not/ *n*.符号；笔记；音符 *v*.注意；加以注解

noted /'notɪd/ *adj*.著名的；显著的；有音谱的

nota bene /'notə'binɪ/ = mark well = 注意（简作 **N. B.**）

notable /'notəbl̩/ *adj*.著名的 *n*.名人

$$
\begin{array}{cc}
not & + able \\
| & | \\
mark & + adj.
\end{array}
$$

notary /'notərɪ/ *n*.公证人（记录下来的人）

notarial /no'tɛrɪəl, -'tær-, -'ter-/ *adj*.公证的；公证人的

notarize /'notəˌraɪz/ *v*.公证；公证人证明

notarization /ˌnotəraɪ'zeʃən/ *n*.公证

notandum /no'tændəm/ *n*.备忘录；备忘录记载之事（记下要做的事）

　　《*not* (mark) + *-and* = *-end* (be) + *-um* (a thing)》

$$
\begin{array}{ccc}
not & + and + & um \\
| & | & | \\
mark & + be + & thing
\end{array}
$$

notation /no'teʃən/ *n*.符号法；记数法；记谱法

notice /ˈnotɪs/ *n*.公告；注意　*v*.注目；通知（为了提示的标志）

noticeable /ˈnotɪsəbḷ/ *adj*.引人注目的；显著的

notify /ˈnotəˌfaɪ/ *v*.公告；通知《*-ify* = make》

notification /ˌnotəfəˈkeʃən/ *n*.通知；通知书

notion /ˈnoʃən/ *n*.概念；意见（应该记住的想法）

notorious /noˈtorɪəs/ *adj*.声名狼藉的；恶名昭彰的

annotate /ˈænoˌtet/ *v*.注解；评注（加以标明）《*an-* = *ad-* = to》

$$
\begin{array}{ccc}
an & + \quad not & + \ ate \\
| & | & | \\
to & + \ mark & + \ v.
\end{array}
$$

annotation /ˌænoˈteʃən/ *n*.注解；评注

connote /kəˈnot/ *v*.暗示；含意；包涵（标示在一起→含意）
《*con-* = together》

connotation /ˌkɑnəˈteʃən/ *n*.含意；暗示

$$
\begin{array}{ccc}
con & + \quad not & + \ ation \\
| & | & | \\
together & + \ mark & + \ n.
\end{array}
$$

connotative /ˈkɑnəˌtetɪv, kəˈnotətɪv/ *adj*.暗示的；含蓄的

denote /dɪˈnot/ *v*.表示；指示（记载于下方）《*de-* = down》

denotation /ˌdinoˈteʃən/ *n*.表示；指示；名称；意义

240 nounce = report

    * 拉丁文 *nuntiare*(= report, give a message)。〔变化型〕*nunci*。

announce /əˈnaʊns/ *v*.宣布；发表；通知（向大众报告）
《*an-* = *ad-* = to》

announcement /əˈnaʊnsmənt/ *n*.宣布；布告；发表；通知

$$
\begin{array}{ccc}
an & + \ nounce & + \ ment \\
| & | & | \\
to & + \ report & + \ n.
\end{array}
$$

annunciate /əˈnʌnʃɪˌet/ *v*.布告；告知

annunciation /əˌnʌnsɪˈeʃən/ *n*.通知；布告

denounce /dɪˈnaʊns/ *v*.公开指责；当众责骂（报以强硬的姿态）

《*de-* = down，fully》

denunciation /dɪˌnʌnsɪˈeʃən/ *n*.告发；警告

$$\boxed{\begin{array}{ccc} \text{de} & + \text{nunci} & + \text{ation} \\ | & | & | \\ \textit{down} & + \textit{report} & + \textit{n}. \end{array}}$$

enunciate /ɪˈnʌnsɪˌet,-ʃɪ-/ *v*.发音；宣布；发表（报告出来）

《*e-* = *ex-* = out》

enunciation /ɪˌnʌnsɪˈeʃən,-ʃɪ-/ *n*.发音；宣布；发表

pronounce /prəˈnauns/ *v*.宣告；发音（表明）

《*pro-* = forth》

pronouncement /prəˈnaunsmənt/ *n*.宣告；发表

pronunciation /prəˌnʌnsɪˈeʃən/ *n*.发音（法）

$$\boxed{\begin{array}{ccc} \text{pro} & + \text{nunci} & + \text{ation} \\ | & | & | \\ \textit{forth} & + \textit{report} & + \textit{n}. \end{array}}$$

renounce /rɪˈnauns/ *v*.放弃；否认（倒回去说→不接受）

《*re-* = back》

renouncement /rɪˈnaunsmənt/ *n*.放弃；否认

renunciation /rɪˌnʌnsɪˈeʃən/ *n*.放弃；否认

241　nov = new

＊拉丁文 *novus*，*novellus*（= new）。

novel /ˈnavl̩/ *adj*.新奇的　*n*.小说

novelette /ˌnavl̩ˈtʒ/ *n*.短篇或中篇小说《*-ette* = small》

novelist /ˈnavl̩ɪst/ *n*.小说家

novelty /ˈnavl̩tɪ/ *n*.新奇；新鲜

novice /ˈnavɪs/ *n*.初学者；新手；见习修行者《*-ice* 表示行为者》

novity /ˈnavətɪ/ *n*.新奇；新鲜（= *novelty*）

novitiate /noˈvɪʃɪɪt/ *n*.见习期间；新手（充满新鲜感的时期）

《*noviti*（novity）+ *-ate*（名词字尾）》

$$\boxed{\begin{array}{cc} \text{noviti} & + \text{ate} \\ | & | \\ \textit{novity} & + \textit{n}. \end{array}}$$

innovate /ˈɪnəˌvet/ *v*.改革；革新(导入新观念)《*in-* = in》
innovation /ˌɪnəˈveʃən/ *n*.革新；新制度
innovator /ˈɪnəˌvetɚ/ *n*.革新者；改革者
renovate /ˈrɛnəˌvet/ *v*.修复；革新(重新修订)《*re-* = again》
renovation /ˌrɛnəˈveʃən/ *n*.革新；修补

242   **nul** = nothing

    ＊拉丁文 ***nullus***(= *not any*)。〔变化型〕*null*。

null /nʌl/ *adj*.无效的；无意义的；无的；零
nullify /ˈnʌləˌfaɪ/ *v*.使无效；取消；使无意义；抵消《*-ify* = make》
nullification /ˌnʌləfəˈkeʃən/ *n*.无效；取消；作废

null	ific	ation
nothing	*make*	*n*.

nullity /ˈnʌlətɪ/ *n*.无效；作废；无
annul /əˈnʌl/ *v*.取消；作废(使变成无)《*an-* = *ad-* = to》
annulment /əˈnʌlmənt/ *n*.取消；废止；无效

243   **number** = number；count

    ＊拉丁文 ***numerus***(= *number*, *count*)。〔变化型〕*number*。

number /ˈnʌmbɚ/ *n*.数字；数目；一些 *v*.数；含有；数目达到
numberless /ˈnʌmbɚlɪs/ *adj*.无数的；很多的(= *innumerable*)
numberable /ˈnʌmbərəbl̩/ *adj*.可数的；可计算的
numerable /ˈnjumərəbl̩, ˈnu-/ *adj*.可数的；可计算的
numeral /ˈnjumərəl/ *n*.数字   *adj*.数字的
numerate /ˈnjuməˌret/ *v*.数；计算；读(数)

numer	ate
count	*v*.

numerical /njuˈmɛrɪkl̩, nu-/ *adj*.数字的；以数字表示的
numerous /ˈnjumərəs/ *adj*.数目众多的
enumerate /ɪˈnjuməˌret/ *v*.计算；数；列举(计算出来)

《*e-* = *ex-* = out》

enumeration /ɪˌnjuməˈreʃən, ɪˌnju-/ *n*.计算；列举；目录

innumerable /ɪˈnjumərəbḷ, ɪnˈnju-, -ˈnu-/ *adj*.无数的；数不清的
（不能数的）《*in-* = not》

```
in  +  numer  +  able
|        |         |
not  +  count  +  adj.
```

supernumerary /ˌsupəˈnjuməˌrɛrɪ, -ˈnu-, ˌsju-/ *n*.冗员；临时雇员；
临时演员　*adj*.额外的；多余的；临时雇的（超出正常数目）
《*super-*（over）+ *numer*（number）+ *-ary*（表示人的名词字尾）》

244　nutri = nourish

　　* 拉丁文 *nutrire*（= *nourish* 滋养；孕育）。

nutrient /ˈnjutrɪənt, ˈnu-/ *adj*.营养的；滋养的　*n*.滋养物；营养物

nutriment /ˈnjutrəmənt, ˈnu-/ *n*.营养品；食物；帮助生长之物

nutrition /njuˈtrɪʃən/ *n*.营养；食物；营养学

nutritious /njuˈtrɪʃəs/ *adj*.滋养的；营养的

nutritive /ˈnjutrətɪv, ˈnu-/ *adj*.营养的；关于营养的；滋养的

innutrition /ˌɪnjuˈtrɪʃən, ˌɪnnju-, -nu-/ *n*.营养不良（失调）（不营养）
《*in-* = not》

malnutrition /ˌmælnjuˈtrɪʃən/ *n*.营养不足；营养不良（失调）（营养差）
《*mal-* = bad》

245　ocul = eye

　　* 拉丁文 *oculus*（= *eye*）。

ocular /ˈɑkjələ/ *adj*.眼睛的；视觉的；像眼睛的
　n.（望远镜、显微镜等的）接目镜

ocularly /ˈɑkjələlɪ/ *adv*.视觉地；眼睛地

oculist /ˈɑkjəlɪst/ *n*.眼科医师

oculomotor /ˌɑkjuləˈmotə/ *adj*.使眼球动的；动眼的
《*motor* = move》

```
oculo  +  motor
  |          |
 eye   +   move
```

binocular /baɪˈnɑkjələ˞, br-/ *adj*.双眼并用的
　　n.（*pl*.）双筒望远镜（用两眼）《*bi-* = two》
inoculate /ɪnˈɑkjəˌlet/ *v*.预防注射；揉入；灌输（将芽状物种入
　　体内→接种）《*in-*（in）+ *ocul*（eye；bud 芽）+ *-ate*（动词字尾）》

$$\begin{array}{ccc} in & + ocul & + ate \\ | & | & | \\ in & + eye & + v. \end{array}$$

inoculation /ɪnˌɑkjəˈleʃən/ *n*.预防注射；接种疫苗；灌输
monocular /məˈnɑkjələ˞/ *adj*.单眼的；单眼用的
　　n.单眼镜（只用一眼）《*mon-* = *mono-* = single》

246　onym = name

　　＊拉丁文 *onoma*（= name）。

onomatopoeia /ˌɑnəˌmætəˈpiə/ *n*.拟声词；声喻法（用声音表达名称）
　　《*poeia* = make》
acronym /ˈækrənɪm/ *n*.头字语（由数个字开头字母组成之字）
　　《*acr* = beginning》
anonym /ˈænəˌnɪm/ *n*.匿名者；假名（没有姓名的）《*an-* = without》
anonymous /əˈnɑnəməs/ *adj*.不知名的；匿名的

$$\begin{array}{ccc} an & + onym & + ous \\ | & | & | \\ without & + name & + adj. \end{array}$$

antonym /ˈæntəˌnɪm/ *n*.反义字（相反的名称）
　　《*ant-* = *anti-* = against》
autonym /ˈɔtənɪm/ *n*.真名；本名（自己的名字）《*aut-* = *auto-* = self》
　　cf. **pseudonym**（假名；笔名）
cryptonym /ˈkrɪptəˌnɪm/ *n*.化名；假名；秘密的名字（隐藏的姓名）
　　《*crypt* = hidden》
homonym /ˈhɑməˌnɪm/ *n*.同音异义字；同名异人
　　（名称相同，但是内容不一样）《*homo-* = same》

$$\begin{array}{cc} homo & + nym \\ | & | \\ same & + name \end{array}$$

matronymic /ˌmætrə'nɪmɪk/ *adj*.出自母亲或女性祖先之名的；母姓的
　（= *metronymic*）*n*.取自母亲或女性祖先之名
　《*matr* = mother》

metonymy /mə'tɑnəmɪ/ *n*.换喻（如：将 king 改称为 the crown）
　（改变名称）《*met-* = *meta-* = change》

```
met   + onym +  y
 |        |      |
change + name +  n.
```

paronym /'pærənɪm/ *n*.同源字（在旁边的另一名称）
　《*par-* = *para-* = beside》

patronymic /ˌpætrə'nɪmɪk/ *adj*.取自父（祖）名的
　n.取自父（祖）名之名字《*patr* = father》

pseudonym /'sjunˌɪm/ *n*.假名；笔名（不实的名称）
　《*pseudo* = false》

synonym /'sɪnəˌnɪm/ *n*.同义字（相同的名称）《*syn-* = same》

247　oper = work

　　* 拉丁文 *oper*, *opus*（= work）。

opera /'ɑpərə/ *n*.歌剧；歌剧院（写作的结果）《*-a* 名词字尾》

operable /'ɑpərəbl̩,'ɑprə-/ *adj*.可实行的；可动手术的

operant /'ɑpərənt/ *adj*.工作的；发生作用的
　n.工作的人或物；发生作用的人或物

operate /'ɑpəˌret/ *v*.动作；操作；产生；生效；动手术

```
oper + ate
  |      |
work +  v.
```

operatic /ˌɑpə'rætɪk/ *adj*.歌剧的；歌剧式的

operation /ˌɑpə'reʃən/ *n*.工作；动作；管理；手术；
　（*pl*.）军事行动；数学运算

operational /ˌɑpə'reʃənl̩/ *adj*.可使用的；作战的；现役的

operative /'ɑpəˌretɪv,'ɑpərətɪv/ *adj*.动作的；工作的；有效的；手术的

operator /'ɑpəˌretɚ/ *n*.工作者；接线生；施行手术者

cooperate /ko'ɑpəˌret/ *v*.合作；协力（一起工作）
　《*co-* = *com-* = together》

```
co    + oper + ate
 |       |      |
together + work + v.
```

cooperation /koˌɑpəˈreʃən/ *n*.合作；协力；合作社
cooperative /koˈɑpəˌretɪv/ *adj*.合作的；愿意合作的　　*n*.合作社
cooperator /koˈɑpəˌretɚ/ *n*.合作者

248　opt = wish

> ＊拉丁文 *optare*(= wish)。

optative /ˈɑptətɪv/ *adj*.表愿望的　　*n*.【文法】祈愿语气
optimism /ˈɑptəˌmɪzəm/ *n*.乐观主义(认为都处于最有希望的状态)
　《-im 拉丁文的最高级字尾》*cf.* **pessimism**(悲观主义)
optimist /ˈɑptəmɪst/ *n*.乐观主义者《-ist 表示人的名词字尾》
optimize /ˈɑptəˌmaɪz/ *v*.表示乐观；使发挥最大作用
optimum /ˈɑptəməm/ *n*.(成长的)最佳条件
　adj.最适宜的(最有希望的状态)《拉丁文 *optimus* = best》
opt /ɑpt/ *v*.选择(取最有希望的一方)
option /ˈɑpʃən/ *n*.选择(权)
optional /ˈɑpʃənl/ *adj*.可选择的；随意的　　*n*.选修科目

```
opt  + ion +  al
 |      |     |
wish +  n. + adj.
```

adopt /əˈdɑpt/ *v*.采用；收养(希望～)《*ad-* = to》
adoption /əˈdɑpʃən/ *n*.采用；收养

　【解说】领养小孩在美国非常普遍。但他们领养小孩并不是为了要有人继承
　　　　香火，而是为了让家里热闹一点，丰富家庭生活。他们对于领养不同
　　　　种族，以及残障儿童的意愿，相对来说也比较高。

adoptive /əˈdɑptɪv/ *adj*.收养关系的

249　opt = eye；sight

> ＊希腊文 *ops*(= eye)。〔变化型〕*opto*。

optic /ˈɑptɪk/ *adj*.眼睛的；视觉的

optical /ˈɑptɪkl̩/ *adj*.眼的；视觉的；帮助视力的；光学的

optician /ɑpˈtɪʃən/ *n*.眼镜和光学仪器制造者；眼镜和光学仪器贩卖商
《*-ian* 表示人的名词字尾》

optics /ˈɑptɪks/ *n*.光学《*-ics* = science》

optometer /ɑpˈtɑmətɚ/ *n*.视力计；视力检定器《*meter* 计量器》

optometrist /ɑpˈtɑmətrɪst/ *n*.验光医师；配镜师

$$
\begin{array}{ccc}
\text{opto} & + & \text{metr} & + & \text{ist} \\
| & & | & & | \\
sight & + & measure & + & person
\end{array}
$$

optometry /ɑpˈtɑmətrɪ/ *n*.验光；视力检定

hyperopia /ˌhaɪpɚˈopɪə/ = far sight *n*.远视
《*hyper-*（far）+ *op*（sight）+ *-ia*（condition）》

myopia /maɪˈopɪə/ = short sight *n*.近视；缺乏远见
《*my-* = short》

myopic /maɪˈɑpɪk/ *adj*.近视的；缺乏远见的

250　ora = speak；pray

* 拉丁文 *orare*（= speak，pray 祷告）。

oral /ˈɔrəl/ *adj*.口头的；口述的 *n*.口试《*-al* 形容词字尾》

orate /ˈoret, ˈɔret, oˈret/ *v*.演说

oration /oˈreʃən, əˈreʃən/ *n*.演说

orator /ˈɔrətɚ, ˈɑrətɚ/ *n*.演说者

oratorical /ˌɔrəˈtɔrɪkl̩/ *adj*.演说的；修辞的

oratorio /ˌɔrəˈtorɪo, ˌɑr-/ *n*.神剧（以基督教《圣经》故事为主题）

oratory /ˈɔrəˌtorɪ/ *n*.演说术；修辞
《拉丁文 *oratoria* = public speaking》

oratrix /ˈɔrətrɪks/ *n*.女性演说家《*trix* = feminine（女性的）》

$$
\begin{array}{cc}
\text{ora} & + & \text{trix} \\
| & & | \\
speak & + & feminine
\end{array}
$$

oracle /ˈɔrəkl̩/ *n*.神谕；神命；神使；神的启示（神口中说出的话）

oracular /ɔˈrækjələ/ *adj*.神谕的；独断的

adoration /ˌædəˈreʃən/ *n*.崇拜；爱慕（希望和～说话）

《*ad-* = to》

inexorable /ɪnˈɛksərəbḷ/ *adj*.无情的；不为所动的；不能改变的
  （不能说出的）《*in-*（not）＋*ex-*（out）＋*ora*（speak）＋（*a*）*ble*（形容词
  字尾）》

```
┌─────────────────────────────────────┐
│   in  +  ex  +  ora  + (a)ble         │
│   |      |      |        |            │
│  not  + out  + speak  + adj.          │
└─────────────────────────────────────┘
```

inexorability /ɪnˌɛksərəˈbɪlətɪ/ *n*.无情；严密性
peroral /pəˈrɔrəl/ *adj*.经口的（经过口的）《*per-* = through》
perorate /ˈpɛrəˌret/ *v*.作冗长的演说；做结论（从头到尾地说）
peroration /ˌpɛroˈreʃən/ *n*.（演说之）结论；精彩的演说

251　order = order

> *拉丁文 *ordo*, *ordin*（= order 秩序）。〔变化型〕*ordin*。

order /ˈɔrdɚ/ *n*.顺序；有秩序；规则；命令；订货单；点菜
  v.整顿；命令；订货；点菜
orderly /ˈɔrdɚlɪ/ *adj*.有秩序的；规矩的
  adv.根据规定地；有条不紊地
ordinal /ˈɔrdṇəl/ *adj*.顺序的　　*n*.序数（= *ordinal number*）
ordinance /ˈɔrdṇəns, ˈɔrdnəns/ *n*.法令；条例；习惯；习俗

```
┌──────────────────┐
│  ordin  +  ance   │
│    |        |     │
│  order  +   n.    │
└──────────────────┘
```

ordinary /ˈɔrdṇˌɪrɪ, ˈɔrdnɛrɪ/ *adj*.普通的；正常的；一般的；
  平凡的（秩序中的）
ordinarily /ˈɔrdṇˌɪrɪlɪ, ˈɔrdnɛrɪlɪ, ˌɔrdˈnɛrəlɪ/ *adv*.通常；普通地
ordinate /ˈɔrdṇˌet, ˈɔrdṇɪt/ *n*.【数学】纵坐标　　*cf*. **abscissa**（横坐标）
ordination /ˌɔrdṇˈeʃən/ *n*.圣职的任命（仪式）；法令的颁布；
  整顿；排列
ordinee /ˌɔrdəˈni/ *n*.新任教会执事《*-ee* 表动作的接受者》
coordinate /*v*. koˈɔrdṇˌet *adj*., *n*. koˈɔrdṇɪt/ *v*.使同等；协调
  adj.同等的；对等的　　*n*.同等的人或物（使处于同一次序）

《*co-* = *com-* = with》

$$
\begin{array}{ccc}
\text{co} & + \text{ordin} & + \text{ate} \\
| & | & | \\
\textit{with} & + \textit{order} & + \textit{v}.
\end{array}
$$

coordination /koˌɔrdn̩'eʃən/ *n*.同等；协调
coordinative /ko'ɔrdn̩ˌetɪv/ *adj*.同等的；协调的
coordinator /ko'ɔrdəˌnetɚ/ *n*.同等的人或物；协调者
disorder /dɪs'ɔrdɚ/ *n*.无秩序；混乱；骚动；疾病
　　v.使紊乱；致病（没有秩序）《*dis-* = away》
extraordinary /ɪk'strɔrdn̩ˌɛrɪ, ˌɛkstrə'ɔr-/ *adj*.非常的；特别的；
　　特任的；临时的（超出平常的）《*extra-* = beyond》

$$
\begin{array}{ccc}
\text{extra} & + \text{ordin} & + \text{ary} \\
| & | & | \\
\textit{beyond} & + \textit{order} & + \textit{adj}.
\end{array}
$$

extraordinarily /ɪk'strɔrdn̩ˌɛrɪlɪ, ˌɛkstrə'ɔr-/ *adv*.特别地；非常地
inordinate /ɪn'ɔrdn̩ɪt/ *adj*.无节制的；不规则的；过度的（无次序的）
　　《*in-* = not》
primordial /praɪ'mɔrdɪəl/ *adj*.原始的；最初的；根本的
　　n.原始物；根本（最初阶段）《*prim* = primary》

$$
\begin{array}{ccc}
\text{prim} & + \text{ordi} & + \text{al} \\
| & | & | \\
\textit{primary} & + \textit{order} & + \textit{adj}.
\end{array}
$$

subordinate /*v*. sə'bɔrdn̩ˌet *adj*., *n*. sə'bɔrdn̩ɪt/ *v*.使居下位；使服从
　　adj.下级的；次要的；附属的　　*n*.属下；附属物（在下的次序）
　　《*sub-* = under》
subordination /səˌbɔrdn̩'eʃən/ *n*.下位；次要；隶属；服从
subordinative /sə'bɔrdəˌnetɪv, -nətɪv/ *adj*.从属的；附属的

252　ori = rise；begin

　　＊拉丁文 *oriri*（= *rise*, *begin*, *grow*）。

orient /*n*. 'ɔrɪent *adj*. 'ɔrɪənt *v*. 'ɔrɪˌent/ *n*.东方；（the O~）东方诸国
　　（太阳升上来的地方）　*adj*.东方的　*v*.使（建筑物等）朝东
Oriental /ˌɔrɪ'ɛntl̩/ *adj*.东方诸国的　*n*.东方人

cf. **Occidental**(西洋的；西洋人)

orientate /ˈorɪenˌtet, ˌoriˈentet, ˈor-, ˌor-/ *v*.使向东；使定方位；
使适应新环境

orientation /ˌorɪenˈteʃən/ *n*.(建筑物等的)朝东；指导；定位

origin /ˈorədʒɪn/ *n*.起源；出处(事物的开端)

original /əˈrɪdʒən̩/ *adj*.最初的；最早的　*n*.原文；原物

originality /əˌrɪdʒəˈnælətɪ/ *n*.创造力；创意

```
origin   +   al   +  ity
  |           |        |
beginning  +  adj. +   n.
```

originate /əˈrɪdʒəˌnet/ *v*.创始；发明

originative /əˈrɪdʒəˌnetɪv/ *adj*.独创的

originator /əˈrɪdʒəˌnetɚ/ *n*.创始者；发起人

aboriginal /ˌæbəˈrɪdʒən̩/ *adj*.原始的；土著的　*n*.原始居民；土人
(始于最初的)《*ab-* = from》

abortion /əˈborʃən/ *n*.流产；堕胎(不再发育)

disorient /dɪˈorɪent, -ˈor-/ *v*.使失去方位；使偏歪；使迷惑
(使离开东方)《*dis-* = away》

disorientate /dɪsˈorɪenˌtet/ *v*. = disorient

```
dis   +  orient  +  ate
 |          |         |
away  +  rising  +   v.
```

disorientation /dɪsˌorɪenˈteʃən/ *n*.失去方向；偏歪

reorient /*v*. riˈorɪent, -ˈor- *adj*. riˈorɪent, -ˈor-/ *v*.再改方向；
再定方位；再适应　*adj*.再改方向的《*re-* = again》

reorientate /riˈorɪenˌtet/ *v*. = reorient

reorientation /riˌorɪenˈteʃən/ *n*.再改方向；再定方位；再适应

253 **orn** = decorate；furnish

* 拉丁文 *ornare*(= *furnish* 装饰)。

ornament/*n*. ˈornəmənt *v*. ˈornəˌment/ *n*.装饰(品)；增光彩的人或物
v.装饰

ornamental /ˌɔrnəˈmentḷ/ *adj*.装饰品的；装饰的　*n*.装饰物

```
orna   +  ment  +   al
 |         |         |
decorate +  n.   +  adj.
```

ornamentalist /ˌɔrnəˈmentḷɪst/ *n*.装饰家；设计家

ornamentation /ˌɔrnəmenˈteʃən,-mən-/ *n*.装饰；修饰；

【集合名词】装饰品

ornate /ɔrˈnet/ *adj*.装饰华丽的；（文体）华丽不实的；注重修辞的

《*-ate* 形容词字尾》

```
orn   +   ate
 |         |
decorate + adj.
```

adorn /əˈdɔrn/ *v*.装饰（向～装饰）《*ad-* = to》

adornment /əˈɔrnmənt/ *n*.装饰；装饰品

254　ortho = straight；right

* 希腊文 *orthos*(= straight , right)。

orthodontist /ˌɔrθəˈdɑntɪst/ *n*.矫正牙齿的牙医

```
ortho  +  dont  +   ist
  |         |         |
straight + tooth + person
```

orthodox /ˈɔrθəˌdɑks/ *adj*.正统的；公认的；传统的；惯常的；

（O～）东正教的　*n*.正统派；（O～）东正教教徒（思想正确的）

《*dox* = opinion》

orthodoxy /ˈɔrθəˌdɑksɪ/ *n*.正统；信守正统学说；正教

orthogonal /ɔrˈθɑgənəl,-nḷ/ *adj*.直角的；正交的；矩形的

《*gon* = angle》

```
ortho +  gon  +  al
  |       |       |
right + angle + adj.
```

orthography /ɔrˈθɑgrəfɪ/ *n*.正确拼字；拼字法；正投影法（拼法正确）

《*graphy* = writing》

orthographer /ɔrˈθɑgrəfɚ/ *n*.拼字正确的人；拼字学者
（= *orthographist*）

orthographic /ˌɔrθəˈgræfɪk/ *adj*.拼字正确的；拼字的；正投影的

orthop(a)edic /ˌɔrθəˈpidɪk/ *adj*.整形外科的；矫正手术的
（使小孩容貌端正）《*p(a)ed* = child》

$$\begin{array}{ccc} \text{ortho} + & \text{p(a)ed} + & \text{ic} \\ | & | & | \\ \textit{right} + & \textit{child} + & \textit{adj.} \end{array}$$

orthop(a)edics /ˌɔrθəˈpidɪks/ *n*.整形外科；矫正手术；整形术
《*-ics* = science》

orthop(a)edist /ˌɔrθəˈpidɪst/ *n*.整形外科医生

orthopsychiatry /ˌɔrθosaɪˈkaɪətrɪ/ *n*.精神卫生学；矫治精神医学
（矫正精神的医学）《*psychiatry* 精神医学》

orthoptic /ɔrˈθɑptɪk/ *adj*.两眼斜视矫正的；视轴矫正的（往直的看）
《*orth*（straight）+（*o*)*pt*（eye，sight）+ *-ic*（形容词字尾）》

$$\begin{array}{ccc} \text{ortho} + & (\text{o})\text{pt} + & \text{ic} \\ | & | & | \\ \textit{right} + & \textit{eye} + & \textit{adj.} \end{array}$$

255　**oss** = bone

* 拉丁文 *oss*，*os*（= *bone*）；希腊文 *osteon*（= *bone*）。〔变化型〕*osteo*。

ossicle /ˈɑsɪkl̩/ *n*.小骨《*-cle* = small》

ossify /ˈɑsəˌfaɪ/ *v*.骨化；硬化；僵化；使冷酷无情《*-ify* = make》

ossification /ˌɑsəfəˈkeʃən/ *n*.骨化；硬化；迟钝化；冷淡化

ossuary /ˈɑsjuˌɛrɪ,ˈɑʃjʊ-/ *n*.藏骨堂；骨罐；骨瓮（纳骨处）
《*-ary* 表示场所的名词字尾》

$$\begin{array}{cc} \text{ossu} + & \text{ary} \\ | & | \\ \textit{bone} + & \textit{place} \end{array}$$

osteoarthritis /ˌɑstɪoarˈθraɪtɪs/ *n*.骨关节炎《*arthritis* 关节炎》

osteoblast /ˈɑstɪəˌblæst/ *n*.造骨细胞；成骨细胞（骨头的芽）
《希腊文 *blastos* = bud（芽）》

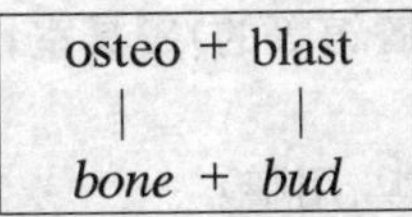

osteology /ˌɑstɪˈɑlədʒɪ/ *n*.骨学；骨结构《*logy* = study》

osteological /ˌɑstɪəˈlɑdʒɪkḷ/ *adj*.骨学的；骨结构的

osteologist /ˌɑstɪˈɑlədʒɪst/ *n*.骨学专家

osteomyelitis /ˌɑstɪəˌmaɪəˈlaɪtɪs/ *n*.骨髓炎《*myelitis* 脊髓炎》

osteopathist /ˌɑstɪˈɑpəθɪst/ *n*.整骨医生

 (= *osteopath* /ˈɑstɪəˌpæθ/) 《*path* = disease》

osteopathy /ˌɑstɪˈɑpəθɪ/ *n*.整骨疗法

256   pact = agree；fasten

 ＊拉丁文 *pacisci*(= *agree* 同意)，*pangere*(= *fasten* 系紧)。

pact /pækt/ *n*.协定；公约；协议

compact /*n*. ˈkɑmpækt *v*. , *adj*. kəmˈpækt/ *n*.协定；契约；粉盒；
 小型汽车 *v*.结紧；固结 *adj*.结实的；紧密的；简洁的(紧密地
 结合在一起)《*com-* = together》

compactly /kəmˈpæktlɪ/ *adv*.紧密地；简洁地；结实地

compactness /kəmˈpæktnɪs/ *n*.紧密；结实；(面积等之)小

compactor /kəmˈpæktɚ/ *n*.压土机

impact /*n*. ˈɪmpækt *v*. ɪmˈpækt/ *n*.冲击；撞击力；影响 *v*.挤入；
 压紧；撞击；发生影响《拉丁文 *impingere* = push against》

impacted /ɪmˈpæktɪd,-təd/ *adj*.压紧的；嵌入的

impaction /ɪmˈpækʃən/ *n*.压紧；嵌入

257   pan = bread

 ＊拉丁文 *panis*(= *bread*)。

panada /pəˈnɑdə/ *n*.面包粥(以面包加糖、牛奶、调味料等煮成)；
 面糊(拌馅、作酱或煮汤用)

pantry /ˈpæntrɪ/ *n*.（家庭的）食品储存室；（餐馆等的）餐具室；配膳室
《*-try* 表场所的名词字尾》

company /ˈkʌmpənɪ/ *n*.交谊；伙伴（一起吃饭、用膳）
《*com-* = together》

companion /kəmˈpænjən/ *n*.伙伴；同行者

```
com   +  pan  +  ion
 |        |       |
together + bread + n.
```

companionship /kəmˈpænjənʃɪp/ *n*.交谊；交往
《*-ship* 抽象名词字尾》

accompany /əˈkʌmpənɪ/ *v*.伴随（跟随其后）《*ac-* = *ad-* = to》

258 par = prepare

　＊拉丁文 *parare*(= prepare，get ready)。

pare /pær/ *v*.剥去（外皮）（为了准备）

parade /pəˈred/ *n*.行列；游行队伍　*v*.列队行进（使准备齐全的）
　【解说】美国人很喜欢以游行来庆祝节日，例如：复活节游行（Easter parade）、
　　　　　圣诞节游行等。游行时一定会有乐队（marching bands）、鼓号、花车
　　　　　（float）等，有时候政治人物还会出来挥挥手。

apparatus /ˌæpəˈretəs，ˌæpəˈrætəs/ *n*.仪器；装置（准备好的设施）

prepare /prɪˈpær/ *v*.准备；预备（事先加以准备）《*pre-* = before》

preparation /ˌprɛpəˈreʃən/ *n*.准备；预备

```
pre   +  par   + ation
 |        |        |
before + prepare +  n.
```

preparatory /prɪˈpærəˌtorɪ/ *adj*.准备的；预备的　*n*.预备学校

repair /rɪˈpɛr/ *v*.修缮；修理　*n*.修缮；修补（再整理）
《*re-* = again》

reparable /ˈrɛpərəbl̩/ *adj*.可修理的；可补救的；可补偿的

```
re   +    par     + able
 |         |         |
again + make ready + adj.
```

reparation /ˌrɛpəˈreʃən/ *n*.赔偿

reparative /rɪˈpærətɪv/ *adj*.修理的；赔偿的

separate /*v*. ˈsɛpəˌret *adj*., *n*. ˈsɛpərɪt/ *v*.分离；隔开　*adj*.分离的
　n.抽印本；单行本（另外准备）《*se-* = apart》

separation /ˌsɛpəˈreʃən/ *n*.分离；分开

259 　par = equal

　　* 拉丁文 *par*(= equal)。

par /pɑr/ *n*.同地位；同程度

parity /ˈpærətɪ/ *n*.等价；同等

compare /kəmˈpɛr/ *v*.比较；匹敌；比喻（把～放在一起）
　《*com-* = together》

comparable /ˈkɑmpərəbḷ/ *adj*.可比较的；可匹敌的

com	+	par	+	able
together	+	equal	+	adj.

comparability /ˌkɑmpərəˈbɪlətɪ/ *n*.可相比；相似

comparative /kəmˈpærətɪv/ *adj*.比较的；比较而言的　*n*.比较级

comparison /kəmˈpærəsṇ/ *n*.比较；比拟；相似

disparate /ˈdɪspərɪt/ *adj*.不同的；不相似的；异类的
　《*dis-* = apart》

disparity /dɪsˈpærətɪ/ *n*.不同；不等

imparity /ɪmˈpærətɪ/ *n*.不同；不等；不平衡；差异
　《*im-* = *in-* = not》

im	+	par	+	ity
not	+	equal	+	n.

pair /pɛr/ *n*.一对；一双　*v*.成双；成对（二个同等的东西）

peer /pɪr/ *n*.上院议员；贵族；同辈（居于同等地位者）
　v.与～匹敌；凝视；细看；出现

peerage /ˈpɪrɪdʒ/ *n*.【集合名词】贵族；贵族阶级

peerless /ˈpɪrlɪs/ *adj*.无比的；无双的（没有相同的两样东西）

umpire /ˈʌmpaɪr/ *n*.裁定人；裁判（棒球、板球运动的裁判）

v.审判(不在同立场的人)　*cf*. **referee**(篮球、足球、排球、拳击、摔跤等运动的裁判)

260　**par** = appear

    ＊拉丁文 *parere*(= *appear，come in sight*)。

appear /əˈpɪr/ *v*.出现；呈现《*ap-* = *ad-* = to》

appearance /əˈpɪrəns/ *n*.出现；外观

apparent /əˈpærənt，əˈpɛrənt/ *adj*.明白的；明显的

<table>
<tr><td>ap +</td><td>par +</td><td>ent</td></tr>
<tr><td>|</td><td>|</td><td>|</td></tr>
<tr><td>*to* +</td><td>*appear* +</td><td>*adj*.</td></tr>
</table>

apparition /ˌæpəˈrɪʃən/ *n*.幽灵；妖怪

transparent /trænsˈpɛrənt/ *adj*.透明的；率直的(穿过而看得见)
    《*trans-* = through》

261　**par** = bear；give birth to

    ＊拉丁文 *parere*(= *give birth to* 生)。

parent /ˈpɛrənt，ˈpærənt，ˈperənt/ *n*.父；母；(*pl*.)双亲；根源
    《*-ent* 表示人的名词字尾》

parental /pəˈrɛntl̩/ *adj*.父亲的；母亲的；父母的；双亲的

parentage /ˈpɛrəntɪdʒ/ *n*.父或母的地位或状态；出身；家系
    《*-age* 抽象名词字尾》

biparous /ˈbɪpərəs/ *adj*.双生的；二枝的；二轴的(一次生两个)
    《*bi-* = two》

<table>
<tr><td>bi +</td><td>par +</td><td>ous</td></tr>
<tr><td>|</td><td>|</td><td>|</td></tr>
<tr><td>*two* +</td><td>*bear* +</td><td>*adj*.</td></tr>
</table>

multiparous /mʌlˈtɪpərəs/ *adj*.多产的；一胎多子的(一次生很多)
    《*multi-* = many》

oviparous /oˈvɪpərəs/ *adj*.卵生的；产卵的《*ovi* = egg》

uniparous /juˈnɪpərəs/ *adj*.一胎一卵或一子的；单梗的(一次生一个)
    《*uni-* = one》

viviparous /vaɪ'vɪpərəs/ *adj*.胎生的；母体发芽的《*vivi* = alive》

262　**part** = part

  * 拉丁文 *partem*(= part 部分)，*partire*(= part 分开)。

part /pɑrt/ *n*.部分；要素　*v*.分开；排出

partage /pɑr'tɑʒ/ *n*.部分；分配；区分

parting /'pɑrtɪŋ/ *n*.别离；死去　*adj*.离别的；临别的

partake /pɚ'tek/ *v*.分担；分享；参与(抽取一部分→担任一部分)

$$
\begin{array}{c}
\text{par(t)} + \text{take} \\
| \qquad | \\
part \ + \ take
\end{array}
$$

partial /'pɑrʃəl/ *adj*.一部分的；偏袒的

partiality /ˌpɑr'ʃælətɪ, ˌpɑrʃɪ'ælətɪ/ *n*.偏袒；偏见；偏爱

partible /'pɑrtəbl̩/ *adj*.可分的

participate /pɚ'tɪsəˌpet/ *v*.参与；分享(担任一部分)《*cipate* = take》

$$
\begin{array}{c}
\text{parti} + \text{cip} + \text{ate} \\
| \qquad | \qquad | \\
part \ + \ take \ + \ v.
\end{array}
$$

participant /pɚ'tɪsəpənt/ *n*.参与者；共享者　*adj*.参与的；共享的

participation /pɑrˌtɪsə'peʃən, pɚ-/ *n*.参加；共享

participator /pɑr'tɪsəˌpetɚ, pɚ-/ *n*.分享者；参与者；参加者

participle /'pɑrtəsəpl̩/ *n*.分词(具有形容词与动词两个性质的词类)

particle /'pɑrtɪkl̩/ *n*.分子；(微)粒子(细微的部分)

  《*-cle* 表示小的名词字尾》

$$
\begin{array}{c}
\text{parti} + \text{cle} \\
| \qquad | \\
part \ + \ n.
\end{array}
$$

particular /pɚ'tɪkjələ, pə-, pɑr-/ *adj*.单独的；独有的；特别的；
  讲究的；详细的

particularity /pəˌtɪkjə'lærətɪ, pɑr-/ *n*.特别；特质；讲究；详细

particulate /pɑr'tɪkjəlet, -lɪt/ *adj*.微粒状的　*n*.微粒状物质

```
parti  +  cul  +  ate
  |        |       |
part  +  small  +  adj.
```

partisan /ˈpɑrtəzn̩/ *n*.同党者；游击队
  adj.党派的；游击队的（偏向同一边的人）

partition /pɑrˈtɪʃən,pə˞-/ *n*.分割；分配
  v.分割；分配（分成几个部分）

partitioner /pɑrˈtɪʃənə˞/ *n*.瓜分者；分割者

partner /ˈpɑrtnə˞/ *n*.分担者；伙伴；共同协力者；舞伴

partnership /ˈpɑrtnə˞ˌʃɪp/ *n*.合伙；合作《*-ship* 抽象名词字尾》

apart /əˈpɑrt/ *adv*.分开地；远离地（分离）《*a-* = *ad-* = to》

apartment /əˈpɑrtmənt/ *n*.公寓；房间；公寓式房屋

```
a  +  part  +  ment
|       |       |
to  +  part  +  n.
```

compart /kəmˈpɑrt/ *v*.分隔（分成几个部分）《*com-* = with》

compartment /kəmˈpɑrtmənt/ *n*.区划；隔间

counterpart /ˈkaʊntə˞ˌpɑrt/ *n*.副本；相对的人或物；极相似的人或物
  《*counter-* = opposite（相对的）》

depart /dɪˈpɑrt/ *v*.离开；出发；违反；放弃；死（分开）
  《*de-* = *dis-* = apart》

department /dɪˈpɑrtmənt/ *n*.部门；部；院；系；科（分开了的东西）

departure /dɪˈpɑrtʃə˞/ *n*.离开；出发；违反；新行动或新方针的开始

```
de  +  part  +  ure
 |       |       |
apart  +  part  +  n.
```

impart /ɪmˈpɑrt/ *v*.分给；传授（给予各部分）《*im-* = in, on》

impartation /ˌɪmpɑrˈteʃən/ *n*.分与；传授

```
im  +  part  +  ation
 |      |        |
in  +  part  +   n.
```

impartial /ɪmˈpɑrʃəl/ *adj*.公平的；光明正大的（不偏向某一部分）
  《*im-* = not》

impartiality /ˌɪmpɑrˈʃælətɪ/ *n*.不偏不倚；光明正大

impartment /ɪmˈpɑrtmənt/ *n*.分给；分给物；传授；告知

　(= *impartation*)

parcel /ˈpɑrsḷ/ *n*.包裹　*v*.分成数份；分配（小的部分）

　《-*cel* 表示小的名词字尾》

portion /ˈporʃən,ˈpɔr-/ *n*.部分；一份　*v*.分割；分配

apportion /əˈporʃən,əˈpɔr-/ *v*.分派；分配；分摊（分成小部分）

　《*ap-* = *ad-* = to》

```
ap + port + ion
 |     |     |
to + part + v.
```

proportion /prəˈporʃən,-ˈpɔr-/ *n*.比例；均衡；部分

　v.使均衡；使相称；均分《*pro-* = forward》

proportional /prəˈporʃənḷ,-ˈpɔr-/ *adj*.成比例的；比例的；相称的

263　**pass** = pass

　　＊拉丁文 *passus*(= pace)，古代法文 *passer*(= pass)。

pass /pæs,pɑs/ *v*.通过；经过；传递；使及格；度过

　n.经过；及格；通行证；隘口；传球

passage /ˈpæsɪdʒ/ *n*.通道；走廊；经过；（文章或演讲的）一段

```
pass + age
 |     |
pass + n.
```

passenger /ˈpæsṇdʒɚ/ *n*.乘客；旅客；不生产分子

passerby /ˈpæsɚˈbaɪ,ˈpɑs-/ *n*.过路人；行人（从旁边经过的人）

passover /ˈpæsˌovɚ/ *n*.逾越节献祭之羊；耶稣基督；（P-）逾越节

　《*over* 越过》

　【解说】犹太人的节庆，大约在三月底、四月初的时候。

passport /ˈpæsˌport,-ˌpɔrt/ *n*.护照；达成目的的手段

　（通过出入口的证明）《*port* = gate》

```
pass + port
 |     |
pass + gate
```

pastime /ˈpæsˌtaɪm, ˈpɑs-/ *n*.娱乐；消遣（消磨时间）

bypass /ˈbaɪˌpæs/ *n*.旁道；旁路　*v*.设旁道；绕道；规避；越级
（报告等）（走旁边的路）《*by* 旁边》

compass /ˈkʌmpəs/ *n*.范围；绕道；指南针；（*pl*.）圆规
v.环行；包围；了解（完全通过）《*com-* = thoroughly》

$$
\begin{array}{ccc}
\text{com} & + & \text{pass} \\
| & & | \\
\textit{thoroughly} & + & \textit{pass}
\end{array}
$$

impasse /ɪmˈpæs, ˈɪmpæs/ *n*.僵局；死巷；死路（无法通过）
《*im-* = *in-* = not》

overpass /*v*. ˌovɚˈpæs, -ˈpɑs *n*. ˈovɚˌpæs, -ˌpɑs/ *v*.越过；超越；违反
n.天桥；陆桥（从上面经过）《*over-* = above》

repass /riˈpæs, -ˈpɑs/ *v*.再通过；再经过《*re-* = again》

surpass /sɚˈpæs, -ˈpɑs/ *v*.超越；胜过；凌驾（超过）《*sur-* = over》

$$
\begin{array}{ccc}
\text{sur} & + & \text{pass} \\
| & & | \\
\textit{over} & + & \textit{pass}
\end{array}
$$

trespass /ˈtrɛspəs/ *v*.侵入；侵犯；触犯　*n*.侵入；侵犯（擅自穿过）
《*tres-* = *trans-* = across》

trespasser /ˈtrɛspəsɚ/ *n*.侵害者；不法侵入者；侵占他人土地者

underpass /ˈʌndɚˌpæs, -ˌpɑs/ *n*.地下之通路（尤指铁、公路）；
地下道（从下面通过）《*under-* = under》

264　**passi，pati，path** = suffer；feelings

*＊拉丁文 **pati**（= suffer），过去分词为 **passus**；希腊文 **pathos**（= feelings，emotion）。
〔变化型〕**pati**，**path**。

passion /ˈpæʃən/ *n*.热情；热爱
v.表露感情（受到刺激而悸动的心情）

passionate /ˈpæʃənɪt/ *adj*.热烈的；热情的

passive /ˈpæsɪv/ *adj*.消极的；被动的　*n*.被动语态（接受）

passivism /ˈpæsəˌvɪzm̩/ *n*.被动主义；消极主义；消极抵抗
《*-ism* 表主义的名词字尾》

compassion /kəm'pæʃən/ *n*.同情；怜悯（生出同样的心情）
　《*com-* = together》

```
com   +   pass   +  ion
 |          |         |
together + feelings + n.
```

compassionate /*adj*. kəm'pæʃənɪt *v*. kəm'pæʃənet/ *adj*.同情的；怜悯的
　v.同情；怜悯

dispassion /dɪs'pæʃən/ *n*.冷淡；冷静；公平；不动感情（不带感情）
　《*dis-* = not》

dispassionate /dɪs'pæʃənɪt/ *adj*.不动感情的；公平的；冷静的

patient /'peʃənt/ *adj*.忍耐的；容忍的　　*n*.患者；病人
　（受到极深刻的痛苦）

patience /'peʃəns/ *n*.忍耐；耐心

impassible /ɪm'pæsəbḷ/ *adj*.不觉得痛苦的；无知觉的；无动于衷的
　《*im-* = *in-* = not》

impassibility /ˌɪmpæsə'bɪlətɪ, ɪmˌpæs-/ *n*.无知觉；无动于衷

impassion /ɪm'pæʃən/ *v*.使感动；激起～的热情（注入感情）
　《*im-* = *in-* = into》

impassionate /ɪm'pæʃənɪt/ *adj*.充满热情的；激昂的；热烈的
　(= *impassioned*)

```
im   +   pass   + ion + ate
 |         |        |     |
into + feelings +  n.  + adj.
```

impassioned /ɪm'pæʃənd/ *adj*.充满热情的；慷慨激昂的

impassive /ɪm'pæsɪv/ *adj*.毫无感情的；镇静的；麻木的；静止的
　《*im-* = *in-* = not》

impatient /ɪm'peʃnt/ *adj*.不耐烦的；不能忍受的（无法忍受的）

compatible /kəm'pætəbḷ/ *adj*.能共处的；能相容的（能一起容纳的）
　《*com-* = together》

```
com   +   pat   + ible
 |         |        |
together + suffer + adj.
```

compatibility /kəmˌpætə'bɪlətɪ/ *n*.相容；和谐共处；适合

incompatible /ˌɪnkəmˈpætəbḷ/ *adj*.势不两立的；矛盾的
　《*in-* = not》

pathos /ˈpeθɑs/ *n*.哀愁；悲哀（心中深刻接受者）

pathetic /pəˈθɛtɪk/ *adj*.哀怜的；悲惨的

pathogeny /pəˈθɑdʒɪnɪ/ *n*.病原（论）（产生痛苦）

pathology /pəˈθɑlədʒɪ/ *n*.病理学（病痛之学）

antipathy /ænˈtɪpəθɪ/ *n*.反感；嫌恶《*anti-* = against》

```
  anti  +  path  +   y
   |        |        |
against + suffer +  n.
```

antipathetic /ænˌtɪpəˈθɛtɪk, ˌæntɪpə-/ *adj*.令人厌恶的；天生嫌恶的

apathy /ˈæpəθɪ/ *n*.缺乏感情；冷淡；漠不关心（没有感觉）
　《*a-* = without》

apathetic /ˌæpəˈθɛtɪk/ *adj*.冷淡的；无动于衷的；缺乏感情的

empathy /ˈɛmpəθɪ/ *n*.（心理）感情移入；神入

```
 em +  path  +  y
  |      |      |
 in + feeling + n.
```

neuropathy /nuˈrɑpəθɪ, nju-/ *n*.神经系疾病
　《*neuro* (nerve) + *pathy* (suffering)》

psychopathic /ˌsaɪkəˈpæθɪk/ *adj*.精神病的；精神错乱的

```
psycho +  path   +  ic
  |        |         |
 mind + suffering + adj.
```

psychopathy /saɪˈkɑpəθɪ/ *n*.精神病；精神变态
　《*psycho* (mind) + *pathy* (suffering)》

```
psycho +  path  +  y
  |        |        |
 mind +  suffer +  n.
```

sympathetic /ˌsɪmpəˈθɛtɪk/ *adj*.同情的；同感的；和谐的
　（有相同感觉的）《*sym-* = same》

sympathize /ˈsɪmpəˌθaɪz/ *v*.同情；有同感；同意

sympathy /ˈsɪmpəθɪ/ *n*.同感；同情

265　patr = father

> * 拉丁文 *pater*(= *father*)。

paternal /pəˈtɝːnḷ/ *adj*.父亲的；仁慈的

paternity /pəˈtɝːnətɪ/ *n*.父系；父权

patriarch /ˈpetrɪˌɑrk/ *n*.家长；族长（主要的父辈）

　《*arch* = chief》

patrician /pəˈtrɪʃən/ *n*.贵族　*adj*.贵族的；出身高贵的

patricide /ˈpætrɪˌsaɪd, ˈpetrɪ-/ *n*.弒父者；弒父罪（杀了父亲）

　《*cide* = cut》

patrilineal /ˌpætrɪˈlɪnɪəl/ *adj*.父系的

　《*patri* (father) + *line* (线；系) + *-al* (形容词字尾)》

```
patri  +  line  +   al
  |         |        |
father + line + adj .
```

patrimony /ˈpætrəˌmonɪ/ *n*.世袭财产（接续父亲的人）

patriot /ˈpetrɪət/ *n*.爱国者（爱祖先之国的人）

patriotic /ˌpetrɪˈɑtɪk/ *adj*.爱国的；有爱国心的

patriotism /ˈpetrɪətɪzəm/ *n*.爱国心

patron /ˈpetrən/ *n*.保护者；资助人（立于如同父亲地位者）

patronage /ˈpetrənɪdʒ/ *n*.保护；援助

patronize /ˈpetrənˌaɪz/ *v*.照顾；光顾；资助；保护

compatriot /kəmˈpetrɪət/ *n*.同胞　*adj*.同国的（同祖国的人）

　《*com-* = with》

expatriate /ɛksˈpetrɪˌet/ *v*.驱逐；放逐（被送出祖先的国家）

　《*ex-* = out》

```
ex  +  patri  +  ate
 |       |        |
out + father +  v .
```

repatriate /riˈpetrɪˌet/ *v*.遣返（回到祖先的国家）《*re-* = back》

repatriation /ˌripetrɪˈeʃən/ *n*.遣返

266 ped = foot

* 拉丁文 *pes*（= *foot*）。

pedal /ˈpɛdl̩/ *adj*.脚的　*n*.踏板　*v*.踩踏板而行

pedate /ˈpɛdet/ *adj*.有足的；足状的《-*ate* 形容词字尾》

pedestal /ˈpɛdɪstl̩/ *n*.台；座；基础　*v*.置于高台上（成为根部的地方）
《-*stal* = stall（台）》

pedestrian /pəˈdɛstrɪən/ *adj*.徒步的；散文体的；单调的
n.行人（走路去）

pedicab /ˈpɛdɪkæb/ *n*.三轮车（用脚踩的计程车）《*cab* = taxi》

$$
\begin{array}{ccc}
\text{pedi} & + & \text{cab} \\
| & & | \\
foot & + & taxi
\end{array}
$$

pedicure /ˈpɛdɪkˌjʊr/ *n*.脚病治疗；脚病医生；修脚指甲

pedometer /pɪˈdɑmətɚ, pɛdˈɑmə-/ *n*.计程器《*meter* 计量器》

biped /ˈbaɪpɛd/ *n*.二足动物　*adj*.二足的《*bi-* = two》

centipede /ˈsɛntəˌpid/ *n*.蜈蚣（一百只脚）《*centi* = hundred》

multiped /ˈmʌltəˌpɛd/ *adj*.多足的　*n*.多足动物（= *multipede*）
《*multi-* = many》

quadruped /ˈkwɑdrəˌpɛd/ *n*.四足兽　*adj*.四足的
《*quadru-* = four》

tripod /ˈtraɪpɑd/ *n*.三脚（架）　*adj*.三脚的《*tri-* = three》

expedite /ˈɛkspɪˌdaɪt/ *v*.使加速　*adj*.无阻碍的（从束缚物中抽出脚）
《*ex-* = out》

expedition /ˌɛkspɪˈdɪʃən/ *n*.远征（队）；探险（队）（使足向外）

$$
\begin{array}{ccccc}
\text{ex} & + & \text{pedi} & + & \text{tion} \\
| & & | & & | \\
out & + & foot & + & n.
\end{array}
$$

expeditionary /ˌɛkspɪˈdɪʃənˌɪrɪ/ *adj*.远征的；探险的
n.远征队员；探险队员

expeditious /ˌɛkspɪˈdɪʃəs/ *adj*.迅速的；敏捷的

expedient /ɪkˈspidɪənt/ *adj*.便宜的；方便的
n.手段；办法（有助于行进的）

expedience；-ency /ɪkˈspidɪəns(ɪ)/ *n*.便宜；方便

impede /ɪm'pid/ v.妨碍；阻碍（缠住两脚的）《im- = in》

impediment /ɪm'pɛdəmənt/ n.障碍；语言障碍

267　ped = child

　　* 希腊文 *paid*，*pais*（= child）。

pedagogue /'pɛdəˌgɑg,-ˌgɔg/ n.小学教师（常含蔑视之意）；
　　爱卖弄学问的人《*agogue* = leader》

pedagogic /ˌpɛdə'gɑdʒɪk,-'godʒɪk/ adj.（小学）教师的；教学的；
　　教学法的《*agog* = lead；*-ic* 形容词字尾》

<pre>
    ped + agog + ic
     | | |
   child + lead + adj.
</pre>

pedagogy /'pɛdəˌgodʒɪ,-ˌgɑdʒɪ/ n.教学；教学法《*-y* 名词字尾》

pedant /'pɛdn̩t/ n.腐儒；爱卖弄学问的人《*-ant* 表示人的名词字尾》

pedantic /pɪ'dæntɪk/ adj.好卖弄学问的；迂腐的

pedantry /'pɛdn̩trɪ/ n.卖弄学问；迂腐《*-ry* 名词字尾》

pediatrician /ˌpidɪə'trɪʃən,ˌpɛdɪ-/ n.小儿科医生
　　《*iatr* = healing；*-ician* 表人的名词字尾》

pediatrics /ˌpidɪ'ætrɪks,ˌpɛdɪ-/ n.小儿科《*-ics* = science》

<pre>
    ped + iatr + ics
     | | |
   child + healing + science
</pre>

pedophilia /ˌpidə'fɪlɪə/ n.恋童症（以儿童为对象之色情狂）
　　《*pedo*（child）+ *phil*（love）+ *-ia*（表示病名的字尾）》

268　pel = drive

　　* 拉丁文 *pellere*（= drive），过去分词为 *pulsus*。〔变化型〕*puls*。

pulse /pʌls/ n.脉搏；律动　v.搏动；鼓动（促使血液流通的振动）

pulsate /'pʌlset/ v.鼓动；脉动

pulsatile /'pʌlsətl̩,-tɪl/ adj.脉动的；悸动的；打击（乐器等）的
　　n.打击乐器《*-ile* 形容词字尾》

pulsation /pʌl'seʃən/ n.鼓动；脉动

```
puls + at(e) + ion
  |       |      |
drive +   v.  +  n.
```

compel /kəm'pɛl/ *v*.强迫；迫使（促使去做）《*com-* = with》

compulsion /kəm'pʌlʃən/ *n*.强制

compulsive /kəm'pʌlsɪv/ *adj*.强制的；强迫的；禁不住的

compulsory /kəm'pʌlsərɪ/ *adj*.强制的

```
com + puls + ory
 |      |      |
with + drive + adj.
```

dispel /dɪ'spɛl/ *v*.卸除；驱散（赶走；驱散）《*dis-* = apart，away》

expel /ɪk'spɛl/ *v*.驱逐；逐出（驱逐在外）《*ex-* = out》

expellant；-lent /ɪk'spɛlənt,ɛk-/ *adj*.有驱逐力的　*n*.驱除剂；排毒剂

expulsion /ɪk'spʌlʃən/ *n*.放逐；驱逐

expulsive /ɪk'spʌlsɪv/ *adj*.驱逐的；开除的

impel /ɪm'pɛl/ *v*.推进（驱策往前方去）《*im-* = *in-* = on，forward》

impellent /ɪm'pɛlənt/ *adj*.推进的　*n*.推进力

impulse /'ɪmpʌls/ *n*.推进；冲动；刺激

impulsion /ɪm'pʌlʃən/ *n*.推进；冲动；刺激

```
im + puls + ion
 |     |     |
on + drive + n.
```

impulsive /ɪm'pʌlsɪv/ *adj*.冲动的；易冲动的

propel /prə'pɛl/ *v*.推进；促进（驱策到前面去）《*pro-* = forward》

propellant；-lent /prə'pɛlənt/ *adj*.推进的　*n*.推动者

propeller /prə'pɛlɚ/ *n*.推动者；螺旋桨

```
pro   + pell + er
 |       |      |
forward + drive + n.
```

propulsion /prə'pʌlʃən/ *n*.推进（力）；冲动

propulsive /prə'pʌlsɪv/ *adj*.推进的；有推动力的

propulsor /prə'pʌlsɚ/ *n*.推进物；推进燃料

repel /rɪ'pɛl/ *v*.逐退；驱逐（驱逐返回）《*re-* = back》

repellent /rɪˈpɛlənt/ *adj.*击退的　*n.*驱虫剂

> re ＋ pell ＋ ent
> ｜　　｜　　｜
> back ＋ drive ＋ adj.

repulse /rɪˈpʌls/ *v.*击退；拒绝　*n.*击退；拒绝

repulsion /rɪˈpʌlʃən/ *n.*击退；嫌恶；排斥作用

repulsive /rɪˈpʌlsɪv/ *adj.*令人厌恶的；讨厌的

peal /pil/ *v.*鸣响　*n.*响声（使其发出声音）

appeal /əˈpil/ *v.*恳求；诉诸　*n.*吸引力（跑入～地方）

《*ap-* ＝ *ad-* ＝ to》

appealing /əˈpilɪŋ/ *adj.*恳求的；令人心动的《*-ing* 形容词字尾》

appellant /əˈpɛlənt/ *adj.*上诉的　*n.*上诉者

> ap ＋ pell ＋ ant
> ｜　　｜　　｜
> to ＋ drive ＋ adj., n.

appellation /ˌæpəˈleʃən/ *n.*名称；称呼

appellative /əˈpɛlətɪv, -lɪtɪv/ *adj.*名称的；命名的　*n.*名称；通称

repeal /rɪˈpil/ *v.*撤销；撤回　*n.*撤销；废止（驱使回复）

《*re-* ＝ back》

269　pen ＝ punish

＊拉丁文 *poena*（＝ *penalty*），*punire*（＝ *punish*）。〔变化型〕*pun*。

penal /ˈpinl̩, -nəl/ *adj.*刑罚的；应受处罚的

penalize /ˈpinl̩ˌaɪz, ˈpɛnl̩-/ *v.*宣告有罪；规定应罚

penalty /ˈpɛnl̩tɪ/ *n.*刑罚；罚金

punish /ˈpʌnɪʃ/ *v.*处罚；刑罚

punishment /ˈpʌnɪʃmənt/ *n.*处罚；刑罚

punitive /ˈpjunətɪv/ *adj.*处罚的；刑罚的

impunity /ɪmˈpjunətɪ/ *n.*不受惩罚；免受伤害《*im-* ＝ *in-* ＝ not》

【注意】以下的字字源不同，为方便而归于此处。

repent /rɪˈpɛnt/ *v.*懊悔；悔悟（不断地感到抱歉）

《*re*（again）＋ *pent*（make sorry）》

repentance /rɪˈpɛntəns/ *n*.后悔；悔恨

repentant /rɪˈpɛntənt/ *adj*.后悔的；遗憾的

penance /ˈpɛnəns/ *n*.后悔　*v*.惩罚

penitence /ˈpɛnətəns/ *n*.后悔；悔悟

penitent /ˈpɛnətənt/ *adj*.后悔的《拉丁文 *paenitere* = repent》
《*penit*（repent）+ *-ent*（形容词字尾）》

penitentiary /ˌpɛnəˈtɛnʃɪrɪ/ *n*.感化院；监狱　*adj*.后悔的；
应予惩罚的（使其反悔的地方）《*-ary* 表示场所的字尾》

270　pend = hang；weigh

　　* 拉丁文 *pendere*（= hang，weigh 衡量），过去分词为 *pensus*。〔变化型〕*pens*。

pendant；**-ent** /ˈpɛndənt/ *n*.垂饰；耳环（垂下来的东西）
adj.下垂的；悬垂的

pending /ˈpɛndɪŋ/ *adj*.未决定的；待解决的

pendulous /ˈpɛndʒələs/ *adj*.下垂的；悬垂的

```
pend  +  ulous
 |        |
hang  +  adj.
```

pendulum /ˈpɛndʒələm/ *n*.钟摆（往下垂吊的东西）

append /əˈpɛnd/ *v*.附添；增加（悬挂上去）
《*ap-* = *ad-* = to》

appendage /əˈpɛndɪdʒ/ *n*.附属物；下属《*-age* 名词字尾》

```
ap  +  pend  +  age
 |      |        |
to  +  hang  +  n.
```

appendant /əˈpɛndənt/ *adj*.添加的；附属的　*n*.附属物

appendix /əˈpɛndɪks/ *n*.附录；盲肠

appendicitis /əˌpɛndəˈsaɪtɪs/ *n*.盲肠炎；阑尾炎
《*-itis* = inflammation（发炎）》

compendious /kəmˈpɛndɪəs/ *adj*.简洁的；摘要的（悬挂在一起）
《*com-* = together》

compendium /kəmˈpɛndɪəm/ *n*.摘要；概略《*-um* 名词字尾》

```
com   +   pendi   +   um
 |          |         |
together + weighed +  n.
```

depend /dɪˈpɛnd/ v.依靠；依赖（垂挂于）《de- = down》

dependant；-ent /dɪˈpɛndənt/ n.随员；家眷

 adj.依赖的；从属的（依赖者）

dependence /dɪˈpɛndəns/ n.依靠；信任

dependency /dɪˈpɛndənsɪ/ n.依赖；信任；附属物；属地

expend /ɪkˈspɛnd/ v.花费（计算出来）《ex- = out》

expenditure /ɪkˈspɛndɪtʃɚ/ n.消费；经费

expense /ɪkˈspɛns/ n.费用；消费；～费

expensive /ɪkˈspɛnsɪv/ adj.昂贵的

impend /ɪmˈpɛnd/ v.逼近；迫近（悬在上面）《im- = in- = on》

impending /ɪmˈpɛndɪŋ/ adj.可能发生的；即将举行的

```
im  +  pend  +  ing
 |       |       |
on  +  hang  +  adj.
```

independence /ˌɪndɪˈpɛndəns/ n.独立；自主（不依赖）

 《in- = not》

independency /ˌɪndɪˈpɛndənsɪ/ n.独立国；独立

independent /ˌɪndɪˈpɛndənt/ adj.独立的；不依赖他人的；自主的

```
in  +  de  +  pend  +  ent
 |      |      |        |
not + down + hang  +  adj.
```

interdependence /ˌɪntɚdɪˈpɛndəns/ n.相互依赖（彼此依赖）

 《inter- = mutual》

interdependent /ˌɪntɚdɪˈpɛndənt/ adj.相互依赖的

perpend /v. pɚˈpɛnd n. ˈpɚpənd/ v.仔细考虑；注意（彻底地衡量）

 n.贯石（贯穿墙壁露出二端之石）《per- = thoroughly》

```
per    +   pend
 |          |
thoroughly + hang
```

perpendicular /ˌpɚpənˈdɪkjələ/ adj.垂直的；直立的　n.垂直线；

垂直面；直立（直接悬垂而下）《*per-* = through》

spend /spɛnd/ *v*.花费；耗用（计量分开）《*s-* = *dis-* = apart》

suspend /sə'spɛnd/ *v*.悬挂；暂停营业（垂吊而下）

《*sus-* = *sub-* = under》

suspenders /sə'spɛndɚz/ *n*. *pl*.背带；吊带

suspense /sə'spɛns/ *n*.未定（状态）；悬念；担心；悬疑

suspension /sə'spɛnʃən/ *n*.悬吊；中止；停职；休学

suspensive /sə'spɛnsɪv/ *adj*.未决定的；悬念的

```
sus   + pens + ive
 |        |      |
under + hang + adj.
```

suspensor /sə'spɛnsɚ/ *n*.悬吊绷带

suspensory /sə'spɛnsərɪ/ *adj*.悬吊的；中止的

pension /'pɛnʃən/ *n*.年金；退休金　*v*.给予养老金（计算给予金钱）

pensive /'pɛnsɪv/ *adj*.思考的；忧郁的　*cf*. **pensee**(/pɑ'se/ 冥想录）

compensate /'kɑmpənˌset/ *v*.偿还；补偿（把两个东西放在一起比较
　→然后弥补不足的）《*com-* = together》

```
com   + pens + ate
 |        |      |
together + weigh + v.
```

compensation /ˌkɑmpən'seʃən/ *n*.补偿；赔偿

dispense /dɪ'spɛns/ *v*.分配；实施；免除；配（药）（分称于秤的两端）
《*dis-* = apart》

dispensable /dɪ'spɛnsəbl̩/ *adj*.能分配的；可有可无的

```
dis  + pens + able
 |       |      |
apart + weigh + adj.
```

indispensable /ˌɪndɪs'pɛnsəbl̩/ *adj*.不可或缺的；不可避免的
《*in-* = not》

dispensary /dɪ'spɛnsərɪ/ *n*.药局；药房（将药分配于秤两端的地方）
《*-ary* 表示场所的名词字尾》

dispenser /dɪs'pɛnsɚ/ *n*.药剂师

dispensation /ˌdɪspən'seʃən/ *n*.分配；处方；天道

prepense /prɪˈpɛns/ *adj*.预谋的；蓄意的（事先把秤悬起来）
　《*pre-* = before》

propensity /prəˈpɛnsətɪ/ *n*.倾向；癖好（向前方垂下→倾向）
　《*pro-* = forward》

recompense /ˈrɛkəmˌpɛns/ *v*.报酬；赔偿　*n*.报酬；赔偿（偿还回来）
　《*re-* = back》

poise /pɔɪz/ *n*.均衡；镇定　*v*.使均衡（平均重量）

counterpoise /ˈkaʊntɚˌpɔɪz/ *n*.平均；均衡　*v*.使平衡；使均衡
　（秤另一端的重量）《*counter-* = against》

```
counter  +  poise
   |          |
against  +  weigh
```

ponder /ˈpɑndɚ/ *v*.熟虑；深思（沉静地考虑重量）

ponderable /ˈpɑndərəbl̩/ *adj*.可估计的；可深虑的　*n*.可考虑的事物

ponderous /ˈpɑndərəs/ *adj*.沉重的；沉闷的

preponderate /prɪˈpɑndəˌret/ *v*.数目超过；重量胜过（超出重量）
　《*pre-* = before，in excess》

preponderant /prɪˈpɑndərənt,-drən-/ *adj*.占优势的；主要的

271　peri = go through

　　＊拉丁文 *periri*（= go through 通过，*try* 尝试，*experience* 经历）。

peril /ˈpɛrəl/ *n*.危险；冒险　*v*.处于险境（似乎可以通过的试炼）

perilous /ˈpɛrələs/ *adj*.危险的；冒险的

empirical /ɛmˈpɪrɪkl̩/ *adj*.凭经验的；经验主义的；依据实验或观察的
　（在试验中）《*em-* = *en-* = in》

empiricism /ɛmˈpɪrəˌsɪzəm/ *n*.经验主义；经验论
　《*-ism* = 主义；理论》

```
em +    pir    + ic + ism
 |       |        |     |
in + experiment + adj. + n.
```

empiricist /ɛmˈpɪrəsɪst/ *n*.经验主义者；实证主义者
　《*-ist* 表示人的名词字尾》

experience /ɪk'spɪrɪəns/ *v*.经验；经历　　*n*.经验；体验（充分地去体验）

　《*ex-* = fully》

experiment /ɪk'spɛrəmənt/ *n*.实验　　*v*.实验（充分地试过）

experimental /ɪkˌspɛrə'mɛntḷ/ *adj*.实验的；实验用的

experimentation /ɪkˌspɛrəmɛn'teʃən/ *n*.实验；试验

expert /*n*. 'ɛkspɝt *adj*. ɪk'spɝt, 'ɛkspɝt/ *n*.专家　　*adj*.熟练的；老练的

　（累积丰富经验的人）

expertise /ˌɛkspɝ'tiz/ *n*.专门技术；专门知识；专家之见

imperil /ɪm'pɛrəl/ *v*.危及；使陷于危险（置于危险之中）

　《*im-* = *in-* = into》

272　pet = fly；seek

　　＊拉丁文 *petere*（ = *fly*, *seek*, *strive*）。

petition /pə'tɪʃən/ *n*.请愿；陈情　　*v*.请求；陈请（求取；祈愿）

petitionary /pə'tɪʃəˌnɛrɪ/ *adj*.请愿的；请求的

petitioner /pə'tɪʃənɚ/ *n*.请愿者；诉愿人；（离婚诉讼的）原告

```
pet  +  ition  +   er
 |        |         |
seek  +   n.   +  person
```

appetite /'æpəˌtaɪt/ *n*.食欲；欲望（欲求的情绪）

　《*ap-* = *ad-* = to》

appetitive /'æpəˌtaɪtɪv/ *adj*.增进食欲的；食欲上的

appetizer /'æpəˌtaɪzɚ/ *n*.开胃的食物

appetizing /'æpəˌtaɪzɪŋ/ *adj*.开胃的；促进食欲的；引起欲望的

　《*-ing* 形容词字尾》

appetent /'æpətənt/ *adj*.欲求的；渴望的

```
ap  +  pet  +  ent
 |      |       |
to  +  seek  +  adj.
```

compete /kəm'pit/ *v*.竞争（一起寻求一样东西→争夺）

　《*com-* = together》

competition /ˌkɑmpə'tɪʃən/ *n*.竞争

competitive /kəm'pɛtətɪv/ *adj*.竞争的；竞争激烈的；有竞争力的

competitor /kəmˈpɛtətɚ/ *n*.竞争者

competence /ˈkɑmpətəns/ *n*.资产；能力；资格（非常适于竞争）

competent /ˈkɑmpətənt/ *adj*.能干的；胜任的

incompetent /ɪnˈkɑmpətənt/ *adj*.无能力的；不能胜任的

　《*in-* = not》

```
in  +  com  +  pet  +  ent
|        |       |       |
not + together + strive + adj.
```

impetus /ˈɪmpətəs/ *n*.刺激；冲力（为争取而激起的动力）

　《*im-* = *in-* = on, upon》

impetuous /ɪmˈpɛtʃʊəs/ *adj*.猛烈的；冲动的

repeat /rɪˈpit/ *v*.重复；跟着说　*n*.重复；重播节目《*re-* = again》

repetition /ˌrɛpɪˈtɪʃən/ *n*.重复；模仿

centripetal /sɛnˈtrɪpətl̩/ *adj*.向心的；利用向心力的（求取中心）

　《*centri* = center》*cf*. **centrifugal**（离心的；离心力的）

273　**petr** = stone; rock

　　* 希腊文 *petros*(= stone), *petra*(= rock)。〔变化型〕*petro*。

petrify /ˈpɛtrəˌfaɪ/ *v*.使石化；（因恐惧等而）吓呆（使变成石头）

　《*-ify* = make》

petrification /ˌpɛtrəfəˈkeʃən/ *n*.石化；化石；吓呆 (= *petrifaction*)

petrochemistry /ˌpɛtroˈkɛmɪstrɪ/ *n*.石油化学；岩石化学

　《*chemistry* 化学》

petrography /pɪˈtrɑgrəfɪ/ *n*.岩石记载学；岩石分类（记载岩石）

　《*graphy* = writing》

petroleum /pəˈtrolɪəm/ *n*.石油《*petr* (stone) + *oleum* (oil)》

```
petr  +  oleum
|          |
stone  +  oil
```

petroliferous /ˌpɛtrəˈlɪfərəs/ *adj*.出产石油的（生产石油）

　《*petrol*(*i*) (oil) + *-ferous* (bearing 生产)》

petrology /pɪˈtrɑlədʒɪ/ *n*.岩石学（研究岩石的学问）

《*logy* = study》

petrologist /pɪ'trɑlədʒɪst/ *n*.岩石学家

274 phan = appearance

* 希腊文 *phantazein*(= *appear*, *show*)。〔变化型〕*fan*。

phantasm /'fæntæzəm/ *n*.幻想；幽灵（浮在眼前的东西）

phantom /'fæntəm/ *n*.幻影；幽灵；虚无飘渺的事；有名无实的人或物
  adj.虚幻的；若鬼的；虚无飘渺的；捉摸不定的

phase /fez/ *n*.方面；阶段；时期　*v*.使配合；分段实施
（眼睛所能看到的情况）

fantasy /'fæntəsɪ,'fæntəzɪ/ *n*.幻想；白日梦；幻想曲

fantasia /fæn'teʒɪə,-ʒə,-zɪə/ *n*.幻想曲

fantastic; -tical /fæn'tæstɪk(l̩)/ *adj*.空想的；怪诞的

fancy /'fænsɪ/ = fantasy 的缩写　*n*.想像；喜欢　*v*.空想；喜欢；
  想像　*adj*.精致的

fancied /'fænsɪd/ *adj*.想像的；幻想的

fanciful /'fænsɪfəl/ *adj*.富于幻想的；异想天开的；奇异的；想像的

phenomenon /fə'nɑməˌnɑn/ *n*.现象；特殊的人；特殊事物
（显现出来的东西）

phenomenal /fə'nɑmənl̩/ *adj*.现象的；非凡的

diaphanous /daɪ'æfənəs/ *adj*.透明的；半透明的；模糊不清的
（能看透的）《*dia-* = through》

```
dia    +  phan  +  ous
 |         |        |
through +  show  +  adj.
```

emphasize /'ɛmfəˌsaɪz/ *v*.强调（明白地表示）《*em-* = in》

emphasis /'ɛmfəsɪs/ *n*.强调

emphatic /ɪm'fætɪk/ *adj*.强调的；有力的

275 phil- = to love

* 表示"爱"。

philanthropist /fə'lænθrəpɪst/ *n*.慈善家；博爱主义者

<pre>
┌─────────────────────────────┐
│   phil + anthrop + ist   │
│   │   │   │   │
│   love + human + n .   │
└─────────────────────────────┘
</pre>

philanthropy /fəˈlænθrəpɪ/ *n*.慈善；善行；慈善事业
  《*phil-*（love）+ *anthrop*（human）+ *-y*（名词字尾）》

philanthropic /ˌfɪlənˈθrɑpɪk/ *adj*.慈善的；博爱的
  《*phil-*（love）+ *anthrop*（human）+ *-ic*（形容词字尾）》

philharmonic /ˌfɪləˈmɑnɪk, ˌfɪlhɑrˈm-/ *adj*.爱好音乐的　*n*.爱乐协会
  《*phil-*（love）+ *harmon*（agreement）+ *-ic*（形容词字尾）》

philodendron /ˌfɪləˈdɛndrən/ *n*.(植)喜林芋

<pre>
┌─────────────────────────────┐
│   philo + dendr + on   │
│   │   │   │   │
│   love + tree + n .   │
└─────────────────────────────┘
</pre>

philosophy /fəˈlɑsəfɪ/ *n*.哲学
  《*philo-*（love）+ *soph*（wisdom）+ *-y*（名词字尾）》

bibliophile /ˈbɪblɪəˌfaɪl, -fɪl/ *n*.珍爱书籍者；藏书家
  《*biblio-*（book）+ *phile*（love）》

276　phobia- = fear

  ＊表示"恐惧"。

phobia /ˈfobɪə/ *n*.恐惧症

acrophobia /ˌækrəˈfobɪə/ *n*.惧高症；高空恐惧症
  《*acro-*（topmost）+ *phobia*（fear）》

claustrophobia /ˌklɔstrəˈfobɪə/ *n*.幽闭恐惧症

<pre>
┌─────────────────────────────┐
│   claustro + phobia   │
│   │   │   │
│   close + fear   │
└─────────────────────────────┘
</pre>

hydrophobia /ˌhaɪdrəˈfobɪə/ *n*.狂犬病；恐水症

<pre>
┌─────────────────────────────┐
│   hydro + phobia   │
│   │   │   │
│   water + fear   │
└─────────────────────────────┘
</pre>

photophobia /ˌfotəˈfobɪə/ *n*.畏光症
  《*photo-*（light）+ *phobia*（fear）》

xenophobia /ˌzɛnəˈfobɪə/ *n*.仇视外国人；恐惧外国人
　《*xeno-*(foreign) + *phobia*(fear)》

277　phon = sound；speak

　　＊希腊文 *phone*(= sound)，*phemi*(= speak)。〔变化型〕*phe*。

phoneme /ˈfonim/ *n*.音素；音位

phonemics /foˈnimɪks/ *n*.音位学《*-ics* = science》

phonetic /foˈnɛtɪk, fə-/ *adj*.语音的；语音学的；表示发音的

phonetician /ˌfonəˈtɪʃən/ *n*.语音学家

phonetics /foˈnɛtɪks, fə-/ *n*.语音学

phonic /ˈfɑnɪk, ˈfonɪk/ *adj*.音的；语音的；发音上的

phonics /ˈfonɪks, ˈfɑnɪks/ *n*.声学；利用语音学的教授法

phonogenic /ˌfonəˈdʒɛnɪk/ *adj*.产生良好音响的(产生声音)
　《*gen* = produce》

```
phono  +   gen   +  ic
  |         |        |
sound  +  produce  + adj.
```

phonogram /ˈfonəˌgræm/ *n*.(速记用的)表音符号；标音符号；形声字
　《*gram* = write》

phonograph /ˈfonəˌgræf/ *n*.留声机；唱机(记录声音的东西)
　《*graph* = write》

phonography /foˈnɑgrəfɪ/ *n*.表音速记法；表音拼字法(声音的记录)
　《*graphy* = writing》

```
phono + graphy
  |       |
sound + writing
```

phonology /foˈnɑlədʒɪ/ *n*.音韵学；语音学(指语音的历史研究)
　《*logy* = study》

phonometer /foˈnɑmətɚ/ *n*.音波测定器
　《*meter* 计量器》

phonophile /ˈfonəˌfaɪl/ *n*.唱片爱好者；音响爱好者
　《*phile* = love》

phonovision /ˌfonəˈvɪʒən/ *n*.电话电视；有线电视（= *phonevision*）

cacophony /kæˈkɑfənɪ, kə-/ *n*.不调和的声音；刺耳的声音

　《*caco* = bad》 *cf*. **euphony**（悦耳的声音；谐音）

$$\begin{array}{ccccc} caco & + & phon & + & y \\ | & & | & & | \\ bad & + & sound & + & n. \end{array}$$

cacophonous /kæˈkɑfənəs, kə-/ *adj*.不调和的；刺耳的

euphony /ˈjufənɪ/ *n*.谐音；悦耳之音

　《*eu-* = well（和"u"的发音相同）》

euphonious /juˈfonɪəs/ *adj*.悦耳的；好听的

$$\begin{array}{ccccc} eu & + & phon & + & ious \\ | & & | & & | \\ well & + & sound & + & adj. \end{array}$$

gramophone /ˈgræməˌfon/ *n*.〔英〕留声机（=〔美〕*phonograph*）

　《*gram(o)* = write》

homophone /ˈhɑməˌfon/ *n*.同音异形异义字（声音相同）

　《*homo-* = same》

interphone /ˈɪntɚˌfon/ *n*.内部电话；内线电话；对讲机

　（= *intercom*）（互通声音）《*inter-* = mutual》

megaphone /ˈmɛgəˌfon/ *n*.传声筒；扩音器（将声音放大的东西）

　《*mega-* = large》

microphone /ˈmaɪkrəˌfon/ *n*.扩音器；麦克风（把小的声音变大的东西）

　《*micro-* = small》

saxophone /ˈsæksəˌfon/ *n*.萨克斯风

　（由比利时乐器研究者 Adolphe Sax 所发明,故以他的名字命名）

symphony /ˈsɪmfənɪ/ *n*.交响乐；色彩的协调（一同响起）

　《*sym-* = together》

telephone /ˈtɛləˌfon/ *n*.电话 *v*.打电话 《*tele-* = far off》

xylophone /ˈzaɪləˌfon/ *n*.木琴 《*xylo* = wood》

$$\begin{array}{ccc} xylo & + & phone \\ | & & | \\ wood & + & sound \end{array}$$

blaspheme /blæsˈfim/ *v*.亵渎（神祇）；咒骂（会使人受伤的言词）

《*blas-* = hurt》

euphemism /ˈjufəˌmɪzəm/ *n*.婉言；委婉的说法（听来舒服的说法）
　《*eu-* = well》

prophecy /ˈprafəsɪ/ *n*.预言；预言的事物（事先说出）
　《*pro-* = before》

prophesy /ˈprafəˌsaɪ/ *v*.预言；（代神）发言

prophet /ˈprafɪt/ *n*.预言者；预言家

278　photo = light

> *希腊文 *phot*, *phos*(= light)。

photochemistry /ˌfotəˈkɛmɪstrɪ/ *n*.光化学《*chemistry* 化学》

photochromic /ˌfotəˈkramɪk/ *adj*.可逆光变色的《*chrom* = color》

photocomposition /ˌfotoˌkampəˈzɪʃən/ *n*.照相打字排版
　《*composition* 排字》

```
photo  +   com   + pos + ition
  |         |        |      |
light  + together +  put  +  n.
```

photoconduction /ˌfotokənˈdʌkʃən/ *n*.光电导
　《*conduction* 传导》

photocopy /ˈfotəˌkapɪ/ *v*., *n*.影印（本）

photocopier /ˌfotoˈkapɪɚ/ *n*.影印机

photocurrent /ˈfotoˌkʌrənt/ *n*.光电流《*current* 电流》

photodetector /ˈfotədɪˈtɛktɚ/ *n*.光侦测器《*detector* 侦测器》

photoelectric /ˌfoto·ɪˈlɛktrɪk/ *adj*.光电的；光电照相装置的
　《*electric* 电的》

photogenic /ˌfotəˈdʒɛnɪk/ *adj*.发光性的；适合拍照的；上镜头的
（产生光的）《*gen* = produce》

```
photo  +  gen   +  ic
  |        |        |
light  + produce + adj.
```

photograph /ˈfotəˌgræf/ *n*.照片；相片　*v*.照相；摄影；呈现在照片上
（利用光来记录）《*graph* = write》

photographer /fəˈtagrəfɚ/ *n*.照相师；摄影师

photography /fə'tɑgrəfɪ/ *n*.照相术；摄影术

photometer /fo'tɑmətɚ/ *n*.光度计；测光器《*meter* 计量器》

photophobia /ˌfotə'fobɪə/ *n*.畏光；昼盲；惧光症（害怕光）

　《*phobia* = fear》

```
photo + phobia
  |       |
light  +  fear
```

photoprint /'fotəˌprɪnt/ *n*.照相印刷

photosensitive /ˌfotə'sɛnsətɪv/ *adj*.感光性的（对光敏感）

　《*sensitive* 敏感的》

```
photo + sensit + ive
  |       |       |
light  +  feel  + adj.
```

photosynthesis /ˌfotə'sɪnθəsɪs/ *n*.光合作用；光合成（利用光来合成）

　《*synthesis* 合成》

phototherapy /ˌfotə'θɛrəpɪ/ *n*.光线疗法（用光治疗）

　《*therapy* 治疗》

phototube /'fotəˌtjub/ *n*.光电管《*tube* 管》

telephoto /'tɛləˌfoto/ *n*.远距摄影照片　*adj*.用望远镜摄影的

```
tele + photo
  |      |
far  +  light
```

279　pict = paint ; picture

　　* 拉丁文 *pingere*（= *paint*），过去分词为 *pictus*, *pictura*（= *the art of painting*, *picture*）。

pictograph /'pɪktəˌgræf, -ˌgraf/ *n*.象形文字（以图形写下的东西）

pictorial /pɪk'torɪəl, -'tɔr-/ *adj*.图画的；用图画说明的

pictorialize /pɪk'torɪəlˌaɪz/ *v*.使图画化

picture /'pɪktʃɚ/ *n*.画；照片；肖像　*v*.画；生动描述

```
pict + ure
 |      |
paint + n.
```

picturesque /ˌpɪktʃə'rɛsk/ *adj*.如画的；栩栩如生的
　《*-esque* = in the manner of（以～风格）》
depict /dɪ'pɪkt/ *v*.描写；叙述（详细描述）《*de-* = down，fully》
depiction /dɪ'pɪkʃən/ *n*.描写；叙述

280　plac = please

　　* 拉丁文 *placere*（= please 取悦）。〔变化型〕*pleas*。

placate /'pleket/ *v*.安慰；抚慰；安抚
placable /'plekəbl̩/ *adj*.可安抚的；温和的；宽容的
placability /ˌplekə'bɪlətɪ/ *n*.易安抚；温和；宽容
placatory /'plekəˌtorɪ,-ˌtɔrɪ/ *adj*.抚慰的；怀柔的
placebo /plə'sibo/ *n*.安慰剂；（无害的）假药
placid /'plæsɪd/ *adj*.平稳的；安静的；沉着的《*-id* 形容词字尾》
placidity /plæ'sɪdətɪ/ *n*.平稳；安静；沉着

```
  plac  +  id  + ity
   |        |      |
 please  + adj. + n.
```

complacent /kəm'plesn̩t/ *adj*.自满的；得意的（完全被取悦）
　《*com-* = thoroughly》
complacency /kəm'plesn̩sɪ/ *n*.自满；得意
implacable /ɪm'plekəbl̩,-'plæk-/ *adj*.难平息的；难和解的；
　残忍的；无情的（不能安抚的）《*im-* = *in-* = not》

```
  im  +  plac  + able
   |      |        |
 not  + please + adj.
```

please /pliz/ *v*.取悦；使高兴；喜欢；愿意；请
pleased /plizd/ *adj*.高兴的；满意的；愉快的
pleasing /'plizɪŋ/ *adj*.愉快的；令人喜欢的；可爱的
pleasant /'plɛzn̩t/ *adj*.愉快的；快活的；友善的
pleasantry /'plɛzn̩trɪ/ *n*.诙谐；幽默；开玩笑《*-ry* 名词字尾》
pleasure /'plɛʒɚ/ *n*.快乐；乐趣；享乐；愿望；爱好
complaisance /kəm'plezn̩s/ *n*.殷勤；彬彬有礼；亲切（彻底地取悦）

《*com-*（thoroughly）+ *plais*（please）+ *-ance*（名词字尾）》

$$\begin{array}{ccc} \text{com} & +\ \text{plais} & +\ \text{ance} \\ | & | & | \\ \textit{thoroughly} & +\ \textit{please} & +\ \textit{n}. \end{array}$$

complaisant /kəmˈplezn̩t/ *adj*.殷勤的；彬彬有礼的；亲切的

displease /dɪsˈpliz/ *v*.使不快；使厌烦；触怒（使不高兴）

《*dis-* = not》

displeasing /dɪsˈplizɪŋ/ *adj*.不愉快的

displeasure /dɪsˈplɛʒɚ/ *n*.不愉快；不满；生气

unpleasant /ʌnˈplɛzn̩t/ *adj*.令人不愉快的；讨厌的

《*un-* = not》

281 plain = beat the breast

* 拉丁文 *plangere*（= beat one's breast），过去分词为 *planctus*。〔变化型〕*plaint*。

plaint /plent/ *n*.抱怨；悲叹；控诉

plaintiff /ˈplentɪf/ *n*.原告　*cf*. **defendant**（被告）

plaintive /ˈplentɪv/ *adj*.悲伤的；哀怨的；哭诉的

plaintiveness /ˈplentɪvnɪs/ *n*.悲伤；哀怨；哭诉

complain /kəmˈplen/ *v*.抱怨；发牢骚；控诉（一起捶胸）

《*com-* = together》

complainant /kəmˈplenənt/ *n*.控诉人；原告（= *plaintiff*）

《*-ant* 表示人的名词字尾》

$$\begin{array}{ccc} \text{com} & +\ \text{plain} & +\ \text{ant} \\ | & | & | \\ \textit{together} & +\ \textit{beat the breast} & +\ \textit{n}. \end{array}$$

complaint /kəmˈplent/ *n*.抱怨；牢骚；控诉；疾病

《*-t* 名词字尾》

282 plant = plant

* 拉丁文 *planta*（= plant 种植；植物）。

plant /plænt/ *n*.植物；工厂；设备　*v*.种植；设置；灌输

plantation /plænˈteʃən/ *n*.种植地；造林地；移民；殖民（地）

planter /'plæntɚ/ *n*.种植者；耕作者；农场主人；播种机

plantlet /'plæntlɪt/ *n*.小植物；树苗《-*let* = small》

implant /ɪm'plænt/ *v*.移植(器官等)；灌输(思想等)；种植；插入
　(种植进去)《*im-* = *in-* = into》

$$
\begin{array}{c}
\text{im} + \text{plant} \\
| \qquad | \\
\textit{into} + \textit{plant}
\end{array}
$$

implantation /ˌɪmplæn'teʃən/ *n*.移植；灌输；插入；种植

transplant /træns'plænt/ *v*.移植；使移居；可移植
　(由这里移到那里种植)《*trans-* = across》

transplantable /træns'plæntəbl̩/ *adj*.可移植的

transplantation /ˌtrænsplæn'teʃən/ *n*.移植；移植物；移居；移民

283 plaud = strike；clap

　　* 拉丁文 *plaudere*, *plodere*(= *strike*, *clap* 拍)。〔变化型〕*plode*。

applaud /ə'plɔd/ *v*.鼓掌；称赞(一起拍手)《*ap-* = *ad-* = to，together》

applaudable /ə'plɔdəbl̩/ *adj*.值得称赞的

applause /ə'plɔz/ *n*.鼓掌；称赞

applausive /ə'plɔsɪv/ *adj*.喝彩的；赞扬的

$$
\begin{array}{c}
\text{ap} + \text{plaus} + \text{ive} \\
| \qquad | \qquad | \\
\textit{together} + \textit{clap} + \textit{adj.}
\end{array}
$$

plaudit /'plɔdɪt/ *n*.(通常用 *pl*.) 鼓掌；嘉许

plausible /'plɔzəbl̩/ *adj*.似合理的；似真实的(几乎令人不禁鼓掌的)

plausibility /ˌplɔzə'bɪlətɪ/ *n*.似合理；似真

explode /ɪk'splod/ *v*.爆炸；发作(拍着手把演员自舞台逐出)
　《*ex-* = out》

explosion /ɪk'sploʒən/ *n*.爆发；爆炸声

$$
\begin{array}{c}
\text{ex} + \text{plos} + \text{ion} \\
| \qquad | \qquad | \\
\textit{out} + \textit{clap} + \textit{n.}
\end{array}
$$

explosive /ɪk'splosɪv/ *adj*.易爆炸的　*n*.爆炸物；爆发音

implode /ɪmˈplod/ *v*.在内部破裂；爆炸(向内爆炸)

《*im-* = *in-* = into》

284　plen = fill；full

　　＊拉丁文 *plere*(= *fill*)，*plenus*(= *full*)。〔变化型〕*plete*，*ple*，*pli*，*ply*。

plenary /ˈplinərɪ,ˈplɛnərɪ/ *adj*.完全的；绝对的；全体出席的

　(充满了→没有缺点的)

plenipotentiary /ˌplɛnəpəˈtɛnʃərɪ,-ʃɪˌɛrɪ/ *adj*.有全权的

　n.全权大使(储备所有的力量)《*potent* = powerful》

```
pleni  +  potent  + iary
 |         |         |
full  +  powerful  + adj.
```

plenitude /ˈplɛnəˌtjud,-ˌtud/ *n*.充足；丰饶《-*itude* 抽象名词字尾》

plenty /ˈplɛntɪ/ *n*.丰富；充分　*adj*.丰富的　*adv*.十分；充分

plenteous /ˈplɛntɪəs/ *adj*.【诗】丰饶的；丰富的(= *plentiful*)

```
plent + eous
  |       |
fill  +  adj.
```

plentiful /ˈplɛntɪfəl/ *adj*.丰富的；很多的；充分的

plenum /ˈplinəm/ *n*.充满物质的空间；高压状态；充实；全体会议

　(完全充满)《-*um* 表抽象名词》

ample /ˈæmpl̩/ *adj*.富足的；充分的(充满于四周的)

　《*am-* = *amb-* = about》

amplify /ˈæmpləˌfaɪ/ *v*.放大；详述《-*fy* = make》

complete /kəmˈplit/ *v*.完成；使完成　*adj*.完全的；完美的；绝对的

　(以～装满)《*com-* = together，with》

```
com + plete
 |      |
with +  fill
```

completeness /kəmˈplitnɪs/ *n*.完全；完成

completion /kəmˈpliʃən/ *n*.完成；圆满

complement /*n*. ˈkɑmpləmənt *v*. ˈkɑmpləˌmɛnt/ *n*.补语；补充物

v.补充；补足(补满；填满)

complementary /ˌkɑmpləˈmɛntərɪ/ *adj*.补充的；补足的；互补的

comply /kəmˈplaɪ/ *v*.应允；同意(满足对方的要求)

compliance /kəmˈplaɪəns/ *n*.应允；顺从

compliant /kəmˈplaɪənt/ *adj*.应允的；顺从的

compliment /*n*. ˈkɑmpləmənt *v*. ˈkɑmpləˌmɛnt/ *n*.恭维；称赞；
　(*pl*.)问候；道贺　*v*.称赞；道贺(使对方满足的东西)

complimentary /ˌkɑmpləˈmɛntərɪ/ *adj*.赞美的；恭维的

$$\begin{array}{cccc} com & + & pli & + & ment & + & ary \\ | & & | & & | & & | \\ with & + & fill & + & n. & + & adj. \end{array}$$

deplete /dɪˈplit/ *v*.用尽；【医】放血(使空虚)《*de-* = away》

expletive /ˈɛksplɪtɪv/ *adj*.仅有文法功用而无实际意义的
　n.虚字；助词；咒骂词(充满于外→附加的)《*ex-* = out》

implement /*n*. ˈɪmpləmənt *v*. ˈɪmpləˌmɛnt/ *n*.工具；器具；手段
　v.(以工具)供给；实现(充满于家中的东西)《*im-* = *in-* = in》

impletion /ɪmˈpliʃən/ *n*.充满；充实

$$\begin{array}{ccc} im & + & ple & + & tion \\ | & & | & & | \\ in & + & fill & + & n. \end{array}$$

replenish /rɪˈplɛnɪʃ/ *v*.(再)装满；补充《*re-* = again》

replenishment /rɪˈplɛnɪʃmənt/ *n*.补充；补给；补给品

replete /rɪˈplit/ *adj*.充满的；饱足的

repletion /rɪˈpliʃən/ *n*.充满；饱食

supply /səˈplaɪ/ *v*.补充；供给　*n*.补充；供给；(*pl*.)生活必需品；
　国家之支出(充塞其下)《*sup-* = *sub-* = under》

$$\begin{array}{cc} sup & + & ply \\ | & & | \\ under & + & fill \end{array}$$

supple /ˈsʌpl̩/ *adj*.柔软的；敏捷的；顺从的；奉承的

supplement /*n*. ˈsʌpləmənt *v*. ˈsʌpləˌmɛnt/ *n*.补充物；补遗；附刊
　v.增补；补充

supplemental /ˌsʌpləˈmɛntl̩/ *adj*.补充的；补遗的；增补的

supplementary /ˌsʌplə'mɛntərɪ/ *adj*.补充的；补遗的；增补的
accomplish /ə'kɑmplɪʃ/ *v*.完成；达成《*ac-* = *ad-* = to》
accomplishment /ə'kɑmplɪʃmənt/ *n*.完成；成就；（*pl*.）技艺；才能

285　**plore** = flow out

　　* 拉丁文 *plorare*(= *make flow*, *weep*)。

deplore /dɪ'plor/ *v*.悲痛；深感遗憾（流许多眼泪）《*de-* = fully》
deplorable /dɪ'plorəbl̩,-'plɔr-/ *adj*.悲哀的；可叹的
explore /ɪk'splor,-'splɔr/ *v*.探险；探究（流出外面来）
　《*ex-* = out》
exploration /ˌɛksplə'reʃən/ *n*.探险；探究
explorer /ɪk'splorɚ/ *n*.探险者
implore /ɪm'plor,-'plɔr/ *v*.恳求；哀求（流着眼泪央求）
　《*im-* = into》
imploration /ˌɪmplə'reʃən/ *n*.哀求；恳求

286　**ply** = fold

　　* 拉丁文 *plicare*(= *fold* 倍；重)；*plectere*(= *twist*)。〔变化型〕*pli*，*ple*。

ply /plaɪ/ *n*.层；重；倾向　*v*.经常从事于；忙于（折返→反复去做）
pliable /'plaɪəbl̩/ *adj*.易曲折的；柔软的；顺从的
　(= *pliant* /'plaɪə/)（可曲折的）
pliers /'plaɪɚz/ *n*. *pl*.钳子（使弯曲的工具）
apply /ə'plaɪ/ *v*.应用；专心；申请；涂；敷（重叠于其上）
　《*ad-* = to》
appliance /ə'plaɪəns/ *n*.工具；应用（物）

ap +	pli +	ance
to +	fold +	n.

applicable /'æplɪkəbl̩/ *adj*.适合的
applicant /'æpləkənt/ *n*.申请者；求职者
application /ˌæplə'keʃən/ *n*.应用；申请；涂敷物
imply /ɪm'plaɪ/ *v*.暗指；意味（重叠其中）《*im-* = *in-* = in》

implicate /'ɪmplɪˌket/ v.牵连；暗示

```
im + plic + ate
 |    |     |
in + fold + v.
```

implication /ˌɪmplɪ'keʃən/ n.暗示；牵连

implicit /ɪm'plɪsɪt/ adj.含蓄的；暗含的

reply /rɪ'plaɪ/ v.答复；反应　　n.答复；回答(反复)《re- = back》

replica /'rɛplɪkə/ n.复制；摹写品

replicate /'rɛplɪˌket/ v.折转；复制；临摹

replication /ˌrɛplə'keʃən/ n.折转；复制品；回声；答复

complicate /v. 'kɑmpləˌket adj. 'kɑmpləkɪt/ v.使复杂
　　adj.组成的；复杂的(重叠在一块)《com- = together》

```
com    + plic + ate
 |        |      |
together + fold + v.
```

complicated /'kɑmpləˌketɪd/ adj.复杂的；难以理解的

complication /ˌkɑmplə'keʃən/ n.复杂的状态；纷扰

complicity /kəm'plɪsətɪ/ n.共谋；共犯；串通

complex /adj. kəm'plɛks n. 'kɑmplɛks/ adj.复合的；错综的
　　n.复合物

complexion /kəm'plɛkʃən/ n.肤色；外观(复合的东西)

complexity /kəm'plɛksətɪ/ n.错综；复杂

explicate /'ɛksplɪˌket/ v.解说；说明(向外叠→开)《ex- = out》

explicable /'ɛksplɪkəbl̩/ adj.可说明的；可解释的

```
ex + plic + able
 |    |      |
out + fold + adj.
```

explication /ˌɛksplɪ'keʃən/ n.描述；说明

explicit /ɪk'splɪsɪt/ adj.明白的；明确的

exploit /n. 'ɛksplɔɪt v. ɪk'splɔɪt/ n.功绩；伟业
　　v.开发；剥削；利用(公诸于众人之前的行为)

perplex /pɚ'plɛks/ v.使困窘；使混乱(完全卷入)
　　《per- = thoroughly》

perplexed /pɚˈplɛkst/ *adj*. 困惑的；混乱的

<pre>
    per   + plex + ed
     | | |
thoroughly + twist + adj.
</pre>

perplexity /pɚˈplɛksətɪ/ *n*. 困惑；混乱；复杂

supplicate /ˈsʌplɪˌket/ *v*. 恳求；祈祷（把身体向下弯曲）

　　《*sup-* = *sub-* = under》

suppliant /ˈsʌplɪənt/ *n*. 恳求者；请愿者　　*adj*. 恳求的；请愿的

deploy /dɪˈplɔɪ/ *v*. 部署；展开（将重叠的东西分散）

　　《*de-* = *dis-* = apart》

<pre>
  de   + ploy
   | |
apart + fold
</pre>

deployment /dɪˈplɔɪmənt/ *n*. 部署；展开

display /dɪˈsple/ *v*. 展示；陈列　　*n*. 陈列；展览《*dis-* = apart》

employ /ɪmˈplɔɪ/ *v*. 雇用；使用；使从事　　*n*. 雇用（卷入工作之中）

　　《*em-* = *in-* = in》

employee /ɪmˈplɔɪ·i, ˌɛmplɔɪˈi/ *n*. 受雇者；员工；职员

　　《*-ee* 表"被～的人"》

employer /ɪmˈplɔɪɚ/ *n*. 雇主；老板

employment /ɪmˈplɔɪmənt/ *n*. 雇用；职业；工作；使用

<pre>
em + ploy + ment
 | | |
in + fold   +   n.
</pre>

simple /ˈsɪmpl̩/ *adj*. 简单的；朴素的；单纯的（只有一层的）

　　《*sim-* = 拉丁文 *singuli* = one by one》

simpleton /ˈsɪmpl̩tən/ *n*. 愚人；蠢货

simplicity /sɪmˈplɪsətɪ/ *n*. 简单；朴素；单纯

simplify /ˈsɪmpl̩ˌfaɪ/ *v*. 使简单；使单纯

　　《*-fy* = make》

duple /ˈdjupl̩/ *adj*. 加倍的；双重的；二拍子的（重复两次）

　　《*du-* = two》

duplex /ˈdjuplɛks, ˈdu-/ *adj*. 双重的；二倍的

```
┌─────────────────┐
│   du  +  plex   │
│   |      |      │
│   two +  fold   │
└─────────────────┘
```

duplicate /*v*. 'djuplə͵ket *adj*. ,*n*. 'djupləkɪt/ *v*.复制；加倍；重复
　　adj.副的；双重的　　*n*.副本；复制物

duplicator /'djuplə͵ketɚ/ *n*.复写器；复本制作人

duplicity /dju'plɪsətɪ/ *n*.口是心非；言行不一

diploma /dɪ'plomə/ *n*.文凭；毕业证书　　*v*.给予学位证书
　（折成二层的纸）《*di-* = double》

diplomatic /͵dɪplə'mætɪk/ *adj*.外交的；有外交手腕的

diplomacy /dɪ'ploməsɪ/ *n*.外交手腕；权谋

diplomatist /dɪ'plomətɪst/ *n*.外交家（= *diplomat*）

triple /'trɪpḷ/ *adj*.三倍的；三重的　　*v*.使成三倍（重复三次的）
　《*tri-* = three》

triplicate /*v*. 'trɪplə͵ket *adj*. ,*n*. 'trɪpləkɪt/ *v*.使成三倍
　　adj.三倍的；三重的　　*n*.完全相同的三物之一

```
┌──────────────────────┐
│  tri + plic + ate    │
│   |     |      |      │
│ three + fold + v.     │
└──────────────────────┘
```

triplicity /trɪ'plɪsətɪ/ *n*.三倍；三重；三个一组

quadruple /'kwɑdrupḷ,kwɑd'rupḷ/ *v*.使成四倍　　*adj*.四重的；四倍的
　　n.四倍；四重（重复四次的）《*quadru-* = four》

quadruplicate /*v*. kwɑd'ruplɪ͵ket *adj*. ,*n*. kwɑd'ruplɪkɪt/ *v*.使成四倍；
　　四次反复　　*adj*.四倍的；四重的　　*n*.相同四份文件之一

multiple /'mʌltəpḷ/ *adj*.复合的；多重的　　*n*.倍数《*multi-* = many》

multiplex /'mʌltə͵plɛks/ *adj*.多样的；复合的

multiply /'mʌltə͵plaɪ/ *v*.增加；乘

```
┌──────────────────┐
│  multi + ply     │
│   |       |       │
│  many +  fold     │
└──────────────────┘
```

multiplicity /͵mʌltə'plɪsətɪ/ *n*.多样；重复

multiplication /͵mʌltəplə'keʃən/ *n*.增加；增殖；乘法

multiplicative /'mʌltəplɪ͵ketɪv/ *adj*.有增殖力的；乘法的

plait /plet/ *n*.发辫；褶　*v*.编成辫；折叠
pleach /plitʃ/ *v*.编结(树枝等)
pleat /plit/ *n*.(衣服上的)褶　*v*.将～打褶
plight /plaɪt/ *n*.情势；困境(叠起来)；誓约；婚约　*v*.宣誓；保证

287　polis = city

　　＊希腊文 *polis*(= *city*, *state*)。

acropolis /əˈkrapəlɪs/ *n*.卫城(古希腊城市的卫城，通常建在山丘上)
　　《*acro* = high》
cosmopolis /kazˈmapəlɪs/ *n*.国际都市(具有世界重要性的都市)
　　《*cosmo* = world》
cosmopolitan /ˌkazməˈpalətṇ/ *adj*.四海为家的；世界主义的；
　　世界性的　*n*.四海为家的人；世界主义者《*polit* = *polis* = city》

cosmo	+ polit +	an
universe +	*city* +	*adj*., *n*.

megalopolis /ˌmɛgəˈlapəlɪs/ *n*.大都会区(大都市)
　　《*megalo* = great》
megalopolitan /ˌmɛgəloˈpalətṇ/ *adj*.，*n*.大都会区的(居民)
metropolis /məˈtrapl̩ɪs/ *n*.首都；主要都市；中心都市(母亲都市)
　　《*metro* = mother》
metropolitan /ˌmɛtrəˈpalətṇ/ *adj*.，*n*.首都的(人)；大都市的(人)
necropolis /nɛˈkrapəlɪs, nɪ-/ *n*.大墓地(死者的都市)
　　《*necro* = death》

288　polit = state

　　＊希腊文 *polis*(= *city*, *state*)，*polites*(= *citizen*)。〔变化型〕*poli*。

polity /ˈpalətɪ/ *n*.政治形态；政体；国家
politic /ˈpaləˌtɪk/ *adj*.明智的；有智虑的；策略性的；政治的
political /pəˈlɪtɪkl̩/ *adj*.政治的；政治上的
politician /ˌpaləˈtɪʃən/ *n*.政治家；政客；从政者
politics /ˈpaləˌtɪks/ *n*.政治；政治学；政见；政策《*-ics* = science》

$$\boxed{\begin{array}{c} \text{polit} + \text{ics} \\ | \qquad | \\ city + science \end{array}}$$

police /pə'lɪs/ *n*.警察；警方；治安队（维持国家治安的人）
policy /'pɑləsɪ/ *n*.政策；方针；策略；明智
impolitic /ɪm'pɑlə͵tɪk/ *adj*.不智的；失策的《*im-* = *in-* = not》

289 pon = put

* 拉丁文 *ponere*(= *put*, *lay*)。〔变化型〕*pound*。

component /kəm'ponənt/ *adj*.组成的   *n*.成分（被放置在一起）
《*com-* = together》
compound /*n*. ,*adj*. 'kɑmpaʊnd *v*. kɑm'paʊnd/ *v*.调和；调解；妥协
adj.合成的；复合的   *n*.复合字；混合物；化合物（放在一起）
exponent /ɪk'sponənt/ *adj*.说明的   *n*.解说者；代表物
（置于其外→显示）《*ex-* = out》

$$\boxed{\begin{array}{c} \text{ex} + \text{pon} + \text{ent} \\ | \qquad | \qquad | \\ out + put + adj., n. \end{array}}$$

expound /ɪk'spaʊnd/ *v*.解释；详细说明
opponent /ə'ponənt/ *adj*.对立的   *n*.对手；敌手（置身于反对的立场）
《*op-* = *ob-* = against》
postpone /post'pon/ *v*.延搁（置于其后）《*post-* = after》

$$\boxed{\begin{array}{c} \text{post} + \text{pone} \\ | \qquad | \\ after + put \end{array}}$$

postponement /post'ponmənt/ *n*.延搁；拖延；延期
proponent /prə'ponənt/ *n*.提议者；拥护者；支持者（提出来的人）
《*pro-* = forward》

290 popul = people

* 拉丁文 *populus*(= *people*)。〔变化型〕*publ*。

populace /'pɑpjələs,-ləs/ *n*.大众；民众

popular /ˈpɑpjələ/ *adj*.民众的；受欢迎的

popularity /ˌpɑpjəˈlærətɪ/ *n*.声望；流行

```
popul  +  ar  + ity
  |         |      |
people  +  adj. + n.
```

popularize /ˈpɑpjələˌraɪz/ *v*.使大众化；使普及

populate /ˈpɑpjəˌlet/ *v*.居住于；殖民于

population /ˌpɑpjəˈleʃən/ *n*.人口；人口数

populous /ˈpɑpjələs/ *adj*.人口稠密的

```
popul  +  ous
  |        |
people  +  adj.
```

public /ˈpʌblɪk/ *adj*.公众的；公共的   *n*.大众

publicity /pʌbˈlɪsətɪ/ *n*.出风头；公开；广告

publicize /ˈpʌblɪˌsaɪz/ *v*.发表；宣扬

publish /ˈpʌblɪʃ/ *v*.公开；出版

publication /ˌpʌblɪˈkeʃən/ *n*.发表；出版（物）

depopulate /diˈpɑpjəˌlet/ *v*.使人口减少（人离去）《*de-* = away》

```
de  +  popul  +  ate
 |        |        |
away  + people  +  v.
```

depopulation /ˌdipɑpjəˈleʃən/ *n*.人口减少

overpopulated /ˌovɚˈpɑpjəˌletɪd/ *adj*.人口过多的（人口太多）
　《*over-* = too much》

overpopulation /ˈovɚˌpɑpjəˈleʃən/ *n*.人口过多

republic /rɪˈpʌblɪk/ *n*.共和国（人民的东西）
　《*re* = 拉丁文 *res* = thing》

republican /rɪˈpʌblɪkən/ *adj*.共和国的；共和政体的；(r-) 共和党的
　n.共和主义者；(r-) 共和党员

```
re  +  publ  +  ic  +  an
 |       |       |      |
thing + people + adj. + person
```

republish /riˈpʌblɪʃ/ *v*.再颁布；再版《*re-* = again》

republication /ˌripʌblɪˈkeʃən/ *n*.再版；再发表
underpopulated /ˈʌndɚˈpɑpjəˌletɪd/ *adj*.人口稀少的（人口不足）
　《*under-* = insufficient》

291　port¹ = carry

　　* 拉丁文 *portare*（= *carry* 运送）。

port /port, pɔrt/ *n*.举止；态度；姿势（表现在身体上的动作）
portable /ˈportəbl̩, ˈpɔr-/ *adj*.可携带的　　*n*.可手提之物
portage /ˈportɪdʒ, ˈpɔr-/ *n*.搬运；（两水路间的）陆运

```
port  +  age
 |        |
carry  +  n.
```

porter /ˈportɚ, ˈpɔr-/ *n*.脚夫；挑夫；侍者
portfolio /portˈfolɪo/ *n*.纸夹；公事包（搬运纸的东西）
　《*folio* 对折纸；对开纸》
portly /ˈportlɪ, ˈpɔrt-/ *adj*.肥胖的；庄严的（身体的搬运）
comport /kəmˈport, -ˈpɔrt/ *v*.举止；相称（搬动身体）
　《*com-* = with》
comportment /kəmˈportmənt, -ˈpɔrt-/ *n*.举动；态度

```
com  +  port  +  ment
 |       |        |
with  +  carry  +  n.
```

deport /dɪˈport, -ˈpɔrt/ *v*.举止；放逐（搬走）《*de-* = down, away》
deportee /ˌdiporˈti, -pɔr-/ *n*.被放逐者《*-ee* 表"被～的人"》
deportation /ˌdiporˈteʃən, -pɔr-/ *n*.充军；放逐
deportment /dɪˈportmənt, -ˈpɔrt-/ *n*.风度；态度
disport /dɪˈsport, -ˈspɔrt/ *v*.嬉戏；展示　*n*.娱乐；嬉戏
　（将自己运离工作）《*dis-* = apart》

```
dis  +  port
 |       |
apart  +  carry
```

export /*v*. ɪksˈport, ˈɛksport *n*. ˈɛksport/ *v*.输出；外销　*n*.输出品
　（搬出去）《*ex-* = out》

exporter /ɪkˈsportɚ/ *n*.出口商；输出业者

import /*v*. ɪmˈport,-ˈport *n*. ˈmport,-port/ *v*.输入；意含

    n.输入品；涵义；重要性（搬进来）《*im-* = in》

important /ɪmˈportn̩t/ *adj*.重要的（含有意义的）

> im ＋ port ＋ ant
> |　　　|　　　|
> *in* ＋ *carry* ＋ *adj.*

importance /ɪmˈportn̩s/ *n*.重要；重要性

importation /ˌɪmporˈteʃən,-pɚ-/ *n*.输入品；进口

importer /ɪmˈportɚ/ *n*.进口商；输入业者

purport /*n*. ˈpɚˌport *v*. pɚˈport,ˈpɚport/ *n*.主旨；意义

    v.意指；声称（搬到前方）《*pur-* = *pro-* = forward》

report /rɪˈport/ *v*.报告；报道；控告　 n.报告；传闻

    《*re-* = back》

reportage /rɪˈportɪdʒ,-ˈpor-/ *n*.报道的文章；报告文学

> re ＋ port ＋ age
> |　　　|　　　|
> *back* ＋ *carry* ＋ *n.*

sport /sport,sport/ = disport 的缩写　 *n*.游戏；玩笑；运动会

    adj.运动的　 *v*.游戏

sportive /ˈsportɪv/ *adj*.喜欢玩的；开玩笑的；愉快的

sporty /ˈsportɪ,ˈspor-/ *adj*.像运动员的；华丽的；轻浮的

support /səˈport,-ˈport/ *v*.支持；赡养　 *n*.支持；赡养

    （搬上去→拿上去）《*sup-* = *sub-* = up》

supportable /səˈportəbl̩,-ˈport-/ *adj*.可支持的；可扶养的

> sup ＋ port ＋ able
> |　　　|　　　|
> *up* ＋ *carry* ＋ *adj.*

supporter /səˈportɚ,-ˈpor-/ *n*.支持者；赞助者

transport /*v*. trænsˈport,-ˈport *n*. ˈtrænsport,-port/ *v*.运送；放逐

    n.输送（搬到对面）　《*trans-* = across》

transportation /ˌtrænspɚˈteʃən/ *n*.运输；运输工具；放逐

292　port² = gate

* 拉丁文 *porta*（= *gate*）。

port /port, pɔrt/ *n*.（城墙的）门；港口；炮门；城门（进入船内的门）

portal /ˈportl̩, ˈpɔr-/ *n*.正门；入口

portcullis /portˈkʌlɪs, pɔr-/ *n*.古代城堡可升降的铁闸门

porter /ˈportɚ, ˈpɔr-/ *n*.门房；看门人

portico /ˈportɪˌko, ˈpɔr-/ *n*.门廊；柱廊

porch /portʃ, pɔrtʃ/ *n*.门廊；走廊

importune /ˌɪmpɚˈtjun, -ˈtun, ɪmˈpɔrtʃən/ *v*.一再地要求；不断地请求
　　（不能进港→强要进港）《*im-* = *in-* = not》

importunate /ɪmˈpɔrtʃənɪt/ *adj*.烦人的；纠缠不休的
　　《*-ate* 形容词字尾》

$$\begin{array}{ccc} im & + \ portun & + \ ate \\ | & | & | \\ not & + \ port & + \ adj. \end{array}$$

importunity /ˌɪmpɚˈtjunətɪ/ *n*.纠缠不休；强求

opportune /ˌɑpɚˈtjun/ *adj*.合宜的；及时的（靠近港口的）
　　《*op-* = *ob-* = near》

opportunism /ˌɑpɚˈtjunɪzəm/ *n*.机会主义

opportunist /ˌɑpɚˈtjunɪst/ *n*.机会主义者；投机者

opportunity /ˌɑpɚˈtjunətɪ/ *n*.机会；时机

passport /ˈpæsˌport, -ˌpɔrt/ *n*.护照；手段（通过港口时必要的东西）

293　pos = place；put

* 法文 *poser*（= *place*, *set*, *put*）；拉丁文 *ponere*（= *place*, *put*），过去分词为
　positus。*pausare*（= *pause*），由"停止"演变成"使休息"。

pose /poz/ *n*.姿势；态度　　*v*.作姿态；假装（放置的状态）

posit /ˈpɑzɪt/ *v*.放置；假定

position /pəˈzɪʃən/ *n*.位置；姿势；职位　　*v*.安放；放置

positive /ˈpɑzətɪv/ *adj*.确实的；积极的；阳性的　　*n*.实在；正数；
　阳极（订下的位置）

post¹ /post/ *n*.职位；岗位　　*v*.安置；驻扎（被订下的位置）

post² /post/ *n*.邮政；邮件　*v*.邮寄

postage /'postɪdʒ/ *n*.邮费；邮资《*-age* 抽象名词字尾》

postal /'postl̩/ *adj*.邮政的；邮局的

posture /'pastʃɚ/ *n*.姿势；心境　*v*.摆～姿势；装作～的样子
（放置身体的方法）

```
post + ure
 |     |
put  + n.
```

apposite /'æpəzɪt/ *adj*.适当的；适切的（正适合放置的）
《*ap-* = *ad-* = to》

apposition /ˌæpə'zɪʃən/ *n*.并置；同位格

```
ap + posit + ion
 |     |      |
to  + put  + n.
```

compose /kəm'poz/ *v*.构成；作曲；写作；排(字)（放在一起）
《*com-* = together》

composedly /kəm'pozɪdlɪ/ *adv*.镇静地；泰然自若地

composer /kəm'pozɚ/ *n*.作曲家；作曲者

composite /kəm'pazɪt/ *adj*.混合成的　*n*.合成物

compositor /kəm'pazɪtɚ/ *n*.排字工人

composition /ˌkampə'zɪʃən/ *n*.组成；作文；作曲；混合物；布局

compost /'kampost/ *n*.混合肥料；混合物

composure /kəm'poʒɚ/ *n*.冷静；沉着；镇定

```
com    + pos + ure
 |        |     |
together + put + n.
```

decompose /ˌdikəm'poz/ *v*.(使)分解；(使)腐败（使组成好的分开）
《*de-* = *dis-* = apart》

depose /dɪ'poz/ *v*.免职；【法律】作证（从位置上离去）
《*de-* = *dis-* = from，away》

deposit /dɪ'pazɪt/ *n*.沉淀物；存款；押金　*v*.放下；沉淀；存(钱)
（被置于下方的东西）《*de-* = down》

deposition /ˌdɛpə'zɪʃən/ *n*.免职；【法律】宣誓证言；沉淀(物)

depositor /dɪˈpɑzɪtɚ/ *n*.存款者；沉淀器

depository /dɪˈpɑzəˌtorɪ, -ˌtɔrɪ/ *n*.仓库；受托者
《*-ory* 表场所的名词字尾》

discompose /ˌdɪskəmˈpoz/ *v*.使不安；使慌乱《*dis-* = apart》

discomposure /ˌdɪskəmˈpoʒɚ/ *n*.不安；慌乱

dispose /dɪˈspoz/ *v*.陈列；布置（个别分开放置）《*dis-* = apart》

<pre>
dis   + pose
 | |
apart + put
</pre>

disposable /dɪˈspozəbḷ/ *adj*.用完即丢的；可任意处置的

disposal /dɪˈspozḷ/ *n*.处置；支配使用；厨余处理机

【解说】Disposal 是美国厨房很普通的小家电，安装在厨房的水槽（sink）里，只要一按开关，内部的刀片便会高速旋转，将菜梗、小骨头全部绞碎，然后排入下水道。

disposition /ˌdɪspəˈzɪʃən/ *n*.布置；排列；配置；意向；性情

expose /ɪkˈspoz/ *v*.暴露；展览；遗弃（置于外部）《*ex-* = out》

exposure /ɪkˈspoʒɚ/ *n*.暴露；揭露；遗弃

<pre>
ex + pos + ure
 | | |
out + put + n.
</pre>

exposition /ˌɛkspəˈzɪʃən/ *n*.博览会；说明（安置于外以明白表示）

expositor /ɪkˈspɑzɪtɚ/ *n*.解释者；注解者

impose /ɪmˈpoz/ *v*.课税；强使；加（负担、惩罚）于（置于～之上）
《*im-* = *in-* = on》

imposing /ɪmˈpozɪŋ/ *adj*.堂皇的；威风的；宏伟的

<pre>
im + pos + ing
 | | |
on + put + adj.
</pre>

imposition /ˌɪmpəˈzɪʃən/ *n*.征税；负担；欺骗

impostor /ɪmˈpɑstɚ/ *n*.骗子；冒名顶替者

imposture /ɪmˈpɑstʃɚ/ *n*.欺骗；诈欺；诈欺行为

indispose /ˌɪndɪˈspoz/ *v*.使不适当；使身体不适；使厌恶
（不在适当位置）《*in-* = not；*dis-* = apart》

indisposition /ˌɪndɪspə'zɪʃən/ *n*.不舒服；小病；不愿意；嫌恶

interpose /ˌɪntə'poz/ *v*.插入；提出；调停；干涉（置于其间）

 《*inter-* = between》

juxtapose /ˌdʒʌkstə'poz/ *v*.并排；并列；并置（放在旁边）

 《*juxta* = beside》

oppose /ə'poz/ *v*.反对；相反；以～对抗（处于相反的）

 《*op-* = *ob-* = against》

$$
\begin{array}{c}
\text{op} \quad + \quad \text{pose} \\
| \qquad\qquad | \\
against \;+\; put
\end{array}
$$

opposite /'ɑpəzɪt/ *adj*.相对的；反对的　*n*.相反的人或物

 adv.在对面地　*prep*.在～对面

opposition /ˌɑpə'zɪʃən/ *n*.反对；对立；反对党

predispose/ˌpridɪs'poz/ *v*.使倾向；使偏爱；使易患（事先安置）

 《*pre-* = before》

predisposition /ˌpridɪspə'zɪʃən/ *n*.倾向；偏好；体质

preposition /ˌprɛpə'zɪʃən/ *n*.介系词；介词（放在名词前面）

$$
\begin{array}{c}
\text{pre} \;+\; \text{pos} \;+\; \text{ition} \\
| \qquad\quad | \qquad\quad | \\
before \;+\; put \;+\; n.
\end{array}
$$

prepositional /ˌprɛpə'zɪʃənḷ/ *adj*.介系词的；介词的

prepositive /prɪ'pɑzətɪv/ *adj*.【文法】前置的

propose /prə'poz/ *v*.提议；计划（放在前面）《*pro-* = before》

proposal /prə'pozḷ/ *n*.提议；计划

$$
\begin{array}{c}
\text{pro} \;+\; \text{pos} \;+\; \text{al} \\
| \qquad\quad | \qquad\quad | \\
before \;+\; put \;+\; n.
\end{array}
$$

proposition /ˌprɑpə'zɪʃən/ *n*.提议；命题；定理

purpose /'pɝpəs/ *n*.目的；意图；决心　*v*.意图；打算

 （置于前端的醒目物品）《*pur-* = *pro-* = before》

repose[1] /rɪ'poz/ *v*.休息；安眠　*n*.休息；安静《*re-* = again》

repose[2] /rɪ'poz/ *v*.置；放

reposal /rɪ'pozḷ, -zəl/ *n*.安卧；信赖

reposeful /rɪˈpozfḷ/ *adj*.休息的；平静的；沉着的

$$\boxed{\begin{array}{ccccc} re & + & pose & + & ful \\ | & & | & & | \\ again & + & put & + & adj. \end{array}}$$

reposit /rɪˈpɑzɪt/ *v*.贮藏；保存（放回来）《*re-* = back》

reposition /ˌripəˈzɪʃən/ *v*.重新部署（军队等）

repository /rɪˈpɑzəˌtorɪ,-ˌtɔrɪ/ *n*.贮藏器（所）；容器；宝库；灵骨塔；
　　埋葬地（放置地点）《*-ory* 表场所的名词字尾》

superimpose /ˌsupərɪmˈpoz/ *v*.置于～上；重叠；添加（放在上面）
　　《*super-* = above；*im-* = *in-* = on》

$$\boxed{\begin{array}{ccccc} super & + & im & + & pose \\ | & & | & & | \\ above & + & on & + & put \end{array}}$$

superpose /ˌsupɚˈpoz,ˌsju-/ *v*.置于～上；重叠

superposition /ˌsupɚpəˈzɪʃən,ˌsju-/ *n*.重合

suppose /səˈpoz/ *v*.想像；假定（置于其下）《*sup-* = *sub-* = under》

supposedly /səˈpozɪdlɪ/ *adv*.想像上；或许；恐怕

supposition /ˌsʌpəˈzɪʃən/ *n*.假定；推测

presuppose /ˌprisəˈpoz/ *v*.预先假定；以～为前提；成为必要
　　（事先假定）《*pre-* = before》

$$\boxed{\begin{array}{ccccc} pre & + & sup & + & pose \\ | & & | & & | \\ before & + & under & + & put \end{array}}$$

presupposition /ˌprisʌpəˈzɪʃən/ *n*.假定；推测；前提；先决条件

transpose /trænsˈpoz/ *v*.改换～之位置或顺序《*trans-* = across》

transposition /ˌtrænspəˈzɪʃən/ *n*.转换；调换

pause /pɔz/ *n*.休止（符）；踌躇；断句　　*v*.中止；踌躇

294　potent = powerful

　　＊拉丁文 *potentia*（= power），*potens*（= powerful）。

potent /ˈpotn̩t/ *adj*.强而有力的；有效的

potence；-cy /ˈpotn̩s(ɪ)/ *n*.潜力；效能；势力

potentate /ˈpotn̩ˌtet/ *n*.有权势者；君主；统治者《*-ate* 表"人"》

potential /pəˈtɛnʃəl/ *adj*.可能的；潜在的　*n*.可能性；潜力

potentiality /pəˌtɛnʃɪˈælətɪ/ *n*.可能性；潜力

potentialize /pəˈtɛnʃəlˌaɪz/ *v*.使有潜力

potentiate /pəˈtɛnʃɪˌet/ *v*.赋予力量；强化《*-iate* = make》

```
potent  +  iate
  |          |
powerful + make
```

impotent /ˈɪmpətn̩t/ *adj*.无力的；虚弱的；阳痿的

　n.虚弱者；衰老者；不能行房者《*im-* = not》

impotence；-cy /ˈɪmpətəns(ɪ)/ *n*.无力；虚弱；阳痿

omnipotent /ɑmˈnɪpətənt/ *adj*.全能的（具备所有的力量）

　《*omni-* = all》

```
omni +  potent
  |        |
 all  + powerful
```

omnipotence /ɑmˈnɪpətəns/ *n*.全能

prepotent /prɪˈpotn̩t/ *adj*.非常优势的；优生的（比别人先有力）

　《*pre-* = before》

295　**prec** = pray

　　＊拉丁文 *prec*，*prex*（= pray）。

precarious /prɪˈkɛrɪəs/ *adj*.不可靠的；不安定的；危险的；

　不稳定的（必须祈祷的）

precariousness /prɪˈkɛrɪəsnɪs/ *n*.不安定；危险

precatory /ˈprɛkəˌtorɪ,-ˌtɔrɪ/ *adj*.恳求的；请求的

deprecate /ˈdɛprəˌket/ *v*.驳斥；反对；轻视（祈祷能去除）

　《*de-* = *dis-* = away》

deprecation /ˌdɛprəˈkeʃən/ *n*.反对；不赞成

deprecative /ˈdɛprəˌketɪv/ *adj*.反对的；不赞成的；辩解的

```
de  + prec + ative
  |     |       |
away + pray + adj.
```

deprecatory /ˈdɛprəkəˌtɔrɪ/ *adj*.反对的；不赞成的；辩解的

imprecate /ˈɪmprɪˌket/ *v*.祈求（降祸）；诅咒（祈祷灾祸降临）
　《*im-* = *in-* = into》

imprecation /ˌɪmprɪˈkeʃən/ *n*.祈求（降祸）；诅咒；咒语

imprecatory /ˈɪmprɪkəˌtorɪ,-ˌtorɪ/ *adj*.诅咒的

296　**preci** = price

*　拉丁文 *pretium*（= price）。

precious /ˈprɛʃəs/ *adj*.贵重的；宝贵的；过分讲究的；非常的

preciosity /ˌprɛʃɪˈɑsɪtɪ,ˌprɛsɪ-/ *n*.过分讲究；挑剔

preciousness /ˈprɛʃəsnɪs/ *n*.贵重；宝贵

appreciate /əˈpriʃɪˌet/ *v*.重视；赏识；欣赏；感激；了解；
　升值（对～有好评价）《*ap-* = *ad-* = to》

appreciable /əˈpriʃɪəbl̩/ *adj*.可看见的；可感知的；可察觉到的

appreciably /əˈpriʃɪəblɪ/ *adv*.可感知地；有几分可辨地

appreciation /əˌpriʃɪeʃən/ *n*.重视；鉴赏（力）；评价；感激；升值

$$
\begin{array}{ccccc}
ap & + & preci & + & at(e) & + & ion \\
| & & | & & | & & | \\
to & + & price & + & v. & + & n.
\end{array}
$$

appreciative /əˈpriʃɪˌetɪv/ *adj*.有鉴赏力的；感激的

appreciator /əˈpriʃɪˌetɚ/ *n*.鉴赏者；赏识者

depreciate /dɪˈpriʃɪˌet/ *v*.减价；贬值；轻视（降低～的价值）
　《*de-* = down》

depreciation /dɪˌpriʃɪˈeʃən/ *n*.跌价；贬值；轻视

depreciatory /dɪˈpriʃɪˈəˌtɔrɪ,-ˌtorɪ/ *adj*.贬值的；轻视的

$$
\begin{array}{ccccc}
de & + & preci & + & at(e) & + & ory \\
| & & | & & | & & | \\
down & + & price & + & v. & + & adj.
\end{array}
$$

praise /prez/ *v*.,*n*.称赞；赞美；赞颂（有价值）
　《*prais* = *preci* = price》

appraise /əˈprez/ *v*.估价；鉴定；评估（对～定价值）
　《*ap-* = *ad-* = to》

appraisal /əˈprezl̩/ *n*.估价；鉴定《*-al* 名词字尾》

297　**preda** = prey；plunder

* 拉丁文 *praeda*（ = prey, plunder 掠夺）。

predacious /prɪˈdeʃəs/ *adj*.捕食性的；食肉的
predator /ˈprɛdətɚ/ *n*.掠夺者；捕食动物；肉食动物
predatory /ˈprɛdəˌtorɪ,-ˌtɔrɪ/ *adj*.掠夺的；捕食性的；肉食的

```
preda  +  tory
  |         |
plunder  +  adj.
```

prey /pre/ *n*.掠食；牺牲者　　*v*.捕食；掠夺(捕获物)
depredate /ˈdɛprɪˌdet/ *v*.劫掠；蹂躏；掠夺《*de-* = down》
depredation /ˌdɛprɪˈdeʃən/ *n*.掠夺(的行为)；劫掠；破坏的痕迹

298　**press** = press

* 拉丁文 *pressare*（ = press）。

press/prɛs/ *v*.压；压平；逼迫；坚持　　*n*.紧急；印刷；群众；新闻界
pressing /ˈprɛsɪŋ/ *adj*.急迫的；强求的
pressure /ˈprɛʃɚ/ *n*.压力；困厄；急迫
compress /kəmˈprɛs/ *v*.压缩；镇压(压在一起)《*com-* = together》
compressed /kəmˈprɛst/ *adj*.压缩的；压紧的
compressible /kəmˈprɛsəbl̩/ *adj*.可压缩的
compression /kəmˈprɛʃən/ *n*.压缩；压榨

```
com  +  press  +  ion
 |        |        |
together + press +  n.
```

compressive /kəmˈprɛsɪv/ *adj*.有压缩力的；压榨的
compressor /kəmˈprɛsɚ/ *n*.压缩机
depress /dɪˈprɛs/ *v*.压下；使沮丧；使萧条(压往下方)
　　《*de-* = down》
depressant /dɪˈprɛsn̩t/ *adj*.有镇静作用的　　*n*.镇静剂

```
de  +  press  +  ant
 |       |        |
down + press +  adj., n.
```

depressed /dɪ'prɛst/ *adj*.沮丧的；受压制的；不景气的

depressing /dɪ'prɛsɪŋ/ *adj*.沉闷的；令人沮丧的

depression /dɪ'prɛʃən/ *n*.降低；沮丧；不景气；低气压

express /ɪk'sprɛs/ *v*.表达；挤出；快递　*adj*.确定的；特别的；快速的
（压挤出来）《*ex-* = out》

expressage /ɛks'prɛsɪdʒ,ɪks-/ *n*.快递；快递业

expression /ɪk'sprɛʃən/ *n*.表现；表情；措辞

expressionism /ɪk'sprɛʃənˌɪzəm/ *n*.表现主义；表现派
《*-ism* = 主义；学说》

expressionist /ɪk'sprɛʃənɪst/ *n*.表现派艺术家　*adj*.表现派的

expressive /ɪk'sprɛsɪv/ *adj*.表现的；意味深长的

```
ex  + press + ive
 |      |      |
out + press + adj.
```

expressly /ɪk'sprɛslɪ/ *adv*.明白地；显然地；专诚地

impress /*v*. ɪm'prɛs *n*. 'ɪmprɛs/ *v*.使印象深刻；铭记；盖印
n.印象；盖印（押附于心上）《*im-* = *in-* = on》

impression /ɪm'prɛʃən/ *n*.印象；意念；盖印

impressionable /ɪm'prɛʃənəbl̩/ *adj*.易受感动的；易受影响的

```
im + press + ion + able
 |     |      |      |
on + press +  n. + adj.
```

impressionism /ɪm'prɛʃənˌɪzəm/ *n*.印象主义；印象派

impressionist /ɪm'prɛʃənɪst/ *n*.印象主义者；印象派艺术家

impressive /ɪm'prɛsɪv/ *adj*.感人的；给人深刻印象的

oppress /ə'prɛs/ *v*.压迫；压抑（对～施加压力）
《*op-* = *ob-* = against》

```
op   + press
 |      |
against + press
```

oppression /ə'prɛʃən/ *n*.压迫；郁闷

oppressive /ə'prɛsɪv/ *adj*.压迫的；抑郁的

oppressor /ə'prɛsɚ/ *n*.压迫者；暴虐者

repress /rɪ'prɛs/ *v*.镇压；抑制(压迫回来)《*re-* = back》

repression /rɪ'prɛʃən/ *n*.镇压；抑制

repressible /rɪ'prɛsəbl̩/ *adj*.可镇压的；可抑制的

repressive /rɪ'prɛsɪv/ *adj*.抑制的；镇压的

repressor /rɪ'prɛsɚ/ *n*.抑压者；镇压者

suppress /sə'prɛs/ *v*.镇压；抑制；隐瞒；禁止出版(压往下方)

《*sup- = sub-* = under》

suppressible /sə'prɛsəbl̩/ *adj*.可镇压的；可抑制的；

可隐瞒的；可禁止的

<pre>
sup + press + ible
 | | |
under + press + adj.
</pre>

suppression /sə'prɛʃən/ *n*.镇压；抑制；禁止出版

suppressor /sə'prɛsɚ/ *n*.镇压者；抑制者；隐蔽者；禁止者

299　prim = first

　　＊拉丁文 *primus* (= *first*)。〔变化型〕*prin*, *prem*。

prime /praɪm/ *adj*.首要的；第一的；最初的　*n*.最初部分；初期；

全盛期；春天　*v*.上火药；倒水于抽水机中；涂底漆；使起动

primer /'prɪmɚ/ *n*.初级读本　/'praɪmɚ/ *n*.导火线；装火药者

prim(a)eval /praɪ'mivl̩/ *adj*.原始时代的；太古的(最早的时期)

《(*a*) *ev* = age》

primitive /'prɪmətɪv/ *adj*.原始的；创始的　*n*.原始人

primitivism /'prɪmətɪvɪzəm/ *n*.原始社会崇拜主义；原始方法；

原始作风

primogenitor /ˌpraɪmə'dʒɛnətɚ/ *n*.祖先；始祖

《*genitor* = 生产的人→双亲》

<pre>
primo + genitor
  | |
first + parents
</pre>

primogeniture /ˌpraɪmə'dʒɛnətʃɚ/ *n*.长子的身份；长子继承制

(最先出生的)

primordial /praɪˈmɔrdɪəl/ *adj*.原始的；最初的；根本的（最先开始的）
《*ordial* = 拉丁文 *ordiri* = begin》

primordium /praɪˈmɔrdɪəm/ *n*.原始细胞《*-um* 名词字尾》

prim +	ordi +	um
first +	begin +	n.

primrose /ˈprɪmˌroz/ *n*.樱草；淡黄色　*adj*.樱草的；淡黄色的；
欢乐的（最早的蔷薇→早春开放的花）

primus /ˈpraɪməs/ *adj*.第一的；首位的；最年长的

primacy /ˈpraɪməsɪ/ *n*.首位；首要

prima donna /ˈpriməˈdɑnə/ *n*.歌剧中第一女主角；首席女歌星
《意大利文 *donna* = lady》

primal /ˈpraɪml̩/ *adj*.最初的；主要的；原始的

primary /ˈpraɪˌmɛrɪ, -mərɪ/ *adj*.第一的；初级的；根本的
n.原色；初选

primarily /ˈpraɪˌmɛrəlɪ/ *adv*.主要地；首要地；首先地

primate /ˈpraɪmet/ *n*.主教；总主教；灵长类；领袖；
阶级或地位最高者《*-ate* 表示人的名词字尾》

prince /prɪns/ *n*.王子；诸侯（坐于首席者）《*-ce* = take》

principal /ˈprɪnsəpl̩/ *adj*.重要的；首要的　*n*.首长；主犯；资本；校长

prin +	cip +	al
first +	take +	adj., n.

principle /ˈprɪnsəpl̩/ *n*.原则；主义（第一的东西）

premier /*adj*. ˈprimɪɚ *n*. prɪˈmɪr/ *adj*.首要的　*n*.首相；国务总理

300　pris = seize

＊拉丁文 *prendere*, *prehendere*（= *take*, *seize*）。*prendere* 是 *prehendere* 的简型。
〔变化型〕*prehend*。

prison /ˈprɪzn̩/ *n*.监狱；监禁　*v*.囚禁（安置所捉犯人的地方）

prisoner /ˈprɪznɚ, ˈprɪznɚ/ *n*.囚犯；俘虏

imprison /ɪmˈprɪzn̩/ *v*.下狱；收押；禁锢（进入牢狱之中）《*im-* = in》

imprisonment /ɪmˈprɪznmənt/ *n*.监禁；下狱；禁锢

apprise /əˈpraɪz/ *v*.报告；通知（取消息给～）《*ap-* = *ad-* = to》

comprise；**-prize** /kəmˈpraɪz/ *v*.包括；由～构成（一起收入）

　《*com-* = together》

enterprise /ˈɛntɚˌpraɪz/ *n*.企业；进取心（把事业掌握在手中）

　《*enter-* = among》

enterprising /ˈɛntɚˌpraɪzɪŋ/ *adj*.有进取心的

```
enter  +  pris  +  ing
  |         |        |
among  +  seize  +  adj.
```

reprisal /rɪˈpraɪzl̩/ *n*.报复；报复性劫掠（收回来）《*re-* = back》

surprise /səˈpraɪz/ *v*.使惊讶；突击　　*n*.惊讶；奇袭；意外之事

　（为捉～而攻于其上）《*sur-* = above，upon》

surprisingly /səˈpraɪzɪŋlɪ/ *adv*.令人惊讶地

prize /praɪz/ *n*.奖品；战利品（从敌方取得的物品，竞赛后取得之物）

　v.掳获（以下的意思是从 price"价格"而来的）　*adj*.值得给奖的

　v.珍视；估价

prehensile /prɪˈhɛnsl̩/ *adj*.适于抓握的；有理解力的（能抓住的）

　《*-ile* 形容词字尾》

```
prehens  +  ile
   |         |
 seize   +  adj.
```

prehension /prɪˈhɛnʃən/ *n*.捕捉；领会；理解

apprehend /ˌæprɪˈhɛnd/ *v*.逮捕；理解；忧惧（捕捉）

　《*ap-* = ad – = to》

apprehensible /ˌæprɪˈhɛnsəbl̩/ *adj*.可理解的

```
ap  +  prehens  +  ible
 |        |          |
to  +   seize   +  adj.
```

apprehension /ˌæprɪˈhɛnʃən/ *n*.逮捕；理解力；恐惧；忧虑

apprehensive /ˌæprɪˈhɛnsɪv/ *adj*.忧郁的；敏悟的；有知觉的

apprentice /əˈprɛntɪs/ *n*.学徒　*v*.使为学徒（捉来做徒弟）

apprenticeship /əˈprɛntɪsˌʃɪp/ *n*.学徒的身份；学徒的期限

《**-ship** 表性质、状态的抽象名词字尾》

comprehend /ˌkɑmprɪ'hɛnd/ v.了解；领悟；包含（捉住～）

《**com-** = with》

```
com  +  prehend
 |        |
with  +  seize
```

comprehensible /ˌkɑmprɪ'hɛnsəbl̩/ adj.能理解的

comprehension /ˌkɑmprɪ'hɛnʃən/ n.理解（力）；包括

comprehensive /ˌkɑmprɪ'hɛnsɪv/ adj.广博的；有理解力的

misapprehend /ˌmɪsæprɪ'hɛnd/ v.误解（错误理解）《**mis-** = wrong》

misapprehension /ˌmɪsæprɪ'hɛnʃən/ n.误解

reprehend /ˌrɛprɪ'hɛnd/ v.责难；申斥（逮捕带回）《**re-** = back》

```
re   +  prehend
 |        |
back  +  seize
```

reprehensible /ˌrɛprɪ'hɛnsəbl̩/ adj.应受谴责的；应受责难的

reprehension /ˌrɛprɪ'hɛnʃən/ n.非难；谴责

301 priv = private；deprive

* 拉丁文 **privus**（= private），**privare**（= deprive 使丧失），过去分词是 **privatus**。

private /'praɪvɪt/ adj.私人的；秘密的；私立的

privacy /'praɪvəsɪ/ n.隐居；独处；秘密；私事；隐私

privately /'praɪvɪtlɪ/ adv.私下地；不公开地

privation /praɪ'veʃən/ n.匮乏；穷困

privatism /'praɪvətɪzm̩/ n.个人主义；利己主义《**-ism** = 主义》

privative /'prɪvətɪv/ adj.缺乏的；剥夺的

privatize /'praɪvəˌtaɪz/ v.使民营化；使私有化

privilege /'prɪvl̩ɪdʒ/ n.特权；恩典；特殊利益（限于一个人的法律）

《**leg** = law》

```
privi  +  lege
  |        |
private  +  law
```

privileged /'prɪvl̩ɪdʒd/ adj.特权的；有特殊利益的

privy /ˈprɪvɪ/ *adj*.私下知情的；私有的；君主私有或私用的
　n.【法律】当事人；关系人
privily /ˈprɪvəlɪ/ *adv*.私下地；秘密地
privity /ˈprɪvətɪ/ *n*.参与秘密；暗中参与；默契
deprive /dɪˈpraɪv/ *v*.剥夺；使丧失（从～夺走）《*de-* = *dis-* = from》
deprived /dɪˈpraɪvd/ *adj*.被剥夺的；贫穷的；贫困的
deprivation /ˌdɛprɪˈveʃən/ *n*.剥夺；褫夺公权；损失

302　**proach** = near

　　＊拉丁文 *prope*(= near), *proximus*(= nearest)。〔变化型〕*proxim*。

approach /əˈprotʃ/ *v*.接近；近似　　*n*.接近；方法；步骤；通路
　（向～靠近）《*ap-* = *ad-* = to》
approachable /əˈprotʃəbḷ/ *adj*.可接近的；易亲近的

$$
\begin{array}{ccc}
\text{ap} + & \text{proach} + & \text{able} \\
| & | & | \\
\textit{to} + & \textit{near} + & \textit{adj}.
\end{array}
$$

approachability /əˌprotʃəˈbɪlətɪ/ *n*.可接近性；易接近；可亲
approximate /*adj*. əˈprɑksəmɪt *v*. əˈprɑksəˌmet/ *adj*.近似的；大概的
　v.接近（向～接近）《*ap-* = *ad-*(= to) + *proximate*(nearest)》

$$
\begin{array}{ccc}
\text{ap} + & \text{proxim} + & \text{ate} \\
| & | & | \\
\textit{to} + & \textit{nearest} + & \textit{adj}.
\end{array}
$$

approximately /əˈprɑksəmɪtlɪ/ *adv*.大概；近乎
proximal /ˈprɑksəmḷ/ *adj*.最近的；接近身体中心的
proximity /prɑkˈsɪmətɪ/ *n*.接近；近似
reproach /rɪˈprotʃ/ *v*.谴责；责备（再次接近）《*re-* = again》
reproachful /rɪˈprotʃfḷ/ *adj*.责备的；表示谴责的
reproaching /rɪˈprotʃɪŋ/ *adj*.责备的；谴责的

303　**prob** = test；try；examine

　　＊拉丁文 *probare*(= test , try , examine)。〔变化型〕*prov*。

prove /pruv/ *v*.试验；证明；表现

proof /pruf/ *n*.证明；证据；考验　*adj*.试验过的；防～的
　v.使(布)防水

probable /ˈprɑbəbl̩/ *adj*.可能的；或有的(可能证明的)

probably /ˈprɑbəblɪ/ *adv*.或许；大概

probability /ˌprɑbəˈbɪlətɪ/ *n*.可能性；机会；或然率(有可能的事)

probate /ˈprobet/ *n*.经认证的遗嘱　*v*.认证(遗嘱)

probation /proˈbeʃən/ *n*.试验；检定；缓刑(进行测试)

probationary /proˈbeʃənˌɛrɪ/ *adj*.试用的；试验的；试用期间的

```
prob  +  ation  +  ary
 |         |         |
test   +   n.   +   adj.
```

probationer /proˈbeʃənɚ/ *n*.练习生；试读生；被试用者；见习者

probative /ˈprobətɪv,ˈprɑb-/ *adj*.试验的；提供证据的

probe /prob/ *n*.探针；调查　*v*.探察；以探针探察(检查伤痛的工具)

probing /ˈprobɪŋ/ *adj*.试探的；探查的；深入的

probity /ˈprobətɪ,ˈprɑ-/ *n*.(经过试炼证明的)诚正；正直廉洁

approbate /ˈæprəˌbet/ *v*.通过；认可；核准；嘉许(向～试验后同意)
　《*ap-* = *ad-* = to》

approbation /ˌæprəˈbeʃən/ *n*.许可；认可；核准；嘉许

```
ap  +  prob  +  at(e)  +  ion
 |       |        |         |
to   +  test  +   v.   +    n.
```

approbative /ˈæproˌbetɪv/ *adj*.许可的；认可的；核准的；嘉许的

approbatory /əˈprobəˌtorɪ/ *adj*.许可的；认可的；核准的；嘉许的

approve /əˈpruv/ *v*.赞成；同意；核准；证明为《*ap-* = *ad-* = to》

approvable /əˈpruvəbl̩/ *adj*.可赞成的；可核准的

approval /əˈpruvl̩/ *n*.赞成；批准

disapprove /ˌdɪsəˈpruv/ *v*.不赞成；不准许；非难
　《*dis-* = not》

```
dis  +  ap  +  prove
 |       |       |
not  +  to  +   test
```

disapproval /ˌdɪsəˈpruvl̩/ *n*.不承认；不赞成

disprove /dɪsˈpruv/ *v*.反证；证明为伪（证明相反）
　《*dis-* = apart，away》

disproof /dɪsˈpruf/ *n*.反证；反驳

improve /ɪmˈpruv/ *v*.改良；改善；进步（可以产生好处的）
　《*prove* = benefit（利益）》

improvement /ɪmˈpruvmənt/ *n*.改良；改善；进步

reprobate /ˈrɛprəˌbet/ *v*.斥责；拒绝　　*adj*.堕落的；放荡的
　n.无赖汉；堕落者（再试看看然后加以拒绝）《*re-* = again》

```
re   + prob + ate
 |       |       |
again +  try  +  v.
```

reprobation /ˌrɛprəˈbeʃən/ *n*.指责；【神学】遗弃

reprove /rɪˈpruv/ *v*.谴责；责骂

reproof /rɪˈpruf/ *n*.谴责；斥责

reprieve /rɪˈpriv/ *v*.缓刑；暂时救出　　*n*.缓刑；暂时解脱

304　**proper** = proper；one's own

　　＊拉丁文 *proprius*（= proper 适当的，*one's own* 自己的）。〔变化型〕*propri*。

proper /ˈprɑpɚ/ *adj*.适当的；高尚的；特有的

property /ˈprɑpɚtɪ/ *n*.财产；所有物；所有权；性质；特性

propriety /prəˈpraɪətɪ/ *n*.适当；礼节；（*pl*.）行为规范

```
propri + ety
  |       |
proper +  n.
```

proprietary /prəˈpraɪəˌtɛrɪ/ *adj*.有财产的；所有权的；独占的；专卖的
　n.所有者；所有权

proprietor /prəˈpraɪətɚ/ *n*.所有者；经营者；房东

proprietorial /prəˌpraɪəˈtorɪəl/ *adj*.所有的；所有权的

proprietorship /prəˈpraɪətɚˌʃɪp/ *n*.所有权《*-ship* 抽象名词字尾》

appropriate /*adj*. əˈproprɪɪt *v*. əˈproprɪˌet/ *adj*.适合的；适当的；专属的
　（使适当）　*v*.擅用；据为己有；拨款《*ap-* = *ad-* = to》

$$to + proper + adj.$$

```
ap + propri + ate
 |      |       |
to + proper + adj.
```

appropriation /əˌpropriˈeʃən/ *n*.据为己有；擅用；拨款

appropriator /əˈpropriˌetɚ/ *n*.擅用者；占用者

expropriate /ɛksˈpropriˌet/ *v*.没收；征用(土地)(使失去所有权)
　　《*ex-* = out》

```
ex + propri + ate
 |      |       |
out + proper + v.
```

expropriation /ɛksˌpropriˈeʃən/ *n*.(土地)征用；征收

impropriety /ˌimprəˈpraiəti/ *n*.不适当；不正当的行为；错误的词句
　　《*im-* = *in-* = not》

```
im + propri + ety
 |      |       |
not + proper + n.
```

misappropriate /ˌmisəˈpropriˌet/ *v*.误用；侵占；盗用(不当地使用)
　　《*mis-* = wrong》

misappropriation /ˌmisəˌpropriˈeʃən/ *n*.私吞；霸占；滥用

305　psych = soul；mind(灵魂；心智)

　　＊希腊文 *psyche*(= *soul*)。〔变化型〕*psycho*。

psyche /ˈsaiki/ *n*.灵魂；精神

psychedelic /ˌsaikiˈdɛlik/ *adj*.使产生幻觉的

psychiatry /saiˈkaiətri/ *n*.精神病治疗法；精神病学
　　《*iatr* = healing；*-y* 名词字尾》

psychiatric /ˌsaikiˈætrik/ *adj*.精神病的；精神病治疗的
　　《*-ic* 形容词字尾》

psychiatrist /saiˈkaiətrist/ *n*.精神病医师；精神病学家
　　《*-ist* 表人的名词字尾》

```
psych + iatr + ist
  |       |      |
soul + healing + person
```

psychic /ˈsaɪkɪk/ *adj.* 灵魂的；精神上的；心灵的

psychics /ˈsaɪkɪks/ *n.* 心灵研究；心灵哲学；心理学
　《*-ics* = science》

psychoanalysis /ˌsaɪkoəˈnæləsɪs/ *n.* 心理分析；精神分析
　《*analysis* 分析》

psychoanalyze /ˌsaɪkoˈænəlˌaɪz/ *v.* 以心理分析法诊断与治疗

psycholinguistics /ˌsaɪkolɪŋˈgwɪstɪks/ *n.* 心理语言学
　《*linguistics* 语言学》

```
psycho + linguist + ics
  |         |        |
soul   +  tongue  +  n.
```

psychology /saɪˈkɑlədʒɪ/ *n.* 心理学《*logy* = study》

psychological /ˌsaɪkəˈlɑdʒɪkl̩/ *adj.* 心理上的；心理学的

psychologist /saɪˈkɑlədʒɪst/ *n.* 心理学家

psychologize /saɪˈkɑləˌdʒaɪz/ *v.* 研究心理学；从心理学上分析

psychoneurosis /ˌsaɪkonjuˈrosɪs/ *n.* 心理性神经病；精神神经症
　《*neurosis* 神经病》

psychopath /ˈsaɪkəˌpæθ/ *n.* 精神病患者《*path* = suffering》

psychopathy /saɪˈkɑpəθɪ/ *n.* 精神病

```
psycho +   path   + y
  |         |        |
soul   + suffering + n.
```

psychosis /saɪˈkosɪs/ *n.* 精神病；精神异常《*-sis* = condition》

psychosomatic /ˌsaɪkəsoˈmætɪk/ *adj.* 精神与身体的；身心关系的
　《*somat* = body》

psychotherapy /ˌsaɪkoˈθɛrəpɪ/ *n.* 心理疗法；精神疗法
　《*therapy* 治疗法》

psychotherapist /ˌsaɪkoˈθɛrəpɪst/ *n.* 精神治疗医师

306　pugn = fight

＊拉丁文 *pugnare*(= fight)。

pugnacious /pʌgˈneʃəs/ *adj.* 好斗的；爱吵架的
　《*-acious* 形容词字尾》

pugnacity /pʌgˈnæsətɪ/ n.好斗；爱吵架

impugn /ɪmˈpjun/ v.指责；非难；驳斥（使置于斗争中）

《*im- = in- =* into》

impugnable /ɪmˈpjunəbḷ/ adj.可非难的；可指责的；可驳斥的

impugnment /ɪmˈpjunmənt/ n.攻击；非难；驳斥；指责

inexpugnable /ˌɪnɪksˈpʌgnəbḷ/ adj.难攻陷的；难征服的；难推翻的

（无法击败的）《*in- =* not；*ex- =* out》

```
in  +  ex  +  pugn  +  able
 |      |      |        |
not  +  out  +  fight  +  adj.
```

repugnance /rɪˈpʌgnəns/ n.嫌恶；厌弃；矛盾（反对→嫌恶）

《*re- =* against》

repugnant /rɪˈpʌgnənt/ adj.讨厌的；矛盾的；敌对的

307　punct = prick

＊拉丁文 *pungere*（= *prick* 刺），过去分词是由"穿刺"引申为"（突出之）点"的意思。

pungent /ˈpʌndʒənt/ adj.刺激性的；辛辣的

pungency /ˈpʌndʒənsɪ/ n.刺激；辛辣；剧烈；敏锐

punctate /ˈpʌŋktet/ adj.有斑点的

punctilio /pʌŋkˈtɪlɪo/ n.细节；拘泥形式（突出的小点）

punctilious /pʌŋkˈtɪlɪəs/ adj.留心细节的；拘泥形式的（拘泥于小节的）

punctual /ˈpʌŋktʃuəl/ adj.守时的；仔细的（守住时间上的一点）

punctuality /ˌpʌŋktʃuˈælətɪ/ n.准时；迅速

```
punct  +  ual  +  ity
  |        |       |
prick  +  adj.  +  n.
```

punctuate /ˈpʌŋktʃuet/ v.加标点于；加重（加上点）

punctuation /ˌpʌŋktʃuˈeʃən/ n.标点；标点法

puncture /ˈpʌŋktʃɚ/ n.孔；洞　v.有破孔；穿孔；刺穿（穿透开孔）

acupuncture /n. ˈækjuˌpʌŋktʃɚ v. ˌækjuˈpʌŋktʃɚ/ n., v.针灸

《*acu =* sharp》

compunction /kəmˈpʌŋkʃən/ *n*.追悔；良心不安（刺穿心灵）

　《*com-* = with》

compunctious /kəmˈpʌŋkʃəs/ *adj*.懊悔的；良心不安的

expunge /ɪkˈspʌndʒ, ɛk-/ *v*.删去；除去（刺穿出去）

　《*ex-* = out》

expunction /ɪkˈspʌŋkʃən/ *n*.删除

```
ex  +  punct  +  ion
|        |        |
out  +  prick  +  n.
```

pounce /pauns/ *n*.猛禽之爪；急袭；猛扑　*v*.飞扑；以利爪抓住

punch /pʌntʃ/ *n*.打洞器；拳打　*v*.拳击；打洞（刺穿开孔的东西）

poignant /ˈpɔɪnənt, ˈpɔɪnjənt/ *adj*.尖刻的；痛切的；辛辣的

　（似乎能够刺穿的）

point /pɔɪnt/ *n*.点；地点；目的；时刻　*v*.使锐利；指示

appoint /əˈpɔɪnt/ *v*.任命；指定；约定（指定表明一点）

appointment /əˈpɔɪntmənt/ *n*.约定（会面）；任命；指定

　cf. **promise**（诺言；约定）

```
ap  +  point  +  ment
|        |        |
to  +  prick  +  n.
```

　【解说】美国人非常重视约定，做什么事都要事先预约，假如没有事先约好，就
　　　　登门拜访他人，会被视为不礼貌的行为。他们连看病都要先约好时
　　　　间，否则医师无法当场做门诊。

disappoint /ˌdɪsəˈpɔɪnt/ *v*.使失望；使受挫折（远离指定者）

　《*dis-* = apart，away》

disappointment /ˌdɪsəˈpɔɪntmənt/ *n*.失望；挫折

308　pur = pure

　　＊拉丁文 *purus*（= pure，purify）。

pure /pjur/ *adj*.纯粹的；单纯的；纯洁的；完全的

purify /ˈpjurəˌfaɪ/ *v*.净化；洗除罪恶；精炼（使清洁）《*-ify* = make》

purification /ˌpjurəfəˈkeʃən/ *n*.净化；精炼；洗罪

$$\begin{array}{c}
\text{pur} + \text{ific} + \text{ation} \\
| \qquad | \qquad | \\
pure + make + n.
\end{array}$$

purism /ˈpjurɪzəm/ *n*.(语言等的)纯粹主义；修辞癖《*-ism* = 主义》

puritan /ˈpjurɪtn̩/ *n*.严谨的人；(P-) 清教徒　*adj*.生活严肃的；
(P-) 清教徒的

$$\begin{array}{c}
\text{pur} + \text{it(y)} + \text{an} \\
| \qquad | \qquad | \\
pure + n. + person
\end{array}$$

puritanic; **-ical** /ˌpjurəˈtænɪk(l̩)/ *adj*.像清教徒的；严谨的；严格的

purity /ˈpjurətɪ/ *n*.纯洁；天真无邪；纯粹

impure /ɪmˈpjur/ *adj*.不纯洁的；不纯的；不道德的；复杂的
《*im-* = *in-* = not》

impurity /ɪmˈpjurətɪ/ *n*.不洁；不纯；不贞洁；混杂物

309　**purg** = purify

　　＊拉丁文 *purgare*(= *purify*，*purge*)。

purge /pɝdʒ/ *v*.使清净；洗罪；整肃；通肠；使泻

purgation /pɝˈgeʃən/ *n*.洗罪；净化；(吃泻药)净肠

purgative /ˈpɝgətɪv/ *n*.泻药　*adj*.净化的；通便的

purgatory /ˈpɝgəˌtorɪ/ *n*.炼狱；(暂时的)受难；暂时受苦之地

purgee /pɝˈdʒi/ *n*.被整肃者《*-ee* 表"被～的人"》

purger /ˈpɝdʒɚ/ *n*.清除者；洗涤者；整肃者；泻药

compurgation /ˌkɑmpɝˈgeʃən/ *n*.根据数人之证词对嫌犯作无罪之判决
(共同使其无罪)《*com-* = together》

$$\begin{array}{c}
\text{com} + \text{purg} + \text{ation} \\
| \qquad | \qquad | \\
together + purify + n.
\end{array}$$

expurgate /ɪkˈspɝget/ *v*.删除；修订(使洁净)《*ex-* = out》

expurgation /ˌɛkspɝˈgeʃən/ *n*.删除；修订

expurgator /ˈɛkspɝˌgetɚ/ *n*.删除者；修订者

expurgatory /ɛksˈpɝgəˌtorɪ/ *adj*.删除的

unexpurgated /ˌʌnɛksˈpɝgetɪd/ *adj*.未经删除的；完全的
《*un-* = not》

310　pute = think

> *拉丁文 *putare*(= think)。

compute /kəm'pjut/ v.计算；估计(和数字一起考虑)
《*com-* = together》

computer /kəm'pjutɚ/ n.电子计算机；电脑

computerese /kəmˌpjutə'riz/ n.电脑语言；电脑用语
(和电脑相关的用语)《*-ese* = related to》

```
com    + puter +   ese
 |         |        |
together + think + related to
```

computerize /kəm'pjutəˌraɪz/ v.使电脑化

computation /ˌkɑmpju'teʃən/ n.计算；算法

depute /dɪ'pjut/ v.委托(某人)为代理(把想法置于其下→委任于人)
《*de-* = down》

deputation /ˌdɛpjə'teʃən/ n.代理者；代表团(不用自己想,有人代理)

```
de   + put  + ation
 |       |      |
away + think +  n.
```

deputy /'dɛpjətɪ/ n.代理人；(从前法国等的)议员

dispute /dɪ'spjut/ v.争论；辩论；反抗　n.辩论；争论(改变其想法)
《*dis-* = apart》

disputable /dɪ'spjutəbḷ/ adj.有争论余地的；未确定的

disputation /ˌdɪspju'teʃən/ n.争辩；争论

disputatious /ˌdɪspjuteʃəs/ adj.好争论的；引起争论的

impute /ɪm'pjut/ v.归(咎)于(认为是～的罪)《*im-* = in》

imputation /ˌɪmpju'teʃən/ n.归罪；责难

indisputable /ˌɪndɪ'spjutəbḷ/ adj.不容置辩的；毋庸怀疑的；明白的；
确实的(不需争论的)《*in-* = not》

```
in  + dis  + put  + able
 |     |      |       |
not + apart + think + adj.
```

putative /'pjutətɪv/ adj.推定的；假定的；想像的(用想的)

repute /rɪ'pjut/ v.认为；视为　n.声望；名誉《*re-* = again》

reputation /ˌrɛpjəˈteʃən/ *n*.名誉；声望

reputable /ˈrɛpjətəbḷ/ *adj*.有声望的；名誉好的

disreputable /dɪsˈrɛpjətəbḷ/ *adj*.名誉不好的；可耻的；不体面的
（名誉佳的相反）《*dis-* = negative（否定）》

```
        dis   +   re   +   put   +   able
         |         |          |         |
     negative + again  +  think  +  adj.
```

disrepute /ˌdɪsrɪˈpjut/ *n*.不名誉；不受欢迎

【注意】以下这个字的字源不同，为便于比较而置于此。

amputate /ˈæmpjəˌtet,-pjʊ-/ *v*.切断；减除（使周围清爽）
《*am-* = *ambi-*（about）+ *putate* = 拉丁文 *putare*（trim）》

```
       am  +  put  +  ate
        |        |        |
     about +  trim  +  v.
```

311　pyr = fire（火）

pyre /paɪr/ *n*.（火葬用的）柴堆

pyromaniac /ˌpaɪrəˈmenɪˌæk/ *n*.有纵火狂的人

pyrotechnics /ˌpaɪrəˈtɛknɪks/ *n*.烟火；军用烟火（指照明弹、烟雾弹等）

312　quer = complain

* 拉丁文 *queri*（= *complain*）。

quarrel /ˈkwɔrəl,ˈkwɑr-/ *n*.，*v*.争论；争吵

quarreler /ˈkwɔrəl,ˈkwɑr-/ *n*.争吵者；好争论者

quarrelsome /ˈkwɔrəlsəm,ˈkwɑr-/ *adj*.爱争吵的

querimonious /ˌkwɪrɪˈmonɪəs/ *adj*.爱埋怨的；常常诉苦的

querulous /ˈkwɛrələs/ *adj*.爱抱怨的；吹毛求疵的；易怒的

313　qui = calm；rest

* 拉丁文 *quiet, quies*（= *quiet, rest* 休息）。

quiet /ˈkwaɪət/ *adj*.安静的；静止的；镇静的　*n*.安静；平静；镇静

v.使安静；使镇定

quietness /ˈkwaɪətnɪs/ *n*.寂静；镇定

quietude /ˈkwaɪəˌtjud/ *n*.安静；平静；镇静《 *-(t)ude* 名词字尾》

quietus /kwaɪˈitəs/ *n*.(债务的)偿清；生命的终止；最后的一击
《 *-us* 名词字尾》

inquietude /ɪnˈkwaɪəˌtjud/ *n*.(身心的)不安；动摇；焦虑
《*in-* = not》

```
in  +  quiet  +  (t)ude
|        |         |
not  +  calm  +   n.
```

unquiet /ʌnˈkwaɪət/ *adj*.不安的；心神不宁的；纷扰的
《*un-* = not》

quiescence /kwaɪˈɛsn̩s/ *n*.寂静；安静；静止《*quiesc* = quiet》

quiescent /kwaɪˈɛsn̩t/ *adj*.安静的；不动的

acquiesce /ˌækwɪˈɛs/ *n*.默许；勉强同意(向～沉默)
《*ac-* = *ad-* = to》

```
ac  +  qui  +  esce
|       |       |
to  +  calm  +  n.
```

acquiescence /ˌækwɪˈɛsn̩s/ *n*.默许；默认；顺从

acquiescent /ˌækwɪˈɛsn̩t/ *adj*.默许的；默认的；顺从的

314　quire = seek

* 拉丁文 *quaerere*(= seek)，过去分词为 *quaesitus*。〔变化型〕*quisit*，*quest*。

query /ˈkwɪrɪ/ *v*.质问；询问　*n*.质问(寻求答案)

quest /kwɛst/ *n*.探询；探求(物)　*v*.搜寻

question /ˈkwɛstʃən/ *n*.疑问；问题　*v*.询问；怀疑

questionable /ˈkwɛstʃənəbl̩/ *adj*.引起争论的；可疑的

questionnaire /ˌkwɛstʃənˈɛr/ *n*.问卷调查《*-aire* 名词字尾》

```
quest  +  tionn  +  aire
|          |         |
seek  +   n.   +    n.
```

acquire /əˈkwaɪr/ v.获得；习得（求得；取得）
　《*ac-* = *ad-* = to》

acquirement /əˈkwaɪrmənt/ n.获得；学识

acquisition /ˌækwəˈzɪʃən/ n.获得（物）

acquisitive /əˈkwɪzətɪv/ adj.想获得的；贪得的

conquer /ˈkɑŋkɚ/ v.征服；得胜（完全求得）
　《*con-* = wholly》

conqueror /ˈkɑŋkərɚ/ n.征服者；胜利者

conquest /ˈkɑŋkwɛst/ n.征服；战利品

disquisition /ˌdɪskwəˈzɪʃən/ n.论文；专论（寻求分成细部的东西）
　《*dis-* = apart》

exquisite /ˈɛkskwɪzɪt, ɪkˈs-/ adj.精美的；纤美的；高尚的
（被求取的→选拔出来的）《*ex-* = out》

```
ex  + quis + ite
|      |      |
out + seek + adj.
```

inquire；enquire /ɪnˈkwaɪr/ v.询问；调查（深入探求）
　《*in-*，*en-* = into》

inquiry /ɪnˈkwaɪrɪ/ n.询问；问题；调查

inquest /ˈɪnkwɛst/ n.审讯；验尸

inquisition /ˌɪnkwəˈzɪʃən/ n.调查；审讯

inquisitive /ɪnˈkwɪzətɪv/ adj.好奇的；好问的

perquisite /ˈpɚkwəzɪt/ n.额外补贴；赏钱；犒赏；临时津贴
　（完全求得的东西）《*per-* = thoroughly》

require /rɪˈkwaɪr/ v.需要；要求（再度求取）《*re-* = again》

requirement /rɪˈkwaɪrmənt/ n.需要的事物；要求的事物；必要条件

```
re   + quire + ment
|       |       |
again + seek +  n.
```

requisite /ˈrɛkwəzɪt/ adj.必须的　n.必需品

prerequisite /priˈrɛkwəzɪt/ n.首要的事物；必备的事物
　（事先必须准备的东西）《*pre-* = before》

requisition /ˌrɛkwə'zɪʃən/ *n*.请求；要求；征用　*v*.征用；征收

request /rɪ'kwɛst/ *n*.请求；需要　*v*.请求；要求

sequester /sɪ'kwɛstɚ/ *v*.退隐；扣押；没收（寻求离开）

　《*se-* = apart》

315　**quit** = free；release

　古代法文 quite(= *free of*, *release* 免除)。

quit /kwɪt/ *v*.停止；放弃；辞职；离开

quittance /'kwɪtn̩s/ *n*.免除；赦免；收据；报答

quitter /'kwɪtɚ/ *n*.怕事者；懦夫；遇困难即罢手者

acquit /ə'kwɪt/ *v*.宣告无罪；开释；免除；还清（债务等）（使自由）

　《*ac-* = *ad-* = to》

acquittal /ə'kwɪtl̩/ *n*.履行；尽责；付清；偿还；开释；不起诉

```
ac  +  quitt  +  al
|       |        |
to  +  free  +  n.
```

requite /rɪ'kwaɪt/ *v*.报答；酬谢；报复（免除了又回来）

　《*re-* = back》

requital /rɪ'kwaɪtl̩/ *n*.报答；回报；报复

unrequited /ˌʌnrɪ'kwaɪtɪd/ *adj*.无回报的；无报复的《*un-* = not》

316　**rad** = scrape

　拉丁文 radere(= *scrape* 刮；擦)。〔变化型〕*ras*。

abrade /ə'bred/ *v*.擦掉；擦伤；磨损（刮掉）《*ab-* = away》

abradant /ə'bredənt/ *adj*.研磨用的；有磨擦性的（= *abrasive*）

abrase /ə'brez/ *v*.擦去；刮掉

abrasion /ə'breʒən/ *n*.磨擦；擦伤；磨损；剥蚀

abrasive /ə'bresɪv/ *adj*.研磨的；磨擦的　*n*.研磨料

erase /ɪ'res/ *v*.擦掉；抹去；消除（从～中擦去）

　《*e-* = *ex-* = out of》

$$
\begin{array}{ccc}
\text{e} & + & \text{rase} \\
| & & | \\
\textit{out of} & + & \textit{scrape}
\end{array}
$$

eras(e)able /ɪˈrezəbl̩/ *adj*.可擦掉的；可抹去的

eraser /ɪˈresɚ/ *n*.橡皮擦；板擦

erasure /ɪˈreʒɚ/ *n*.抹去；擦掉《*-ure* 抽象名词字尾》

raze /rez/ *v*.(从记忆中)消逝；忘却；摧毁

razor /ˈrezɚ/ *n*.剃刀；刮胡刀

317　radi = root

　　* 拉丁文 *radix*(= root)。

radical /ˈrædɪkl̩/ *adj*.根本的；急进的；【数学】根的 *n*.急进分子；
　【数学】根号(从根本的)

radicalism /ˈrædɪkl̩ɪzm̩/ *n*.急进；急进主义《*-ism* = 主义》

radicalize /ˈrædɪkl̩ˌaɪz/ *v*.使激进；使激烈化

radicalization /ˌrædɪkl̩aɪˈzeʃən/ *n*.激进化；激烈化

radicand /ˈrædəˌkænd/ *n*.【数学】被开方数(根号内的数字)
　《*-and* = *-end* = inside》

radicle /ˈrædɪkl̩/ *n*.(植物的)小根；幼根《*-cle* 表示小的字尾》

$$
\begin{array}{ccc}
\text{radi} & + & \text{cle} \\
| & & | \\
\textit{root} & + & \textit{small}
\end{array}
$$

radish /ˈrædɪʃ/ *n*.红萝卜(很大的根部)

radix /ˈredɪks/ *n*.根；基数；词根(属于根本的)

deradicalize /diˈrædɪkl̩ˌaɪz/ *v*.使不急进(激进的相反)
　《*de-* = *dis-* = negative (否定)》

$$
\begin{array}{ccccccc}
\text{de} & + & \text{radi} & + & \text{cal} & + & \text{ize} \\
| & & | & & | & & | \\
\textit{negative} & + & \textit{root} & + & \textit{adj.} & + & \textit{v.}
\end{array}
$$

eradicate /ɪˈrædɪˌket/ *v*.根除；扑灭(从根部拔起)《*e-* = *ex-* = out》

eradicable /ɪˈrædɪkəbl̩/ *adj*.可根绝的；可拔去的

eradication /ɪˌrædɪˈkeʃən/ *n*.根除；扑灭

eradicator /ɪˈrædɪˌketɚ/ *n*.除草器；根绝者

318 radi = ray

　*拉丁文 *radius*(= *ray* 光线)。

radium /'redɪəm/ *n*.镭《-*um* = 拉丁字尾》
radius /'redɪəs/ *n*.半径；范围(由中心所发的光能到达的范围)
radial /'redɪəl/ *adj*.半径的；放射状的(能够发出光线的)
radiate /'redɪˌet/ *v*.发射；放出；辐射出　*adj*.发光的；辐射状的
radiation /ˌredɪ'eʃən/ *n*.辐射；放射；辐射能
radiative /'redɪˌetɪv/ *adj*.放射的；辐射的
radiator /'redɪˌetɚ/ *n*.发光体；放热体；放热器
radiant /'redɪənt/ *adj*.发光的；放热的；辐射的　*n*.光点；辐射点

```
radi  +  ant
 |        |
ray  +  adj.
```

radiance; -ancy /'redɪəns(ɪ),-djəns(ɪ)/ *n*.闪烁；发光
radio /'redɪˌo/ *n*.无线电报；无线电话；无线电广播；收音机
radioactive /ˌredɪo'æktɪv/ *adj*.有辐射能的；放射性的(主动辐射的)
　《*active* 主动的》

```
radio  +  act  +  ive
  |        |       |
 ray  +  act  +  adj.
```

radioactivity /ˌredɪoˌæk'tɪvətɪ/ *n*.放射性；放射现象
radiology /ˌredɪ'ɑlədʒɪ/ *n*.放射学；应用辐射学；放射线科
　《*logy* = study》
radiotelephone /ˌredɪo'tɛləfon/ *n*.无线电话(机)
　《*telephone* 电话机》
radiotherapy /'redɪo'θɛrəpɪ/ *n*.X 光治疗法；放射线治疗法
　《*therapy* 治疗法》
irradiate /ɪ'redɪˌet/ *v*.照耀；发出；照射(将光线投射在～上)
　《*ir-* = *in-* = on》

```
ir  +  radi  +  ate
 |       |       |
on  +  ray  +  v.
```

irradiation /ɪˌredɪ'eʃən,ɪˌre-/ *n*.发光；光线；照射
irradiant /ɪ'redɪənt/ *adj*.发光的；灿烂的

irradiance /ɪˈrediəns/ *n*.发光；光辉；灿烂

319　**rap** = snatch

　　* 拉丁文 *rapere*（= *snatch* 夺取 ，*seize*，*grasp* 抓住）。〔变化型〕*rav*。

rape /rep/ *n*. *v*.抢劫；破坏；强奸（勉强夺取）
rapist /ˈrepɪst/ *n*.强奸者《-*ist* 表示人的名词字尾》
rapacious /rəˈpeʃəs/ *adj*.强夺的；贪婪的
rapacity /rəˈpæsətɪ/ *n*.抢夺；贪婪；贪吃
rapid /ˈræpɪd/ *adj*.迅速的；急促的
　　n. *pl*.急滩；湍流（抢夺时的姿态）
rapidity /rəˈpɪdətɪ/ *n*.迅速；急促

$$
\begin{array}{ccc}
\text{rap} & + \text{ id } & + \text{ ity} \\
| & | & | \\
\textit{snatch} & + \textit{adj.} & + \textit{n.}
\end{array}
$$

rapt /ræpt/ *adj*.狂喜的；恍惚迷离的（已被攫取的心灵）
rapture /ˈræptʃɚ/ *n*.狂喜；恍惚
enrapt /ɛnˈræpt/ *adj*.狂喜的；神魂颠倒的《*en-* = make》
enrapture /ɪnˈræptʃɚ,ɛn-/ *v*.使狂喜；使恍惚
rapturous /ˈræptʃərəs/ *adj*.狂喜的
raptorial /ræpˈtorɪəl,-ˈtɔr-/ *adj*.猛禽类的　　*n*.猛禽（强取猎物的）

$$
\begin{array}{ccc}
\text{rapt} & + \text{ or } & + \text{ ial} \\
| & | & | \\
\textit{snatch} & + \textit{n.} & + \textit{adj.}
\end{array}
$$

ravage /ˈrævɪdʒ/ *v*.蹂躏；破坏　　*n*.蹂躏；破坏（抢夺而去）
raven /ˈrævən/ *v*.捕食；掠夺（抢夺）
ravening /ˈrævənɪŋ/ *adj*.贪婪而饥饿的《-*ing* 形容词字尾》
ravish /ˈrævɪʃ/ *v*.强夺；强奸；使销魂（抢夺）
ravishment /ˈrævɪʃmənt/ *n*.强夺；强奸；狂喜

320　**rat** = reckon; reason

　　* 拉丁文 *ratio*（= *reckon* 断定 ，*reason* 理由；理性）。〔变化型〕*ratio*。

ratify /ˈrætəˌfaɪ/ *v*.批准《-*ify* 动词字尾》

ratio /ˈreʃo/ *n*.比率；比例

ratiocinate /ˌræʃɪˈɑsnˌet/ *v*.推论；推理（试着找出理由）
　《*cin* = *kin* = try》

ratiocination /ˌræʃɪˌɑsnˈeʃən/ *n*.推理；推论；推断

```
ratio + cin + at(e) + ion
  |      |       |       |
reason + try +  v.  +  n.
```

ration /ˈreʃən/ *n*.定额；定量；配给（量）；配额食物

rational /ˈræʃənl̩/ *adj*.理性的；讲道理的；合理的

rationale /ˌræʃəˈnæl/ *n*.理论；理论基础；原理

rationalism /ˈræʃənl̩ˌɪzəm/ *n*.唯理论；理性主义《*-ism* = 主义》

rationalist /ˈræʃənl̩ɪst/ *n*.唯理论者；理性主义者

rationality /ˌræʃəˈnælətɪ/ *n*.理性；合理

rationalize /ˈræʃənl̩ˌaɪz/ *v*.使合于理性；使合理化；用理论来说明

```
ratio + nal + ize
  |      |      |
reason + adj. + v.
```

rationalization /ˌræʃənəlɪˈzeʃən/ *n*.合理化；【数学】有理化

irrational /ɪˈræʃənl/ *adj*.不合理的；无理性的《*ir-* = *in-* = not》

irrationality /ɪˌræʃəˈnælətɪ/ *n*.不合理；无理性；无知

321　rect = right; straight

　　＊拉丁文 *rectus*(= right , straight)。

rectal /ˈrɛktl̩/ *adj*.直肠的

rectangle /ˈrɛktæŋgl̩/ *n*.矩形（正确的角→直角）《*angle* 角》

rectify /ˈrɛktəˌfaɪ/ *v*.修正；矫正；精馏；整流（使正确）
　《*-fy* = make》

```
rect + ify
  |     |
right + make
```

rectifiable /ˈrɛktəˌfaɪəbl̩/ *adj*.可修正的；可精馏的；可整流的

rectifier /ˈrɛktəˌfaɪɚ/ *n*.修正者；矫正器；整流器；精馏器

rectilineal /ˌrɛktəˈlɪnɪəl/ *adj*.成直线的（完全笔直的）

rectitude /ˈrɛktəˌtjud, -tud/ *n*.诚实；正直（正确的事物）
《*-itude* 抽象名词字尾》

```
rect + itude
 |       |
right  +  n.
```

rector /ˈrɛktə-/ *n*.（英美圣公会的）教区牧师；（天主教耶稣会的）
神学院院长；（某些学校的）校长（矫正人心的人）

rectum /ˈrɛktəm/ = straight intestine *n*.直肠
《*-um* 拉丁字尾》

correct /kəˈrɛkt/ *v*.改正；校正；医治　*adj*.正确的；适当的（改正～）
《*cor-* = *con-* = with》

correction /kəˈrɛkʃən/ *n*.改正；修正

correctitude /kəˈrɛktəˌtjud/ *n*.品行端正；适宜

```
cor + rect + itude
 |      |       |
with + right +  n.
```

corrective /kəˈrɛktɪv/ *adj*.改正的；矫正的；（药）中和的

corrector /kəˈrɛktə-/ *n*.改正者；矫正者；中和剂

direct /dəˈrɛkt, daɪ-/ *v*.指导；指引　*adj*.直接的；坦白的
《*di-* = *dis-* = apart》

direction /dəˈrɛkʃən, daɪ-/ *n*.指导；说明；方向

directive /dəˈrɛktɪv/ *adj*.指挥的；指导的

```
di  +  rect  + ive
 |      |       |
apart + straight + adj.
```

director /dəˈrɛktə-, daɪ-/ *n*.管理者；指挥者；导演

directory /dəˈrɛktərɪ, daɪ-/ *n*.人名住址簿；指南　*adj*.指导的

erect *v*.建立；竖立　*adj*.直立的；竖起的（笔直向上的）
《*e-* = *ex-* = out, up》

erectile /ɪˈrɛktɪl/ *adj*.可建立的；勃起性的《*-ile* 形容词字尾》

```
e  +  rect  + ile
 |      |       |
out, up + straight + adj.
```

erection /ɪˈrɛkʃən/ *n*.（使）直立；竖立；建筑物
erectness /ɪˈrɛktnɪs/ *n*.垂直
erector /ɪˈrɛktə/ *n*.建立者；设立者
escort /*n*. ˈɛskɔrt *v*. ɪˈskɔrt/ *n*.护卫；护花使者　　*v*.护卫；护航
　（中途完全不出差错地直接送到）《*es-* = *ex-* = out》
incorrect /ˌɪnkəˈrɛkt/ *adj*.不正确的；错误的
indirect /ˌɪndəˈrɛkt/ *adj*.间接的；迂回的

322　**reg** = rule；king

　　＊拉丁文 *regere*（= rule），*rex*（= king）。

regal /ˈrigl̩/ *adj*.帝王的；华丽的
regalia /rɪˈgelɪə,-ljə/ *n*.王权；王权的标志
regality /riˈgælətɪ/ *n*.王权；王土
regent /ˈridʒənt/ *n*.，*adj*.摄政（的）（代替国王统治的）
regency /ˈridʒənsɪ/ *n*.摄政职位；摄政政治（期间）
regicide /ˈrɛdʒəˌsaɪd/ *n*.弑君；弑君者（杀掉国王）《*cide* = cut》

```
regi + cide
 |      |
king  + cut
```

regime /rɪˈʒim/ *n*.政体；体制
regiment /ˈrɛdʒəmənt/ *n*.统治；（军）团
Regina /rɪˈdʒaɪnə/ *n*.女王《*-a* 拉丁文的女性名词字尾》
Regius /ˈridʒɪəs/ *adj*.国王的
region /ˈridʒən/ *n*.区域；领域（统治的地区）

```
reg + ion
 |     |
rule + n.
```

realm /rɛlm/ *n*.王国；领域（国王统治的地区）
regnal /ˈrɛgnəl/ *adj*.国的；朝的；国王的
regnant /ˈrɛgnənt/ *adj*.统治的；流行的
reign /ren/ *n*.统治（时代）　　*v*.统治；盛行
regular /ˌrɛgjəˈlærətɪ/ *adj*.有规则的；定期的；正常的；正规的
　n.正规兵；老顾客（完全受支配的）

regularity /ˌrɛgjəˈlærətɪ/ *n*.规则；定期

regulate /ˈrɛgjəˌlet/ *v*.管理；规定；调整

regulation /ˌrɛgjəˈleʃən/ *n*.规定；条例　*adj*.标准的；正规的

irregular /ɪˈrɛgjələ˞/ *adj*.不规则的；不合常规的

　《*ir-* = *in-* = not》

$$\begin{array}{ccc} \text{ir} & + & \text{regul} & + & \text{ar} \\ | & & | & & | \\ \textit{not} & + & \textit{rule} & + & \textit{adj}. \end{array}$$

royal /ˈrɔɪəl/ *adj*.王室的；皇家的；庄严的

royalty /ˈrɔɪəltɪ/ *n*.王族；王国；上演税；版税

rigid /ˈrɪdʒɪd/ *adj*.严格的；僵硬的（如王者一般严厉的）

$$\begin{array}{ccc} \text{rig} & + & \text{id} \\ | & & | \\ \textit{rule} & + & \textit{adj}. \end{array}$$

rigidity /rɪˈdʒɪdətɪ/ *n*.坚硬；刚直；严格

rigo(u)r /ˈrɪgə/ *n*.严格；严酷；严密

rigo(u)rous /ˈrɪgərəs/ *adj*.严格的；严厉的；严密的

323　**rept** = creep

　*拉丁文 **repere**(= *creep*)，过去分词为 **reptus**。

reptant /ˈrɛptənt/ *adj*.匍匐的；爬行的；蔓延的

reptile /ˈrɛptl̩/ *adj*.卑鄙的；爬行的　*n*.卑鄙的人；爬虫类
　（在地上爬的）

reptilian /rɛpˈtɪlɪən/ *adj*.爬虫类的；卑鄙的　*n*.爬虫类

surreptitious /ˌsɝrəpˈtɪʃəs/ *adj*.秘密的；偷偷的；鬼祟的（偷偷爬过去）
　《*sur-* = over》

324　**rid** = laugh

　*拉丁文 **ridere**(= *laugh*)，过去分词为 **risus**。〔变化型〕*ris*。

ridicule /ˈrɪdɪˌkjul/ *n*., *v*.讥笑；嘲弄

ridiculous /rɪˈdɪkjələs/ *adj*.可笑的；荒谬的

risible /ˈrɪzəbl̩/ *adj*.能笑的；爱笑的；可笑的

risibility /ˌrɪzəˈbɪlətɪ/ *n*. 笑的能力；笑的倾向与性质

deride /dɪˈraɪd/ *v*. 嘲笑；愚弄(不怀好意地笑)《*de-* = *dis-* = away》

```
de  +  ride
|      |
away + laugh
```

derision /dɪˈrɪʒən/ *n*. 嘲笑；愚弄；笑柄

derisive /dɪˈraɪsɪv/ *adj*. 嘲笑的；愚弄的；可笑的

derisory /dɪˈraɪsərɪ/ *adj*. 嘲笑的；愚弄的；可笑的(= *derisive*)

325　rod = gnaw

＊拉丁文 *rodere*(= gnaw 咬)。〔变化型〕*ros*。

rodent /ˈrodn̩t/ *n*. 啮齿类　　*adj*. 啮齿类动物的；咬的；啮的

rodenticide /roˈdɛntəˌsaɪd/ *n*. 灭鼠药《*cide* = cut》

```
rod  + ent +  icide
|      |       |
gnaw + n.  +  cut
```

corrode /kəˈrod/ *v*. 腐蚀；侵蚀(彻底地咬)
　《*cor-* = *com-* = thoroughly》

corrosion /kəˈroʒən/ *n*. 腐蚀；侵蚀；(心神的)损伤

```
cor        +  ros  + ion
|              |      |
thoroughly + gnaw  + n.
```

corrosive /kəˈrosɪv/ *adj*. 腐蚀的；侵蚀的　　*n*. 腐蚀性物质

erode /ɪˈrod/ *v*. 腐蚀；侵蚀(咬去，咬掉)《*e-* = *ex-* = out》

erosion /ɪˈroʒən/ *n*. 腐蚀；侵蚀；冲蚀

erosive /ɪˈrosɪv/ *adj*. 腐蚀的；侵蚀的

326　rog = ask

＊拉丁文 *rogare*(= ask 询问；要求)。

rogation /roˈgeʃən/ *n*. 法案(的提出)；祈祷；祈愿

abrogate /ˈæbrəˌget/ *v*. 废止；取消(要求除去)《*ab-* = away》

abrogation /ˌæbrəˈgeʃən/ *n*. 废止；取消

arrogance /ˈærəgəns/ *n*. 傲慢；自大(无礼地向别人要求)《*ar-* = *ad-* = to》

```
ar  +  rog  +  ance
|       |       |
to  +  ask  +   n.
```

arrogant /ˈærəgənt/ *adj*.傲慢的；自大的

arrogate /ˈærəˌget/ *v*.僭越；霸占

arrogation /ˈærəˈgeʃən/ *n*.霸占；越权；横暴

derogate /ˈdɛrəˌget/ *v*.贬损；减损(要求下来)《*de-* = down》

derogatory /dɪˈrɑgəˌtorɪ,-ˌtɛrɪ/ *adj*.毁损(名誉)的；贬抑的

interrogate /ɪnˈtɛrəˌget/ *v*.讯问；审问；质问(在～之间问)
　《*inter-* = between》

```
inter   +  rog  +  ate
|           |       |
between  +  ask  +  v.
```

interrogation /ɪnˌtɛrəˈgeʃən/ *n*.讯问；审问；质问；疑问

interrogative /ˌɪntəˈrɑgətɪv/ *adj*.疑惑的；疑问的　*n*.疑问词

interrogator /ɪnˈtɛrəˌgetɚ/ *n*.讯问者；质询者

interrogatory /ˌɪntəˈrɑgəˌtorɪ/ *adj*.质问的；疑问的

prerogative /prɪˈrɑgətɪv/ *n*.特权；帝王的特权　*adj*.有特权的(先要求)
　《*pre-* = before》

327　rot = wheel；turn

　＊拉丁文 *rota*(＝ wheel)。

rotary /ˈrotərɪ/ *adj*.旋转的；轮流的

rotate /ˈrotet/ *v*.旋转；循环；交替

rotation /roˈteʃən/ *n*.旋转；循环；轮流

rotational /roˈteʃənl̩/ *adj*.旋转的；轮流的；交替的；循环的

```
rota   +  tion  +  al
|          |       |
wheel  +   n.   +  adj.
```

rotator /roˈtetɚ/ *n*.旋转者；回转机

rotatory /ˈrotəˌtorɪ/ *adj*.旋转的；回转的；循环的

rotor /ˈrotɚ/ *n*.旋转轮；旋转翼

rotund /roˈtʌnd/ *adj*.圆胖的；声音洪亮的(像轮子一样)《*-und* = like》

```
     rot  + und
      |      |
    wheel + like
```

rotunda /roˈtʌndə/ *n*.（有圆顶的）圆形建筑物；圆厅
rotundity /roˈtʌndətɪ/ *n*.圆形；（声音）洪亮
dextrorotatory /ˌdɛkstrəˈrotəˌtərɪ/ *adj*.右旋的《*dextro* = right hand》
levorotatory /ˌlivoˈrotəˌtərɪ/ *adj*.左旋的《*levo* = left hand》

328 rud = raw

* 拉丁文 *rudis*（= *rude* 粗鲁的，*raw* 天然的；粗糙的）。

rude /rud/ *adj*.无礼的；粗暴的；粗陋的；野蛮的
rudiment /ˈrudəmənt/ *n*.（*pl*.）基础；初步
rudimental /ˌrudəˈmɛntḷ/ *adj*.基本的；早期的；未发展的
　（= *rudimentary*）

```
   rudi + ment +  al
    |      |       |
   raw  +  n.  + adj.
```

rudimentary /ˌrudəˈmɛntərɪ/ *adj*.基本的；初期的；未发展的
erudite /ˈɛruˌdaɪt/ *adj*.博学的；饱学的（脱离无知状态）
　《*e-* = *ex-* = out; *-ite* 形容词字尾》
erudition /ˌɛruˈdɪʃən/ *n*.学识；博学；饱学

329 rupt = break

* 拉丁文 *rumpere*（= *break*）。

rupture /ˈrʌptʃɚ/ *n*.破裂；绝交　*v*.破裂；断绝
abrupt /əˈbrʌpt/ *adj*.突然的；出其不意的（突然破裂的）
abruption /əˈbrʌpʃən/ *n*.突然裂开

```
   ab  + rupt  + ion
    |     |       |
   off + break +  n.
```

bankrupt /ˈbæŋkrʌpt/ *n*.破产者　*adj*.破产的　*v*.使破产（银行倒闭的）
bankruptcy /ˈbæŋkrʌptsɪ,-rəptsɪ/ *n*.破产；倒闭；（声望、地位等的）丧失
corrupt /kəˈrʌpt/ *adj*.腐败的；贪污的　*v*.使腐败；使堕落（完全受损）

《*cor-* = *com-* = wholly》

corruption /kə'rʌpʃən/ *n*.腐化；堕落；贪污

disrupt /dɪs'rʌpt/ *v*.使破裂；使中断(破裂分散)《*dis-* = apart》

$$\begin{array}{c} \text{dis} + \text{rupt} \\ | \qquad | \\ \textit{apart} + \textit{break} \end{array}$$

disruption /dɪs'rʌpʃən/ *n*.分裂；中断

erupt /ɪ'rʌpt/ *v*.爆发；喷出；出疹；长牙(破壳而出)《*e-* = *ex-* = out》

eruption /ɪ'rʌpʃən/ *n*.爆发；出疹；喷出；长牙

incorrupt /ˌɪnkə'rʌpt/ *adj*.不腐败的；清廉的《*in-* = not》

incorruptible /ˌɪnkə'rʌptəbl̩/ *adj*.廉洁的；不贪污受贿的

$$\begin{array}{c} \text{in} + \text{cor} + \text{rupt} + \text{ible} \\ | \qquad | \qquad | \qquad | \\ \textit{not} + \textit{wholly} + \textit{break} + \textit{adj}. \end{array}$$

interrupt /ˌɪntə'rʌpt/ *v*.打断；妨碍；插嘴(割入其间的)
 《*inter-* = between》

interruption /ˌɪntə'rʌpʃən/ *n*.打岔；中断

irrupt /ɪ'rʌpt/ *v*.突然冲入；闯入(破除界限进入其中)《*ir-* = *in-* = in》

irruption /ɪ'rʌpʃən/ *n*.冲入；闯入；侵入

route /rut,raut/ *n*.道路；路线(树林的裂口)

routine /ru'tin/ *n*.例行公事；惯例；常规　*adj*.日常的；惯例的；例行的(事情的脉络)

330　**rur** = country

 ＊拉丁文 *rur*, *rus*(= open land)。〔变化型〕*rus*。

rural /'rurəl/ *adj*.乡村的；农村的；有关农业的

rurality /ru'rælətɪ/ *n*.田园生活；田园风味

ruralize /'rurəlˌaɪz/ *v*.田园化；农村化；过田园生活

$$\begin{array}{c} \text{rur} + \text{al} + \text{ize} \\ | \qquad | \qquad | \\ \textit{country} + \textit{adj}. + \textit{v}. \end{array}$$

rustic /'rʌstɪk/ *adj*.乡村的；农村的；朴素的；粗野的

rusticate /'rʌstɪˌket/ *v*.去乡村；过乡村生活

rustication /ˌrʌstɪ'keʃən/ *n*.送往乡间；乡居生活；停学（处分）
rusticity /rʌs'tɪsətɪ/ *n*.田园风味；田园生活；粗野；质朴

331　sacr = sacred

   * 拉丁文 *sacer*(= *sacred*)，*sancire*(= *render sacred*)。过去分词为 *sanctus*。

sacred /'sekrɪd/ *adj*.神圣的；不可侵犯的
sacrifice /'sækrəˌfaɪs,-ˌfaɪz/ *n*.牺牲；献身
   v.牺牲；献祭（成为神圣的东西）《*ifice* = make》

sacr	+	ifice
|		|
sacred	+	*make*

sacrilege /'sækrəlɪdʒ/ *n*.亵渎神圣（由圣地夺取）《*lege* = gather》
sacrilegious /ˌsækrɪ'lɪdʒəs/ *adj*.亵渎神圣的；盗窃圣物的
sacrosanct /'sækroˌsæŋkt/ *adj*.神圣不可侵犯的（比神圣更神圣的）
sacrament /'sækrəmənt/ *n*.圣礼；圣餐；象征
sacramental /ˌsækrə'mentl̩/ *adj*.圣礼的；圣餐的；神圣的；象征的
sanctify /'sæŋktəˌfaɪ/ *v*.使神圣；使圣洁（成为神圣）《 *-ify* = make》

sanct	+	ify
|		|
sacred	+	*make*

sanctification /ˌsæŋktəfə'keʃən/ *n*.神圣化
sanctimony /'sæŋktəˌmonɪ/ *n*.伪装的神圣气概；伪装的虔诚
sanctimonious /ˌsæŋktə'monɪəs/ *adj*.伪装神圣的；伪装虔诚的
sanction /'sæŋkʃən/ *n*.批准；制裁　*v*.批准；授权（神圣的裁夺）
sanctity /'sæŋktətɪ/ *n*.神圣；神圣之物（神圣之事）
sanctuary /'sæŋktʃuˌerɪ/ *n*.神殿；庇护（所）；圣堂（神圣的场所）
   《*-ary* 是表场所的字尾》
consecrate /'kɑnsɪˌkret/ *v*.奉为神圣；供献（使神圣）《*con-* = with》

con	+	secr	+	ate
|		|		|
with	+	*sacred*	+	*v*.

consecration /ˌkɑnsɪ'kreʃən/ *n*.贡献；圣职授任；奉为神圣

desecrate /ˈdɛsɪˌkret/ v.亵渎；污辱（脱离神圣）《de- = dis- = away》

desecration /ˌdɛsɪˈkreʃən/ n.亵渎神圣

execrate /ˈɛksɪˌkret/ v.咒骂；憎恶（不属神圣的东西）《ex- = out》

```
ex  +  ecr  +  ate
|       |       |
out + sacred +  v.
```

execration /ˌɛksɪˈkreʃən/ n.诅咒；憎恶；被诅咒的人或物

execrable /ˈɛksɪkrəbl̩/ adj.讨厌的；可恨的；非常差的

obsecrate /ˈɑbsɪˌkret/ v.恳求；吁请（因为是神圣的）
  《ob- = on account of》

obsecration /ˌɑbsɪˈkreʃən/ n.恳求；请愿

saint /sent/ n.圣徒；圣者　v.列为圣徒

332　　sal = salt

  ＊拉丁文 sal(= salt)。

salad /ˈsæləd/ n.沙拉；生菜食品；凉拌食品

salary /ˈsælərɪ/ n.薪水（源于古罗马发盐给士兵做为薪饷）

salaried /ˈsælərɪd/ adj.支领薪水的；有薪水的

salify /ˈsæləˌfaɪ/ v.使有盐；使和盐化合

saliferous /səˈlɪfərəs/ adj.含盐的；产盐的《-ferous = bearing》

saline /ˈselaɪn/ adj.盐的；含盐的；咸的《-ine 形容词字尾》

salina /səˈlaɪnə/ n.盐水湖；盐沼《-a 名词字尾》

```
sal  +  in(e)  +  a
|         |        |
salt  +  adj.  +  n.
```

salinity /səˈlɪnətɪ/ n.盐分；盐度

salinize /ˈsæləˌnaɪz/ v.（使土）盐分过多；使盐渍化

salt /sɔlt/ n.盐；食盐；提神物；刺激　adj.咸的；食盐的
  v.加盐；用盐醃

salted /ˈsɔltɪd/ adj.盐醃的；咸的；老练的；经验丰富的

salter /ˈsɔltɚ/ n.制盐业者；盐商；制盐工人；醃渍业者

saltern /ˈsɔltɚn/ n.盐田；制盐场《-ern 表场所的名词字尾》

```
 salt  +  ern
  |        |
 salt  +  place
```

desalt /diˈsɔlt/ *v*.脱盐；淡化（海水、盐水）（除去盐分）

　　《*de-* = *dis-* = away》

desalination /diˌsæləˈneʃən/ *n*.除盐作用；脱盐

333　sal = leap

　　＊拉丁文 *salire*（= leap 跳）。〔变化型〕*sult*。

salient /ˈselɪənt/ *adj*.显著的；突出的；跳跃的　　*n*.突出部分

salience；-ency /ˈselɪəns(ɪ)/ *n*.突出（部分）；特征

sally /ˈsælɪ/ *n*.突击；突发；远足旅行　　*v*.突击；出发旅行（跳出去）

salmon /ˈsæmən/ *n*.鲑；橙红色（飞鱼）

saltant /ˈsæltənt/ *adj*.跳舞的；跳跃的

saltation /sælˈteʃən/ *n*.跳跃；突变；跳舞

assail /əˈsel/ *v*.攻击；责骂（猛扑上去）《*as-* = *ad-* = to》

assault /əˈsɔlt/ *n*.，*v*.攻击；袭击；肉搏

desultory /ˈdesl̩ˌtorɪ,-ˌtrɪ/ *adj*.无秩序的；散漫的（跳离开来）《*de-* = off》

```
 de  +  sult  +  ory
  |       |       |
 off  +  leap  +  adj.
```

exult /ɪgˈzʌlt,eg-/ *v*.狂喜；欢腾（超出欢喜的范围）《*ex-* = out》

exultation /ˌegzʌlˈteʃən,ˌeksʌl-/ *n*.狂喜；欢腾

insult /*v*. ɪnˈsʌlt *n*. ˈɪnsʌlt/ *v*.侮辱　　*n*.傲慢无礼；侮辱（猛扑上去）《*in-* = on》

```
 in  +  sult
  |       |
 on  +  leap
```

resile /rɪˈzaɪl/ *v*.跳回；弹回；退缩（跳回来）《*re-* = back》

resilient /rɪˈzɪlɪənt/ *adj*.有弹性的；活泼的

resilience；-ency /rɪˈzɪlɪəns(ɪ)/ *n*.弹性；轻快

result /rɪˈzʌlt/ *v*.产生；终归　*n*.结果；效果（反转过来发生影响）

　　《*re-* = back》

334 sal = whole

> * 拉丁文 sanare(＝heal 治疗)，sanus(＝whole 健全的)，salus(＝health)。〔变化型〕san。

salute /səˈlut/ v., n. 敬礼；致敬(祈求对方的健康)

salutatory /səˈlutəˌtorɪ, -ˌtɔrɪ/ n., adj. 致敬(的)；祝贺(的)

salutation /ˌsæljəˈteʃən/ n. 致意；敬礼

salubrious /səˈlubrɪəs, səˈlju-/ adj. 有益健康的

salubrity /səˈlubrətɪ/ n. 有益健康

salutary /ˈsæljəˌtɛrɪ/ adj. 有益的；有益健康的

sane /sen/ adj. 神志清明的；健全的

sanity /ˈsænətɪ/ n. 心智健全；稳健

insane /ɪnˈsen/ adj. 疯狂的；患精神病的(精神不健全的)《in- = not》

insanity /ɪnˈsænətɪ/ n. 疯狂；神经错乱

```
in   +   san   +  ity
 |         |        |
not  +  whole  +  n.
```

sanative /ˈsænətɪv/ adj. 治疗疾病的；有益健康的

sanatory /ˈsænəˌtorɪ, -ˌtɔrɪ/ adj. 有益健康的；治疗的(治疗后恢复健康)

sanatorium /ˌsænəˈtorɪəm, -ˈtɔr-/ n. 疗养院(＝〔美〕sanitarium /ˌsænəˈtɛrɪəm/)
(治疗疾病的地方)《-um 表场所的名词字尾》

```
sanat  +  ori  +  um
  |         |       |
heal   +  adj. +  n.
```

sanitary /ˈsænəˌtɛrɪ/ adj. 卫生的(对健康有益的)

sanitate /ˈsænətet/ v. 使合卫生；添置卫生设备

sanitation /ˌsænəˈteʃən/ n. 卫生设备

sanitarian /ˌsænəˈtɛrɪən, -ˈter-/ adj. 卫生的　n. 卫生学家

insanitary /ɪnˈsænəˌtɛrɪ/ adj. 不卫生的《in- = not》

335 sangui = blood

> * 拉丁文 sanguin, sanguis(＝blood)。

sanguine /ˈsæŋgwɪn/ adj. 多血的；红润的；快活的；乐观的
《-ine 形容词字尾》

```
  sangu  +  ine
    |        |
  blood  +  adj.
```

sanguinary /ˈsæŋgwɪnˌɛrɪ/ *adj.*血腥的；嗜血的；残暴的
sanguineous /sæŋˈgwɪnɪəs/ *adj.*血的；血红色的；多血的；乐天的
sanguinity /sæŋˈgwɪnətɪ/ *n.*红润；快活；乐观
consanguine /kɑnˈsæŋgwɪn/ *adj.*同血缘的；同血亲的；同族的（相同血缘）
  《*con-* = together》
consanguinity /ˌkɑnsæŋˈgwɪnətɪ/ *n.*血亲（关系）；血缘；亲族
ensanguine /ɛnˈsæŋgwɪn/ *v.*血染；血溅（使一片血淋淋）
  《*en-* = make into》

336　sat = full

  ＊拉丁文 *satiare*(= fill , full) , *satur*(= full)。

sate /set/ *v.*使充分满足；使腻
satiate /*v.* seʃɪˌet *adj.* ˈseʃɪɪt/ *v.*使饱；使满足　　*adj.*满足的；饱足的
satiation /ˌseʃɪˈeʃən/ *n.*饱满
satiable /ˈseʃɪəbḷ, ˈseʃə-/ *adj.*可使饱的
satiety /səˈtaɪətɪ, sæ-/ *n.*生腻；饱满
insatiable /ɪnˈseʃɪəbḷ/ *adj.*不知足的；贪的《*in-* = not》

```
  in  +  sati  +  able
   |       |       |
  not  +  full  +  adj.
```

insatiability /ɪnˌseʃɪəˈbɪlətɪ, -seʃə-/ *n.*贪欲
insatiate /ɪnˈseʃɪɪt/ *adj.*不知足的
satire /ˈsætaɪr/ *n.*讽刺；讥刺（偶尔在盛于各色盘中的菜肴中加入反胃
  的东西）
satisfy /ˈsætɪsˌfaɪ/ *v.*使满足；偿还《*-fy* = make》
satisfaction /ˌsætɪsˈfækʃən/ *n.*满足；偿还
satisfactory /ˌsætɪsˈfæktərɪ/ *adj.*满意的；圆满的
dissatisfy /dɪsˈsætɪsˌfaɪ/ *v.*使不满足；使不满意《*dis-* = not》

```
  dis  +  satis  +  fy
   |       |       |
  not  +  full  +  v.
```

dissatisfaction /ˌdɪssætɪs'fækʃənˌ/ *n*. 不满；不平

dissatisfactory /ˌdɪssætɪs'fæktərɪ/ *adj*. 令人不满的；不能令人满意的

saturate /*v*. 'sætʃəˌret *adj*. 'sætʃərɪt/ *v*. 浸；饱和；渗透
　adj. 饱和的（满出来）

saturation /ˌsætʃə'reʃən/ *n*. 浸透；饱和

soil /sɔɪl/ *v*. 以青草喂（牛马）（使家畜饱足）

337　scan = climb

　　　＊拉丁文 *scandere*（= *climb*）。〔变化型〕*scend*，*scal*。

scan /skæn/ *v*. 审讯；按韵律吟诵（诗）（一步一步往上爬）

scansion /'skænʃən/ *n*. 诗之韵律分析

ascend /ə'sɛnd/ *v*. 上升；攀登《*a-* = *ad-* = to》

ascent /ə'sɛnt/ *n*. 攀登；上升

ascensive /ə'sɛnsɪv/ *adj*. 上升的；进步的

```
a  +  scens  +  ive
|      |        |
to +  climb  +  adj.
```

ascension /ə'sɛnʃən/ *n*. 上升；(the A-)耶稣的升天

ascendant；-ent /ə'sɛndənt/ *adj*. 上升的；优势的　*n*. 优势；祖先

ascendancy；-ency /ə'sɛndənsɪ/ *n*. 主权；优越

descend /dɪ'sɛnd/ *v*. 下降；传下来；突袭《*de-* = down》

descent /dɪ'sɛnt/ *n*. 降下；遗传；袭击

descendant /dɪ'sɛndənt/ *n*. 后裔（延着家谱而下）

condescend /ˌkɑndɪ'sɛnd/ *v*. 屈尊；降低身分；特别亲切对待（和对方
　一起下降）《*con-* = together》

condescension /ˌkɑndɪ'sɛnʃən/ *n*. 谦卑；屈从

transcend /træn'sɛnd/ *v*. 超越；凌驾（攀越）《*trans-* = beyond》

```
tran(s) +  scend
|          |
beyond  +  climb
```

transcendent /træn'sɛndənt/ *adj*. 超凡的；卓越的

transcendence；-ency /træn'sɛndəns(ɪ)/ *n*. 超凡；卓越

transcendental /ˌtrænsɛnˈdɛntl̩/ *adj*.卓越的；形而上学的；超自然的

scale /skel/ *v*.用梯子攀登；爬越　　*n*.音阶；比例尺；规模；尺；尺上的
刻度

escalade /ˌɛskəˈled/ *v*.用梯攀登《拉丁文 *scala* = ladder》

escalator /ˈɛskəˌletɚ/ *n*.电扶梯

【解说】在美国搭电扶梯时，大家都会自动往右边靠，好让赶时间的人走左边。
台湾的百货公司也都设有电扶梯（**escalator**）和电梯（**elevator**），要直接前
往高楼层的人，就会搭乘电梯，而想要一层一层逛的人，则会搭电扶梯。

338　sci = know

* 拉丁文 *scire*(= know)，*scientia*(= knowledge)。

science /ˈsaɪəns/ *n*.科学；学术（得知的东西）

scientific /ˌsaɪənˈtɪfɪk/ *adj*.科学的；合乎科学的

scientist /ˈsaɪəntɪst/ *n*.科学家

sciolism /ˈsaɪəˌlɪzəm/ *n*.一知半解

sciolist /ˈsaɪəlɪst/ *n*.一知半解者

conscience /ˈkɑnʃəns/ *n*.良心（知道罪恶的心）《*con-* = with》

con	+	sci	+	ence
with	+	*know*	+	*n*.

conscientious /ˌkɑnʃɪˈɛnʃəs/ *adj*.本着良心行事的；谨慎的

conscious /ˈkɑnʃəs/ *adj*.有意识的；知觉的（知道～）

consciousness /ˈkɑnʃəsnɪs/ *n*.知觉；意识

subconscious /sʌbˈkɑnʃəs/ *adj*.潜意识的；下意识的《*sub-* = under》

sub	+	con	+	sci	+	ous
under	+	*with*	+	*know*	+	*adj*.

unconscious /ʌnˈkɑnʃəs/ *adj*.无意识的；昏迷的；未察觉的《*un-* = not》

nescient /ˈnɛʃənt, ˈnɛʃɪənt/ *adj*.无知的；不可知的《*ne-* = not》

ne	+	sci	+	ent
not	+	*know*	+	*adj*.

nescience /ˈnɛʃəns, ˈnɛʃɪəns/ *n*.无知；不可知论

omniscient /ɑm'nɪʃɪənt/ *adj*.全知的（完全了解的）《*omni-* = all》
omniscience /ɑm'nɪʃɪəns/ *n*.全知；无所不知；（ the O-）上帝

```
omni  +   sci  + ence
  |        |       |
 all  +  know  +  n.
```

prescient /'prɛʃɪənt,'pri-/ *adj*.预知的；先见的《*pre-* = before》
prescience /'prɛʃɪəns,'pri-/ *n*.预知；先见
prescientific /ˌprisaɪən'tɪfɪk/ *adj*.科学文明以前的；近代科学以前的

339　scop = to look（看）

horoscope /'hɔrəˌskop/ *n*.占星术

```
horo + scope
  |      |
hour + look
```

scope /skop/ *n*.范围；视野
stereoscope /'stɛrɪəˌskop,'stɪrɪ-/ *n*.立体镜（一种观看立体相片或图画的光学仪器）
tachistoscope /tə'kɪstəˌskop/ *n*.速读训练机

```
tachisto + scope
    |        |
  fast    + look
```

340　scribe = write

* 拉丁文 *scribere*(= write)，过去分词为 *scriptus*。

scribe /skraɪb/ *n*.书记；抄写者；作家（书写的人）
scribble /'skrɪbl̩/ *v*.潦草书写；乱写　　*n*.潦草书写；胡书乱写
scrip /skrɪp/ *n*.临时股票；证券；代用纸币（写下的文件）
script /skrɪpt/ *n*.手迹；脚本；正本
scripture /'skrɪptʃɚ/ *n*.经文；经典；圣经（被写下的东西）

```
script + ure
  |       |
write +  n.
```

scrivener /ˈskrɪvənɚ/ *n*.代书人

ascribe /əˈskraɪb/ *v*.归因于～(写于～)《*a-* = *ad-* = to》

ascription /əˈskrɪpʃən/ *n*.归因

circumscribe /ˌsɚkəmˈskraɪb/ *v*.划界线；限制(写上范围)
　　《*circum-* = round》

```
circum + scribe
   |       |
round  +  write
```

circumscription /ˌsɚkəmˈskrɪpʃən/ *n*.限制；界限内区域

conscribe /kənˈskraɪb/ *v*.征服兵役(一起写下姓名)《*con-* = together》

conscript /*adj*.,*n*.ˈkɑnskrɪpt *v*.kənˈskrɪpt/ *adj*.征召的　*n*.征兵
　　v.征召(服兵役)

conscription /kənˈskrɪpʃən/ *n*.征兵

```
con   + script + ion
 |        |       |
together + write + n.
```

describe /dɪˈskraɪb/ *v*.描写；形容(写得很详细)《*de-* = down，fully》

description /dɪˈskrɪpʃən/ *n*.描写；种类

descriptive /dɪˈskrɪptɪv/ *adj*.描写的；记述的

indescribable /ˌɪndɪˈskraɪbəbl̩/ *adj*.不能言传的；难以形容的《*in-* = not》

```
in +  de  + scrib + able
 |     |      |       |
not + down + write + adj.
```

inscribe /ɪnˈskraɪb/ *v*.题记；刻铭；登记(写于～之上)《*in-* = upon》

inscription /ɪnˈskrɪpʃən/ *n*.题名；题献

manuscript /ˈmænjəˌskrɪpt/ *adj*.手写的　*n*.原稿；抄本(用手写的)
　　《*manu* = hand》

nondescript /ˈnɑndɪˌskrɪpt/ *adj*.难以形容的；难以分类的　*n*.难以
　　分类或名状的人或物

```
non +  de  + script
 |     |      |
not + down + write
```

postscript /ˈpos·skrɪpt,ˈpost-/ *n*.(信件中)附笔；再启(简写为 P.S.)

（加写于后面的）《*post-* = after》

prescribe /prɪˈskraɪb/ *v*.规定；开药方（事先写好的）《*pre-* = before》

prescript /ˈpriskrɪpt/ *n*.命令；规定

prescription /prɪˈskrɪpʃən/ *n*.规定；处方

prescriptive /prɪˈskrɪptɪv/ *adj*.规定的；惯例的

proscribe /proˈskraɪb/ *v*.摒弃于法律保护之外；放逐；禁止（把罪犯的名字公布出来）《*pro-* = forth，publicly》

proscription /proˈskrɪpʃən/ *n*.禁止；放逐

rescript /ˈriskrɪpt/ *n*.敕令；诏书；副本《*re-* = back》

subscribe /səbˈskraɪb/ *v*.捐助；签署；订购（写在下面）《*sub-* = under》

subscriber /səbˈskraɪbə/ *n*.捐助者；署名者；订购者

```
 sub   +  scrib  +   er
  |        |         |
under  +  write  +  person
```

subscript /ˈsʌbskrɪpt/ *n*.写于下面的数字或文字　*adj*.写于下边的

subscription /səbˈskrɪpʃən/ *n*.署名；捐款；订阅

superscribe /ˌsupəˈskraɪb, ˌsju-/ *v*.将（名字等）写在某物上面（写在上面）《*super-* = above》

superscription /ˌsupəˈskrɪpʃən, ˌsju-/ *n*.题字；铭刻

transcribe /trænˈskraɪb/ *v*.誊写；录音；乐曲改编（转写）《*trans-* = across，over》

transcription /trænˈskrɪpʃən/ *n*.抄写；录音；刊印

341　sect = cut

* 拉丁文 *secare*（= *cut*），过去分词为 *sectus*。

sect /sɛkt/ *n*.宗派；教派；分派；派系

sectarian /sɛkˈtɛrɪən/ *adj*.宗派的；派系的；学派的；党派心强的　*n*.党派或宗派心强的人

sectary /ˈsɛktərɪ/ *n*.同属一宗派的人

sectile /ˈsɛktɪl/ *adj*.（矿物）可截断的《*-ile* 形容词字尾》

```
sect  +  ile
 |        |
cut   +  adj.
```

section /ˈsɛkʃən/ n.部分；区域；部门；段落；断面　v.区分；划分
sectional /ˈsɛkʃənl̩/ adj.部分的；部门的；段落的；断面的
sectionalism /ˈsɛkʃənl̩ˌɪzm̩/ n.地方主义；地方偏见；地域观念；派系主义
sectionalize /ˈsɛkʃənəˌlaɪz/ v.分成小部分；区分
bisect /baɪˈsɛkt/ v.平分；分为二等分（切割成两部分）《*bi-* = two》
bisection /baɪˈsɛkʃən/ n.平分；二等分
dissect /dɪˈsɛkt/ v.解剖；切开；详细研究（切割开来）《*dis-* = apart》
dissection /dɪˈsɛkʃən/ n.解剖；切开；详细研究或分析

```
dis  + sect + ion
 |       |      |
apart +  cut  + n.
```

dissector /dɪˈsɛktɚ/ n.解剖者；解剖器具
insect /ˈɪnsɛkt/ n.昆虫；微贱的人（躯体分割成一节一节）《*in-* = into》
insectarium /ˌɪnsɛkˈtɛrɪəm/ n.昆虫饲养所；昆虫馆(= *insectary*)
（饲养昆虫的地方）《*-arium* 表场所的名词字尾》

```
insect + arium
  |        |
 昆虫  +  place
```

insecticide /ɪnˈsɛktəˌsaɪd/ n.杀虫剂（杀昆虫的东西）《*cide* = cut》
insectivore /ɪnˈsɛktəˌvor/ n.食虫动物；食虫植物《*vor* = eat》
insectivorous /ˌɪnsɛkˈtɪv(ə)rəs/ adj.食虫的；食虫类的
intersect /ˌɪntɚˈsɛkt/ v.横断；交叉（交互切割）《*inter-* = between》
intersection /ˌɪntɚˈsɛkʃən/ n.横断；交叉；（道路的）交叉点；交点

```
inter  + sect + ion
  |        |      |
between +  cut  + n.
```

transect /trænˈsɛkt/ v.横切；横断；截断（从这端切到那端）
《*tran-* = across》
transection /trænˈsɛkʃən/ n.横切面；横断面
vivisect /ˌvɪvəˈsɛkt/ v.活体解剖（切割活的东西）《*vivi* = alive》
vivisection /ˌvɪvəˈsɛkʃən/ n.活体解剖
secant /ˈsikənt, ˈsikænt/ adj.分割的；交割的　n.正割；割线
segment /ˈsɛgmənt/ n.部分；分节；断片　v.(使)分裂《*seg* = cut》

342　sed = sit

* 拉丁文 *sedere*(= *sit*)。〔变化型〕*sess* , *sid* 。

sedate /sɪˈdet/ *adj*.安详的；肃静的（稳定地坐着）

sedative /ˈsɛdətɪv/ *adj*.镇定的　　*n*.镇定剂（使坐下）

sedentary /ˈsɛdn̩ˌtɛrɪ/ *adj*.惯于久坐的；不活动的；定居的；不迁徙的
　　n.惯于久坐的人

sediment /ˈsɛdəmənt/ *n*.沉淀物；冲积物　　*v*.沉淀（沉积于底部的）

sedimentation /ˌsɛdəmɛnˈteʃən/ *n*.沉淀（作用）

sedulous /ˈsɛdʒələs/ *adj*.勤勉的；努力不懈的（一直坐着工作）

```
 sed  +  ulous
  |        |
 sit  +  adj .
```

sessile /ˈsɛsl̩,-ɪl/ *adj*.固定的（坐着不能动）

session /ˈsɛʃən/ *n*.开会（期）；开庭（期）（坐在会议席上的）

assess /əˈsɛs/ *v*.评估；评定；课（税或其他费用）（使坐下→订定）
　　《*as-* = *ad-* = to》

assessor /əˈsɛsɚ/ *n*.估税员；顾问

```
 as  +  sess  +   or
  |       |        |
 to  +  sit  +  person
```

assiduous /əˈsɪdʒʊəs/ *adj*.勤勉的（面对桌子坐着）《*as-* = *ad-* = to》

assiduity /ˌæsəˈdjuətɪ,-ˈdu-/ *n*.勤勉

dissidence /ˈdɪsədəns/ *n*.异议《*dis-* = apart》

```
 dis  +  sid  +  ence
  |       |        |
apart +  sit  +   n .
```

dissident /ˈdɪsədənt/ *adj*.,*n*.意见不同的（人）；持异议的（人）（分开坐
　　着的）

insidious /ɪnˈsɪdɪəs/ *adj*.阴险的；狡猾的（隐匿坐于其内者）《*in-* = in》

obsess /əbˈsɛs/ *v*.（魔鬼、妄想等）萦扰；缠扰；困扰《*ob-* = against》

obsession /əbˈsɛʃən/ *n*.萦扰；着迷；妄想

obsessive /əbˈsɛsɪv/ *adj*.妄想的；（恐惧等）盘踞于心的

```
  ob    + sess +  ive
  |        |       |
against +  sit  + adj.
```

possess /pə'zɛs/ v.拥有；（恶魔等）缠附；克制（向有～的方向坐着）

　《*pos-* = *port-* = towards》

possessed /pə'zɛst/ adj.着魔的；疯狂的；镇定的

possession /pə'zɛʃən/ n.持有；（*pl.*）财产；着魔

dispossess /ˌdispə'zɛs/ v.夺取；霸占；逐出；剥夺（使拥有的东西失去）

　《*dis-* = away》

prepossess /ˌpripə'zɛs/ v.使人抱持（感情、观念）；使有好印象；

　（感情、观念）盘踞心头（事先拥有）《*pre-* = before》

repossess /ˌripə'zɛs/ v.再取得；收回；复有（再次拥有）《*re-* = again》

preside /prɪ'zaɪd/ v.开会做主席；管理（坐在前面）《*pre-* = before》

```
  pre   + side
  |        |
before +  sit
```

president /'prɛzədnt/ n.总统；会长；（大学）校长（坐于首席的人）

presidency /'prɛzədənsɪ/ n.总统的职位；总统的任期

presidential /ˌprɛzə'dɛnʃəl/ adj.总统的；统辖的；支配的

presidium /prɪ'sɪdɪəm/ n.常务委员会；主席团《*-ium* 表集合名词》

reside /rɪ'zaɪd/ v.居住；存在（返回坐下）《*re-* = back》

residence /'rɛzədəns/ n.居住（期间）；住宅

```
  re   + sid + ence
  |       |      |
back +  sit  +  n.
```

resident /'rɛzədnt/ adj.居住的；居留的；定居的　n.居住者；驻外代表

residential /ˌrɛzə'dɛnʃəl/ adj.住宅的；居住用的；与居住有关的

residual /rɪ'zɪdʒʊəl/ adj.剩余的；残留的　n.剩余；残留物（残留置于

　后头的）

residue /'rɛzəˌdju,-ˌdu/ n.残余；余产

subside /səb'saɪd/ v.降落；下沉；（暴风雨）平息（坐在下方）

　《*sub-* = under》

subsidence /səb'saɪdn̩s,'sʌbsədəns/ n.沉淀；陷下；平息

subsidize /'sʌbsəˌdaɪz/ v.补助；资助；津贴（置于后面加以援助）

《*sub-* = under，behind》

```
sub   + sid + ize
 |       |     |
behind + sit + v.
```

subsidy /ˈsʌbsədɪ/ *n*.津贴；补助金
subsidiary /səbˈsɪdɪɛrɪ/ *adj*.辅助的；补助的
supersede /ˌsupɚˈsid,ˌsju-/ *v*.代替；更换；免职；废止（坐在首位）
《*supe-* = above》

```
super + sede
  |      |
above + sit
```

supersession /ˌsupɚˈsɛʃən,ˌsju-/ *n*.代替；废弃
siege /sidʒ/ *n*.围攻；围城（兵士坐于城的四周）
besiege /bɪˈsidʒ/ *v*.围攻；困恼《*be-* = make》
consult /kənˈsʌlt/ *v*.请教；参考；查阅（坐在一起）《*con-* = together》
consultant /kənˈsʌltənt/ *n*.咨询者；顾问

```
con      + sult +  ant
 |          |        |
together + sit + person
```

consultation /ˌkɑnslˈteʃən/ *n*.请教；参考；调查
exile /ˈɛgzaɪl,ˈɛksaɪl,*v.also*ɪgˈzaɪl/ *n*.,*v*.放逐；流放（使坐于外面）
《*ex-* = out》

343 semin = seed

> * 拉丁文 *semin*, *semen*(= seed)。

seminal /ˈsɛmənl/ *adj*.精液的；种子的；生殖的；如种子般的；有潜力的
seminar /ˈsɛməˌnɑr/ *n*.研讨会；讨论式的课程
seminary /ˈsɛməˌnɛrɪ/ *n*.（罪恶等的）温床；神学院；学校（尤指私立
女子学校）（孕育种子之处）《*-ary* 表场所的名词字尾》
semination /ˌsɛməˈneʃən/ *n*.播种；接种；传播

```
semin + ation
  |       |
seed  +  n.
```

seminiferous /ˌsɛməˈnɪfərəs/ *adj*.产生精子的；产生精液的；输精的

（产生种子）《-(i) *ferous* = bearing》

disseminate /dɪˈsɛməˌnet/ *v*.传播；使普及；散布（散播种子）
  《*dis-* = apart》

dissemination /dɪˌsɛməˈneʃən/ *n*.传播；普及；散布

```
dis  + semin + ation
 |       |       |
apart +  seed  +  n.
```

disseminator /dɪˈsɛməˌnetɚ/ *n*.传播者；散布者

inseminate /ɪnˈsɛməˌnet/ *v*.使受精；播种；灌输（使种子进入）
  《*in-* = into》

insemination /ɪnˌsɛməˈneʃən/ *n*.受精；播种

344 sen = old

  * 拉丁文 *sen*, *senex*(= old)。

senate /ˈsɛnɪt/ *n*.参议院；议会；元老院；评议会（由具有权威的人所
  组成）《*senatus* = council of elders》

senator /ˈsɛnɪtɚ/ *n*.参议员；元老院议员；评议员

senatorial /ˌsɛnəˈtorɪəl,-ˈtor-/ *adj*.参议院的；参议员的；元老院的；
  元老院议员的

senescent /səˈnɛsn̩t/ *adj*.老朽的；衰老的（变老的）
  《*-escent* = becoming》

senescence /səˈnɛsn̩s/ *n*.老朽；衰老

senile /ˈsinaɪl/ *adj*.衰老的；老迈的；高龄的（老年的）
  《*-ile* 形容词字尾》

```
sen  +  ile
 |       |
old  +  adj.
```

senility /səˈnɪlətɪ/ *n*.老迈；衰老

senior /ˈsinjɚ/ *adj*.年长的；资深的；上级的；最高年级的 *n*.年长者；
  资深者；最高年级学生（比较老的）《*-ior* 形容词字尾，表比较》

seniority /sinˈjɔrətɪ/ *n*.年长；资深；年资

345 sens = feel

  * 拉丁文 *sentire*(= feel，perceive)，过去分词为 *sensus*。〔变化型〕*sent*。

sense /sɛns/ *n*.感官；知觉；意义；判断力 *v*.觉得；感知

sensibility /ˌsensəˈbɪlətɪ/ *n*.感觉；感性；情感

sensible /ˈsensəbḷ/ *adj*.明理的；可感觉的

```
┌─────────────────┐
│  sens  +  ible  │
│   │       │     │
│  feel  +  adj.  │
└─────────────────┘
```

sensitive /ˈsensətɪv/ *adj*.敏感的；过敏的；易感光的

sensitivity /ˌsensəˈtɪvətɪ/ *n*.敏感；感受性；感度；感光度

sensitize /ˈsensəˌtaɪz/ *v*.使敏感

sensor /ˈsensɚ/ *n*.探测设备；敏感装置；感觉器官

sensorium /senˈsorɪəm,-ˈsɔr-/ *n*.感觉中枢

sensory /ˈsensərɪ/ *adj*.感觉的；感觉器官的

```
┌─────────────────┐
│  sens  +  ory   │
│   │       │     │
│  feel  +  adj.  │
└─────────────────┘
```

sensual /ˈsenʃuəl/ *adj*.肉体上的；官能的

sensuous /ˈsenʃuəs/ *adj*.感觉的；感官的

sensate /ˈsenset/ *adj*.有感觉的；可感觉的

sensation /senˈseʃən/ *n*.感觉；感动

sensational /senˈseʃənḷ/ *adj*.令人激动的；感动的

```
┌──────────────────────────┐
│  sens  +  ation  +  al    │
│   │        │        │     │
│  feel  +   n.    +  adj.  │
└──────────────────────────┘
```

sentient /ˈsenʃ(ɪ)ənt/ *adj*.有知觉的；有感觉的；敏感的；意识的

sentience /ˈsenʃ(ɪ)əns/ *n*.感觉；知觉力；感性

sentiment /ˈsentəmənt/ *n*.情绪；感情；伤感

sentimental /ˌsentəˈmentḷ/ *adj*.感情的；感伤的

sentimentality /ˌsentəmenˈtælətɪ/ *n*.多愁善感；感伤

sentence /ˈsentəns/ *n*.宣判；句子　*v*.宣判；判决（有感而发的东西）

sententious /senˈtenʃəs/ *adj*.警句多的；简洁的

assent /əˈsent/ *v*.同意　*n*.赞同；同意（感觉对方的心情）

　　《as- = ad- = to》

```
┌─────────────────┐
│  as  +  sent    │
│   │      │      │
│  to  +  feel    │
└─────────────────┘
```

assentient /əˈsɛnʃənt/ *adj*.同意的　*n*.赞同者

assentation /ˌæsɛnˈteʃən/ *n*.迎合；附和

consent /kənˈsɛnt/ *n*.，*v*.同意（共同地感觉）《*con-* = together》

consentient /kənˈsɛnʃənt,-ʃɪənt/ *adj*.一致的；同意的

```
con   + sent + ient
 |       |      |
together + feel + adj.
```

consentaneous /ˌkɑnsɛnˈtenɪəs/ *adj*.相合的；一致的

consensus /kənˈsɛnsəs/ *n*.一致；舆论

dissent /dɪˈsɛnt/ *v*.持异议　*n*.异议（产生别的感觉）《*dis-* = apart》

dissenter /dɪˈsɛntɚ/ *n*.持异议的人；反对者

dissentient /dɪˈsɛnʃənt/ *adj*.，*n*.持异议的（人）

dissension /dɪˈsɛnʃən/ *n*.冲突；意见不合

extrasensory /ˌɛkstrəˈsɛnsərɪ/ *adj*.知觉外的；超感觉的（超越感官的）
《*extra-* = beyond》

insensate /ɪnˈsɛnset,-sɪt/ *adj*.无感觉的；愚钝的；无情的《*in-* = not》

insensible /ɪnˈsɛnsəbl̩/ *adj*.无感觉的；失去意识的；未察觉的

```
in  + sens + ible
 |      |      |
not + feel + adj.
```

insensitive /ɪnˈsɛnsətɪv/ *adj*.感觉迟钝的；无感觉的

nonsense /ˈnɑnsɛns/ *n*.无意义的话；愚蠢的行为（没有意义）

presentiment /prɪˈzɛntəmənt/ *n*.预感；预觉（事先的感觉）
《*pre-* = before》

resent /rɪˈzɛnt/ *v*.愤恨（再次感觉→怒气油然而生）《*re-* = again》

resentful /rɪˈzɛntfəl/ *adj*.愤慨的

resentment /rɪˈzɛntmənt/ *n*.愤恨

scent /sɛnt/ *v*.嗅出；闻出；察觉　*n*.气味；香（味）；嗅觉（用鼻子感觉）

346　sequ = follow

* 拉丁文 *sequi*（= *follow* 跟随）。〔变化型〕*secut*, *su*。

sequacious /sɪˈkweʃəs/ *adj*.顺从的；卑屈的；合乎逻辑的（愿意跟随的）

sequel /ˈsikwəl/ *n*.结果；续篇（接续者）

sequence /ˈsikwəns/ *n*.连续；序列；结果

```
sequ  +  ence
 |        |
follow  +  n.
```

sequent /ˈsikwənt/ *adj*.连续的；结果的　*n*.结果

sequential /sɪˈkwɛnʃəl/ *adj*.随之而来的；连续的；结果的

consequence /ˈkɑnsəˌkwɛns/ *n*.结果；重要（一同继续→继于其后的事）
《*con-* = together》

consequent /ˈkɑnsəˌkwɛnt/ *adj*.由～而起的；（在理论上）必然的
　n.结果；影响

consequential /ˌkɑnsəˈkwɛnʃəl/ *adj*.结果的；重要的；自大的

obsequious /əbˈsikwɪəs/ *adj*.逢迎的；谄媚的（紧粘在后面的）
《*ob-* = near》

```
ob  +  sequ  +  ious
 |      |        |
near + follow +  adj.
```

subsequence /ˈsʌbsɪˌkwɛns/ *n*.后来；继起（继于后面的东西）
《*sub-* = under》

subsequent /ˈsʌbsɪˌkwɛnt/ *adj*.后来的；继起的

consecution /ˌkɑnsɪˈkjuʃən/ *n*.连续；一致（一起承接）《*con-* = together》

consecutive /kənˈsɛkjətɪv/ *adj*.连续的；表示结果的

```
con  +  secut  +  ive
 |        |        |
together + follow + adj.
```

execute /ˈɛksɪˌkjut/ *v*.实施；执行；处死（继续向外行去→到处行得通的）
《*ex-* = out》

execution /ˌɛksɪˈkjuʃən/ *n*.履行；执行死刑；实现

executive /ɪgˈzɛkjutɪv/ *adj*.行政的；实行的　*n*.行政官；执行部门

executor /ɪgˈzɛkjətɚ/ *n*.指定遗嘱执行人 /ˈɛksɪˌkjutɚ/ *n*.执行者

persecute /ˈpɚsɪˌkjut/ *v*.迫害；困惑

persecution /ˌpɚsɪˈkjuʃən/ *n*.迫害

```
┌─────────────────────────────┐
│  per  +  secut  +  ion       │
│   |        |        |         │
│ through + follow +  n.        │
└─────────────────────────────┘
```

prosecute /ˈprɑsɪˌkjut/ v.实行；告发（事先进行手续）《*pro-* = forth》

prosecution /ˌprɑsɪˈkjuʃən/ n.进行；起诉；原告

prosecutor /ˈprɑsɪˌkjutɚ/ n.原告；检察官

sue /su, sɪu/ v.控告；请求（跟着转）

　【解说】美国是个民众很爱提起诉讼的国家，几乎任何事都可以告上法院。甚至出现过自己告自己，因自己不慎伤害自己，而要求保险公司理赔的案件。法院最终判决本人胜诉，并要求保险公司理赔。

ensue /ɛnˈsju/ v.随后发生；结果（继续～）《*en-* = *in-* = upon》

pursue /pɚˈsu, -ˈsɪu/ v.追捕；继续；追求；照～而行（继续向前进）
　《*pur-* = *pro-* = forth》

pursuance /pɚˈsuəns, -ˈsju-/ n.追求；从事

```
┌─────────────────────────────┐
│  pur  +  su   +  ance        │
│   |       |        |          │
│ forth + follow +   n.         │
└─────────────────────────────┘
```

pursuit /pɚˈsut, -ˈsjut/ n.追捕；追求；职业

suit /sut, sjut/ v.适合于；适应　n.一套；一组；请求；诉讼（继续做
　下去→使合于）

suitable /ˈsutəbl̩, ˈsɪu-, ˈsju-/ adj.适当的

suite /swit/ n.随员；一组；组曲；套房（跟从者）

347　sert = join; put

　＊拉丁文 *serere*（= join, put），过去分词为 *sertus*。

series /ˈsɪrɪz, ˈsiriz, ˈsɪrɪz, ˈsirɪz/ n.连续；系列；丛书（结合的东西）

serial /ˈsɪrɪəl/ adj.连载的；连续的；排成系列的　n.连载小说；连续剧

seriate /v. ˈsɪrɪˌet adj. ˈsɪrɪt/ v.按顺序排列　adj.顺序的；连续的

serried /ˈsɛrɪd/ adj.拥挤的；密集的（使团结）

assert /əˈsɚt/ v.断言；辩护；坚持主张（自己的权利、意见）《*as-* = *ad-* = to》

assertion /əˈsɚʃən/ n.断言；主张；辩护

```
┌─────────────────────────────┐
│  as  +  sert  +  ion         │
│   |       |        |          │
│  to  +  join  +    n.         │
└─────────────────────────────┘
```

assertive /əˈsɝtɪv/ *adj*.断定的

concert /*n*. ˈkɑnsɝt *v*. kənˈsɝt/ *n*.音乐会；一致；和谐 *v*.协议进行（团结在一起）《***con***- = together》

desert /*adj*.,*n*. ˈdɛzət *v*. dɪˈzɝt/ *adj*.不毛的；沙漠的 *n*.沙漠 *v*.放弃；遗弃（脱离相结合）《***de***- = off》

deserted /dɪˈzɝtɪd/ *adj*.荒芜的；为人所弃的

desertion /dɪˈzɝʃən/ *n*.背弃；擅离职守

dissertation /ˌdɪsɚˈteʃən/ *n*.（学位）论文（离开群体→个别分开详细论述）《***dis***- = apart》

dis	+ sert	+ ation
|	|	|
apart	+ *join*	+ *n*.

【解说】要拿到博士学位(**doctoral degree**)，最重要的就是要写博士论文(**dissertation**)，来证明自己学有所成。

exert /ɪgˈzɝt/ *v*.运用；施行（使出力量于外）《***ex***- = out》

exertion /ɪgˈzɝʃən/ *n*.努力；费力；运用

insert /ɪnˈsɝt/ *v*.插入；嵌入 *n*.插入物（置于其中）《***in***- = into》

insertion /ɪnˈsɝʃən/ *n*.插入（物）；嵌入

reassert /ˌriəˈsɝt/ *v*.重作断言；再申明《***re***- = again》

reassertion /ˌriəˈsɝʃən/ *n*.重作断言；再申明

348 serv = serve; keep

＊拉丁文 *servire*(= *serve*)，*servare*(= *keep*, *protect*)。

serve /sɝv/ *v*.服务；供应；侍候；备餐 *n*.（网球等的）开球；发球

servant /ˈsɝvənt/ *n*.仆人；公务员

service /sɝvɪs/ *n*.贡献；业务；助益；服务

servile /ˈsɝvl̩,-vɪl/ *adj*.奴隶的；卑屈的（服务）《***-ile*** 形容词字尾》

servility /sɚˈvɪlətɪ/ *n*.奴隶状态；奴性；卑屈

servitude /ˈsɝvəˌtjud/ *n*.奴役；苦役

serv	+ itude
|	|
serve	+ *n*.

serf /sɝf/ *n*.农奴；奴隶（服侍者）

serfdom /ˈsɝfdəm/ *n*. 农奴的身分；农奴制（= *serfage*；*serfhood*）
　《*-dom* = state》

sergeant /ˈsɑrdʒənt/ *n*. 中士；警官（服侍者）

conserve /*v*. kənˈsɝv *n*. kənˈsɝv, ˈkansɝv/ *v*. 保存；保全　*n*. 保存；保全；
　（*pl*.）蜜饯（共同保有）《*con-* = together》

conservancy /kənˈsɝvənsɪ/ *n*. 保护；管理

conservation /ˌkansɝˈveʃən/ *n*. 保存；保护（林）

conservative /kənˈsɝvətɪv/ *adj*. 保存的；保守的；谨慎的　*n*. 保守者；
　（C-）保守党员

```
con    +  serv  +  ative
 |         |        |
together +  keep  +  adj.
```

conservatory /kənˈsɝvəˌtorɪ, -ˌtorɪ/ *n*. 温室；音乐学校（保存地）
　《*-ory* 表场所的名词字尾》

deserve /dɪˈzɝv/ *v*. 应受（赏罚）；应得报酬（值得完全用尽）
　《*de-* = fully》

disserve /dɪsˈsɝv/ *v*. 虐待；伤害（远离问候）《*dis-* = apart》

disservice /dɪsˈsɝvɪs/ *n*. 损害；伤害；虐待

observe /əbˈzɝv/ *v*. 遵守；观察；注意（保留在眼前→看守）
　《*ob-* = to》

observance /əbˈzɝvəns/ *n*. 遵守；仪式

```
ob +  serv  +  ance
 |      |        |
to  +  keep  +   n.
```

observation /ˌabzɝˈveʃən/ *n*. 观察力；注意；评论

observatory /əbˈzɝvəˌtorɪ/ *n*. 天文台；气象台；了望台
　《*-ory* 表场所的名词字尾》

preserve /prɪˈzɝv/ *v*. 保管；保存；醃（蔬菜）　*n*. 保护；保存；（*pl*.）蜜饯；
　动物饲养场（事先保留）《*pre-* = before》

```
pre  +  serve
 |        |
before +  keep
```

preservation /ˌprɛzɝˈveʃən/ *n*. 保存；保护

preservative /prɪˈzɝvətɪv/ *adj*. 保存的　*n*. 防腐剂；保护物

reserve /rɪˈzɝv/ v.保留；预订；延期　n.贮藏物；预备部队；谨慎；节制（隐秘地保留→不出来）《re- = back》

reserved /rɪˈzɝvd/ adj.保留的；预订的（不使自己显露）

reservation /ˌrɛzɚˈveʃən/ n.保留（条件）；预定

```
re  +  serv  +  ation
|        |        |
back +  keep  +   n.
```

reservoir /ˈrɛzɚˌvɔr,-ˌvwɔr,-vwɑr/ n.贮水池；水库　v.蓄积

subserve /səbˈsɝv/ v.裨益于；有助于（服务于下部）《sub- = under》

subservient /səbˈsɝvɪənt/ adj.卑屈的；有裨益的；从属的

349　sign = mark

　　*拉丁文 *signare*(= mark), *signum*(= mark, token 标记)。

sign /saɪn/ n.记号；征兆　v.签字；做手势；表示

signal /ˈsɪɡnl̩/ n.信号；动机　v.向～作信号；表示　adj.信号的；显著的

signally /ˈsɪɡnl̩ɪ/ adv.显著地；非常地

signalize /ˈsɪɡnəˌlaɪz/ v.使著名；显示

signatory /ˈsɪɡnəˌtɔrɪ,-ˌtorɪ/ adj.签字的　n.签署者；签约国

signature /ˈsɪɡnətʃɚ/ n.签字；记号

signet /ˈsɪɡnɪt/ n.印章；图章

signify /ˈsɪɡnəˌfaɪ/ v.表示；有重要性（作出信号）《-fy = make》

```
sign  +  ify
|         |
mark  +  make
```

significant /sɪɡˈnɪfəkənt/ adj.有意义的；重大的；暗示的

significance /sɪɡˈnɪfəkəns/ n.重要；意义

signification /ˌsɪɡnɪfəˈkeʃən/ n.意味；意义；表示；表明

significative /sɪɡˈnɪfəˌketɪv/ adj.意味深长的；表示～的

assign /əˈsaɪn/ v.分配；指派；让与（按照指示订定）《as- = ad- = to》

assignation /ˌæsɪɡˈneʃən/ n.指定；让与；约会；归因

assignee /əˌsaɪˈni,ˌæsəˈni/ n.受让人；受托者《-ee 表示"被～的人"》

assigner /ə'saɪnɚ/ *n*.分配人；指定人

assignment /ə'saɪnmənt/ *n*.分派；让与；指定的工作

```
as + sign + ment
 |     |      |
to + mark +  n.
```

consign /kən'saɪn/ *v*.交付；委托（共同签署）《*con-* = together》

consignation /ˌkɑnsɪg'neʃən/ *n*.委托；托送

consignee /ˌkɑnsaɪ'ni,-sɪ'ni/ *n*.受托者；收货人；承销人

consigner /kən'saɪnɚ/ *n*.委托者；寄货人；货主

```
con   + sign +   er
 |       |        |
together + mark + person
```

consignment /kən'saɪnmənt/ *n*.（货物的）委托

countersign /'kauntɚˌsaɪn/ *v*.连署；副署；承认　*n*.对答暗号；口令；
连署；副署《*counter-* = contrary》

countersignature /ˌkauntɚ'sɪgnətʃɚ/ *n*.副署；连署

design /dɪ'zaɪn/ *v*.设计；作图案；打算　*n*.图案；设计；意图（在计划
上作记号）《*de-* = down》

designed /dɪ'zaɪnd/ *adj*.有计划的；故意的

designer /dɪ'zaɪnɚ/ *n*.设计家；阴谋者

designate /*v*. 'dɛzɪgˌnet *adj*. 'dɛzɪgnɪt/ *v*.指出；指定；命名
adj.指派好的；选定的

designation /ˌdɛzɪg'neʃən,ˌdɛs-/ *n*.指示；指标；名称

```
de  + sign  + ation
 |      |       |
down + mark +  n.
```

ensign /'ɛnsaɪn,'ɛnsṇ/ *n*.旗；军旗；旗手；徽章（有记号在上面）
《*en-* = *in-* = on》

insignia /ɪn'sɪgnɪə/ *n*. *pl*.标志；徽章（上面有记号）
《*in-* = on；-*ia* 复数名词字尾》

resign /rɪ'zaɪn/ *v*.辞职；顺从；委托（再度签署→辞职时的署名）
《*re-* = again》

resigned /rɪˈzaɪnd/ *adj*.顺从的；听天由命的

resignation /ˌrɛzɪgˈneʃən,ˌrɛs-/ *n*.辞呈；顺从

350 **simil** = like；same

* 拉丁文 *similis*(= *like* 类似)。〔变化型〕*sembl*。

simile /ˈsɪməˌli/ *n*.直喻；明喻（类似的东西）

similar /ˈsɪmələ/ *adj*.类似的；同样的　*n*.类似物

similarity /ˌsɪməˈlærətɪ/ *n*.类似；类似点；相似处

similitude /səˈmɪləˌtjud,-ˌtud/ *n*.类似；比喻；相似的人或物
《*-itude* 抽象名词字尾》

```
simil + itude
  |       |
like  +   n.
```

simulate /ˈsɪmjəˌlet/ *v*.假装；扮演；类似　*adj*.伪装的；模拟的

simulant /ˈsɪmjʊlənt/ *adj*.假装的；模拟的

simultaneous /ˌsaɪmḷˈtenɪəs,ˌsɪm-,-njəs/ *adj*.同时发生的；同时的；
同时存在的《*-taneous* 形容词字尾》

```
simul + taneous
  |        |
same  +   adj.
```

simultaneity /ˌsaɪmḷtəˈniətɪ,ˌsɪmḷ-/ *n*.同时存在；同时发生；同时

assimilate /əˈsɪmḷˌet/ *v*.同化；理解（使成为相同）
《*as-* = *ad-* = to》

assimilation /əˌsɪmḷˈeʃən/ *n*.同化（作用）

dissimilate /dɪˈsɪməˌlet/ *v*.（使）异化；（使）变得不同（使不相同）
《*dis-* = not》

```
dis + simil + ate
 |      |      |
not + same  +  v.
```

dissimulate /dɪˈsɪmjəˌlet/ *v*.掩饰；假装《*dis-*表加强语气》

semblance /ˈsɛmbləns/ *n*.相似；外观

assemble /əˈsɛmbḷ/ *v*.聚集；集合（集合志同道合者）《*as-* = *ad-* = to》

assemblage /əˈsɛmblɪdʒ/ *n*.集合；集合物；集团；装配

《*-age* 抽象名词字尾》

```
as + sembl + age
|      |      |
to + same +  n.
```

assembly /ə'sɛmblɪ/ *n*.会合；集会；（ A-）（美国州议会的）下院

dissemble /dɪ'sɛmbl̩/ *v*.掩饰；隐藏；假装（使变得不像）

《*dis-* = not》

facsimile /fæk'sɪmǝlɪ/ *n*.复制；无线电传真；传真照片

    v.复制（做成相同→复制）《*fac* = *fact* = make》

```
fac  + simile
 |      |
make + same
```

resemble /rɪ'zɛmbl̩/ *v*.相似（再看感觉也相同）《*re-* = again》

resemblance /rɪ'zɛmblǝns/ *n*.相似；形象

verisimilar /ˌvɛrǝ'sɪmǝlǝ/ *adj*.像是真实的；可能的（像真的）

    《*ver*(*i*) = true》

verisimilitude /ˌvɛrǝsǝ'mɪlǝˌtjud/ *n*.似真；好像真实；逼真

351   sinu = curve；sinus

    * 拉丁文 *sinus*(= *curve*)。

sinuate /'sɪnjuˌet,-ɪt/ *adj*.弯曲的；波状的

sinuation /ˌsɪnju'eʃǝn/ *n*.曲折

sinuous /'sɪnjuǝs/ *adj*.弯曲的；蜿蜒的；迂回的；乖僻的

```
sinu  + ous
 |      |
curve + adj.
```

sinuosity /ˌsɪnju'ɑsǝtɪ/ *n*.弯曲；蜿蜒

sinus /'saɪnǝs/ *n*.窦；静脉窦；凹处；弯曲；瘘管

sinusitis /ˌsaɪnǝ'saɪtɪs/ *n*.静脉窦炎《*-itis* = inflammation（ 发炎）》

insinuate /ɪn'sɪnjuˌet/ *v*.暗示；暗讽；迂回地说（拐弯抹角地进入）

    《*in-* = into》

insinuation /ɪnˌsɪnju'eʃǝn/ *n*.暗示；巧妙巴结

insinuative /ɪn'sɪnjuˌetɪv/ *adj*.暗示的；巧妙巴结的

352　sist = stand

* 拉丁文 *stare*（= stand）；希腊文 *esthn*（= I stood），梵文 *stha*（= stand）之类的例子不胜枚举。"st-"有"stand"之意，源自于印欧语族的 **STA**（= stand），英语中的"-st-"多由"站立"的基本意思，衍生出来有"静止"、"持续"、"固定"、"隐忍顺从"之意，是非常重要的一个字根。

〔变化型〕*stitut*, *sta*, *st*。

assist /əˈsɪst/ *v*.出席；帮助（站在一旁）《*as-* = *ad-* = to》

assistance /əˈsɪstəns/ *n*.帮助

assistant /əˈsɪstənt/ *adj*.帮助的　*n*.助手

as +	sist +	ant
to +	stand +	adj., n.

consist /kənˈsɪst/ *v*.组成；存在；相容（站在一起）
《*con-* = together》

consistent /kənˈsɪstənt/ *adj*.一致的；经常不变的

consistence；-ency /kənˈsɪstəns(ɪ)/ *n*.（言行）一致；坚固；浓度

desist /dɪˈzɪst/ *v*.停止；断念（离去；走开）《*de-* = away》

exist /ɪgˈzɪst/ *v*.存在；发生；活着（继续站着）《*ex-* = out, forth》

existent /ɪgˈzɪstənt, eg-/ *adj*.现存的；现行的；目前的

existence /ɪgˈzɪstəns/ *n*.存在；生存；实在

ex +	ist +	ence
out +	stand +	n.

insist /ɪnˈsɪst/ *v*.强调；坚持（站在～之上不动）《*in-* = on》

insistent /ɪnˈsɪstənt/ *adj*.坚持的；强求的；显著的

insistence；-ency /ɪnˈsɪstəns(ɪ)/ *n*.坚持；强调

persist /pɚˈzɪst, -ˈsɪst/ *v*.坚持；固执（始终屹立）
《*per-* = through》

persistent /pɚˈsɪstənt, -ˈzɪst-/ *adj*.固执的；坚持的；持续性的

persistence；-ency /pɚˈsɪstəns(ɪ), -ˈzɪst-/ *n*.坚持；固执；持续

per +	sist +	ence
through +	stand +	n.

resist /rɪˈzɪst/ *v*.抵抗；对抗；忍住　*n*.防染剂；绝缘涂料（站在反方向）
《*re-* = back，against》

resistant /rɪˈzɪstənt/ *adj*.抵抗的；有抵抗力的；有耐力的

resistance /rɪˈzɪstəns/ *n*.抵抗（力）；地下组织

irresistible /ˌɪrɪˈzɪstəbḷ/ *adj*.无法抵抗的；无法抗拒的
《*ir-* = *in-* = not》

subsist /səbˈsɪst/ *v*.生存；生活；过日子；存在；供养；给与粮食（站在下面）《*sub-* = under》

```
  sub  +  sist
   |      |
under + stand
```

subsistence /səbˈsɪstəns/ *n*.生活；生存；生计

constitute /ˈkɑnstəˌtjut/ *v*.组成；任命；设立（站在一块儿）
《*con-* = together》

constituent /kənˈstɪtjuənt/ *adj*.构成的；有选举权的　*n*.成分；选民

constitution /ˌkɑnstəˈtjuʃən/ *n*.构成；体格；性情；宪法

```
con  + stitut + ion
 |       |       |
together + stand + n.
```

constitutional /ˌkɑnstəˈtjuʃḷ/ *adj*.体质的；生来的；宪法的

destitute /ˈdɛstəˌtjut/ *adj*.穷困的（离开衣食而生存）《*de-* = away》

destitution /ˌdɛstəˈtjuʃən/ *n*.贫困；缺乏；不足

institute /ˌɪnstəˈtjut/ *v*.创立；制定；着手（引起；建立）　*n*.协会；学会；研究所；讲习会（被设立的东西）《*in-* = up》

institution /ˌɪnstəˈtjuʃən/ *n*.设立；制定；惯例

prostitute /ˈprɑstəˌtjut/ *v*.卖身　*adj*.卖身的；只图金钱的　*n*.娼妓；出卖节操的人（为了出卖身体而站在众人之前）《*pro-* = forth》

prostitution /ˌprɑstəˈtjuʃən/ *n*.卖淫；滥用

```
pro  + stitut + ion
 |       |       |
forth + stand + n.
```

restitute /ˈrɛstəˌtjut,-tut/ *v*.使恢复原状；赔偿损失（还原到原有的状态）
《*re-* = back》

restitution /ˌrɛstəˈtjuʃən/ *n*.赔偿；复旧；恢复；复位

solstice /ˈsɑlstɪs/ *n*.至日（太阳离赤道最北或最北的时间）；最高点
（太阳静止的那一点）《*sol* = sun》

substitute /ˈsʌbstəˌtjut/ *v*.代替　*n*.代替者（物）；代用品；代用字
adj.代理的；代用的《*sub-* = under; in place of》

```
       sub   +  stitute
        |          |
      under  +  stand
```

substitution /ˌsʌbstəˈtjuʃən/ *n*.代替；取代

superstition /ˌsupɚˈstɪʃən/ *n*.迷信（呆立于令人震惊害怕的事物旁边）
《*super-* = above, near》

【解说】中国人迷信，但其实西方人也一样迷信。比如大家都听过的，打破镜
　　　　子会倒霉三年，或者十三号星期五之类的。其中也有些蛮有趣的，像
　　　　午夜时拨打七个九，电话会接通到地狱。这个迷信大概贝尔（发明电
　　　　话的人）出生以前还没有吧。

superstitious /ˌsupɚˈstɪʃəs/ *adj*.迷信的

```
     super  +  sti  +  tious
       |         |        |
     above  + stand +  adj.
```

stable /ˈstebḷ/ *adj*.坚固的；稳定的　*n*.马厩（马所站立的地点）
v.居于厩中（站立着）

stabilize /ˈstebḷˌaɪz/ *v*.使稳定

stabilization /ˌstebḷəˈzeʃən/ *n*.稳定；安定

stability /stəˈbɪlətɪ/ *n*.稳定；耐久性

establish /əˈstæblɪʃ/ *v*.设立；制定《*e-*在此无特殊意义》

establishment /əˈstæblɪʃmənt/ *n*.设立；制定；（设立的医院、学校和工
厂等）建筑物

stage /stedʒ/ *n*.舞台；阶段；时期　*v*.表演；上演（站着的东西）

contrast /*n*. ˈkɑntræst *v*. kənˈtræst/ *n*.对照；反衬　*v*.对比；对照（立
于反面者）《*contra-* = against》

obstacle /ˈɑbstəkḷ/ *n*.障碍；妨碍物（站在反对立场）
《*ob-* = over, against》

```
 ob   +  sta  + cle
  |       |      |
against + stand + n.
```

obstetric; -ical /əbˈstɛtrɪk(l̩),ab-/ *adj*.产科的（站在产妇之旁）
　《*ob-* = near》

obstinate /ˈɑbstənɪt/ *adj*.固执的；难控制的　　*n*.固执的人（立于反对
　立场）《*ob-* = over，against》

obstinacy /ˈɑbstənəsɪ/ *n*.倔强；顽固

stance /stæns/ *n*.姿势；态度；立场

```
stan + ce
  |     |
stand + n.
```

state /stet/ *n*.状态；威严；州；国家　　*adj*.国家的；州的　　*v*.说；陈述
　（站着的状态）

stately /ˈstetlɪ/ *adj*.威严的；堂皇的

statement /ˈstetmənt/ *n*.陈述；声明书

statesman /ˈstetsmən/ *n*.政治家

static /ˈstætɪk/ *adj*.静止的；静态的（一直站着的）

station /ˈsteʃən/ *n*.位置；台；火车站（一直站立的场所）

stationary /ˈsteʃənˌɛrɪ/ *adj*.固定的；不变的

```
sta  + tion + ary
 |      |      |
stand + n.  + adj.
```

stationer /ˈsteʃənɚ/ *n*.文具商（握有市场以出售书籍的人）

stationery /ˈsteʃənˌɪrɪ/ *n*.文具；信纸

statist /ˈstetɪst/ *n*.统计学家（描述国家所处状态的人）

statistics /stəˈtɪstɪks/ *n*.统计（表）；统计学

statue /ˈstætʃʊ/ *n*.雕像；铸像（立着的东西）

stature /ˈstætʃɚ/ *n*.身材（站着时的高度）

```
stat + ure
  |     |
stand + n.
```

status /ˈstetəs/ *n*.状态；身分；地位（站着的状态）

statute /ˈstætʃut/ *n*.法令；法规；规则

estate /əˈstet/ *n*.地产；财产

stead /stɛd/ *n*.位置；利益；代替（站立处）

steady /ˈstɛdɪ/ *adj*.稳定的；沉着的　*v*.使稳定；沉着（稳固地站立着）

steadfast /ˈstɛdˌfæst,-fə-/ *adj*.坚定的；不移的（稳稳地站立着）

circumstance /ˈsɚkəmˌstæns/ *n*.情况；境遇；细节（站立在周围）

《*circum-* = around》

```
circum  +  stan  +  ce
  |         |        |
around  +  stand  +  n.
```

circumstantial /ˌsɚkəmˈstænʃəl/ *adj*.不重要的；详细的

circumstantiate /ˌsɚkəmˈstænʃɪˌet/ *v*.详细说明

constant /ˈkɑnstənt/ *adj*.不变的；不断的；忠贞的　*n*.常数（始终不变地站在一块）《*con-* = together》

constancy /ˈkɑnstənsɪ/ *n*.不变；坚定；忠诚

destine /ˈdɛstɪn/ *v*.指定；命运注定（站立在命运之下）《*de-* = down》

destiny /ˈdɛstənɪ/ *n*.命运；宿命

destination /ˌdɛstəˈneʃən/ *n*.目的（地）（被指定前往的地方）

distant /ˈdɪstənt/ *adj*.远离的；冷淡的（远远地站立着）

《*di(s)-* = apart》

```
di  +  st  +  ant
 |      |      |
apart  +  stand  +  adj.
```

distance /ˈdɪstəns/ *n*.距离；疏远　*v*.使远离

extant /ɪkˈstænt,ˈɛkstənt/ *adj*.现存的（直到现在站着的）《*ex-* = out》

instant /ˈɪnstənt/ *adj*.立刻的；紧急的；本月的　*n*.顷刻；刹那（即刻站到近处的）《*in-* = upon, near》

instance /ˈɪnstəns/ *n*.建议；实例；诉讼程序　*v*.示例证明（紧迫的东西）

instantaneous /ˌɪnstənˈtenɪəs/ *adj*.即时的；即时发生的

substance /ˈsʌbstəns/ *n*.物质；实质；主旨（立于表象之下）

《*sub-* = under》

substantial /səbˈstænʃəl/ *adj*.实在的；坚实的；重大的　*n*.（*pl*.）本质；要点

<pre>
sub + stant + ial
 | | |
under + stand + adj.
</pre>

substantiate /səbˈstænʃɪˌet/ v.使实体化；证实；证明

restore /rɪˈstor,-ˈstɔr/ v.归还；使复位；修补《re- = back，again》

restoration /ˌrɛstəˈreʃən/ n.恢复；复位

restorative /rɪˈstorətɪv,-ˈstɔr-/ adj.(精神等)回复的　n.兴奋剂

stall /stɔl/ n.(剧院)正厅前排座位；摊位(站立的场所)

　　v.(飞机)失速下降；借故拖延

install /ɪnˈstɔl/ v.装设；安置(站立其中)《in- = in》

installation /ˌɪnstəˈleʃən/ n.装设；装置

instal(l)ment /ɪnˈstɔlmənt/ n.分期付款(支付设备的款额)

apostasy /əˈpɑstəsɪ/ n.脱党；背教；变节(背对背分别站立)

　　《apo- = away from》

<pre>
apo + sta + sy
 | | |
away + stand + n.
</pre>

apostate /əˈpɑstet/ n.脱党者；背教者；变节者

ecstasy /ˈɛkstəsɪ/ n.狂喜；恍惚(立于理性之外)《ec- = ex- = out》

ecstatic /ɪkˈstætɪk,ɛk-/ adj.狂喜的；出神的

metastasis /məˈtæstəsɪs/ n.变形；新陈代谢；急转(改变原来的状态)

　　《meta- = "变化"之意》

system /ˈsɪstəm/ n.系统；组织；制度(站在一块)

　　《sy(s)- = syn- = together》

353　soci = companion；associate

　　＊拉丁文 socius(= companion，associate)。

sociable /ˈsoʃəbḷ/ adj.好交际的；社交性的；联谊的

sociability /ˌsoʃəˈbɪlətɪ/ n.好交际；交际性；友善

social /ˈsoʃəl/ adj.社会的；社交的；有关社会地位的；群居的

socialism /ˈsoʃəlˌɪzəm/ n.社会主义；社会主义运动

socialist /ˈsoʃəlɪst/ n.社会主义者；社会党党员

socialite /ˈsoʃəˌlaɪt/ n.社会名流《-ite 表示人的名词字尾》

```
        soci    +   al   +   ite
         |          |          |
     companion  +  adj.  +  person
```

socialize /ˈsoʃəˌlaɪz/ v.使社会化；使社会主义化
socialization /ˌsoʃəlɪˈzeʃən/ n.社会化；社会主义化
society /səˈsaɪətɪ/ n.社会；协会；社交界；交际
sociology /ˌsoʃɪˈɑlədʒɪ/ n.社会学《*ology* = study》

```
        soci      +   ology
         |              |
     companion  +    study
```

sociological /ˌsoʃɪəˈladʒɪkl̩/ adj.社会学的；社会问题的
sociologist /ˌsoʃɪˈɑlədʒɪst/ n.社会学家
associate /v. əˈsoʃɪet n. əˈsoʃɪɪt/ v.联想；结交　n.同伴；准会员
　　adj.同伴的；准～（向～结交）《*as-* = *ad-* = to》
associable /əˈsoʃɪəbl̩/ adj.可联想的；联想得到的

```
      as  +   soci   +  able
       |        |         |
      to  +  associate  +  adj.
```

associated /əˈsoʃɪetɪd/ adj.联合的；有关联的；联想的
association /əˌsosɪˈeʃən/ n.协会；团体；交际；交往；联想
associative /əˈsoʃɪetɪv/ adj.联合的；联想的
consociate /v. kənˈsoʃɪet adj. kənˈsoʃɪɪt,-ˌet/ v.（使）联合（与～一起结交）
　　adj. = associate《*con-* = together》
consociation /kənˌsoʃɪˈeʃən/ n.联合；联盟
dissociate /dɪˈsoʃɪet/ v.分开；使脱离；分裂（不结交）《*dis-* = not》

```
      dis  +   soci   +  ate
       |         |         |
      not  +  company  +   v.
```

dissociable /dɪˈsoʃɪəbl̩,-ˈsoʃəbl̩/ adj.可分离的；孤僻的
dissociation /dɪˌsoʃɪˈeʃən/ n.分离；分裂

354　sol = alone

　　* 拉丁文 *solus*(= alone), *sollus*(= entire)。

sole /sol/ adj.惟一的；专用的

solely /ˈsollɪ/ *adv*.单独地；仅仅；完全地

solitary /ˈsɑləˌtɛrɪ/ *adj*.孤独的；唯一的　*n*.独居者（只有一人的）

solitude /ˈsɑləˌtjud/ *n*.孤独；荒僻之地；独居

```
sol  + itude
 |      |
alone +  n.
```

solo /ˈsolo/ *n*.独唱（曲）；独奏（曲）　*adj*.单独的

soloist /ˈsoˌlo•ɪst/ *n*.独唱者；独奏者

solemn /ˈsɑləm/ *adj*.严肃的；庄重的；严重的（一年一度的宗教仪式）
《*emn* = year》

solemnity /səˈlɛmnətɪ/ *n*.庄严；严肃；仪式

```
sol  + emn + ity
 |      |     |
alone + year + n.
```

soliloquy /səˈlɪləkwɪ/ *n*.独白（独自一人说的话）《*loquy* = speech》

solid /ˈsɑlɪd/ *adj*.坚实的；固体的；一致的　*n*.固体；固体物质（完全
结合成一整体）

solidity /səˈlɪdətɪ/ *n*.固体性；体积；实质

solidarity /ˌsɑləˈdærətɪ/ *n*.团结一致

solidify /səˈlɪdəˌfaɪ/ *v*.使凝固；团结一致（结合成为一体）《*-fy* = make》

consolidate /kənˈsɑləˌdet/ *v*.巩固；强化；结合（完全结合成一体）
《*con-* = wholly》

consolidation /kənˌsɑləˈdeʃən/ *n*.巩固；强化；团结

console /kənˈsol/ *v*.安慰（共同表示独身的寂寞）

```
con  + sole
 |      |
wholly + alone
```

consolation /ˌkɑnsəˈleʃən/ *n*.安慰；慰藉

solace /ˈsɑlɪs,-əs/ *n*.安慰；慰藉　*v*.安慰；减轻（悲伤）

desolate /*adj*. ˈdɛsl̩ɪt *v*. ˈdɛsl̩ˌet/ *v*.使荒芜；使悲伤；遗弃
adj.荒凉的；荒废的（完全陷于寂寞无助）《*de-* = fully》

desolation /ˌdɛsl̩ˈeʃən/ *n*.荒废；悲哀

```
de  + sol  + ation
 |     |      |
fully + alone + n.
```

355 sol = sun

* 拉丁文 *sol*(= sun)。

solar /ˈsolɚ/ *adj*. 太阳的；与太阳有关的

solarium /soˈlɛrɪəm/ *n*. 日光浴室；日晷仪《-*arium* 表场所的名词字尾》

$$
\begin{array}{ccc}
\text{sol} & + & \text{arium} \\
| & & | \\
\textit{sun} & + & \textit{n}.
\end{array}
$$

solarize /ˈsoləˌraɪz/ *v*. 使暴露于日光下；使感光；安装利用太阳能的设备

solarization /ˌsoləraɪˈzeʃən/ *n*. 曝晒

solstice /ˈsɑlstɪs/ *n*.【天文】至日；至（太阳向南或向北离赤道最远的时候）

circumsolar /ˌsɝkəmˈsolɚ/ *adj*. 环日的；绕太阳转的（环绕太阳）

《*circum-* = around》

extrasolar /ˌɛkstrəˈsolɚ/ *adj*. 太阳系外的（超越太阳）

《*extra-* = beyond》

$$
\begin{array}{ccccc}
\text{extra} & + & \text{sol} & + & \text{ar} \\
| & & | & & | \\
\textit{beyond} & + & \textit{sun} & + & \textit{adj}.
\end{array}
$$

insolate /ˈɪnsoˌlet/ *v*. 曝晒于阳光（放在阳光中）《*in-* = in》

insolation /ˌɪnsoˈleʃən/ *n*. 曝晒于阳光；中暑；日照（率）

parasol /ˈpærəˌsɔl/ *n*. 阳伞（预防太阳照射）《*para-* = against》

$$
\begin{array}{ccc}
\text{para} & + & \text{sol} \\
| & & | \\
\textit{against} & + & \textit{sun}
\end{array}
$$

subsolar /sʌbˈsolɚ/ *adj*. 太阳下的；日下的（太阳底下）

《*sub-* = under》

turnsole /ˈtɝnˌsol/ *n*. 向阳性植物（随太阳转）

356 solv = loosen

* 拉丁文 *solvere*(= loosen)，过去分词为 *solutus*。〔变化型〕solut.

solve /sɑlv/ *v*. 解决；溶解

soluble /ˈsɑljəbl̩/ *adj*. 可溶解的；可解决的

solute /ˈsɑljut, ˈsoljut, ˈsolut/ *n*. 溶质

solution /səˈluʃən, -ˈlju-/ *n*. 解决；溶解；溶液

solvable /ˈsɑlvəbl̩/ *adj*.可解决的；可溶解的

solvent /ˈsɑlvənt/ *adj*.有溶解力的；能偿还的　　*n*.溶剂；溶媒

absolve /æbˈsɑlv, əb-, -ˈzɑlv/ *v*.赦免；解除（松绑放出）《*ab-* = away》

$$ab + solve$$
$$away + loosen$$

absolution /ˌæbsəˈluʃən, -sl̩ˈjuʃən/ *n*.赦免；免除

absolute /ˈæbsəˌlut/ *adj*.绝对的；无条件的（松懈解放的→不受约束的）

dissolve /dɪˈzɑlz/ *v*.溶解；解散（分解开来）《*dis-* = apart》

dissoluble /dɪˈsɑljəbl̩/ *adj*.可溶解的；可解散的

dissolution /ˌdɪsəˈluʃən, -sl̩ˈjuʃən/ *n*.溶解；解除

dissolute /ˈdɪsəˌlut, ˈdɪsəˌljut/ *adj*.放荡的（放松懈怠的心情）

$$dis + solute$$
$$apart + loosen$$

dissolvable /dɪˈzɑlvəbl̩/ *adj*.可解除的；可溶解的

dissolvent /dɪˈzɑlvənt/ *adj*.有溶解力的　　*n*.溶剂

insolvable /ɪnˈsɑlvəbl̩/ *adj*.无法解决的《*in-* = not》

insolvency /ɪnˈsɑlvənsɪ/ *n*.无力清偿债务；破产

$$in + solv + ency$$
$$not + loosen + n.$$

insolvent /ɪnˈsɑlvənt/ *adj*.无力清偿债务的；破产的

resolve /rɪˈzɑlv/ *v*.分解；决定；解决；议决　　*n*.决心（松解使恢复原状）
《*re-* = back，again》

resolvable /rɪˈzɑlvəbl̩/ *adj*.可分解的；可解决的

resolvent /rɪˈzɑlvənt/ *adj*.分解的；溶解的　　*n*.溶剂；消肿药

resolute /ˈrɛzəˌlut, ˈrɛzl̩ˌjut/ *adj*.坚决的；勇敢的；断然的

resolution /ˌrɛzəˈljuʃən, -zl̩ˈjuʃən/ *n*.决心；决议（案）；解决

357　somn = sleep

* 拉丁文 *somnus*（= sleep）。

somnambulate /sɑmˈnæmbjəˌlet/ *v*.梦游（睡眠时走动）
《*ambul* = walk》

$$\boxed{\begin{array}{ccc} \text{somn} + & \text{ambul} + & \text{ate} \\ | & | & | \\ \textit{sleep} + & \textit{walk} + & \textit{v}. \end{array}}$$

somnambulism /sam'næmbjəˌlɪzəm/ *n*.梦游症（＝*sleepwalking*）
《-*ism* 表示"疾病"》

somnambulist /sam'næmbjəlɪst/ *n*.梦游症患者

somniferous /sam'nɪfərəs/ *adj*.催眠的；想睡的（产生睡眠欲望）
《-*ferous* = causing》

somniloquy /sam'nɪləkwɪ/ *n*.梦话；说梦话（睡眠中说的话）
《*loquy* = speech》

somnolent /'samnələnt/ *adj*.想睡的；催眠的

somnolence /'samnələns/ *n*.昏昏欲睡；嗜睡状态

insomnia /ɪn'samnɪə/ *n*.失眠；失眠症（睡不着）《*in-* = not》

insomniac /ɪn'samnɪæk/ *adj*.失眠症的；令人失眠的　　*n*.失眠症患者

358　son = sound

* 拉丁文 *sonus*（＝sound）。

sonant /'sonənt/ *adj*.有声音的；有声的

sonance /'sonəns/ *n*.有声音的性质或状态；有声

sonic /'sanɪk/ *adj*.音的；音波的；音速的

soniferous /so'nɪfərəs/ *adj*.发出声音的；传声的（产生声音）
《-*ferous* = causing》

$$\boxed{\begin{array}{cc} \text{soni} + & \text{ferous} \\ | & | \\ \textit{sound} + & \textit{causing} \end{array}}$$

sonorous /sə'norəs,-'nɔr-/ *adj*.响亮的；铿锵的

sonority /sə'nɔrətɪ/ *n*.响亮；鸣响

consonant /'kansənənt/ *n*.辅音　*adj*.一致的；和谐的（一起发出的声音）
《*con-* = together》

$$\boxed{\begin{array}{ccc} \text{con} + & \text{son} + & \text{ant} \\ | & | & | \\ \textit{together} + & \textit{sound} + & \textit{adj}. \end{array}}$$

consonance /'kansənəns/ *n*.一致；和谐

dissonant /'dɪsənənt/ *adj*.不和谐的；不一致的（声音分散）

《**dis-** = apart》

dissonance /'dɪsənəns/ *n*.不和谐的声音；不一致

resonant /'rɛzn̩t/ *adj*.响亮的；产生共鸣的(有回声)

《**re-** = back》

resonance /'rɛzn̩əns/ *n*.响亮；共鸣；回响

resonate /'rɛzəˌnet/ *v*.共鸣；共振

```
re  +  son  +  ate
|       |       |
back + sound +  v.
```

resonator /'rɛzəˌnetɚ/ *n*.共鸣器；共鸣体；共振器

subsonic /sʌb'sɑnɪk/ *adj*.低于音速的(速度比声音低)

《**sub-** = under》

supersonic /ˌsupɚ'sɑnɪk/ *adj*.超音速的；超音波的　*n*.超音波(速度超越声音)《**super-** = over》

```
super + son  +  ic
|       |       |
over + sound + adj.
```

ultrasonic /ˌʌltrə'sɑnɪk/ *adj*.超音波的；超音速的

《**ultra-** = beyond》

unison /'junəsn̩,-zn̩/ *n*.和谐；一致(单独一种声音)

《**uni-** = single》

unisonant /ju'nɪsənənt/ *adj*.同音的；和谐的；一致的

unisonous /ju'nɪsənəs/ *adj*. = unisonant

359　**soph** = wise；wisdom

* 希腊文 *sophos*(= wise, wisdom)。

sophism /'sɑfɪzəm/ *n*.诡辩；似是而非的理论(聪明的言论)

《**-ism** 表性质的名词字尾》

sophist /'sɑfɪst/ *n*.诡辩家；诡辩学者

sophistic /sə'fɪstɪk/ *adj*.诡辩的

```
soph +  ist  +  ic
|       |       |
wise + person + adj.
```

sophisticate /sə'fɪstɪˌket/ *v*.使世故；复杂化　*n*.世故的人(会诡辩)

sophisticated /sə'fıstı͵ketɪd/ *adj*.世故的；极有素养的；复杂的

sophistication /sə͵fıstı'keʃən/ *n*.世故；良好教养；复杂

sophistry /'safıstrı/ *n*.诡辩；诡辩法

sophomore /'safm͵or,-͵ɔr/ *n*.（大学、高中的）二年级学生（一半聪明，一半愚笨）《拉丁文 *sophos*(wise) + *moros*(foolish)》

    cf. **freshman**(一年级学生)，**junior**(三年级学生)，**senior**(四年级学生)

```
sopho  +  more
  |         |
wise   +  foolish
```

sophomoric /͵safə'mɔrık/ *adj*.二年级学生的；一知半解的；肤浅的

philosophy /fə'lasəfı/ *n*.哲学；人生观；冷静(爱好智慧)

    《*philo-* = love》

philosopher /fə'lasəfɚ/ *n*.哲学家；冷静达观者

philosophic；**-ical** /͵fılə'safık(l̩)/ *adj*.哲学的；达观的

360　sort = kind

    * 拉丁文 *sort*, *sors*(= lot, chance)。

sort /sɔrt/ *n*.种类．*v*.分类；整理；拣选

sorter /'sɔrtɚ/ *n*.分类者；整理者；拣选者

assort /ə'sɔrt/ *v*.分类；配合；符合；交往(按种类分)

    《*as-* = *ad-* = to》

assorted /ə'sɔrtɪd/ *adj*.各色具备的；什锦的；相配的

assortment /ə'sɔrtmənt/ *n*.分类；各色齐备；什锦

```
as  +  sort  +  ment
 |      |        |
to  +  kind  +   n.
```

consort /*n*. 'kansɔrt *v*. kən'sɔrt/ *n*.配偶；随航的船只　*v*.交往；一致；符合(同类)《*con-* = with》

consortium /kən'sɔrʃɪəm/ *n*.国际财团；国际性集团；协会

    《*-ium* 名词字尾》

```
con  +  sort  +  ium
 |       |        |
with +  kind  +   n.
```

resort[1] /͵ri'sɔrt/ *v*.再分类；重新分类(再次按种类分)《*re-* = again》

resort² /rɪˈzɔrt/ *v*.常去；诉诸　*n*.游乐地；诉诸
　《**re-** = back；***sort*** = come out》

361　spec = see；look

　　＊拉丁文 ***specere***（= see, look）。

spy /spaɪ/ *v*.侦察；窥察　*n*.间谍；侦探（视察）

espy /əˈspaɪ/ *v*.看出；探出《*e*-是由于发音的需要而添加的》

espionage /ˈɛspɪənɪdʒ, əˈspaɪənɪdʒ/ *n*.间谍活动

espial /ɪˈspaɪəl, ɛ-/ *n*.侦察；监视

species /ˈspiʃɪz, -ʃiz/ *n*.种类（外观相同的整体）

special /ˈspɛʃəl/ *adj*.特别的；专门的；临时的　*n*.特别的人（物）；
　特派员；专送信函；特电；号外；特刊

specialist /ˈspɛʃəlɪst/ *n*.专家；专科医师

```
spec  +  ial  +  ist
 |        |        |
see   +  adj. + person
```

speciality /ˌspɛʃɪˈælətɪ/ *n*.专门；专攻；特色；名产

specialize /ˈspɛʃəlˌaɪz/ *v*.使专门化；专攻

specimen /ˈspɛsəmən/ *n*.样品；标本（专门展示的东西）

spice /spaɪs/ *n*.香料；趣味；风味　*v*.加以香料（混杂在一起的东西）

specify /ˈspɛsəˌfaɪ/ *v*.指定；详细记载（使特殊）《-**fy** = make》

```
speci  +  fy
  |        |
see    + make
```

specific /spɪˈsɪfɪk/ *adj*.特别的；明确的　*n*.特效药

specious /ˈspiʃəs/ *adj*.似是而非的；华而不实的

spectacle /ˈspɛktəkl̩/ *n*.景象；壮观；（*pl*.）眼镜（用来看的东西）

spectacular /spɛkˈtækjələ/ *adj*.供人观看的；壮观的　*n*.豪华电视节目

spectator /ˈspɛktetə, spɛkˈtetə/ *n*.旁观者

```
spect  +  at(e)  +  or
  |         |        |
see    +   v.   + person
```

spectral /ˈspɛktrəl/ *adj*.幽灵的；可怕的；光谱的（看得见的东西）

spectre；-ter /ˈspɛktə/ *n*.幽灵；鬼

spectrum /'spɛktrəm/ *n*.光谱（闭上眼睛之后还能看见的东西）

specular /'spɛkjələ/ *adj*.如镜的；反射的

speculate /'spɛkjəˌlet/ *v*.思索；投机；推测（用心眼来看）

speculation /ˌspɛkjə'leʃən/ *n*.思索；投机；推想

speculator /'spɛkjəˌletə/ *n*.投机者；思想家

speculum /'spɛkjələm/ *n*.检查镜；反射镜（用来看的仪器）

《-*um* 名词字尾》

```
specul + um
  |      |
 see  + n.
```

scope /skop/ *n*.范围（眼睛所见的范围）

auspice /'ɔspɪs/ *n*.前兆；吉兆；保护（看鸟而算出吉兆）

《*au* = bird》

conspicuous /kən'spɪkjʊəs/ *adj*.显著的；引人注目的（能够完全看清楚）

《*con-* = thoroughly》

```
con      + spicu + ous
 |          |       |
thoroughly + see  + adj.
```

frontispiece /'frʌntɪsˌpis, 'frɑn-/ *n*.（书籍的）卷首插图；（门窗顶上的）
三角楣饰（能够在前面看到的）

perspicuous /pə'spɪkjʊəs/ *adj*.明白的；明显的（清楚地看到）

《*per-* = through》

perspicacious /ˌpɝspɪ'keʃəs/ *adj*.眼光锐利的；明察的

transpicuous /træn'spɪkjʊəs/ *adj*.透明的（看穿；看透）

《*tran(s)-* = through》

```
tran    + spi + cuous
 |         |     |
through + see  + adj.
```

despise /dɪ'spaɪz/ *v*.轻蔑（鄙视）《*de-* = down》

despicable /'dɛspɪkəbl̩/ *adj*.可鄙的；卑劣的

despite /dɪ'spaɪt/ *n*.侮辱；轻蔑　*prep*.不顾；纵使

aspect /'æspɛkt/ *n*.外观；形势；容貌；方面（看～）

《*a-* = *ad-* = to, at》

circumspect /'sɝkəmˌspɛkt/ *adj*.慎重的（看清楚四周）

《*circum-* = round》

<pre>
circum + spect
  | |
round + see
</pre>

conspectus /kən'spɛktəs/ *n*.概观；摘要；大纲（整个一起看）

《*con-* = together；*-us* 名词字尾》

expect /ɪk'spɛkt/ *v*.预期；期待（等待着向外看去）《*ex-* = out》

expectant /ɪk'spɛktənt/ *adj*.期待的；怀孕的

<pre>
ex + pect + ant
 | | |
out + see + adj.
</pre>

expectancy /ɪk'spɛktənsɪ/ *n*.期待；预期；可能性；将来的指望

expectation /ˌɛkspɛk'teʃən/ *n*.期望；预料；可能性

inspect /ɪn'spɛkt/ *v*.检查；查阅（窥视内部）《*in-* = into》

inspection /ɪn'spɛkʃən/ *n*.检查；视察；检阅

inspector /ɪn'spɛktɚ/ *n*.检查员；巡视员（官）

introspect /ˌɪntrə'spɛkt/ *v*.内省（看到心灵内部）

<pre>
intro + spect
   | |
within + look
</pre>

introspection /ˌɪntrə'spɛkʃən/ *n*.内省；反省《*-ion* 名词字尾》

perspective /pɚ'spɛktɪv/ *n*.透视法；前景；前途；正确的眼光
adj.透视的（直视无碍）《*per-* = through》

<pre>
per + spect + ive
 | | |
through + see + adj.
</pre>

prospect /'prɑspɛkt/ *n*.期望；景色；眺望　*v*.探采（金矿等）；探勘；
寻找（看前方）《*pro-* = forward》

prospective /prə'spɛktɪv/ *adj*.预期的；未来的；有希望的

respect /rɪ'spɛkt/ *v*.尊敬；重视；顾虑　*n*.敬重；关心；（*pl.*）敬意
（一再注视）《*re-* = again》

respectable /rɪ'spɛktəbl̩/ *adj*.可尊敬的；有声望的；相当好的（应受尊重的）

$$\boxed{\begin{array}{ccc} re & + \ spect \ + & able \\ | & | & | \\ again & + \ see \ + & adj. \end{array}}$$

respectful /rɪ'spɛktfəl/ *adj.*表示尊敬的（充满尊敬之意）

respective /rɪ'spɛktɪv/ *adj.*个别的（有关各自的）

retrospect /'rɛtrəˌspɛkt/ *v.*回顾　　*n.*回顾；追忆（向后看）

　　《*retro-* = backward》

retrospective /ˌrɛtrə'spɛktɪv/ *adj.*回顾的；回想的

$$\boxed{\begin{array}{ccc} retro & + \ spect \ + & ive \\ | & | & | \\ backward & + \ see \ + & adj. \end{array}}$$

suspect /*v.* sə'spɛkt *n.* ,*adj.* 'sʌspɛkt/　*v.*猜想；怀疑　　*n.*嫌疑犯

　　*adj.*可疑的（猜疑外表之下的东西）《*sus-* = *sub-* = under》

suspicion /sə'spɪʃən/ *n.*怀疑；嫌疑

suspicious /sə'spɪʃəs/ *adj.*可疑的

362　　**sper** = hope

　　* 拉丁文 *sperare*(= hope)。

desperado /ˌdɛspə'redo/ *n.*亡命之徒；暴徒（绝望的人）

　　《*de-* = deprive of；*-ado* 表"人"》

$$\boxed{\begin{array}{ccc} de & + \ sper \ + & ado \\ | & | & | \\ deprive \ of & + \ hope \ + & person \end{array}}$$

desperate /'dɛspərɪt/ *adj.*绝望的；自暴自弃的；拼命的

desperately /'dɛspərɪtlɪ/ *adv.*绝望地；自暴自弃地；拼命地

desperation /ˌdɛspə'reʃən/ *n.*绝望；自暴自弃；拼命

despair /dɪ'spɛr/ *n.*绝望；令人失望的人或物　　*v.*绝望；断念（失去希望）

　　《*spair* = *sper* = hope》

despairing /dɪ'spɛrɪŋ/ *adj.*绝望的

prosper /'prɑspɚ/ = be favorable *v.*繁荣；成功（有希望往前进）

　　《*pro-* = forward》

prosperity /prɑs'pɛrətɪ/ *n.*繁荣；成功；幸运

prosperous /'prɑspərəs/ *adj.*繁荣的；成功的

363　spers = scatter

*拉丁文 *spargere*(= scatter)。

asperse /əˈspɝs/ v.诽谤；中伤(对～散布谣言)
《*a(s)*- = *ad*- = to》
aspersion /əˈspɝʒən/ n.诽谤；中伤
disperse /dɪˈspɝs/ v.使分散；驱散；消散；散布(四处散播)
《*di*- = *dis*- = apart》
dispersal /dɪˈspɝsl̩/ n.分散；消散
dispersed /dɪˈspɝst/ adj.零零散散的；稀疏的

```
di   +  spers  +  ed
 |        |        |
apart + scatter + adj.
```

dispersion /dɪˈspɝʃən/ n.分散；散布；消散
dispersive /dɪˈspɝsɪv/ adj.散布性的；分散的
intersperse /ˌɪntɚˈspɝs/ v.散布；散置；点缀(在～之间撒)
《*inter*- = between》

```
inter  +  sperse
  |         |
between + scatter
```

interspersion /ˌɪntɚˈspɝʃən/ n.散布；散置；点缀
sparse /spɑrs/ adj.稀少的；稀疏的《拉丁文 *spargere* = scatter》
sparsity /ˈspɑrsətɪ/ n.稀疏；稀少；稀薄

364　spher = ball

*拉丁文 *sphaira*(= ball)。

sphere /sfɪr/ n.球；球体；天体；范围；地位
spherical /ˈsfɛrɪkl̩/ adj.球状的；天体的
sphericity /sfɪˈrɪsətɪ/ n.球状；球形
spherics /ˈsfɛrɪks/ n.球面几何学；球面三角学《*-ics* = science》
spheroid /ˈsfɪrɔɪd/ n.椭圆体(形状类似球的物体)
《*oid* = resembling (相似的)》
spherometer /sfɪˈrɑmətɚ/ n.球面计；测球体(测量球体的仪器)
《*meter* = measure》

$$\boxed{\begin{array}{ccc} \text{sphero} & + & \text{meter} \\ | & & | \\ \textit{ball} & + & \textit{measure} \end{array}}$$

spherule /ˈsfɛrul/ *n*.小球；小球体（小的球）《*-ule* = small》
atmosphere /ˈætməsˌfɪr/ *n*.大气；空气；气氛（地球四周的气体）
《*atmo*(*s*) = vapor》

$$\boxed{\begin{array}{ccc} \text{atmo} & + & \text{sphere} \\ | & & | \\ \textit{vapor} & + & \textit{ball} \end{array}}$$

atmospheric；-ical /ˌætməsˈfɛrɪk(l̩)/ *adj*.大气的；利用大气的
hemisphere /ˈhɛməsˌfɪr/ *n*.半球；范围；领域《*hemi-* = half》
hemispheric；-ical /ˌhɛməˈsfɛrɪk(l̩)/ *adj*.半球状的

365　spir = breathe

＊拉丁文 *spirare*(= breate)。

spirit /ˈspɪrɪt/ *n*.精神；灵魂；心灵；幽灵；酒精（呼吸→生命的根源）
dispirit /dɪˈspɪrɪt/ *v*.使气馁；使沮丧（使精神丧失）
《*di-* = *dis-* = deprive of》
inspirit /ɪnˈspɪrɪt/ *v*.激励；鼓舞（注入精神）《*in-* = into》

$$\boxed{\begin{array}{ccc} \text{in} & + & \text{spirit} \\ | & & | \\ \textit{into} & + & \textit{breathe} \end{array}}$$

spiritual /ˈspɪrɪtʃuəl/ *adj*.精神上的；神圣的
spiracle /ˈspaɪrəkl̩,ˈspɪr-/ *n*.通气孔（呼吸的通道）
sprightly /ˈspraɪtlɪ/ *adj*.活泼的；愉快的
aspire /əˈspaɪr/ *v*.渴望；立志（对～吐气）《*a-* = *ad-* = to》
aspirant /ˈæspərənt/ *n*.渴望者　*adj*.野心勃勃的
aspiration /ˌæspəˈreʃən/ *n*.呼吸；渴望
conspire /kənˈspaɪr/ *v*.共谋；协力（混合人与呼吸）《*con-* = together》
conspiracy /kənˈspɪrəsɪ/ *n*.共谋；谋叛

$$\boxed{\begin{array}{ccccc} \text{con} & + & \text{spir} & + & \text{acy} \\ | & & | & & | \\ \textit{together} & + & \textit{breathe} & + & \textit{n.} \end{array}}$$

conspirator /kənˈspɪrətɚ/ *n*.共谋者；谋叛者
expire /ɪkˈspaɪr/ *v*.呼气；期满；熄灭（吐出气）《*ex-* = out》

expiration /ˌɛkspəˈreʃən/ *n*. 呼出；期满

expiry /ɪkˈspaɪrɪ, ˈɛkspərɪ/ *n*. 终止；期满《*-y* 名词字尾》

inspire /ɪnˈspaɪr/ *v*. 鼓舞；激起；给与灵感（吹入生气）《*in-* = into》

inspiration /ˌɪnspəˈreʃən/ *n*. 灵感；吸气；鼓励（者）

perspire /pɚˈspaɪr/ *v*. 流汗（透过皮肤呼吸）《*per-* = through》

perspiration /ˌpɚspəˈreʃən/ *n*. 流汗；汗

```
    per   +   spir   + ation
     |          |         |
  through + breathe +    n.
```

respire /rɪˈspaɪr/ *v*. 呼吸（恢复呼吸）《*re-* = back》

respiration /ˌrɛspəˈreʃən/ *n*. 呼吸；呼吸作用

respiratory /rɪˈspaɪrəˌtorɪ/ *adj*. 呼吸的；呼吸作用的

```
    re   +  spira  +  tory
     |         |         |
   back + breathe +   adj.
```

suspire /səˈspaɪr/ *v*. 叹气；渴望（下面的呼吸）《*sus-* = *sub-* = under》

transpire /trænˈspaɪr/ *v*. 排出；泄露；发散（气息穿透）

　《*tran(s)-* = *through*》

transpiration /ˌtrænspəˈreʃən/ *n*. 蒸发；发散

366　splend = shine

　　＊拉丁文 *splendere*(= shine)。

splendent /ˈsplɛndənt/ *adj*. 光亮的；灿烂的；出色的

splendid /ˈsplɛndɪd/ *adj*. 光辉的；壮丽的；卓越的；极好的

　《*-id* 形容词字尾》

splendiferous /splɛnˈdɪfərəs/ *adj*. 壮丽的；出色的；极好的（发光的）

　《*-ferous* = bearing》

splendo(u)r /ˈsplɛndɚ/ *n*. 光辉；壮丽；卓越《*-o(u)r* 抽象名词字尾》

```
   splend + o(u)r
     |         |
   shine  +   n.
```

resplendent /rɪˈsplɛndənt/ *adj*. 绚烂的；华丽的（彻底照耀）

　《*re-* = thoroughly》

resplendence /rɪˈsplɛndəns/ *n*. 光辉；华丽

367 · **spond** = promise

 * 拉丁文 *spondere*(= *promise*)，过去分词为 *sponsus*。〔变化型〕*sembl*。

sponsor /ˈspansɚ/ *n*.保证人；教父(母)；赞助者　*v*.赞助；主办；
　主持(约定保证的人)

sponsion /ˈspanʃən/ *n*.保证

despond /dɪˈspand/ *v*.沮丧(停止束缚)《*de-* = *dis-* = away》

despondent /dɪˈspandənt/ *adj*.沮丧的；失望的

$$
\begin{array}{ccccc}
de & + & spond & + & ent \\
| & & | & & | \\
away & + & promise & + & adj.
\end{array}
$$

despondence；-ency /dɪsˈpandəns(ɪ)/ *n*.意气消沉

respond /rɪˈspand/ *v*.回答；反应；负责(应允约定)《*re-* = back》

response /rɪˈspans/ *n*.回答；反应

$$
\begin{array}{ccc}
re & + & sponse \\
| & & | \\
back & + & promise
\end{array}
$$

responsible /rɪˈspansəbl̩/ *adj*.负责任的；可信赖的(可以遵守允诺的)

responsibility /rɪˌspansəˈbɪlətɪ/ *n*.责任；负担

responsive /rɪˈspansɪv/ *adj*.有反应的；回答的；易感动的；敏感的

correspond /ˌkɔrəˈspand/ *v*.符合；相称；通信(一起同声回答)
　《*cor-* = *com-* = together》

$$
\begin{array}{ccccc}
cor & + & re & + & spond \\
| & & | & & | \\
together & + & back & + & promise
\end{array}
$$

correspondent /ˌkɔrəˈspandənt/ *adj*.一致的；相当的　*n*.通信者；
　相称者；通讯记者

correspondence /ˌkɔrəˈspandəns/ *n*.一致；相称；通信；信件

368 **stell** = star

 * 拉丁文 *stella*(= *star*)。

stellar /ˈstɛlɚ/ *adj*.星星的；多星的；如星的；主要的

stellate /ˈstɛlɪt,-let/ *adj*.星状的；放射状的

stelliform /ˈstɛlɪˌfɔrm/ *adj*.星形的；放射状的

stellular /ˈstɛljulɚ/ *adj*.小星形的；星星花纹的
　《*-ul(e)* = small；*-ar* 形容词字尾》

```
stell  +  ul  .  +   ar
  |        |         |
star  +  small  +  adj.
```

constellate /ˈkɑnstəˌlet/ *v*.成群聚集；成群地闪耀；形成星座；以群星
　装饰（像星星般聚在一起）《*con-* = together》

```
con    +  stell +  ate
 |          |        |
together  +  star  +  v.
```

constellation /ˌkɑnstəˈleʃən/ *n*.星座；星群
interstellar /ˌɪntɚˈstɛlɚ/ *adj*.星际的（星球之间的）
　《*inter-* = between，among》

369　still = drop
　＊拉丁文 *stilla*(= drop)。

distill /dɪˈstɪl/ *v*.蒸馏；（使）滴下（使一滴滴分别落下）
　《*di-* = *dis-* = apart》
distillate /ˈdɪstlɪt,-ˌet/ *n*.蒸馏物；精华
distillation /ˌdɪstlˈeʃən/ *n*.蒸馏；蒸馏法；蒸馏物
distiller /dɪˈstɪlɚ/ *n*.蒸馏酒制造业者；蒸馏器
distillery /dɪˈstɪlərɪ/ *n*.蒸馏酒制造厂《*-ery* 表场所的名词字尾》

```
di   +  still  +  ery
 |        |        |
apart  +  drop  +  n.
```

instill /ɪnˈstɪl/ *v*.逐渐灌输；徐徐滴入（慢慢滴进去）《*in-* = into》
instillation /ˌɪnstɪˈleʃən/ *n*.灌输；点滴（法）
instillment /ɪnˈstɪlmənt/ = instillation

370　stinct = prick
　＊拉丁文 *stizein*(= prick)。〔变化型〕*sting*。

sting /stɪŋ/ *v*.刺；螫；刺激　*n*.刺伤；痛苦；刺激（物）
stingy /ˈstɪndʒɪ/ *adj*.吝啬的；小气的；缺乏的

distinguish /dɪˈstɪŋgwɪʃ/ v.区别；使显著(明显地区别)
　　《di(s)- = apart》

$$
\begin{array}{ccc}
\text{dis} & + \text{tingu} & + \text{ish} \\
| & | & | \\
\textit{apart} & + \textit{prick} & + \textit{v.}
\end{array}
$$

distinguished /dɪˈstɪŋgwɪʃt/ adj.著名的；卓越的

distinct /dɪˈstɪŋkt/ adj.分别的；清楚的(清楚地分别)

distinction /dɪˈstɪŋkʃən/ n.差别；卓越；特性

distinctive /dɪˈstɪŋktɪv/ adj.表示差异的；差别性的；独特的

extinguish /ɪkˈstɪŋgwɪʃ/ v.(火)熄灭；消灭；使沉默(消灭)
　　《ex- = out》

extinguisher /ɪkˈstɪŋgwɪʃə/ n.灭火器；消灭者

extinct /ɪkˈstɪŋkt/ adj.灭种的；熄灭的

extinction /ɪkˈstɪŋkʃən/ n.熄灭；消灭；灭绝

instinct /ˈɪnstɪŋkt/ n.本能；直觉(内部兴起的东西)《in- = in, on》

instinctive /ɪnˈstɪŋktɪv/ adj.本能的；直觉的

instigate /ˈɪnstəˌget/ v.鼓动；煽动(刺人)《in- = in, on》

instigation /ˌɪnstəˈgeʃən/ n.教唆；煽动

$$
\begin{array}{ccc}
\text{in} & + \text{stig} & + \text{ation} \\
| & | & | \\
\textit{in} & + \textit{prick} & + \textit{n.}
\end{array}
$$

instigator /ˈɪnstəˌgetə/ n.煽动者

stimulate /ˈstɪmjəˌlet/ v.刺激；鼓励；激励(刺人；戳人)

stimulant /ˈstɪmjələnt/ n.兴奋剂；刺激(物)　adj.刺激性的

stimulation /ˌstɪmjəˈleʃən/ n.刺激；激励

stimulus /ˈstɪmjələs/ n.刺激(物)；激励

stigma /ˈstɪgmə/ n.耻辱；红斑；气孔(被加上记号的)

stigmatic /stɪgˈmætɪk/ adj.耻辱的；气孔的

371　string = draw tight

　　＊拉丁文 *stringere*(= *draw tight*, *compress*)，过去分词为 *strictus*(和 *strong* 有关系)。
　　〔变化型〕*strict*, *strain*, *stress*。

string /strɪŋ/ n.带；细绳；一串；弦　v.收紧；上弦；成串(用来捆绑的东西)

stringent /ˈstrɪndʒənt/ *adj*.严格的；紧迫的（被系绑住）

stringency /ˈstrɪndʒənsɪ/ *n*.严格；迫切；手头很紧

```
    string   +  ency
      |           |
  draw tight  +   n.
```

straight /stret/ *adj*.直立的；正直的　*n*.直线　*adv*.直接地；坦白地
（完全张开）

strain /stren/ *v*.拉紧；滥用；努力　*n*.努力；紧张；压力

strait /stret/ *adj*.狭窄的　*n*.海峡；狭窄处（拉紧）

straiten /ˈstretn̩/ *v*.使困苦；使窘迫《*-en* = to make》

strangle /ˈstræŋgl̩/ *v*.勒死；使窒息（绑着）

```
    strang   +  le
      |          |
  draw tight  +  v.
```

strangulate /ˈstræŋgjəˌlet/ *v*.绞扼；勒死

stress /strɛs/ *n*.压迫；重要；紧张；重音　*v*.着重；强调（拉紧）

stretch /strɛtʃ/ *v*.伸张；拉紧；夸张　*n*.伸展；宽阔的空间；一口气
（紧张）

strict /strɪkt/ *adj*.严密的；严格的（使紧张）

strictness /ˈstrɪktnɪs/ *n*.严格；严密

stricture /ˈstrɪktʃɚ/ *n*.非难；约束；狭窄

astringent /əˈstrɪndʒənt/ *adj*.收敛性的；严酷的　*n*.收敛剂（拉紧）
《*a-* = *ad-* = to》

```
  a  +   string   +  ent
  |         |          |
  to +  draw tight  +  adj.
```

astringency /əˈstrɪndʒənsɪ/ *n*.收敛性；严酷

astrict /əˈstrɪkt/ *v*.束缚；紧束

astriction /əˈstrɪkʃən/ *n*.约束；便秘

constringe /kənˈstrɪndʒ/ *v*.紧缩；压缩（绑在一块）《*con-* = together》

constrain /kənˈstren/ *v*.强迫；拘禁

constrained /kənˈstrend/ *adj*.强迫的；有束缚感的

constraint /kənˈstrent/ *n*.强迫；束缚《*-t* 名词字尾》

$$\boxed{\begin{array}{c} \text{con} \quad + \quad \text{strain} \quad + \quad \text{t} \\ | \qquad\qquad | \qquad\qquad | \\ \textit{together} + \textit{draw tight} + \textit{n.} \end{array}}$$

constrict /kən'strɪkt/ *v*.收紧

constriction /kən'strɪkʃən/ *n*.收缩；压缩

constrictive /kən'strɪktɪv/ *adj*.收缩性的；紧缩的

constrictor /kən'strɪktɚ/ *n*.能紧缩之物；括约肌

distrain /dɪ'stren/ *v*.强制执行(拉开；拉走)《*di*(*s*)- = apart》

distrainee /ˌdɪstre'ni/ *n*.财物被扣押者《*-ee* 表示"被～的人"》

$$\boxed{\begin{array}{c} \text{di(s)} \quad + \quad \text{strain} \quad + \quad \text{ee} \\ | \qquad\qquad | \qquad\qquad | \\ \textit{apart} + \textit{draw tight} + \textit{person} \end{array}}$$

distrainer；-or /dɪ'strenɚ/ *n*.扣押者

distraint /dɪ'strent/ *n*.扣押财物

distress /dɪ'strɛs/ *v*.使痛苦；迫使　　*n*.痛苦；忧愁；穷困(强行拉走)

distressful /dɪ'strɛsfəl/ *adj*.痛苦的；穷困的；悲惨的

district /'dɪstrɪkt/ *n*.行政区；地域(被拉开的部分)

overstrain /*v*. ˌovɚ'stren *n*. 'ovɚˌstren/ *v*.使过度紧张；工作过度
　n.过度紧张；过劳(拉得太紧)《*over-* = too much》

$$\boxed{\begin{array}{c} \text{over} \quad + \quad \text{strain} \\ | \qquad\qquad | \\ \textit{too much} + \textit{draw tight} \end{array}}$$

restrain /rɪ'stren/ *v*.抑制；监禁(拉回原处)

restraint /rɪ'strent/ *n*.抑制；监禁

restrict /rɪ'strɪkt/ *v*.限制；约束

$$\boxed{\begin{array}{c} \text{re} \quad + \quad \text{strict} \\ | \qquad\qquad | \\ \textit{back} + \textit{draw tight} \end{array}}$$

restriction /rɪ'strɪkʃən/ *n*.限制；约束

restrictive /rɪ'strɪktɪv/ *adj*.限制的；拘束的

372 **stru，struct** = build

> *拉丁文 **struere**(= build)。过去分词为 **structus** 原意为"重叠"。

structure /'strʌktʃɚ/ *n*.构造(物)；结构

structural /ˈstrʌktʃərəl/ *adj*.构造上的；结构上的
construct /kənˈstrʌkt/ *v*.组成；构成；建筑《*con-* = together》
construction /kənˈstrʌkʃən/ *n*.建筑(物)；构造；解释
reconstruct /ˌrikənˈstrʌkt/ *v*.重建；改造《*re-* = again》

$$\begin{array}{ccc} \text{re} & + \ \text{con} & + \ \text{struct} \\ | & | & | \\ again & + \ together & + \ build \end{array}$$

reconstruction /ˌrikənˈstrʌkʃən/ *n*.重建(物)；改造(物)
construe /kənˈstru/ *v*.分析；解释　*n*.解释；推断(组合成意义)
destroy /dɪˈstrɔɪ/ *v*.破坏；毁灭；杀戮(使建筑物倒下)《*de-* = down》
destruct /dɪˈstrʌkt/ *v*.破坏；炸毁
destructible /dɪˈstrʌktəbl̩/ *adj*.可破坏的；可毁灭的
destruction /dɪˈstrʌkʃən/ *n*.破坏；毁灭
destructive /dɪˈstrʌktɪv/ *adj*.破坏的；有害的

$$\begin{array}{ccc} \text{de} & + \ \text{struct} & + \ \text{ive} \\ | & | & | \\ down & + \ build & + \ adj. \end{array}$$

instruct /ɪnˈstrʌkt/ *v*.教授；指导；通知(构建于心中)《*in-* = into》
instruction /ɪnˈstrʌkʃən/ *n*.教授；教导
instructive /ɪnˈstrʌktɪv/ *adj*.有益的；教训的
instructor /ɪnˈstrʌktɚ/ *n*.教师；指导者；教练；(大学的) 讲师
　cf. **assistant professor**(助教)，**associate professor**(副教授)，**professor**(教授)
instrument /ˈɪnstrəmənt/ *n*.工具；器具；乐器(建设必需的工具)
instrumental /ˌɪnstrəˈmɛntl̩, -stru-/ *adj*.有帮助的；乐器的
instrumentality /ˌɪnstrəmɛnˈtælətɪ, -stru-/ *n*.媒介；助力；工具
misconstrue /ˌmɪskənˈstru, mɪsˈkɑn-/ *v*.误解(错误的解释)
　《*mis-* = wrongly》

$$\begin{array}{ccc} \text{mis} & + \ \text{con} & + \ \text{strue} \\ | & | & | \\ wrongly & + \ together & + \ build \end{array}$$

misconstruction /ˌmɪskənˈstrʌkʃən/ *n*.曲解；误解
obstruct /əbˈstrʌkt/ *v*.阻隔；妨碍(重叠妨碍物品)《*ob-* = against》
obstruction /əbˈstrʌkʃən/ *n*.障碍(物)；封锁

obstructive /əb'strʌktɪv/ *adj*.妨碍的

$$ob + struct + ive$$
$$| \qquad | \qquad |$$
$$against + build + adj.$$

substructure /sʌb'strʌktʃɚ/ *n*.下层结构；基础工程；地基
《*sub-* = under》

superstructure /'supɚˌstrʌktʃɚ,'sju-/ *n*.上层构造；上层建筑物
《*super-* = above》

373   suade = advise

　　* 拉丁文 *suadere*(= advise)，过去分词为 *suasus*。

suasion /'sweʒən/ *n*.劝说；劝诱

suasive /'swesɪv/ *adj*.有说服力的

dissuade /dɪ'swed/ *v*.劝阻；阻止（劝告不要做～）《*dis-* = apart》

dissuasion /dɪ'sweʒən/ *n*.谏言；劝止 *cf*. **persuasion**（说服；劝告）

$$dis + sua + sion$$
$$| \qquad | \qquad |$$
$$apart + advise + n.$$

dissuasive /dɪ'swesɪv/ *adj*.劝阻的

persuade /pɚ'swed/ *v*.说服；使相信（充分的劝告）
《*per-* = thoroughly》

persuasion /pɚ'sweʒən/ *n*.说服；劝诱；信念

persuasible /pɚ'swesəbl̩/ *adj*.可说服的

persuasive /pɚ'swesɪv/ *adj*.能劝诱的　　*n*.动机；诱因

374   sume = take

　　* 拉丁文 *sumere*(= take)。〔变化型〕*sumpt*。

sumptuary /'sʌmptʃʊˌɛrɪ/ *adj*.节省费用的；抑制奢侈的

sumptuous /'sʌmptʃʊəs/ *adj*.奢侈的；费用大的（拿走许多钱）

assume /ə'sjum/ *v*.假定；担任；假装；夺取（拿取衣服、外表、他人物品、想法）《*as-* = *ad-* = to》

assuming /ə'sjumɪŋ,ə'sum-/ *adj*.傲慢的；僭越的

assumption /ə'sʌmpʃən/ *n*.假定；担任；傲慢；僭越

```
as + sumpt + ion
 |      |       |
to + take  +  n.
```

assumptive /ə'sʌmptɪv/ *adj*.假定的；假装的；傲慢的
consume /kən'sum,-'sjum/ *v*.消耗；消费；浪费（完全取用耗尽）
　《*con-* = wholly》
consumer /kən'sumɚ,-'sjumɚ/ *n*.消费者

```
con  +  sum  +  er
 |       |       |
wholly + take + person
```

consumerism /kən'sumɚˌrɪzəm/ *n*.保护消费者主义《*-ism* = 主义》
consumption /kən'sʌmpʃən/ *n*.消耗；肺病
consumptive /kən'sʌmptɪv/ *adj*.消耗的；消费的；肺病的　*n*.肺病患者
presume /prɪ'zum/ *v*.假定；推测；冒昧（比别人先拿）
　《*pre-* = before》
presumable /prɪ'zuməbl̩,-'zɪum-/ *adj*.可假定的
presuming /prɪ'zumɪŋ/ *adj*.推测的
presumption /prɪ'zʌmpʃən/ *n*.推定；傲慢；冒昧
presumptive /prɪ'zʌmptɪv/ *adj*.假定的
presumptuous /prɪ'zʌmptʃuəs/ *adj*.冒昧的；无顾忌的

```
pre  + sumptu + ous
 |       |       |
before + take + adj.
```

reassume /ˌriə'sjum/ *v*.再承担；重新假定；再开始说《*re-* = again》
resume /rɪ'zum,-'zɪum,-'zjum/ *v*.重新开始；继续；重获（再度取得）
　《*re-* = back，again》
resume /ˌrɛzʊ'me/ *n*.摘要；履历表
resumption /rɪ'zʌmpʃən/ *n*.重新开始；继续
resumptive /rɪ'zʌmptɪv/ *adj*.概要的；再开始的
unassuming /ˌʌnə'sumɪŋ/ *adj*.谦虚的；不矫揉造作的
　《*un-* = not》

375　summ = sum；highest

＊拉丁文 *summa*（= sum），*summus*（= highest）。

summary /'sʌmərɪ/ *n*.摘要；概要　*adj*.摘要的；即刻的（综合看来）

summarily /ˈsʌmərəlɪ/ *adv*.简略地；扼要地；即刻

summarize /ˈsʌməˌraɪz/ *v*.扼要地说；概述

summarization /ˌsʌmərɪˈzeʃən,-rar-/ *n*.概述

summation /sʌmˈeʃən/ *n*.加法；合计；总括(算总数)

summit /ˈsʌmɪt/ *n*.顶点；颠峰；高阶层(最高点)

consummate /*v*. ˈkɑnsəˌmet *adj*. kənˈsʌmɪt/ *v*.完成　*adj*.完全的；圆满的
（一起达到顶点）《*con-* = together》

con	+	summ	+	ate
together	+	highest	+	v.

consummation /ˌkɑnsəˈmeʃən/ *n*.完成；达成

consummatory /kənˈsʌməˌtɔrɪ/ *adj*.完成的；实现的

376　sur = sure；secure

* 拉丁文 *securus*(= secure)。

assure /əˈʃur/ *v*.保证；使确信(朝向安全)《*as-* = *ad-* = to》

assured /əˈʃurd/ *adj*.确实的；有保证的；确信的

as	+	sur	+	ed
to	+	sure	+	adj.

assurance /əˈʃurəns/ *n*.保证；确信；信心；无耻

assuring /əˈʃurɪŋ/ *adj*.保证的；令人确信的

ensure /ɪnˈʃur/ *v*.确保；保护；保证(使确定)《*en-* = cause to be》

insure /ɪnˈʃur/ *v*.保险；投保(使进入安全状态)《*in-* = into》

insurable /ɪnˈʃurəbḷ/ *adj*.应保险的；可保险的

insurance /ɪnˈʃurəns/ *n*.保险；保险单；保险费；保险金

in	+	sur	+	ance
into	+	sure	+	n.

insurant /ɪnˈʃurənt/ *n*.投保人；被保险人

insurer /ɪnˈʃurɚ/ *n*.保险业者；保证人

reassure /ˌriəˈʃur/ *v*.使安心；再保证《*re-* = again》

reassurance /ˌriəˈʃurəns/ *n*.安心；确信；再保证
reassuring /ˌriəˈʃuriŋ/ *adj*.使安心的；可靠的
reinsure /ˌriːɪnˈʃur/ *v*.再投保
reinsurance /ˌriːɪnˈʃurəns/ *n*.再投保

377　surge = rise

> * 拉丁文 *surgere*(= rise)，过去分词为 *surrectus*。〔变化型〕*surrect*。

surge /sɚdʒ/ *v*.(海水、情感等的)起伏；澎湃　　*n*.巨浪；汹涌(涌起；隆起)
surgy /ˈsɚdʒɪ/ *adj*.如大浪的；澎湃的
insurgency /ɪnˈsɚdʒənsɪ/ *n*.暴动《*in-* = against》
insurgent /ɪnˈsɚdʒənt/ *adj*.暴动的；冲击的；造反的；反抗的　　*n*.暴动者；叛徒；反抗者；反对派(蜂拥到～)
insurrection /ˌɪnsəˈrɛkʃən/ *n*.暴动；造反

```
in     + surrect + ion
|          |         |
against +  rise   + n.
```

resurge /rɪˈsɚdʒ/ *v*.复活；再起(再次站起来)《*re-* = again》
resurgence /rɪˈsɚdʒəns/ *n*.复活；再起
resurgent /rɪˈsɚdʒənt/ *adj*.复活的；再起的　　*n*.再起者；复活者
resurrect /ˌrɛzəˈrɛkt/ *v*.恢复；复兴；挖出；使复活；使重新流行
resurrection /ˌrɛzəˈrɛkʃən/ *n*.(the R～)耶稣的复活；恢复；发掘尸体；重新唤醒；重新启用
source /sors/ *n*.泉源；来源(涌上来的源地)
resource /rɪˈsors, ˈrisors/ *n*.(常用 *pl*.)资源；来源；策略(接踵而至的东西)《*re-* = again》
resourceful /rɪˈsorsfəl, -ˈsors-/ *adj*.富于机智的；多资源的

378　tac = silent

> * 拉丁文 *tacere*(= silent)，过去分词是 *tacitus*。〔变化型〕*tic*。

tacit /ˈtæsɪt/ *adj*.无言的；沉默的
taciturn /ˈtæsəˌtɚn/ *adj*.沉默寡言的

taciturnity /ˌtæsəˈtɝnətɪ/ *n*.沉默寡言

reticence /ˈrɛtəsn̩s/ *n*.缄默；保守

re	+ tic	+ ence
|	|	|
again	+ *silent*	+ *n*.

reticent /ˈrɛtəsn̩t/ *adj*.缄默的；保守的；谨慎的(一再沉默)《***re-*** = again》

379 tail = cut

＊拉丁文 ***talea***(= *cut*)。

tailor /ˈtelɚ/ *n*.裁缝师 *v*.缝制(衣服)

tailoring /ˈtelərɪŋ/ *n*.裁缝业；裁缝的技术

detail /ˈditel,dɪˈtel/ *n*.详情；细节；琐事 *v*.详述；派遣(切割成一片一片)《***de-*** = ***dis-*** = apart》

de	+ tail
|	|
apart	+ *cut*

detailed /dɪˈteld,ˈditeld/ *adj*.详细的

entail /ɪnˈtel/ *v*.使负担；使需要；限定继承(使负责切割)《***en-*** = into》

entailment /ɪnˈtelmənt/ *n*.(不动产的)继承人限定

retail[1] /ˈrɪtel/ *n*.,*v*.零售 *adj*.零售的 *adv*.以零售价格(再切→分得更小去贩卖)《***re-*** = again》

retail[2] /ritel,rɪˈtel/ *v*.转述

retailer /ˈritelɚ/ *n*.零售商 /rɪˈtelɚ/ *n*.传播谣言的人

380 tang = touch

＊拉丁文 ***tangere***(= *touch*),过去分词为 ***tactus***。〔变化型〕***tact***。

tangency /ˈtændʒənsɪ/ *n*.接触

tangent /ˈtændʒənt/ *adj*.接触的；相切的 *n*.切线(面)；正切

tangible /ˈtændʒəbl̩/ *adj*.可触知的；确实的；实质的 *n*.*pl*.有形资产

tact /tækt/ *n*.机智；圆滑；触摸(接触之巧妙手法)

tactful /'tæktfəl/ *adj*.机智的；圆滑的；老练的

tactics/'tæktɪks/ *n*.战术

```
tact  +  ics
 |        |
touch + science
```

tactician /tæk'tɪʃən/ *n*.战术家；策略家

tactile /'tæktɪl/ *adj*.有触觉的《*-ile* 形容词字尾》

tactility /tæk'tɪlətɪ/ *n*.感触性；触感

tactual /'tæktʃʊəl/ *adj*.触觉的

contact /'kɑntækt/ *n*.接触；联系　*v*.发生接触（接合在一起）

　《*con-* = together》

```
con   +  tact
 |        |
together + touch
```

contagion /kən'tedʒən/ *n*.接触传染；传染病；道德败坏（接触感染）

contagious /kən'tedʒəs/ *adj*.接触传染的

contiguity /ˌkɑntə'gjuətɪ/ *n*.接触；接近

contiguous /kən'tɪgjʊəs/ *adj*.接触的；邻近的

contingency /kən'tɪndʒənsɪ/ *n*.偶然性；意外事故

contingent /kən'tɪndʒənt/ *adj*.偶发的；有条件的；备用的　*n*.意外之事

　（偶然地接触）

```
con   +  ting  +  ent
 |        |        |
together + touch + adj.
```

intact /ɪn'tækt/ *adj*.完整的；原封不动的；未受损的（未经接触→完整）

　《*in-* = not》

intangible /ɪn'tændʒəbl̩/ *adj*.不可触摸的；非实体的；含糊的

integer /'ɪntədʒɚ/ *n*.整数；整体（没有被碰触→没有被损坏）

integral /'ɪntəgrəl/ *adj*.必要的；整数的；积分的　*n*.整数；积分；完整物

integrant /'ɪntəgrənt/ *adj*.构成整体的　*n*.成分

integrate /'ɪntəˌgret/ *v*.使完全；求～之积分

```
in  +  tegr  +  ate
 |       |       |
not  + touch  +  v.
```

integration /ˌɪntəˈgreʃən/ *n*.完成；积分法
integrity /ɪnˈtɛgrətɪ/ *n*.正直；完整
attain /əˈten/ *v*.达到；成就；得到（用手碰到目标物）《*at-* = *ad-* = to》
attainment /əˈtenmənt/ *n*.达到；（*pl*.）学识
attaint /əˈtent/ *v*.羞辱；丧失公权或财产　*n*.污点（接触病菌、污物）
taint /tent/ *v*.受感染；腐败　*n*.污点；腐败；堕落

381　　tain = hold；keep

> * 拉丁文 *tenere*(= hold，keep)。〔变化型〕*ten*，*tin*。

tenable /ˈtɛnəbl̩/ *adj*.可守的；可维持的
tenacious /tɪˈneʃəs/ *adj*.固执的；粘性强的（紧紧握住不放）
tenacity /tɪˈnæsətɪ/ *n*.粘性强；固执
tenancy /ˈtɛnənsɪ/ *n*.租地；租屋；租用（期间）
tenant /ˈtɛnənt/ *n*.佃户；房客；居住者（拥有者）　*v*.（土地、房屋等）
　租赁；居住
tendril /ˈtɛndrɪl/ *n*.（植物的）卷须（紧紧抓住的东西）
tenement /ˈtɛnəmənt/ *n*.住宅；合租房屋
tenet /ˈtɛnɪt，ˈtinɪt/ *n*.信条；教条；主义（紧紧保护的东西）
tenor /ˈtɛnɚ/ *n*.要旨；男高音；次中音（被涵盖的东西）
tenure /ˈtɛnjɚ/ *n*.保有（权）；保有期间；保有的条件或形式

```
ten  + ure
 |      |
hold +  n.
```

abstain /əbˈsten，æb-/ *v*.戒除；弃权（从～放手）《*abs-* = from》
abstention /æbˈstɛnʃən，əb-/ *n*.自制；戒除；弃权
abstinence /ˈæbstənəns/ *n*.禁食；禁酒；禁欲
appertain /ˌæpɚˈten/ *v*.与～有关；属于（完全持有）
　《*ap-* = *ad-* = to；*per-* = thoroughly》

```
ap +    per    + tain
 |       |        |
to + thoroughly + hold
```

contain /kənˈten/ *v*.包含；容纳；容忍（保护～）《*con-* = with》
container /kənˈtenɚ/ *n*.容器；货柜

containment /kən'tenmənt/ n.包含；抑制；牵制；围堵
content[1] /'kɑntɛnt, kən'tɛnt/ n.内容；目录；容积
content[2] /kən'tɛnt/ n.满足　adj.满足的　v.使满足
contented /kən'tɛntɪd/ adj.满足的
contentment /kən'tɛntmənt/ n.满足

```
con  +  tent  +  ment
 |        |        |
with  +  hold  +   n.
```

continence /'kɑntənəns/ n.自制；节欲
continent /'kɑntənənt/ adj.自制的；节欲的（压制）　n.洲；大陆
continental /ˌkɑntə'nɛntl̩/ adj.大陆的；大陆性的
continue /kən'tɪnjʊ/ v.继续；延期（继续保持～）
continual /kən'tɪnjʊəl/ adj.连续的；频繁的

```
con  +  tinu  +  al
 |        |       |
with  +  hold  +  adj.
```

continuance /kən'tɪnjʊəns/ n.连续；续篇
continuation /kənˌtɪnjʊ'eʃən/ n.连续；续篇
continuity /ˌkɑntə'njuətɪ/ n.连续；电影分景剧本
continuous /kən'tɪnjʊəs/ adj.不断的；连续的
countenance /'kaʊntənəns/ n.表情；容貌；赞成；沉着（包含于脸上的东西）
　v.赞许；赞助　《**coun-** = **con-** = together》

```
coun  +  ten  +  ance
  |       |       |
together + hold +  n.
```

detain /dɪ'ten/ v.阻止；扣押（隔离于另一处）《**de-** = away》
detainee /dɪˌte'ni/ n.被扣留者；未判决的囚犯《**-ee** 表"被～的人"》
detainer /dɪ'tenɚ/ n.非法侵占（他人的所有物）；继续监禁令
detention /dɪ'tɛnʃən/ n.监禁；拘留；延迟
entertain /ˌɛntɚ'ten/ v.使娱乐；款待；怀抱（希望等）（接人其中）

　《**enter-** = **inter-** = among》

entertainer /ˌɛntɚ'tenɚ/ n.接待者；表演娱乐节目者

```
enter  +  tain  +   er
  |        |        |
among  +  hold  +  person
```

entertainment /ˌɛntəˈtenmənt/ *n*.娱乐；招待

impertinent /ɪmˈpɝtn̩ənt/ *adj*.不适当的；不切题的；鲁莽的

　　《*im-* = *in-* = not；*per-* = thoroughly》

impertinence；**-ency** /ɪmˈpɝtn̩əns(ɪ)/ *n*.不切题；无关系；鲁莽

lieutenant /luˈtɛnənt, lɪu-, lɛf-/ *n*.副官；陆军中尉；少尉；海军上尉；

　　中尉（代替保卫地点者）《*lieu* = place》

maintain /menˈten, mən-/ *v*.保持；赡养；主张（保有于手掌中）

　　《*main* = *manus* = hand》

maintenance /ˈmentənəns, -tɪn-/ *n*.支持；维持；生活费用

```
┌─────────────────────────────┐
│   main  +  ten  + ance      │
│    |        |       |       │
│  hand  +  hold  +  n.       │
└─────────────────────────────┘
```

obtain /əbˈten/ *v*.获得；流行（存在于自己身边）《*ob-* = near》

pertain /pɚˈten/ *v*.属于；有关；适合（完全有关的）

　　《*per-* = thoroughly》

pertinence；**-ency** /ˈpɝtn̩əns(ɪ)/ *n*.恰当；切题；直接的关系

pertinent /ˈpɝtn̩ənt/ *adj*.切题的；有关系的　　*n*.（常用 *pl*.）附属物

pertinacious /ˌpɝtn̩ˈeʃəs/ *adj*.执拗的；顽强的

pertinacity /ˌpɝtn̩ˈæsətɪ/ *n*.执拗；固执

retain /rɪˈten/ *v*.保留；维持；雇用（保留在后方）《*re-* = back》

rein /ren/ *n*.缰绳；牵制　　*v*.（以缰绳）驾驭；控制（保留住马的东西）

retention /rɪˈtɛnʃən/ *n*.保持；记忆（力）；拘留

```
┌─────────────────────────────┐
│    re   +  ten  + tion      │
│    |        |       |       │
│  back  +  hold  +  n.       │
└─────────────────────────────┘
```

retentive /rɪˈtɛntɪv/ *adj*.保持的；记性好的

retinue /ˈrɛtn̩ˌju, -ˌnu/ *n*.侍从；随员（存于其后→跟随）

sustain /səˈsten/ *v*.支撑；维持；忍耐（拿起；举扬）

　　《*sus-* = *sups-* = up》

sustainable /səˈstenəbl̩/ *adj*.可支撑的；可持续的；可忍耐的

```
┌─────────────────────────────┐
│   sus   +  tain  + able     │
│    |        |       |       │
│   up   +  hold  +  adj.     │
└─────────────────────────────┘
```

sustainment /sə'stenmənt/ *n*.支持；维持
sustenance /'sʌstənəns/ *n*.营养物；维持；扶助
sustentation /ˌsʌsten'teʃən/ *n*.支持；扶助；粮食

382　techn(o) = art; skill

　　* 拉丁文 *techne*(= *art* , *skill*)。

technics /'tɛknɪks/ *n*.工艺学；技术；技巧《*-ics* = science》
technical /'tɛknɪkl̩/ *adj*.技术的；专门的；工业的
technicality /ˌtɛknɪ'kæləti/ *n*.专门性；专门的事项；专门用语
technically /'tɛknɪkl̩ɪ/ *adv*.专门地；技术上地
technician /tɛk'nɪʃən/ *n*.技术员；专家；技巧纯熟的人

```
techn  +  ic  +  ian
  |        |      |
skill  +  adj. + person
```

technique /tɛk'nik/ *n*.技巧；技术；方法(=〔美〕*technic*)
　《*-ique* 名词字尾》
technocracy /tɛk'nɑkrəsɪ/ *n*.科技主义；科技专家政治(用科技来治理
　国家)《*cracy* = ruling》
technocrat /'tɛknəˌkræt/ *n*.科技主义者；专家治国论者《*crat* = ruler》

```
techno +  crat
  |         |
skill  +  ruler
```

technological /ˌtɛknə'lɑdʒɪkl̩/ *adj*.科学技术的
technologist /tɛk'nɑlədʒɪst/ *n*.科技专家
technology /tɛk'nɑlədʒɪ/ *n*.科学技术；专门用语《*logy* = study》

383　tect = cover

　　* 拉丁文 *tegere*(= *cover*)，过去分词为 *tectus*。〔变化型〕*sembl*。

detect /dɪ'tɛkt/ *v*.发现；查明；探获(拿走遮蔽物)《*de-* = away from》
detectaphone /dɪ'tɛktəˌfon/ *n*.监听器；窃听器《*phone* = sound》

```
de       + tect(a) + phone
 |           |         |
away from +  cover  + sound
```

detection /dɪˈtɛkʃən/ *n*.探出；查知
detective /dɪˈtɛktɪv/ *n*.侦探　*adj*.侦探的（找寻发掘的人）
detector /dɪˈtɛktə/ *n*.发现者；检测器

$$
\begin{array}{ccc}
\text{de} & + \text{ tect } + & \text{or} \\
| & | & | \\
\textit{away from} & + \textit{ cover } + & \textit{n.}
\end{array}
$$

protect /prəˈtɛkt/ *v*.保护；防护（遮蔽于前方）《*pro-* = before》
protection /prəˈtɛkʃən/ *n*.保护（者）；防护
protectionism /prəˈtɛkʃənˌɪzəm/ *n*.保护贸易主义；保护政策
　　《*-ism* = 主义》
protectionist /prəˈtɛkʃənɪst/ *n*.保护贸易论者
protective /prəˈtɛktɪv/ *adj*.保护的；防护的
protector /prəˈtɛktə/ *n*.拥护者；保护者；保护装置；支援者
protege /ˈprotəˌʒe, ˌprotəˈʒe/ *n*.受保护者；子民
　　《*teg* = *tect* = to cover；*-e* 表男性行为接受者》

$$
\begin{array}{ccc}
\text{pro} & + \text{ teg } + & \text{e} \\
| & | & | \\
\textit{before} & + \textit{ cover } + & \textit{person}
\end{array}
$$

protegee /ˈprotəˌʒe, ˌprotəˈʒe/ *n*.女性被保护人
　　《*-ee* 表女性行为接受者》
tegument /ˈtɛgjəmənt/ *n*.外皮；外壳
　　《拉丁文 *tegumentum* = *tegere* = cover》

384　temper = moderate

＊拉丁文 *temperare*（= *moderate*, *regulate*, *qualify*），和拉丁文 *tempus* 有关，原为
　"合于时间的"。

temper /ˈtɛmpə/ *v*.缓和；调剂；锻炼　*n*.气质；性情；脾气
temperament /ˈtɛmpərəmənt, -pərə-/ *n*.体质；气质；【音乐】平均律（被
　认为是人体内四种液体比率而订出的）
temperamental /ˌtɛmpərəˈmɛntl̩/ *adj*.气质的；神经质的；易怒的
temperance /ˈtɛmpərəns/ *n*.自制；禁酒（适度的控制）
temperate /ˈtɛmpərɪt/ *adj*.有节制的；适度的；温和的
temperature /ˈtɛmpərətʃə/ *n*.温度；体温

$$\begin{array}{ccc}
\text{temper} & +\ \text{at(e)} & +\ \text{ure} \\
| & | & | \\
\textit{moderate} & +\ \ v. & +\ \ n.
\end{array}$$

tempered /ˈtɛmpəd/ *adj.*有气质的；温和的；已调节的；淬炼过的

tempersome /ˈtɛmpəsəm/ *adj.*暴怒的

　《-*some* 形容词字尾，表"具有～性质"》

attemper /əˈtɛmpə/ *v.*缓和；调节；锻炼《*at-* = *ad-* = to》

distemper /dɪsˈtɛmpə/ *n.*犬热病；失调；情绪不好；不安；骚动（不适

　当的）《*dis-* = apart》

385　　tempor = time

　　*拉丁文 *tempus*(= *time* , *season* , *opportunity*)。

temporal /ˈtɛmpərəl/ *adj.*现世的；世俗的；暂时的　*n.*（*pl.*）俗事

temporary /ˈtɛmpəˌrɛrɪ/ *adj.*一时的；临时的

temporize /ˈtɛmpəˌraɪz/ *v.*顺应潮流；妥协（合于时间动向的）

tempest /ˈtɛmpɪst/ *n.*暴风雨；骚乱（时节所带来的东西）

contemporary /kənˈtɛmpəˌrɛrɪ/ *adj.*同时代的；现代的；当代的

　*n.*同时代的人（时代相同的）《*con-* = together》

$$\begin{array}{ccc}
\text{con} & +\ \text{tempor} & +\ \ \text{ary} \\
| & | & | \\
\textit{together} & +\ \ \textit{time} & +\ \ \textit{adj.},\textit{n.}
\end{array}$$

contemporaneity /kənˌtɛmpərəˈniətɪ/ *n.*同时代性

contemporaneous /kənˌtɛmpəˈrenɪəs/ *adj.*同时代的；属同一时期的

extempore /ɪkˈstɛmpərɪ,-ˌri/ *adj.*即席的　*adv.*临时地；即席地

　《拉丁文 *ex tempore* = at the moment》

extemporaneous /ɛkˌstɛmpəˈrenɪəs/ *adj.*即席的；无准备的

extemporize /ɪkˈstɛmpəˌraɪz,ɛk-/ *v.*即席演说；随意演奏或演唱

extemporization /ɪkˌstɛmpərəˈzeʃən/ *n.*即席作成；即席之作

386　　tempt = try

　　*拉丁文 *temptare* , *tentare*(= *handle* , *touch* , *try*)，表示"（用手）碰触以实验"的意

　　思。〔变化型〕*tent*。

tempt /tɛmpt/ *v.*劝诱；勾引（试试心志的强弱）

temptation /tɛmpˈteʃən/ *n*.诱惑

tempter /ˈtɛmptɚ/ *n*.诱惑者；诱惑物

tempting /ˈtɛmptɪŋ/ *adj*.诱惑性的；令人心动的

temptress /ˈtɛmptrɪs/ *n*.诱人的女性《-ess 表女性的名词字尾》

attempt /əˈtɛmpt/ *v*.尝试；攻击　*n*.尝试；攻击《at- = ad- = to》

```
at + tempt
|      |
to +  try
```

attempted /əˈtɛmptɪd/ *adj*.意图的；未遂的

tentative /ˈtɛntətɪv/ *adj*.试验性的；暂时的；犹豫的　*n*.试验

tentacle /ˈtɛntəkl̩/ *n*.触角；触须（作为碰触试探的东西）

387　tend = stretch

　　* 拉丁文 *tendere*(= stretch，extend)，过去分词为 *tensus*，*tentus*。〔变化型〕*tens*，*tent*。

tend¹ /tɛnd/ *v*.易于；有助于；通向（伸展往某一方）

tend² /tɛnd/ *v*.服侍；看管；照料

tendance /ˈtɛndəns/ *n*.照料；看护

tendency /ˈtɛndənsɪ/ *n*.趋势；倾向；癖性（倾向；面向）

```
tend  + ency
|        |
stretch + n.
```

tendentious /tɛnˈdɛnʃəs/ *adj*.有特定倾向的；宣传性的

tender /ˈtɛndɚ/ *adj*.柔软的；亲切的；善感的（易于伸展的）　*n*.招标；
　建议（伸出来）　*v*.提出；提供

tendon /ˈtɛndən/ *n*.腱（紧拉着的东西）《-on 名词字尾》

tense /tɛns/ *adj*.紧张的　*v*.变为紧张

tensile /ˈtɛnsl̩,-sɪl/ *adj*.伸张的；张力的《-ile 形容词字尾》

tension /ˈtɛnʃən/ *n*.紧张；张力；压力　*v*.紧张

tensity /ˈtɛnsətɪ/ *n*.紧张；紧张度

tensive /ˈtɛnsɪv/ *adj*.紧张的

tent /tɛnt/ *n*.天幕；帐篷（张开的东西）　*v*.住于帐篷中

attend /əˈtɛnd/ *v*.出席；照顾；侍候；参加（周围充满气息）
　《at- = ad- = to》

attendance /əˈtɛndəns/ *n*.出席；侍候

```
at  +  tend  + ance
|       |       |
to + stretch +  n.
```

attendant /əˈtɛndənt/ *n*.侍者；陪从；出席人　*adj*.陪从的；附随的；
出席的

attention /əˈtɛnʃən/ *n*.注意；(*pl*.)殷勤；款待

attentive /əˈtɛntɪv/ *adj*.专注的；殷勤的；关怀的

contend /kənˈtɛnd/ *v*.争斗；辩论；主张(彼此竞争)
《*con-* = together》

```
con   +   tend
 |         |
together + stretch
```

contention /kənˈtɛnʃən/ *n*.辩论；竞争

contentious /kənˈtɛnʃəs/ *adj*.好争论的；爱争辩的；足以引起争论的

distend /dɪˈstɛnd/ *v*.扩张；膨胀(分开扩散)《*dis-* = apart》

distensible /dɪˈstɛnsəbḷ/ *adj*.会膨胀的

```
dis  +  tens  +  ible
 |       |        |
apart + stretch + adj.
```

distension /dɪˈstɛnʃən/ *n*.膨胀；延伸

extend /ɪkˈstɛnd/ *v*.伸展；扩大；给予(向外张开扩大)《*ex-* = out》

extensible /ɪkˈstɛnsəbḷ/ *adj*.可伸展的；可扩大的

extensile /ɛkˈstɛnsɪl/ *adj*.可伸出的；可伸长的《*-ile* 形容词字尾》

extension /ɪkˈstɛnʃən/ *n*.扩充；伸展；(电话)分机

extensive /ɪkˈstɛnsɪv/ *adj*.广阔的；大规模的；粗放的

extensor /ɪkˈstɛnsɚ/ *n*.伸肌

extent /ɪkˈstɛnt/ *n*.程度；范围

hypertension /ˌhaɪpɚˈtɛnʃən/ *n*.高血压(症)《*hyper-* = over》

```
hyper +  ten  +  sion
 |       |        |
over + stretch +  n.
```

intend /ɪnˈtɛnd/ *v*.意欲；存心；设计(把心志伸展至～)《*in-* = towards》

intended /ɪnˈtɛndɪd/ *adj*.故意的；有计划的；未婚的　*n*.未婚夫(妻)

intendance /ɪn'tɛndəns/ *n*.监督；管理(部)(心志所向)

intendment /ɪn'tɛndmənt/ *n*.(法的)真意；正确的解释

intense /ɪn'tɛns/ *adj*.强烈的；热情的；紧张的(集中心志的)

intensify /ɪn'tɛnsəˌfaɪ/ *v*.剧烈；加强《*-ify* = make》

<table><tr><td>in</td><td>+</td><td>tens</td><td>+</td><td>ify</td></tr><tr><td>|</td><td></td><td>|</td><td></td><td>|</td></tr><tr><td>*towards*</td><td>+</td><td>*stretch*</td><td>+</td><td>*make*</td></tr></table>

intensification /ɪnˌtɛnsəfə'keʃən/ *n*.强烈；激烈化；增大

intension /ɪn'tɛnʃən/ *n*.紧张；强度；内涵

intensity /ɪn'tɛnsətɪ/ *n*.强度；强烈

intensive /ɪn'tɛnsɪv/ *adj*.激烈的；精深的；密集的；强调的

intent /ɪn'tɛnt/ *n*.意图；意向　　*adj*.专注的

intention /ɪn'tɛnʃən/ *n*.意图；意义；概念

intentional /ɪn'tɛnʃənl̩/ *adj*.有意的；企图的

ostensible /as'tɛnsəbl̩/ *adj*.假装的；可公开的(前面贴满的)

　《*os-* = before》

<table><tr><td>os</td><td>+</td><td>tens</td><td>+</td><td>ible</td></tr><tr><td>|</td><td></td><td>|</td><td></td><td>|</td></tr><tr><td>*before*</td><td>+</td><td>*stretch*</td><td>+</td><td>*adj*.</td></tr></table>

ostensive /as'tɛnsɪv/ *adj*.明示的；表面的

ostentation /ˌastən'teʃən/ *n*.虚饰；夸耀

ostentatious /ˌastən'teʃəs,-tɛn-/ *adj*.夸张的；虚饰的

portend /por'tɛnd,pɔr-/ *v*.预示；预兆(面向～扩张→指明表示)

　《*por-* = towards》

portent /'portɛnt,'pɔr-/ *n*.预兆；征兆

portentous /por'tɛntəs,pɔr-/ *adj*.不祥的；惊人的；非常的

<table><tr><td>por</td><td>+</td><td>tent</td><td>+</td><td>ous</td></tr><tr><td>|</td><td></td><td>|</td><td></td><td>|</td></tr><tr><td>*towards*</td><td>+</td><td>*stretch*</td><td>+</td><td>*adj*.</td></tr></table>

pretend /prɪ'tɛnd/ *v*.假装；要求(向前伸张开来)《*pre-* = before》

pretentious /prɪ'tɛnʃəs/ *adj*.矫饰的；骄傲的

pretence；-se /prɪ'tɛns/ *n*.借口；伪装；要求

pretension /prɪ'tɛnʃən/ *n*.权利；矫饰；要求

superintend /ˌsupərɪn'tɛnd/ *v*.监督；管理(向～之上伸展注意力)

《*super-* = above》

```
super  +  in  +  tend
  |        |       |
above + towards + stretch
```

superintendence /ˌsupərɪnˈtɛndəns/ *n*.监督；管理
superintendent /ˌsupərɪnˈtɛndənt/ *n*.监督者；管理者；督学

388 tenu = thin

    *拉丁文 *tenuis*（= *thin*）。

tenuity /tɛnˈjuətɪ, tɪˈnɪuətɪ/ *n*.细；稀薄；贫乏
tenuous /ˈtɛnjuəs/ *adj*.细的；稀薄的；薄弱的
attenuate /*v*. əˈtɛnjuˌet *adj*. əˈtɛnjuɪt/ *v*.使稀薄；减弱；减少　　*adj*.稀薄
   的；细的；薄的；弱的《*at-* = *ad-* = to》
attenuation /əˌtɛnjuˈeʃən/ *n*.细小；薄弱；减弱
extenuate /ɪkˈstɛnjuˌet/ *v*.减轻；掩饰；使人原谅《*ex-* = out》
extenuation /ɪkˌstɛnjuˈeʃən/ *n*.减轻；借口

389 term = boundary

    *拉丁文 *terminus*（= *bound*，*boundary*，*limit*）。

term /tɝm/ *n*.期限；期间；学期；术语；(*pl*.) 措辞；交谊　　*v*.命名；称为
terminable /ˈtɝmɪnəbl̩/ *adj*.有期限的；可终结的

```
termin  +  able
   |         |
 limit   +  adj.
```

terminal /ˈtɝmənl̩/ *adj*.末端的；终点的；定期的　　*n*.末端；终点
terminate /*v*. ˈtɝməˌnet *adj*. ˈtɝmənɪt/ *v*.终结；限定；期满　　*adj*.有限的
termination /ˌtɝməˈneʃən/ *n*.结束；末端；字尾
terminative /ˈtɝməˌnetɪv, -nətɪv/ *adj*.终结的；决定性的
terminator /ˈtɝməˌnetɚ/ *n*.终结者
terminology /ˌtɝməˈnɑlədʒɪ/ *n*.术语；专门名词(术语之学)

```
termin  +  ology
   |         |
boundary + study
```

terminus /ˈtɝmənəs/ *n*.终点；起点

conterminous /kɑnˈtɝmənəs, kən-/ *adj*.毗邻的；有共同边界的(有同一界限)《*con-* = together》

determine /dɪˈtɝmɪn/ *v*.决心；确定；测定(定出清楚的界限)《*de-* = down，fully》

determinable /dɪˈtɝmɪnəbḷ/ *adj*.可确定的；可决定的

determinant /dɪˈtɝmənənt/ *adj*.决定的　*n*.决定因素

determinate /dɪˈtɝmənɪt/ *adj*.限定的；明确的；坚决的

```
de   + termin + ate
 |        |        |
down +  limit  +  adj.
```

determination /dɪˌtɝməˈneʃən/ *n*.决心；测定；判决

determined /dɪˈtɝmɪnd/ *adj*.坚决的；已决定的

determiner /dɪˈtɝmɪnɚ/ *n*.限定词；决定因素

determinism /dɪˈtɝmɪnˌɪzəm/ *n*.决定论；宿命论《*-ism* = 主义；理论》

determinist /dɪˈtɝmɪnɪst/ *n*.决定论者；宿命论者

exterminate /ɪkˈstɝməˌnet/ *v*.消灭；消除(向界限以外→成为虚无状态)《*ex-* = out》

extermination /ɪkˌstɝməˈneʃən/ *n*.根绝；消灭

```
ex  + termin + ation
 |       |        |
out +  limit  +   n.
```

exterminator /ɪkˈstɝməˌnetɚ/ *n*.根绝者；杀虫剂

predeterminate /ˌpridɪˈtɝmənɪt, -net/ *adj*.预先决定的　*v*.注定；预定(事前被决定的)《*pre-* = before》

predetermination /ˌpridɪˌtɝməˈneʃən/ *n*.预先决定

390　terr = earth

＊拉丁文 *terra*(= earth)。

terrace /ˈtɛrɪs, -əs/ *n*.梯田；台地；阳台；(话剧等之)舞台(高而平坦的地方)　*v*.使成梯形地

terrain /tɛˈren/ *n*.地形；地势

terramycin /ˌtɛrəˈmaɪsɪn/ *n*.土霉素《*mycin* = fungus(霉菌)》

terraqueous /tɛˈrekwɪəs/ *adj*.由水与陆地合成的
《拉丁文 *aqua* = water》

```
terr  +  aque  +  ous
 |        |        |
earth  +  water  +  adj.
```

terrene /tɛˈrin/ *adj*.地球的；陆地的；现世的

terrestrial /təˈrɛstrɪəl/ *adj*.陆地的；现世的　*n*.地球人

territory /ˈtɛrəˌtorɪ,-tɔrɪ/ *n*.领土；土地；领域

territorial /ˌtɛrəˈtorɪəl/ *adj*.领土的；土地的

exterritorial /ˌɛkstɛrəˈtorɪəl/ *adj*.治外法权的(= *extraterritorial*)(领土
之外的)《*ex-* = out》

extraterrestrial /ˌɛkstrətəˈrɛstrɪəl/ *adj*.地球外的；大气层外的；宇宙
的(地球之外的)《*extra-* = beyond》

extraterritorial /ˌɛkstrəˌtɛrəˈtorɪəl/ *adj*.治外法权的

inter /ɪnˈtɜ/ *v*.埋葬(向地里去)《*in-* = into》

```
 in   +  ter
  |        |
into  +  earth
```

interment /ɪnˈtɜmənt/ *n*.埋葬；葬礼

disinter /ˌdɪsɪnˈtɜ/ *v*.挖出；使显现(与埋葬相反)《*dis-* = contrary》

disinterment /ˌdɪsɪnˈtɜmənt/ *n*.发掘

Mediterranean /ˌmɛdətəˈrenɪən/ *adj*.地中海的；陆地包围的　*n*.地中海
(在陆地之中的)《*medi* = middle》

subterranean /ˌsʌbtəˈrenɪən/ *adj*.地下的；秘密的　*n*.穴居人；地下洞穴
(在陆地之下的)《*sub-* = under》

391　terr = frighten

*拉丁文 *terrere*(= frighten)。

terrible /ˈtɛrəbl̩/ *adj*.可怕的；严重的；非常的；差劲的

terrify /ˈtɛrəˌfaɪ/ *v*.使害怕；惊吓

terrific /təˈrɪfɪk/ *adj*.非常的；极好的

terror /ˈtɛrɜ/ *n*.恐怖；恐怖的原因；可怕的人或物

terrorism /ˈtɛrəˌrɪzəm/ *n*.恐怖主义；恐怖行为；恐怖状态
《*-ism* = 主义；状态》

```
  terr   + or + ism
   |        |     |
frighten + n.  + n.
```

terrorist /ˈtɛrərɪst/ *n*.恐怖主义者；恐怖分子
terrorize /ˈtɛrəˌraɪz/ *v*.使恐怖；胁迫；实施恐怖统治
deter /dɪˈtɝ/ *v*.妨碍；阻止；使断念《*de-* = *dis-* 表加强语气》
deterrent /dɪˈtɝrənt/ *adj*.妨碍的；遏阻的　*n*.阻碍物
deterrence /dɪˈtɛrəns/ *n*.阻止；遏阻；阻碍物

392　test = witness

* 拉丁文 *testis*(= *witness*)。

test /tɛst/ *n*.试验；考验　*v*.试验；分析

【解说】字源有异,但为了方便起见归入此处。原意是试探"金的性质"而使用的土制壶。

testament /ˈtɛstəmənt/ *n*.遗嘱；圣约书(成为证据者)
testamentary /ˌtɛstəˈmɛntərɪ/ *adj*.遗嘱的；旧约(新约)圣经的

```
 testa  + ment + ary
   |        |      |
witness +  n.  + adj.
```

testate /ˈtɛstet/ *adj*.留有遗嘱的　*n*.留有遗嘱的死者
testator /ˈtɛstetɚ, tɛsˈtetɚ/ *n*.立遗嘱的人
testatrix /tɛsˈtetrɪks/ *n*.女性立遗嘱者《*rix* = feminine (女性)》
testify /ˈtɛstəˌfaɪ/ *v*.证明；表明(作证)《*-ify* = make》

```
 test  +  ify
   |       |
witness + make
```

testimony /ˈtɛstəˌmonɪ/ *n*.证言；口供；证实
testimonial /ˌtɛstəˈmonɪəl/ *n*.证明书；奖状；感谢状　*adj*.证明的；褒扬的；感谢的
attest /əˈtɛst/ *v*.证明；证实《*at-* = *ad-* = to》
attestation /ˌætɛsˈteʃən/ *n*.证明(书)；证据
attester；**-or** /əˈtɛstɚ/ *n*.证人

```
at  +  test  +  er
 |       |       |
to + witness + person
```

contest /v. kən'tɛst n. 'kɑntɛst/ v.争取；驳斥；竞争　　n.竞争；比赛
（一起拿出证据加以争论）《con- = together》

contestant /kən'tɛstənt/ n.（比赛会场的）竞争者；选手

contestation /ˌkɑntɛs'teʃən/ n.争论；竞争；论点

detest /dɪ'tɛst/ v.深恶；憎恶（因叫出神明来作充分证明而被憎恶）
《de- = down，fully》

detestable /dɪ'tɛstəbl̩/ adj.极可恶的

detestation /ˌditɛs'teʃən/ n.深恶；厌恶

```
de  +  test  + ation
 |       |        |
down + witness +  n.
```

protest /n. 'protɛst v. prə'tɛst/ v.坚决声明；抗议　　n.抗议；声明（在
众人之前提出反面证据）《pro- = before，publicly》

protestant /'prɑtɪstənt/ n.抗议者；(P-)新教徒　　adj.提出异议的；
(P-)新教徒的

protestation /ˌprɑtəs'teʃən/ n.声明；抗议

393　　**text** = weave

　　＊拉丁文 *texere*(= weave)。

text /tɛkst/ n.正文；原文（被编织的）

textile /'tɛkstl̩,-tɪl,-taɪl/ adj.织物的　　n.织物（的原料）

textual /'tɛkstʃʊəl/ adj.本文的；原文的

texture /'tɛkstʃɚ/ n.织法；质地；组织；构造

```
text  + ure
 |       |
weave +  n.
```

textural /'tɛkstʃərəl/ adj.质地的；组织上的

context /'kɑntɛkst/ n.上下文；某事的前后关联（使和本文在一起的）
《con- = together》

$$\begin{array}{ccc} \text{con} & + & \text{text} \\ | & & | \\ together & + & weave \end{array}$$

contextual /kən'tɛkstʃuəl/ *adj*.上下文的；依前后关系的

contexture /kən'tɛkstʃɚ,kɑn-/ *n*.组织；构造（共同织成）

intertexture /ˌɪntɚ'tɛkstʃɚ/ *n*.编织；编织物（交互编织）

　《*inter-* = between》

pretext /'pritɛkst/ *n*.借口（眼前所编织的话）《*pre-* = before》

subtle /'sʌtl̩/ *adj*.阴险的；微妙的；敏锐的（织法的精细）

　《*sub-* = beneath，closely》

subtlety /'sʌtl̩tɪ/ *n*.敏锐；细微；阴险；微妙；精细

tissue /'tɪʃu/ *n*.【生理】组织

394　the(o) = god

　　* 希腊文 *theos*(= god)。

theism /'θiɪzəm/ *n*.有神论；一神教《*-ism* = 主义；理论》

theist /'θiɪst/ *n*.有神论者；一神论者

theocracy /θi'ɑkrəsɪ/ *n*.神权政治；神权政体（由神统治）

　《*cracy* = ruling》

theocrat /'θiəˌkræt/ *n*.神权政治家；神权主义者《*crat* = ruler》

theocratic /ˌθiə'krætɪk/ *adj*.神权（主义）的

theology /θi'ɑlədʒɪ/ *n*.神学《*logy* = study》

$$\begin{array}{ccc} \text{theo} & + & \text{logy} \\ | & & | \\ god & + & study \end{array}$$

theologian /ˌθiə'lodʒən/ *n*.神学者；神学家

theological /ˌθiə'lɑdʒɪkl̩/ *adj*.神学的；神学上的

theologize /θi'ɑləˌdʒaɪz/ *v*.以神学的方式处理

apotheosis /əˌpɑθɪ'osɪs,ˌæpə'θiəsɪs/ *n*.神圣化；尊崇为神；颂扬（使与神相关）《*apo-* = related to；*-sis* = condition》

apotheosize /ə'pɑθɪəˌsaɪz,ˌæpə'θiəˌsaɪz/ *v*.奉为神圣；尊崇为神；颂扬

atheism /ˈeθɪˌɪzəm/ *n*.无神论《*a-* = without》

$$a \quad + \ the \ + \ ism$$
$$| \qquad | \qquad |$$
$$without + god + n.$$

atheist /ˈeθɪɪst/ *n*.无神论者

atheistic /ˌeθɪˈɪstɪk/ *adj*.无神论（者）的

monotheism /ˈmɑnəθiˌɪzəm/ *n*.一神教；一神论《*mono-* = single》

monotheist /ˈmɑnəˌθiɪst/ *n*.一神教信徒；一神论者

$$mono + the + \quad ist$$
$$| \qquad | \qquad |$$
$$single + god + person$$

pantheism /ˈpænθiˌɪzəm/ *n*.泛神论；多神教《*pan-* = all》

pantheist /ˈpænθiɪst/ *n*.泛神论者

pantheon /ˈpænθɪˌɑn/ *n*.万神殿；伟人祠；（一国人民所信仰的）诸神
《*-on* 名词字尾》

$$pan + the + on$$
$$| \qquad | \qquad |$$
$$all + god + n.$$

polytheism /ˈpɑləθiˌɪzəm/ *n*.多神教；多神论《*poly-* = many》

polytheist /ˈpɑləˌθiɪst/ *n*.多神教徒；多神论者

395 thes = place；put

> *希腊文 *tithenai*(= place，put)。〔变化型〕*thet*。

thesis /ˈθisɪs/ *n*.论文；主题；命题；论点（将意见放进去）
《*-(s)is* 名词字尾》

antithesis /ænˈtɪθəsɪs/ *n*.对照；正相反的事物；对句（放在对立的位置）
《*anti-* = against》

antithetic；-ical /ˌæntəˈθɛtɪk(ḷ)/ *adj*.相反的；对照的；对句的

hypothesis /haɪˈpɑθəsɪs/ *n*.假设；假定；前提（放在下面）
《*hypo-* = under》

$$hypo + thesis$$
$$| \qquad |$$
$$under + place$$

hypothesize /haɪˈpɑθəˌsaɪz/ v.作假设；假定
hypothetic；-ical /ˌhaɪpəˈθɛtɪk(l̩)/ adj.假设的；假定的
parenthesis /pəˈrɛnθəsɪs/ n.插入句；圆括弧（放进句子中）
　《par(a)- = beside；en- = in》
parenthesize /pəˈrɛnθəˌsaɪz/ v.置于括弧内；加入插句
parenthetic；-ical /ˌpærənˈθɛtɪk(l̩)/ adj.插入句的；附带说明的
synthesis /ˈsɪnθəsɪs/ n.综合；合成；综合体（放在一起）
　《syn- = together》

```
   syn    + thes +   (s)is
    |         |        |
together  +  put  + condition
```

synthesize /ˈsɪnθəˌsaɪz/ v.综合；合成
synthetic；-ical /sɪnˈθɛtɪk(l̩)/ adj.综合的；合成的

396　tim = fear

　＊拉丁文 timere(= fear)。

timid /ˈtɪmɪd/ adj.胆小的；怯懦的《-id 形容词字尾》
timidity /tɪˈmɪdətɪ/ n.胆小；怯懦
timorous /ˈtɪmərəs/ adj.胆小的；畏怯的
intimidate /ɪnˈtɪməˌdet/ v.威吓；胁迫；恐吓（使害怕）
　《in- = to make》

```
  in  +  tim  +  id  +  ate
   |      |       |      |
 make +  fear  +  adj. +  v.
```

intimidation /ɪnˌtɪməˈdeʃən/ n.威吓；胁迫
intimidator /ɪnˈtɪməˌdetɚ/ n.威吓者；胁迫者

397　ton = tone

　＊希腊文 tonos，拉丁文 tonus(= tone)。

tone /ton/ n.音色；语调；风格；色调　v.调和
tonal /ˈtonl̩/ adj.音色的；音调的；色调的

```
  ton  +  al
   |       |
 tone  +  adj.
```

tonality /toˈnælɪtɪ/ *n*.音调；色调

atonal /eˈtonḷ,æ-/ *adj*.无调的；不成调的（没有音调）
《*a-* = without》

atonality /ˌetoˈnælɪtɪ/ *n*.无调性

atonic /əˈtɑnɪk,e-,æ-/ *adj*.无重音的；轻声的

```
     a    +  ton  +  ic
     |        |        |
  without + tone +  adj.
```

diatonic /ˌdaɪəˈtɑnɪk/ *adj*.全音阶的（各种音调都有）《*dia-* = through》

intone /ɪnˈton/ *v*.吟咏；咏唱；加上抑扬（唱出音调）《*in-* = into》

intonation /ˌɪntoˈneʃən/ *n*.咏唱；抑扬；音调；语调

monotone /ˈmɑnəˌton/ *n*.单调；无变化《*mono-* = single》

```
   mono + tone
     |       |
  single + tone
```

monotonous /məˈnɑtn̩əs/ *adj*.单调的；无变化的；无聊的

monotony /məˈnɑtn̩ɪ/ *n*.单调；无变化；乏味

semitone /ˈsɛməˌton/ *n*.半音；半音程《*semi-* = half》

undertone /ˈʌndɚˌton/ *n*.低声；淡色；含意；暗流；潜在因素；市场动向
《*under-* = under》

398　tort = twist

　　* 拉丁文 *torquere*（ = twist），过去分词为 *tortus*。

torsion /ˈtɔrʃən/ *n*.扭转

torture /ˈtɔrtʃɚ/ *n*.拷问；痛苦；打击　*v*.使受痛苦；折磨；曲解（扭打身体）

```
   tort + ure
     |      |
  twist +  n.
```

torturer /ˈtɔrtʃərɚ/ *n*.拷问者；折磨者

torturous /ˈtɔrtʃərəs/ *adj*.使痛苦的

tortuous /ˈtɔrtʃuəs/ *adj*.弯曲的；歪曲的；不正直的

tortoise /ˈtɔrtəs,-tɪs/ *n*.龟（脚部弯曲的动物）

torment /*n*. ˈtɔrmɛnt *v*. tɔrˈmɛnt/ *n*.痛苦；烦恼　*v*.加以拷问；使痛苦

torch /tɔrtʃ/ *n*.火炬；（知识、文化的）光（拧绳浸泡在沥青中）
contort /kən'tɔrt/ *v*.扭歪；歪曲（扭在一块儿）《*con-* = together》
contortion /kən'tɔrʃən/ *n*.扭歪；弯曲

```
con    +  tort + ion
 |         |      |
together + twist + n.
```

contortionist /kən'tɔrʃənɪst/ *n*.杂技表演者（能将身体任意扭转的人）
distort /dɪs'tɔrt/ *v*.扭曲；曲解《*dis-* = apart》
distortion /dɪs'tɔrʃən/ *n*.变形；曲解
distortionist /dɪs'tɔrʃənɪst/ *n*.漫画家
extort /ɪk'stɔrt,ɛk-/ *v*.勒索；强索（拧出）《*ex-* = out》
extortion /ɪk'stɔrʃən,ɛk-/ *n*.强取；勒索
retort /rɪ'tɔrt/ *v*.反驳；反击　*n*.反驳（扭转回来）《*re-* = back》
retortion /rɪ'tɔrʃən/ *n*.返回；折回；报复

399　**tour** = turn

　　* 拉丁文 *tornare*(= turn) , *tornus*(= lathe 旋盘)。〔变化型〕*torn*。

tour /tur/ *n*.漫游；旅行　*v*.游历；巡迴演出
tourism /'turɪzm̩/ *n*.观光事业；观光旅行；【集合用法】观光客
tourist /'turɪst/ *n*.观光客
tournament /'tɝnəmənt,'tur-/ *n*.（中古骑士的）马上比武（大会）；锦标赛
　（马儿迅速转变方向）
attorney /ə'tɝnɪ/ *n*.代理人；律师（代替者）《*at-* = *ad-* = to》

```
at + torne +  y
|      |      |
to +  turn +  n.
```

contour /'kɑntur/ *n*.轮廓；外形界线　*v*.画地形线（一起绕一圈）
　《*con-* = together》
detour /'ditur,dɪ'tur/ *n*.绕道；改道　*v*.绕道而行
　《*de-* = *dis-* = away》

400　**tox** = poison

　　* 拉丁文 *toxicum*(= poison)。

toxic /'tɑksɪk/ *adj*.有毒的；中毒的

toxicant /ˈtɑksɪkənt/ *adj.*有毒的　*n.*毒物；毒药

toxicity /tɑksˈɪsətɪ/ *n.*毒性

toxicology /ˌtɑksɪˈkɑlədʒɪ/ *n.*毒物学《*ology* = study》

toxicologist /ˌtɑksɪˈkɑlədʒɪst/ *n.*毒物学家

toxin /ˈtɑksɪn/ *n.*毒素

antitoxic /ˌæntɪˈtɑksɪk/ *adj.*抗毒素的；抗毒性的（对抗毒素）

《*anti-* = against》

```
anti  +  tox  +  ic
 |        |        |
against + poison + adj.
```

antitoxin /ˌæntɪˈtɑksɪn/ *n.*抗毒素

detoxify /diˈtɑksəˌfaɪ/ *v.*解毒（去除毒素）《*de-* = *dis-* = away》

endotoxin /ˌɛndoˈtɑksɪn/ *n.*（病原菌内的）内毒素（内在的毒）

《*endo-* = inside》

intoxicate /ɪnˈtɑksəˌket/ *v.*使醉；使陶醉；使中毒（中毒）

《*in-* = into》

```
in  +  tox  +  ic  +  ate
 |       |      |       |
into + poison + adj. + v.
```

intoxicant /ɪnˈtɑksəkənt/ *adj.*醉人的　*n.*麻醉剂；醉人的东西；酒类饮料

intoxicated /ɪnˈtɑksəˌketɪd/ *adj.*醉的；欢天喜地的

intoxication /ɪnˌtɑksəˈkeʃən/ *n.*醉；陶醉；中毒

401　tract = draw

* 拉丁文 *trahere*（= draw），过去分词为 *tractus*。〔变化型〕*treat*。

trace /tres/ *v.*回溯；追踪；描绘　*n.*足迹；痕迹；描绘

track /træk/ *n.*足迹；轨道；线路　*v.*追踪

trackage /ˈtrækɪdʒ/ *n.*【集合用法】铁路轨道；铁路的使用权

《*-age* 抽象名词字尾》

tract /trækt/ *n.*区域；（讨论宗教、政治问题的宣传用）小册子（走路的范围）

tractable /ˈtræktəbl̩/ *adj.*温顺的；驯良的；易处理的（可能拉回的）

```
tract  +  able
  |         |
draw   +  adj.
```

traction /ˈtrækʃən/ n.牵引(力);牵引机(拉扯)

tractive /ˈtræktɪv/ adj.曳引的;牵引的

tractor /ˈtræktɚ/ n.牵引机;牵引者

trail /trel/ v.拖;拉;追踪;尾随　n.踪迹;小径

trailer /ˈtrelɚ/ n.跟随在后的人(物);电影预告片

train /tren/ v.教养;训练(使人延展)　n.列车;行列;导火线(拉成一线的东西)

trait /tret/ n.特性;特点(拉线)

treat /trit/ v.对待;治疗;处理　n.款待(处理问题、人、事态)

treatment /ˈtritmənt/ n.待遇;治疗;处理

```
treat + ment
  |      |
draw  +  n.
```

treatise /ˈtritɪs/ n.论文(论述的东西)

treaty /ˈtritɪ/ n.条约;谈判

abstract /adj. ˈæbstrækt,æbˈstrækt v. æbˈstrækt n. ˈæbstrækt/ adj.抽象的;理论的　v.抽去;摘要;使抽象化　n.摘要;抽象(从～拉走)《abs- = from》

abstraction /æbˈstrækʃən,əb-/ n.抽象(观念);心不在焉

```
abs + tract + ion
 |      |      |
from + draw +  n.
```

attract /əˈtrækt/ v.吸引;招引(吸引)《at- = ad- = to》

attraction /əˈtrækʃən/ n.吸引力;诱惑力;引力

attractive /əˈtræktɪv/ adj.妩媚的;动人的;引人的

```
at + tract + ive
 |     |      |
to + draw + adj.
```

contract /v. kənˈtrækt n. ˈkɑntrækt/ v.缔结;订立;收缩;感染　n.合同;婚约(彼此吸引)《con- = together》

contractible /kənˈtræktəbl̩/ adj.可收缩的;收缩性的

contractile /kənˈtræktl̩,-tɪl/ adj.有收缩性的

contraction /kənˈtrækʃən/ n.收缩;(贷款、资金等)紧缩

contractor /kənˈtræktɚ,ˈkɑntræktɚ/ n.立契约者;承包商;收缩肌

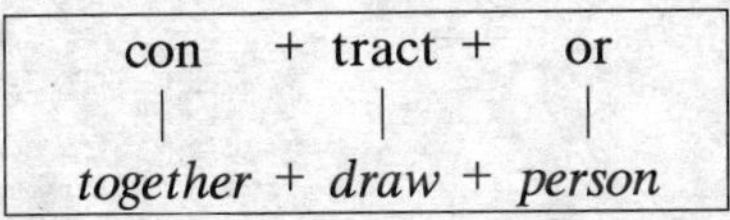

contractual /kən'træktʃuəl/ *adj*.契约(上)的

contracture /kən'træktʃɚ/ *n*.挛缩

detract /dɪ'trækt/ *v*.减损;降低《*de-* = *dis-* = away》

detraction /dɪ'trækʃən/ *n*.减除;诽谤

distract /dɪ'strækt/ *v*.分心;困扰;使轻松(拉往别的方向)
《*dis-* = apart》

distraction /dɪ'strækʃən/ *n*.分心;狂乱

extract /*v*.ɪk'strækt *n*.'ɛkstrækt/ *v*.摘取;抽出;吸取　*n*.选粹;摘取
物(抽出来)《*ex-* = out》

extraction /ɪk'strækʃən/ *n*.抽出;拔取;抽出物;选粹

extractor /ɛk'stræktɚ/ *n*.抽出者;选取者;抽出器

intractable /ɪn'træktəbl̩/ *adj*.不听话的;难驾驭的;倔强的;难处理的
《*in-* = not》

protract /pro'trækt/ *v*.延长;伸张(向前方拉伸)《*pro-* = forth》

protractile /pro'træktɪl/ *adj*.伸出的;可伸长的

protraction /pro'trækʃən/ *n*.拖延;延长;伸长;制图

protractor /pro'træktɚ/ *n*.使延长的人或物;量角器;伸肌

retrace /rɪ'tres/ *v*.折回;追溯;回顾《*re-* = back》

retract /rɪ'trækt/ *v*.缩回;收回(往后拉)《*re-* = back》

retractable /rɪ'træktəbl̩/ *adj*.可撤回的;可收缩的

retractile /rɪ'træktl̩,-tɪl/ *adj*.收缩自如的;可缩进去的

retractility /ˌritræk'tɪlətɪ/ *n*.伸缩性;伸缩能力

retraction /rɪ'trækʃən/ *n*.缩回;收回

subtract /səb'trækt/ *v*.减去;扣除(往下拉)《*sub-* = under》

$$\boxed{\begin{array}{c} \text{sub} + \text{tract} \\ | \qquad | \\ \textit{under} + \textit{draw} \end{array}}$$

subtraction /səb'trækʃən/ *n*.减去；扣除；减法
entreat /ɪn'trit/ *v*.恳求；乞求（吸引人心）《*en-* = in》
entreaty /ɪn'tritɪ/ *n*.恳求；乞求
maltreat /mæl'trit/ *v*.虐待（报以恶行）《*mal-* = badly》
portray /por'tre,pɔr-/ *v*.画像；描绘（拉线→进行描绘）
　《*por-* = forward》

$$\boxed{\begin{array}{c} \text{por} + \text{tray} \\ | \qquad | \\ \textit{forward} + \textit{draw} \end{array}}$$

portrait /'portret,'pɔr-,-trɪt/ *n*.肖像；描写
retreat /rɪ'trit/ *v*.撤回；退却　　*n*.撤退；退隐；避难所（向后拉）
　《*re-* = back》
subtrahend /'sʌbtrəˌhɛnd/ *n*.减数
　《*subtrah* = *subtract* = draw；*-end* 名词字尾》*cf*. **minuend**（被减数）

402　**tribut** = pay；bestow

　＊拉丁文 *tribuere*（= *assign*，*pay*，*bestow*），过去分词为 *tributus*。

tribute /'trɪbjut/ *n*.贡金；贡物；贡献（赠与之物）
tributary /'trɪbjəˌtɛrɪ/ *adj*.纳贡的；支流的　　*n*.属国；支流
attribute /*v*. ə'trɪbjut *n*. 'ætrəˌbjut/ *v*.（性质、原因等）归于；诿于　　*n*.性质；
　品性；象征（使归属于～）《*at-* = *ad-* = to》
attribution /ˌætrə'bjuʃən/ *n*.归因；归属；职权
attributive /ə'trɪbjətɪv/ *adj*.归属的　　*n*.修饰语
contribute /kən'trɪbjut/ *v*.捐助；贡献；促成（给予分配的份儿）
　《*con-* = together》

$$\boxed{\begin{array}{c} \text{con} + \text{tribute} \\ | \qquad | \\ \textit{together} + \textit{bestow} \end{array}}$$

contribution /ˌkɑntrə'bjuʃən/ *n*.捐助；贡献；投稿
contributor /kən'trɪbjətɚ/ *n*.捐助者；贡献者；投稿人

distribute /dɪ'strɪbjut/ *v*.分配；分发；散布；分类（分配给予）
　《*dis-* = apart》
distribution /ˌdɪstrə'bjuʃən/ *n*.分配；分类；颁发；分布
retribution /ˌretrə'bjuʃən/ *n*.报应；罚；报复《*re-* = back》
retributive /rɪ'trɪbjətɪv/；**-tory** /-ˌtorɪ/ *adj*.报应的；报偿的

403　trop = to turn（转）

　　* 希腊文 **tropos**(= turn)。

tropic /'trɑpɪk/ *n*.回归线；热带地方　　*adj*.热带的（太阳到此往回转）
tropical /'trɑpɪkḷ/ *adj*.热带（地方）的；热带性的
tropism /'tropɪzəm/ *n*.（对刺激的）向性；屈性
heliotrope /'hiljəˌtrop/ *n*.天芥菜属植物（向阳而开淡紫色花的植物）
　（跟着太阳转）《*helio* = sun》
heliotropism /ˌhilɪ'ɑtrəpɪzm̩/ *n*.向日性；屈光性
hydrotropism /haɪ'drɑtrəˌpɪzəm/ *n*.向水性（跟着水走）《*hydro* = water》
subtropical /sʌb'trɑpɪkḷ/ *adj*.亚热带的《*sub-* = secondary(次；亚)》
subtropics /sʌb'trɑpɪks/ *n*.*pl*.亚热带地方

404　trud，trus = to thrust；to push（插入）

　　* 拉丁文 **trudere**(= thrust，push，urge)，过去分词为 **trusus**。

abstruse /æb'strus，əb-/ *adj*.难解的；深奥的（推向别处→隐蔽不清楚）
　《*abs-* = away》
detrude /dɪ'trud/ *v*.推出；推下（推倒）《*de-* = down》
extrude /ɪk'strud，ək-/ *v*.逼出；挤出；逐出（推到外面）《*ex-* = out》
extrusion /ɪk'struʒən/ *n*.挤出；压出

```
ex  +  trus  +  ion
 |      |       |
out  +  push  +  n.
```

extrusive /ɪk'strusɪv/ *adj*.压出的；喷出的
intrude /ɪn'trud/ *v*.闯入；侵扰（推挤进来）《*in-* = into》
intruder /ɪn'trudɚ/ *n*.闯入者
intrusion /ɪn'truʒən/ *n*.闯入；侵扰
intrusive /ɪn'trusɪv/ *adj*.闯入的；干扰的

obtrude /əb'trud/ *v*.强迫接受；闯进(不请自来)《*ob-* = against》

obtrusion /əb'truʒən/ *n*.强迫接受；莽撞

obtrusive /əb'trusɪv/ *adj*.强迫人的；突出的

```
ob   +  trus  +  ive
 |        |       |
against + push + adj.
```

obtrusiveness /əb'trusɪvnɪs/ *n*.莽撞；突出

protrude /pro'trud/ *v*.伸出；吐出(向前突出)《*pro-* = forth》

protrudent /pro'trudənt/ *adj*.突出的

protrusion /pro'truʒən/ *n*.突出；伸出

protrusile /pro'trusɪl/ *adj*.可突出的；可伸出的

```
pro   +  trus  +  ile
 |         |       |
forth  + push  + adj.
```

protrusive /pro'trusɪv/ *adj*.突出的；伸出的

threat /θrɛt/ *n*.恐吓；威胁；恶兆(推挤压迫)《拉丁文 *trudere* = push》

threaten /θrɛtn̩/ *v*.恐吓；威胁；即将来临

thrust /θrʌst/ *v*.插入；力推；挤进　*n*.刺；攻击

405　**tum** = to swell（肿胀）

*拉丁文 *tumere*(= swell)。

tumefy /'tjumə͵faɪ,'tu-/ *v*.(使)肿胀；(使)胀大《*-efy* 动词字尾》

tumefaction /͵tjumə'fækʃən,tu-/ *n*.肿胀；肿大；肿胀的部分

tumescent /tju'mɛsn̩t/ *adj*.肿胀的；肿大的《*-escent* = becoming》

tumescence /tju'mɛsn̩s/ *n*.肿胀

tumid /'tjumɪd,'tu-/ *adj*.肿胀的；浮夸的《*-id* 形容词字尾》

tumidity /tju'mɪdətɪ,tu-/ *n*.肿胀；夸张

```
tum   +  id  +  ity
 |        |      |
swell + adj. +  n.
```

tumo(u)r /'tjumɚ,'tumɚ/ *n*.肿瘤

tumo(u)rous /'tjumərəs/ *adj*.(似)肿瘤的

contumacious /͵kɑntju'meʃəs/ *adj*.抗拒的；坚不服从的(桀骜不驯的)
　《*con-*(together) + 拉丁文 *tumere*(swell；be proud)》

contumacy /'kɑntjʊməsɪ,'kɑntʊ-/ *n*.抗拒；不服从
contumely /'kɑntjʊməlɪ,'kɑntʊ-/ *n*.傲慢无礼；侮辱

406　turb = to disturb（扰乱）

　　* 拉丁文 *turbare*(＝disturb)，*turba*(＝crowd)，原意是"分散群体"。

turbid /'tɝbɪd/ *adj*.混浊不清的；浓密的
turbidity /tɝ'bɪdətɪ/ *n*.混浊；混乱
turbulent /'tɝbjələnt/ *adj*.狂暴的；动乱的；骚动的
turbulence; -ency /'tɝbjələns(ɪ)/ *n*.动乱；骚动
disturb /dɪ'stɝb/ *v*.搅乱；妨碍；打扰（打散群体）《*dis-* ＝ apart》
disturbance /dɪ'stɝbəns/ *n*.扰乱；骚动
perturb /pɝ'tɝb/ *v*.使心烦意乱；扰乱（完全搅乱）《*per-* ＝ thoroughly》

```
    per    +   turb
     |          |
 thoroughly + disturb
```

perturbation /ˌpɝtɝ'beʃən/ *n*.扰乱；烦恼
trouble /'trʌbl̩/ *v*.烦恼；麻烦；忧虑　　*n*.烦恼；困难；麻烦
troublesome /'trʌbl̩səm/ *adj*.困难的；麻烦的
troublous /'trʌbləs/ *adj*.使人苦恼的；不安的

407　ultim = last（最后的）

　　* 拉丁文 *ultimus*(＝last)。

ultima /'ʌltəmə/ *n*.尾音节；末音节
ultimate /'ʌltəmɪt/ *adj*.最后的；结局的；根本的
ultimately /'ʌltəmɪtlɪ/ *adv*.最后；终于
ultimatum /ˌʌltə'metəm/ *n*.最后通牒《*-um* 名词字尾》

```
    ultimat + um
       |       |
      last   + n.
```

ultimo /'ʌltəˌmo/ ＝ in the last month *adj*.上个月的（略作 ult.）
penultimate /pɪ'nʌltəmɪt/ *n*.,*adj*.由字尾倒数第二音节（的）（几乎最后一个）《*pen-* ＝ almost》
antepenultimate /ˌæntɪpɪ'nʌltəmɪt/ *n*.,*adj*.倒数第三音节（的）

（＝ *antepenult*）（倒数第二个的前一个）《*ante-* ＝ before》

408　umbr ＝ shadow（阴影）

　　＊拉丁文 umbra（＝ shadow）。

umbra /ˈʌmbrə/ *n*.（太阳黑子的）中央黑暗部分；本影（日蚀时地球或
　月球的影子）

umbrage /ˈʌmbrɪdʒ/ *n*.阴影；不快；愤怒

umbrageous /ʌmˈbredʒəs/ *adj*.多荫的；成荫的；易怒的

umbral /ˈʌmbrəl/ *adj*.阴影的；成荫的

umbrella /ʌmˈbrɛlə/ *n*.伞；伞状物；保护（遮有小阴影之物）
　《*-ella* 名词字尾，表"小"》

adumbrate /ædˈʌmbret, ˈædəmˌbret/ *v*.勾画轮廓；暗示；用阴影遮蔽
　（使有阴影）《*ad-* ＝ to》

<pre>
ad +   umbr + ate
| | |
to + shadow + v.
</pre>

adumbration /ˌædʌmˈbreʃən/ *n*.勾画；暗示；荫蔽

adumbrative /ædˈʌmbrətɪv/ *adj*.隐约显示的；轻描淡写的；笼统预示的

penumbra /pɪˈnʌmbrə/ *n*.（日蚀、月蚀的）半影部；（太阳黑子周围的）半
　影（半阴影）《*pen-* ＝ half》

somber /ˈsɑmbɚ/ *adj*.微暗的；暗色的；阴沉的（在阴影下）
　《*so-* ＝ *sub-*（under）＋（*o*）*mber* ＝ *umbr*（shadow）》

409　urb ＝ city（城市）

　　＊拉丁文 *urbs*（＝ city）。

urban /ˈɝbən/ *adj*.都市的；都市特有的

urbane /ɝˈben/ *adj*.都市风格的；文雅的；有礼貌的（有都市性质的）

urbanism /ˈɝbənɪzm̩/ *n*.都市生活（研究）；（人口的）集中都市

urbanite /ˈɝbənˌaɪt/ *n*.都市生活者《*-ite* 表示人的名词字尾》

<pre>
urb + an + ite
| | |
city + adj. + person
</pre>

urbanity /ɝ'bænətɪ/ *n.* 都市风尚；文雅；(*pl.*) 礼节

urbanize /'ɝbənˌaɪz/ *v.* 使都市化；使文雅

urbanization /ˌɝbənɪ'zeʃən/ *n.* 都市化

urbanology /ˌɝbə'nalədʒɪ/ *n.* 都市学；都市研究《*ology* = study》

urbanologist /ˌɝbə'nalədʒɪst/ *n.* 都市问题专家；都市研究专家

conurbation /ˌkanɝ'beʃən/ *n.* 集合城市；都市集团（聚集在一起的城市）
《*con-* = together》

exurb /'ɛksɝb/ *n.* 郊外周围地区（城市之外）《*ex-* = out》

```
ex  +  urb
|      |
out +  city
```

exurban /ɛk'sɝbən/ *adj.* 郊外周围地区的

exurbia /'ɛksɝbɪə/ *n.* 【集合名词】郊外周围住宅地区《*-ia* 名词字尾》

interurban /ˌɪntɝ'ɝbən/ *adj.* 都市间的　*n.* 都市间的铁路（电车、巴士等）（都市间）《*inter-* = between》

suburb /'sʌbɝb/ *n.* 市郊；近郊；郊区（城市附近）《*sub-* = near》

suburban /sə'bɝbən/ *adj.* 市郊的；郊区的　*n.* 郊区居民

suburbanite /sə'bɝbənˌaɪt/ *n.* 郊区居民《*-ite* 表示人的名词字尾》

suburbia /sə'bɝbɪə/ *n.* 【集合名词】郊区；郊区居民

410 us，uti = to use（使用）

* 拉丁文 *uti*（= use），过去分词为 *usus*。

use /*v.* juz *n.* jus/ *v.* 利用；实行　*n.* 用法；利用；用途

usage /'jusɪdʒ/ *n.* 使用；用法；习惯；习俗

usance /'juzn̩s/ *n.* 【商】支付汇票的习惯期限

useful /'jusfəl/ *adj.* 有用的；有益的

useless /'juslɪs/ *adj.* 无用的；无效的

usual /'juʒʊəl/ *adj.* 经常的（一直延用的）

usufruct /'juzjʊˌfrʌkt, 'jusjʊ-/ *n.* 收益权；使用权（可任意使用）
《*fruct* = full enjoyment（充分享有）》

```
usu  +     fruct
|          |
use  +  full enjoyment
```

usufructuary /ˌjuzjuˈfrʌktʃuˌɛrɪ/ *adj.*使用权的　*n.*使用权者

usurp /juˈzɝp/ *v.*篡夺；霸占（为了取来自己使用）

usurpation /ˌjuzɚˈpeʃən/ *n.*篡位；霸占

usury /ˈjuʒɜrɪ/ *n.*高利贷（利用金钱所生的巨额利息）《-ry 名词字尾》

usurer /ˈjuʒɜrɚ/ *n.*放高利贷者

usurious /juˈʒʊrɪəs/ *adj.*高利贷的；高利的

utensil /juˈtɛnsl̩/ *n.*器皿；用具（日常用品）

utile /ˈjutɪl/ *adj.*实用的；有用的

$$
\begin{array}{ccc}
\text{ut} & + & \text{ile} \\
| & & | \\
\textit{use} & + & \textit{adj.}
\end{array}
$$

utilize /ˈjutl̩ˌaɪz/ *v.*利用

utilization /ˌjutl̩əˈzeʃən/ *n.*利用

utility /juˈtɪlətɪ/ *n.*有用；效用

utilitarian /ˌjutɪləˈtɛrɪən, juˌtɪlə-/ *n.*功利主义者　*adj.*功利主义的

abuse /*v.* əˈbjuz *n.* əˈbjus/ *v.*滥用；虐待　*n.*滥用；虐待；恶习（离开了正确的用法）《*ab-* = from》

abusive /əˈbjusɪv/ *adj.*妄用的

disabuse /ˌdɪsəˈbjuz/ *v.*解惑；释疑（使不滥用）《*dis-* = not》

$$
\begin{array}{ccccc}
\text{dis} & + & \text{ab} & + & \text{use} \\
| & & | & & | \\
\textit{not} & + & \textit{from} & + & \textit{use}
\end{array}
$$

disuse /*n.* dɪsˈjus *v.* dɪsˈjuz/ *n.*, *v.*放弃；不用

disused /ˌdɪsˈjuzd/ *adj.*不再使用的；废弃的

inutile /ɪnˈjutɪl/ *adj.*无用的；无益的《*in-* = not》

inutility /ˌɪnjuˈtɪlətɪ/ *n.*无用；无益的人或物

misuse /*n.* mɪsˈjus *v.* mɪsˈjuz/ *n.*, *v.*误用；滥用；虐待（错误使用）《*mis-* = wrongly》

misusage /mɪsˈjusɪdʒ, -ˈjuz-/ *n.*误用；虐待

$$
\begin{array}{ccccc}
\text{mis} & + & \text{us} & + & \text{age} \\
| & & | & & | \\
\textit{wrongly} & + & \textit{use} & + & \textit{n.}
\end{array}
$$

peruse /pəˈruz/ *v.*精读（读尽全书）《*per-* = through》

perusal /pəˈruzl̩/ *n.*详察；精读

411　vac，van，void＝empty（空的）

*拉丁文 *vacuus*（＝empty，void），*vanus*（＝empty）。

vacant /ˈvekənt/ *adj*.空的；空缺的；闲暇的

vacancy /ˈvekənsɪ/ *n*.空职；空虚；空闲

vacate /ˈveket/ *v*.使出缺；撤离（使空虚）

vacation /veˈkeʃən，və-/ *n*.休假；空出　*v*.度假

vacationist /veˈkeʃənɪst/ *n*.休假者；度假的人

vacuum /ˈvækjuəm/ *n*.真空；空间

vacuity /væˈkjuətɪ，və-/ *n*.空虚；茫然

vacuous /ˈvækjuəs/ *adj*.空虚的；愚蠢的；闲散的

evacuate /ɪˈvækjuˌet/ *v*.撤退；疏散；排泄（使空虚）《*e-* ＝ *ex-* ＝ out》

```
e   +   vacu   +   ate
|         |         |
out +  empty  +   v.
```

vain /ven/ *adj*.无效的；空虚的（没有内容的）

vanity /ˈvænətɪ/ *n*.空虚；虚荣（心）

vanish /ˈvænɪʃ/ *v*.消失；消灭（变成空虚）

evanesce /ˌevəˈnɛs/ *v*.逐渐消失（出去而消失）《*e-* ＝ *ex-* ＝ out》

```
e   +   van   +   esce
|        |         |
out +  empty  +   v.
```

evanescence /ˌevəˈnɛsn̩s/ *n*.逐渐消失

evanescent /ˌevəˈnɛsn̩t/ *adj*.易消散的；暂时的

void /vɔɪd/ *adj*.无效的；空的；缺乏的　*n*.空虚；空处
　v.使无效；排泄

voidance /ˈvɔɪdn̩s/ *n*.放弃；无效；排泄

avoid /əˈvɔɪd/ *v*.避免（出去外面而使空虚）《*a-* ＝ *ex-* ＝ out》

```
a   +   void
|        |
out +  empty
```

avoidance /əˈvɔɪdn̩s/ *n*.回避；取消

devoid /dɪˈvɔɪd/ *adj*.缺乏的（拿走而变为空虚）《*de-* ＝ *dis-* ＝ apart》

inevitable /ɪnˈɛvətəbl̩/ *adj*.不可避免的《*in-* = not；*e-* = *ex-* = out》
《*in*(not) + 拉丁文 *evitare*(avoid)》

vainglorious /venˈɡlorɪəs/ *adj*.自负的；虚荣心强的《*vain*(empty) +
glor(glory) + *-ious*（形容词字尾）》

412　**vade** = to go（行走）

＊拉丁文 *vadere*(= to go)。

evade /ɪˈved/ *v*.逃避；闪避（逃避在外面）《*e-* = *ex-* = out》
evasion /ɪˈveʒən/ *n*.逃避；借口
evasive /ɪˈvesɪv/ *adj*.逃避的；难以捉摸的
invade /ɪnˈved/ *v*.侵略；侵袭（进来）《*in-* = into》

in	+	vade
|		|
into	+	*go*

invader /ɪnˈvedɚ/ *n*.侵略者；侵害者
invasion /ɪnˈveʒən/ *n*.侵略；侵害
invasive /ɪnˈvesɪv/ *adj*.侵入的；侵略性的
pervade /pɚˈved/ *v*.遍布；弥漫（直接穿过）《*per-* = through》
pervasion /pɚˈveʒən/ *n*.遍布；弥漫
wade /wed/ *v*.跋涉；艰苦进行　　*n*.跋涉（特别指在水中行走）
waddle /ˈwɑdl̩/ *v*.蹒跚而行　　*n*.摇摆而行

413　**vaga** = to wander（流浪；漂泊）

＊拉丁文 *vagari*(= to wander)。

vagabond /ˈvæɡəˌbɑnd/ *adj*.流浪的；无赖的　　*n*.无赖；流浪者　　*v*.流浪
vagabondage /ˈvæɡəˌbɑndɪdʒ/ *n*.流浪生活；流浪癖；【集合名词】流浪者
《*-age* 名词字尾》
vagary /vəˈɡɛrɪ, ve-, -ˈɡerɪ/ *n*.妄想；狂妄行为（心情之漫游）
vagarious /vəˈɡɛrɪəs/ *adj*.奇特的；古怪的
vagrancy /ˈveɡrənsɪ/ *n*.流浪；漂泊
vagrant /ˈveɡrənt/ *n*.流浪汉；无赖　　*adj*.流浪的；无赖的
vague /veɡ/ *adj*.含糊的；茫然的
divagate /ˈdaɪvəˌɡet/ *v*.徘徊；入歧途；离题（因漫游而迷失）

《*di-* = *dis-* = away》

```
    di   +  vaga  + (a)te
    |        |       |
  away + wander +   v.
```

divagation /ˌdaɪvəˈgeʃən/ *n*. 入歧途；离题

extravagant /ɪkˈstrævəgənt/ *adj*. 奢侈的；放纵的(越过限度的浪掷)

《*extra-* = beyond》

extravagance /ɪkˈstrævəgəns/ *n*. 奢侈；浪费；放纵

extravaganza /ɪkˌstrævəˈgænzə,ɛk-/ *n*. 狂想曲(剧)；狂言

414 val, vail = strong (强壮的); worth (价值)

* 拉丁文 **valere**(= be strong, be worthy)。

valence /ˈveləns/ *n*. 原子价

valiant /ˈvæljənt/ *adj*. 勇敢的；英勇的(强壮勇敢的)

valid /ˈvælɪd/ *adj*. 有效的；正确的；健康的(有效力的)

validate /ˈvæləˌdet/ *v*. 使有法律效力；确认

validation /ˌvæləˈdeʃən/ *n*. 确认

validity /vəˈlɪdətɪ/ *n*. 效力；确实性；正当

```
    val   +  id  + ity
     |       |     |
  strong + adj. + n.
```

valo(u)r /ˈvælɚ/ *n*. 勇气；勇猛

valo(u)rous /ˈvælərəs/ *adj*. 勇敢的

value /ˈvæljʊ/ *n*. 价值；估价　*v*. 估价；评价；尊重

valuable /ˈvæljʊəbl̩/ *adj*. 有价值的；可计算价值的　*n*. (*pl*.)贵重物品；珠宝

valuation /ˌvæljʊˈeʃən/ *n*. 评价；估价

avail /əˈvel/ *v*. 有用；有利；有效　*n*. 利益；效用(能给予价值)

《*a-* = *ad-* = to》

available /əˈveləbl̩/ *adj*. 可利用的；近便的；有效力的

```
  a  +  vail  + able
  |      |       |
 to + worth + adj.
```

convalesce /ˌkɑnvəˈlɛs/ v.（病后）恢复健康；渐愈（一起变强壮）
《*con-* = together》

convalescence /ˌkɑnvəˈlɛsn̩s/ n.康复；康复期

convalescent /ˌkɑnvəˈlɛsn̩t/ adj.逐渐康复的　n.康复中的病人

countervail /ˌkaʊntəˈvel/ v.抵消；补偿；对抗（对抗的强度）
《*counter-* = *contra-* = against》

<pre>
counter + vail
   | |
against + strong
</pre>

devaluate /diˈvæljuˌet/ v.减低～的价值；贬值（价值降低）
《*de-* = down》

devaluation /ˌdivæljuˈeʃən/ n.贬值

evaluate /ɪˈvæljuˌet/ v.评价；估计；求值（评估价值）
《*e-* = *ex-* = out》

equivalent /ɪˈkwɪvələnt/ adj.相等的；相当的　n.等量；相等物（价值
相等）《*equi* = equal》

invalid /ˈɪnvəlɪd/ adj.有病的；残废的　n.病人；残兵　v.使残废；使病
弱；使退后　adj. /ɪnˈvælɪd/ 无效的；薄弱的（不强壮的）《*in-* = not》

<pre>
 in + val + id
  | | |
not + strong + adj.
</pre>

invalidate /ɪnˈvæləˌdet/ v.使无价值；使无效

invalidity /ˌɪnvəˈlɪdətɪ/ n.无价值；无效

invaluable /ɪnˈvæljəbl̩/ adj.无法估价的；非常珍贵的
cf. **valueless**（无价值的）

multivalent /ˌmʌltəˈvelənt, mʌlˈtɪvə-/ adj.多原子价的
《*multi-* = many》

prevail /prɪˈvel/ v.流行；占优势；战胜（过于强大）
《*pre-* = before, excessively》

<pre>
   pre   + vail
    | |
excessively + strong
</pre>

prevalent /ˈprɛvlənt/ adj.普遍的；流行的

prevalence; **-ency** /ˈprɛvələns(ɪ)/ n.普遍

prevailing /prɪ'velɪŋ/ *adj*.普及的；流行的；优势的

undervalue /ˌʌndɚ'vælju/ *v*.低估；轻视（看低～的价值）

　《*under-* = under》

undervaluation /ˌʌndɚˌvælju'eʃən/ *n*.低估；轻视

415　　**var(i)** = diverse（不同的）；to change（变化）

　　* 拉丁文 **variare**(= to vary)，**varius**(= various)。

vary /'vɛrɪ/ *v*.改变；不同

variable /'vɛrɪəbḷ/ *adj*.易变的；可变动的　*n*.易变化的东西

variability /ˌvɛrɪə'bɪlətɪ/ *n*.易变；可变性

variance /'vɛrɪəns/ *n*.变化；差异；不和；冲突

variant /'vɛrɪənt/ *adj*.相异的；不同的；易变的　*n*.变形；异形

variation /ˌvɛrɪ'eʃən/ *n*.变化

varicolored /'vɛrɪˌkʌlɚd/ *adj*.杂色的；五颜六色的

varied /'vɛrɪd/ *adj*.种种的；有变化的

variegate /'vɛrɪˌget/ *v*.使成杂色；使有变化（驱使其变化）

　《*eg* = to drive》

```
vari  +  eg  + ate
 |        |     |
change + drive + v.
```

variegated /'vɛrɪˌgetɪd/ *adj*.杂色的；有变化的

variegation /ˌvɛrɪ'geʃən/ *n*.杂色；斑驳

variety /və'raɪətɪ/ *n*.变化；多样性；种类

variform /'vɛrɪˌfɔrm/ *adj*.有多种形态的；形形色色的

variometer /ˌvɛrɪ'ɑmətɚ/ *n*.磁力偏差计《*meter* 计量器》

416　　**velop** = to wrap（包；裹）

　　* 拉丁文 **veloper**(= wrap up)。

develop /dɪ'vɛləp/ *v*.发展；开发；揭露；显示（将包裹打开）

　《*de-* = *dis-* = apart》

development /dɪ'vɛləpmənt/ *n*.发展；开发；【摄影】显影

envelop /ɪn'vɛləp/ v.包装；围绕；掩藏（包起来）《en- = in》
envelope /'ɛnvə‚lop,'ɑn-,ɪn'vɛləp/ n.信封；封套（作包装用的）
envelopment /ɪn'vɛləpmənt,ɛn-/ n.包封；包封物；包纸

417　ven，vent = to come（来到）

＊拉丁文 venire(= to come)。

advent /'ædvɛnt/ n.（A-)耶稣降临；到来（来到）《ad- = to》
adventitious /‚ædvɛn'tɪʃəs,‚ædvən-/ adj.偶然的；外来的；偶发的
adventive /æd'vɛntɪv/ adj.（动植物)外来的；非本土的　n.外来的
　动植物（从外而来的）
adventure /əd'vɛntʃɚ/ n.冒险；奇遇；投机　v.冒险尝试（来到危险的
　地方）

$$
\begin{array}{ccccc}
ad & + & vent & + & ure \\
| & & | & & | \\
to & + & come & + & n.
\end{array}
$$

adventurous /əd'vɛntʃərəs/ adj.冒险的；大胆的；危险的
venture /'vɛntʃɚ/ = adventure 的缩写
venturous /'vɛntʃərəs/ adj.大胆的；冒险性的；危险的
venturesome /'vɛntʃɚsəm/ adj.冒险的；危险的；大胆的
　《-some 形容词字尾，表"具有～性质"》
misadventure /‚mɪsəd'vɛntʃɚ/ n.不幸；灾难（不好的遭遇）
　《mis- = bad》

$$
\begin{array}{ccccccc}
mis & + & ad & + & vent & + & ure \\
| & & | & & | & & | \\
bad & + & to & + & come & + & n.
\end{array}
$$

circumvent /‚sɚkəm'vɛnt/ v.胜过；规避；绕行（从周围来）
　《circum- = around》
circumvention /‚sɚkəm'vɛnʃən/ n.阻遏；绕行
contravene /‚kɑntrə'vin/ v.违反；反驳；抵触（来对抗）
　《contra- = against》
contravention /‚kɑntrə'vɛnʃən/ n.违反；违反的行为；反驳
convene /kən'vin/ v.集合；召集（一同齐聚而来）
　《con- = together》

convention /kənˈvɛnʃən/ *n*.召集；会议；协定；习俗
conventional /kənˈvɛnʃənl/ *adj*.传统的；陈旧的；协定的

```
con   + vent + ion +  al
 |        |      |     |
together + come + n. + adj.
```

conventioneer /kənˌvɛnʃənˈɪr/ *n*.大会或会议的出席者
　《-*eer* 表示人的名词字尾》
convenient /kənˈvinjənt/ *adj*.便利的；方便的
　（集合在一起对什么都方便）
convenience /kənˈvinjəns/ *n*.方便；便利的事物；〔英〕厕所
event /ɪˈvɛnt/ *n*.事件；结果；成果；（竞赛）项目（发生而来的东西）
　《*e-* = *ex-* = out》
eventful /ɪˈvɛntfəl/ *adj*.多事的；重要的
eventual /ɪˈvɛntʃuəl/ *adj*.结果的；最后的；可能的
eventuate /ɪˈvɛntʃuet/ *v*.结果；终归
invent /ɪnˈvɛnt/ *v*.发明；虚构（来到某物之上→想到）
　《*in-* = upon》
invention /ɪnˈvɛnʃən/ *n*.发明；发明物；发明的才能；虚构的故事

```
in  + vent + ion
 |      |     |
upon + come + n.
```

inventor /ɪnˈvɛntɚ/ *n*.发明者
inventory /ˈɪnvənˌtori,-tɔrɪ/ *n*.目录；库存品　*v*.将～登入目录；盘点
prevent /prɪˈvɛnt/ *v*.阻碍；防止；预防（阻挡往前去的路）
　《*pre-* = before》
prevention /prɪˈvɛnʃən/ *n*.防止；预防

```
pre  + vent + ion
 |      |     |
before + come + n.
```

preventive /prɪˈvɛntɪv/ *adj*.预防的 *n*.预防方法；预防药
intervene /ˌɪntɚˈvin/ *v*.介入；干涉；调停（来到其间）
　《*inter-* = between》
intervention /ˌɪntɚˈvɛnʃən/ *n*.介入；干涉；调停
intervenient /ˌɪntɚˈvinjənt/ *adj*.介于中间的；居间的
supervene /ˌsupɚˈvin,ˌsju-/ *v*.接着来；附带发生；并发（跟着到上面来）

《*super-* = over，upon》

supervention /ˌsupɚˈvɛnʃən,ˌsju-/ *n*.续发；并发；附加

$$\begin{array}{ccc} super & + & vent & + & ion \\ | & & | & & | \\ upon & + & come & + & n. \end{array}$$

avenue /ˈævəˌnju/ *n*.(对)大街；两边有树的通道；方法；途径(到～的道路)《*a-* = *ad-* = to》

revenue /ˈrɛvəˌnju/ *n*.岁入；(*pl*.) 收入总额；国税局(再次回来的金钱)《*re-* = back》

souvenir /ˈsuvəˌnɪr/ *n*.纪念品；纪念物(接近心灵而来→想出)《*sou-* = *sub-* = under，near》

---

418 **venge** = to avenge（报仇）

* 古代法文 **vengier**(= to avenge)。

vengeance /ˈvɛndʒəns/ *n*.复仇；报复

vengeful /ˈvɛndʒfəl/ *adj*.复仇的；复仇心重的

avenge /əˈvɛndʒ/ *v*.复仇；报复(对～报仇)《*a-* = *ad-* = to》

avenger /əˈvɛndʒɚ/ *n*.复仇者

$$\begin{array}{ccc} a & + & veng(e) & + & er \\ | & & | & & | \\ to & + & avenge & + & person \end{array}$$

revenge /rɪˈvɛndʒ/ *v*.，*n*.报仇；报复(再报仇)《*re-* = again》

revengeful /rɪˈvɛndʒfəl/ *adj*.充满复仇心的；怀恨的

---

419 **vent** = wind（风）

* 拉丁文 **ventus**(= wind)。

vent /vɛnt/ *n*.孔；通风孔；出口；吐露　*v*.钻孔于；发泄

ventage /ˈvɛntɪdʒ/ *n*.出口；发泄口

venter /ˈvɛntɚ/ *n*.腹；胃；子宫

venthole /ˈvɛntˌhol/ *n*.通气孔

ventilate /ˈvɛntl̩ˌet/ *v*.使通风；以空气净化；公开讨论

ventilation /ˌvɛntl̩ˈeʃən/ *n*.通风；通风设备；自由讨论

ventilator /ˈvɛntlˌeɪtɚ/ *n*.通风设备；气窗

420 **ver** = true（真实的；确实的）

   ＊拉丁文 **verus**(= true)。

very /ˈvɛrɪ/ *adj*.真正的；同一的　*adv*.非常地；很
veridical /vɪˈrɪdɪkl̩/ = true speaking　*adj*.真实的；真正的
   《*dic* = speak》
verify /ˈvɛrəˌfaɪ/ *v*.证明；鉴定；【法律】作证（表示真实的事物）
   《*-fy* = make》
verifiable /ˈvɛrəˌfaɪəbl̩/ *adj*.可证明的；可确证的
verification /ˌvɛrəfɪˈkeʃən/ *n*.证明；鉴定；确认
verily /ˈvɛrəlɪ/ *adv*.真正地；真实地
verisimilar /ˌvɛrəˈsɪmələ/ *adj*.像是真实的；可能的（看起来像真的一样）
   《*simil* = like》

veri + simil + ar
|　　　|　　　|
true + *like* + *adj*.

verisimilitude /ˌvɛrəsəˈmɪləˌtjud,-ˌtud/ *n*.逼真；逼真的事物
verity /ˈvɛrətɪ/ *n*.真实；真理
veritable /ˈvɛrətəbl̩/ *adj*.真实的；实在的
veracious /vəˈreʃəs/ *adj*.诚实的；真实的
veracity /vəˈræsətɪ/ *n*.诚实；精确；真实性
verdict /ˈvɝdɪkt/ *n*.（陪审团的）判决；判断（实在的言词）
   《*dict* = saying》

ver + dict
|　　|
true + *saying*

aver /əˈvɝ/ *v*.断言；【法律】证明；辨明《*a-* = *ad* = to》

421 **verb** = word（字；词）

   ＊拉丁文 **verbum**(= word)。

verb /vɝb/ *n*.动词
verbal /ˈvɝbl̩/ *adj*.言辞的；口头的；逐字的；动词的

n.动词性名词或形容词

verbalism /ˈvɝblɪzm̩/ *n*.语言的表现；拘泥字句；冗长；套语

verbalist /ˈvɝblɪst/ *n*.善用言辞的人；拘泥字句的人

verbality /vɚˈbæletɪ/ *n*.冗词；语言的表达；动词的特性

verbalize /ˈvɝbl̩ˌaɪz/ *v*.用言语表达；作动词用；唠叨

verbatim /vɚˈbetɪm/ *adj*.逐字的　*adv*.逐字地
　《-*atim* 形容词字尾，表"以～方式"》

```
verb + atim
 |      |
word + adj.
```

verbiage /ˈvɝbɪɪdʒ/ *n*.冗词；废话；措辞《-*iage* 抽象名词字尾》

verbify /ˈvɝbəˌfaɪ/ *v*.用做动词；使(名词等)动词化

verbose /vɚˈbos/ *adj*.冗长的；唠叨的(用太多词语)
　《-*ose* 形容词字尾》

verbosity /vɚˈbɑsetɪ/ *n*.冗长；唠叨

adverb /ˈædvɝb/ *n*.副词(修饰动词)《*ad-* = to》

adverbial /ədˈvɝbɪəl,æd-/ *adj*.副词的；副词性的

```
ad + verb + ial
|     |      |
to + word + adj.
```

proverb /ˈprɑvɝb/ *n*.谚语；格言；人尽皆知的人或事物(以前的词语)
　《*pro-* = before》

proverbial /prəˈvɝbɪəl/ *adj*.谚语的；闻名的

422　**verg** = to incline（倾向；倾斜）

　＊拉丁文 **vergere**(= incline)。

verge /vɝdʒ/ *n*.边缘　*v*.临接；倾向；濒临

converge /kənˈvɝdʒ/ *v*.集中于一点；使趋于同一目标(朝相同方向倾斜)
　《*con-* = together》

convergence /kənˈvɝdʒəns/ *n*.汇合；聚合

convergent /kənˈvɝdʒənt/ *adj*.集中于一点的

diverge /dəˈvɝdʒ,daɪ-/ *v*.分歧；差异；逸出(正轨)(倾斜分开)
　《*di-* = *dis-* = apart》

divergence；-ency /dəˈvɝdʒəns(ɪ),daɪ-/ *n*.分歧；不和；逸出

divergent /dəˈvɝdʒənt,daɪ-/ *adj*.分歧的；差异的

423 vers，vert = to turn（移转；改变；转向）

* 拉丁文 vertere（= turn），过去分词 versus。

verse /vɝs/ *n*.诗；韵文；（圣经的）一小节；诗节　*adj*.诗的；以诗写成的（变为新的格式）

versed /vɝst/ *adj*.韵文的；精通的；熟练的

versify /ˈvɝsəˌfaɪ/ *v*.作诗；以诗记述；将（散文）改写成韵文
《-*ify* = to make》

versification /ˌvɝsəfəˈkeʃən/ *n*.作诗；作诗法；诗学

version /ˈvɝʒən，ˈvɝʃən/ *n*.翻译；译本；版本；改写本；陈述说法；变体（转换成别国语言）

versatile /ˈvɝsətɪl，-taɪl/ *adj*.多才多艺的；多方面的
《-*ile* 形容词字尾》

```
versat + ile
  |       |
turn  +  adj.
```

vertex /ˈvɝtɛks/ *n*.顶点；【天文】天顶；【解剖】头顶；【数学】顶点（上升物往下转变的那一点）

vertical /ˈvɝtɪkl̩/ *adj*.天顶的；顶点的；垂直的；直立的　*n*.垂直线；垂直面

vertigo /ˈvɝtɪˌgo/ *n*.晕眩；头晕（眼睛转动）

vertiginous /vɝˈtɪdʒənəs/ *adj*.令人晕眩的；旋转的

vortex /ˈvɔrtɛks/ *n*.漩涡；旋风（回旋的东西）

adverse /ˈædvɝs，ədˈvɝs/ *adj*.逆的；反对的；不利的；敌对的（转过身来面对～）《*ad-* = to》

adversary /ˈædvɚˌsɛrɪ/ *n*.对手；仇敌；（A-）魔王；撒旦（反对者）

```
ad + vers + ary
 |    |      |
to + turn +  n.
```

adversity /ədˈvɝsətɪ/ *n*.逆境；不幸；灾难

advert /ədˈvɝt，æd-/ *v*.谈及；述及；注意（把注意力转向～）

advertence；-ency /ədˈvɝtn̩s(ɪ)/ *n*.论及；注意

advertise；-tize /ˈædvɚˌtaɪz，ædvɚˈtaɪz/ *v*.登广告；通知（引起个人注意～）

advertiser /ˈædvɚˌtaɪzɚ，ædvɚˈtaɪzɚ/ *n*.刊登广告者；广告客户

advertisement；-tize- /ˌædvɚˈtaɪzmənt，ədˈvɝtɪzmənt/ *n*.广告；宣传

animadvert /ˌænəmæd'vɝt/ *v*.批评；非难（把心转向）
《*anim* = mind》

    anim + ad + vert
     | | |
    mind + to + turn

anniversary /ˌænə'vɝsərı/ *n*.周年；周年纪念　*adj*.年年的；每年的
（每年回来的）《*anni* = year》

avert /ə'vɝt/ *v*.防止；避开（面向他方）《*a-* = *abs-* = away》

averse /ə'vɝs/ *adj*.嫌恶的；反对的；不愿意的（回避的态度）

aversion /ə'vɝʒən,-ʃən/ *n*.嫌恶；嫌恶的事物；讨厌的人

controvert /'kɑntrəˌvɝt, kɑntrə'vɝt/ *v*.否认；反驳；辩论（面向反面）
《*contro-* = *contra-* = against》

controversy /'kɑntrəˌvɝsı/ *n*.争论；辩论

controversial /ˌkɑntrə'vɝʃəl/ *adj*.引起争论的；好争论的

    contro + vers + ial
      | | |
    against + turn + adj.

converse /*v*., *adj*. kən'vɝs *n*. 'kɑnvɝs/ *v*.谈话　*adj*.倒转的；方向或
行动相反的　*n*.相反的事物（面对面的）《*con-* = together》

conversant /'kɑnvɝsṇt, kən'vɝsṇt/ *adj*.亲近的；精通的；熟识的

conversation /ˌkɑnvɝ'seʃən/ *n*.谈话；会话

convert /*v*. kən'vɝt *n*. 'kɑnvɝt/ *v*.转变；兑换；改变宗教信仰
n.改变宗教信仰或意见的人（一起改变）

    con   + vert
     | |
    together + turn

convertible /kən'vɝtəbḷ/ *adj*.可以改变的；可兑换的；可使改变信仰的

conversion /kən'vɝʃən,-ʒən/ *n*.转换；变换；信仰的改变

divers /'daɪvɝz/ *adj*.不同的；种种的（个别离开）《*di-* = *dis-* = apart》

diverse /də'vɝs, dar-/ *adj*.不同的；互异的；种种的；有变化的

diversify /də'vɝsəˌfaɪ, dar-/ *v*.使变化；使多样化《*-ify* = make》

    di + vers + ify
     | | |
    apart + turn + make

diversity /dəˈvɚsətɪ,dar-/ *n*.多样性

divert /dəˈvɚt,dar-/ *v*.使转向；转移(注意力)；娱乐(离开向着其他方向)

diversion /dəˈvɚʒən,dar-,-ʃən/ *n*.转向；娱乐

divorce /dəˈvors,-ˈvɔrs/ *n*.，*v*.离婚；分离

evert /iˈvɚt/ *v*.外翻；翻转(向着外面)《*e-* = *ex-* = out》

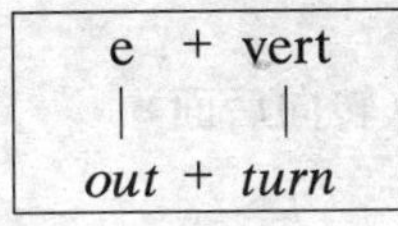

extrovert /ˈɛkstroˌvɚt/ *n*.外向的人　*v*.使外向(转向外面)
　《*extro-* = *extra-* = outside》

inadvertent /ˌɪnədˈvɚtn̩t/ *adj*.不注意的；疏忽的
　《*in-* = not；*ad-* = to》

inadvertence；-ency /ˌɪnədˈvɚtn̩s(ɪ)/ *n*.不注意；疏忽

introvert /*v*. ˌɪntrəˈvɚt *n*. ˈɪntrəˌvɚt/ *v*.使内向；使内省　*n*.内向的人
　(向着内部)《*intro-* = within》

introversion /ˌɪntrəˈvɚʃən,-ʒən/ *n*.内向(型)；(器官)内倾；内转

invert /ɪnˈvɚt/ *v*.颠倒；前后倒置(将下部向上)《*in-* = up》

inverse /ɪnˈvɚs,ˈɪnvɚs/ *adj*.逆的；反的　*n*.逆反；倒转之物

inversion /ɪnˈvɚʃən,-ʒən/ *n*.倒转；【文法】倒装法

```
in + vers + ion
|     |     |
up + turn + n.
```

malversation /ˌmælvɚˈseʃən/ *n*.(公务员的)贪污；受贿(将身体转向坏处)
　《*mal-* = badly》

obvert /əbˈvɚt,ab-/ *v*.将～的正面转向；【逻辑】反换(命题)(面对→方向)
　《*ob-* = towards》

obverse /*adj*. əbˈvɚs,ˈabvɚs *n*. ˈabvɚs/ *adj*.正面的；相对的　*n*.(货币
　等的)正面；前面(彼此面面相对)

obversion /abˈvɚʃən/ *n*.转向；【逻辑】命题之反换；换质(如将
　"All men are mortal." 改为"No men are immortal.")

pervert /*v*. pɚˈvɚt *n*. ˈpɚvɚt/ *v*.曲解；误解；误用　*n*.堕落的人；性变
　态者(把背对着正直的道路)《*per-* = thoroughly》

```
┌─────────────────────────┐
│    per    +   vert      │
│     |           |       │
│ thoroughly  +  turn     │
└─────────────────────────┘
```

perversion /pəˈvɝʒən,-ʃən/ *n*.曲解；误解；变态

perverse /pəˈvɝs/ *adj*.刚愎的；任性的

perversity /pəˈvɝsətɪ/ *n*.邪恶；刚愎

retrovert /ˌrɛtrəˈvɝt/ *v*.使向后弯曲；使后屈(转向后面)
　　《*retro-* = backward》

retroversion /ˌrɛtrəˈvɝʃən/ *n*.向后弯曲；后屈

```
┌─────────────────────────────┐
│   retro   +  vers  +  ion    │
│     |          |       |     │
│ backward  +  turn  +   n.    │
└─────────────────────────────┘
```

revert /rɪˈvɝt/ *v*.回到(原话题)；恢复(原状)；归属(还原)
　　《*re-* = back》

reversion /rɪˈvɝʒən,-ˈvɝʃ-/ *n*.归属权；倒退

reverse /rɪˈvɝs/ *adj*.颠倒的；相反的　*n*.颠倒；背面；逆运；不幸
　　v.逆行；颠倒(向着后面)

reversal /rɪˈvɝsəl,-sl̩/ *n*.颠倒

reversible /rɪˈvɝsəbl̩/ *adj*.可颠倒的；可翻转的；可推翻的

subvert /səbˈvɝt/ *v*.颠覆；破坏(从下翻转过来)《*sub-* = under》

```
┌─────────────────────┐
│   sub   +  vert      │
│    |         |       │
│ under   +  turn      │
└─────────────────────┘
```

subversion /səbˈvɝʃən,-ʒən/ *n*.颠覆；破坏

subversive /səbˈvɝsɪv/ *adj*.颠覆的；破坏的

tergiversation /ˌtɝdʒəvɝˈseʃən/ *n*.变节；规避；支吾其词(背向对着)
　　《*tergi* = back》

transverse /trænsˈvɝs,trænz-/ *adj*.横的；横断的　*n*.横断物；横轴
　　(完全指向横向者)《*trans-* = across》

```
┌─────────────────────┐
│  trans  +  verse     │
│    |         |       │
│ across  +  turn      │
└─────────────────────┘
```

transversal /trænsˈvɝsl̩,trænz-/ *adj*.横断的　*n*.横断线；截线

traverse /v. ˈtrævɚs, trəˈvɝs n. ˈtrævɚs, -ɝs/ v.横过；反对；详细讨论
n.横断(路)；横木《*tra-* = *trans-* = across》

universe /ˈjunəˌvɝs/ n.宇宙；全世界；全人类(把万物合成一体)
《*uni-* = one》

universal /ˌjunəˈvɝsḷ/ adj.全世界的；一般的；宇宙的

university /ˌjunəˈvɝsətɪ/ n.大学；大学的校舍(把几个学院合成一体)

424　vest = to clothe（穿衣），garment（衣服）

　　* 拉丁文 **vestis**(= garment), **vestire**(= clothe)。

vest /vɛst/ n.背心　v.授与；归属

vestment /ˈvɛstmənt/ n.衣服

vesture /ˈvɛstʃɚ/ n.【集合名词】衣服；覆盖物《*-ure* 表集合名词》

divest /dəˈvɛst, daɪ-/ v.脱掉；剥夺；使放弃(使衣服脱离身体)
《*di-* = *dis-* = apart》

```
    di  +  vest
    |       |
  apart + clothe
```

divestiture /dəˈvɛstətʃɚ, daɪ-/ n.脱衣；剥夺

divestment /dəˈvɛstmənt, daɪ-/ n. = divestiture

invest /ɪnˈvɛst/ v.投资；使穿上；授与(进入衣服内)《*in-* = in》

investment /ɪnˈvɛstmənt/ n.投资；资金

investor /ɪnˈvɛstɚ/ n.投资者

425　vi, voy = way（路）

　　* 拉丁文 **via**(= way)。

via /ˈvaɪə/ prep.经由(= *by way of*)

viable /ˈvaɪəbḷ/ adj.能生存的；可实行的

viaduct /ˈvaɪəˌdʌkt/ n.高架桥；陆桥(引导道路跨越山谷河流)
《*duct* = lead》

voyage /ˈvɔɪ·ɪdʒ/ n.航海；航行　v.航海；航行(走过)

convey /kənˈve/ v.运输；传达；让与(使归于同道)

《*con-* = together》

conveyance /kən'veəns/ *n*.搬运；传达；让与（证书）

convoy /kən'vɔɪ/ *v*.，*n*.护送；护卫；护航（走同一条路）

deviate /'diviˌet/ *v*.脱轨；脱离；违背（从路线上离开）　*n*.离经叛道者；
性格异常者；性变态者　*adj*.不正常的；异常的

《*de-* = *dis-* = away from》

$$\boxed{\begin{array}{ccc} \text{de} & + \text{vi} & + \text{ate} \\ | & | & | \\ \textit{away from} & + \textit{way} & + \textit{v.} \end{array}}$$

deviant /'diviənt/ *adj*.脱轨的　*n*.脱轨的事物；不正常者
（= *deviate*）

deviation /ˌdivi'eʃən/ *n*.脱轨；偏差；航线变更

devious /'diviəs/ *adj*.绕道的；不正当的（离开路线的）

envoy /'ɛnvɔɪ/ *n*.全权公使；使者（放在路上→派遣）《*en-* = on》

invoice /'ɪnvɔɪs/ *n*.，*v*.（开）发票（放在路上的→赠送）

《*in-* = on》

$$\boxed{\begin{array}{ccc} \text{in} & + \text{vo} & + \text{ice} \\ | & | & | \\ \textit{on} & + \textit{way} & + \textit{n.} \end{array}}$$

obviate /'ɑbviˌet/ *v*.避免；防止（在路上毁坏→不能通行）

《*ob-* = against》

obvious /'ɑbviəs/ *adj*.明白的；显然的（横卧靠近路面处→被人看见）

《*ob-* = near》

pervious /'pɝviəs/ *adj*.（水）可浸透的；（光线）可透过的（穿越道路）

《*per-* = through》

impervious /ɪm'pɝviəs/ *adj*.透不过的；不受影响的

《*im-* = *in-* = not》

previous /'priviəs/ *adj*.在前的；先前的（走到前面的道路）

《*pre-* = before》

$$\boxed{\begin{array}{ccc} \text{pre} & + \text{vi} & + \text{ous} \\ | & | & | \\ \textit{before} & + \textit{way} & + \textit{adj.} \end{array}}$$

trivia /'trɪviə/ *n*.*pl*.琐事（三条路→买东西的妇女们碰面交谈的好地方→

内容大致没有趣味)《*tri-* = three》

trivial /ˈtrɪvɪəl/ *adj*.不重要的；琐碎的　　*n*.（常用 *pl*.）普通的事物

triviality /ˌtrɪvɪˈælətɪ/ *n*.琐事；平凡；平凡的事物

426　vict，vinc = to conquer（征服）

　　* 拉丁文 **vincere**(= conquer)，过去分词 **victus**。

victor /ˈvɪktə/ *n*. *adj*.胜利者（的）

victorious /vɪkˈtorɪəs,-rjəs/ *adj*.胜利的；战胜的

victory /ˈvɪktərɪ,ˈvɪktrɪ/ *n*.胜利；战胜

vanquish /ˈvæŋkwɪʃ/ *v*.征服；击败《拉丁文 *vincere* = conquer》

invincible /ɪnˈvɪnsəbḷ/ *adj*.不可征服的；难以克服的《*in-* = not》

```
  in   +  vinc   +  ible
  |        |         |
 not  + conquer +  adj.
```

convince /kənˈvɪns/ *v*.使信服；说服（完全征服对方）
　《*con-* = thoroughly》

convincible /kənˈvɪnsəbḷ/ *adj*.可使相信的；可说服的

convincing /kənˈvɪnsɪŋ/ *adj*.令人信服的

conviction /kənˈvɪkʃən/ *n*.信念；信服；判罪

convict /*v*. kənˈvɪkt *n*. ˈkɑnvɪkt/ *v*.证明有罪；宣告有罪　　*n*.罪犯（使其深知有罪）

evict /ɪˈvɪkt/ *v*.逐出；赶出；收回（征服出去）
　《*e-* = *ex-* = out》

evince /ɪˈvɪns/ *v*.表明；显示出；唤起（几乎不残留任何疑问的全然了解）
　《*e-* = *ex-* = out，fully》

427　vid，vis = to see（看见）

　　* 拉丁文 **videre**(= see)，过去分词 **visus**。

visa /ˈvizə/ *n*.签证　　*v*.给予签证（出示的证件）《*-a* 名词字尾》

visage /ˈvɪzɪdʒ/ *n*.容貌；外观（外貌）

visible /ˈvɪzəbḷ/ *adj*.可见的；显而易见的

vision /ˈvɪʒən/ *n*.幻想；梦想；视力；美景；洞察力　*v*.在梦中显现；
　梦见（眼睛能看到的）

visionary /ˈvɪʒənˌɪerɪ/ *adj*.幻想的；不实际的；空想的　*n*.幻想家；
　梦想家

```
vis + ion + ary
 |     |     |
see +  n. + adj.
```

visit /ˈvɪzɪt/ *v*.视察；访问；参观　*n*.访问；参观；作客（去看）

visitant /ˈvɪzətnt/ *n*.访问者；幽灵；候鸟

visitation /ˌvɪzəˈteʃən/ *n*.视察；访问；天谴

visitor /ˈvɪzɪtɚ/ *n*.访客；观光客；住客

visor /ˈvaɪzɚ/ *n*.（头盔的）面甲；护面；（帽子的）帽檐；（汽车的）遮阳板

vista /vɪstə/ *n*.远景；回想；展望

visual /ˈvɪʒuəl/ *adj*.视觉的；可见的；真实的

visualize /ˈvɪʒuəlˌaɪz/ *v*.想像；想见；使可见；使显现

advise /ədˈvaɪz/ *v*.忠告；通知（纠正别人的行为）《*ad-* = to》

```
ad + vise
 |    |
to +  see
```

advisement /ədˈvaɪzmənt/ *n*.熟虑

adviser；**-or** /ədˈvaɪzɚ/ *n*.劝告者；顾问；指导教授；导师

advisory /ədˈvaɪzərɪ/ *adj*.顾问的；劝告的；供咨询的

advice /ədˈvaɪs/ *n*.忠告；通知

devise /dɪˈvaɪz/ *v*.设计；发明；遗赠（不动产）　*n*.遗赠的财产（辨别→
　计划）《*de-* = dis- = apart》

device /dɪˈvaɪs/ *n*.发明物；图案；策略；装置

envisage /ɛnˈvɪzɪdʒ/ *v*.正视；面对；想像（使看见）《*en-* = make》

```
en + vis + age
 |    |     |
make + see + v.
```

envision /ɛnˈvɪʒən/ *n*.，*v*.想像；默想

envy /ˈɛnvɪ/ *n*.羡慕；嫉妒　*v*.羡慕；嫉妒（看见～而羡慕）
　《*en-* = on》

envious /ˈɛnvɪəs/ *adj*.羡慕的；嫉妒的

invidious /ɪnˈvɪdɪəs/ *adj*.招人猜忌的；招嫉妒的；惹人反感的(看到～
而嫉妒)《*in-* = on》

$$\begin{array}{ccc}
\text{in} & + \text{vid} & + \text{ious} \\
| & | & | \\
\text{on} & + \text{see} & + \text{adj.}
\end{array}$$

evident /ˈɛvədənt/ *adj*.明白的；显然的(看着外面)
《*e-* = *ex-* = out》

evidence /ˈɛvədəns/ *n*.证据；(法庭)证词　*v*.显示；证明

improvise /ˈɪmprəˌvaɪz, ɪmprəˈvaɪz/ *v*.即席赋(诗)；即席演奏；即席而作
(事先并没有看到→没有事先准备的)《*im-* = *in-* = not；*pro-* = before》

invisible /ɪnˈvɪzəbl̩/ *adj*.看不见的；难分辨的《*in-* = not》

previse /prɪˈvaɪz/ *v*.预知；预见(预先看见)《*pre-* = before》

$$\begin{array}{cc}
\text{pre} & + \text{vise} \\
| & | \\
\text{before} & + \text{see}
\end{array}$$

prevision /prɪˈvɪʒən/ *n*.先见；预知；预感

provide /prəˈvaɪd/ *v*.供给；预备(预先看见)《*pro-* = before》

provident /ˈprɑvədənt/ *adj*.先见之明的；预知的

providential /ˌprɑvəˈdɛnʃəl/ *adj*.神的；神意的；幸运的

providence /ˈprɑvədəns/ *n*.节约；慎重；(P-)上帝的保佑

$$\begin{array}{ccc}
\text{pro} & + \text{vid} & + \text{ence} \\
| & | & | \\
\text{before} & + \text{see} & + \text{n.}
\end{array}$$

provision /prəˈvɪʒən/ *n*.供应；准备；设备；条款　*v*.供以食物

provisory /prəˈvaɪzərɪ/ *adj*.附有条件的；临时的；暂定的

prudent /ˈprudn̩t/ *adj*.谨慎的；节俭的(仔细地看着前面)
《*pru-* = *pro-* = before》

prudence /ˈprudn̩s/ *n*.慎重；节俭

prudential /pruˈdɛnʃəl/ *adj*.慎重的；细心的　*n*.(*pl*.)慎重
考虑；慎重考虑过的事

purvey /pɚˈve/ *v*.供给；供应(事先看见)《*pur-* = *pro-* = before》

$$\boxed{\begin{array}{c} \text{pur} \ + \ \text{vey} \\ | \qquad\quad | \\ \textit{before} \ + \ \textit{see} \end{array}}$$

purveyance /pɚˈveəns/ *n*.供应

purveyor /pɚˈveɚ/ *n*.供应者

revise /rɪˈvaɪz/ *v*.校订；改订　*n*.校订；改订(版)(改正)
　《*re-* = again》

revision /rɪˈvɪʒən/ *n*.校正；改订(本)

supervise /ˌsupɚˈvaɪz/ *v*.监督；指导；管理(从上往下看)
　《*super-* = above》

supervision /ˌsupɚˈvɪʒən/ *n*.监督；指导；管理

$$\boxed{\begin{array}{c} \text{super} \ + \ \text{vis} \ + \ \text{ion} \\ | \qquad\quad | \qquad\quad | \\ \textit{above} \ + \ \textit{see} \ + \ \textit{n.} \end{array}}$$

supervisor /ˌsupɚˈvaɪzɚ/ *n*.监督者；管理人

supervisory /ˌsupɚˈvaɪzərɪ/ *adj*.监督(者)的；管理(人)的

surveillance /sɚˈveləns/ *n*.监视；看守《*veil* = to see》

surveillant /sɚˈvelənt/ *adj*.监视的；监督的　*n*.监视者；监督者

survey /*v*. sɚˈve *n*. ˈsɚve, sɚˈve/ *v*.观察；测量；视察　*n*.眺望；测量
　(图)；视察(从上往下看)《*sur-* = *super-* = over》

surveyor /sɚˈveɚ/ *n*.监督者；鉴定人；测量员

$$\boxed{\begin{array}{c} \text{sur} \ + \ \text{vey} \ + \ \quad \text{or} \\ | \qquad\quad | \qquad\qquad | \\ \textit{over} \ + \ \textit{see} \ + \ \textit{person} \end{array}}$$

televise /ˈtɛləˌvaɪz/ *v*.用电视播送；播映(看远处传来的物体)
　《*tele-* = far off》

television /ˈtɛləˌvɪʒən/ *n*.电视；电视机

interview /ˈɪntɚˌvju/ *n*.,*v*.面谈；会见；访问(彼此见面)
　《*inter-* = between》

interviewee /ˌɪntɚvjuˈi/ *n*.被会见者；被访问者
　《*-ee* 表"被～的人"》

purview /ˈpɚˌvju/ *n*.范围；权限；视界(能看透的部分)
　《*pur-* = *per-* = through》

review /rɪˈvju/ *v.*，*n.* 再调查；复习；回顾；评论；检阅（反复再看）
　《*re-* = again》

428　**vig，veg** = lively（快活的；有生气的）

＊拉丁文 **vigil**(= awake)；**vigere**(= be lively)；**vigilare**(watch)。由"没有睡"引申为"通宵值夜"、"进行活动而未眠"之意。

vigil /ˈvɪdʒəl/ *n.* 彻夜不眠；守夜（通宵未睡之状态）

vigilance /ˈvɪdʒələns/ *n.* 警戒；不眠（症）

vigilant /ˈvɪdʒələnt/ *adj.* 警醒的；警戒的

vigo(u)r /ˈvɪgɚ/ *n.* 活力；精力；元气（生活、活动的力量）

vigorous /ˈvɪgərəs/ *adj.* 活泼的；强健的；精力充沛的

invigorate /ɪnˈvɪgəˌret/ *v.* 使强壮；鼓舞；激励（注入活力）
　《*in-* = in》

```
in  +  vig  + or + ate
|      |      |     |
in + lively + n. + v.
```

invigoration /ɪnˌvɪgəˈreʃən/ *n.* 激励；鼓舞

invigorator /ɪnˈvɪgəˌretɚ/ *n.* 激励者；补药

vegetate /ˈvɛdʒəˌtet/ *v.* 像植物般地生长和生活；茫茫然地过日子

vegetation /ˌvɛdʒəˈteʃən/ *n.* 植物；草木；单调贫乏的生活

vegetable /ˈvɛdʒətəbl̩/ *n.*，*adj.* 植物（的）；蔬菜（的）（生长出来的东西）

429　**viv** = to live（生活；生存）

＊拉丁文 **viere**(= live)，过去分词 **victus, vita**(= life)。

victual /ˈvɪtl̩/ *n.* (*pl.*)食物；食品（保持生命的东西）　*v.* 供以食物；储备食物

victual(l)er /ˈvɪtl̩ɚ, ˈvɪtlɚ/ *n.* 粮食供应者；运粮船

viand /ˈvaɪənd/ *n.* 食品；(*pl.*) 食粮；食物

vital /ˈvaɪtl̩/ *adj.* 生命的；致命的；不可缺的

vitality /vaɪˈtæləti/ *n.* 活力；生气；生动

vitalize /ˈvaɪtl̩ˌaɪz/ *v.* 赋予生命；使有生机

vitamin(e) /ˈvaɪtəmɪn/ *n.* 维他命；维生素（维持生命的物质）

《-amin(e) 名词字尾,表"物质"》

vivacious /vaɪˈveʃəs, vɪ-/ *adj*.活泼的；快活的

```
viv  +  acious
 |        |
live  +  adj.
```

vivacity /vaɪˈvæsətɪ, vɪ-/ *n*.活泼；(色彩)鲜明

vivarium /vaɪˈvɛrɪəm, -ˈver-/ *n*.(作成自然生息状态的)动物饲养所或植物栽培所《-arium 表示场所的名词字尾》

vivid /ˈvɪvɪd/ *adj*.鲜明的；闪耀的；活泼的；生动的

vivify /ˈvɪvəˌfaɪ/ *v*.赋予生命；使活泼；使生动《-fy = to make》

vivisect /ˌvɪvəˈsɛkt, ˈvɪvəˌsɛkt/ *v*.(动物)活体解剖(将活的物体切开分成几部分)《sect = to cut》

vivisection /ˌvɪvəˈsɛkʃən/ *n*.活体解剖

avitaminosis /eˌvaɪtəmɪnˈosɪs/ *n*.维生素缺乏症

《a- = without；-osis = condition》

```
a    +  vit  +  amin  +   osis
|        |        |         |
without + live  +  n.   + condition
```

convivial /kənˈvɪvɪəl/ *adj*.欢宴的；快乐的(乐于共同生存)

《con- = with》

devitalize /diˈvaɪtḷˌaɪz/ *v*.夺去～的生命或活力(使丧失活力)

《de- = dis- = away》

revitalize /riˈvaɪtḷˌaɪz/ *v*.使恢复元气；使复活；使复兴(使活力再现)

《re- = again》

revive /rɪˈvaɪv/ *v*.复活；苏醒；重演(再活过来)

revival /rɪˈvaɪvḷ/ *n*.回复；苏醒；(r-)文艺复兴

revivify /rɪˈvɪvəˌfaɪ/ *v*.使复活；使振作；使还原

revivification /rɪˌvɪvəfəˈkeʃən/ *n*.恢复气力；还原

reviviscence /ˌrɛvɪˈvɪsn̩s/ *n*.复活；苏醒

survive /səˈvaɪv/ *v*.继续存在；较～活得长久(生存得胜于其他东西)

《sur- = above》

```
sur  +  vive
 |        |
above  +  live
```

survival /sɚ'vaɪvl̩/ *n*.残存；残存的人（物）；遗物；遗风

survivor /sɚ'vaɪvɚ/ *n*.残存者；生存者；遗族；遗物

430　voc，voke = to call（喊叫）；voice（声）

* 拉丁文 **vocare**(= call)，**vox**(= voice)。

vocal /'vokl̩/ *adj*.声的；声音的　　*n*.声音

vocalist /'vokl̩ɪst/ *n*.声乐家；歌手

vocalize /'vokl̩ˌaɪz/ *v*.出声；说；喊叫

vocable /'vokəbl̩/ *n*.字；单词（由声音构成的）

vocabulary /və'kæbjəˌlɛrɪ, vo-/ *n*.用语范围；词汇

　《-*ary* 表示"整体；群体"》

vocation /vo'keʃən/ *n*.天职；职业（奉命唤出神明的职业）

　cf. **vacation**（假期）

vociferate /vo'sɪfəˌret/ *v*.大声喊叫；吼叫（使声音能传送至远处）

　《*fer* = carry》

```
voc(i) +  fer  + ate
  |        |       |
voice + carry +  v.
```

vociferous /vo'sɪfərəs/ *adj*.大声喊的；喧哗的；嘈杂的

vouch /vautʃ/ *v*.保证；担保（发出声音大声说）

advocate /*v*. 'ædvəˌket *n*. 'ædvəkɪt/ *v*.主张；提倡　　*n*.拥护者；提倡者；替人说情者（为人与主义呐喊）

advocacy /'ædvəkəsɪ/ *n*.提倡；辩护；拥护

avocation /ˌævə'keʃən/ *n*.副业；嗜好（非正式职业）《*a-* = not》

```
a  +  voc  + ation
|       |       |
not + voice +  n.
```

avouch /ə'vautʃ/ *v*.保证；承认；断言

avow /ə'vau/ *v*.公开承认；坦白承认

convoke /kən'vok/ *v*.召集（会议）（呼喊使集合在一起）

　《*con-* = together》

convocation /ˌkɑnvə'keʃən/ *n*.召集；集会；会议

```
con  +  voc + ation
 |        |      |
together + call + n.
```

equivocal /ɪˈkwɪvəkl̩/ *adj.*意义不明显的；模棱两可的（无论何者都是一样的说法→无法决定是何者）《*equi* = equal》

equivocate /ɪˈkwɪvəˌket/ *v.*含糊其辞；闪躲（一种暧昧不清的说法）

```
equi  +  voc  +  ate
  |        |       |
equal  +  voice  +  v.
```

equivoke；-voque /ˈɛkwəˌvok,ˈikwə-/ *n.*双关语；模棱两可的说法；含糊的词语

evoke /ɪˈvok/ *v.*唤起；使追忆到（唤出外面）《*e-* = *ex-* = out》

evocation /ˌɛvoˈkeʃən/ *n.*召唤；唤起

invoke /ɪnˈvok/ *v.*祈求；求助于（大声呼唤神明）《*in-* = on》

invocation /ˌɪnvəˈkeʃən/ *n.*祈求；祈愿

```
in  +  voc  +  ation
 |       |       |
on  +  call  +  n.
```

multivocal /mʌlˈtɪvəkl̩/ *adj.*喧哗的；多义的；暧昧的（许多声音）《*multi-* = many》

provoke /prəˈvok/ *v.*刺激；引起；激起（冲到前面呐喊→引出）《*pro-* = forth》

provoking /prəˈvokɪŋ/ *adj.*刺激的；煽动的；恼人的

provocation /ˌprɑvəˈkeʃən/ *n.*刺激；挑拨

revoke /rɪˈvok/ *v.*取消；使无效（叫唤回来）《*re-* = back》

revocation /ˌrɛvəˈkeʃən/ *n.*取消；废止

irrevocable /ɪˈrɛvəkəbl̩/ *adj.*不能取消的；不能变更的《*ir-* = *in-* = not》

431 vol = will（意志；意志力）

* 拉丁文 **voluntas**（= free will）。

voluntary /ˈvɑlənˌtɛrɪ/ *adj.*自愿的；自发的；故意的　*n.*自发的行动；

自愿的行为

involuntary /ɪn'vɑlən͵tɛrɪ/ *adj*.非本意的；无心的；不随意的

《*in-* = not》

```
  in  +  volunt  +  ary
  |        |         |
 not  +   will   +  adj.
```

volunteer /͵vɑlən'tɪr/ *n*.志愿者；义勇兵　*v*.自愿；自愿效劳；自愿投军

voluptuous /və'lʌptʃuəs/ *adj*.色情的；奢侈逸乐的(把快乐附加在身上)

volition /vo'lɪʃən/ *n*.意欲；意志(力)

volitional /vo'lɪʃənḷ/ *adj*.意志的；意欲的

benevolence /bə'nɛvələns/ *n*.慈善(心)；博爱(为善的意志)

《*bene-* = good》

```
  bene  +  vol  +  ence
   |        |        |
 good  +   will  +   n.
```

malevolence /mə'lɛvələns/ *n*.恶意(恶意的心志)

《*male-* = ill》

432　volve，volut = to roll（滚；卷）

* 拉丁文 **volvere**(= roll, turn about)，过去分词是 **volutus**。

voluble /'vɑljəbḷ/ *adj*.(植物)缠绕的；口若悬河的；多言的(易于回转的)

volume /'vɑljəm/ *n*.书籍；卷册；体积；音量(卷起来的东西)

volumeter /və'lumətɚ/ *n*.体积计；容积计《*meter* 计量器》

voluminous /və'lumənəs,-'lju-/ *adj*.册数很多的；大部头的；(作家)多产的

volute /və'lut,və'lɪut/ *n*.涡形；涡形物

volution /və'ljuʃən/ *n*.旋转；涡形；螺环

circumvolute /sɚ'kʌmvə͵ljut/ *v*.缠绕；迂回(绕在周围)

《*circum-* = around》

convolve /kən'vɑlv/ *v*.卷；盘；旋绕(绕在一起)

《*con-* = together》

```
  con   +  volve
   |        |
together +  roll
```

convoluted /ˈkɑnvəˌlutɪd/ *adj.* 缠绕的；错杂的

convolution /ˌkɑnvəˈluʃən/ *n.* 盘绕；回旋

devolve /dɪˈvɑlv/ *v.* 传下；移交（向下传递）《*de-* = down》

devolution /ˌdevəˈluʃən,-vɪ̩ˈjuʃən/ *n.* 传下；移交；退化

evolve /ɪˈvɑlv/ *v.* 发展；进化（向外回转）《*e-* = *ex-* = out》

```
e   + volve
|         |
out + roll
```

evolution /ˌɛvəˈluʃən,-ˈlju-/ *n.* 展开；进化；进化论

evolutionism /ˌɛvəˈluʃənɪzəm/ *n.* 进化论

evolutionist /ˌɛvəˈluʃənɪst/ *n.* 进化论者

involve /ɪnˈvɑlv/ *v.* 包括；牵涉；专心于（卷入其中）《*in-* = into》

```
in   + volve
|          |
into + roll
```

involvement /ɪnˈvɑlvmənt/ *n.* 包含；牵涉；卷入

involute /ˈɪnvəˌljut,-ˌlut/ *adj.* 内卷的；纷乱的；复杂的

involution /ˌɪnvəˈluʃən,-ˈlju-/ *n.* 卷入；复杂；退化

revolve /rɪˈvɑlv/ *v.* 考虑；熟思；周转；循环（使改变其想法）
《*re-* = back, again》

revolver /rɪˈvɑlvɚ/ *n.* 连发手枪；左轮

revolution /ˌrɛvəˈluʃən/ *n.* 公转；革命（情势的回转）

revolutionary /ˌrɛvəˈluʃənˌɛrɪ/ *adj.* 革命的；革命性的　　*n.* 革命者

revolt /rɪˈvolt/ *v.* 背叛；起反感　　*n.* 反抗；叛变；嫌恶（背对着）
《*re-* = back》

433　**vor** = to eat（吃）

　　* 拉丁文 **vorare**（= to devour, to eat）。

voracious /voˈreʃəs/ *adj.* 狼吞虎咽的；贪婪的

voracity /vəˈræsətɪ/ *n.* 贪食；暴食；贪婪

carnivore /ˈkɑrnəˌvor,-ˌvɔr/ *n.* 食肉动物；食虫植物《*carni* = flesh》

carnivorous /kɑrˈnɪvərəs/ *adj.* 肉食性的

devour /dɪˈvaur/ *v.* 吞食；毁灭；贪婪地看（吃下去）

《*de-* = down，*vour* = *vor* = to eat》

devouringly /dɪˈvaʊrɪŋlɪ/ *adv.* 贪婪地；吞噬般地

granivorous /grəˈnɪvərəs/ *adj.* 食谷类的《*gran* = grain》

```
gran(i) + vor + ous
   |       |     |
 grain  + eat + adj.
```

herbivore /ˈhɝːbəˌvɔr/ *n.* 食草动物《*herb* = grass》

herbivorous /hɝːˈbɪvərəs/ *adj.* 草食性的

insectivore /ɪnˈsɛktəˌvɔr/ *n.* 食虫动物；食虫植物《*insect* 昆虫》

insectivorous /ˌɪnsɛkˈtɪvərəs/ *adj.* 食虫的

omnivore /ˈɑmnəˌvɔr, -vɔr/ *n.* 杂食动物（什么都吃）《*omni-* = all》

```
omni + vore
  |      |
 all  + eat
```

omnivorous /ɑmˈnɪvərəs/ *adj.* 杂食的；无所不读的

piscivorous /pɪˈsɪvərəs/ *adj.* 食鱼的《*pisci* = fish》

434　vulse = to pluck（摘；采；拉）

* 拉丁文 vellere（= to pluck），过去分词为 vulsus。

avulsion /əˈvʌlʃən/ *n.* 撕裂；扯开；裂片《*a-* = *ab-* = from》

convulse /kənˈvʌls/ *v.* 震动；痉挛；抽搐（引起～）《*con-* = with》

convulsion /kənˈvʌlʃən/ *n.* 变动；动乱；痉挛；（*pl.*）大笑

convulsive /kənˈvʌlsɪv/ *adj.* 痉挛的；骚动的

evulsion /ɪˈvʌlʃən/ *n.* 拔出；拔去（拉出；拔出）《*e-* = *ex-* = out》

revulsion /rɪˈvʌlʃən/ *n.* 剧变；拉回；厌恶；诱导法（拉回）《*re-* = back》

revulsive /rɪˈvʌlsɪv/ *adj.* 诱导的　*n.* 诱导剂；诱导器具

```
re + vuls + ive
 |     |     |
back + pluck + adj.
```

附 录

PART TWO 字 尾(SUFFIX)

【1】名词字尾

(1)表示"人"的名词字尾

PART THREE 字 根(ROOT)

INDEX · 索引

KK 音标发音秘诀

音标很容易，只要用已会的单词学音标，不管什么音标，一学就会，例如：你会说 I love you. 你就应该认识这几个词的音标：[ai] [lʌv] [ju]，其次要注意到发音不同的地方，像 l 这个字母，如果你会念 level ['lɛvl]，你就知道 l 在字首和字尾的读音。

英文中有四个字母，在字首、字尾发音不同，你会念这四个单词，你就会它们的发音了。

l、m、n、r 字首字尾发音不同

level ['lɛvl̩] *n*. 水准　　　　mom [mɑm] *n*. 妈妈

noon [nun] *n*. 中午　　　　rear [rir] *n*. 后面

不要怕自己的发音不好，语言是传达讯息的工具，现在人类说话已经不强调发音要多准，说话要多像美国人，只要不念错即可。但是有几个音中国人常发错，要注意：

1. m 在词尾时，嘴巴要闭上，你常念 Home, sweet home. 即可。
2. 碰到 th，舌头要伸出来，中国人说 Thank you. 时，美国人听起来 Sank you. 中国人说 I think，美国人听起来像 I sink，难听死了。/θ/ 或 /ð/ 的发音，舌头必须伸出一点才对。

要注意下面音标的区别

1. /æ/ 和 /ɛ/ 的区别：

念 /æ/ 时嘴巴咧嘴用力即可，/ɛ/ 要轻松发音。要会念 That's a bad bed.（那是一张不好的床。）

[bæd] [bɛd]

用力咧嘴　轻松

2. /ə/、/ɚ/、/ɝ/ 的区别：

/ə/	轻音、下卷舌	像 about [ə'baʊt]
/ɚ/	轻音、卷舌	像 letter ['lɛtɚ]
/ɝ/	舌头尽量向后卷	像 bird [bɝd]

要会念 A bird brought me a letter.（信鸽传信。）

[ə] [bɝd] [brɔt] [mi] [ə] ['lɛtɚ]

3. /ʌ/ 和 /ə/ 的区别：两个音标都不卷舌，但轻重音不同。

/ʌ/	声音重，较用力	像 up [ʌp]
/ə/	轻音、不卷舌，连续念三声 /ə//ə//ə/，像青蛙叫	

4. /ʌ/ 和 /ɑ/ 的区别：/ɑ/ 是所有发音中嘴巴张最大的

要会念 a hot cup of tea（一杯热茶）

[ə] [hɑt] [kʌp] [əv] [ti]【在这个短语中，/ə/、/ʌ/、/ɑ/ 的发音都有了。】

外文社好书推荐榜
助你英语全线突破